国家哲学社会科学成果文库
NATIONAL ACHIEVEMENTS LIBRARY
OF PHILOSOPHY AND SOCIAL SCIENCES

汉帝国的遗产：汉鬼考

姜生　著

科学出版社

图书在版编目（CIP）数据

汉帝国的遗产：汉鬼考 / 姜生著. —北京：科学出版社，2016. 3
（2025.12 重印）
（国家哲学社会科学成果文库）
ISBN 978-7-03-047557-2

Ⅰ. ①汉…　Ⅱ. ①姜…　Ⅲ. ①宗教信仰－研究－中国－汉代
Ⅳ. ①B928.2

中国版本图书馆 CIP 数据核字（2016）第 044417 号

责任编辑：郝莎莎　张亚娜 / 责任印制：肖　兴
封面设计：黄华斌

科学出版社 出版
北京东黄城根北街 16 号
邮政编码：100717
http://www.sciencep.com
北京中科印刷有限公司印刷
科学出版社发行　各地新华书店经销
*
2016 年 4 月第　一　版　开本：720×1000 1/16
2025 年 12 月第七次印刷　印张：38 1/2　插页：5
字数：584 000

定价：308.00 元
（如有印装质量问题，我社负责调换）

作者简介

姜 生 1964年生于河北昌黎，历史学学士、硕士，哲学博士。山东大学讲席教授。中国史长江学者特聘教授。中国史学会理事。日本道教学会理事。主要从事历史学、宗教学与科学史的交叉研究，在国际学界倡导基于宗教研究的历史理解认知方法。出版《中国道教科学技术史》“汉魏两晋卷”和“南北朝隋唐五代卷”等著作，先后在《中国社会科学》《历史研究》《文史哲》《东方学》等中外期刊发表《曹操与原始道教》《汉始皇帝考》《论宗教源于人类自我意识》《东岳真形图的地图学研究》和 *Daoism and the Uncertainty Principle* 等原创学术成果多篇。

《国家哲学社会科学成果文库》出版说明

为充分发挥哲学社会科学研究优秀成果和优秀人才的示范带动作用，促进我国哲学社会科学繁荣发展，全国哲学社会科学规划领导小组决定自 2010 年始，设立《国家哲学社会科学成果文库》，每年评审一次。入选成果经过了同行专家严格评审，代表当前相关领域学术研究的前沿水平，体现我国哲学社会科学界的学术创造力，按照“统一标识、统一封面、统一版式、统一标准”的总体要求组织出版。

全国哲学社会科学规划办公室

2011 年 3 月

目 录

下　篇

“太阴炼形”：汉鬼的尸解成仙仪轨

Contents

Part II "Refining the Form in Great Darkness:" Rituals to Immortalize Ghosts through "Release from the Corpse"

图表目录

绪　论

汉帝国的信仰结构

信仰是一切文明兴衰存亡的最终依据。

汉代中国，雄踞东方，文明昌盛而泽被天下，大华夏文明圈至今受其赐。究竟是什么样的信仰，让汉帝国拥有如此魅力，而能成就圣贤、英雄、节义，成就可歌可泣万世景仰之伟业？史家往往从窦太后去世、汉武帝“独尊儒术”，便直论东汉末天师道之兴起[①]。然而，其间三百年汉代宗教历史，汉人之心，将何从得知？

造成两汉宗教史认知上的三百年“中空”局面，除了史料匮乏的原因之外，史学心态亦其一端。此或源于孔子“道不同不相为谋”[②]之说，以及太史公说“世之学老子者则绌儒学，儒学亦绌老子。‘道不同不相为谋’，岂谓

① 民国 20 年(1931 年)上海商务印书馆出版的宋佩韦《两汉之宗教》则略过西汉黄老道，直以东汉儒教谶纬之盛行为其始，进而论及佛教之传入及张陵创五斗米道为道教之始等等；道教史著亦大抵如此(如商务印书馆 1934 年版许地山《道教史》、1937 年版傅勤家《中国道教史》)。另，法国汉学家马伯乐说，“诞生于公元前几个世纪，——那时古代农耕宗教及与它密切相连的古代社会正在一起崩解、不再满足那些已经变得不安分的心灵——，道教在汉帝国取得了惊人的发展并在六朝登峰造极。”(Henri Maspero; Frank A. Kierman, Jr. tr., *Taoism and Chinese Religion*. Amherst: University of Massachusetts Press, 1981, p.266.)其判断亦未超出学界已有的认识。类似的情形亦见于石泰安等的研究。参见 Rolf A. Stein, “Religious Taoism and Popular Religion from the Second to Seventh Centuries.” In H. Welch and A. Seidel eds., *Facets of Taoism: Essays in Chinese Religion*. New Haven and London: Yale University Press, 1979, pp. 53-81.

② 《论语·卫灵公》：“子曰：道不同，不相为谋。”孔子此言本谓君子与小人之别。(清)阮元校刻：《十三经注疏·论语注疏》，北京：中华书局，1980 年，第 2518 页。

是耶？”[①]“子曰：‘道不同不相为谋’，亦各从其志也。”[②]这种心态，使后人更倾向于想象汉代儒、道除了主导话语权，最多只能各行其道。由是便可想见，当黄老道伴随窦太后之逝而跌落，汉之宗教在“不言怪力乱神”的儒家主导氛围中，从此亦恐难觅其踪。然而汉代历史的事实并非如此。太史公所未见、汉武帝以后的中国宗教史所展现的，恰恰是以儒为纲、儒道仙结合并融汇区域信仰的汉文化形态。

这一发展路径，完全应验了荀子的预言。春秋末，孔门一圣七十二子，周游列国，绝粮陈蔡，竟无所施，已示纯儒之无用。战国时期百家竞起，各执一端往而不返，庄子惊呼“道术将为天下裂”，而荀子预言必“兼陈”以“道”。观七雄之争，齐尚贤而强、鲁唯亲而弱、楚好巫亦盛、秦上法而刚……而最终纷然坍塌，其蔽显然于史。因此荀子《解蔽》曰：

> 欲为蔽，恶为蔽，始为蔽，终为蔽，远为蔽，近为蔽，博为蔽，浅为蔽，古为蔽，今为蔽。凡万物异则莫不相为蔽，此心术之公患也。

未来文化必须具备如下特性：

> 无欲、无恶、无始、无终、无近、无远、无博、无浅、无古、无今，兼陈万物而中县衡焉。……何谓衡？曰：道。……故治之要在于知道。[③]

掌握此“衡”则可望实现去“蔽”通明而臻乎“道”，使“众异不得相蔽以乱其伦”。这意味着，荀子不仅预见了一个涉及中国文化发展命运的关键问题，而且依乎老子之“道”提出了解决危机的伟大方略；由战国秦汉以

① (西汉)司马迁撰：《史记》卷63《老子韩非列传》，北京：中华书局，1982年第2版，第2143页。

② 《史记》卷61《伯夷列传》，第2126页。

③ (清)王先谦撰，沈啸寰、王星贤点校：《荀子集解》，北京：中华书局，1988年，第388、394—395页。须特别注意此处杨倞注：“道，谓礼义”，大谬。此乃不识荀学之大体、隳荀学之成就，惑乱视听。必须指出，荀子用以解“蔽”之“道”正是老子之“道”。

降中国文化的涡旋式发展形态，反观其说，堪称一咒耳[①]！

战国到两汉，古宗教的融合统一，超越区域传统，达到了终极意义系统的最高点；从此，神仙信仰成为汉代、汉人、汉族，以至整个汉传统信仰的核心。在此过程中，两汉在宗教的信仰结构、价值取向、审美趣味及表现形态等方面，存在相当大的差异，且历经起伏变化。

历史上，“百家盛于战国，但后来却是黄老独盛，压倒百家。”[②]这种压倒性势力正是在汉初到武帝之间得到了最大化。汉初“道者”主导的黄老道，尚未形成庞大的神系，主要是以黄老思想汲纳诠释尸解信仰；作为代表的长沙马王堆(以及临沂金雀山、武威磨嘴子等)汉墓所见的帛画(铭旌)，透露了贯穿战国西汉的相同类型的信仰结构；从马王堆一号汉墓可以看出，其完整结构包括蓬莱与不死药信仰、昆仑神山与西王母信仰、九天信仰，而以“合大道”造其极。这一时期的汉代宗教正处于从天上的神话(主体慕仙)向地上的仙话(主体变仙)的转变阶段，且死后变仙的仪式及方术手段有待丰富；其信仰结构的表现，从马王堆一号墓可以看出，仍是古来不同区域“山”(昆仑等)、“海”(蓬莱等)神话与上古“天”“道”思想的组合体。尽管战国到汉初黄老道的文献出土及研究[③]均甚活跃，但其宗教内涵、信仰结构与特征则待揭示。

西汉后期到东汉后期则进入以儒家为主导的前道教形态，老子神化为老君，与孔子、子路、炎帝等圣贤一起成为汉人崇拜的大神。两三百年间，作为新价值观之“纲”的儒家经学及与之相配的历史观、人生观和信仰结构日

① 其突出之思想高峰如儒术(两汉)、玄学(魏晋)、重玄学(隋唐)、禅宗(唐宋)、理学(宋明)、全真道(金元)……均无逃乎此一发展逻辑。详参作者为《中国道教科学技术史·汉魏两晋卷》所撰第七章《道教产生的历史—文化逻辑》(北京：科学出版社，2002年，第79—85页)，及《中国道教科学技术史·南北朝隋唐五代卷》所撰第二章《道教与汉唐“解蔽”进程》(北京：科学出版社，2010年，第25—44页)。

② 蒙文通：《略论黄老学》，《蒙文通文集·古学甄微》，成都：巴蜀书社，1987年，第276页。直到汉中期，汉人尚生活在战国文化气质之中，“可以说，政治上结束战国是在秦代，而从文化上看，战国还远未结束。”胡宝国：《汉唐间史学的发展》(修订本)，北京：北京大学出版社，2014年，第218页。

③ 有关战国至汉初黄老道出土文献之近期研究，参见曹峰：《近年出土黄老思想文献研究》，北京：中国社会科学出版社，2015年。

益向神圣化、信仰化演进，到西汉后期谶纬神学成为儒学融摄百家的新发展形式；汉代的宗教、汉人所崇的神系、仙系与仪式体系逐渐形成，日趋繁复，从尸解信仰中进一步充实发展出“太阴炼形”信仰，相应的死后仙化仪轨和救度科仪显现于墓葬仪礼之中。此阶段的汉代宗教虽以儒术为主导，但“先死后蜕”、受道书拜王母、得道成仙则是最高理想，且老子位高于孔子。佛教虽已传入，但受到生机盎然的儒生文化抑制，尚未进入思想主流。在两汉之间的宗教变迁和结构配置中，齐鲁儒生的支配角色突出，影响西及巴蜀，乃至汉中。东汉帝国之文明发达、国力强盛，亦乃成就于此文化背景中。这一阶段近乎三百年的两汉宗教史迹，史家几无记录，鲜为学界探及，而为本书之重心。

东汉后期思想和信仰领域发生巨变，儒生梦想破灭，“党锢之祸”两度而起，同时面临佛教信仰之“征服”改造，以儒生和谶纬为主体的神仙信仰结构走向解体，黄老道复为主导，形成黄老浮屠同祀现象，而老子以“新出老君”形象成为与西王母同处昆仑的大神。新黄老道明显崇道黜儒，变其信仰结构，革其修仙路径。由此，战国以来盛行的尸解仙术地位开始下降，寻求即身成仙、白日升天的仙道逐渐兴起，而以“张道陵”为其代表。儒生积极入世、今生忠孝节义、死后崇高升仙的有为宗教价值观迅速衰变。至汉末，张角、张鲁与没落儒生挟众与汉家相难，天下大乱，汉家崩解，儒术没落，道教衰变并深受统治者怀疑[①]，中国思想进一步受到佛教的出世伦理改造，道教神系、仙系构造亦受到冲击而大为变化。

于是昔日汉人所崇之神祇仙鬼在传世文献中被删除，唯余画像残存汉墓之中。

在那些雄伟大墓里，“汉鬼”承载着一个时代。他和他的墓葬一起，默示着一种永不放弃的梦想：他们在人生的信仰化建构中获得意义，在对理想国家的追求实践中离开世界，更在死后因着信仰而进入一个完美的“国度”。以此，墓葬沉结着汉人的生命理想和激情，记录着逝去的辉煌。

---

① 黄初三年(222 年)魏文帝曹丕诏书明显反衬出当时信仰生态：“老聃贤人，未宜先孔子。……汉桓帝不师圣法，正以嬖臣而事老子，欲以求福，良足笑也。此祠之兴由桓帝，武皇帝以老子贤人，不毁其屋。……恐小人谓此为神，妄往祷祝，违犯常禁，宜宣告吏民，咸使闻之。”(清)严可均辑：《全三国文》，北京：商务印书馆，1999 年，第 54 页。

一、作为信仰与仪式架设的汉墓

汉墓是什么？——对这个问题的回答，决定着我们能从中看到什么。

从艺术史视角看，墓葬是艺术宝库[①]。汉墓中的画像、雕塑、墓俑、器物甚至墓葬建筑本身等，无一不是汉代艺术之展现；从中或多或少地可以看出汉时代人们的某些审美取向。从物质史角度看，墓葬中包含某些投射至地下的现世元素，从中或多或少地可以追寻汉代人的日常生活、社会结构，以及他们所掌握的知识、技术状况等。然而，墓葬的本来目的及其意义，绝非如此！它既不是人类用来满足审美需求而不懈创造艺术的场所，也并非简单地对应现实生活世界的“事死如事生”式映射。

那么，墓葬究竟是什么？对于人类所造设的墓葬之意义，古代世界遗存下来的那些伟大文明建筑，早已为我们揭示出来：古埃及金字塔、摩索拉斯基陵墓、泰姬玛哈陵、秦始皇陵，等等——这些“墓葬”，无一不是人类追求生命永恒与终极存在之信仰的证物。在本质意义上，汉墓乃是汉人对永恒、理想生命样态及其实现过程的仪式化表达。换言之，汉墓是汉代人为追求生命永恒而构设的一种宗教建筑，是古代宗教家们为救度、仙化死者而架设的仪式设施。

汉墓以其物理结构和思想符号架设起作为“炼形之宫”的特殊时空。汉代“先死后蜕”“得道成仙”的信仰结构，正是通过汉墓建构的仪式时空与符号逻辑，而得以完整、真实、具体地呈现出来。然而一个比较普遍的认知问题是，在这里，“时间显然是关键性的却大多被考古学家忽视了。……时间可以被宗教重构，可以在仪式的循环中被层级化并得到附加。……因此考古学家们应该认识到，时间的构成中，既包括过程性的和世俗性的时间，也包括能够构造和转化生命的宗教性的时间”[②]。汉墓所架设的正是宗教性的时空。过去，对于这种宗教时空的无视，导致了对墓葬文化内涵的世俗化解

① 代表性观点，如巫鸿所论：“在中国，……为死者提供一个永恒家园的期望激发了无穷无尽的艺术创造力和技术革新。诚然，较之纯粹建筑意义来定义墓葬，把它视为一个艺术不懈创造的场所和多种艺术形式的总汇则更为恰当”。参见巫鸿著，施杰译：《黄泉下的美术——宏观中国古代墓葬》，北京：三联书店，2010 年，第 4 页。

② Timothy Insoll, *Archaeology, Ritual, Religion*, New York: Routledge, 2004, pp.151-152.

释，甚至形成一种积重难返的风气。

在汉墓的仪式场域里，时空结构是界定终极存亡、仙鬼特性、因而直接关乎信仰和意义的前提。为此，汉墓用仙人弈棋和“不死国”等多种超验(荒诞)的神话的图像模块，以象征的方式，界定墓室的超凡时空特性。神仙弈棋类场景乃暗示墓室之所在即是神仙洞窟，死者进入其中，通过某些器物或图像所代表的特定程序，即可变仙。源于《山海经》的“不死国”（“羽民国”“轩辕之国”）图像刻画在墓内，则直接表示墓室的空间为另一维度的神仙世界。墓内周边形形色色的神仙环境(羽人、仙气缭绕等)更不容置疑地表示死者已跻身“不死之民”的行列。

汉墓中每一方画像的边框纹饰规定着该区域的空间属性，所有画像区域叠加起来共同界定了墓室的时空特性。汉人用斜线纹+菱形纹+铜钱纹(钱意为“泉”)的组合，分别对应表达大地的构成要素土（“地之肉”）+石（“地之骨”）+水（“地之血”）。汉画用菱形纹及五铢钱纹边饰，界定框内空间为地下冥府。同样，利用鱼与水、鸮鸟与黑夜、柏树与“鬼廷”的紧密关联，使其成为冥府的代表；而鱼与柏、鱼与铺首、鸮与柏以及五铢钱与柏等多种组合纹饰，辅之以大量连弧纹所代表的帷幕(宫府)符号，都强烈暗示他们之所在，乃冥府鬼廷之所属。当然，亦以丰富的云气纹、连弧纹、神祇、仙人、日月星等象征某些空间为仙界。

在获得了充分规定性的墓葬时空里，神祇是最重要的符号存在，他们为拯救死者或见证其成仙而来。其中，居于绝对制约性位置的是作为地祇之尊的西王母。基于对山东、江苏等地汉画像石的考察研究，我们发现，历史上，在“风伯－西王母”、“东王公－西王母”这两种东西神祇组合模式之外，西汉后期，至少在鲁南地区曾经出现过另一种模式：“子路－西王母”组合。值得注意的是，西王母所配者三，唯子路源自历史人物，风伯、东王公均系虚构。

根据汉墓画像与早期道教经文的对应性诠释，我们已经证明汉画中常居西王母之侧的鸟喙神是汉末以前的“老君真形”。大连营城子汉墓壁画中可见隆鼻、佩剑、蹈龟的形象，在更早的西汉晚期金雀山帛画及滕州西汉晚期画像石中，皆可见鸟喙形象；结合图像所在的“语境”及早期道教经文，可判断鸟喙神是具有拯救属性的老君真形。另一位常居西王母侧并与鸟喙老君一同出现的，是牛首人身之神。徐州汉王乡出土的东汉元和三年“乐武君”画像石，为我们认识这位牛首神祇提供了关键资料。牛首神的榜题为“罗緬”即炎帝，鸟首神榜题为“灵鸽”即老君。《真诰》及陶弘景注有关炎帝牛首、为天下鬼神之主的北太帝君等记述，亦构成判断牛首神为炎帝的重要依据。此外，该方画像石中还可见四头人面的容成公形象。

汉画中出现大量的历史人物，常常表现为“荒诞地”跨越时空共事一堂，令人困惑。实际上，汉墓图像中不同时空的历史人物共事一堂的“不合理”情景，以及大量超出世俗经验的奇观异景，都暗示了图像所指示的仪式场域对世俗时空秩序的超越特性。以武氏祠东壁、西壁及后壁为例，综合考察各类画像石图像可以发现，汉代墓葬画像背后隐含着一套宗教的价值评判标准：帝王、贤相、能将及刺客类图像，反映了汉代“自三代以来贤圣及英雄者为仙”的成仙标准；忠臣、孝子及列女类图像则表明，在汉代，生前为忠、孝、节、义之典范者亦得死后成仙。因此，这些历史人物图像，实际上也是汉时代的鬼神图像。神学化的儒家道德伦理，重武尚侠的社会风尚与历史上长期积淀的神仙思想相结合，乃是汉代“仙谱”所依以形成的思想要素。汉画所存仙鬼谱系乃汉代宗教信仰结构之反映，亦伴随汉魏之际的历史遽变发生转折。将汉墓画像系统与道书文献相互印证研究，不仅可以在一定程度上还原汉代“仙谱”的基本面貌，更可揭示汉代宗教的成仙逻辑。

认识汉墓的时空属性，乃可进一步理解发生于这个场域的仪式过程与意义象征，理解死者进入其间所经历的生命转换过程。在马王堆一号汉墓帛画和四重棺的符号架构中，可以清晰看到西汉墓葬所隐含的死后升仙主题及其思想逻辑。T 形帛画上，从底部的蓬莱仙岛到中间的昆仑山到顶部的九天，依次表达了死者所将经历的服神药(冥界)、饮玉浆(仙山)、上九天(神界)变形而仙的仪式过程。与 T 形帛画内容相匹配的四重棺，从内向外依次表达了入冥界、登昆仑、上九天、合大道的死后得道成仙过程。因此，整个墓葬表达着被汉初“道者”们重构的尸解成仙信仰；他们是汉初这种跨接神仙方术与黄老道的新信仰体系的构筑者和主张者。他们接受了战国以来的尸解信仰作为终极意义的实现方式，而以黄老道为主导诠释系统，两相融合，形成新信仰体系，于是过去至为简单的“形解销化之术”被超越，“得道”成为“成仙”的前提，死后生命转换逻辑在更高的层面得到完善，形成较之战国燕齐尸解信仰更为丰富完善的思想基础，即“阴阳不死”说。马王堆汉墓是汉初“因阴阳之大顺、采儒墨之善”的“道者”群体之神仙信仰的符号化表达。

汉墓中出现的“孔子拜老子”画像，其仪式内涵亦为“升仙”：当时老子已成为汉代宗教体系中极崇高的“太上老君”，其神格仅次于西王母；孔子率众弟子拜见老君，乃“得道授书”（“老子者道也”），证明其命“上属九天君”，不经北酆鬼官之考谪，成为仙界地位较高的真人。在地下的世界，死者将和孔子及其弟子们一样，往拜老君“得道授书”；而“凡得道授书者，皆朝王母于昆仑之阙”[①]，乃成仙。这是汉代宗教关于死者在冥界转变成仙的仪式标志。

通过对汉墓中“三官”“神吏”“神鸟”“鼎”“壶”等形象的考证分析，可以发现隐藏其中的“太阴炼形”信仰逻辑。例如济南无影山汉墓的神吏护送双鼎鸟前来致送仙丹(食)、载双壶鸟是为致送瑶池玉浆(酒)、歌舞杂技陶盘表现的是三官守护、众仙真庆贺墓主得药成仙、神吏接引墓主人升天的情景；车马则来自“太一帝君”，墓主人将乘以升仙。口含丹丸的飞鸟或背负药瓶的鸟形明器或图像，反映了死者得神药而成仙的过程。

汉墓中的这些要素表明，汉代已经具备某些一般认为后世道教才有的救度科仪和升仙仪轨。汉墓中出现的大量天仓和庖厨画面，则表明古老的“鬼犹求食”思想在汉代思想中达到了新高度。供鬼之饮食已转变为过去仅见于神话传说、为神仙所独享的玉液琼浆，并发展出每个死者都可望享受的永无竭尽的“天仓”和“天厨”，且一食而得千岁。这意味着，谋道不谋食、忧道不忧贫的“大同”乌托邦，虽然在现实世界汉家君臣至死难成，却在死后的神仙世界得到实现。

汉墓画像中的许多喜庆场景，如杀猪宰羊、盛宴豪饮、游戏杂耍、欢快乐舞……这些画面实质上表达着，当“死者”转变为“神仙”，人的“死亡”及其所带来的恐惧、哀伤、委顿之气氛已被驱散，一股不可遏止的生命激情充盈其中：地上生人悼亡哀丧的气氛彻底转变为地下新的不死生命的庆祝仪

① [日]安居香山、中村璋八：《纬书集成》，石家庄：河北人民出版社，1994年，第387页。

式。于此，借助汉墓的仪式架设，转死为生、得道升仙的尸解信仰结构，合乎逻辑由鬼产出了“复形”不朽的“新人”。

二、汉鬼：汉墓的精神实体

“汉鬼”者何谓耶？《说文解字·鬼部》：“人所归为鬼。”[①]《列子·天瑞》：“古者谓死人为归人。夫言死人为归人，则生人为行人矣。行而不知归，失家者也。”[②]《礼记·祭义》：“众生必死，死必归土，此之谓鬼。”[③]可知鬼乃人之终极，人死若归乡。

然则鬼之所归为何？所谓墓者，不应被约简为葬死之所；相反，它是人类铸炼新生命、寻求永恒的中介地。死者一旦入“墓”，即意味着进入了新生命的铸炼过程。

汉墓作为一种仪式构设，其引导死者回归生命的意义尤为强烈。大量汉墓资料表明，鬼所代表的不仅是人生之终结，同时更重要的是变仙的开始。由死而仙、“先死后蜕”是决定汉人终极命运的最根本信仰结构。由此，“鬼”成为汉人所设定的生成自我生命价值或意义的主体。人必死为鬼，鬼则可变不死仙。

因之，所谓“汉鬼”者，作为汉墓之仪式主体，实乃汉人的精神实体。在汉墓架设的生命仪式境域中，“死亡”不再是对人类生命及其价值的否定、摒弃，而是回归生命本体以及对自我生命的擢升。而完成这一仪式过程的主体，即“汉鬼”。这意味着，死者一旦被安排进入墓室之中，他便成为回归生命路径的“鬼”。对此，老子所言“夫物芸芸，各复归其根；归根曰静，是谓复命”（《老子》第十六章），已深刻揭示其本质逻辑：人“复归其根”，即入土(墓)而成“鬼”；“是谓复命”，即谓鬼“合于道”——契合并融入造化宇宙生命轨道之过程。所谓“归根”则超出天地，而以“道”为其指向，亦可见《道德经》思想之根本，确实在于对生命之终极思索。

然而，尤应注意的是，汉鬼的“复命”过程，决非“鬼复为人”的单调、

---

① (东汉)许慎：《说文解字》，北京：中华书局，1963 年，第 188 页。
② 杨伯峻撰：《列子集释》，北京：中华书局，1979 年，第 27 页。
③ (清)阮元校刻：《十三经注疏·礼记正义》，北京：中华书局，1980 年，第 1595 页。

平庸、无意义的生命循环或轮回游戏；而是“由鬼而仙”导向终极存在的生命擢升过程。正是此一仪式逻辑构设，赋予“汉鬼”以生命终极意义与精神本性。换言之，汉鬼乃是“有希望”的鬼。汉人对“鬼”和地下世界的想象与界定，尚保其天然朴真，远非魏晋以降生人修道成仙及佛教地狱说影响之后所可比拟。大抵汉代的冥界，在本土传统下并非可怖的所在，而是生命之复归、擢升处，是神祇、圣贤相伴，充满新的希望和生机的地方。只是后来随着佛教地狱信仰的传播深入，汉文化气质渐为其侵蚀、改造，地下冥界才演变为惩罚“失道者”的场所。

因此墓中汉鬼的升仙仪轨看似属于死后信仰的领域，然而一旦牵及升仙之道德检核这一环节，单纯的死后信仰与当时现实人生的真切联系便清晰起来。具体而言，当追求得道升仙的神仙黄老思想，被汉儒嫁接到规矩人间伦常的儒家学说之上，形成儒、道、仙的深层融合，儒家所主张的用之于社会的德目，终于以神化或信仰的方式，浸润到人的生活方式和精神世界，成为世人界定和追求生命不朽、问取人生意义与崇高之正途。于是，汉鬼作为汉人之精神实体的功能，才得以真正实现。

这里的关键是，汉鬼何以能够超越凡俗命运而达其崇高？也就是说，如何才能在死后的世界，实现整个生命应有的最高意义？陈寅恪谓：“吾中国文化之定义具于白虎通三纲六纪之说，其意义为抽象理想最高之境，犹希腊柏拉图所谓 Eîdos 者。若以君臣之纲言之，君为李煜亦期之以刘秀；以朋友之纪言之，友为郦寄亦待之以鲍叔。其所殉之道，与所成之仁，均为抽象理想之通性。”[①]然则“抽象理想最高之境”，最终必藉宗教信仰而得保障与实现，舍此无以为也。

事实上，从汉墓的仪式结构、空间象征、符号逻辑、图像内容等等许多方面，都能清晰看出汉墓文化体系背后的缔造者，绝非一般画匠，而是胸怀儒家理想、追求人生意义而身居民间的一批有思想有信仰的儒生。这些儒生对现实人生和死后的未来世界都充满激情，并进一步将两者看作一个连续不断的整体。为此，他们援引古来伟大圣贤，作为汉时代忠孝节义英雄贤良们

① 陈寅恪：《王观堂先生挽词序》，此据氏著《陈寅恪集·诗集》，北京：三联书店，2009年第2版，第12页。

的人生见证，同时也表达着对自己时代的骄傲。基于“汉鬼”信仰，他们把经过儒家价值观筛选的历史加以神化，认定“自三代已来贤圣及英雄者为仙”，秩以仙谱，图其像传，著之金石，大褒扬之，用粗犷的“艺术”记录时代之音，呈其胸臆，高其所崇。譬如孝子李善、董永；舍命替夫的“京师节女”；“九合诸侯，一匡天下”，儒门所崇的“千世一出之主”齐桓公；义无反顾、无畏牺牲的英雄荆轲；外生死，守汉节，“使于四方，不辱君命”，含辛茹苦实践“志士仁人”人格理想的“守节臣”苏武等等，一皆崇列仙班。饱读诗书、胸怀忠烈的孔门君子子路，甚至被崇为西王母的配神，与王母分列东西二方神祇之位。这些孝子、节女、烈士、忠臣、明主，都是世间君臣士女的人生楷范；画在墓中，一则表示墓主生前品操堪与为伍，一则暗示死后将为仙友[①]。以此让那些生活在现世中的人拥有崇高的未来归向，并为了未来被拣选进入神仙行列——这意味着死后获永生——而在现世人生中，敢于为实践圣人开列的那些德目付出一切。哪怕是凡夫俗子，亦愿见贤思齐焉。于是我们在汉墓中，读到了一种源自儒家道德理想的激情，一种图像化的“微言大义”，一种“力”、“德”结合的汉时代精神。可以说，汉鬼信仰所代表的思想与精神，销解了古老的“绝地天通”式神权垄断，开通了每一个汉家士女上达天庭、与圣贤为友的终极意义通道，驱动两汉文明，缔造“中国”魅力，奠定了汉传统的最重要基础。

例如，从国力结构的角度看，在汉帝国的军力构造中，先进的科学技术固然是重大支撑要素，且汉兵对匈奴作战确有先进技术与兵法的优势[②]，这本来是冷兵器时代一个帝国崛起和强大的必要前提；然而仅仅强调这一点也会导致忽略另一个同样重大的要素，即汉兵之强悍，有其精神维度的根据。《汉书·朱云传》，鲁人朱云为谏成帝竟以狂言致成帝激怒，“御史将云

① 关于汉代对理想时代和人物模型的选择，間嶋潤一《鄭玄と〈周礼〉——周の太平国家の構想》(东京：明治书院，2010 年)有一些相关研究，惜未抵宗教化之问题视域。

② 早在汉景帝时代，晁错已总结出汉兵的一些长处：“若夫平原易地，轻车突骑，则匈奴之众易挠乱也；劲弩长戟，射疏及远，则匈奴之弓弗能格也；坚甲利刃，长短相杂，游弩往来，什伍俱前则匈奴之兵弗能当也；材官驺发，矢道同的，则匈奴之革笥木荐弗能支也；下马地斗，剑戟相接，去就相薄则匈奴之足弗能给也：此中国之长技也。”(东汉)班固：《汉书》卷 49《爰盎晁错传》，北京：中华书局，1962 年，第 2281 页。

下，云攀殿槛，槛折。云呼曰：‘臣得下从龙逢、比干游于地下，足矣！未知圣朝何如耳？’御史遂将云去”[①]。世嘉朱云折栏之节，不知朱云透露的某种精神支柱，使汉人拥有“两条命”：正直于世间、优游乎地下。

新莽之末赤眉军中齐巫能够控制人心，亦源于仙鬼信仰在汉人心灵中的支配作用。

> 军中常有齐巫鼓舞祠城阳景王，以求福助。巫狂言景王大怒，曰：“当为县官，何故为贼？”有笑巫者辄病，军中惊动。时方望弟阳怨更始杀其兄，乃逆说崇等曰：“更始荒乱，政令不行，故使将军得至于此。今将军拥百万之众，西向帝城，而无称号，名为群贼，不可以久。不如立宗室，挟义诛伐。以此号令，谁敢不服？”崇等以为然，而巫言益甚，前及郑，乃相与议曰：“今迫近长安，而鬼神如此，当求刘氏共尊立之。”六月，遂立盆子为帝，自号建世元年。
>
> 初，赤眉过式，掠盆子及二兄恭、茂，皆在军中。恭少习《尚书》，略通大义。及随崇等降更始，即封为式侯。以明经数言事，拜侍中，从更始在长安。盆子与茂留军中，属右校卒〔史〕刘侠卿，主刍牧牛，号曰牛吏。及崇等欲立帝，求军中景王后者，得七十余人，唯盆子与茂及前西安侯刘孝最为近属。崇等议曰：“闻古天子将兵称上将军。”乃书札为符曰“上将军”，又以两空札置笥中，遂于郑北设坛场，祠城阳景王。诸三老、从事皆大会陛下，列盆子等三人居中立，以年次探札。盆子最幼，后探得符，诸将乃皆称臣拜。盆子时年十五，被发徒跣，敝衣赭汗，见众拜，恐畏欲啼。茂谓曰：“善藏符。”盆子即啮折弃之，复还依侠卿。侠卿为制绛单衣、半头赤帻、直綦履，乘轩车大马，赤屏泥，绛襜络，而犹从牧儿遨。[②]

齐巫鼓舞军中而能奏效，根本原因显然不在方术之验、而在受众之心；赤眉用之，实可谓典型的“文化战略”。班固云：“神仙者，所以保性命之真，

---

①《汉书》卷67《杨胡朱梅云传》，第2915页。

②（南朝宋）范晔撰，（唐）李贤等注：《后汉书》卷11，北京：中华书局，1965年，第479—481页。

而游求于其外者也。聊以荡意平心，同死生之域，而无怵惕于胸中。”[①]由此可以理解，何以朱云面对君威而不惧诛戮，齐巫鼓舞而赤眉振威。寄心地下，则轻生死。这种“信心”，在汉唐“军心”乃至“忠心”的精神构造中产生了内在支撑作用；虽则圣人“神道设教”，而士庶坚信不疑，世代传承，成为“百姓日用而不知”的社会无意识。正是这种文化气质，体现在那些正直刚勇的臣庶妇孺身上，为汉唐中国带来了大无畏的英雄气概，成为汉唐国力结构中不可低估的信仰之维。

由此亦可理解何以史家乐道的那些成就非凡功名的汉代史诗式人物，多出武帝之后。汉人的“信心”、儒生崇扬的“天下”激情与武帝的政治抱负相共鸣，遂有卫霍班张陈汤所代表的“虽远必诛”的帝国精神[②]。

这种文化气质是如何造就的呢？汉墓中直观的图像资料表明，鬼所代表的不仅是人生之终结，更重要的是变仙的开始。由死而仙、“先死后蜕”是决定汉人终极命运的最根本信仰结构。这正是汉人精神世界的信仰支柱。故《想尔注》曰：“道用时，帝王躬奉行之，练明其意，以臣庶于此，吏民莫有不法效者。知道意，贱死贵仙，竟行忠孝质朴[illegible](愨)[③]端，以臣为名，皆忠相类不别。……道用时，臣忠子孝，国则易治。时臣子不畏君父也，乃畏天神，孝其行；不得仙寿，故自至诚。既为忠孝，不欲令君父知，自默而行，欲蒙天报。设君父知之，必赏以高官，报以意气，如此功尽，天福不至。是故默而行之，不欲见功。今之臣子虽忠孝，皆欲以买君父，求功名，过时不显异之，便屏恕之，言无所知。此类外是内非，无至诚感天之行，故令国难治。今欲复此疾，要在帝王当专心信道诚也。”[④]此处关于“自默而行”之说

---

① 《汉书》卷30《艺文志》，第1780页。

② 史家激情洋溢地赞叹：“长平桓桓，上将之元，薄伐猃允，恢我朔边，戎车七征，冲輣闲闲，合围单于，北登阗颜。票骑冠军，猋勇纷纭，长驱六举，电击雷震，饮马翰海，封狼居山，西规大河，列郡祈连。”《汉书》卷100下《叙传第七十下》述《卫青霍去病传》，第4254页。

③ 按：[illegible]即㱿，即殼，即慤，即愨；音确。《说文解字·心部》：“愨，谨也。”(东汉)许慎：《说文解字》，北京：中华书局，1963年，第217页。此处[illegible]字(图据大渊忍尔：《敦煌道经·图录编》，东京：福武书店，1979年，第426页b254行)，饶宗颐《校证》未予识别。

④ 饶宗颐：《老子想尔注校证》，上海：上海古籍出版社，1991年，第23页。引用时对标点有所改动。

有其深厚的宗教信仰根据。按《真诰》卷16“阐幽微第二”陶弘景注：“在世行阴功密德，好道信仙者，既有浅深轻重，故其受报亦不得皆同。有即身地仙不死者，有讬形尸解去者，有既终得入洞宫受学者，有先诣朱火宫炼形者。”[①]对于臣子，则鼓励尊道而行、不畏牺牲：“人但当保身，不当爱身，何谓也？奉道诫，积善成功，积精成神，神成仙寿，以此为身宝矣。”“以道保形容，为天地上容，处天地间不畏死，故公也。”[②]由此可以理解面对黄巾之难，何以陶谦奏报称青州黄巾“妖寇类众，殊不畏死，父兄歼殪，子弟群起，治屯连兵，至今为患”[③]。

进而《真诰》“阐幽微第一”予以总结：“祸福吉凶，续命罪害，由恬昭第四天宫。鬼官地斗君治此中，鬼官之北斗。”陶弘景注：“是复籍先身之功罪乎。然武以至忠而亡，必复入仙品矣。”[④]均透露出，出于忠孝节义，秉忠而殒身疆场，则死入仙品，乃是汉晋信仰传统。基于尸解和太阴炼形信仰的文化气质，给予以力以德建构和发展的汉帝国强劲生命力，并在士庶人生实践的层面诠释了汉家“以霸、王道杂之”的价值观、生死观，亦由此决定了他们的意义世界。

然而伴随汉家之衰亡，凝聚、承载着汉代精神的“汉鬼”信仰，以种种画像形式刻画于棺椁金石，埋入坟墓，以至后世无以知晓。所幸东晋道书《真诰》有所保存(《太平经》尚有部分相关)。然而以往治史者鲜及其质，甚至愤然指斥——胡适稍读即称“《真诰》全书多是半通半不通的鬼话，很少可读的部分……”[⑤]，非独其内容奇奥难通，亦由其话语突兀，难寻来龙去脉。根源在于汉代信仰之独特性，未为后世所知。其关键思想之一，如陶弘景整理该经时所总结：“自三代已来贤圣及英雄者为仙”，同为治史者不解。这实际上是汉鬼的成仙标准，是汉儒所崇儒家道德伦常(以《春秋》大义为

① 《道藏》第20册，第583页。

② 饶宗颐：《老子想尔注校证》，上海：上海古籍出版社，1991年，第17页，第22页。

③ (西晋)陈寿撰：《三国志》卷8《陶谦传》注引《吴书》，北京：中华书局，1959年，第250页。

④ 《道藏》第20册，第579页。

⑤ 胡适：《陶弘景的〈真诰〉考》，《胡适论学近著》第一集，济南：山东人民出版社，1998年，第128页。

核心）及相应史观的集中体现。如《左传·隐公十一年》："度德而处之，量力而行之。"[①]东汉崔寔直言："量力度德，《春秋》之义。"[②]这种结合在汉墓图像中得到了精彩呈现。汉画及《真诰》所展现的生前为忠、孝、节、义之典范者死后成仙的标准，都是以《春秋》价值观为内核的儒家道德伦常的集中体现，是古来圣贤历史人物跻身仙真之依据。在这里，儒术与仙鬼信仰完美结合，被汉儒用作隆崇圣贤之道的方式。

历史地看，经过董仲舒们的"儒术"化努力，到成哀之际，融汇神仙、方术、灾异思想，横向穿凿附会经义的谶纬，渐为兴盛，成为儒生之社会理想与仙鬼信仰结合的适宜基础。谶纬在两汉之际政权争夺中的重要作用，使其在东汉大盛，一跃而为东汉"国宪"，被奉为"秘经""内学"。在谶纬的宗教化结构里，包括《春秋》大义在内的儒术与仙鬼信仰圆满结合，并在儒生的操作下以画像形态呈现于墓葬之中。

但是，在"独尊儒术"以后的时代，黄老、仙鬼信仰与儒生的经学、《春秋》大义如此完美地融为一体，按此前"道不同不相为谋"的观念背景，将无法想象；然而这不但真实地在两汉发生了，且其影响深远。事实上，正是这一独特的历史过程奠定了此后中国本土宗教的思想基础和信仰结构。

至此则几近"汉鬼"之核心问题：汉人信仰内构如何，"不言怪力乱神"的儒家何以能够与黄老仙鬼结合为一？实际上，缥缈却关乎人类终极意义的黄老、仙鬼信仰与专注于人间伦常的儒家，看似遥远，却近在咫尺：两者为论证汉家圣统，为汉世开出了一个连接"彼岸"与"此岸"的完美世界，而统一于人生终始之圆。在"大一统"进程逐步落实的秦汉时期，负责精神和信仰（意义）的黄老道、神仙家与专注伦常和治世（价值）的儒家思想，在现实政治和社会需求驱动下走向融合，在人生结构中获得了各自应有的角色。极言之，墓中的每个汉鬼，都可能是生前践行儒家道德，死后被承诺升仙不朽，实现人生价值、获得终极意义的典范。每一座汉墓，都可能是生前"自默而行"戮力忠孝节义甚至为国牺牲之臣的"纪念碑"。

① （清）阮元校刻：《十三经注疏·春秋左传正义》，北京：中华书局，1980年，第1736页。

② 《后汉书》卷52《崔骃列传》，第1727页。

三、尸解：战国两汉的信仰内核

先死后蜕、由鬼而仙，是汉代宗教内在信仰结构的核心。汉墓则成为一种仪式转换设施：于其中，作为仪式主体的“汉鬼”，通过“尸解”转换过程蜕化成仙。因此，汉鬼在墓中实施“尸解”转换，是其升仙的决定性机制和环节；而汉墓，则实为其操作与完成“尸解”过程的仪式设施。

那么，“尸解”为何？

回顾历史，古代中国人为求长生而进行某些特定的身体操作，这在先秦时期即已突出表现出来。如《庄子·天地》所述修“浑沌氏之术”者，“识其一不知其二，治其内而不治其外[①]。夫明白入素，无为复朴，体性抱神，以游世俗之间”。此“浑沌氏之术”的修道实践结构在《庄子·大宗师》中亦有表达，即“堕肢体，黜聪明，离形去知，同于大通”的“坐忘”；又如《庄子·在宥》中广成子对黄帝所言：“至道之精，窈窈冥冥；至道之极，昏昏默默。无视无听，抱神以静，形将自正。必静必清，无劳女形，无摇女精，乃可以长生。……慎守女身，物将自壮。我守其一以处其和。故我修身千二百岁矣，吾形未常衰。”[②]此外，先秦时人们对长生的追求方法还包括服食、宝精等。蒙文通认为“古之仙道，大别为三，行气、药饵、宝精，三者而已也”[③]。不睹尸解，唯见养生。这些修习方法的观念基础在于，人们坚信肉体可以通过存神炼气而突破现有生命的边界局限，可以获得长生不死[④]。如先秦的稷下道家即拥有“德者，道之舍”“定心在中，耳目聪明，四枝坚固，

① 关于“识其一不知其二，治其内而不治其外”的理解，按《淮南子·精神训》有“处其一不知其二，治其内不识其外”说，可见《庄子》中此段话的意思，应该理解为：“在认识的层面把握事物的本质而不是强调其复杂分别，在实践的层面治事物之内在根本而不是治其复杂的外在表现”。“无为复朴，体性抱神”就是其实践表现。

② （清）郭庆藩撰，王孝鱼点校：《庄子集释》，北京：中华书局，1961 年，第 438、284、381 页。

③ 蒙文通：《晚周仙道分三派考》，《蒙文通文集·古学甄微》，成都：巴蜀书社，1987 年，第 335 页。

④ 相关讨论亦可参杜正胜：《形体、精气与魂魄——中国传统对“人”认识的形成》，《新史学》第 2 卷第 3 期，1991 年。杜正胜：《从眉寿到长生——中国古代生命观念的转变》，《“中央”研究院历史语言研究所集刊》第 66 本第 2 分，1995 年。

可以为精舍”“正形饰德，万物毕得”[①]等以身为“道之舍”的思想，并得到充分发展，成为后世道教思想的核心。

然而养生方术虽然可以保健康、延寿命，却不能提供一种让生命不死的技术与逻辑。死，仍然是人类必须面对的终极问题。很严酷的现实是，要超越死，似乎只能在死后的空间寻求解决。尸解信仰正是如此，它以死这个终点为起点，从这里延伸超越之路，将最易朽坏的生命引向永恒，从正面“解决”了这个令人类千古黯伤的问题。换言之，经由尸解观念对生命逻辑的整体重构，死亡这个铁的事实被“合乎逻辑地”消解了，人类面对的将不再是死的威胁而是“黄金时代”的复归。

由此可以理解何以战国两汉尸解成仙信仰盛行。战国时期，东部燕、齐地区方仙道的“形解销化”信仰，即尸解信仰。《史记·封禅书》载：

> 自齐威、宣之时，……宋毋忌、正伯侨、充尚、羡门高最后，皆燕人，为方仙道形解销化、依于鬼神之事。[②]

又《资治通鉴》卷7《秦纪二》：

> 初，燕人宋毋忌、羡门子高之徒，称有仙道形解销化之术。燕、齐迂怪之士皆争传习之。[③]

此处“为方仙道……之事”“称有仙道……之术”二句，不宜将方仙道或仙道与“形解销化”分开理解。按《史记·封禅书》“形解销化”句下，裴骃《集解》：“服虔曰：‘尸解也。’”[④]夏德安以为“形解”所指难以判定，“尸解是作为一种求仙信仰之后得以复活的一种专门形式而出现的，它代表

① 黎翔凤撰，梁运华整理：《管子校注》，北京：中华书局，2004年，第770、937、778页。

② 《史记》卷28《封禅书》，第1368—1369页。引者对引文标点略有改动。

③ (宋)司马光：《资治通鉴》，北京：中华书局，1956年，第239—240页。引者对引文标点有改动。服虔注：“形解，尸解也。”

④ 《史记》卷28《封禅书》，第1369页。

着一种处理那些养生求仙人中死亡的方法”。马王堆医书《十问》中，“形解意味着人体修炼过程的结束，当实践者的躯体成为像灵魂一样的东西时，它就不再被束在人世间”，因此他把“形解”释为“形体的解脱”，“意思是这个精心制作的躯体从其桎梏中获得了自由，作为灵魂而生活着”，但“还不能确定马王堆医书中的形解和仙道中的形解之间的相互关系”，“不知道这个词是否源自于求仙方术还是养生方”；“然而，在《史记》的记载中并没有说明在求仙方术中的形解和起死回生有联系，在马王堆医书中也不能确定这样一种联系。从《论衡》的论述看，在公元一世纪，学道之人把死作为一种转换的时候是很清楚的，他们大概认为形解和尸解的意思是一样的”[①]。实质上，从思想逻辑的内在连续性和汉人的思想认同去把握，将“形解”理解为战国汉初神仙家的尸解术比较适当；至于掌握这种方术的“羡门”即萨满(shamans)，即方仙道之士[②]。马王堆三号汉墓出土医书《十问》容成答黄帝之问论述“刑(形)解”说：

> 坡(彼)生之多，尚(上)察于天，下播于地，能者必神，故能刑(形)解。[③]

依其逻辑，对于那些生命长久且为上天所知(司命神所掌)的有道者来说，“下播于地”乃是作为“形解”的前提而论及。因此，将“形解”理解为承自战国方仙道“形解销化”的“依于鬼神”之术合理确当；也就是说，服虔的解释是准确的，“形解”表达的是战国两汉间一脉相承的尸解信仰。

根据后世道教的解释，尸解是指人飞升成仙而不留遗体，唯假托某物为

---

① [美]夏德安(Donald Haerper)著，陈松长、熊建国译：《战国民间宗教中的复活问题》，见中国社会科学院简帛研究中心编：《简帛研究译丛》第1辑，长沙：湖南出版社，1996年，第37－38页。

② 见李约瑟著，陈立夫主译：《中国之科学与文明》第2册，台北：商务印书馆，1989年，第50页。

③ 马王堆汉墓帛书整理小组编：《马王堆汉墓帛书》(肆)，北京：文物出版社，1985年，第148页。

尸[①](如衣、履、刀、剑、竹杖之类)遗世[②]。然而这已是汉末魏晋以后道门之说。一个无法回避的现实是，人死必遗其尸；且战国至汉初，仙术尚处早期阶段，秦皇汉武虽尊为天子，众方士为之求仙海上；马王堆墓主人虽贵为王侯，生前亦颇行道术(三号墓所出大量黄老道书可证[③])，而皆不免一死。尸解信仰必须面对这一常识性的事实。而“先死后蜕”的尸解术实乃当时唯一可能之途径。

因此，在尸解术中肉体恰恰是死后仙化过程的出发点。而且，从马王堆一号墓四重棺及T型帛画严谨表达的由下而上逐步递升的生命转变过程可以看出，由死到仙，即使贵为王侯，亦非一蹴而就之事(详见第四章)。由此可见，时人对尸解成仙的信仰，亦建立在死后尸解转变程序之不可动摇这个基础之上；对这个程序的任何人为改变，都可能导致人们对死后可能性——即终极意义体系——的怀疑。事实上这个由死而仙的仪式过程，除了画中所见，还要包括此前的遗体保护、墓室营建、入葬仪式等一系列过程。如是，永生的渴求与死亡之不免，遂由墓中所有资料得到系统表现。这就可以理解，何以汉人不惜高昂代价而寻求尸体防腐，何以马王堆一号西汉墓女尸、连云港双龙村西汉墓女尸、荆州凤凰山西汉墓男尸历经两千多年而保存完好[④]。

历史上，死后复生和成仙以愈益坚定的信仰方式，超越了腐朽这个最令

---

① 其遗世者实乃托以代形之物(有似《周礼》所谓之尸，但须注意尸解所假托的不是替代性的人体而是他物)，故李贤等注《后汉书·王和平传》说：“尸解者，言将登仙，假托为尸以解化也。”见《后汉书》卷83《方术列传》，第2751页。

② 《无上秘要》卷87：“夫尸解者，形之化也，本真之练蜕也，躯质之遁变也。”(《道藏》第25册，第245页)古人譬为“蝉蜕”，言尸解“如蝉留皮换骨，保气固形于岩洞，然后飞升成于真仙。”(《续仙传·序》，《道藏》第5册，第77页)又按《无上秘要》卷87引《洞真藏景录形神经》，尸解之法“有死而更生者；有头断已死乃从傍出者；有死毕未殓而失骸者；有人形犹存而无复骨者；有衣在形去者；有发既脱而失形者。”(《道藏》第25册，第246页)其迹可谓形形色色，难以一言以蔽之。

③ 马王堆三号墓随葬大量黄老道书，如《老子》甲、乙两种版本及《经法》《十大经》《道原》《符箓》《导引图》《阴阳五行》等6大类50种黄老道经，证明死者生前确实是黄老道的虔诚信奉者。详见湖南省博物馆、湖南省文物考古研究所：《长沙马王堆二、三号汉墓》第一卷《田野发掘报告》，北京：文物出版社，2004年，第88—90页。

④ 河北满城西汉中山靖王刘胜及其妻窦绾墓中出土用于尸体防腐的两套金缕玉衣，亦应由此作进一步研究。

人沮丧的事实，在文明演进中成为人类更愿接受的选择。出土资料显示，至迟在战国时期，已有关于死后复生以及身体发生变化的思想。1986 年甘肃天水放马滩一号秦墓出土竹简记述了一个名为丹的人死后数年，经司命允准而复生的故事①。故事中“丹”死后并未转变成仙，而是埋葬三年后复活为人；其肉体在地下有相当损坏，出墓满四年后才逐渐重获身体机能。

无论事实如何，这些故事提供了死后肉体不腐和复生观念的可能依据。司马迁则记述方士李少君之故事说：“居久之，李少君病死。天子以为化去不死也。”②所谓“化”者，变也③。这里提到的“化去不死”之说，实指“尸解”。以上几种史料表明，战国至汉初，从东部到西部，已有死后由司命审定死者命运、死后身体可发生变化的“形解销化”即“尸解”信仰，而汉初已有以“炼精”为途径的“易形”思想④。这对于战国以来尤其是汉代墓葬的影响，不可低估。可以说，“尸解”信仰即是本书多所论及的“太阴炼形”信仰的基础形态，后者乃是前者的逻辑发展。

然而细观汉代尸解信仰之流行形态，主要表现为李少君式的死后变仙这

---

① 具体内容见李学勤：《简帛佚籍与学术史》，南昌：江西教育出版社，2001 年，第 167—168 页。另参甘肃省考古文物研究所《天水放马滩秦简》（北京：中华书局，2009 年，第 57—59 页）整理的“志怪故事”条。

② 《史记》卷 12《孝武本纪》，第 455 页。

③ 及至东汉，许慎作《说文解字》解“化”为“教行也”（《说文解字》，北京：中华书局，1963 年，第 168 页），乃儒生之道德化狭隘解释，已偏离古意。按《荀子·正名》：“状变而实无别而为异者，谓之化。”注曰：“化者，改旧形之名。”[（清）王先谦：《荀子集解》，北京：中华书局，1988 年，第 420 页]又《易·系辞传》“变化者，进退之象也”，东汉荀爽注：“春夏为变，秋冬为化”；“知变化之道”，三国虞翻注：“在阳称变，……在阴称化，……阴阳不测之谓神知变化之道者。”（《周易集注》卷 13、14，文渊阁四库全书本）皆胜许慎所述。

④ 《史记》已记有“练精易形”的说法：“中庶子曰：……臣闻上古之时，医有俞跗，治病不以汤液醴洒，镵石挢引，案扤毒熨。一拨见病之应，因五藏之输，乃割皮解肌，诀脉结筋，搦髓脑，揲荒爪幕，湔浣肠胃，漱涤五藏，练精易形。”（《史记》卷 105《扁鹊仓公列传》，第 2788 页）对于这条史料，《初学记》卷 20 政理书“湔肠涤脏、解颅理脑”条将其引用到“漱涤五藏”句为止[（唐）徐坚等编撰：《初学记》，北京：中华书局，2004 年，第 485 页]。这种取舍处理，必有某种考虑。问题恰恰始于这个取舍：“练精易形”与上面大段文字所叙述的种种类似于外科手术的项目，所指颇为不同，即由“练精”而达“易形”，变易人体形貌。此说应与汉初黄老道炼气养形之术有关。

个一般意义上的理解。这就是为什么东汉前期王充《论衡·道虚》对尸解信仰的批驳，最终落实为对“蝉之去复育”“龟之解甲”“蛇之脱皮”“鹿之堕角”等话语的解构：

> 所谓“尸解”者，何等也？谓身死精神去乎？谓身不死得免去皮肤也？如谓身死精神去乎，是与死无异，人亦仙人也；如谓不死免去皮肤乎，诸学道死者骨肉俱在，与恒死之尸无以异也。夫蝉之去复育，龟之解甲，蛇之脱皮，鹿之堕角，壳皮之物解壳皮，持骨肉去，可谓尸解矣。今学道而死者，尸与复育相似，尚未可谓尸解。何则？案蝉之去复育，无以神于复育，况不相似复育，谓之尸解，盖复虚妄失其实矣[①]。

从《论衡》卷2“无形篇”的批驳性论述中，又可看到当时社会中流行“愿身之变”的尸解信仰：“人禀气于天，虽各受寿夭之命，立以形体，如得善道神药，形可变化，命可加增”；对此王充予以反驳：“冶者变更成器，须先以火燔烁，乃可大小短长。人冀延年，欲比于铜器，宜有若炉炭之化乃易形，形易寿亦可增。人何由变易其形，便如火烁铜器乎？……徒变其形，寿命不延，其何益哉？”赞成返老还童的梦想，强烈质疑人身变化成仙之说，而批判当时社会中流行的描画仙人图像的风气：“图仙人之形，体生毛，臂变为翼，行于云，则年增矣，千岁不死。此虚图也。世有虚语，亦有虚图。”[②]这种对“虚图”的批判，正是针对当时盛行的、今则见于汉墓的象征墓主人死后尸解成仙的种种图像。

复按《论衡》卷20“论死篇”：“人死精神升天，骸骨归土，故谓之鬼。”“人之精神，藏于形体之内，犹粟米在囊橐之中也。死而形体朽，精气散，犹囊橐穿败，粟米弃出也。粟米弃出，囊橐无复有形，精气散亡，何能复有体，而人得见之乎！……今人死，皮毛朽败，虽精气尚在，神安能复假此形

---

① 黄晖：《论衡校释》，北京：中华书局，1990年，第331—332页。引者对引文标点有改动。

② 黄晖：《论衡校释》，北京：中华书局，1990年，第59—62、66—67页。引者对引文标点有改动。

而以行见乎？”“人生于天地之间，其犹冰也。阴阳之气，凝而为人，年终寿尽，死还为气。夫春水不能复为冰，死魂安能复为形？”[①]从王充的批判可以看出，汉人相信，虽然难免“皮毛朽败”，只要“精气尚在”（附于骨骸），魂神仍能“复假此形而以行见”。因此，在汉人心目中，坟墓的最基本功能就是藏人形骸[②]，以图未来。

值得注意的是，《孔子家语·哀公问政》，以大段文字阐述了汉人对鬼神和坟墓的认知及其教化功能，揭示了更为丰富的汉代鬼神与墓葬信仰：

> 宰我问于孔子曰：“吾闻鬼神之名，而不知所谓，敢问焉。”孔子曰：“人生有气有魄。气者，人之盛也。魄者，鬼之盛也。夫生必死，死必归土，此谓鬼；魂气归天，此谓神。合鬼与神而享之，教之至也。骨肉斃于下，化为野土，其气发扬于上，此神之著也。圣人因物之精，制为之极，明命鬼神，以为民之则；而犹以是为未足也，故筑为宫室，设为宗、祧，春、秋祭祀，以别亲疏，教民反古复始，不敢忘其所由生也。众之服自此，听且速焉。教以二端，二端既立，报以二礼：建设朝事，燔燎膻、芗，所以报气也；荐黍稷，羞肺、肝，加以郁鬯，所以报魄也。此教民修本反始崇爱，上下用情，礼之至也。君子反古复始，不忘所由生。是以致其敬，发其情，竭力从事，不敢不自尽也，此之谓大教。”[③]

所谓“筑为宫室”，非指人间之物，而乃汉人为死者所造坟墓。但坟墓即如宫室亦非终极目的，而是手段，因之以为“大教”。

在“尸解”信仰的精细思想体系——尤其是作为其深化结构的“太阴炼形”信仰支持下，西汉晚期以降，死后世界的核心问题，不再简单停留于墓葬本身及为死者提供的冥界享受，而是要通过墓葬，使鬼能在其中“培胎炼形”转变为仙；于是墓葬的文化结构被赋予新的思想要素，具备新的

---

① 黄晖：《论衡校释》，北京：中华书局，1990年，第871、873、877页。

② 《释名》卷8“释丧制”：“葬，藏也。”“圹，旷也，藏于空旷处也。”（东汉）刘熙撰：《释名疏证补》，北京：中华书局，2008年，第18、19页。

③ 陈士珂辑：《孔子家语疏证》，上海：上海书店出版社，1987年，第119—120页。

功能，成为“炼形之宫”。这正是驱使人们“竭财以事神，空家以送终”[①]（甚至贫寒子弟为此卖身为奴）为先人大造坟墓宫室与祠堂的真正动力，而不应将其径直约简为孝道；应当说，那是表象为孝道、实质为尸解信仰的死后成仙追求。

进而可以理解，在两汉，尸解仙术之盛行，亦源于其对葬俗礼仪之改造。其后，由于神仙信仰结构之变迁——主要是从死后成仙（“先死后蜕”）向即身成仙（“举形升虚”）的转变，魏晋以后道教中虽亦流行尸解术，但在日益丰富而成熟的道教仙术中已退居下品，故魏晋《仙经》所述仙术三品中：“上士举形升虚，谓之天仙。中士游于名山，谓之地仙。下士先死后蜕，谓之尸解仙。”[②]显然不可藉此三品说去逆证两汉——毕竟那是尸解仙道最为盛行的时代。尽管如此，尸解信仰的核心要素，因其给予死者的变仙承诺，跨越世代历史变迁，仍得传流后世（见诸二次葬之信仰结构）。

小南一郎在比较道教和佛教的地狱后指出，“佛教的地狱主要是描述陷入其中所受的苦痛，来将这种恐惧注入人心，但道教的地狱所关注的焦点则是人如何从地狱中脱出的方法和过程。堕入地狱者将通过炼形准备上升南宫，或是真人们为了提高自己的仙阶而故意深入地狱。因此可以说道教的地狱，是一个洗脱自身罪恶、提升自己境界的场所，而非佛教的受罪之所。虽然道教地狱观念的形成受到佛教的影响，但道教形成自身的独特地狱观，更受到那个时代背景的影响：每个人对自身罪恶的凝视以及从罪中解放出来的强烈希望”[③]。应当说这是对道教救度思想比较真切的认知。根据上述研究，可以判断，这种救度思想的最深根柢，就在东汉墓葬所存信仰之中；其所谓道教地狱信仰的炼形结构与佛教地狱的惩罚结构之所以形成重要差别，是因为战国以来盛行的尸解信仰及其发展形态的太阴炼形信仰，本来就是一种“先死后蜕”的信仰结构，只是受到佛教信仰的冲击才出现了某些恐吓性的内容，而其信仰内核则仍属本土传统。

---

① 黄晖：《论衡校释》，北京：中华书局，1990 年，第 962 页。

② 王明：《抱朴子内篇校释》，北京：中华书局，1985 年，第 20 页。

③ ［日］小南一郎：《道教信仰と死者の救済》，《東洋学術研究》第 27 卷别册，昭和 63 年（1988 年），第 102 页。

四、关于本书立场、资料与方法的几点说明

(一)墓葬皆宗教：本书的基本立场

世上还有什么动物会像人类那样以庄严的仪式和宝贵的财富去埋葬自己的同类？人何以如此“荒诞”①？

作为人生之归宿，墓葬凝结着人类的终极梦想。当跳动的脉搏骤然凝滞，大量资源伴随仪式转入地下，汉时代的精神世界，化作一般事件所不具的精致符号，汇入一丘而封藏千年。

历经世代沧桑和文化变迁之后，如何读得古人之心？这确实是超出今人经验的难题。尤其当我们看到，汉墓所存信仰已随汉家而去，到南朝陶弘景的时代，世人竟已不知——，可见文化断裂之甚。但最难突破的，往往不是时空而是观念的阻隔。

作为生活方式的组成部分，古人将事鬼的墓葬归入“礼”的范畴。《礼记·祭义》：

> 宰我曰：“吾闻鬼神之名，不知其所谓。”子曰：“气也者，神之盛也；魄也者，鬼之盛也；合鬼与神，教之至也。众生必死，死必归土：此之谓

① 事实上，荒诞恰为人类特有。故托马斯·内格尔曰：“为什么老鼠的生活不荒诞？月球绕轨道运行也不荒诞，但没有任何奋斗目标。老鼠却必须为了活命而觅食。然而它不荒诞，因为它缺乏那种能使它明白它只是一只老鼠的自我意识能力和自我超越能力。一旦它明白它只是一只老鼠，它的生活就会变得荒诞，因为自我觉醒不能使它不再做老鼠，也不可能让它超越它作为老鼠的奋斗。带上它新发现的自我意识，它仍然必须回到它的贫乏却又激动的生活中去，满怀着无法回答的疑问，但也满怀着它无法放弃的目标。荒诞性乃是有关我们的最人性的东西之一：我们的最高级和最有趣的特征。像认识论中的怀疑论一样，它之所以成为可能，只是因为我们具有某种内省力(insight)，具有在思想上超越我们自己的能力。”([美]托马斯·内格尔著，万以译：《人的问题》，上海：上海译文出版社，2000 年，第 23—25 页。这里对译文有所修订，原文见 Thomas Nagel, *Mortal Questions*. Cambridge: Cambridge University Press, 1979, p.21, p.23)能够意识到这种荒诞性，是人性的鲜明特征。人类必须面对死亡，于是诉诸不同于理性的逻辑去谋求超越死亡——因而掏空或虚化了死亡这个原本如铁的事实，这就是宗教的逻辑。在这个层面上，我们说宗教是对人类理性文化的另类延续——尽管有时是以虚延线的方式，所以宗教一定程度上包含有理性的成分，但宗教最终必然且必须拒绝理性，才能解决每一个人都不可避免的问题。详见姜生：《论宗教源于人类自我意识》，《世界宗教研究》2011 年第 3 期。

鬼。骨肉斃于下，阴为野土；其气发扬于上，为昭明，焄蒿，凄怆，此百物之精也，神之著也。因物之精，制为之极，明命鬼神，以为黔首。则百众以畏，万民以服。”①

可知战国秦汉之际圣贤乃以事鬼之礼“神道设教”而服万民。伴随近代世俗文明进程，关于墓葬本义的古老记忆或已流失；然而对于古人来说却至关重要，“事死”成为重于“事生”的头等大事，为之倾家荡产甚至儿孙卖身以葬其亲者，代不乏人。

东汉王符在对厚葬之风的批判中记录了时人信仰之笃与靡费之巨。《潜夫论》“浮侈第十二”：

诗刺“不绩其麻，女也婆娑”。今多不修中馈，休其蚕织，而起学巫祝，鼓舞事神，以欺诬细民，荧惑百姓。妇女羸弱，疾病之家，怀忧愦愦，皆易恐惧，至使奔走便时，去离正宅，崎岖路侧，上漏下湿，风寒所伤，奸人所利，贼盗所中，益祸益祟，以致重者不可胜数。或弃医药，更往事神，故至于死亡，不自知为巫所欺误，乃反恨事巫之晚，此荧惑细民之甚者也。

子曰：“古之葬者，厚衣之以薪，葬之中野，不封不树，丧期无时，后世圣人易之以棺椁”，桐木为棺，葛采为缄，下不及泉，上不泄臭。后世以楸梓槐柏杶樗，各取方土所出，胶漆所致，钉细要，削除铲靡，不见际会，其坚足恃，其用足任，如此可矣。其后京师贵戚，必欲江南檽梓豫章楩楠，边远下土，亦竞相仿效。夫檽梓豫章所出，殊远，又乃生于深山穷谷，经历山岑，立千步之高，百丈之谿，倾倚险阻，崎岖不便，求之连日然后见之，伐斫连月然后讫，会众然后能动担，牛列然后能致水，油溃入海，连淮逆河，行数千里，然后到雒。工匠雕治，积累日月，计一棺之成，功将千万。夫既其终用，重且万斤，非大众不能举，非大车不能輓。东至乐浪，

① (清)阮元校刻：《十三经注疏·礼记正义》，北京：中华书局，1980年，第1595页。

西至敦煌，万里之中，相竞用之。此之费功伤农，可为痛心！[①]

礼至如此之重，何故？因为它所操作的，是世界上唯一有思想而寻求崇高的动物——人；它所回答的，是每一代人都将提出的疑问：当人生终了，是否还有另外的可能……墓葬所见，正是代代坚信不疑、默默相传的答案，是关于人在死后走向不朽的终极信仰。于是墓葬成为人类最终获得再生的地方，犹如回到母亲的子宫，生命在那里重新孕育而出。

这当然不是理性的逻辑；只有宗教，才能向人类作出如此承诺。

因为，对死亡的恐惧始终与人类相伴。死之恐惧源于人类自我意识（古人所谓“意”）的产生；包括人自身在内的一切存在从此被对象化。先贤明言“人只是意在作祟，有意则有生死，无意则无生死”[②]。正因为如此，“对死亡的恐惧无疑是最普遍最根深蒂固的人类本能之一”；因而“对生命的不可毁灭性的统一性的感情是如此强烈如此不可动摇，以致到了否定和蔑视死亡这个事实的地步”[③]。这种对死亡由恐惧而否定而蔑视的转变——也可以说是对由知识建构的解释逻辑之终极价值的怀疑——正是一切宗教产生和存在的根本所在。宗教的一切指向最终都聚焦于人的意义与崇高，宗教是人类“终极关怀”（ultimate concern）[④]的代言者。其使命是以荒诞逻辑为现实中的人消除自我意识判断过程所必然产生的痛苦，将一切的转变寄托于自我意识消融后的终极境界，为人在现实生命结束后创造出新的意义空间，而以道德检验为保障环节，使人的存在从生前到死后获得意义连续性。

因此，真正的宗教，必定也必须起而否定死亡，——只要它敢于宣称代言人的最高利益。当它这样做的时候，便首先分解了生命的概念，即：一种“表象的”生命，和一种“本质的”生命；进而利用有死的生命“表象”，去实现

① （东汉）王符撰，汪继培笺，彭铎校正：《潜夫论笺校正》，北京：中华书局，1985 年，第 125、134 页。

② （清）黄宗羲：《明儒学案》（修订本）卷 23“江右王门学案八”引《元潭会记》，北京：中华书局，2008 年，第 538 页。

③ ［德］恩斯特·卡西尔著，甘阳译：《人论》，上海：上海译文出版社，1985 年，第 111、107 页。

④ Paul Tillich, *The Courage to Be*. New Heaven: Yale University Press, 1952, p.47 & p.81.

生命“本质”的永恒不朽。而死亡便被汉人解释为实现生命永恒的必经程序。

如何才能使聪明有知的人类相信，那被埋葬的同类，生命尚可永恒？在现实人生层面，要实现生命永恒不朽的宏愿，无疑是超越人类经验的挑战；然而在死后的世界，藉着“死”这个契机，把墓葬化作一个过程，辅之以完善的仪式与象征话语，那些试图拯救人类的伟大先知们便提供了通往彼岸永恒世界的完美途径。因此，宗教需要一种机制，这种机制将再次为那个未来生命提供超越一切局限的可能，使他生活在不复有忧患和痛苦的理想世界。这是人为自己找到的最为古老的文明成果，并将其代代相传，以至于今。这就是宗教的仪式象征系统，——旨在带领人之生命通往永恒不朽之域的仪式象征系统。在把人类现世生命终点转变为来世生命起点的墓葬中，它得到了人类——这种面对死亡最感沮丧无助的动物——最大程度的信赖和倚靠。

简言之，墓葬及所有相关器物，乃是围绕死者展开的一场庄严的宗教仪式，——即使仪式架设至简亦无妨。以墓葬为依托的这种宗教仪式，在不同世代、不同地域之间，或有变易，但宗旨却恒久不变地指向死亡之超越、生命之不朽。准确地说，墓葬仪式是人的所有可能性的最后最高表达。

《礼记》曰：“凡人之所以为人者，礼义也。”[①]中国古代先圣将墓葬列作礼制的重要组成部分。他们很清楚，墓葬是人性的终结。更本质地说，墓葬乃是人类运用自我意识对抗生命终结现象的终极手段。墓葬空间和所有器物同死者一起，共同表达着超越死亡这个千古梦想。因此哲学家宣布：“只有一条能揭开人类本性秘密的途径，那就是：宗教的途径。”[②]尽管墓葬中某些器物或形式取自世俗或看似世俗，然而实质上，通过入葬仪式，它们已被赋予新的功能属性，变成了死后世界象征系统的符号。以此观察，方可获得对墓葬的本质性认识。这是我们面对古代墓葬时需要特别注意的问题。

关于汉墓画像研究，翦伯赞说：“除实物和简牍外，汉代的石刻画像也提供了不少新的史料。……但并未引起历史家的注意。我以为除了古人的遗物以外，再没有一种史料比绘画雕刻更能反映出历史上的社会之具体的形像。同时，在中国历史上，也再没有一个时代比汉代更好在石板上刻出当时现实生活的形

① (清)阮元校刻：《十三经注疏·礼记正义》，北京：中华书局，1980年，第1679页。
② ［德］恩斯特·卡西尔著，甘阳译：《人论》，上海译文出版社，1985年，第16页。

式和流行的故事来。……这当然是一种最具体最真确的史料”；“还有许多描写风俗、记录传说、鼓励道德、宣传信仰的画像。……这些石刻画像假如把它们有系统的搜辑起来，几乎可以成为一部绣像的汉代史”[①]。确实，汉画像是珍贵的史料。但需要特别注意的是，汉墓画像作为史料，所能证者应主要是汉代思想史。这些文化被创造和流行的时代，是一个超乎今人想象的时代。其深厚的创造力、执著的追求，以精湛的艺术呈现与无可比拟的朝气，瞬间凝聚在这些朴素而庄重的地下一隅。那些砖石灰泥诉说的，正是隐藏其中的一个意义乌托邦，是撑起那个时代的精神脊梁。为此，观察的视角不应来自世俗，而应以宗教（同时也是精神的）理解为基点，从静谧的甚至垮塌的坟墓中看出立体丰满的仪式架设，以及它所承载的梦想；同时必须清醒地认识到，尽管汉画史料可以映射出汉代的某些现实生活背景，但汉画在功能上的宗教属性，注定了这种映射在许多方面的不可靠性。甚至可以说，要读出真实的“日常生活的事实简化版”，可能同揭示其中的精神世界一样困难。

因此可以说，古人用木石、泥土和火的力量，结合起来，在有限的墓室空间里，简洁而庄严地表达的是他们共同的梦想，是他们关于死后世界的信仰。正如罗森在对周朝墓葬的研究中所指出的：“墓中丰富的内容表明周人相信，这些东西在来世生活中会有用。但是，虽然这些器物明显地与其拥有者的生活密切相关，却不可能全面地再现出他们在现世之所拥有。这些器物应该是供给死者的理想需求的基本部分。它们给了我们一个有关他们生活的理想图景，并且至多可再现如他们希望的一种理想的真实生活图景。要运用这些器物来瞻望过去，我们必须意识到这些器物被埋葬的原因，并且不仅要从中读出日常生活的事实简化版，而且更重要的是，读出一座墓所要告诉我们的当时社会中意识形态的理想设计以及理想的内容。”[②]墓葬器物所暗示的“理想图景”，指向的当然是死后的世界，是当时人们所能想象的、在死后的世界里所可能获得的理想生活，因而是当时信仰中的生活。在石上、在

① 翦伯赞：《秦汉史·序》，北京：北京大学出版社，1983年，第5—6页。

② Jessica Rawson, “Western Zhou Archaeology,” in Michael Loewe and Edward L. Shaughnessy (eds), *The Cambridge History of Ancient China*, Cambridge: Cambridge University Press, 1999, p.371.

砖上、在壁画和众多的器物及其空间排列所架设的仪式中，古人表达着他们所相信的死后世界的美好生活。确实，汉帝国创造了辉煌的思想文化，每一个汉人都可以从当时的文化中受益(至少是在精神的世界)，以至于“愚夫无知之人，尚谓之尸解而去、其实不死”①。而正是在这个层面上我们说，从图像可望把握当时的一些思想面貌；但如果试图从墓葬图像中夸张的“奢侈”去过度揣摩墓主人生前的地位和财富等等(所谓“以图证史”)，亦恐误入歧途②。

(二)以经解画、以画证经：资料使用问题

从汉墓资料，尤其是汉画中把握汉代的宗教信仰或时代精神，是本项研究的主旨，所以汉画为本书第一重要资料来源。与此紧密相关，如何解读汉画成为本书论证中的核心问题。依早期道经去理解和阐释汉画内容，构成本书最重要的研究方法，故此，早期道教经典自然成为本书同样重要的资料来源。所谓早期道经，其大致成书时间亦不过汉末魏晋时期，距离我们所研究的两汉画像尚有较大的时间逆差。由此，我们须先对这些资料本身及其运用方法上的合理性作一交待。

首先须充分认识汉画作为图像文献的可靠性问题。汉画作为汉时代思想、信仰最直接的承载者，绝大多数可谓未经此后时代任何形式改易的第一手资料，具有高度的准确性。实质上，墓葬具有一次性保存时代文献的特点。除非遭遇一些特殊情况，如盗墓、墓室或石料的二次利用所致破坏，汉代墓室一旦封闭，便成为千年不变的图像文献储存室；一些汉墓题记亦提示了这一特点。如河南唐河冯君孺人墓题记：“郁平大尹冯君孺人始建国天凤五年十月十七日癸巳葬。千岁不发。”又如苍山元嘉元年画像石题记曰：“长就幽冥则决绝，闭旷之后不复发。”③这些题记反复告诉我们，汉墓资料不像传世文献那样在人间流传过程中历经世代改篡，而具有最为可靠的真实性；在汉时

① 黄晖：《论衡校释》，北京：中华书局，1990年，第331页。

② 有关讨论参见缪哲：《以图证史的陷阱》，《读书》2005年第2期。

③ 见南阳地区文物工作队、南阳博物馆：《唐河汉郁平大尹冯君孺人画象石墓》，《考古学报》1980年第2期；李发林：《山东苍山元嘉元年画像石墓题记试释》，《中原文物》1985年第1期。

代，这些思想的文本瞬间入地，谢绝人间，千年之后的我们才有幸得以一睹。在这个意义上，汉墓堪称最可靠的古佚书宝库——只不过这些佚书因为宗教魅惑力的需要变幻了面孔，或狰狞或美丽、或精致或粗陋，因而转译或遮掩了原始话语，后人莫知其密（这正是一切宗教的本质），遂无从阅得其意。找到开启这座古佚书宝库的钥匙便有望揭示深埋的历史。汉画的“第一可靠性”意味着，当汉画研究者遭遇图像内容与传世文献记载的冲突，抑或传世文献不足以证明已获识别的图像内容时，应首先选择肯定图像的可靠性，而非以数量不足去质疑、甚至否定确凿的图像内容。不无遗憾者，本应成为基本认识的这个问题似乎并未引起学界的足够重视，致使相关研究长期驻足不前，无力突破。

第二，同样极其重要却长期未获重视的是，汉画与早期道经的互诠性与连续性。从现有的研究可以发现，汉晋之间某些画像资料不仅存在思想内容上的连续性，而且在两晋时期出现的某些道经中，此前画像资料中的思想传统，终于以文献话语的方式浮现出来了。这意味着，两汉墓葬发现的画像资料，一定有某种跨越时代、不断传递的后继性思想文本。这些文本不一定是以书籍文献的方式传播，但总的说来却得到了比较忠实的传递，并成为早期道教经典的组成部分。例如，马王堆一号汉墓T形帛画所见以九日代表九天的信仰内容，中经南阳东汉墓葬画像石之承传，而最终以文字表达的形式保存在某些成书于东晋的道经文献中(详见第四章)。这意味着，某些思想传统从汉到晋拥有稳定的信仰群体，因而跨越时空阻隔，保持着它在自身内容上的连续性。这正是墓葬仪式这种文化形式所特有的意义象征功能的强烈稳定特征。因为在最终的实质上，墓葬仪式本身乃是不容改变的对人的终极评价(隐喻)体系，是世代群体之间默认的连续运行着的意义赋予机制。进一步说，也是支持现实中人“活下去”的终极依据。

而且，早期道经中的许多思想或话语甚至可以直接构成为汉代画像的最合理说明(如孔子见老子等)。实际上，作为初期道教的汉代宗教体系，本身即构成为汉墓结构与思想发展的最重要背景。

当我们认识到谶纬作为东汉典籍的宗教性，汉代的这些宗教文本及某些早期道教经文与汉画之间构成一种相互影响、相互诠释的关系，便不难理解：墓葬作为解决人类生命大限之后可能性的方式，本身内含着一种极其强烈不可置疑的信仰传统；汉代宗教体系与道教教派思想的形成，既是这种终极关怀回应方式的演变形态，也是导致汉代墓葬结构与内涵发生巨大变化的原动力。换句话说，汉墓所表达与承载的，正是发展到汉代的墓葬信仰、正是发展到汉代的终极理想信仰的一而二、二而一的表现形式——汉代宗教与原始道教之得道成仙信仰与实践。某些出土汉画与早期道经之间在思想上的一致性，使汉晋这种信仰的内容连续性得到了最好证明。而这一点在以往的汉画研究中往往被忽视了(或者被一些不合理的强硬嫁接所扭曲了)。

第三，单从文献的角度来看，早期道经对谶纬神学的接受，使汉代宗教传统得以保存传承。虽然时间上后出，不免窜入后人的思想观念，但许多早期道经却以“真人口喥之诰”[①]的造作方式，在事实上变相利用(也无法逃脱)和接受传统思想内容，保留了汉代信仰的组成部分，在经历了与汉家冲突的低潮后，终于在两晋道教重建的年代浮出水面。如东晋道士编撰的《真诰》，不仅保留了许多汉代的人物、地名、官制，而且保存了汉代宗教的神祇、仙谱、教义和方法等多方面内容。从这个角度，我们还会发现，早期道经大量继承、发展了汉代兴起并广泛传播的谶纬书中的思想[②]。

第四，汉画与早期道经作为思想史、宗教史资料的特殊性问题。思想史，尤其是宗教思想史与一般的政治史、经济史乃至社会史的重要差异在于，由于从宗教根本上回应人类的终极关怀问题，一旦形成便具有相对稳定性，呈现出千年不变的特殊面貌，因此某些宗教思想在历史上是更为保守耐久甚至无分古今反复出现的结构性成分，治史者宜加注意。也因如此，可以通过观察早期道经同汉墓画像在思想上的一致性，寻找理解、映射汉画像信仰内涵之思想背景，从而达到经画互证之效，甚至可为道经的断代提供最可依靠的

① 所谓诰喥，是一种以神仙降诰授经为方式的道经造作过程，类似于延存至今的扶乩。这种造作方式的最大益处是以“神授”的形式，在信仰者心理上造成道书内容的神圣性。实质上，在这种造经过程中，灵媒人物以及受录者，均无法逃脱信仰传统的知识承载，甚至可能直接袭用传统文本，因而不可避免地会在“接受”和传达神诰的过程中，自觉或不自觉地将传统信仰融入其中。

② 如早期灵宝经《太上灵宝五符序》中，有关龙威丈人奉吴王阖闾之命入包山取禹书的故事，即袭自河图纬《河图绛象》。更多例证可参萧登福：《谶纬与道教》，台北：文津出版社，2000 年。

支持（例见第五章）。

（三）从宗教理解古史：方法论检讨

史学的宗旨乃是理解和揭示历史的真实。这看似容易，践行实难，最终仍落实为方法论问题。八十五年前，陈寅恪在《冯友兰中国哲学史上册审查报告》中指出：

> 凡著中国古代哲学史者，其对于古人之学说，应具了解之同情，方可下笔。盖古人著书立说，皆有所为而发。故其所处之环境，所受之背景，非完全明了，则其学说不易评论，而古代哲学家去今数千年，其时代之真相，极难推知。吾人今日可依据之材料，仅为当时所遗存最小之一部，欲藉此残余断片，以窥测其全部结构，必须备艺术家欣赏古代绘画雕刻之眼光及精神，然后古人立说之用意与对象，始可以真了解。所谓真了解者，必神游冥想，与立说之古人，处于同一境界，而对于其持论所以不得不如是之苦心孤诣，表一种之同情，始能批评其学说之是非得失，而无隔阂肤廓之论。否则数千年前之陈言旧说，与今日之情势迥殊，何一不可以可笑可怪目之乎？但此种同情之态度，最易流于穿凿傅（附）会之恶习。因今日所得见之古代材料，或散佚而仅存，或晦涩而难解，非经过解释及排比之程序，绝无哲学史之可言。然若加以联贯综合之搜集，及统系条理之整理，则著者有意无意之间，往往依其自身所遭际之时代，所居处之环境，所熏染之学说，以推测解释古人之意志。由此之故，今日之谈中国古代哲学者，大抵即谈其今日自身之哲学者也；所著之中国哲学史者，即其今日自身之哲学史者也。[①]

恩斯特·卡西尔在论述历史认知问题时亦曾引丹纳之言表达这样的思想：

> 真正的历史只有当历史学家穿越时间的屏障开始解释活生生的人时才

① 陈寅恪：《陈寅恪集·金明馆丛稿二编》，北京：三联书店，2009 年第 2 版，第 279—280 页。

得以存在；这样的人是辛勤劳碌的、充满热情的，牢牢地扎根于他的习俗之中，他的音容笑貌、姿态穿着，就像我们刚刚在大街上与之分手的人一样轮廓鲜明形象完整。那么，让我们尽一切可能去努力消除这种时间上的巨大屏障吧，这种屏障使我们无法观看到人，无法亲眼观看到人。①

这些论述可谓苦心孤诣；其于古史理解认知方法之忧虑，萦绕字里行间，挥之不去。

此说之出已近百年，何以至今学界解史依旧问题丛生、困难无以排解？盖学者咏之者众、行之者寡耳。

其中，达到“真了解”即“了解之同情”，追求“与立说之古人处于同一境界”，最关键亦最难。当我们面对古先遗物，史观“去俗”入古，从宗教理解古史，把握其本意，当系此中头等之义②。

现代哲学有“祛魅”“附魅”之论。在这里，所谓“附魅”之必要，不言而喻。奈何谓之“附魅”？古仁人之“道心”，又岂是今世俗心“附魅”装扮所能视及？请质之：于古何魅之有？唯今世之人，伴随近代化，弃其传统、忘其本原，自我表达“失措”；且附之为术固已拙矣，而犹不能之，复欲代言古人，不亦悲哉。

要之，欲突破此重障碍，必突破近代以来对宗教的批判与歧视态度所累积导致的古史观察中的“视力缺乏”，甚于隔岸，如此将何由以知古人之心？必须认识到，较之先秦，汉代的意义世界发生了重大变化。此前只有神明才能拥有的不朽和瑰丽时空，如今被嫁接在人生的延长线上，成为人类也可以期待的生命属性，尽管它的承诺是在死后世界——，然而毕竟，对于每个人来说，生命延长线在这里展开了。武帝以降，儒术与仙、道、墨等思想传统

① ［德］恩斯特·卡西尔著，甘阳译：《人论》，上海：上海译文出版社，1987 年，第 246—247 页。

② 这也是作者向国际历史学会建议在第 22 届国际历史科学大会（22nd ICSH, 2015 Ji’nan）设立“The Role of Religious Study in the Understanding of Ancient History”（宗教研究在古史理解中的作用）议题之初衷。

走向深度融合，形成信仰世界的“大一统”[①]。与此同时，抱持如此信仰的汉代儒生们，在具有悠久历史积淀的“尧先圣人”[②]们中选定他们所崇拜的天神地祇（《运斗枢》、《元命苞》等汉纬以伏羲、神农、女娲为三皇[③]，汉晋道教秘籍《三皇经》亦由此而生），在“尧后”圣贤中选择他们所崇尚的神、仙、真人，而同时认定“汉家”为“尧后”，现世人生遂为“尧后”历史之继续[④]。于是我们看到，在宗教化史观下，尘封灰暗的历史时空，瞬间变成了瑰丽的神仙世界，现实人生自然而然地成为用以评价和界定一个人是否可以拥有永恒的意义的最重要依据；伟大的圣贤先祖们在前，后辈相续，世世代代，递相连接，古今一体，今古相映，共同构成了一个连续不断的从世俗通向不朽的意义通道[⑤]。由此，世人曷敢不勉哉！而这一宗教观之形成，则立基于汉儒的宗教化历史意识。神、真、仙、鬼作为不同的人生意义——决非仅仅是价值——的代表，作为人生所可能达到的最终极意义的象征性符号，成为人们在现世寻求未来升仙上天的标范。值得庆幸者，我们发现了沉潜于汉墓图像系统中的仙鬼考谪标准：英雄主义之极致——英雄为仙，自然会唤起人们的英雄理想，牺牲生命，哪怕瞬间辉煌亦所不惜，因为等待他的将是死后的不朽成仙。忠孝节义之极致——忠臣、信义、孝子、节女等死后亦位入仙班，如此，人间伦常自然规范有序，人人景仰，见贤思齐焉。

以此回望汉时代之信仰，观察解释封存汉墓千年、未遭后世篡改的“精神化石”，庶可切近古史之真形。

---

① 上自天地开辟、下及人伦尊卑，皆为儒生关注之焦点；反映在纬书已甚明显，如《易纬乾坤凿度》：“圣人凿开天路，显彰化源。”“是上圣凿破虚无，断气为二，缘物成三，天地之道不滌。”《春秋说题辞》：“六经所以明君父之尊，天地之开辟，皆有教也。”［日］安居香山、中村璋八：《纬书集成》，石家庄：河北人民出版社，1994 年，第 75、76、856 页。

② 关于“尧先圣人”“汉家尧后”等的讨论，见第二章第三节第二部分。

③ 《风俗通义》引《春秋运斗枢》：“伏羲、女娲、神农，是三皇也。”［日］安居香山、中村璋八：《纬书集成》，石家庄：河北人民出版社，1994 年，第 710 页。

④ 两汉时期以证汉家正统为目的的“汉家尧后”“汉承尧运”说甚盛，亦为汉代宗教思想形成之重要背景。

⑤ 因此卡西尔说，在这种古老的思维中，自然成了一个巨大的生命的社会，“对生命的不可毁灭的统一性的感情是如此强烈如此不可动摇，以致到了否定和蔑视死亡这个事实的地步。”［德］恩斯特・卡西尔著，甘阳译：《人论》，上海：上海译文出版社，1987 年，第 107 页。

在具体的层面，历史学不只是对物象简单、直观的比较排列，它必须通过对过去的反思和升华，从纷繁的表象中找出那个真实的过程，找出内在地联结整个过程的隐线索，——无论这个表象的外在特征多么庞杂亦无干其内。同样地，在艺术史的研究中，超越形式而达于精神，真正的艺术史才能出现。正如《庄子》所谓："筌者所以在鱼，得鱼而忘筌；蹄者所以在兔，得兔而忘蹄；言者所以在意，得意而忘言。"[①]因为，在原本意义上，艺术乃是精神的意象表达；或者说，艺术的真本质乃是化妆为图像的精神，它所承担的乃是世人所需的某个乌托邦的架设。因此可以预料，当我们试图运用"美术考古"的方法去重读或再现古代文化架构，将难免遭遇观念阻隔：当我们邂逅那些石匠们粗陋造作甚至未完的"画作"，将如何以对？忽略绝非上策；而我们需要的则是在已经冰冷的哪怕是零碎的符号后面，找出那曾经热烈的连续的激情，找出那隐藏在所有符号后面的支配逻辑，——符号之间原有的"语法"，从而重新读出符号联结之语义，看出其中仪式的意义，把握一个完整的精神世界(吾所谓意义乌托邦)的图景，——无关乎画面之美丑精粗。对此学界已有一些相关的路径探索："在缺少榜题的情况下，掌握画象各组件的意义，再将它们综合起来，不失为找到整个画象大致意义的一个方法。各组件可以出现在不同的意义脉络中，例如大禹可以是历代帝王图中的圣王大禹(如武梁祠所见)，也可以是汉人所深信充满神异，而为'缙绅先生'所不取的《禹本纪》这类书中的大禹。如果一组画象多数组件的意义，可以在某一个或某一类意义脉络中找到交集，则不妨假设由这些组件组成的画象，其意义应离这样的意义脉络不远，或就在这类意义脉络之中。这个方法虽不足以完全确认一组画象的寓意，但多少可以揣摸到寓意所在的范围。"[②]然而现实研究中，新理论、新方法和新视角并未如我们想象的那样在汉墓研究中得到应有的接受和运用，尽管交叉学科的路径无疑会带来创新。正如陈淳所说："考古发掘和发现纯粹在量上的积累是根本无法增进我们对过去文明发展了解的，除了发掘出一些重复的考古遗存或偶尔发现一些大墓来补充我们对该文化时空分布的了解之

① (清)郭庆藩撰，王孝鱼点校：《庄子集释》，北京：中华书局，1961年，第944页。

② 邢义田：《汉代画象胡汉战争图的构成、类型与意义》，《美术史研究集刊》2005年第19期，第1—72页。

外，如果没有解决问题的思路，这样低层次的发掘实际上是文明探索的一条死胡同。”[①]

1990 年代以来，作者致力于探讨早期道教经文资料与各地汉晋墓葬资料互证的可能性，从宗教研究的视野，观察理解汉墓画像背后那洋溢着汉人之乌托邦激情的宗教化汉家叙事，揭示那个“视之不见、听之不闻、搏之不得”的汉史图景背后的隐线索。故论曰：

> 中国古史研究中，似乎存在一个视野转换的问题，这种转换应该使我们掘进到更加微妙的精神的或曰心智的历史沉积层。历史学家必须回答的，应该包括历史逻辑后面的支配力量。也就是说，要探索历史背后的隐线索，一种往往为我们所忽视却内在地制约着历史进程的或许神秘甚至看似荒诞而晦涩的内在逻辑，历史就是它的外化。[②]

如何超越过去史学与考古学方法中的世俗经验立场，仍然是古史(尤其是中国思想史)研究的制约性问题。俞伟超指出：“汉画像中隐藏的精神世界，这可能是最难寻找的，但这恰恰是汉画像的灵魂。”[③]以宗教而非世俗的观察视角与认知路径，戮力于汉画之精神、思想而非形式的研究，揭示汉唐国力的信仰之维，亦为作者所倡所求。

---

① 陈淳：《考古学理论》，上海：复旦大学出版社，2004 年，第 263 页。

② 姜生：《曹操与原始道教》，《历史研究》2011 年第 1 期。

③ 俞伟超：《〈汉代画像石综合研究〉序》，载信立祥：《汉代画像石综合研究》，北京：文物出版社，2000 年，第 3 页。

上　篇

“炼形之宫”：汉墓的时空、神祇和仙谱

第　一　章

汉墓时空考

神仙、真人作为战国秦汉中国思想领域出现的一种本土信仰，以其长生不老之独特魅力，颇引燕昭齐宣、秦皇汉武为之折腰，而风靡中国。史家笔下的海上仙山琼阁，令人向往，然而不可接近："未至，望之如云；及到，三神山反居水下。临之，风辄引去，终莫能至云。"[①]可见仙真之属与世人处于不同维度的世界，是具有异度时空规定性的存在。

由此可以理解，《庄子·大宗师》描绘的理想人——"古之真人"的首要特征，就是拥有凡人所不具的"真知"，能够超越生死与时空局限：

> 夫知有所待而后当，其所待者特未定也。庸讵知吾所谓天之非人乎？所谓人之非天乎？且有真人而后有真知。何谓真人？古之真人，不逆寡，不雄成，不谟士。若然者，过而弗悔，当而不自得也。若然者，登高不慄，入水不濡，入火不热。是知之能登假于道者也若此。古之真人，其寝不梦，其觉无忧，其食不甘，其息深深。真人之息以踵，众人之息以喉。屈服者，其嗌言若哇。其耆欲深者，其天机浅。古之真人，不知说生，不知恶死；其出不䜣，其入不距；翛然而往，翛然而来而已矣。不忘其所始，不求其所终；受而喜之，忘而复之，是之谓不以心捐道，不以人助天。是之谓真人。若然者，其心志，其容寂，其颡頯；凄然似秋，煖然似春，喜怒通四

① （西汉）司马迁：《史记》卷28《封禅书》，北京：中华书局，1982年第2版，第1370页。

时，与物有宜而莫知其极。[①]

仙真对时空局限的超越，是相对于凡间而言。古以上登昆仑为不死仙，飞升九天乃成真(眞)；仙真的主要规定性仍在时空，而不过是另一种时空。《说文解字・匕部》："眞，僊人变形而登天也。从匕从目从乚。八，所乘载也。"段玉裁注："此眞之本义也。经典但言'诚实'，无言'眞实'者。诸子百家乃有眞字耳，然其字古矣。……从匕目乚。变形故从匕目。独言目者，道书云养生之道，耳目为先，耳目为寻眞之梯级。韦昭云，偓佺方眼。乚，匿也，读若隐，仙人能隐形也。"[②]

在原始道教信仰中，仙、真、神被认定为人可追求的几个逐级升高的境界。故《太平经》丙部"分解本末法第五十三"曰："今善师学人也，乃使下愚贱之人成善人，善善而不止，更贤；贤而不止，乃得次圣；圣而不止，乃得深知真道；守道而不止，乃得仙不死；仙而不止，乃得成真；真而不止，乃得成神；神而不止，乃得与天比其德；天比不止，乃得与元气比其德。元气乃包裹天地八方，莫不受其气而生。"[③]这种以修道成仙为主旨的信仰结构，打破了上古"绝地天通"神学设定的不可逾越的人神界限，向世上所有的人打开了通往不死世界的大门。

问题在于，如何才能迈向如此完美的终极人生？

人是现实与幻想的混合物。在现实的世界，成仙成真只能存在于梦想之中；而在死后的世界，借着尸解信仰符号达成的完美叙事，梦想中的乌托邦终于出现了。

作为以人生终极意义之赋予为宗旨的文化架设，汉墓建构了一种功能性特异时空，墓中各种信仰符号交织构成一套宗教话语，共同表达着死后在墓中转变成仙的尸解信仰；矗立在地上墓园的汉阙则象征天地人神之间的通道，使有道之士死后得由地下登昆仑成仙、乃至升天为"真人"，故谓之"神

① (清)郭庆藩撰，王孝鱼点校：《庄子集释》，北京：中华书局，1961 年，第 225—231 页。
② (清)段玉裁撰：《说文解字注》卷 8 上，上海：上海古籍出版社，1988 年，第 384 页。
③ 王明：《太平经合校》，北京：中华书局，1960 年，第 78 页。

道”[1]。如《搜神记》佚文：“运精气兮离故形，神渺渺兮爽玄冥。归北帝兮造酆京，崇墉郁兮廓峥嵘。升凤阙兮谒帝庭，……庶擢身兮登昆瀛，受祚福兮享千龄。”[2]这样一来，从墓中思想符号所象征的仙化到地上汉阙所指引的天路，整个墓葬构成为一个逻辑严密的特异时空系统、一个奇妙而动态的立体过程。

第一节　汉墓仙界时空之构设

周秦以来的神仙信仰，其“仙”之所指，经历了从神话之人向现实之人的转变；昔日生活在邈不可及的超验时空的仙人，在战国秦汉时期，伴随医学与文明进步，在体面而优越的“中国”生活方式中，逐渐获得人间的“落实”。

然而毕竟肉身凡胎，何由登真？唯有诉诸文化的手段。战国西汉，“道者”们的种种修炼方术已然发达，而犹不能免死，“形解销化”(尸解)落实为终极理想。及汉末至东汉，儒生与方士、仙术深度融合，仙化不死的理想，仍假以尸解信仰之逻辑，而进一步指向坟墓或山林，崇“玄室”于九泉之下，以行“太阴炼形”。要之，必以死后为尸解仙化之始。

《庄子·天地》：“千岁厌世，去而上仙，乘彼白云，至于帝乡。”[3]《说文解字·人部》：“仙，长生仙去。”[4]问题是，去哪里、如何去？“去”是关键。去者，“去世”也，弃此世而往另世之谓。宗旨则在于人的仙化，并成为思想的方式和生活的方式。《庄子·大宗师》提出：“今一以天地为大炉，以造化为大冶，恶乎往而不可哉！”[5]人化于其中，只是变幻存在的

① 关于汉阙“神道”引导升天功能的初步探讨，参看姜生：《汉阙考》，《中山大学学报(社会科学版)》1997年第1期。

② 《大正藏》第45册，东京：大正一切经刊行会，1924—1934年，第874页。

③ (清)郭庆藩撰，王孝鱼点校：《庄子集释》，北京：中华书局，1961年，第421页。

④ (东汉)许慎：《说文解字》，北京：中华书局，1963年，第167页。

⑤ (清)郭庆藩撰，王孝鱼点校：《庄子集释》，北京：中华书局，1961年，第262页。

形态而已，不朽之分亦岂非自在其中？这种思维方式成为神仙信仰的核心，流行中国。

王充《论衡·无形篇》曰：

> 人禀元气于天，各受寿夭之命，以立长短之形，犹陶者用土为簋廉，冶者用铜为柈杅矣。器形已成，不可小大；人体已定，不可减增。用气为性，性成命定。体气与形骸相抱，生死与期节相须。形不可变化，命不可减加。①

这些内容反映的是东汉初期的思想，尽管是以被质疑的方式出现；而汉代盛行的神仙信仰却恰恰是与王充相反的思想。

关于人体，《太平经》卷112“有过死谪作河梁诫”：“无离舍宅及城郭，骨节相连为阡陌，筋主欲生坚城郭，脉主往来为骨络，肉在皮内为脉衣。神在中守，司人善恶。何须远虑，七政司候神门户。”②两汉尸解信仰相信人可以通过某些秘术，使生命超越肉身的性命局限而获得不朽。《列仙传》说“赤松子……能入火自烧”；又说：“甯封子者，黄帝时人也，世传为黄帝陶正。有人过之，为其掌火，能出五色烟，久则以教封子。封子积火自烧，而随烟气上下。视其灰烬，犹有其骨，时人共葬于甯北山中，故谓之甯封子焉。”③可见其成仙之法即“积火自烧”炼而成仙；又有“陶安公者，六安铸冶师也。数行火，火一旦散，上行，紫色冲天。安公伏冶下求哀。须臾，朱省(雀)止冶上，曰：‘安公，安公，冶与天通；七月七日，迎汝以赤龙。’至期，赤龙到，大雨，而安公骑之东南上一城邑，数万人众共送视之，皆与辞决云。”④这些仙话故事表达的都是人可以炼身成仙的信仰。从神仙思想发展的历史逻辑来看，王充所代表的思想，在当时无疑缺乏社会接受。

---

① 黄晖：《论衡校释》，北京：中华书局，1990年，第59页。

② 王明：《太平经合校》，北京：中华书局，1960年，第577页。

③《道藏》第5册，第64页。

④《道藏》第5册，第74页。

战国两汉盛行的尸解信仰，把人转变成仙的可能性放在了死后的过程中；为此需要一种类似于“转换器”的特殊空间，一如烧陶之窑、冶铸之炉，亦如母体之子宫；在此空间中，乃可望炼成长生之仙。汉墓正是这样的一个空间，而其“生命转换器”的功能(仪式象征的性质)，则是靠墓内的文化要素——最重要就是墓葬中的画像系统——来进行空间和功能的喻示和界定。

一、六博图与汉墓之仙境化

如上文所示，汉墓乃是具有“生命转换器”性质的“练(炼)形之宫”[①]，汉人运用一些特定的符号，从不同角度暗示其独特的时空结构。神仙弈棋(汉画研究中多称为六博图)就是这样的象征符号。

六博图是汉墓画像的常见题材，汉墓中亦多见博局镜及六博俑，其主旨在于助死者成仙，是复杂的墓葬仪式话语的重要一环。六博图以十分生动的艺术形式，深度暗示了棺、墓的独特时空结构，意味深妙，而其认知问题制约着汉墓之整体解释。

1. 有关研究及问题

学界对“六博”的研究已有较长的历史。过去几十年，主要是通过文献资料的梳理，探讨“六博”的基本形态、规则及发展，主要成果有劳榦《六博及博局的演变》[②]，杨宽《六博考》《六博续考》[③]，韩养民《秦汉文化史》的有关讨论[④]，姜锋《古代博弈——六博具考析》[⑤]，游振群《汉代的六博》[⑥]

① 语出东汉道书《老子想尔注》，详见本书有关章节。

② 劳榦：《六博及博局的演变》，原载《历史语言研究所集刊》第35本，1964年；后收入蒲慕州主编：《生活与文化》，北京：中国大百科全书出版社，2005年，第129－145页。

③ 均见杨宽：《杨宽古史论文选集》，上海：上海人民出版社，2003年，第441－446、447－448页。

④ 韩养民：《秦汉文化史》，西安：陕西人民教育出版社，1986年，第268－271页。

⑤ 收入马芹桥、周荃主编：《青岛文博论丛》，青岛：青岛出版社，1991年，第134－137页。

⑥ 收入熊传薪主编：《汉朝·汉族·汉文化》，台北：艺术家出版社，1999年，第95－97页。

以及崔乐泉《中国古代六博研究》[①]等。另外，傅举有《论秦汉时期的博具、博戏兼及博局纹镜》[②]，李零《跋中山王墓出土的六博棋局——与尹湾〈博局占〉的设计比较》[③]，黄儒宣《六博棋局的演变》[④]等研究，则主要整理考古出土的六博棋局，及考察其流变。与此同时，李零不仅讨论了卜、赌(赌博之“博”即与六博有关)之同源性，还进一步详细讨论证明了汉代的博盘、游戏方法都脱胎于演式，汉镜、汉画的博局纹即代表着宇宙模型[⑤]，具有较强的启示性。武威磨咀子 48 号汉墓则同时出土有以北斗为中央的式盘和彩绘木雕六博对俑(见下文)。

对汉画中“六博图像”的研究是相对晚出的事情。陈成军较早讨论了画像砖、画像石所见的六博图像，将其分为“单一的仙人六博图像”，“与其他神仙内容组合在一起的仙人六博图像”及“与仙禽神兽组合在一起的六博图像”等三类，认为“六博不仅仅是一种博戏，是一种娱乐活动，其博局还是重要的占卜用具，是连接神仙与世俗民众的中介，具有一种特殊的无声的代言功能”。仙人六博图像“不仅仅是当时神话故事的生动诠释，特别是石棺上的六博图像与神话故事组合在一起，更是反映了当时人们渴望长生不老的期盼”[⑥]。将六博图与当时人们的长生思想联系在一起应较合理，但究竟如何联系在一起尚需进一步研究。许蓉生在讨论六博的发展历史时，意识到汉画中六博图像具有“仙风道骨的神秘色彩”，“考察其原因，除了汉代浓厚的神仙风气和六博的广泛流行之外，还应该考虑六博胜负的难以捉摸”[⑦]。此种观点注意到六博胜负“难以捉摸”的“神秘”，不无启示意义。姜彦文考察了四川汉代石棺六博画像艺术，通过对仙人(包括形象、性别、姿态)、博

① 崔乐泉：《中国古代六博研究》上、中、下，《体育文化导刊》2006 年第 4、5、6 期。

② 傅举有：《论秦汉时期的博具、博戏兼及博局纹镜》，《考古学报》1986 年第 1 期。

③ 李零：《跋中山王墓出土的六博棋局——与尹湾〈博局占〉的设计比较》，《中国历史文物》2002 年第 1 期。

④ 黄儒宣：《六博棋局的演变》，《中原文物》2010 年第 1 期。

⑤ 分别见李零：《中国方术续考 · 方术四题 · 卜赌同源》，北京：东方出版社，2000 年，第 20—27 页；李零：《中国方术考 · 式与中国古代的宇宙模式》(修订本)，北京：东方出版社，2001 年，第 89—176 页。

⑥ 陈成军：《试谈汉代画像砖、石上的六博图像》，《文物天地》2000 年第 5 期。

⑦ 许蓉生：《浅议六博的产生、演变及其影响》，《四川文物》2005 年第 6 期。

具以及仙境的研究，提出“‘六博画像’在石棺上的位置，遵循着一种相对稳定，但又不绝对的配置规律，即基本上均位于棺身的侧面。……六博画像表现的内容为‘神仙仙境’，或‘神仙仙境’的组成部分”；“所有这一切，都突出表现了仙人们在仙界的无拘无束、自由自在”[①]。张有通过对丝绸之路河西地区汉及魏晋墓彩绘砖画和木俑博戏的考察，认为砖画表现的形态应该是樗蒲和博赛而非六博[②]。周保平、王瑞峰认为汉画中的六博即是一种古代的棋类游戏，同时又提出考古出土及汉画像中的博局形式与文献记载不尽相同[③]。

通过汉画六博图去印证文献中有关博具的形制、博戏的规则等记载，具有“以图证史”的基础性价值，值得深入探讨；六博的具体方法和规则等诸多基本问题，亦有待学界予以研究揭示，但这并不是我们关注的核心问题。按题中之意，学界已有一些研究或多或少涉及六博图与神仙信仰的可能关联，但对汉墓中此类图像或物件的深层蕴义及其在墓葬整体思想构造中的意义，尚待进一步研究和揭示。从六博图像去考证和呈现汉人信仰的历史样貌，进而襄助揭示汉墓的信仰世界，此乃本项研究期待的另一个层面的“以图证史”。

2. 汉墓中作为“仪式话语”的六博图

要讨论汉墓所见六博图的思想内涵，尚需从其所在“图像语境”入手，基于对六博图的构造形式、整体特征等方面的认识，结合当时社会的思想及信仰，逐步揭示其深层思想内核及精神寓意。

弈棋之娱在春秋战国时期已经流行。文献方面，《孟子·告子上》有人所共知的“弈秋诲弈”故事；文物方面，有山东青州东高镇西辛村战国齐墓2号陪葬坑出土的骰子等博具[④]。云梦睡虎地11号秦墓亦出土有漆六博具，

① 姜彦文：《四川汉代石棺六博画像艺术初步研究》，中国汉画学会、四川博物院编：《中国汉画学会第十二届年会论文集》，香港：中国国际文化出版社，2010年，第229—235页。

② 张有：《丝绸之路河西地区魏晋墓彩绘砖画——六博新考》，《敦煌研究》2011年第2期。

③ 周保平、王瑞峰：《汉画游戏研究》，《中原文物》2004年第5期。

④ 石可昌等：《山东青州西辛战国陪葬墓发掘简报》，《文物》2010年第7期。

由木棋盘、骨质棋子和竹博筹组成[①]。长沙马王堆三号墓也曾出土西汉早期漆六博具盒(图 1-1)[②]。直到西汉前期，墓葬所见弈棋器物似乎只是一种普通明器，未见其与神仙有明显关联。然而，在此后的汉墓中，六博图则显示出某种超乎博具本身的功能，而具有仙界时空的暗示功能。这意味着，六博图须从艺术史(图像学方法)的研究对象进一步变作精神史(宗教学方法)的研究对象来对待。

图 1-1　马王堆三号汉墓出土六博具盒

临沂市庆云山西汉中期墓 M2 不仅在出土的石棺底部刻有六博图案(图 1-2 右)[③]，且出土 10 余枚石质棋子[④]。此例博局图案做于棺底，显然对死者不具使用价值，故其模式有重要的启发意义和解释价值，值得进一步探讨。甘肃武威磨咀子 48 号汉墓(发掘简报判断为西汉末年墓)发现的彩绘木雕双人六博俑，位于墓内夫妇两棺的前方[⑤]。在合葬墓室内夫妇之侧置入双人六博组合，进一步表明博具(图、物)非为死者所设，乃别有用意。临沂、武威出

① 湖北孝感地区第二期亦工亦农文物考古训练班：《湖北云梦睡虎地十一座秦墓发掘简报》，《文物》1976 年第 9 期。

② 湖南省博物馆、湖南省文物考古研究所：《长沙马王堆二、三号汉墓》第 1 卷《田野考古发掘报告》，北京：文物出版社，2004 年，彩版 36“三号汉墓博具”图 1—图 3。

③ 临沂市博物馆：《临沂的西汉瓮棺、砖棺、石棺墓》图 12，《文物》1988 年第 10 期。

④ 临沂庆云山汉墓属汉武帝时期，见临沂市博物馆编：《临沂汉画像石》，济南：山东美术出版社，2002 年，“概述”第 10 页。

⑤ 甘肃省博物馆：《武威磨咀子三座汉墓发掘简报》，《文物》1972 年第 12 期，图版五：3。

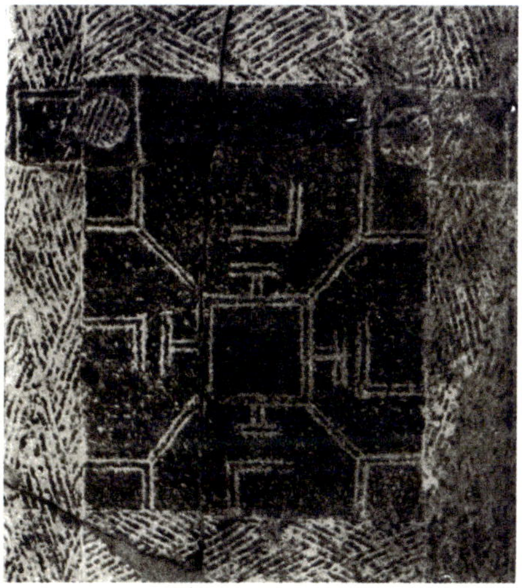

图 1-2 章丘汉砖和临沂石棺上的六博图

左：济南章丘市博物馆藏章丘出土西汉陶六博砖；右：临沂市庆云山西汉墓 M2 石棺底部六博图案

土的这些材料，代表着西汉中期以后墓葬中六博所表达的时空暗示。

河南偃师新莽墓砖壁画彩绘二人对博[①]，位于伏羲女娲交媾图之侧，可推知此二君为仙人。河南灵宝出土的东汉六博俑(图 1-3)[②]，底座与俑分模制作，座之两侧两俑跽坐对博，中间置一长方形盘局，其一边置六根长箸，另一边置方形博局，博局两边各有六枚方形棋子，中间有两枚圆“鱼”，赢者正拍手称快，输者作无奈之相，备极传神。四川简阳董家埂乡深洞村鬼头山崖墓出土的三号石棺画像中，有“先人博”“先人骑”“日月”“柱铢”“白椎”“离利”“天门”“大仓”“伏羲”“女娲”“白虎”等榜题[③]，可知其中的对博场景确实表达的是彼岸的仙人在下棋。另外，各地出土的“仙人六博”图亦相当丰富。出土众多的“仙人六博”图(如图 1-3、图 1-5[④]至图 1-11)中，仙人的身体特征

① 洛阳市文物管理局、洛阳古代艺术博物馆编：《洛阳古代墓葬壁画》上卷，郑州：中州古籍出版社，2010 年，第 181 页图 12。

② 河南省博物馆：《灵宝张湾汉墓》，《文物》1975 年第 11 期。

③ 方建国等：《四川简阳县鬼头山东汉崖墓》，《文物》1991 年第 3 期。

④ 《中国画像石全集 7 • 四川汉画像石》，济南：山东美术出版社；郑州：河南美术出版社，2000 年，图 157“三神山图”。

非常明显，或着服戴冠作仙官之相，有些以仙鹤或仙草辅助构图。六博的地点则多位于“下狭上宽”(或言束腰状)的“神山”之上，周围环境显得静谧、神秘。曹植《仙人篇》“仙人揽六著，对博太山隅”①的诗句中，仙人“对博”

图 1-3　河南灵宝出土东汉绿釉陶六博俑

河南省博物院藏

图 1-4　四川新津崖墓石函刻仙人六博图

采自闻宥：《四川汉代画像选集》，北京，中国古典艺术出版社，1956 年，图 35

① (三国魏) 曹植撰，赵幼文校注：《曹植集校注》，北京：人民文学出版社，1984 年，第 263 页。

图 1-5　彭山江口镇出土东汉三号石棺右侧三神山上的仙人六博（作者藏拓）

的“六著”即汉人盛行的“六博”；南朝诗人张正见《神仙篇》有：“已见玉女笑投壶，复睹仙童欣六博。”[①]仙人对博于太山隅，仙童“欣”六博，证明墓葬中动作表情夸诞的六博图反映的实是仙人之无忧生活。

从参与六博的仙人体态样貌来看，“赢者”显示出极度夸张的动作和表情，表达着他们兴奋张狂、极度痴迷的状态。何以墓葬如此用心制作、配置仙人博弈的场面？为何会在严肃的墓葬内出现这种极度欢快刺激的博弈情景？六博的场景究竟意味着什么？

汉代墓葬仪式中施用“仙人六博”之用意，其原始文本依据今已难考。然而借助于某些相关的汉代文献，及稍晚时代的一些仙话传说，则可尝试把握。六朝刘敬叔《异苑》云：

昔有人乘马山行，遥望岫里有二老翁相对樗蒲，遂下马造焉，以策注地而观之。自谓俄顷，视其马鞭，摧然已烂，顾瞻其马，鞍骸枯朽。既还至家，无复亲属，一恸而绝。[②]

① （宋）郭茂倩编：《乐府诗集》，北京：中华书局，1979 年，第 925 页。
② （南朝宋）刘敬叔撰，范宁点校：《异苑》，北京：中华书局，1996 年，第 48 页。

图 1-6 彭山出土“尹元郎博时”画像砖(作者藏拓)

刘敬叔生活在东晋末到南朝宋泰始年间，泰始(公元 465—471 年)中卒于家[①]。至于这则仙话的渊源应更早。樗蒲是东汉时期传入中国的一种印度博戏，有传说指其为老子化胡所创。东汉马融《樗蒲赋》：

昔有玄通先生，游于京都，《道德》既备，好此樗蒲。[②]

又：

(陶)侃为荆州，常检校佐吏，若得樗蒲博弈之具，投之于江。曰：“樗蒲，老子入胡所作，外国戏耳；围棋者，尧舜以教愚子；博者，商纣所造。诸君并国器，何以为此牧猪奴戏。若王事之暇患邑邑者，文士何不读书，

① 汲古阁本《异苑》卷首有明胡震亨作《刘敬叔传》，收入中华书局 1996 年点校本“附录”。见(南朝宋)刘敬叔撰，范宁点校：《异苑》，北京：中华书局，1996 年，第 107—108 页。

② (唐)欧阳询等编纂，汪绍楹校：《艺文类聚》卷 74《巧艺部》“樗蒲”条，上海：上海古籍出版社，1982 年，第 1278 页。

武士何不射弓！”谈者无以易也。[①]

将樗蒲之戏与大神老君联系在一起。此类与仙界相联系的弈棋故事中，更著名的当是任昉（公元460－508年）《述异记》所录王质在石室山观棋“俄顷烂柯”的传说：

信安郡石室山，晋时王质伐木至，见童子数人，棋而歌，质因听之。童子以一物与质，如枣核，质含之，不觉饥。俄顷，童子曰：“何不去？”质起视，斧柯尽烂。既归，无复时人。[②]

任昉虽以士大夫闲笔猎异之心将故事纳入其书，但在其妙笔之下，弈棋与仙界时空紧密相联的叙事模式，尤其是弈棋与时间控制相关联的命题无疑更令人入迷。

图 1-7　彭山江口镇出土东汉一号石棺左侧仙山上的仙人六博（作者藏拓）

有关弈棋的另一则资料见于《西京杂记》，据戚夫人侍儿贾佩兰的描述，在汉宫中戚夫人陪高祖刘邦终年经历的诸多具有节日性质的活动中，包括下棋通神：

① （清）汤球辑：《九家旧晋书辑本·何法盛晋中兴书》卷 7，北京：中华书局，丛书集成初编本。

② （梁）任昉：《述异记》卷上，北京：中华书局，丛书集成初编本。

八月四日，出雕房北户竹下围棋，胜者终年有福，负者终年疾病，取丝缕，就北辰星求长命，乃免。①

此处雕房自是宫中建筑；在北面竹下弈棋，更值得探究。古以竹为阴物，在屋北面弈棋于竹下，岂非于阴中之阴、向北极沟通欤？《真诰》卷8《甄命授第四》："《九合内志文》曰：'竹者为北机上精。受气于玄轩之宿也。所以圆虚内鲜，重阴含素，亦皆植根敷实，结繁众多矣。'公试可种竹于内北宇之外，使美者游其下焉。尔乃天感机神，大致继嗣，孕既保全，诞亦寿考。微著之兴，常守利贞，此玄人之秘规，行之者甚验。"②《搜神记》卷3则记述有神灵对弈的情景：

管辂至平原，见颜超貌主夭亡。颜父乃求辂延命。辂曰："子归，觅清酒一榼，鹿脯一斤，卯日，刈麦地南大桑树下，有二人围棋次，但酌酒置脯，饮尽更斟，以尽为度。若问汝，汝但拜之，勿言。必合有人救汝。"颜依言而往，果见二人围棋。颜置脯斟酒于前。其人贪戏，但饮酒食脯，不顾。数巡，北边坐者忽见颜在，叱曰："何故在此？"颜唯拜之。南边坐者语曰："适来饮他酒脯，宁无情乎？"北坐者曰："文书已定。"南坐者曰："借文书看之。"见超寿止可十九岁。乃取笔挑上，语曰："救汝至九十年活。"颜拜而回。管语颜曰："大助子，且喜得增寿。北边坐人是北斗，南边坐人是南斗。南斗注生，北斗注死。凡人受胎，皆从南斗过北斗。所有祈求，皆向北斗。"③

从上述史料或可看出东汉墓葬刻画樗蒲博弈之类图像的信仰根源。弈棋这种娱乐活动，与时间流逝及生死命运联系到了一起。王质因观棋而进入了与世间迥异的仙界时空(由此亦可推知古人在弈棋的快感兴奋中曾产生对时间流逝之相对性的某种体认)。

---

① 《西京杂记》，北京：中华书局，1985年，第20页。

② 《道藏》第20册，第535页。

③ (东晋)干宝撰，汪绍楹校注：《搜神记》，北京：中华书局，1979年，第33—34页。

图 1-8　简阳三号石棺“先人博”

采自高文：《中国画像石棺艺术》，太原：山西人民出版社，1996 年，第 7 页

另一则值得注意的资料，见于《孔子家语·六仪》：

> 哀公问于孔子曰：“吾闻君子不博，有之乎？”孔子曰：“有之。”公曰：“何为？”对曰：“为其二乘。”公曰：“有二乘，则何为不博？”子曰：“为其兼行恶道也。”哀公惧焉，有间，复问曰：“若是乎，君子之恶恶道至甚也。”孔子曰：“君子之恶恶道不甚，则好善道亦不甚；好善道不甚，则百姓之亲上亦不甚，诗云：‘未见君子，忧心惙惙。亦既见止，亦既觏止，我心则悦。’诗之好善道，甚也如此。”公曰：“美哉！夫君子成人之善，不成人之恶。微吾子言焉，吾弗之闻也。”①

既然如此，何以在西汉后期以降孔子作为“素王”备受尊崇的时代，儒生主导的汉墓仪式中却博戏成风？需要强调的是，我们的问题是指向墓中所见六博，而不是俗间之戏。

不仅如此，古籍文献中还有人神博弈的记载。如《韩非子》卷 11《外储说左上》：“秦昭王令工施钩梯而上华山，以松柏之心为博，箭长八尺，棋长八寸，而勒之曰：‘昭王尝与天神博于此矣。’”②《史记·殷本纪》：“帝武乙无道，为偶人，谓之天神。与之博，令人为行。天神不胜，乃僇辱之。”③《风

---

① 陈士珂辑：《孔子家语疏证》卷 1，上海：上海书店出版社，1987 年，第 35 页。

② (清)王先慎撰，钟哲点校：《韩非子集解》，北京：中华书局，1998 年，第 276 页。

③ 《史记》卷 3《殷本纪》，第 104 页。

俗通义》卷 2《正失》："武帝与仙人对博，棋没石中，马蹄迹处，于今尚存。"[①]前文提到李零关于汉镜、汉画中的博局纹代表宇宙模型的观点，亦合乎上文就《异苑》《述异记》《西京杂记》等所见文本的讨论。现在看来，必须承认的是，汉墓中大量出现的六博实物或图像，绝不是仅仅用来表现时人或神仙好博戏，而是暗示着涉及汉人的终极关怀以及与此相关的宇宙观的重大问题。

图 1-9　铜山出土东汉六博画像石

2010 年 10 月 12 日摄于徐州汉画像石艺术馆

在《汉书·五行志》所记汉哀帝时民间发生的一场宗教运动中，博具是其仪式所用通神之物：

> 哀帝建平四年正月，民惊走，持槁或棷一枚，传相付与，曰行诏筹。道中相过，逢多至千数，或被发徒践，或夜折关，或逾墙入，或乘车骑奔驰，以置驿传行，经历郡国二十六，至京师。其夏，京师郡国民聚会里巷

① (东汉)应劭撰，王利器校注：《风俗通义校注》，北京：中华书局，2010 年，第 69 页。

仟佰，设张博具，歌舞祠西王母。又传书曰："母告百姓，佩此书者不死。不信我言，视门枢下，当有白发。"[①]

从上下文可以把握，"设张博具"与"歌舞祠西王母"具有相似的宗教意义。具体地说，"设张博具"应是将博具摆设齐整以供神仙享用，用作降神通灵之物，一如歌舞娱神，可见汉人相信神仙好博戏。这则材料的重要之处在于明确显示了六博图及博具明器与汉代的西王母及神仙不死信仰的密切关系[②]。而传西王母筹事件也表明汉画受到了此种宗教思想的影响。

那么六博图在汉画像石墓或汉画像石棺中，究竟有何宗教蕴意？

除了六博图，汉墓中还出土了大量的博局纹铜镜(旧称"规矩纹"，西方学者称 TLV 纹)。如王纲怀赠清华大学的一面博局镜，有铭曰：

新有善铜出丹阳，和以银锡清且明，左龙右虎掌四彭(方)，朱爵(雀)玄武顺阴阳，八子九孙治中央，刻娄(镂)博局去不羊(祥)，家常大富宜君王，千秋万岁乐未央。[③]

尹湾汉墓 M4 出土的八乳神兽规矩纹铜镜亦有铭文曰：

汉有善铜出丹阳，卒以银锡清而明，刻治六博中兼方，左龙右虎游四彭，朱爵(雀)玄武顺阴阳，八子九孙治中央，常葆父母利弟兄，应随四时合五行，浩如天地日月光，照神明镜相侯王，众真美好如玉英，千秋万世，

① (东汉)班固撰：《汉书》卷 27，北京：中华书局，1962 年，第 1476 页。按"过逢"之间宜为断句。

② 或者说，六博图及博具本身可以喻作方术家用来"点化"转换时空的"法物"。

③ 参见王纲怀：《清华铭文镜——镜铭汉字演变简史》，北京：清华大学出版社，2011 年，第 110 页。关于此类博局镜之释文与相关讨论参见[日]西田守夫：《"方格規矩鏡"の図紋の系譜——刻婁博局不羊の銘文をもつ鏡について》，*Museum*（《東京国立博物館研究誌》)427，1986 年，第 28－34 页；周铮：《规矩镜应改称博局镜》，《考古》1987 年第 12 期；Lillian Lan-ying Tseng,"Representation and Appropriation: Rethinking the TLV Mirror in Han China," *Early China* 29 (2004), pp.161-213.

长乐未央兮。[①]

细读铭文，其意甚明：六博之所以能够葆父母、利弟兄、随四时、合五行等，在于“刻治六博中兼方”，“四神”在旁，也就是说，博盘是一个浓缩的为大神所治的小宇宙。东汉边韶《老子铭》（公元165年）说当时的好道者相信老子（老君）是“规矩三光四灵在旁”的大神[②]。由于博局镜或六博相关画像在汉墓中多见（尤其是画成神仙博戏情景），可以相信，这种博局图像，不仅如铭文所说可辟除不祥（有神力），更有深厚的宗教蕴意。

图1-10　武威磨嘴子西汉墓出土木六博俑（甘肃省博物馆藏）

汉墓博局纹铜镜与汉画六博图案为数众多，此外还可见张设博具祠祭西王母之情景。特别是萧县圣村汉墓M1前室南壁门楣画像石上，两端有东王公、

① 连云港市博物馆：《江苏东海县尹湾汉墓群发掘简报》，《文物》1996年第8期。

② （宋）洪适：《隶释》，北京：中华书局，1985年，第36页。关于“规矩三光四灵在旁”所表达的汉代信仰，参见姜生、冯渝杰：《汉画所见存思术考——兼论〈老子中经〉对汉画的文本化继承》，《复旦学报》2015年第2期。

西王母，中间仅刻一组六博情景[1]。在汉墓的众多图像叙事模块中，为何博戏被选择安排在如此重要的位置？要回答这个问题，必须超越汉墓，去探索汉墓中刻画博局的真正涵义。显然，刻画博戏非独因时人所好、神仙所好，而应有更深邃的思想史背景。要之，描绘博戏，应与生命的终极可能性有某种关联。

基于以上相关文献背景，观察汉画“仙人六博”所在的图像“语境”，比较合理的解释是，神仙六博等弈棋类情景暗示着墓室之所在乃神仙洞窟。墓主人进入这个空间通过一定的程序即可转变成仙。济南章丘出土的西汉陶六博砖（图 1-2 左）[2]，亦有助于在汉墓的博局纹镜与六博图之间把握这一思想宗旨。

值得注意的是，六博棋盘图被刻画在石棺内底（见前述临沂出土石棺），强烈暗示了石棺内部空间的特殊性——通过博盘的时空控制功能，可致死者生命发生转化，如此则汉墓或石棺即成为类似“生命转换器”的奇异设施。前述四川简阳出土的带有“先(仙)人博”“先人骑”“日月”“天门”等榜题的三号石棺画像石墓亦堪为典型。

图 1-11　新津堡字山石棺仙山上的仙人六博

采自常任侠编：《汉代画像选集》，北京：朝花美术出版社，1955 年，图 32

仙人弈棋类图像是整个墓葬仪式话语系统之重要组成部分；更重要的是，作为一种特定的象征符号被纳入墓室仪式系统，仙人弈棋类图像表达的是这样一种逻辑，即墓之所在乃神仙之所在，此墓室乃仙家洞窟，死者居此，

① 周水利：《安徽萧县新出土的汉代画像石》，《文物》2010 年第 6 期。

② 见[日]大阪府立弥生文化博物館编：《中国：仙人のふるさと——山東省文物展》，山口県立萩美術館、浦上記念館，1997 年，第 63 页。

即升仙可待。新津东汉五号石棺侧面[①]，刻画三座上广下狭的陡峭神山，一对仙人在山上对博，另两山顶分别站立“金马”“碧鸡”[②]和蟾蜍，示其地即仙境，头戴高冠的神使持节从山外引入金马、碧鸡之神山(此画面应系西南区域神话之反映[③])，暗示死者将随之而往。

周秦以降的传统思想中，人们对神秘时空的认识与信仰，除墓穴之外尚有洞穴、风水宝地、洞天福地等桃花源式的所在，亦如丹鼎乃炼形之处，被认为具有生命转换功能。汉墓画像中的六博图像应与此类资料对接来认知。进一步可以说，汉墓仙人博弈图所隐含的，或即“王质烂柯”故事的思想原型，只是缺乏文字传递而已。

3. 六博喻仙窟

道教的壶、葫芦、洞天，都是引人回归道之母体的路径，表达着道教的独特时空观。《后汉书》和葛洪《神仙传》都有关于神仙壶公和他的弟子费长房的故事。《后汉书·方术列传》：

> 费长房者，汝南人也。曾为市掾。市中有老翁卖药，悬一壶于肆头，及市罢，辄跳入壶中。市人莫之见，唯长房于楼上睹之，异焉，因往再拜奉酒脯。翁知长房之意其神也，谓之曰：“子明日可更来。”长房旦日复诣翁，翁乃与俱入壶中。唯见玉堂严丽，旨酒甘肴盈衍其中，共饮毕而出。[④]

① 高文主编：《中国画像石棺全集》，太原：三晋出版社，2011年，第166页。

② 是皆汉时传说之神物。《汉书·郊祀志下》：“或言益州有金马、碧鸡之神，可醮祭而致，于是遣谏大夫王褒使持节而求之。”(《汉书》卷25下《郊祀志》，第1250页)《后汉书·邛都夷》：“青蛉县禺同山有碧鸡、金马，光景时时出见。”《后汉书》卷86《南蛮西夷列传》，北京：中华书局，1965年，第2852页。

③《搜神记》卷5：“金马、碧鸡：二神也，金马神庙在金马山西，碧鸡神庙在碧鸡山东。按汉宣帝时，方士言益州有金马、碧鸡，可祭祀而致，遣王褒往祀之，至蜀而卒。颜师古谓：‘金形如马，碧形如鸡，盖金马、碧鸡二山对峙，中隔滇池，苍崖万丈，绿水千寻，月印波澄，云横绝顶，云南一佳景也。故二神依之，以灵化显应。’”(《道藏》第36册，第286页)有研究认为这部《搜神记》为后人新编，成于1444—1593年之间。参见朱越利：《道藏分类解题》，北京：华夏出版社，1996年，第202页。

④《后汉书》卷82下《方术列传》，第2743页。

一壶之容不过升，而费长房随壶公出入其中，可谓匪夷所思。观其故事，小壶之内隐含大空间，是一奇；这个故事接着说，壶公携长房离家学道，长房谓去家适经旬日，而回家时知已十余年，仙凡之间，时间流逝的速度大致是一天等于凡间一年，又一奇。《神仙传·壶公》载同一故事，谓去方一日，推问家人，已一年矣[①]。《太平经》也表达了不同于俗世的仙界时空特性：

> 上天度世者，以万岁为一日，其次千岁为一日，其次百岁为一日，其次乃至十日为一日也。[②]

这意味着，仙界一刹即人间千年，某种特定的空间对时间具有特殊的控制功能[③]。这种时空可伸缩的观念，正是道教的洞穴崇拜的思想基础。汉晋道教信仰者偏爱山中洞室，“崖穴”构成为修道生活方式中的一个重要组成部分，甚至对修道者具有某种定性作用。作为这种信仰的较早形态，《淮南子》所论的“洞”，“在后来的道教中与各种象征性的、神仙所居的岩穴、洞室、或者天堂的三重世界相关联。毋庸置疑，这与表达宇宙发生意义上或经验上‘相同’状态的‘通’‘同’和‘玄通’‘玄同’存在联系”；与此同时，它也“暗示出很多隐含着的象征性的或者神话学的主题”[④]，正如鲍吾刚所言，“其尽头微光的闪烁向人们预示了一个新的世界”[⑤]。事实上，与壶中世界一样，“洞”和博戏图所象征的仙域，乃是具有奇异时间结构的隐秘空间。“壶”“洞穴”或博戏图所代表的仙窟，完全是另外一个宇宙，一个具有时间伸缩变化结构的奇域。人若得入其中，就意味着进入了一架生命转换机器，摆脱凡世的时空约束，时间的步伐在这里受到抑制，乃至“以万岁为一日”，

① 胡守为：《神仙传校释》，北京：中华书局，2010 年，第 309 页。

② 王明：《太平经合校·附录》，北京：中华书局，1960 年，第 736 页。

③ 更多讨论参见姜生、汤伟侠主编：《中国道教科学技术史·汉魏两晋卷》，北京：科学出版社，2002 年，第 233—235 页。

④ Norman J. Girardot, *Myth and Meaning in Early Taoism*, Berkeley: University of California Press, 1983, pp.147-148.

⑤ Wolfgang Bauer, *China and the Search for Happiness*. New York: Seabury Press, 1976, p.192. 此据严蓓雯、韩雪临、吴德祖中译本：《中国人的幸福观》，南京：江苏人民出版社，2004 年，第 195 页。

于是人在其中便可不老、不死[①]；这正是仙凡之别的最主要特征。汉晋仙话用瑰丽奇绝的叙事手法，将遇仙、成仙的可能性推至人世边缘，俗世与仙国近在咫尺，乃至渔樵之夫亦可误入其中。道教的洞天福地信仰则拓展早期洞穴信仰的地上可能性："洞"非必为窟，即山即洞，入山即入洞天。

汉墓中代表弈棋博戏的符号，是界定墓室为仙窟的标识，喻其为"练(炼)形之宫"(详参下文)。因此，博局图出现在哪里，哪里的炼仙时空就会被加速运转，死者将很快进入绝妙的仙域而得不朽。换言之，博局表示墓室乃神宫。至于这一炼形过程具体如何展开，古代宗教家并未详述。不过从东晋道书《真诰》保存的汉晋时期仙鬼迁谪年限标准中，似可揣摩某些可能相关的背景：至忠至孝之人死后 140 年受下仙之教，渐补仙官，140 年一试进；有上圣之德者死后 1000 年转补三官之五帝，复 1400 年乃为九宫之中仙；有萧邈之才、绝众之望者死后 400 年乃为地下主者，此后每 300 年为一阶；有至贞至廉之才者死后 280 年乃为地下主者，此后以 280 年为一阶；先世有功、七世阴德根叶相及者死后 280 年乃进受地仙之道[②]。这些年限数字，意味着一个人死后变仙或晋升仙官需要的时间；而根据以上的探讨，墓中施以博局图案，则表示死者在这个仙窟里将不再受世俗时间约束，于是，死者成仙和晋升仙官实际所需时间均将缩至甚短，不亦美哉！

汉墓的墓室、石棺即神圣空间，非世人所可得居，须死后借着方士所行科仪法术及其支配下的葬仪过程，使死者与这个时空发生结合，乃始启其进入运转。各种画像描绘诸多鬼神现身其中，本身表明墓室的非凡属性。六博是墓葬仪式施用的一种时空界定符号，其过于为人把玩的世俗性，妨碍了后人对其在汉墓中的神秘角色和功能的认识。

---

① 王孝廉："仙乡时间经过速度的不同，当然是源于仙人与不死的古代神话信仰而产生的，凡人是必须在时间里衰老和死亡的；仙人之所以能够不死是因为他们能够摆脱凡人世间的时间控制，所以他们能够避免衰老和死亡的威胁。不死的仙乡所以如此诱惑着无数的人憧憬和向往，是因为人们相信只要到达那块乐土，凡人便能超越生死，也就是说能够逃开时间的控制而到达另一个绝对而且无限的自由世界里去。"参见王孝廉：《中国的神话世界》，北京：作家出版社，1991 年，第 85 页。

② 以上内容参考《真诰》卷 16《阐幽微》，《道藏》第 20 册，第 586－587 页。有关研究参见本书第三章。

二、“穿胸国”“羽民国”和“轩辕之国”画像标示的不死世界

除了“仙人六博”暗示墓穴乃不死之地，汉画中尚有直接刻画不死国以暗示墓内为神仙世界。

《山海经》可能是华夏历史上最早的图文并茂的经典之一，然而原始图像早佚，今本所见为明清所绘。马昌仪曾经尝试从保存至今的与《山海经》同时代的帛画、漆画、铜器上的针刻画入手，探寻已经失落了的山海经古图的人文特色与风貌[①]。事实上，汉画中保存着一些珍贵的图像资料。如学术界已经看到的，作于东汉初的山东长清孝里镇孝堂山石室画像中(图 1-12)[②]，刻画有“穿胸国”的神话。《山海经·海外南经》：“贯匈国在其东，其为人匈有窍。一曰在戴国东。交胫国在其东，其为人交胫。一曰在穿匈东。不死民在其东，其为人黑色，寿，不死。一曰在穿匈国东。”[③]《艺文类聚》卷96《麟介部上•龙》引《括地图》曰：“禹诛防风氏。……防风神见禹，怒射之。……神惧，以刃自贯其心而死。禹哀之，瘗以不死草，皆生，是名穿胸国。”[④]《异域志》卷下：“穿胸国，在盛海东。胸有窍，尊者去衣，令卑者以竹木贯胸抬之。”[⑤]不难看出，孝堂山画像所刻正是“穿胸国”之尊者出现时的情景，他也应该是穿胸国这个神仙世界的神灵。

最近作者发现，汉墓画像石中还刻画有《山海经》所记的“羽民国”。《山海经·海外南经》：

> 比翼鸟在其东，其为鸟青、赤，两鸟比翼。一曰在南山东。羽民国在其东南，其为人长头，身生羽。一曰在比翼鸟东南，其为人长颊。[⑥]

① 马昌仪：《从战国图画中寻找失落了的山海经古图》，《民族艺术》2003 年第 4 期。

② 采自中国画像石全集编辑委员会编：《中国画像石全集 1•山东汉画像石》，济南：山东美术出版社，2000 年，第 23 页，图 43。

③ 袁珂：《山海经校注》(修订本)，成都：巴蜀书社，1992 年，第 237—238 页。

④ (唐)欧阳询等编纂，汪绍楹校：《艺文类聚》，上海：上海古籍出版社，1982 年，第 1662 页。

⑤ (元)周致中：《异域志》，北京：中华书局，1981 年，第 62 页。

⑥ 袁珂：《山海经校注》(修订本)，成都：巴蜀书社，1992 年，第 227—228 页。

图 1-12 长清孝堂山石祠西壁顶部西王母、穿胸国和伏羲的世界(作者藏拓)

汉王逸注曰：“《山海经》言有羽人之国，不死之民。或曰人得道，身生毛羽也。”[①]《说文解字・页部》：“頬：面旁也。从页，夹声。”[②]頬即脸庞。《海外南经》还说有“不死国，在交胫东。其人黑色，寿考。”[③]又《山海经•大荒南经》载：“有羽民之国，其民皆毛羽。”[④]《淮南子・原道训》说舜“能理三苗，朝羽民”；高诱注“羽民，南方羽国之民”[⑤]。在汉人心目中，“身生羽翼”便意味着成神仙而不死。

有的学者认为尧舜时代南方地区有“羽人国”存在，并认为它的主人应是良渚文化的先民。余杭良渚反山、瑶山等地的良渚文化墓地，很可能是羽民的墓地[⑥]。此说从文化人类学的角度考察“羽人国”，或具史学意义，但其可靠性尚待证明。这里从宗教学的角度，在汉代画像石中寻找、解读汉人心目中的“羽人国”，则可看到一段真切的历史。

《山海经》所载“其为人长頬”的“羽民国”在鲁南苏北汉画中得到了反映。1958 年滕县西户口一汉墓所出某些画像石中(图 1-13)，人物全被刻

---

① 袁珂：《山海经校注》(修订本)，成都：巴蜀书社，1992 年，第 228 页。

② (东汉)许慎：《说文解字》，北京：中华书局，1963 年，第 182 页。

③ (宋)李昉等撰：《太平御览》，北京：中华书局影印本，1960 年，第 3499 页。

④ 袁珂：《山海经校注》(修订本)，成都：巴蜀书社，1992 年，第 423－424 页。

⑤ (西汉)刘安撰，刘文典集解，冯逸、乔华点校：《淮南鸿烈集解》，北京：中华书局，1989 年，第 23 页。

⑥ 王文清：《“羽民”、“裸民”与良渚文化》，《学海》1990 年第 5、6 合期。

画为“长颊”(长脸)形象，颇引人注目。这种形象当是根据《海外南经》所述“羽民国”之民“其为人长颊”的特征所刻，目的是为了暗示这里的空间，乃是“羽民国”“不死之民”所在的神仙世界。而且，为了突出表达“羽民国”的这一特征，诸石所刻，不仅神仙人物，而且牛马，亦作长颊形象(图 1-14)。另一方画像石(图 1-15)上刻画的长颊、长鼻亦非常突出。

徐州汉王乡出土的元和三年(公元 87 年)汉墓画像石(图 1-16)中，即出现一个长颊仙人，手握一物跪向对面一位头顶一双总角跽坐的小仙女，仙女在触摸长颊仙人的下巴，仙女身后一女仙官作后仰偷笑状，女官身后复有一女官作嬉笑状，她们是在迎接死者转变成仙人，当其转变(“易貌”)之时，

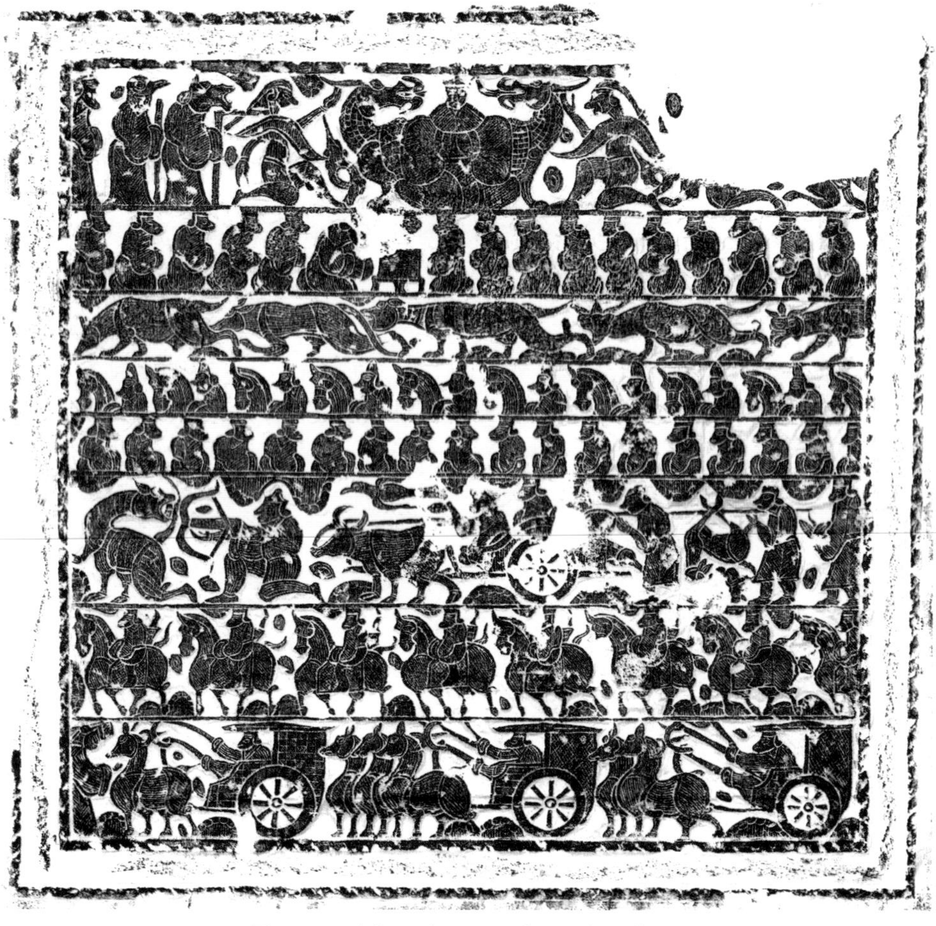

图 1-13 滕州西户口汉画像石(作者藏拓)

脸颊变长；在他的身后，有其他死者执文书跪等仙官接待，以完成其“易貌”成仙程序(有关“易貌”升仙详见本书下篇第五章相关讨论)。

图 1-14 西户口汉画像石局部放大

另一个值得注意的汉墓画像资料，是徐州汉画像石艺术馆藏的一组汉画像石。这两方画像石上刻画的应是“轩辕之国”的图景(图 1-17)。

按《山海经·海外西经》，“轩辕之国在此穷山之际，其不寿者八百岁。在女子国北。人面蛇身，尾交首上”[①]。这组画像石的菱形纹边框之内所刻男女老幼大都符合“人面蛇身，尾交首上”的形态特征。从两石的这种周边纹饰判断，边框以内所刻应是轩辕之国里歌舞升平、快乐无忧的神仙生活。

显然，这里的问题是，墓葬画像石上刻画这些神话的用意是什么？汉墓中选择刻画这类与不死相关的神话传说故事，其目的是把墓室所在的空间通过这种方式喻示为神仙世界，表示墓中死者处于“不死之民”当中，进一步则意味着死者已然成仙。

---

① 袁珂：《山海经校注》(修订版)，成都：巴蜀书社，1992 年，第 266 页。

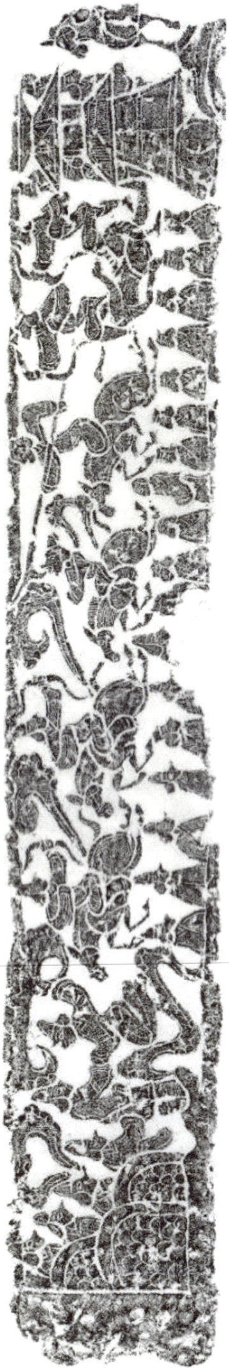

图 1-15　滕州汉画像石馆藏“胡汉交战”画像石
山亭区桑村镇西户口村出土，作者藏拓

图 1-16　徐州汉画像石艺术馆藏东汉元和三年画像石第 2 石细部
2010 年 10 月 12 日摄

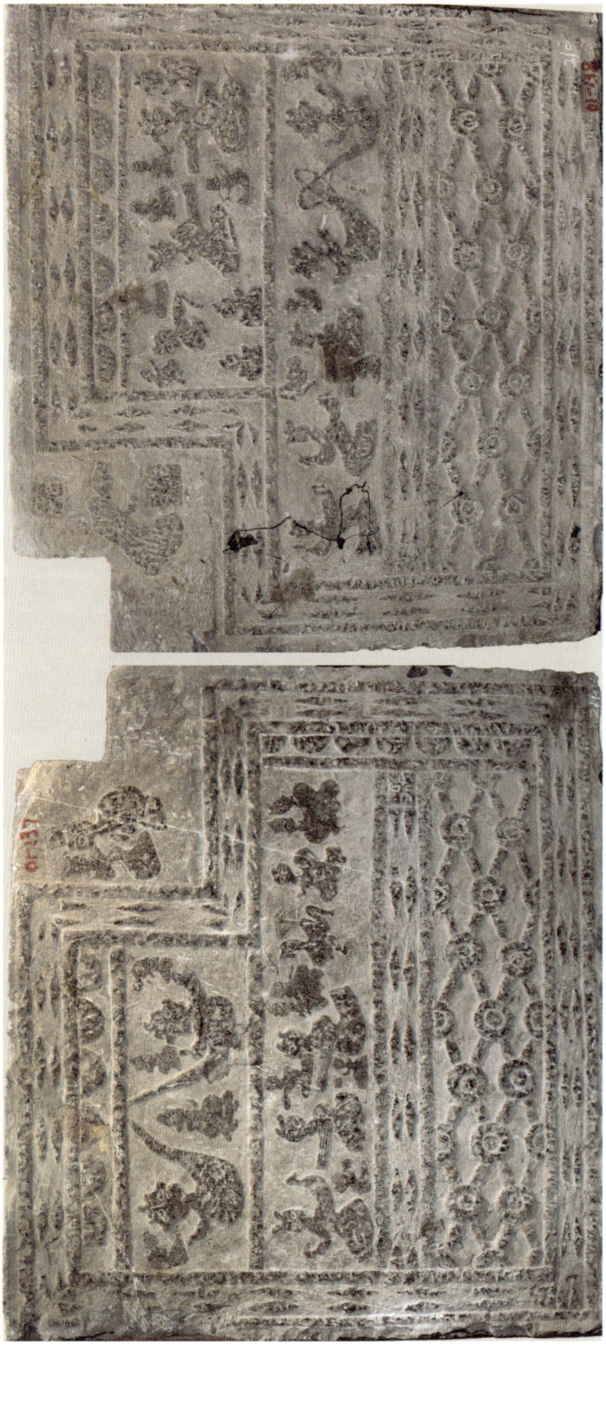

图 1-17　“轩辕之国”乐舞画像石
2010 年 10 月 12 日摄于徐州汉画像石艺术馆

三、墓室："炼形之宫"

通过图像的暗示或象征(文化符号架设的仪式空间)，汉墓成为汉人由死而仙的生命转化空间，从而将现世与来世连接起来。汉墓通过图像象征、"操作"时空之转化的功能属性，与其后道教进一步阐扬的以丹炉凝聚与逆转时空以烧炼金丹，有着异曲同工之妙。

按道教信仰，丹炉之内别有乾坤，炉鼎是一个小宇宙。道士炼丹，乃以丹鼎拟自然之造化，浓缩宇宙过程，以成仙丹。按道经的说法，自然还丹需要4320年，"有上仙自然之还丹，生太阳皆阴向阳之山。丹砂皆生南方，不生北方之地。自然还丹是流汞抱金公而孕也。有丹砂处皆有铅及银。四千三百二十年丹成"[①]。道经认定，用人间所得之火炼丹，同天火即自然之火具有同等效力，"金丹是日月运动自然成丹。因燧人改火，后圣用之，同于天火造化"。"后圣用火喻爻象，月计三百六十时，年计气候四千三百二十时，合四千三百二十年气候，喻合天符自然还丹。"[②]南阳张玄德撰《丹论诀旨心照五篇》说：

> 有仙自然还丹，生太阳背阴向阳之山。丹砂皆生南方，不生北方地。自然还丹，自流汞抱金公而孕也。有丹砂处皆有铅及银，四千三百二十年丹成，左雄右雌，上有丹砂，下有曾青，抱持日月阴阳炁四千三百二十四万三千二百年，成上仙天人还丹。下界神仙，修炼铅汞一年成，取十一月一阳生下火，至来年十一月成丹象。上界仙人天人圣人取食者还丹，此自然还丹，是仙人天人圣人取食之。今修者象而成之，大千之数，服之亦长生羽化，与天同功。问曰：何以一年象天生还丹之数？答曰：上界一日一夜，为人间五年。且人间一年十二月三百六十日，一月三十日，又一日十二时，一月三百六十时，合一年四千三百二十时，象天生自然还丹。此亦上界真仙流传人间，有依法度，日月精炁，四时运移得成，服之皆延年上升。[③]

① 《丹论诀旨心鉴》，《道藏》第19册，第344页。

② 《通幽诀》，《道藏》第19册，第150、154页。

③ 《云笈七签》卷66，《道藏》第22册，第463页。

也就是说，道士乃是以人工控制火候 4320 时(即 1 年)的炼丹过程，来实现自然界 4320 年的自然成丹过程。丹炉冶炼仙丹相对于自然而言压缩了成物的时间。所以，“炼丹家的金丹，尽管是人工制造的产物，却复制了自然的造物”。而“炼丹家对隐藏着的自然运动变化的模仿，乃是建立在一种更为古老的模仿之上，即那种使得金属工匠的成就成为可能的东西。在从矿石中炼制金属或者由脆性的铸铁制造出坚硬的钢的过程中，冶金家向人们揭示：人类能够模仿自然过程，能够代替自然界，用极大地高于自然本身所需时间的比率，造成自然变化”①。这意味着，丹炉有浓缩时间之功能；炼丹的过程就是时空逆转与凝聚的过程。

这如何可能？或有多种解释，但其中一个角度是，在宗教学实质上，炼丹过程乃是一种严格的转换仪式，丹的价值就在于它的过程之中，是过程这个时空结合因素，赋予“丹”以特定的价值；一旦被还炼物质按特定程式，正式地、合乎规范地通过与时空结合着的炉火，它就转变为丹，即道的化身，得之者仙。而恰恰是这种形式化的仪式过程，对时空要素提出极高的要求，而且是一种不可怀疑、一般不可更改的模式。因此道教炼丹术，无论外丹还是内丹，都对时空条件与火候条件提出很高的要求。

在道教起源阶段的神仙传记中，已可看出特殊时空(如费长房随壶公出入壶内隐秘的非凡时空)和炉火作为这种转换仪式的核心要素，在使人转化成仙过程中所具功能。如前引陶安公一类神仙传说皆与古代冶铸活动相关联，并非偶然。无疑地，炉火同时空条件一起在实质上成为整个过程的关键，它将使丹料转化为分散于宇宙之中的“道”的凝聚物。

东汉丹经《参同契》说：“炉火之事，真有所据。”②南朝道士陶弘景曾在理论上总结说：“仙是铸炼之事极，感变之理通也。”③可谓道破天机。陶

① Nathan Sivin, Chinese Alchemy and the Manipulation of Time, in N. Sivin (ed.): *Science and Technology in East Asia*, New York: Science History Publications, 1977, pp. 111, 113.

②《道藏》第 20 册，第 93 页。须注意“真”字之意源于《庄子・大宗师》所述道家意义上的“仙真”。

③（南朝梁）陶弘景：《华阳陶隐居集・答朝士访仙佛两法体相书》，《道藏》第 23 册，第 646 页。

弘景所说的“感变”，实质是一种转换仪式。道教之“丹”，其实质就是“道”，是已发散为时空的“道”[①]的复归与凝聚；炼丹过程的实质乃是通过特定手段把“散形”于宇宙间的“道”还原出来，即试图在顺时序的世界里制造出一种逆时序属性的存在。由此可见丹炉里的时空与物理学意义上的时空有着迥然不同的方向。

由此反观汉墓所架设的时空转换结构，可以发现，那里是魂魄炼度结精不死的地方。汉画像石所承载的汉代宗教，以这种方式使汉墓获得了相较于此前而言更加宏大而具开放性、功能性的空间。墓室不再仅仅是死者归入地下享受的空间，更是用以修炼变仙之地。

结合以上讨论来分析汉墓仪式的内在结构，可以看出，墓葬和炼丹家的神秘“时空”有着绝妙的相通之处，是成就死者成仙梦想的地方。通过对大量汉晋时期的墓葬出土物(包括随葬品及其布设，墓葬中的帛画、壁画以及画像石、画像砖等)的综合分析，可以发现汉晋时期墓葬有其独特的时空内构；尤其是两汉对崖墓、石棺的崇尚，表明这个时期的墓葬，就其实质来说，乃源于对山石、洞穴之时空转换功能的信仰(详见下文对画像边饰的研究)。

被汉人认定具有非凡时空特性的山中石室，及功能相似的墓室，犹如丹家炉鼎，经过特定仪式，即意味着“还炼”对象(死者)的“成熟”(成仙)。从这一信仰角度，便可理解历史上(尤其是考虑到古人多忌讳)何以出现其他死者能够接受二次利用他人墓室之情况。因此也就不难理解何以《想尔注》《真诰》等早期道书将坟墓作为“炼形之宫”，大量叙述发生在坟墓中的死后仙化过程。

四川乐山、彭山、青神等地多见依山而造的崖墓群，为典型的凿山为穴“宫府”模式(图 1-18)，规模庞大。乐山麻浩崖墓保护范围内已知崖墓 330 多座，肖坝崖墓 550 多座。彭山县以江口镇梅花村为中心的区域，现存西汉至三国时期崖墓 4580 座，繁密分布于岷江东岸；其中第 951 号墓群 4 号墓门的三重门楣上，从内向外、从下向上分别刻有胜杖(示为西王母所祐)、双

---

①《道德经》四十二章“道生一，一生二，二生三，三生万物”即是对“道”顺时发散为时空过程的精彩表述。

鱼＋铺首（示为九泉冥府）、斗拱（示为宫府），正欲暗示此乃死者修炼升仙之宫府。四川三台汉墓出土的一方墓砖上甚至铭曰“胡功曹之神墓”[①]，可见汉人心目中墓室之重，其如神宫。

墓中形形色色的思想符号、“历史故事”符号与墓室结构，集合起来不厌其烦地表达着“太阴炼形”的实现，使死者的成仙不死，获得了不可置疑

图 1-18　乐山麻浩崖墓、青神县瑞峰崖墓和彭山江口崖墓

上：乐山麻浩崖墓一区 1 号墓（张旭东先生提供）；下左：青神县瑞峰崖墓（2010 年 10 月 28 日摄）；
下右：彭山江口崖墓第 951 号墓群 4 号墓（2010 年 10 月 24 日摄）

① 高文、王锦生：《中国巴蜀汉代画像砖大全》，澳门：国际港澳出版社，2002 年，第 315 页，图 385。

的保证。对于墓葬所存时代信仰的这种理解，将在下文关于汉墓的宗教内涵和功能的讨论中予以揭示。

1931年发现的大连营城子沙岗屯第二号东汉墓，背靠群山，面向渤海，坐落于一片传统意义上的风水宝地中。该墓规模较大，建筑和壁画颇为独特。整个墓用青砖砌成，墓室穹顶系以青砖交错内收叠压砌筑。中间主室被罩在一个高大宽阔的套室里面。套室外面，北有后室，东有侧室，南有前室，各室均与套室相通，南室外接羡道(图1-19.1)。

值得注意的是营城子汉墓的套室罩主室模式。这种墓室建筑模式，可能是兼顾两种思路所建：①在东北严寒地区保证死者有一个安全而舒适的“太阴炼形”环境。②套室如炉、主室如鼎，死者则是全墓之焦点，象征着死者将在这个特定的洞室时空里，被炼成为仙人。从出土器物及墓葬系统结构可以看出，东侧室的功用是提供太阴炼形的生活保障，南面的前室为死者准备升天之缓冲地带，外接的羡道(某些汉墓更在地面配以双阙)则备为升仙之通道。

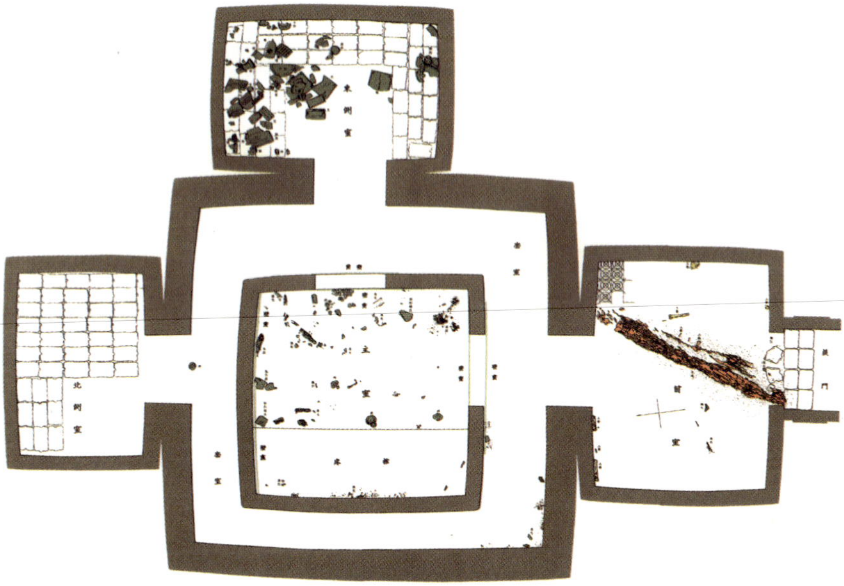

图1-19.1 营城子沙岗屯第二号墓遗物配置平面图

采自《营城子》图版第16

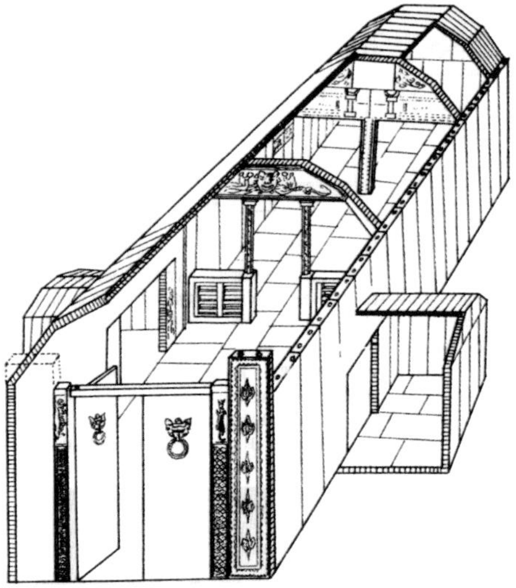

图 1-19.2　偃师新莽壁画墓的空间结构

采自洛阳市第二文物工作队：《洛阳偃师县新莽壁画墓清理简报》图四墓葬透视示意图，《文物》1992 年第 12 期

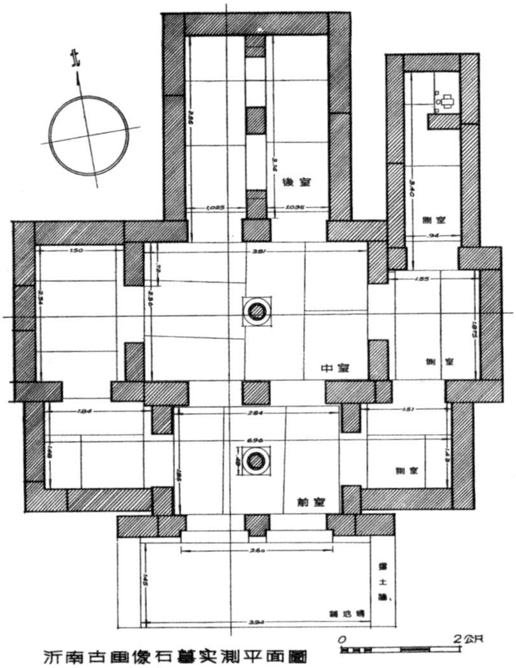

图 1-19.3　沂南北寨东汉墓的结构

采自《沂南古画像石墓发掘报告》第 3 页插图 2

主室南外壁、内壁壁画（图 1-20），乃围绕主室南门，绘于墙壁内外两面。两幅壁画的主神不同，因而功能也不同。主室南内壁，属北，性阴，所绘当为禺强，表示这里是北海之神北方玄冥（禺强）所辖之地，是死者必经之所（有关论证见第四章第三节第二部分）。主室南外壁壁画，属南，性阳，所绘当为“火神”祝融形象。《山海经·海外南经》：“南方祝融，兽身人面，乘两龙。”郭璞注：“火神也。”[①]由此，整个墓室作为完整、复杂的生命转化空间，便清晰可解；其方向则从北方玄冥向南往“朱火宫”变仙（有关证明参见第四章第四节第二部分）。《楚辞·天问》：“九天之际，安放安属？”王逸注曰：“东南方阳天，南方赤天，西南方朱天。”[②]《吕氏春秋·有始》亦言天有九野，其南则“西南曰朱天……南方曰炎天……东南曰阳天”[③]。按《真诰·阐幽微》所言：“在世之罪福多少，乃为称量处分耳。大都行阴德，多恤穷厄，例皆速诣南宫为仙。”[④]此或其意。

图 1-20 营城子汉墓 2 号墓主室南外壁（左）、内壁（右）壁画

偃师新莽壁画墓（图 1-19.2）、沂南北寨东汉墓（图 1-19.3）同样以其宏大的空间结构和庞杂的图像配置，象征死者之所在，乃是群仙为友、神祇守护的炼形神宫；仙期一到，神界车马将来迎升天（更多参见下文，以及第三章、第五章等的相关内容）。

---

① 袁珂：《山海经校注》（修订本），成都：巴蜀书社，1992 年，第 294 页。

② 黄灵庚：《楚辞章句疏证》，北京：中华书局，2007 年，第 1015 页。

③（秦）吕不韦等撰，许维遹集释：《吕氏春秋集释》，北京：中华书局，2009 年，第 277 页。

④《道藏》第 20 册，第 583 页。

第二节 界定者：汉墓画像石边饰寓意

汉墓画像石上可见大量边框纹饰，框定着画像石的边界。利用边饰(边框及分隔线)将画面分隔成若干个层次，是画像石画面布局常用的手法。在许多汉墓中可以发现，边饰在整个画面中占相当大比例。例如作者测算长清孝堂山石祠后壁，其上部三重“ㄇ”形边饰的尺寸占整石高度的 18%(详见下文)。沂南北寨汉墓画像石边饰所占比例更大。但最突出的或许是安丘董家庄汉墓，大部分画像石表现为边饰为主、版心其次的风格，令人疑惑；边饰尺寸在画像石上的同向尺寸占比高达 63%—72%(图 1-21)。这种情况提示我们边饰在画像石的表达话语中，具有不可忽视的重要性。事实上，正是董家庄汉墓画像石的这种突出特征，最早引起作者注意，并开始进行边饰研究，进而在孝堂山石祠后壁获得突破。

图 1-21 安丘董家庄汉墓画像石突出的边饰

上为后室东间室顶西坡画像，边饰纵向占比 72%；下为中室室顶北坡东段画像，边饰纵向占比 63%。采自《中国汉画像石全集 1 • 山东汉画像石》，图 157、图 148

画像石的边饰纹样精美而丰富，常见的有斜线纹、菱形纹、铜钱纹、波浪纹、绳纹、鱼纹、柏树纹等。这些或繁或简的边界纹饰图案往往被执着于汉画主体画面的研究者所忽略，事实上这恰恰是制约汉画与汉墓研究的一个前提性问题。

汉墓的信仰属性内在地决定着每一个构成部分的属性和功能。在汉代的尸解信仰支持下，墓葬被认为是建构于太阴冥界使死者转变升仙的“练(炼)形之宫”。东汉《老子想尔注》曰：“太阴道积，练形之宫也。世有不可处，贤者避去，讬死过太阴中，而复一边生像，没而不殆也。俗人不能积善行，死便真死，属地官去也。”“道人行备，道神归之，避世讬死过太阴中，复生去为不亡，故寿也。俗人无善功，死者属地官，便为亡矣。”[①]又东晋《真诰·运象篇》云：“若其人暂死，适太阴，权过三官者，肉既灰烂，血沉脉散者，而犹五藏自生，白骨如玉，七魄营侍，三魂守宅，三元权息，太神内闭。或三十年二十年，或十年三年，随意而出。当生之时，即更收血育肉，生津成液，复质成形，乃胜于昔未死之容也。真人炼形于太阴，易貌于三官者，此之谓也。天帝曰：‘太阴炼身形，胜服九转丹。形容端且严，面色似灵云。上登太极阙，受书为真人。’”[②]《无上秘要》卷87“尸解品”关于赵成子死而卧尸石室，得三官、太一守尸，最终炼仙成功的例证，亦堪证古人心目中墓室空间的“太阴炼形”功能(参见第三章第三节的尾部)。唐释道宣《律相感通传》所存干宝《搜神记》的一段佚文，则通过死后“现形”者之口，系统地表述了一个人从死而魂魄分离、归命北帝于酆都、与古昔仙人为伍，直到登昆仑而仙乃至上达凤阙南天的整个过程：

运精气兮离故形，神渺渺兮爽玄冥。归北帝兮造酆京，崇墉郁兮廓峥嵘。升凤阙兮谒帝庭，迩卜商兮室颜生。亲大圣兮项良成，希吴季兮慕婴明。抗清论兮风英英，敷华藻兮文璨荣。庶擢身兮登昆瀛，受祚福兮享千龄。[③]

① 饶宗颐：《老子想尔注校证》，上海：上海古籍出版社，1991年，第21、43页。
②《道藏》第20册，第515页。
③《大正藏》第45册，东京：大正一切经刊行会，1924—1934年，第874页。

此皆汉传统之承续，而为汉墓观察研究所应依从之思想基点。

汉墓运用图像话语规定了墓室空间的冥府鬼宫属性；墓中大量使用的画像石，每一幅画面都是为服务于“炼形之宫”的墓葬功能而制作；而边饰则是每一幅画像石所代表的特定空间属性的界定者。利用边饰(边框及分隔线)将画面分隔成若干个层次，是汉墓画像石画面布局常用的手法。但是研究者的注意力往往被汉画的主体画面所吸引而忽略了对边饰的应有关注及研究。事实上，汉画像石的边框纹饰绝非无目的的简单装饰；在那个神仙信仰笼罩的时代，它们同样是思想的符号，出现在不易引人注意的边隅角落。

汉画的边饰纹样寓意为何，古人没有说明，盖身处同一文化环境，代代相传，世人皆知，自不待言；而对于后人却已成谜。因此，读懂汉人的图像语言，才能读懂汉画。实质上，正如下文所将揭示的，汉墓画像石边框纹饰各具含义，对于画像石的主画面空间属性及含义，具有不可或缺的规定性；在全国各地所见汉画中，边饰的主要纹样符号、其涵义及施用方式，从符号形式(能指)到组合逻辑(语法)到寓意(所指)等表现出惊人的相似性和相对稳定性。这表明，在汉帝国，从中心地带到边陲乡鄙，包括边饰在内的整个汉墓画像系统有其相当严谨的符号话语体系，尽管不同区域的符号组合形式或有变化，但其内涵指代却表现出相对稳定的特征。这显然是汉代社会中某种共同思想或曰信仰的表现。在此认识基础上，乃可探索开展以汉画的纹样话语符号、思想内蕴和逻辑结构分析为主要对象的“汉画符号学”研究。

然而在学术界，古器物纹样至今是一个最受忽视且相当艰涩的研究领域。已故日本学者林巳奈夫著《神与兽的纹样学——中国古代诸神》[①]，主要内容是探讨汉以前的青铜器纹样，汉墓画像仅略涉及。小南一郎有关史前文物图像的一些研究，对传统纹饰内涵的探讨具有启发意义[②]。于秋伟曾探

① [日]林巳奈夫著，常耀华等译：《神与兽的纹样学——中国古代诸神》，北京：三联书店，2009年。

② 如小南一郎对良渚文化玉器所见纹饰中人兽图案之“王冠”属性的探讨。见[日]小南一郎：《良渚文化の王冠——人獣図像の意味するもの》，《泉屋博古館紀要》第30卷，平成26年(2014年)，第1—26页。

讨东汉至南朝巴蜀墓葬画像砖上车轮纹的演变，认为即使是简单的花纹，在其初创期所包含的一定有社会的影响和思想观念的烙印[①]。这里拟主要考察汉画像石所见较为典型的边饰图案，结合框内画像，考之以汉代信仰背景，尝试解读其深层的思想寓意。

一、边饰：空间属性的界定者

汉墓画像石的边饰图案往往比较简单，但极琐碎而细密，其制作须耗费大量精力。从表面看，如此耗时耗力于边缘纹饰，若仅从艺术的角度来观察，也许会简单地认为这只是为了美观。然而汉画像石毕竟是营建墓葬所专用的材料，其主要功能是“送死”，是在汉代浓郁的神仙信仰驱动下为死者施用、旨在超越死亡的文明手段。

毫无疑问，死亡是人类无法克服的最大天敌。在人类智慧面前，虎豹豺狼、细菌病毒何堪为敌？只有死亡，堪谓真正的挑战者、唯一的永恒胜利者。因此，只有死亡的威胁，才能突破人性底线、驱动全部人类资源，因而成为人类的终极关怀、成为一切宗教的最根本基础。

汉墓画像系统乃是汉人援以超越死亡命运局限的文化资源。汉墓中的每一块画像石，每一组图案——包括其边缘纹饰，都不是任意所为，都蕴含着特定的功能，承载着人们突破死亡制约、走向终极自由的梦想。

而特定纹样从产生到成熟，往往经历了由写实到抽象(符号化)的漫长过程。正如李泽厚所言：“仰韶、马家窑文化的某些几何纹样已经比较清楚地表明，它们是由动物形象的写实逐渐变为抽象化、符号化的。由再现(模拟)到表现(抽象化)，由写实到符号化。这正是一个由内容到形式的积淀过程。也正是美的‘有意味形式’的原始形成过程。即是说，在后世看来似乎只是‘美观’‘装饰’而并无具体含义和内容的抽象几何图样，其实，在当年却是有着非常重要的内容和含义，即具有严重的原始巫术礼仪的图腾含义的。似乎是‘纯’形式的几何纹样，对原始人们的感受却远不只是均衡对称的形式

① 于秋伟：《从车轮到莲花——巴蜀地区东汉至南朝墓葬砖纹的演变》，《中国汉画学会第十二届年会论文集》，香港：中国国际文化出版社，2010 年。

快感，而是具有复杂的观念、想象的意义在内。”[①]而阿尔弗雷德·哈登早在1895年就曾指出：

> 正如我们语言中许多单词里不会出声的字母一样，任何装饰里的任何线条或点、块都是有意义的。但不为我们所理解；我们有眼睛也看不见。[②]

从逻辑学的角度，“界定”意味着特定事物的内涵须由其边界(外延)之框定而获得规定性。一般意义上，边框只是边界的单纯修饰和代表符号。对于汉画这种一旦刻制便永远不变的边框与框内关系而言，从其制作之日开始，边框与框内空间即已被赋予某种固定的逻辑关系。每一块画像石的边饰界定着框内空间的内涵和性质，所有构件组合起来，则共同界定了墓室空间的属性和功能。墓室空间的属性，则决定着墓主人在死后世界的终极可能性。可见画像石之边饰图案对于墓葬、对于死者的重要性。

同时需要指出的是，有些图像作为边饰和作为主体内容，含义相同，故亦一并纳入讨论。

简言之，纹饰绝不是简单的装饰；在信仰笼罩的时代，它是思想的符号。特定的纹样组合，界定了特定的空间属性和意义象征。基于这一逻辑，我们可望获得对汉墓画像话语系统的实质性认识。

二、斜线纹、菱形纹、铜钱纹：土、石、泉之象

斜线纹、菱形纹和铜钱(五铢钱)纹，或单独或以其组合形式出现，在汉画像石边饰纹样中很常见。兹以孝堂山石室为例，考察分析各重边饰之寓意。

孝堂山石室后壁由外而内可见三重“ㄇ”形边饰(图1-22)，每一层图案不同：外层为密划斜线纹图案；中层为菱形图案，周围以密划斜线纹填充；内层是在多重菱形交叉线的结点上穿缀许多五铢钱的图案。

---

① 李泽厚：《美的历程》，合肥：安徽文艺出版社，1994年，第23—24页。

② Alfred C. Haddon, *Evolution in Art: as Illustrated by the Life-History of Design,* London: Walter Scott, 1895, p.333.

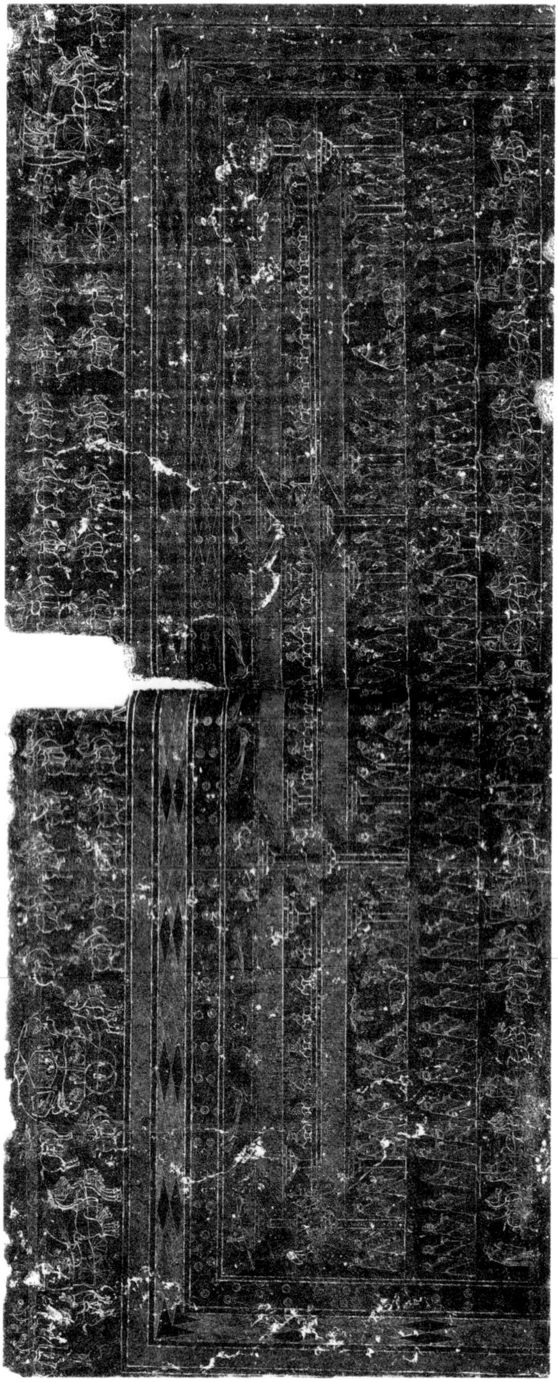

图 1-22　孝堂山石祠后壁

采自中国画像石全集编辑委员会编：《中国画像石全集 1·山东汉画像石》，济南：山东美术出版社，2000 年，图 44

在这三重边饰中，外层的斜线纹、中层的菱形纹边饰，都是简单的几何图案。而画面内层的铜钱纹边饰则有其丰富的文化背景，堪为考察的突破口。

按一般葬仪传统，在死者下葬时随葬钱币，其目的大抵是满足死者在阴间的用度开销（冥币），表达着生人希望死者在阴间能够拥有美好生活的愿望。然而，汉墓画像石上出现的许多五铢钱图案，是否别有寓意？

图 1-23　嘉祥出土东汉画像石

下为局部放大，山东省石刻艺术馆藏，作者藏拓

汉画的主旨是描绘死后的空间和经历（见下文），因此，汉画中的诸元素均应聚向此一焦点。古人谓钱曰泉。《周礼·地官·泉府》谓地官司徒下属有“泉府”（泉布委积之府），掌赊贷及市之征布等。按《周礼·外府》郑玄注：“布，泉也……其藏曰泉，其行曰布，取名于水泉，其流行无不遍。……有货布、大泉、货泉。”①汉画像石上的五铢钱图案极有可能因其称“泉”而象征水泉。而大量铜钱构成的边饰则表示“许多的泉”——“九泉”②，也称“黄泉”③。黄泉即是人死后所去的地下冥界，汉人言之凿凿：“亲之生

① （清）阮元校刻：《十三经注疏·周礼注疏》，北京：中华书局，1980 年，第 679 页。

② 九泉，指地下死人埋葬的地方，即阴间。如建安七子之一阮瑀《七哀》诗曰：“良时忽一过，身体为土灰。冥冥九泉室，漫漫长夜台。”俞绍初辑校：《建安七子集》，北京：中华书局，2005 年，第 160 页。

③ 事实上“黄泉”有双重含义，其本言水，如《孟子·滕文公下》：“夫蚓上食槁壤，下饮黄泉”，及《荀子·劝学》：“上食埃土，下饮黄泉”之说，均言上土—下泉的自然关系。[（清）阮元校刻：《十三经注疏·孟子注疏》，北京：中华书局，1980 年，第 2715 页；王先谦撰，沈啸寰、王星贤点校：《荀子集解》，北京：中华书局，1988 年，第 8 页]作为冥界的指代，如《左传·隐公元年》记郑庄公曾对其母放言“不及黄泉，无相见也！”然而为恢复

也，坐之高堂之上；其死也，葬之黄泉之下。黄泉之下，非人所居，然而葬之不疑者，以死绝异处，不可同也。”[①]东晋《度人经》亦称：“北都泉曲府，中有万鬼群。”[②]嘉祥宋山出土东汉祠堂构件（图 1-23）、嘉祥宋山小石祠基座（图 1-24），以菱形纹穿缀五铢钱纹；在河南密县出土的汉画像砖上（局部见图 1-25）可以看到，在象征鬼廷的柏树（详见下文有关鸮＋柏组合模式的讨论）之间有五铢钱图案，当即象征九泉，共同表示那里是九泉之下的鬼界。

至今民间发送死者时为其最后穿着的冥服上，仍须缀有铜钱（即使是塑料仿制品亦无妨），其寓意完全相同，足见汉传统之生命力仍在民间风俗中延续，尽管世人多已忘其本意。

关于某些五铢钱纹指代“泉”，更具说服力的直观图像资料，或许是徐州汉画像石艺术馆所藏的两方画像石（图 1-26、图 1-27），皆刻两龙口中共衔“五铢”，表示此乃龙宫水府，从而透露出五铢钱纹确实象征“泉”[③]。

如上可见，孝堂山石祠后壁的最内层铜钱边饰代表九泉，由此界定这三重边框之内的空间乃是“九泉之下”的冥界。两汉的冥界在本土传统下不是恐怖的所在，而是人死必归之处（故《说文》训鬼乃“人所归也”），是充满新的希望和生机的地方。伴随佛教地狱信仰的传播深入，冥界才逐渐变成了令人畏惧的地方。

对于人类来说，把自己的同类、亲人（尽管是在死后），埋入陌生而阴冷的地下，显然是残酷和难以接受的，故竭力以文明的手段阻隔壤土之亲肤，遂有“君松椁，大夫柏椁，士杂木椁”[④]之制；以及孝子葬亲“为之棺椁、

母子之情，经颍考叔建议，需将“黄泉”向一般水泉寓意转变，于是在花园中掘隧及泉，母子会于“大隧之中，其乐也融融”，乃和好如初。这是将“黄泉”作二元解释的一个妙例。阮元校刻：《十三经注疏・春秋左传正义》，北京：中华书局，1980 年，第 1716－1717 页。

① 黄晖：《论衡校释》，北京：中华书局，1990 年，第 965 页。

②《道藏》第 1 册，第 5 页。

③ 汉画所见的五铢钱纹、菱形纹等边饰图案，大量出现于汉墓砖石，在既往的研究中却受到最少的关注，只是在少数图集中有所收录（《中国画像石全集》未收边饰类，《中国画像砖全集》有所收录）。高文、王锦生《中国巴蜀汉代画像砖大全》（香港：港澳国际出版社，2002 年）专设第四编收录“钱币纹砖”图案百余幅（图 602－图 707），而第五编“条形图案砖”（图 708－图 945）所收主要是菱形纹砖。

④（清）阮元校刻：《十三经注疏・礼记正义》，北京：中华书局，1980 年，第 357 页。

图 1-24　嘉祥宋山小石祠基座所刻五铢图案及前檐

上：宋山小石祠基座图案；下：前檐局部放大图（特别注意其中的五铢钱图案）。作者藏拓衣衾而举之，陈其簠簋而哀戚之；擗踊哭泣，哀以送之”[①]，“成圹而归，不敢入处室，居于倚庐，哀亲之在外也；寝苫枕块，哀亲之在土也”[②]。况且汉人“以为死人有知，与生人无以异”[③]。于是，“事死者如事生，思死者如不欲生”[④]，成为汉人所坚持而为富庶强盛的汉文明所支持的体面生活方式的关键组成部分。厚葬尽管备受诟病，却也同样是生死皆求体面的汉代文明的体现。尽管汉代时而抑制厚葬之风，但在这种观念驱动和优越文明环境支持下，始终难以克服。“至于富者奢僭，贫者单财，法令不能禁，礼义不能止。”甚者出现了董永卖身为奴以葬父的极端事例。因此光武帝曾要求“布告天下，令知忠臣、孝子、慈兄、悌弟薄葬送终之义”[⑤]。于是，为了开辟使人可以容忍的死后世界，用文化符号界定的温暖与可接受性，便成为丧葬礼仪的新选择。一如《吕氏春秋》所言：“孝子之重其亲也，慈亲之爱其子也，病于肌骨，性也。所重所爱，死而弃之沟壑，人之情不忍为，故有葬死之义。葬也者，藏也，慈亲孝子之所慎也。慎之者，以生人之心虑，以生人之心为死者虑也。”[⑥]

图 1-25 柏乃鬼廷，五铢钱表示九泉，整体表示九泉鬼界

密县文管会等编：《密县汉画像砖》，郑州：中州书画出版社，1983 年，第 146 页图放大

① (清)阮元校刻：《十三经注疏·孝经注疏》，北京：中华书局，1980 年，第 2516 页。
② (清)阮元校刻：《十三经注疏·礼记正义》，北京：中华书局，1980 年，第 1656 页。
③ 黄晖：《论衡校释》，北京：中华书局，1990 年，第 962 页。
④ (清)阮元校刻：《十三经注疏·礼记正义》，北京：中华书局，1980 年，第 1593 页。
⑤ 以上皆见《后汉书》卷 1 下《光武帝纪》，第 51 页。
⑥ (秦)吕不韦等撰，许维遹集释：《吕氏春秋集释》，北京：中华书局，2009 年，第 220 页。

图 1-26　徐州汉画像石艺术馆藏藻井局部

然而观其实质，战国至汉，死后所往为幽都冥府[①]。因此墓室的基本性质应是归属于幽都的空间(尽管其中会有象征升天的内容)，而非死者个人的封闭领地。如《汉书·杨胡朱梅云传》记载，朱云因狂言欲诛帝师张禹而激怒成帝："御史将云下，云攀殿槛，槛折。云呼曰：'臣得下从龙逄、比干游于地下，足矣！未知圣朝何如耳？'"[②]可见汉人心目中死后所往是另一个自由的世界，非如地上所见的家族小世界。更早的例子，是《庄子·至乐》中髑髅的表述："死，无君于上，无臣于下；亦无四时之事，从然以天地为春秋，虽南面王乐，不能过也。"[③]

①"幽都"在《楚辞》《尔雅》《山海经》等文献中皆有记载。如《楚辞》卷 9《招魂》："魂兮归来！君无下此幽都些。"黄灵庚：《楚辞章句疏证》，北京：中华书局，2007 年，第 1992 页。

②《汉书》卷 67《杨胡朱梅云传》，第 2915 页。

③（清）郭庆藩撰，王孝鱼点校：《庄子集释》，北京：中华书局，1961 年，第 619 页。

图 1-27 徐州出土汉画像石上的龙衔五铢图案

徐州汉画像石艺术馆藏石。

上、左、右三面菱形纹框定空间内两龙口中共衔“五铢”之泉以象征此乃龙宫泉府；下为两龙口衔钱的局部放大。2010 年 10 月 12 日摄外层所见的斜线纹和中层的菱形纹，图案简单，信息匮乏，学界关注甚少。张志春认为这些菱形边饰主要是交龙穿璧图的抽象表达，最早是由伏羲女娲交尾图演变而来，其演变过程为：伏羲女娲交尾图→交龙穿璧图→交龙穿璧抽象图→截取单元典型图→单元式交龙穿璧抽象图→成为一个单元的菱形穿插图纹→最后，单元棱形空穿插纹不断叠加，构成近似斜方格或方格纹饰的抽象形式，表达的是生殖崇拜观念的感性显现与直觉造型①。但缺乏合理的解释。

确定内层边饰寓意为“九泉”之后，外部两层边饰之理解便不难突破。《太平经》曰：

> 地理者，三色也，谓水、土、石。②

此“三色”说，实乃汉代地理观念之总结。可以看出，汉人认为大地主要是由水、土、石三种要素构成，正与孝堂山石祠后壁三重边饰相对应（图 1-28）。

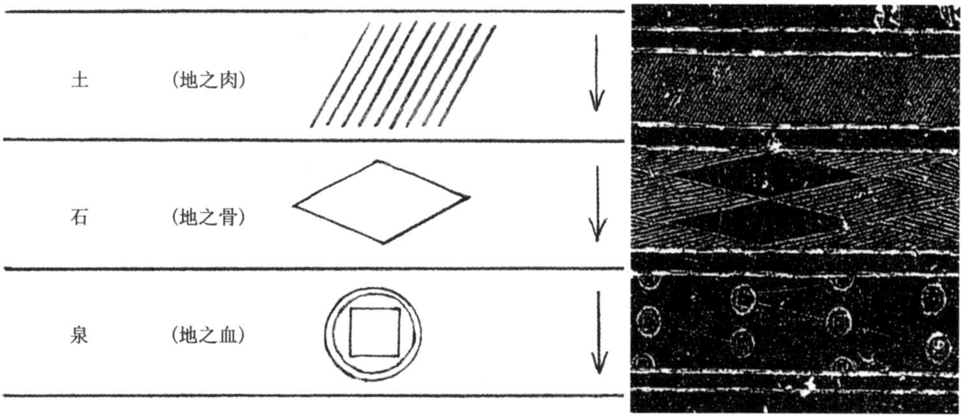

图 1-28　孝堂山石祠后壁的三重隔离纹饰、表示土石泉的符号与《太平经》地理“三色”对应图

① 参考张志春：《从具象到抽象的演化轨迹——对陕北等地汉画像石一种抽象图纹的文化追溯》，《艺术百家》2003 年第 3 期。

② （唐）孟安排：《道教义枢》卷 7 引《太平经》，《道藏》第 24 册，第 829 页。

《太平经》亦曰“地者，万物之母也”，把大地喻为母体，那么自然地，表层为土为地之皮肉、中层为石为地之骨骼(形)、里面为泉为地之血脉①：

> 人乃甚无状，共穿凿地，大兴起土功，不用道理，其深者下著黄泉，浅者数丈。
>
> 入地法，三尺辄得水，……此者，地之薄皮也。
>
> 凡动土入地，不过三尺，提其上，……过此而下者，伤地形，皆为凶。
>
> 今天不恶人有室庐也，(所恶)乃其穿凿地大深，皆为疮疡，或得地骨，或得地血，何谓也？泉者，地之血；石者，地之骨也；良土，地之肉也。洞泉为得血，破石为破骨，良土深凿之，投瓦石坚木于中为地壮，地内独病之……②

从这些叙述所包含对地肉(土)、地骨(石)、地血(泉)的由表及里逐层深入式的大地分层认识逻辑，可以推定，孝堂山后壁边饰中的外层(细密斜纹)应是代表细密的土层(良土、膏壤)。而中层(菱形纹)应是代表地之“形”的石头，且古以石性阴。《汉书·五行志》：“石，阴类也……眭孟以为石阴类。”③故以方形(天圆地方)的变形——菱形来表示。加之代表九泉的内层(铜钱纹)三种纹饰图案，分别与大地三要素土、石、泉之符号相对应。

《礼记·中庸》言天地之道，亦以土、石、水三要素论大地：

---

① 将土地、山体与人体相比拟，作类似的观察和描述是古代道门独特的一套话语。这种传统，至迟从汉代开始，一直延续到唐宋，且分辨愈加详细。南宋道士陈田夫《南岳总胜集》卷中的道士尹道全传有“三者五岳山形，取其峰峦、洞室之所在，神芝、灵草之所生，高下丈尺等级之数，东西南北里舍之限也。四者五岳山骨，取其骨体之所像，枝干之所分，上法星文，下主人事之所起也。五者五岳山水穴贯(窦)之图，取其泉液之所出，金宝之所藏，地脉之所通，而为之图也”。不难看出其中的山形、山骨、泉液，都是模仿人体结构和功能形成的山区地理观察表达话语。(南宋)陈田夫撰：《南岳总胜集·尹道全传》，采自(清)阮元《宛委别藏》抄明影宋本，见《续修四库全书》“史部”第725册，上海：上海古籍出版社，2002年影印，第455－456页。

② 王明：《太平经合校》，北京：中华书局，1960年，第114、122、120页。

③《汉书》卷27中之上《五行志》，第1400页。

天地之道，可一言而尽也。……今夫地，一撮土之多，及其广厚，载华岳而不重，振河海而不泄，万物载焉。今夫山，一卷石之多，及其广大，草木生之，禽兽居之，宝藏兴焉。今夫水，一勺之多，及其不测，鼋鼍、蛟龙、鱼鳖生焉，货财殖焉。①

按其意，大地基本可以说是由土、石、水逐层深入地构成。此说与《太平经》的地理“三色”的说法一样，都是古人对大地基本构成要素长期共有的认知和总结性表达。晋张华《博物志》卷 3：“地以名山为之辅佐。石为之骨，川为之脉，草木为之毛，土为之肉。”其实古地字“埊”（《玉篇》）之造作，也体现了古人对土、石、水这些大地三要素的认知②。

综合以上讨论，汉画像石上刻画出代表土、石、水这些纹饰的图案，便表示大地的横截面，其所展示的正是九泉之下的冥界③。

菱形纹常见于汉画像石(如图 1-29 徐州汉画像石上以菱形纹为边框的一些例子)。然而砖棺、木棺出现的这种纹饰印证了，它绝不是石匠任意施用来装饰石材的花纹。

临沂青峰岭发现的一座西汉早期砖棺墓(图 1-30)，“砖棺长 2.3、宽 1.08、高 0.92 米。由 24 块大小、纹饰相同的砖组成。棺盖、底各 6 块，两帮各 4 块，头、足挡各 2 块。砖长 108、宽 38、厚 8 厘米。砖坯用黏土掺合稻谷秸秆压制，烧成火候不高，质地疏松”。可见其造价低廉。然而，这座砖棺强烈表现出对造价远更高昂的石棺的功能替代；其替代变通之法即以菱形纹

① (清)阮元校刻：《十三经注疏・礼记正义》，北京：中华书局，1980 年，第 1633 页。

②《康熙字典》指出，《前汉・赵充国传》已有“令不得归肥饶之埊”，故“《类篇》谓唐武后作埊，非”。《战国策・魏策一》也曾出现此字：“张仪恶陈轸于魏王曰：‘轸善事楚，为求壤埊也甚力(之)。’”何建章注释：《战国策注释》，北京：中华书局，1990 年，第 832 页。

③ 同时须指出的是，汉墓出土的某些有关动物衔钱的文字或图像资料，也可能引起与此不同的理解。例如山东苍山城前村元嘉元年(公元 151 年)画像石题记：“上有虎龙街(衔)利来，百鸟共持至钱财。”(山东省博物馆、山东省文物考古研究所编：《山东汉画像石选集》，济南：齐鲁书社，1982 年，“图版说明”第 42 页)然而这也只是部分画像的可能涵义，尚待研究。

为全棺纹饰格调，“正面通体布满排列整齐的菱形图案。背面为十字连环纹，……棺盖、底正面朝上，头、足挡正面朝外，两帮正面朝里”。可以判断，整座砖棺乃以菱形纹所界定的“冥器”属性作为石棺的廉价替代物而被制造和接受①。

图 1-29 徐州汉画像石边框菱形纹之例

全图上方为该图顶部边框纹饰的局部取例放大。武利华主编：《徐州汉画像石》，北京：线装书局，2001 年，上右起：图 5、图 6、图 58、图 23、图 85

类似的情况，亦见于山东沂源后暖院村汉墓出土的大型实心菱形纹砖（图 1-31）。此类菱形纹砖组合之棺或墓，虽造价相对低廉，但纹样所界定之时空属性则与石棺无异，故所蕴涵之信仰结构与功能相同。

① 图文见临沂市博物馆：《临沂的西汉瓮棺、砖棺、石棺墓》，《文物》1988 年第 10 期。

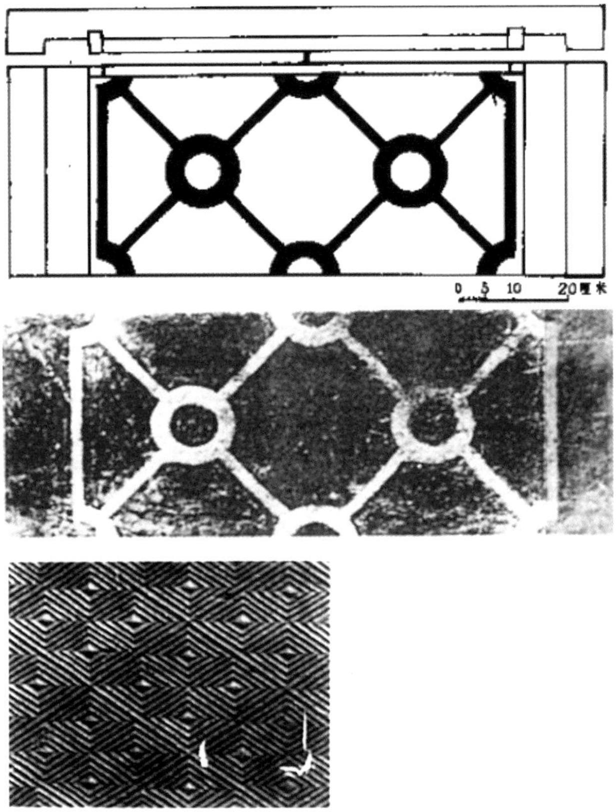

图 1-30　临沂青峰岭砖棺墓挡砖（上）及墓砖背（中）、正面（下）

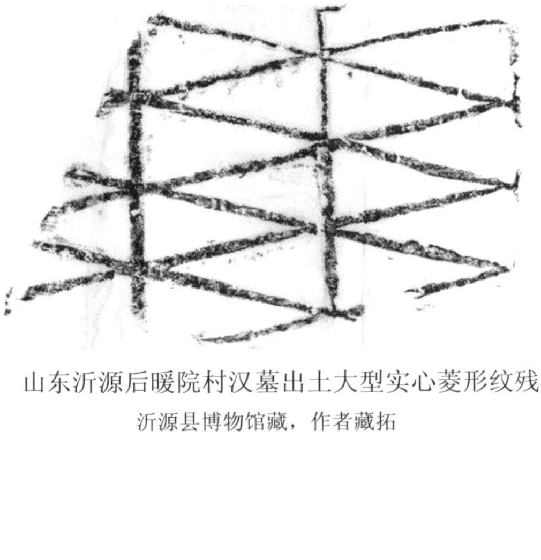

图 1-31　山东沂源后暖院村汉墓出土大型实心菱形纹残砖拓片

沂源县博物馆藏，作者藏拓

山东昌乐出土的汉墓画像石(图 1-32)，则表现出对菱形纹的突出强调：在整块大石板上只是单纯地刻画一排很大的菱形纹图案，如王家埠汉墓前室的一扇门扉纵横 132×36 厘米，除了两头的菱形纹，中间主要空间上下仅刻了 3 组菱形图案；东肖汉墓前室封顶石自北向南第一石纵横 30×193 厘米，也只刻有 5 个大菱形图案。这种刻制模式，或许可以批评是因石匠图省其工(王家埠汉墓前室门楣内面，菱形纹边饰之下刻垂帐纹以象冥界宫府，其下又刻群鱼强调该空间的九泉之下属性，均未见艺匠省工之举)，然而事实上这种简单化处理本身暴露了一个实质，即这些石块本来就是建构九泉冥界空间的物质材料和象征材料，其菱形纹图像只不过是用于强调这种功能。

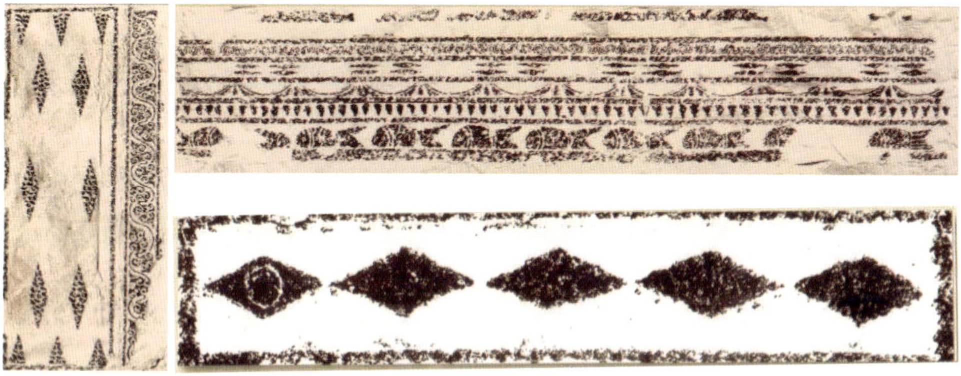

图 1-32　山东昌乐出土菱形纹画像石之例

左：王家埠汉墓前室门扉北侧内面；右上：王家埠汉墓前室门楣内面(昌乐县文化新闻出版局：《昌乐县汉代石刻》，香港：中国国际文化出版社，2010 年，图版 127-1，图版 126-1)；右下：东肖汉墓前室封顶石自北向南第一石(见《昌乐县汉代石刻》，图版 93-1)

河南出土汉画像砖(图 1-33)、山东省临淄乙烯厂出土汉墓门画像石(图 1-34)、四川出土东汉画像砖上则以菱形纹内含或穿缀五铢钱纹(图 1-35)，其象皆取法于石与泉之自然关联，借以表达地下九泉冥界。

南阳赵寨砖瓦厂汉画像石墓[1]，墓前大门上并排四门，由三中柱、二侧柱、八扇门扉组成；八扇门扉皆刻楼阁，上层为楼阁，下层为菱形联珠图案；

① 南阳市博物馆：《南阳县赵寨砖瓦厂汉画像石墓》，《中原文物》1982 年第 1 期。

图 1-33　菱形纹内含五铢钱纹、五铢钱与凤凰

左上：菱形纹内含五铢钱纹（采自张秀清等编：《郑州汉画像砖》，郑州：河南美术出版社，1988 年，第 176 页）；中上：菱形与鱼、牛的组合（采自《密县汉画像砖》，第 151 页）；右上：菱形纹内含五铢钱纹（采自《密县汉画像砖》，第 149 页）；左下：菱形纹内含五铢钱纹（采自薛文灿等编：《河南新郑汉代画像砖》，上海：上海书画出版社，1993 年，第 145 页）；右下：五铢钱与凤凰（采自《河南新郑汉代画像砖》，第 82 页，图 1-32）

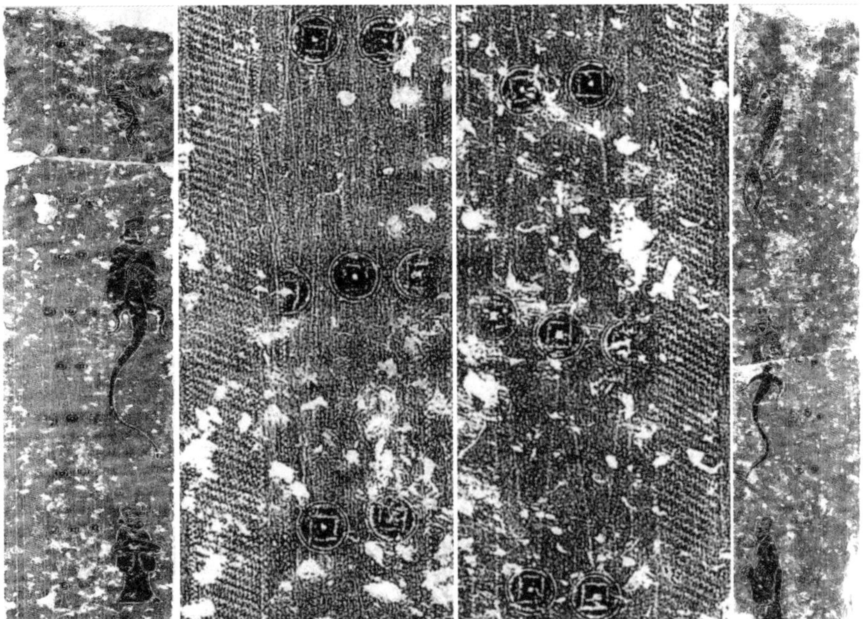

图 1-34　菱形纹穿缀五铢钱纹（山东省临淄乙烯厂出土汉墓门画像石）

左 1 采自《中国画像石全集 3 · 山东汉画像石》，图 150；左 2 为左 1 局部放大；右 1 采自《中国画像石全集 3 · 山东汉画像石》，图 151；右 2 为右 1 局部放大

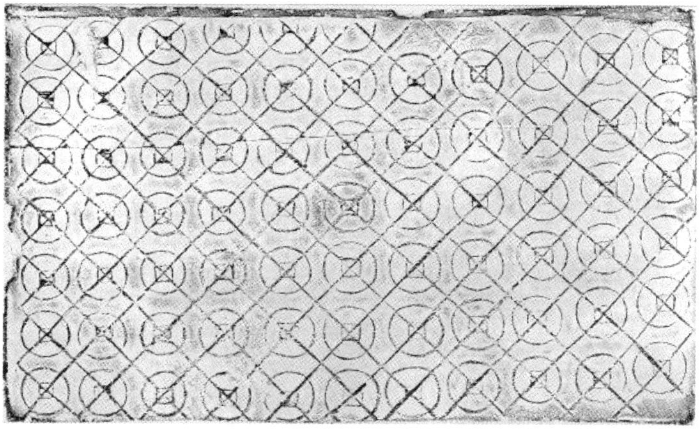

图 1-35　石与泉(彭州太平乡出土)

采自《中国画像砖全集·四川汉画像砖》，成都：四川美术出版社，2006 年，图 210

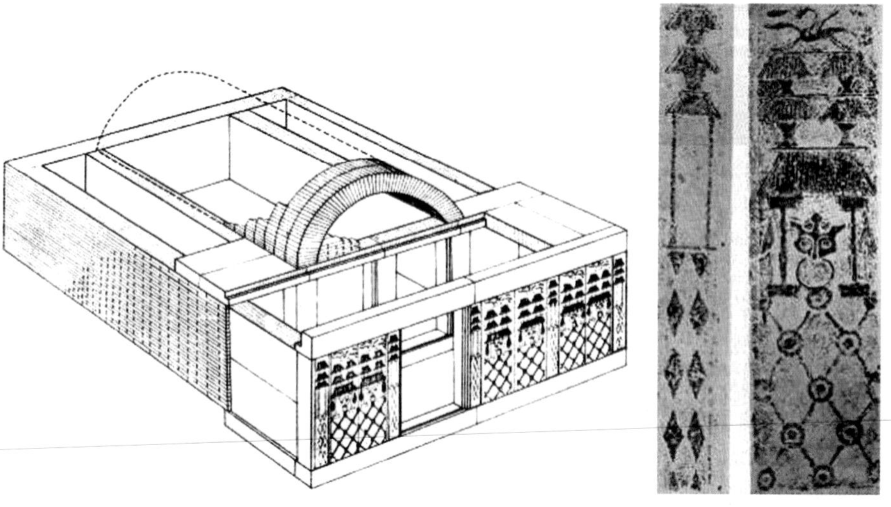

图 1-36　南阳赵寨砖瓦厂汉画像石墓

左为透视示意图，中为门柱石，右为门扇石的拓片

五个门柱皆刻门阙，上层为阙，下层为菱形图案；这些菱形图案作为楼阙的下层建筑出现，显然是表示下层建设所用为石料(图 1-36)，或表示这些建筑乃在山上，其山应即《真诰·阐幽微》所谓“六天鬼神之宫”所在的“罗酆山”(亦称酆山)：“山之周回一万五千里。其上其下，并有鬼神宫室。山上

图 1-37　河南密县汉画像砖上的九泉冥府

上：菱形纹边框内柏树、楼阙、五铢钱等图案象征冥府；下左：菱形纹内柏树、铺首、鸱枭及重重鬼兵把守的冥府；下右：菱形纹＋五铢钱纹框内的九泉冥界。采自《密县汉画像砖》，第 17、25、20 页有六宫，洞中有六宫，辄周回千里，是为六天鬼神之宫也。”[①]河南密县出土的一些汉画像砖上，更明显地表达了酆山冥府的森严景象（图 1-37）。因为，阴阳之隔、人鬼之别，素为汉人所重[②]。

陕西米脂出土的一套东汉画像石墓门组合，在墓门的门框、门楣上，非常鲜明地刻画山形纹、菱形纹的组合形态（图 1-38），暗示此内是“石”之下的冥界。

图 1-38 陕西米脂尚庄东汉墓门组合画像石

右为该图顶部边框局部放大。采自《中国画像石全集 5 · 陕西、山西汉画像石》，图 44

何以山石如此繁密地出现于汉墓的图像符号之中？事实上，汉人认为，山石是“鬼冥门”，是分隔阴阳的门户。《易·说卦传》：“终万物、始万物者，莫盛乎艮。故水火相逮，雷风不相悖，山泽通气，然后能变化，既成万物也。”[③]又考之《易纬·乾坤凿度》卷上：

艮为鬼冥门。上圣曰：一阳二阴，物之生于冥昧，气之起于幽蔽。《地

① 《道藏》第 20 册，第 579 页。

② 大量汉墓解注文中出现的“生人属西长安，死人属东泰山。生属长安，死属泰山。死生异处，不得相防（妨）”之类的“律令”可证。有关研究可参吴荣曾：《镇墓文中所见的东汉道巫关系》，《文物》1981 年第 2 期；王育成：《洛阳延光元年朱书陶罐考释》，《中原文物》1993 年第 1 期；连劭名：《洛阳延光元年神瓶朱书解除文述略》，《中原文物》1996 年第 4 期。

③ （清）阮元校刻：《十三经注疏·周易正义》，北京：中华书局，1980 年，第 94 页。

形经》曰：山者，艮也，地土之余，积阳成体，石亦通气，万灵所止，起于冥门，言鬼，其归也，众物归于艮。艮者，止也，止宿诸物，大齐而出，出后至于吕申，艮静如冥暗，不显其路，故曰鬼门。[①]

这段文字为合理理解汉画中大量使用的象征山石的纹饰符号，以及汉代“仙”字内涵对山石的依赖[②]，提供了非常重要的文献依据。至于“石亦通气，万灵所止”之说，则进一步道出了土、石、水的地层合理性，实亦言明汉墓、墓祠用石的思想依据，而汉人好用崖墓、石制棺椁等葬具，盖亦根乎此。

正如巫鸿所看到的，“从来忽视用石头作为建筑材料的中国人这时似乎突然‘发现’了石头，并赋予石头新的意义。……木构建筑为生者所用，石质建筑则属于死者、神祇和仙人(后者包括西王母和山神等)。石材一方面与死亡有关，另一方面又与升仙有关。死亡、升仙与石材的共同联系又强化了二者之间的连结。我们发现这一连结在公元前 2 至前 1 世纪时最终在人们的宗教观念中确立，为以图像和建筑表现来世提供了一个新的基础，也与丧葬艺术与建筑的许多变化——包括对石头的使用——密切相关”[③]。这一观察非常重要。诚若如是，那么石制棺椁本身就是一种边框，界定其内为石下泉府冥界。

汉墓中用以表示山石的菱形纹在墓葬象征符号中的重要性，恰恰可在临沂金雀山汉代周氏墓群 M14 漆木棺的表面封贴绢画(图 1-39)中，找到具有鲜明衬托性的证明。

按发掘报告，“14 号墓棺的形制较为特殊。除内外髹黑漆外，盖上钉鎏金柿蒂花铜钉三十三颗，排列成方棋纹。棺四周用朱红色绢封贴，左右两侧用黑线在绢上画方棋纹，在线条交叉处饰鎏金柿蒂花铜钉。头挡、足挡用墨

① [日]安居香山、中村璋八辑：《纬书集成》，石家庄：河北人民出版社，1994 年，第 80 页。

② 东汉末刘熙撰《释名》以人迁(遷)入山中解古“僊”(仙)字：“僊，遷也，遷入山也，故其制字人旁作山也。”(东汉)刘熙撰：《释名疏证补》，北京：中华书局，2008 年，第 96 页。

③ 巫鸿：《“玉衣”或“玉人”？——满城汉墓与汉代墓葬艺术中的质料象征意义》，见巫鸿著，郑岩、王睿等译：《礼仪中的美术》，北京：三联书店，2005 年，第 132－133 页。

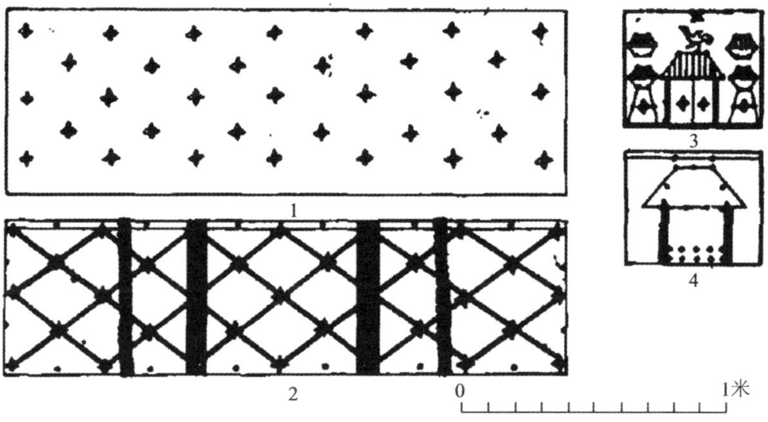

M14棺上铜钉及纹饰 1. 棺盖 2. 棺壁板 3.头挡 4. 足挡

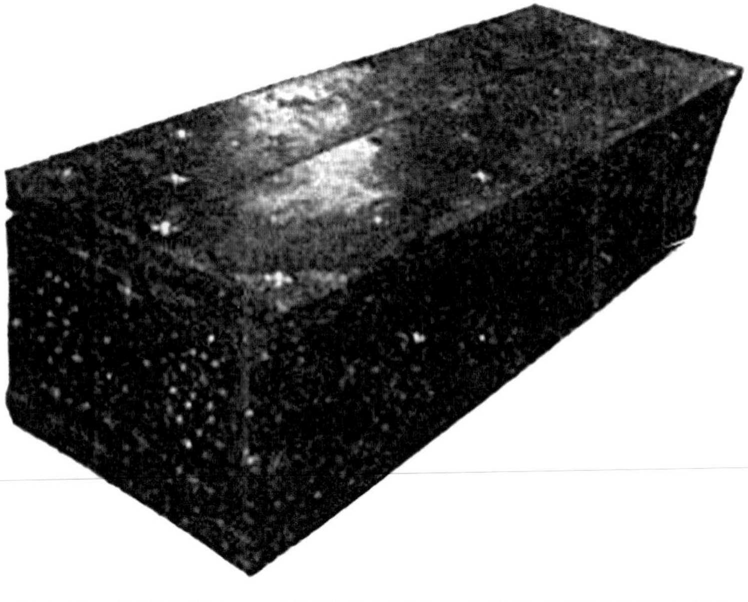

图 1-39　临沂金雀山 M14 汉墓出土漆木棺（下）及表面画像摹本（上）

色画府门、双阙、朱雀等图案，并饰以鎏金铜钉”[①]。所谓方棋纹实为菱形纹。M14 木棺表面这种菱形纹画像的引人入胜之处在于，它向我们表明：

① 临沂市博物馆：《山东临沂金雀山周氏墓群发掘简报》，《文物》1984 年第 11 期。

即便是木质棺椁，其所代表的同样是九泉之下的冥界空间，为此在木棺表面饰以代表山石的菱形纹符号予以界定。类似的情况亦见于楼兰古城北汉晋墓出土的四足箱式彩绘木棺(参看本书第四章图4-34)。该木棺表面全绘大菱形纹，以此符号将木棺象征性地转换为石质冥器，其内为九泉之下。

金雀山 M14 木棺表面画像的另一个重要价值在于，在纷繁复杂的汉墓画像符号中，木棺画像的制作者最终约简选择了如下的符号，并相信这些符号虽然简单，但足以表达死者将升天成仙：①足挡绘亭阁(所谓府门)。足挡在北，表示那里有人死后必经的北帝冥府。按《真诰·阐幽微》，鬼界之主在北："人初死，皆先诣纣绝阴天宫(即六天宫的第一天宫)中受事。"[①]因为"鬼官之太帝者北帝君也，治第一天宫中，总主诸六天宫"[②]。②头挡绘凤阙。门阙表示此乃天门(上文引《搜神记》说死后变仙"升凤阙兮谒帝庭"亦表明凤阙的天门属性)；站在天门上的朱雀(凤鸟)为接引死者升天的使者，发掘报告(第44页)说 M14 死者头向南，即在天门凤阙的一方，这是升仙的通道。王逸注《楚辞·天问》："东南方阳天，南方赤天，西南方朱天。"[③]《吕氏春秋·有始》："西南曰朱天……南方曰炎天……东南曰阳天。"[④]《真诰·阐幽微》则有"速诣南宫为仙"[⑤]之说。可见头挡绘天门楼阙表示墓主人将南向升天。简言之，金雀山 M14 木棺表面图像可综合转译为：死者身在九泉之下，死后先往北帝冥府报到，而后将南向升天为仙官[⑥]。楼兰彩绘木棺则更将汉墓中繁复的死后变仙象征符号系统予以简化，足挡绘蟾蜍表示死后得神药、头挡绘朱雀表示南向升仙。可以看出，在对墓葬功能的信仰方面，楼兰木棺基本接受了汉墓的信仰结构。

---

①《道藏》第20册，第579页。

②《真诰》卷13《稽神枢》，《道藏》第20册，第566页。

③ 黄灵庚：《楚辞章句疏证》，北京：中华书局，2007年，第1015页。

④（秦）吕不韦等撰，许维遹集释：《吕氏春秋集释》，北京：中华书局，2009年，第277页。

⑤《道藏》第20册，第583页。

⑥ 按前引发掘报告(第44页)，死者头顶部位尚可见残存的帽纱，实乃表示死后升为仙官。马王堆三号汉墓也出土有黑色纱帽。

三、鸮与柏：冥府的代表

在河南地区出土的西汉画像砖中，可见大量使用鸮鸟和柏树作为主题纹样的情况。而在上古中国，鸮鸟和柏树都是象征地府的符号。例如洛阳出土的一方汉画像砖(图 1-40)，上下皆以菱形为边饰，可见内里所刻画的鸮立柏上的图像组合，正欲表示此乃九泉冥府。

“鸮”是中国古代对猫头鹰一类鸟的统称，因其夜视能力，有白日闭目休眠、夜间出来活动的习性，民间又称之为“夜猫子”“夜枭”。因此，怒目圆睁的鸮鸟形象是指代黑暗世界。而深深处于地下的幽冥地府正是无尽的黑暗，于是鸮的形象便经常与丧葬之事联系在一起。如长沙马王堆一号墓出土的帛画表示冥界的最下段(图 1-41)、黑地彩绘棺上均绘有鸱鸮。费县潘家疃汉墓中室也刻有巨大的鸮(图 1-42)。沈晶照研究认为“鸮”是守夜者的形象，人们将鸮类题材画在墓中的棺上、砖上，以“守长夜，保平安”①。

鸮的另一个习性是喜食腐肉，因此常常聚集在墓地附近，这更强化了人

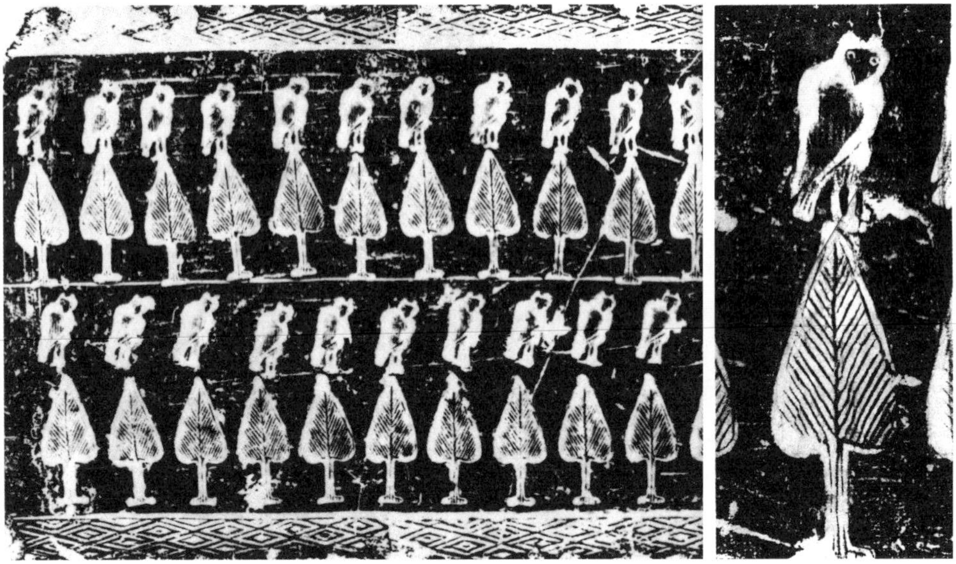

图 1-40　菱形纹内鸮鸟站立柏树画像砖

采自黄明兰编：《洛阳汉画像砖》，郑州：河南美术出版社，1986 年，第 118 页

① 沈晶照：《猫头鹰题材在古代艺术创作中的社会内涵》，《艺术探索》2006 年第 4 期。

们对鸮与死亡的相关性联想。《诗经·国风·墓门》中有“墓门有梅，有鸮萃止”[①]的诗句，说明这种观念在民间流传甚广，可谓妇孺皆知。如屈原在《楚辞·天问》中就提到：“何繁鸟萃棘，而负子肆情？”王逸注：

言解居父聘吴，过陈之墓门，见妇人负其子，欲与之淫泆，肆其情欲，妇人则引《诗》刺之曰：“墓门有棘，有鸮萃止。”故曰“繁鸟萃棘”也。言墓门有棘，虽无人，棘上犹有鸮，汝独不愧也？[②]

图 1-41　马王堆一号汉墓 T 形帛画下段摹本

采自《长沙马王堆一号汉墓·上集》，第 40 页

① (清)阮元校刻：《十三经注疏·毛诗正义》，北京：中华书局，1980 年，第 378 页。

② 黄灵庚：《楚辞章句疏证》，北京：中华书局，2007 年，第 1164 页。

此故事在刘向《列女传·陈辩女传》中亦有记载，但情节略有出入。

由是可见，先秦至汉，上及文人士大夫，下至采桑农妇，均有一种将鸮与死亡、坟墓、丧葬、地府等紧密联系的社会观念。民间视之为“不祥之鸟”，流传有“夜猫子进宅，无事不来”，“不怕夜猫子叫，就怕夜猫子笑”等俗语，又称之“逐魂鸟”“报丧鸟”。由此不难理解，鸮应是作为幽冥的象征符号而出现在汉墓画像石中。顾森和本书作者均持此观点①。西安市秦砖汉瓦博物馆所藏两种汉代瓦当(图 1-43)，其上可看出模印的形似“家”字；然而引人瞩目的是字下含一鸱鸮图案，鸮非吉物，可以判

图 1-42　费县潘家疃汉墓巨大的鸮

2016 年 1 月 6 日摄

图 1-43　汉代鸱鸮冢当

西安市秦砖汉瓦博物馆藏

① 顾森：《秦汉绘画史》，北京：人民美术出版社，2000 年，第 80 页；另参本书第四章。

断这种瓦当并非用于世人吉屋，而是墓地建筑构件，鸱鸮图案是用来界定和强调其所在建筑的冥界特性。因此这些瓦当上内含鸮象似“家”之字，毋宁识为“死人之家”即“冢”更为确当(例见四川出土汉砖，作冢[1])。

柏则是鬼界廷府的代表。《汉书·东方朔传》：“柏者，鬼之廷也。”颜师古注：“鬼神尚幽暗，故以松柏之树为廷府。”[2]而按《风俗通》佚文：“墓上树柏，路头石虎。《周礼》：‘……而魍象畏虎与柏，故墓前立虎与柏。’”[3]从《风俗通》佚文所引《周礼》这条资料可以看出，柏代表的是收杀魑魅魍魉、为邪恶鬼所畏的冥廷，而不是像颜师古所谓因其象征幽暗而为鬼神所归向。

宋人李石《续博物志》卷 6 载：“秦穆公时，有人掘地得物若羊，将献之。道逢二童子，谓曰：‘此名为蝹，常在地中食死人脑。若欲杀之，以柏东南枝捶其首。’由是墓皆植柏。又曰柏为鬼廷。”[4]所以，柏树成林不仅是墓地的重要特征，而且作为鬼之廷府，也是冥界的象征，如滕州汉画像石馆的一方藏石(图 1-44)刻菱形纹下双柏，日本天理大学天理参考馆的一方空心砖[5](图 1-45)又增以猛鬼严兵厉兽把守之宫府符号，皆示石下泉府鬼廷。所以在汉画中常常可见墓上柏树的图像，如山东微山县出土的“送葬图”，石椁面被横向分成三个场景，右边一栏即为柏树所在的墓地(图 1-46，局部)，墓穴右边现二人六博，暗示此处为仙家地；武氏祠左石室第八石最上层左边刻季札挂剑情景，山东石刻艺术博物馆藏嘉祥满硐乡宋山东汉墓出土带有季札挂剑情节的画像石(图 1-47 下)、三国吴朱然墓出土的季札挂剑漆盘[6]上，亦绘大柏树，而盘的周围则绘群鱼(图 1-47 上)，表示那里是冥界的时空。

综上可知，鸮与柏乃是冥府的代表，换句话说，汉画中鸮与柏的所在即冥府之所在。

---

① 砖拓图片见高文、王锦生：《中国巴蜀汉代图像砖大全》，澳门：国际港澳出版社，2002 年，第 317 页图 388。

②《汉书》卷 65《东方朔传》，第 2845－2846 页。

③（东汉）应劭撰，王利器校注：《风俗通义校注》，北京：中华书局，2010 年，第 574 页。

④ 李石编：《续博物志》，北京：中华书局，1985 年，第 80 页。

⑤ 天理大学、天理教道友社共編：《天理大学附属天理参考館·画像塼》，奈良：天理教道友社，1986 年，圖 39。

⑥ 安徽省文物考古研究所等：《安徽马鞍山东吴朱然墓发掘简报》，《文物》1986 年第 3 期。

图 1-44　石下双柏图

滕州汉画像石馆藏，作者藏拓

图 1-45　石下宫府双柏图

日本天理大学天理参考馆藏

图 1-46　微山出土石椁墓画像送葬图局部

微山县文管所藏，作者藏拓

图 1-47 东汉至三国的季札挂剑图

上：安徽马鞍山东吴朱然墓出土的季札挂剑漆盘；下：山东博物馆藏嘉祥满硐乡宋山东汉墓出土季札挂剑画像石。2015 年 8 月 27 日摄

四、鱼与柏和铺首的组合纹饰

与铜钱纹象征“黄泉”的地下世界相似，汉画像石中还经常可见以鱼形图案为边饰，以直观而明确地界定图像所在的空间乃为地下之冥府——水的世界。

有些汉画的边饰，更直接刻画为群鱼浮游的情景，表示那个空间乃是泉府冥界(太阴)。较典型者如 1987 年山东枣庄市薛城区南常乡大吕巷村出土的一方东汉中期墓画像石(图 1-48)。图中边饰刻画的群鱼，最为逼真的是头顶上方边框内的游鱼图像，表示下面这个空间是在水下的幽冥世界。其他三面边框的鱼形凿刻较粗糙，仅见流线型鱼身，不见鱼尾的双叉。游鱼纹边饰划定的区域内，有巨型双柱，表示为门阙，一人站在两柱之间，似为门吏。门右空间内，群人互相殴击；门左画一山，有二人在山下似在博弈中。这种游鱼的边框，暗示框内为冥界：鱼暗示其所在为水的世界，五行之中水色黑，故九泉之下为冥界。

图 1-48　山东枣庄市薛城区南常乡大吕巷村出土东汉墓画像石

上：山东枣庄市薛城区南常乡大吕巷村 1987 年出土东汉中期墓画像石，枣庄市博物馆藏；下：该图右上角边框的局部放大，出自《中国画像石全集 2・山东汉画像石》，图 146

这种用鱼暗示幽冥水府的表达方式在西汉初期已经出现。在对马王堆一号汉墓出土的 T 形帛画研究中，马雍曾提出，帛画“下段的全部题材都是象征水府的图形”，“而水府代表幽冥，古人以‘黄泉’‘九泉’称阴间，盖相信大地之下是一个深渊，人死后葬在地下，即归于水府”，认为帛画“显示了这些贵族们妄图死后灵魂升天的愚昧思想”[①]。此说基本符合画面内涵。综观T形帛画下段竖形画面，盖属冥界“龙宫”之象，整个下段乃由左右阴阳双龙构成“宫”体。在这个“龙宫”的下半部分，左右刻画的大龟和巨目圆睁的猫头鹰，突出暗示了此处是水府、是幽冥的空间：根据五行说，“水色黑”，水府自是幽暗的所在。

在“龙宫”的上半部分，贵妇人脚下所蹈为菱形图案构成的石质地面，地下有柱，整个呈T字形，构成为上宽下狭的形状，按《拾遗记》：“三壶，则

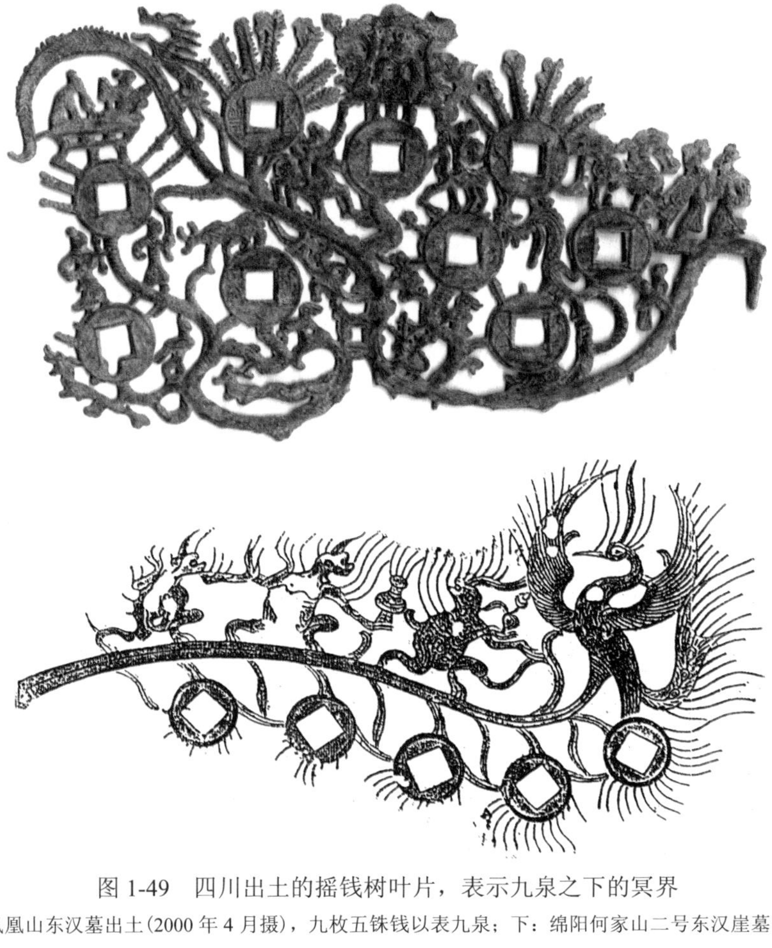

图1-49　四川出土的摇钱树叶片，表示九泉之下的冥界

上：成都凤凰山东汉墓出土（2000年4月摄），九枚五铢钱以表九泉；下：绵阳何家山二号东汉崖墓出土（拓片）

① 马雍：《论长沙马王堆一号汉墓出土帛画的名称和作用》，《考古》1973年第2期。

海中三山也。一曰方壶，则方丈也；二曰蓬壶，则蓬莱也；三曰瀛壶，则瀛洲也。形如壶器。此三山上广、中狭、下方，皆如工制，犹华山之似削成。”①故可推想此即象征死者已出水府、登升海上仙山。

如同鱼群纹饰界定水府冥空一样，前文提及的铜钱纹也有一种成串的样式，而且是九枚一串以喻“九泉”之意。四川地区东汉墓葬出土的诸多“摇钱树”上，多见五铢钱，当具有相同的冥界泉乡寓意(图 1-49)。在摇钱树的最高处，代表着不死之乡的西王母端坐于龙虎座上(如绵阳何家山东汉二号墓出土的摇钱树)。在每个叶片上，也会呈现龙虎座上的西王母(如成都凤凰山东汉墓出土的摇钱树)。而这些叶片的图像，则由五铢钱、人物、动物

图 1-50 滕州市羊庄镇于坡汉画像石墓前室门额画像

上为拓片(作者藏拓)，下为墓室画像石复原情景。2011 年 6 月 2 日摄于滕州汉画像石馆

① (东晋)王嘉撰，(梁)萧绮录，齐治平校注：《拾遗记》卷 1，北京：中华书局，1981 年，第 20 页。

等图案构成。因为西王母是地祇之最崇，所以把她刻画在五铢钱(泉)所象征的冥府。

引人注意的是，滕州羊庄镇于坡汉画像石墓门额上，刻画群鱼＋菱形纹的结合画像(图 1-50)，强调墓内空间的九泉之下属性。

除了鱼群纹饰之外，还有鱼与作为鬼廷代表的柏树相结合的纹饰，更明显地表示地下水府冥空的性质，也可以说是对地下冥府空间特征的双重强调。从滕州汉画像石馆、滕州市博物馆藏两方汉画像石(图 1-51)，均可见三角形(或心形)的柏树树冠的两端各自紧贴两条鱼的图像，象征着图像所在的冥界时空。

鱼＋柏的紧密组合形式之外，还有一种值得注意的组合形式，即鱼与铺首的组合形式。汉画中，尤其山东微山县出土的汉画中，往往多见鱼与铺首组合的图样。如图 1-52、图 1-53 所示。图 1-53 上图、下图画面有接近之处，都有铺首、鱼纹、“垂帐纹”(见下文分析)及熊状动物，画面整体肃穆、神

图 1-51　鱼＋柏紧密组合的汉画像石

上：滕州市汉画像石馆藏石(作者藏拓)；下：滕州市博物馆藏(2010 年 5 月摄)

图 1-52　山东微山县文管所藏铺首、鱼纹画像石(作者藏拓)

秘。图 1-52 上图则在铺首、鱼纹之外，还出现了楼阁、人物、鸟首等图样，整体画面显得更为丰富；下图则为独立的铺首＋鱼纹图样，显示出该组合模式的重要地位。

综合以上所论，铺首＋鱼的组合纹饰，同样界定着冥府的时空。铺首表示大门的所在，铺首与鱼的组合，故应表示为冥府之门。而天理大学天理参考馆收藏

图 1-53　山东微山县文管所藏铺首、熊、鱼纹画像石（作者藏拓）

图 1-54　铺首＋鱼＋五铢纹画像砖

日本天理大学天理参考馆藏

图 1-55 柏树＋五铢＋楼阁组合画像砖

日本天理大学天理参考馆藏

的汉砖上，在铺首＋鱼之外，还有森严的守门兵卒和中间一枚“五铢”图案[①]（图1-54），以及柏树＋五铢＋楼阁的画像[②]（图1-55），更清晰地赋予此类汉画所代表的冥府属性。这些符号的理解对于画像周边纹饰之准确判断，提供了有力支持。

五、“垂帐纹”：宫府空间的表现形式

在图1-56上、左、右三面边框都可看到弧形帷幕状的纹饰；在山东嘉祥武梁祠等地汉画像石中，也都可看到类似纹样。嘉祥宋山出土东汉永寿三年（公元157年）许安国祠堂画像石题记所谓“搴帷反月，各有文章”，所云即是画像石的“垂帐纹”边饰[③]。所谓“搴帷”即撩起帷幕，指一个个月牙形或半圆形的帷幕图像。

依上述符号识别与分析结构，可知图1-53画像乃象征冥府之门。诸多具有类似配置的画像石边框所饰垂帐纹，如肥城北大留村（图1-57）、东平县后魏雪（图1-56）等地出土的许多汉墓画像石所见，亦皆表示此处为冥府。

事实上汉墓画像中多有“垂帐纹”的施用，只是许多不为人识。如山东安丘董家庄汉墓画像石，边框在每块石上所占比例相当大，边饰引人注目；其中，“垂帐纹”出现在许多画像石的边框纹饰中，显得颇为突出[④]。但最突出且容易辨认的，应是郑州新密打虎亭村汉壁画墓中室北壁的“宴乐图”（图1-59），从其彩绘画像的顶部出现的有规则分布的连弧纹，可以清楚地看出它们代表的是宫府中的帷帐；“宴乐”是在一座非常庞大的宫府之中进行。此图所见，可为汉画像石上出现的许多连弧纹，提供可靠的图像认知依据。

---

① 天理大学、天理教道友社共编：《天理大学附属天理参考館·画像塼》，奈良：天理教道友社，1986年，圖43。

② 天理大学、天理教道友社共编：《天理大学附属天理参考館·画像塼》，奈良：天理教道友社，1986年，圖52“押型车马楼阁条塼”。

③ 参见龚诗文：《题记、制作与意匠——以安国祠堂画像石为例》，收入林保尧主编：《美术考古与文化资产——以台湾地区学者的论述为中心》，上海：上海大学出版社，2008年，第238—242页。

④ 又如《安丘董家庄汉画像石墓》图版2-20所示各石边框均刻有“垂帐纹”，其他画像石上所见亦多。见安丘县文化局、安丘县博物馆：《安丘董家庄汉画像石墓》，济南：济南出版社，1992年。

图 1-56　山东东平县后魏雪汉墓出土画像石

斜线纹、菱形纹下配垂帐纹，表示地下冥府。采自《中国画像石全集 3 • 山东汉画像石》，图 221

至于武梁祠东壁、西壁的垂帐纹(图 1-58)，由于图像整体居于西王母、东王公所代表的昆仑仙界之下，又有由上而下的第一隔离带中的云气纹呼应，故可判断图像所在空间为仙界时空，所以该图像中的垂帐纹即当为仙界宫府的装饰或象征。由此我们也可以判断武梁祠东壁、西壁(也包括中壁或后壁)图像中分层逐次排列的帝王、刺客、忠臣、孝子、列女图的仙界属性(具体讨论见第三章)。

综上，“垂帐纹”在汉画中既可表示冥界宫府，亦可表示仙界宫府，具体的空间属性应结合画像石上的其他规定性符号作综合判断。垂帐纹与其他纹饰复合施于画像周边，占比越大，其所在宫府越是奢华宏丽。

作为封藏千年的文化载体，汉墓画像石是我们借以近距离观察、认识汉代思想和信仰的最真实、最可靠、最重要的文化媒介。由于其后思想文化变迁之剧，大量发现于墓室或墓祠的汉代画像石，其思想、属性至今并未得到合理的应有的揭示。

与“死生大事”紧密相关的汉墓画像，总是难免被限定在一定面积的平面上。在特定空间中进行特定的图像表达，边框、边饰便不只具备装饰或划定空间功能，而往往是同框内画面一样被充分地利用。只是对其内涵的探索，同其他画面一样极为不易。

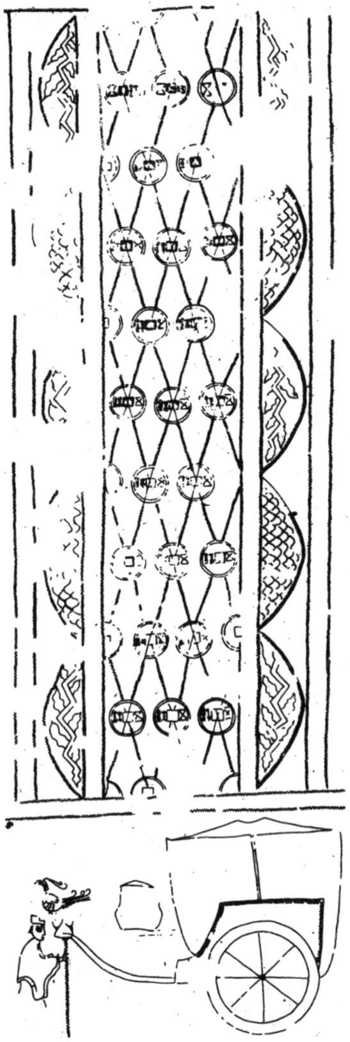

图 1-57　肥城北大留村北汉墓出土画像石

采自《山东汉画像石选集》，图 487 摹本局部

图 1-58　武梁祠垂帐纹之例

左：武梁祠东壁局部；右：武梁祠西壁局部(作者藏拓)

图 1-59　郑州新密打虎亭村汉壁画墓中室北壁宴乐图
《郑州古墓壁画精选》，香港国际出版社，1999 年，第 10—11 页

通过以上对斜线纹、菱形纹、钱币纹、鱼纹、柏树纹、垂帐纹及其相关组合形式的研究，我们能够判断某些汉画图像的冥府或仙界宫府属性，从而进一步探讨汉画系统的意义象征，判定汉墓的整体思想内涵。

墓葬(包括墓祠)中的画像，是一套用符号来表达的象征死者之冥界历程的信仰体系，一套无言之语，需要我们译解、转换成为世间语。画像石的边饰是汉墓中特定空间属性的界定符号；但仅仅识别出某些边饰符号(能指)，尚不能实现对汉墓符号话语的系统解读；更重要的还在于，必须把握其符号语言背后的“语法”(语法是符号的连接方式)，把握那个时代的死后信仰逻辑(尸解成仙)，才能期待整体把握汉墓符号系统之用意(所指)，还原一个完整而真实的汉代思想世界。

第　二　章

汉代神祇考

作为宗教信仰结构的核心要素之一，神祇乃是特定信仰群体所共同崇尚的人生价值和终极意义的最高代表。神祇的群落，来源大致由两类构成：从历史中拣选的代表人生价值之崇高的理想人物形象，从上古宗教与神话传说中拣选的代表终极意义的不朽神灵形象。前一种是人生的标范，后一种是永恒的牵引。

在汉代宗教信仰体系中，就目前已知情形而言，战国两汉盛行的方仙道、黄老道、春秋经学、谶纬神学，在武帝以后儒术居尊的社会条件下，相互激荡并走向深度融合，道论、仙术与春秋大义共同熔铸汉代人生终极理想，因而缔造了与此相应的神谱和仙谱，以高其人生、崇其意义，铸成了汉帝国的精神脊梁。

第一节　子路与西王母的神祇组合

《真诰》卷 5“甄命授第一”：“昔汉初有四五小儿，路上画地戏。一儿歌曰：‘著青裙，入天门，揖金母，拜木公。’……时人莫知之，唯张子房知之，乃往拜之。此乃东王公之玉童也。所谓金母者西王母也，木公者东王公也。仙人拜王公揖王母。”[①]将与西方之神西王母相对应的“木公”释为东王公，已是较迟的事。其实，在不同时期，东方之神“木公”的所指不同；出人意料的是，其最早者，乃儒生子路。兹为考证之。

在山东省微山县文物管理所收藏的一方两城乡出土的汉画像石上[②]，有一奇特人物与西王母共坐。研究发现此乃后世所谓的“东王公”出现以前曾与西王母相对应的人物之一，是孔门七十二子中唯一的忠孝英雄、备受汉人推崇的孔子高足子路。进一步考察发现，山东邹城出土的西汉后期石椁画像中也有类似的人物组合。子路与西王母是西汉后期东西方两大对应神祇，而先于风伯、东王公同西王母的组合。

一、关于西王母组合演变的研究

迄今所见西汉以前文献中，西王母一直被描述为一种独立“穴处”的形象；换句话说，西汉以前从未出现西王母与其他人物成组出现的“社会化”形象。《山海经·海内北经》：“西王母梯几而戴胜杖，其南有三青鸟，为西王母取食。在昆仑虚北。”《山海经·西山经》：“曰玉山，是西王母所居也。西王母其状如人，豹尾虎齿而善啸，蓬发戴胜，是司天之厉及五残。”《山海经·大荒西经》：“西海之南，流沙之滨，赤水之后，黑水之前，有大山，名曰昆仑之丘。有神——人面虎身，有文有尾，皆白——处之。其下有弱水之渊环之，其外有炎火之山，投物辄然。有人戴胜，虎齿，豹尾，穴处，名曰西王母。此山万物尽有。”[③]可见早期的西王母本是孤独无偶的形象。

---

①《道藏》第20册，第518页。按：学界较普遍认为《真诰》出于东晋，要如：①陈国符认为卷1—18为晋人撰述，卷19及卷20则为陶弘景述。见氏著《道藏源流考》上册，北京：中华书局，1963 年。②《道藏提要》：“《真诰》当系晋代扶乩降笔，杨羲、许谧、许翙手书，顾欢撰辑为《真迹传》，陶弘景以《真迹传》为蓝本，又搜集增补，并略加注释而叙次之，撰辑成《真诰》。”见任继愈主编：《道藏提要》（第3次修订本），北京：中国社会科学出版社，2005 年，第 460 页。③朱越利认为该经出于晋代。见氏著《道藏分类解题》，北京：华夏出版社，1996 年，第 47 页。④法国学者 Isabelle Robinet（贺碧来）叙之为陶弘景汇编并注，完成于公元 499 年。见 Kristofer Schipper and Franciscus Verellen (eds). *The Taoist Canon: A Historical Companion to the Daozang*. Chicago: The University of Chicago Press, 2004, p.198.

② 微山县文物管理所：《山东微山县出土的汉画像石》，《文物》2000 年第 10 期。

③ 袁珂：《山海经校注》，成都：巴蜀书社，1992 年，第 358、59、466 页。

已知最早的西王母画像见于西汉昭、宣时期(公元前 86 年—前 49 年)的洛阳卜千秋墓彩绘壁画①。江苏沛县栖山发现的西汉晚期一号墓②出土的一具石椁上刻有诸神朝拜西王母之图。这些墓中所见的早期西王母画像，作为最高神，都是无偶的独尊形象。然而，汉代强烈的阴阳对峙组合思维模式，却需要有另一位能够与之相辅相成的形象出现。

前贤研究表明，大约公元 1 世纪前后，西王母与风伯箕星相对的阴阳组合形态，出现于孝堂山石祠的西山墙、东山墙画像中："在东汉中期以前的早期祠堂中，由于与女性主仙西王母相对应的男性主仙还没有被群众性造仙运动创造出来，东侧壁最上层的图像内容仍然处于不稳定的状态。……风伯形象，是作为与西王母形象相对应的男性神灵而描绘上去的。这种用风伯来与西王母相对应的祠堂东、西侧壁最上层图像，以山东长清孝堂山祠堂东、西侧壁三角形山墙顶部的图像最为典型。"③"这种与东方以及龙的相互关联关系解释了箕星被视为阳性象征并被用于表示东方方位，从而与表示阴性、西方方位的西王母相对，揭示了箕星在东王公尚未创造出来之时与西王母相对的合理性。"④

在山东微山县夏镇青山村出土的名为"庖厨、百戏、神话画像"、断代为西汉晚期的一座石椁画像的右栏(图 2-1)⑤，可以清楚地看到：西王母端坐昆仑山巅，有三足乌、九尾狐、蟾蜍及捣药的玉兔围绕左右，而站在对面向其作吹风状的高大男性人物，则是风伯(箕星)。

---

① 此据 Michael Loewe, *Ways to Paradise: The Chinese Quest Immortality*, London: Allen & Unwin,1979, p.140；巫鸿著，李淞译：《论西王母图像及其与印度艺术的关系》，《南京艺术学院学报》1997 年第 3 期等的判断。该墓发掘报告并未提出有西王母画像。孙作云亦说未见西王母，而只有与西王母有关的三足乌和侍女。参见洛阳博物馆：《洛阳西汉卜千秋壁画墓发掘简报》，《文物》1977 年第 6 期。

② 徐州市博物馆、沛县文化馆：《江苏沛县栖山汉画像石墓清理简报》，《考古学集刊》第 2 集，北京：中国社会科学出版社，1982 年。

③ 信立祥：《汉代画像石综合研究》，北京：文物出版社，2000 年，第 154 页。

④ 金军华：《也谈〈神异经〉之成书年代——兼与李剑国先生商榷》，《南阳师范学院学报》2009 年第 10 期。

⑤ 微山县文物管理所：《山东微山县近年出土的汉画像石》，《考古》2006 年第 2 期。

图 2-1　微山县青山村出土西汉晚期画像

微山县文管所藏，作者藏拓

西王母组合演变的最后结果是我们所熟知的东王公。然而根据信立祥的研究，箕星被东王公所取代，最早见于东汉（大约公元 151 年后）所建嘉祥武梁祠的两面山墙画像中[①]。巫鸿亦曾指出："汉宇宙哲学认为阴与阳是两股极端对立的力量，它们在无数成双成对的力量平衡中来显示自身，如东与西、男与女、兽与禽、天与地、日与月等等。……他们热衷于把'阴阳理论'应用于一切社会和自然现象。为了便于阐释这种抽象的模式，他们还创造性地发明了具体象征物。例如，伏羲和女娲本来是两尊丝毫不相关的神仙，但在汉代神话传说中他们却成了一对夫妻。东王公形象的塑造也同样出自这样的考虑，作为阴阳两方面的象征，雕刻在东汉初期祠堂内的西王母和箕星联系在一起的形象并不完美。这两尊神除了与西和东两个方位有关之外，彼此之间既无内在联系也不对应。于是一尊新神——东王公登场亮相。甚至他的称

① 信立祥：《汉代画像石综合研究》，北京：文物出版社，2000 年，第 156 页。

谓都与西王母构成完美的平衡对应，从而揭示他存在的合理性。”[①]“东王公仅仅是西王母的一个镜像，他被创造出来的时间也不早于公元二世纪。”[②]

以上所述学界对西王母组合人物出现过程的研究进展，使我们对汉代思想、信仰及其艺术表达的认识，得到了有力推进。

二、子路与西王母组合模式

风伯配西王母模式行世短暂。如信立祥所见：“将风伯与西王母相对应，把二者分别配置在祠堂东西侧壁的最上方，从配置方位上说虽无错误，但从二者的神格来说并不正确。……但由于与西王母相对应的男性仙人还没有被创造出来，早期祠堂画像中用风伯与西王母相对应，可以说是一种权宜之计，……这也正是风伯与西王母的对应配置在早期祠堂画像中流行的原因。”[③]事实上，东王公出现以前，西王母的匹配神祇一直处于不稳定状态。除了风伯和东王公，西王母是否还有其他的匹配神祇？

基于近期对山东、江苏等地汉画像石的考察研究，作者发现，历史上，在“风伯—西王母”和“东王公—西王母”这两种东西神祇组合模式之前，西汉后期，至少在鲁南地区曾经出现另一种更早的过渡模式，这就是“子路—西王母”组合。这种模式见于山东微山、邹城等地出土的一些西汉画像石。

(1)邹城市卧虎山西汉宣帝至元帝时期(公元前73年—前33年)M2出土一套石椁[④]，椁板上有画像。

该石椁下葬为东西向，刻制精细，画面极丰富，共出现12面画像：左(南)、右(北)椁板内外双面画像；椁板的头足两端竖立面均刻画像；头、足两块挡板亦均为内外双面画像。见作者绘制的该石椁画像内容及分布示意图(图2-2)。

---

① 巫鸿著，孙妮译：《“阴阳理论”与汉代西王母东王公形象的塑造——山东武梁祠山墙画像研究》，《西北美术》1997年第3期。

② 巫鸿著，李凇译：《论西王母图像及其与印度艺术的关系》，《南京艺术学院学报》1997年第3期。

③ 信立祥：《汉代画像石综合研究》，北京：文物出版社，2000年，第154－155页。

④ 邹城市文物管理局：《山东邹城市卧虎山汉画像石墓》图一三、图八，《考古》1999年第6期。

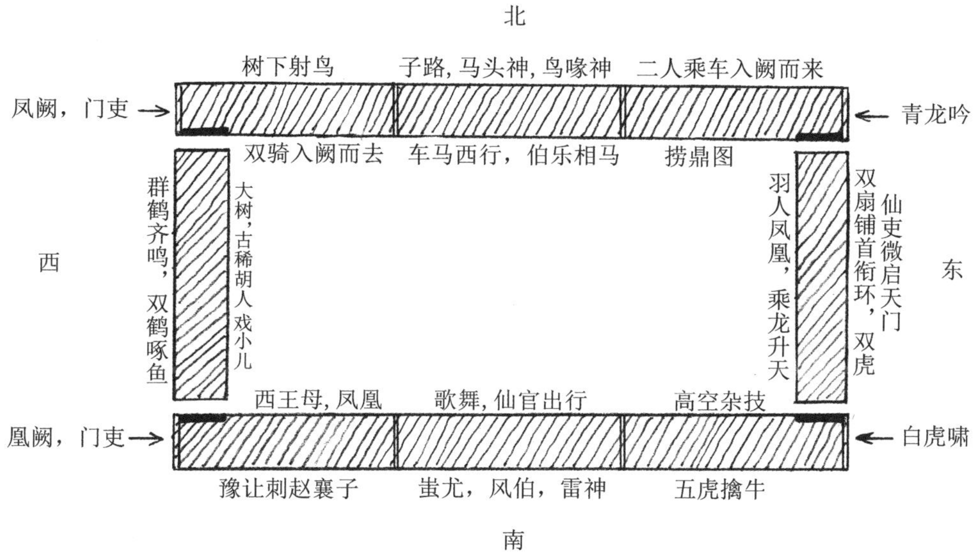

图 2-2　邹城市卧虎山西汉 M2 石椁 12 面画像内容及分布示意图

石椁南板东端立面，刻有白虎，示其属西、属阴的规定性——尽管该石椁落葬时此椁板并不在西而是南面；北板东端立面所刻的青龙，及其与对面椁板的对峙关系，表明其属东、属阳的规定性——尽管这一椁板在墓中是葬在北面。而且，在南北椁板的两个西端立面上，对应出现的凤凰——南板西端立面应为凰，北板西端立面应为凤，再次强调了两块椁板之间的阴阳对应关系。

该石椁的南板内侧、北板内侧，分别刻有西王母(细部见图 2-4)和子路(细部见图 2-5)，合乎阴(女)—阳(男)两极跨越中央空间而东西对应(即分别在死者的左右两边)的方位配合逻辑。

何以判断该石椁画像中有子路出现？北板内侧中栏所刻较大人物，正符合史家对孔子的高足子路“冠雄鸡，佩猳豚”①的记述。在“孔子见老子”题材汉画像石中子路经常出现，“雄鸡冠”是他的特有标志。如武氏祠前石室东壁上石刻孔门弟子图，左起第九位戴雄鸡冠者有榜题曰“子路”②。又如嘉

① (西汉)司马迁:《史记》卷 67《仲尼弟子列传》，北京：中华书局，1982 年，第 2191 页。
②《中国画像石全集 1 • 山东汉画像石》，济南：山东美术出版社，2000 年，第 36 页。

1

2

3

4

图 2-3　邹城市卧虎山西汉 M2 石椁椁板画像

1. 北板外侧 2. 北板内侧 3. 南板外侧 4. 南板内侧。作者藏拓祥齐山出土的“孔子拜老子”画像石[1]上子路画像之例(图 2-6)，其形象特征极明显，不难辨认。1970 年济宁喻屯镇城南张东汉晚期墓出土画像石之一“神怪、蹴鞠画像”(图 2-7)[2]，从上面三格可知其乃刻画冥界情景，最下一格刻戴雄鸡冠的子路正面端立于两侍官之间，则表现了他在冥界的地位。

特别值得注意者，在卧虎山 M2 石椁上，子路身边站立的马头人身之神和鸟喙人身之神。以此二神祇为配置要素的汉画像石，见于微山县微山岛乡出土西汉晚期画像石椁(局部见图 2-8)[3]、嘉祥南武山等出土的汉画像石[4]，但皆以西王母为中心。此类以鸟喙、牛首或马首之神侍于西王母之侧的汉画像石，更多见于鲁南、苏北、皖北、陕北出土的西王母主题汉画像石。如微山出土西汉晚期画像石、沛县栖山西汉晚期一号墓一石椁上西王母身边已出现鸟喙、马头二神(见下文)；徐州汉画像石艺术馆藏江苏铜山县汉王乡出土东汉元和三年(公元 86 年)“乐武君”画像石[5]上西王母则有鸟喙、牛头二神相侍。这些神祇在众多汉画像石之西王母世界构成中的重要角色，一再证明，他们是西王母所属的崇高神祇。而在卧虎山 M2 这座石椁画像中，马头、鸟喙二神祇则侍立在子路之侧。这种构图表明，在这座石椁被造作的年代、在其象征的神祇世界，子路乃是与西王母相对应相匹配的东方男性神。

M2 石椁南板内侧上的西王母，头饰由上下两部分构成：头顶尚保留着西王母特有的胜杖标志，脑后则已出现分两叉的弯形头饰。

微妙而引人入胜的是，在卧虎山 M2 石椁画像中，后来与西王母匹配成对的风伯，已出现在南板内侧，但在空间配置上未与西王母构成对应，而是与西王母一起被刻在南板的外、内两壁，可见风伯虽然在当时信仰中的地位相当高，但尚未成为跨越中央空间而与西王母构成阴阳匹配对应关系的东方男性神。

---

① 山东省博物馆、山东省考古研究所编：《山东汉画像石选集》，济南：齐鲁书社，1982 年，图 179。

②《中国画像石全集 2 • 山东汉画像石》，济南：山东美术出版社，2000 年，第 6 页。

③《中国画像石全集 2 • 山东汉画像石》，济南：山东美术出版社，2000 年，第 47 页。

④ 朱锡禄、李卫星：《山东嘉祥南武山汉画像石》，《文物》1986 年第 4 期。

⑤ 徐州博物馆：《徐州发现东汉元和三年画像石》，《文物》1990 年第 9 期。

图 2-4 邹城市卧虎山西汉 M2 石椁南板内侧西王母（局部放大）

图 2-5 邹城市卧虎山西汉 M2 石椁北板内侧的子路（局部放大）

图 2-6 嘉祥齐山出土汉画像石上的子路

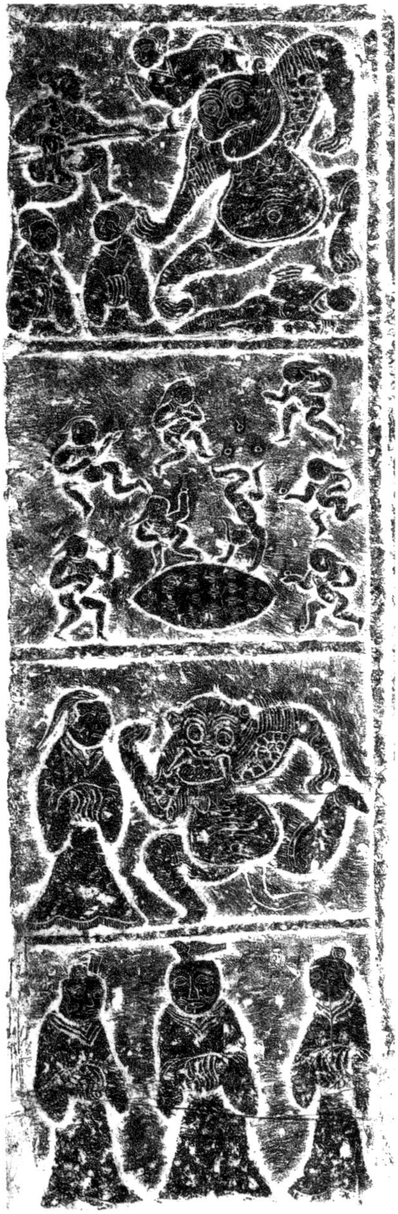

图 2-7 济宁喻屯镇出土画像石上的子路

采自《中国画像石全集 2·山东汉画像石》，图 10

图 2-8　微山岛乡出土西汉晚期石椁画像(作者藏拓)

(2)本节开头提到的微山两城乡出土的一方汉画像石(图 2-9)。该画像石被认为属东汉中晚期[①]。以今观之，此石之创作，或当西汉后期。

该石刻 6 人同排共坐，左一为一男侍侧坐，左二为一男子正坐，头顶刻一鸟作蹲伏状。从这一特征判断为戴雄鸡冠的子路。左三(即子路的左侧)刻一女子正坐，所戴头饰亦对称分作两叉，类似牛角的样式。参照上文所示邹城市卧虎山、微山县微山岛乡、江苏铜山县汉王乡出土两汉画像石上的西王母头饰模式，以及江苏徐州市汉画像石研究会藏“朱雀人物图”东汉画像石[②](实乃西

① 马汉国主编：《微山汉画像石选集》，北京：文物出版社，2003 年，第 153 页，图 62“仙人画像”说明文字。

② 图见苑建中：《徐州市汉画像石研究会汉画像石藏石》，香港：中国文化出版社，2009 年，第 104 页。按：画面中，右三端坐头戴双牛角状弯形头饰者应为西王母，左二端坐大人物应为其对应神祇。

王母及其对应神祇的组合画像，见图 2-10），两城乡出土这方画像石上头戴很大双牛角状弯形头饰的端坐者，应即西王母，右边三人为女侍官。

图 2-9　两城乡出土的汉画像石（上：作者藏拓；下：原石局部）

图 2-10　徐州市汉画像石研究会藏东汉画像石(作者藏拓)

与邹城卧虎山西汉 M2 石椁内侧西王母的胜杖和双叉弯形头饰相似，在前述微山岛乡出土西汉晚期画像石椁上，西王母头顶戴胜，脑后还有分成两叉状似牛角的弯形头饰，亦与上述微山县两城乡画像石中的西王母头饰相类。可见这几处西汉后期石椁及汉画像石中所见应是前后过渡中的西王母形象。

前述江苏铜山县汉王乡出土东汉元和三年(公元 86 年)“乐武君”画像石——所谓“徐州样式”[①]者，顶层中间侧坐的西王母，头部并不戴胜，而是戴一种相当大的三叉形头饰(局部见图 2-11)[②]。较之于这个“徐州样式”的东汉前期画像石，微山两城乡出土的这一方子路与西王母共坐画像石，亦应属类似的西王母图像样式。而从卧虎山 M2 石椁所见“子路－西王母”组合以及西王母的头饰来看，该石椁应作于西汉后期。

除了上列两大类“子路－西王母”的组合图式，还有一类子路与孔子的组合模式值得注意。比如徐州汉画像石艺术馆藏第 279 石(图 2-12)及同馆所藏另一方子路为孔子拉车的图片(图 2-13 下)，山东费县潘家疃汉墓中室北壁上段的子路为孔子挽车图(图 2-13 上)。仔细观察第一方画像石可以发现，该石整体上处于边框纹饰的包围中，由里至外分别为菱形纹与垂帐纹，表明画内的场景发生于地下冥府之中(菱形纹代表“地之骨”的石头，垂帐纹则代表

① 李淞：《论汉代艺术中的西王母图像》，长沙：湖南教育出版社，2000 年，第 126 页。
② 徐州博物馆：《徐州发现东汉元和三年画像石》，《文物》1990 年第 9 期。

宫府，详见本书有关边框纹饰的讨论）。框内画面分上、下两层。上层左边身着戎装、头戴雄鸡、身佩猳豚的高大人物即子路；跟随子路身后且头戴帼饰的人物为西王母，而右边以左手推两轮玩具车、右手高擎T形架的孩童则为常见于“孔子拜老子”画像的项橐（更多讨论见下篇第六章第四节第四部分）。这里的项橐“脱离”孔—老组合而独立出现于这组最大神祇的空间里，且下层出现的也是汉代的两大神祇（鸟喙的老君、牛首的北太帝君炎帝，详见本章下文的研讨）。引人注目的是项橐擎举的T形架上出现一双三足乌，而三足乌是昆仑山上为西王母寻食的使者，素为西王母昆仑世界之代表符号。由此不难推知，这个T形架乃代表昆仑“悬圃”（详参第四章第二节第四部分）。

第二方画像石画面比较清晰。所刻内容为，作为孔子的忠孝弟子，子路为孔子挽车出行。该石所刻头戴雄鸡冠的子路形象比较清晰，同时画面内容由内至外的菱形纹（“地之骨”的石）、斜线纹（“地之肉”的土）亦当引起注意。醒目的边框纹饰表明框内情景乃发生于地下冥府。费县潘家疃汉墓中室北壁上段的子路为孔子挽车图上，最左边拉车的子路，头上以一环状缨系戴一硕大的公鸡，身后另一大鸟站在车辕上，车后上方有一榜题尚可辨识，曰“冠鸡子路”（榜题拓片见图2-13上左）。

图2-11　铜山县汉王乡出土元和三年画像石局部（作者藏拓）

图 2-12　徐州汉画像石艺术馆藏第 279 石（2010 年 7 月 30 日摄）

子路的形象比较稳定，但西王母则变化较大。西汉后期以降，西王母的冠带，经历了一个演变过程。但需注意的是，西王母头饰的演变，同其匹配神祇的演变一样复杂。《山海经·西山经》说西王母“蓬发而戴胜”，司马相如《大人赋》说西王母“戴胜而穴处”[①]。从画像石看，西汉后期的西王母不仅头戴胜而且戴发饰，西汉晚期可见只戴胜的画像，如河南南阳唐河电厂西汉晚期墓画像石所见[②]。东汉后期墓葬画像所见西王母，虽大多为戴胜，但同时也有其他形式的冠带，如山东东平出土的彩绘画像石墓北壁[③]、山东嘉祥宋山小石祠西壁[④]所见西王母，均不戴胜而戴冠。

当然，仍有一些汉画像石中西王母独自出现。同在微山县两城乡，曾出土一套东汉永和四年(公元139年)小石祠，东壁刻一大树，众鸟栖其上，树下一男子张弓仰射；后壁中间刻一对男女神祇共坐，两旁有拜谒者和侍者；西壁刻西王母，冠顶一鸟，端坐于伏羲、女娲交尾构成的阴阳合体之座(颇似四川常见西王母的龙虎座)，两尾末端则与两鸟尾末相连结。“西王母”榜题在其左肩附近。西王母双肩向左右两侧上方大致对称地生出云气状两翼(图2-14)[⑤]。在这座祠堂中，东壁上与西壁西王母相配的，既不是子路或风伯，也不是东王公，而是一棵大树。事实上，综观各地出土的西王母类汉画像石，终乎两汉，王母独自出现的情形一直存在。微山两城乡此石最引人之处乃在于，西王母冠顶伏一鸟。历史上西王母形象虽多变，而此尤殊，文献亦阙如。从西王母配神图像的演变逻辑考虑，或许此图之构成，在思想上受到了西王母与子路组合模式的影响，乃西王母—子路组合信仰之变相出现；换句话说，此乃因乎子路之冠雄鸡，转换为西王母冠雄鸡独自出现，而暗示其与子路之组合关系。

---

① (东汉)班固：《汉书》卷57《司马相如列传》，北京：中华书局，1962年，第2596页。

②《南阳汉画像石》编委会：《唐河县电厂汉画像石墓》，《中原文物》1982年第1期。

③ 于秋伟：《汉代生活的真实写照：东平汉代墓室壁画》，《中国博物馆杂志》2010年第2期。

④《中国画像石全集1·山东汉画像石》，济南：山东美术出版社，2000年，第66页。

⑤《中国画像石全集2·山东汉画像石》，济南：山东美术出版社，2000年，第32页。

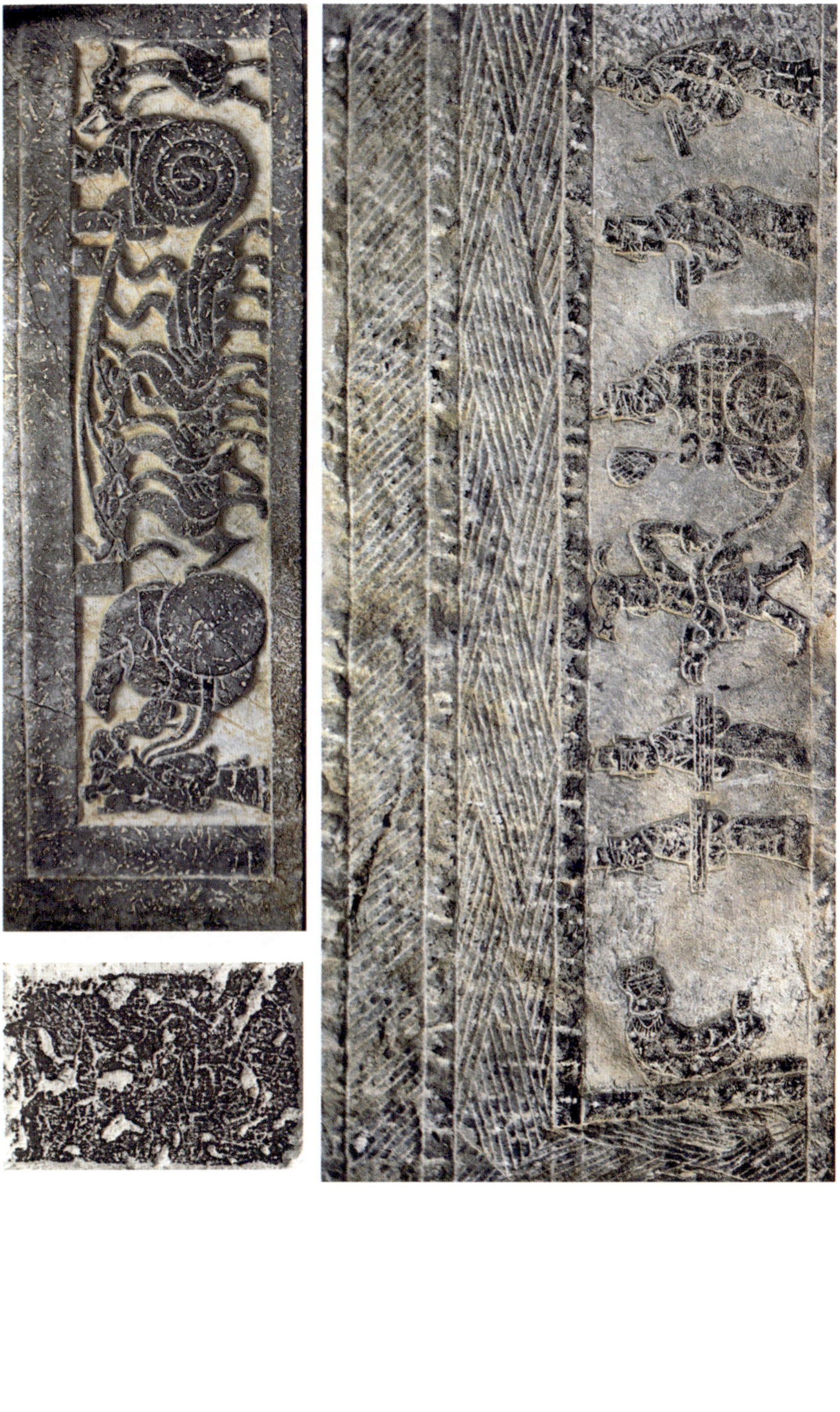

图 2-13　汉画子路为师挽车图

上：潘家疃汉墓中室北壁横额及左榜题（2016 年 1 月 7 日摄）；下：徐州汉画像石艺术馆藏石（2010 年 7 月 30 日摄）

图 2-14　微山县两城乡出土东汉祠堂西壁画像(作者藏拓)

另一方出自邹城的子路—西王母组合画像石亦颇引人注目。2013 年 4 月在邹城北龙河村一座宋墓中发现的汉安元年(公元 142 年)祠堂题记画像石(见图 6-24)[①]上，身着戎装的子路与头顶一鸟的西王母分别立于两端，画

① 胡新立：《邹城新发现汉安元年文通祠堂题记刻石》，待刊稿。

面中子路挥左手似乎正在向西王母致意。在宗教学意义上，“冠雄鸡”这一符号标识在子路与西王母之间发生位移，显然并不影响两大神祇对死者的拯救象征，——只要他们出现。

关于西王母的冠带，大约问世于东晋的《汉武帝内传》[①]描绘：“王母上殿东向坐，著黄锦袷襡，文采鲜明，光仪淑穆，带灵飞大绶，腰分头之剑，头上大华结，戴太真晨婴之冠，履玄璚凤文之舄。”[②]所谓“大华结”，《道藏》本原注：“上花下髻。”显然这个“结”是在冠以下的脑后部位。及至《无上秘要》卷 17“众圣冠服品上”描述“元君冠服”，则称其“头建太真晨婴之冠，三角结，余发散之垂腰，上著黄锦袷襡，下著五色飞青锦裙，佩凤文琳华之绶，腰带流黄挥精之剑”[③]。这部北朝道书所记的“三角结”是否源于汉画像石所见的西王母头饰——如前引江苏铜山县汉王乡所出东汉前期“乐武君”画像石上，西王母的三叉形头饰有似三支长角，至于“三角结”与“大华结”之关系，待考。所谓“余发散之垂腰”，自当源乎“蓬发”说。不难看出，后世文献所记的西王母冠带，在两汉墓葬画像中已现雏形，唯汉后不曾为人见知罢了。由是亦可见现代考古于西王母形象变迁研究之功。

三、西王母组合序列发现之思想史意义

从“子路—西王母”，经“风伯—西王母”，到“东王公—西王母”，西王母组合序列三种形态的发现，具有重要学术意义。它可为汉画像石断代研究、汉代思想史和宗教史研究，提供新的历史逻辑参照。至此可以揭明，两汉时期阴阳对峙的神祇组合在汉画像石中的表达，在已有的伏羲—女娲

---

① 关于《汉武帝内传》的作者和成书年代，学界向存争论。旧题汉班固撰。近人余嘉锡考证颇详，认定为“葛洪所依托”（见余嘉锡：《四库提要辨证》，北京：中华书局，2007 年第 2 版，第 1131—1135 页）；任继愈主编《道藏提要》（北京：中国社会科学出版社，2005 年，第 130 页）、朱越利《道藏分类解题》（北京：华夏出版社，1996 年，第 193 页）认为出于魏晋。

②《道藏》第 5 册，第 48 页。

③《道藏》第 25 册，第 38 页。

组合基础上，出现了西王母—子路模式；其后子路被风伯这个自然神超越，出现了西王母—风伯模式；最后风伯又被东王公这个纯虚构神祇所超越，终于形成稳定的西王母—东王公模式。值得注意的是，这些组合模式均首见于古代山东，且西王母前后所配者三，唯子路源自历史人物，风伯、东王公均系虚构。这一递变过程，符合汉帝国文化超越地域或流派背景依赖而走向整合、实现意义系统螺旋式上升的历史趋势，符合全民族性宗教形成的内在逻辑。

《论语·阳货》："子路曰：'君子尚勇乎？' 子曰：'君子义以为上。君子有勇而无义为乱，小人有勇而无义为盗。'"[①]子路成为如此崇高的神祇，可见汉儒对其景仰之甚。《论衡·率性篇》："世称子路无恒之庸人，未入孔门时，戴鸡佩豚，勇猛无礼。闻诵读之声，摇鸡奋豚，扬唇吻之音，聒贤圣之耳，恶至甚矣。孔子引而教之，渐渍磨砺，阖导牖进，猛气消损，骄节屈折，卒能政事，序在四科。"[②]子路是自始至终侍从孔子周游列国、绝粮陈蔡的赤诚弟子。最后，子路在卫国临难不苟、舍身尽忠，抱持"食其食者不避其难"[③]"利其禄，必救其患"[④]的观念，从容乎"君子死，冠不免"[⑤]，结缨而死，至终不失大丈夫威仪。由此，子路可谓义勇忠孝之全者。此等气质，岂非汉帝国所尚，又岂非独具尚功气质的汉代宗教体系之诲人所依？由是亦不难理解，何以汉代冥界最高神西王母"配偶"变迁中，子路被选择赋予此等隆崇地位，亦庶几可见汉人对这位儒门君子人格结构推崇之原耳[⑥]。

---

① (清)阮元校刻：《十三经注疏•论语注疏》，北京：中华书局，1980年，第2526页。

② 黄晖：《论衡校释》，北京：中华书局，1990年，第73页。

③《史记》卷67《仲尼弟子列传》，第2193页。

④《史记》卷37《卫康叔世家》，第1601页。

⑤《史记》卷37《卫康叔世家》，第1601页。

⑥ 子路在后世亦颇受尊崇。北宋魏泰《东轩笔录》卷12记载欧阳修曾作诗云："子路初来时，冠鸡佩猳豚。斩蛟射白额，后卒为名臣。"[(宋)魏泰撰，李裕民点校：《东轩笔录》，北京：中华书局，1983年，第136页]子路于北宋大中符二年(1009)、南宋咸淳三年(1267)和明嘉靖九年(1530)先后被朝廷封为"河内公""卫公"和"先贤仲子"，足见其所受尊敬。

第二节　两汉老君“真形”考

两汉时期，老子逐渐演变为地位崇高的大神，尊称“老君”，受人祭祀。汉代是否已有老君像？其形态如何？今以两汉考古发现所得，辅以文献资料，略为考证。

一、两汉是否已有老君像?

唐释法琳《辩正论》卷6原注称：“考梁陈齐魏之前，(道门)唯以瓠庐成(盛)经本，无天尊形像。”[①]有研究者遂据以认定南北朝以前道门尚无天尊形象[②]，遑论汉代。确实，早期上清派声言“大道无形”。陶弘景在茅山即未立道像。《辩正论》卷6:“案任子《道论》及杜氏《幽求》，并云：道无形质，盖阴阳之精也。《陶隐居内传》云：在茅山中立佛道二堂，隔日朝礼，佛堂有像，道堂无像。王淳《三教论》云：近世道士取活无方，欲人归信，乃学佛家制立形像，假号天尊，及左右二真人置之道堂，以凭衣食。梁陆修静之为此形也，无劳秃顶，本遵至训，讵假髡头。”卷8又作：“《陶隐居内传》云：在茅山中立佛道二堂，隔日朝礼，佛堂有像，道堂无像。所以然者，道本无形，但是元气。”又：“案汉魏及晋三都两京江南淮北诸道士观，唯以瓠瓤成(盛)经本，无天尊形像及金刚神。今日作者悉是修静张宾等伪经所说。然金刚师子乃是护法善神，自晋已前，道士观内亦未曾有。”[③]但在寇谦之以“新出老君”相标榜的新天师道中，便有天尊之像，其影响之遗留可见诸许多北朝道教造像碑。

更引人疑惑的是《想尔注》的一些说法。公元184年黄巾发难以前，西部五斗米道首领张修所作[④]《老子想尔注》说：

---

① (唐)释法琳：《辩正论》,《大正新修大藏经》第52册，东京：大正一切经刊行会，1924—1934年，第535页。

② 如陈国符：《道藏源流考·道教形像考原》，北京：中华书局，1963年，第268页。

③《辩正论》,《大正新修大藏经》第52册，第535、547页。

④ 姜生：《〈老子想尔注〉三题》,《华学》2008年第9辑。

一者道也……一散形为气，聚形为太上老君，常治昆仑，或言虚无，或言自然，或言无名，皆同一耳。

道至尊，微而隐，无状貌形像也；但可从其诫，不可见知也。今世间伪伎指形名道，令有服色名字、状貌、长短，非也，悉耶伪耳。

道明不可见知，无形像也。

又言：

世间常伪伎，因出教授，指形名道，令有处所，服色长短有分数，而思想之，苦极无福报，此虚诈耳。强欲令虚诈为真，甚极，不如守静自笃也。[①]

据此，有研究者认为汉末道门尚未有神像。事实上，逻辑很清楚，道书的批判本身恰恰披露当时已有将“道”形象化的事实。从引文可以看出，汉末已形成关于“道”神的“服色”“名字”“状貌”“长短”等方面的具体形象界定，并要求信徒据之而行崇拜，具体的崇拜方式，除了作为“思想之”(即存思、存想)的对象外，从汉画来观察，似应有图画或造像的方式。因此，《想尔注》的这些说法，非但不可资以证明汉代老君“无形像”，恰恰却可证明当时已有“道”即“老君”形象。

二、两汉文献中的老子神化形态

早在汉初，黄老道家对老子已经形成某种信仰。学界前贤对于黄老道的相关研究已多，但对于西汉的老子神化现象，尚未触及实质[②]。

窦太后(公元前205—前135年)等黄老道信徒甚尊老子，不容任何亵渎。此或暗示当时黄老已被神化。其后，司马迁在《史记》中说：“盖老子百有

① 饶宗颐：《老子想尔注校证》，上海：上海古籍出版社，1991年，第12、17、19页。

② 索安(Anna Seidel)的《漢代における老子の神格化について》一文讨论的主要是东汉老子的神化。见[日]吉岡義豊、ミシエル・スワミエ(苏远鸣)主編：《道教研究》第3册，東京：豊島書房，1968年，第5—77页。

六十余岁，或言二百余岁，以其修道而养寿也。”[①]历史传说难以辨析，间接反映出时人对老子之尊崇心态，是神化的一种表现。

临沂金雀山9号西汉晚期墓帛画所见的鸟喙形象，应即是西汉时人们相信的老子成神之后的形象（见下文详论）。至于老子的变形形象何时载入文献，已难考。目前已知较早的关于老子鸟喙之貌的记录见诸葛洪《抱朴子内篇·杂应》（详见下文）。

不过，关于老子“变化”的说法，最迟在东汉已经行世。明、章二帝之际（公元58—88年），益州太守王阜作《老子圣母碑》云：

> 老子者，道也。乃生于无形之先，起于太初之前，行于太素之元，浮游六虚，出入幽冥，观混合之未别，窥清浊之未分。[②]

张衡《灵宪》以“道”代称老子：

> 故道志之，言云：“有物浑成，先天地生。”[③]

成书于延熹八年（公元165年）之前的《老子变化经》中，老子说：

> 吾变易身形，讬死更生，周流四海……[④]

延熹八年（公元165年）边韶奉桓帝之命所作《老子铭》更记当时崇拜老子的情形：

> 世之好道者，触类而长之，以老子离合于混沌之气，与三光为终始。观

---

①《史记》卷63《老子韩非列传》，第2142页。

②（宋）李昉等：《太平御览》卷1，北京：中华书局，1960年，第2页。

③（南朝宋）范晔撰：《后汉书》志第11《天文志上》注引《灵宪》，北京，中华书局，1973年，第3215页。

④《藏外道书》第21册，第2页。《老子圣母碑》及《老子变化经》出于东汉，有关断代问题的更多讨论，可参看孙齐：《敦煌本老子变化经新探》，《中国史研究》2016年第1期。

天作谶，降升斗星，随日九变，与时消息，规矩、三光、四灵在旁。存想丹田，大一紫房。道成身化，蝉蜕渡世。自羲农以来，(历)为圣者作师。[①]

延熹九年(公元 166 年)襄楷上书中所谓“或言老子入夷狄为浮屠”[②]，亦可见关于老子化胡的早期说法。三国时期魏国鱼豢撰《魏略·西戎传》说：“《浮屠》所载与中国《老子经》相出入，盖以老子西出关，过西域之天竺，教胡。浮屠属弟子别号，合有二十九，不能详载，故略之如此。”[③]

东汉末期五斗米道首领张修所作《老子想尔注》说：

一者道也。……一在天地外，入在天地间，但往来人身中耳。……一散形为气，聚形为太上老君，常治昆仑，或言虚无，或言自然，或言无名，皆同一耳。[④]

按照《三国志·张鲁传》裴松之注引鱼豢《典略》的说法，张修在汉中五斗米道中以“祭酒”来教化和管理信众：“祭酒主以《老子》五千文，使都习。”后来张鲁袭杀张修，夺其众，“鲁遂据汉中，以鬼道教民，自号‘师君’。其来学道者，初皆名‘鬼卒’。受本道已信，号‘祭酒’”[⑤]。张鲁“以鬼道教民”方法中，由祭酒率领信众习诵的《老子》五千文，应非单纯的原本《老子》，而应是以《老子想尔注》形式出现的老君之书。

以上文献表明老子在东汉确已成为从民众到帝王共同崇祀的神，但当时所祭拜的具体是什么形象的老子，一直不为后人所知。另嵇康《释私论》有曰：

① 严可均辑：《全上古三代秦汉三国六朝文·全后汉文》卷 62，北京：中华书局，1958 年，第 813 页。引者对标点有改动。

②《后汉书》卷 30 下《郎顗襄楷列传》，第 1082 页。

③ (西晋)陈寿撰：《三国志》卷 30《东夷列传》，北京：中华书局，1959 年，第 859—860 页。

④ 饶宗颐：《老子想尔注校证》，上海：上海古籍出版社，1991 年，第 12 页。

⑤《三国志》卷 8《张鲁传》，第 264、263 页。

是以大道言："及吾无身，吾有何患？"[①]

进而晋阮籍《大人先生传》言：

夫大人者，乃与造物同体，天地并生，逍遥浮世，与道俱成，变化散聚，不常其形。[②]

其所谓"变化散聚，不常其形"，正与上引《想尔注》"一散形为气，聚形为太上老君"之说同，可见二者思想之同代属性(未宜判《想尔注》出汉魏之后[③])。至于题中所谓"先生"乃指道士，对此沙畹(Edouard Chavannes, 1865—1918 年)《投龙》早曾指出[④]。

以上文献表明，西汉以后，"变形"乃成为汉代宗教神学体系的重要思想。对老子的神化，一个重要方面，就是以其"变易身形"即可"变化"性来表明其乃与"道"同体。且《周易参同契》卷下说"服食九鼎"之药则"化洽无形……变形而仙"[⑤]，表明时人相信人成仙则必变形，一如老子的"道成身化，蝉蜕渡世"。

由上可知，西汉出现老子鸟喙形象(即后世道教所谓"真形")确为可能。然而文献所述鸟喙的古代圣贤，非独老子一人。在汉代人的心目中，圣人的

---

① (唐)房玄龄等撰：《晋书》卷 49《嵇康传》，北京：中华书局，1974 年，第 1369 页。

② (三国魏)阮籍撰，陈伯君校注：《阮籍集校注》，北京：中华书局，1987 年，第 165 页。

③ 例如，推测作于六朝，楠山春樹、麥谷邦夫、柳存仁认为作于南北朝([日]楠山春樹：《老子伝説の研究》第六章《老子想爾注考》，東京：創文社，1979 年，第 260 页；[日] 麥谷邦夫：《〈老子想爾注〉について》，《東方學報》第 57 册，1985 年；柳存仁：《想尔注与道教》，《第二届敦煌学国际研讨会论文集》，台北：汉学研究中心，1991 年)。严凌峰认为作于北朝，小林正美认为作于南朝刘宋中到后半期，福井康顺认为作于北魏至唐初。具体综述可参马承玉：《〈正一法文天师教戒科经〉的时代及与〈老子想尔注〉的关系》，《中国道教》2005 年第 2 期。

④ Edouard Chavannes, "Le jet des dragons," in *Mémoires concernant l'Asie orientale*, vol.3. Paris, E. Leroux, 1919, pp.53-220. See p.69 n3.

⑤《道藏》第 20 册，第 91 页。

外表皆有异于人处。故《白虎通义》“圣人篇”说“圣人皆有异表”[①]。纬书《尚书帝命验》则说：

> 禹身长九尺有余，虎鼻、河目、骈齿、鸟喙、耳三漏。[②]

这些阐述，并非凭空捏造，而是有着非常悠久的上古文化渊源。1989年江西新干县大洋洲镇商代大墓出土的大量文物中，有一件即是鸟喙玉羽人；2000年湖北荆州天星观二号楚墓亦曾出土战国时期漆鸟喙羽人[③]。按《吕氏春秋·慎行论》：“禹……南至交趾、孙朴、续樠之国，丹粟、漆树、沸水、漂漂、九阳之山，羽人、裸民之处，不死之乡。”高诱注：“南方积阳，阳数极于九，故曰九阳之山也。……羽人，鸟喙，背上有羽翼。”[④]

引人注目的是《神异经·东荒经》对东王公的描述：

> 东荒山中有大石室，东王公居焉。长一丈，头发皓白，人形鸟面而虎尾，载一黑熊，左右顾望。[⑤]

看来，要确认究竟汉画中鸟喙者是何人，须从汉画中相关人物图像所指代的神祇之间的逻辑关系，以证明汉画所见鸟喙人物究竟是谁。按《神异经》成书于公元2—3世纪之间[⑥]，正是东王公被创造出来与西王母构成组

---

① （东汉）班固纂集，陈立疏证，吴则虞注解：《白虎通疏证》，北京：中华书局，1994年，第337页。

② [日]安居香山、中村璋八辑：《纬书集成》，石家庄：河北人民出版社，1994年，第369页。

③ 荆州市博物馆：《湖北省荆州市天星观二号墓发掘简报》，《文物》2001年第9期。

④ （秦）吕不韦等撰，许维遹集释：《吕氏春秋集释》，北京：中华书局，2009年，第614页。

⑤ （西汉）东方朔：《神异经》，北京：中华书局，1991年，丛书集成初编本。

⑥ 汉末服虔作《春秋左氏传解谊》已引《神异经》，段玉裁据以指出该书出于汉末（见其《古文尚书撰异》卷1，台北：大化书局，1986年，第24—25页）。陶宪曾、胡玉缙、余嘉锡皆以服虔征引为据订之为汉末作品。近期研究见金军华：《也谈〈神异经〉之成书年代——兼与李剑国先生商榷》，《南阳师范学院学报》2009年第10期。

合之后——目前学界认为是在东汉中期[①]。进一步根据下文的讨论可知：

(1)通过西王母与其在仙界职能关系，可证鸟喙神非东王公；

(2)在西王母东王公同时出现的画面中也出现鸟喙人物，进一步说明鸟喙神不可能为东王公。

实际上，老君的鸟喙形象，采集了古代贤圣形象的某些特征(包括鸟喙在内)。唐初欧阳询撰《艺文类聚》引《神仙传》：

> 老子黄色，美眉，广颡，长耳，大目，疏齿，方口，厚唇，额有三牛达理，日角月庭，鼻骨双柱，耳有三门，足蹈三五，手把十文。[②]

较之上揭《白虎通义》和纬书文献所述古代圣者形象，可以看出，道教对神仙形象的描绘，继承了上古神话以至汉纬对古代某些圣人的异形描绘，而增之以异能，整合遂为神仙形象。

老君“以神龟为床”[③]，或说“足蹈三五”，暗示其足下神龟背上有八卦之文。按《周易・系辞上》：“河出图，洛出书，圣人则之。”[④]此圣人是谁？有一说是大禹。汉孔安国传《尚书・洪范》：“天与禹，洛出书，神龟负文而出，列于背，有数至于九。禹遂因而第之，以成九类常道。”[⑤]《汉书・五行志》：“禹治洪水，赐‘洛书’，法而陈之，《洪范》是也。”[⑥]老君“真形”要素的构成，除了与神龟的这种关系，显然融入了《尚书帝命验》所述大禹的一些形象特征：

大禹——神龟负文以赐洛书，身长九尺有余、鸟喙、耳三漏。

老君——以神龟为床或足蹈三五，身长九尺、鸟喙、耳长七寸。

根据以上所引道书文献对老君的描绘，结合特定环境下的图像逻辑，很

---

① 巫鸿认为东王公“被创造出来的时间不早于公元2世纪”。巫鸿著，李淞译：《论西王母图像及其与印度艺术的关系》，《南京艺术学院学报》1997年第3期。

② (唐)欧阳询撰：《艺文类聚》卷78，上海：上海古籍出版社，1999年，第1329页。“三牛”下按：“《太平御览》三百六十三作‘午’。”“三五”下按：“《御览》作‘二’。”对比见(宋)李昉等撰：《太平御览》，北京：中华书局，1960年，第1673页。

③ 王明：《抱朴子内篇校释》，北京：中华书局，1985年，第273页。

④ (清)阮元校刻：《十三经注疏・周易正义》，北京：中华书局，1980年，第82页。

⑤ (清)阮元校刻：《十三经注疏・尚书正义》，北京：中华书局，1980年，第187页。

⑥《汉书》卷27上《五行志》，第1315页。

多困扰学界多年、难以解读的汉画，可得诠解。

三、两汉的“老君真形”

(一)鸟喙

两汉的老子形象，除了汉画中的“孔子拜老子”图所示之外，特别引人注目的是西汉墓葬中已经出现的一种鸟喙的“老君真形”。

东晋葛洪《抱朴子内篇·对俗》说：“古之得仙者，或身生羽翼，变化飞行，失人之本，更受异形。”[①]道教所谓“真形”，就是指得道者经过这种“失人之本、更受异形”所成不朽“仙真”之形(如《庄子·大宗师》述“古之真人”[②])，非谓真假也。大量出土文物表明，这显然是汉晋时期承自上古流行于世的一种思想。其中，被神化的老子，就是鸟喙形象。

百科全书式的道教著作《抱朴子内篇》中，援引保存有诸多汉晋道经内容。其中，《杂应篇》引《仙经》，保存了东汉以来人们关于老君“散形”“聚形”之大能和“老君真形”的详尽描述：

> 用四规所见，来神甚多。或纵目，或乘龙驾虎，冠服彩色，不与世同，皆有经图。欲修其道，当先暗诵所当致见诸神姓名位号，识其衣冠。不尔，则卒至而忘其神，或能惊惧，则害人也。为之，率欲得静漠幽闲林麓之中，外形不经目，外声不入耳，其道必成也。三童九女节寿君，九首蛇躯百二十官，虽来勿得熟视也。或有问之者，或有呵怒之者，亦勿答也，或有侍从暐晔，力士甲卒，乘龙驾虎，萧鼓嘈嘈，勿举目与言也。但谛念老君真形，老君真形见，则起再拜也。老君真形者，思之，姓李名聃，字伯阳，身长九尺，黄色，鸟喙，隆鼻，秀眉长五寸，耳长七寸，额有三理上下彻，足有八卦，以神龟为床，金楼玉堂，白银为阶，五色云为衣，重叠之冠，锋铤之剑，从黄童百二十人，左有十二青龙，右有二十六白虎，前有二十四朱雀，后有七十二玄武，前道十二穷奇，后从三十六辟邪，雷电在上，晃晃昱昱。

① 王明：《抱朴子内篇校释》，北京：中华书局，1985年，第52页。

② (清)郭庆藩撰，王孝鱼点校：《庄子集释》，北京：中华书局，1961年，第226—229页。

图 2-15　百子村汉墓壁画黑色牛头的炎帝(左)、鸟喙黄色的老君真形(右)

此事出于《仙经》中也。见老君则年命延长，心如日月，无事不知也。[①]

对老君的这种“真形”描绘，唐代马总《意林》卷 4 有载述：“老君，姓李名聃字伯阳，长九尺，黄色，鸟喙，隆鼻，眉五寸，住金楼玉堂。”[②]南

① 王明：《抱朴子内篇校释》，北京：中华书局，1985 年，第 273—274 页。

②《道藏》第 32 册，第 512 页。

宋霞映所撰另一部道书《太清玉司左院秘要上法》亦有引述[①]。红头鸟喙、黄色衣裳的老君形象，陕西百子村东汉壁画墓提供了非常珍贵的彩色画像证据(图 2-15 右)；而对面所站与老君组配的牛头之神炎帝则著黑色衣裳(合其北帝身份，图 2-15 左，详见下文)[②]。

1988 年山东滕州出土的一方据说造于西汉武帝时期的画像石(图 2-16)上，由“四维”连接支撑的天(璧圆)、地(正方)之间，已出现鸟喙人身之像。按照葛洪在《抱朴子内篇》中的上述记述，及其在墓葬中的功能地位，推测此鸟喙人身之像应系后来号称“老君真形”在汉初老子神化时期的早期形态。

图 2-16　滕州出土西汉时期画像石

滕州汉画像石馆藏，作者藏拓

① 《道藏》第 32 册，第 230 页。

② 陕西省考古研究院：《壁上丹青——陕西出土壁画集》上册，北京：科学出版社，2009 年，第 124 页(鸟喙黄衣的老君)，第 121 页(牛头黑衣的炎帝)。

这方画像石表达着汉代天圆地方、道生天地的宇宙观。这种宇宙观是汉代流行的思想话语。《淮南子》卷 1“原道训”开篇即言：“夫道者，覆天载地，廓四方，柝八极，高不可际，深不可测，包裹天地，禀授无形。……约而能张，幽而能明，弱而能强，柔而能刚。横四维而含阴阳，纮宇宙而章三光。”[①]这幅图画中，周围的方形表示地(而且以多重方形表示地有多重)，中间的圆璧表示天，方形的四个对角线向中央之璧的有础连线，表示天之四维，是支撑天的四柱。鸟喙之神刻在方圆之间，表示他是交通于天地之间的神，这正符合上文所引述诸多文献及东汉画像石对太上老君的描绘。

1976 年山东临沂金雀山九号西汉晚期墓出土的帛画[②]第四组最左边鸟喙、人身、人面、头戴高冠者(图 2-17)，应即后来所谓老君“真形”[③]的早期形态，图中鸟鼻及吐出的鸟舌，非常生动，只是在西汉时候是否即称“真形”，待考。老君脚前画一有背带的布囊，正是古人用于装盛携带经书的“瓠庐”。约出于魏晋之《太上洞玄灵宝五符序》称：“真人曰：文用朱儿，帛用鲜支，盛用鲜支囊。古人名丹砂为朱儿，绢帛为鲜支也。”[④]可见当时唤作“鲜支囊”，以绢帛为之。

图 2-17　临沂金雀山西汉晚期帛画中鸟喙的老君形象
采自《文物》1977 年第 11 期

拜老君“得道授书”，是死后经历的程序之一。《尚书帝验期》：

① (西汉)刘安撰，刘文典集解，冯逸、乔华点校：《淮南鸿烈集解》，北京：中华书局，1989 年，第 1 页。

② 刘家骥、刘炳森：《金雀山西汉帛画临摹后感》，《文物》1977 年第 11 期。

③ 汉画中多见鸟喙人身的老君形象，但须注意与东王公鸟喙形象之区别：《神异经・东荒经》述东王公，“东荒山中有大石室，东王公居焉。长一丈，头发皓白，人形鸟面而虎尾，载一黑熊，左右顾望”(见前引文)，这种形象在汉画中似未出现。

④《道藏》第 6 册，第 332 页。

王母之国在西荒。凡得道授书者，皆朝王母于昆仑之阙。[1]

图中画此经囊，意在暗示死者将从老君“得道授书”。确实，在金雀山帛画的顶部，出现了西王母图像。同样的情形，东汉则甚多，如陕北米脂官庄 2001 年出土的东汉墓门画像石，在佩长剑站立着的老君上方，便有西王母端坐于昆仑之巅(图 2-18 右 1)。

图 2-18 陕北出土东汉画像石所见坐在昆仑神山上的“老君真形”

右起：(1)米脂官庄 2001 年出土汉画像石上的老君真形及其上方的西王母(《中国汉画研究》第 2 卷，图版 1)；(2)绥德墓门右立柱画像(《中国画像石全集·陕西山西卷》，图 133)；(3)绥德墓门右立柱画像(《中国画像石全集·陕西山西卷》，图 132)；(4)神木大保当墓门左立柱画像石(《中国画像石全集·陕西山西卷》，第 171 页)

上述邹城卧虎山西汉石椁的一个大侧面，刻有鸟喙人身之神(图 2-19)。山东微山县微山岛乡出土的西汉晚期画像石[2]、江苏沛县栖山西汉晚期墓出土画像石上[3]，也出现了鸟喙的老君形象(图 2-20、图 2-21)。江苏铜山县汉王乡东汉前期墓(图 2-22 右)、徐州汉画像石艺术馆藏编号 302 石(图 2-22

① [日]安居香山、中村璋八辑：《纬书集成》，石家庄：河北人民出版社，1994 年，第 387 页。

② 马汉国主编：《微山汉画像石选集》，北京：文物出版社，2003 年，第 81 页图 26，第 55 页图 13。

③《徐州汉画像石》，南京：江苏美术出版社，1985 年，图版 11。

左），均出现带有长喙的“老君真形”。东汉画像所见“老君真形”，只作鸟喙形象，未再出现金雀山帛画中戴高冠的人面鸟喙形象。

滕州西汉中前期画像石、邹城卧虎山西汉后期画像石椁、临沂西汉晚期帛画、微山西汉晚期墓、沛县栖山西汉晚期墓所见的老子鸟喙图，说明至迟在西汉中期，社会上已流行“失人之本、更受异形”的“老君真形”图像，到东汉则更加成熟。老君的鸟喙“真形”，暗示着他所具有的“周流六虚，教化三界”①的全知全能全在的神力。

图 2-19 山东邹城卧虎山 M2 西汉石椁画像中的老君真形

图 2-20 微山县出土西汉晚期画像石上的老君真形

图 2-21 沛县栖山汉墓画像石上的老君真形

① 《传授经戒仪注诀》，《道藏》第 32 册，第 169—170 页。

图 2-22　江苏铜山县汉王乡东汉前期墓“乐武君”画像石(右)、徐州汉画像石艺术馆藏302石(左)所见东汉的老君真形(2010年7月30日摄)

根据上述西汉墓葬考古资料及论证逻辑，可以判断，《抱朴子内篇·杂应》所引《仙经》关于“老君真形”鸟喙的描述，保存着西汉时期即已流行的信仰文本。

(二)御龟

仔细观察可以发现，1931年发掘的辽宁大连营城子汉墓壁画(图2-23上)中[①]，上部中间那个佩剑御龟者，正是太上老君。其双足所蹈大龟，头尾图像甚明晰(细部见图2-23下)。按前引葛洪描述，老君“以神龟为床，金楼玉堂，白银为阶，五色云为衣，重叠之冠，锋铤之剑”，主要特征相吻。周围云气、仙人、青龙、朱雀表示那里是神仙世界。这幅壁画中的老子乃是“老君真形”。

① [日]森修：《營城子》，《東方考古學叢刊甲種》第四册，東京：雄山閣出版株式會社，1981年，第二号墓，图版36。

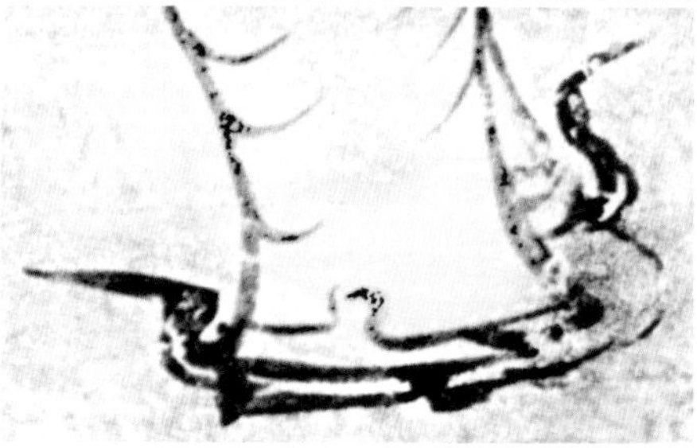

上：全图(《营城子》，图版 36)；
下：老君脚下所蹈神龟(黑色突出显示部分)

图 2-23　营城子汉墓壁画

按纬书中的早期道书《尚书帝验期》说：“王母之国在西荒，凡得道授书者，皆朝王母于昆仑之阙。”(见前引文)可知这里绘老君，是表示死者成仙前要前往朝见老君，“得道授书”，图中老君身后的童子双手所捧之书即是道书，画面下部三人是已“得道授书”的死者，排队等待畅饮“玉浆”而升仙。案上置一鼎，内有一勺，周围摆有三只耳杯，恰好供给三位“得道授书”后排队等候的死者。

其实，所谓“真形”乃是一种宗教崇拜的神像。汉画中出现的黄老真形，是汉代旧宗教体系（前道教）中的神像，后之道书中只有《太清玉司左院秘要上法》提到：

太清真人口诀：常思黄老君真形，咽黄老口中紫气百数，则鬼神畏伏。[①]

可能此道书引“太清真人口诀”所依文献渊源甚古，或是造经者依《抱朴子内篇》所为。后来黄老则不再以此形象出现。

东汉后期汉代旧宗教体系受到批判以后，老君的这种鸟喙形象很快就在主流社会消失了（在边远偏僻的河西地区则传播到晋代），而演变为一种隐性的叙述性存在。《传授经戒仪注诀》云：“老君者，得道之大圣，幽显所共师者也。应感则变化随方，功成则隐沦常住。住无所住，常无不在。不在之在，在乎无极。无极之极，极乎太玄。太玄者，太宗极主之所都也。……化应十方。敷有无之妙，……应接无穷，不可称述。近出世化，生乎商时，降迹和光，诞于庶类，示明胎育，可以学真，虽居下界，无累得道……周流六虚，教化三界，出世间法，在世间法，有为无为，莫不毕究。文王之时，仕为守藏史。或出或处二百余载。至昭王二十四年，太岁癸丑十二月二十八日，为关令尹先生说五千文。”[②]

综上所述，两汉的老君形象，其主要特征，乃如《仙经》所记，主要是“鸟喙”和“以神龟为床”（御龟），已出土的大量汉画堪为其证。“鸟喙”的形象从考古发现的西汉中前期画像中已可得见，并大量流行于两汉的各类画像之中；“以神龟为床”（御龟）的形象目前仅见诸于辽宁的营城子东汉墓壁画。考古资料则证明，《抱朴子内篇·杂应》所引《仙经》关于“老君真形”鸟喙的描述，保存的是西汉中前期已行世的老君形象文本。

① 《道藏》第 32 册，第 233 页。

② 《道藏》第 32 册，第 169—170 页。《三洞珠囊》卷 9“老子为帝师品”引，《道藏》第 25 册，第 354 页。朱越利考证《传授经戒仪注诀》为六朝道经，见氏著《道藏分类解题》，北京：华夏出版社，1996 年，第 181 页。

附录 “道遣奚仲造车”图考

奚仲造车事迹的文献记载最早见于《左传·定公元年》，薛宰在追忆自己的祖先时说：“薛之皇祖奚仲，居薛，以为夏车正。”[①]战国秦汉文献中关于奚仲造车的记载较为多见，主要有：

古者羿作弓，伃作甲，奚仲作车，巧垂作舟。[②]

奚仲作车，乘杜作乘马，而造父精于御。[③]

奚仲作车。伯夷作五行。[④]

造车者，奚仲也。[⑤]

奚仲作车，仓颉作书。后稷作稼，皋陶作刑，昆吾作陶，夏鲧作城。[⑥]

奚仲之为车器也，方圆曲直，皆中规矩钩绳。[⑦]

昔者，仓颉作书，容成造历，胡曹为衣，后稷耕稼，仪狄作酒，奚仲为车。[⑧]

于是奚仲乃桡曲为轮，因直为辕，驾马服牛，浮舟杖楫，以代人力。[⑨]

禹时奚仲驾马，仲又造车，广其制度也。[⑩]

---

① (清)阮元校刻：《十三经注疏·春秋左传正义》，北京：中华书局，1980年，第2131页。

② (清)孙诒让撰，孙启治点校：《墨子间诂》，北京：中华书局，2001年，第293—294页。

③ (清)王先谦撰，沈啸寰、王星贤点校：《荀子集解》，北京：中华书局，1988年，第401页。

④ (东汉)宋衷注，秦嘉谟等辑：《世本八种》，北京：中华书局，2008年，第362页。

⑤ (战国)尸佼撰：《尸子》，《百子全书》本，杭州：浙江古籍出版社，1998年(据扫叶山房石印本缩印)，第482页。

⑥ (秦)吕不韦等撰，许维遹集释：《吕氏春秋集释》，北京：中华书局，2009年，第443页。

⑦ 黎翔凤撰，梁运华整理：《管子校注》，北京：中华书局，2004年，第1174页。

⑧ (西汉)刘安撰，刘文典集解，冯逸、乔华点校：《淮南鸿烈集解》，北京：中华书局，1989年，第646页。

⑨ 王利器：《新语校注》，北京：中华书局，2012年，第16页。

⑩ 谯周：《古史考》，(宋)李昉等撰：《太平御览》卷773引，北京：中华书局，1960年，第3427页。

造端更为，前始未有，若仓颉作书，奚仲作车是也。①

仓颉何感而作书？奚仲何起而作车？②

奚仲感蜚蓬，而仓颉起鸟迹也。③

夏时奚仲造车，为车工也。④

图 2-24　临沂金雀山西汉晚期墓帛画中老君(左)身边的奚仲造车

图 2-25　嘉祥洪山村汉墓画像石上的奚仲造车图

采自山东省博物馆、山东省文物考古研究所：《山东汉画像石选集》，济南：齐鲁书社，1982 年，图版 79 图 181

① 黄晖：《论衡校释》，北京：中华书局，1990 年，第 1181 页。

② 黄晖：《论衡校释》，北京：中华书局，1990 年，第 577 页。

③ 黄晖：《论衡校释》，北京：中华书局，1990 年，第 800 页。

④ 胡吉宣：《玉篇校释》，北京：中华书局，1989 年，第 3462 页。

……至奚仲为夏车正，建其斿旐，尊卑上下，各有等级。[1]

昔伯翳综声于鸟语……奚仲供德于衡辀……[2]

尤其值得注意的一则材料是，东汉五斗米道经书《老子想尔注》中出现如下之说：

古未有车时，退然；道遣奚仲作之。[3]

据此，嘉祥洪山村出土汉画像石（图2-25），及卧虎山M2出土西汉石椁的一个大侧面画像（图2-26）中，都刻有奚仲造车轮的画面。

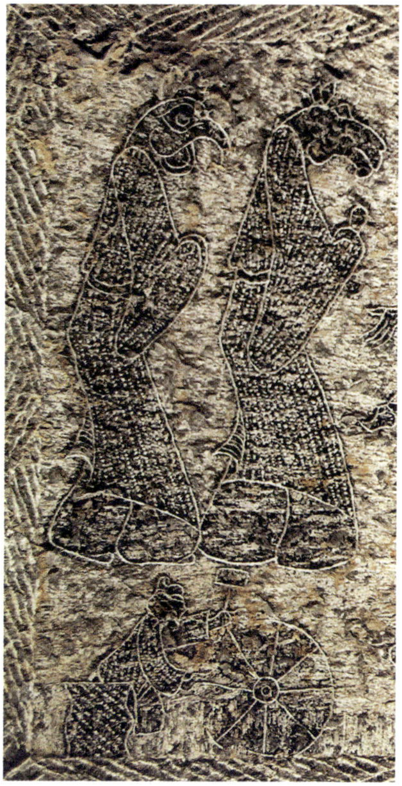

图2-26　山东邹城卧虎山M2出土西汉石椁画像

老君（上左）身旁刻正在造车的奚仲（下）。2011年9月18日摄于邹城市博物馆

复按上引《想尔注》“一者，道也”；“一散形为气，聚形为太上老君，常治昆仑。或言虚无，或言自然，或言无名，皆同一耳”；及上引东汉王阜《老子圣母碑》“老子者，道也”；依《想尔注》“道遣奚仲”的神学所包含的“道”和“奚仲”的原始关联逻辑观察，可以看出，这些“奚仲作车”图像，同时暗示了“道”与其同在。因此，奚仲之所在即“道”——“太上老君”之所在；而死者置身其中，便意味着“与道合一”，自然也就意味着得道成仙。这正是汉人花费巨量财富大造墓葬棺椁画像之根本原因。

① 《后汉书》志第29《舆服志》，第3641页。

② 《后汉书》卷60下《蔡邕列传》，第1987页。

③ 饶宗颐：《老子想尔注校证》，上海：上海古籍出版社，1991年，第13页。

第三节　徐州元和三年汉墓祠堂画像石所见诸神祇

1986年在徐州附近汉王乡发现的一组十块东汉元和三年（公元86年）祠堂画像石，曾被后人二次用作墓葬建筑材料，因此发掘报告误以为是一组汉画像石墓①，其中两块阴线刻的画像石当为小祠堂的东西两壁（见图2-27），画面内容多为东汉前期民间传说中的神仙题材，如周穆王拜见西王母的情景等，为我们展示了东汉前期的神仙思想。

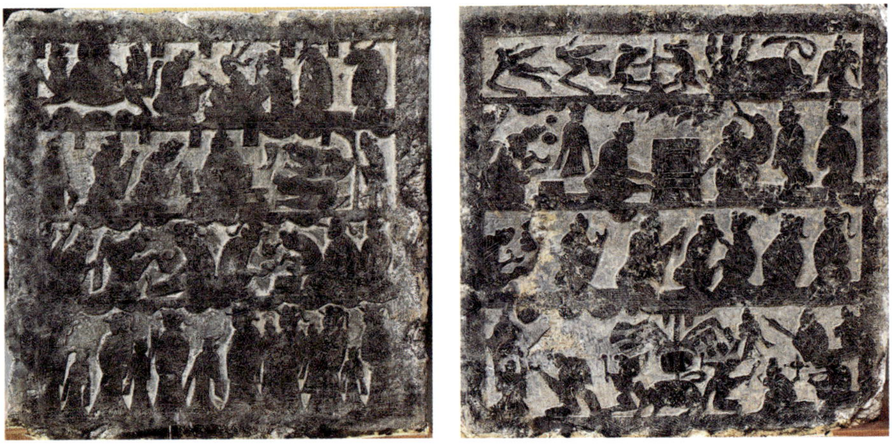

图2-27　徐州元和三年汉画像石

徐州汉画像石艺术馆藏，2010年7月30日摄

两块画像石中，祠堂右壁（东壁）的“乐武君画像石”（图2-28），画面内容丰富，为带有明确纪年的西王母题材的画像石。更有意义的是，图像中神人异兽的旁边多有榜题，虽然部分榜题漫漶不清，但是却有着十分重要的学术价值②。美国学者简·詹姆斯曾在其论文中说：“这座墓（作者按：实为祠堂）中的画像石比此文涉及到的其他画像石更应被关注，对它的进一步研究

① 徐州博物馆：《徐州发现东汉元和三年画像石》，《文物》1990年第9期。

② 与此图相对应的另一块画像石为祠堂左壁（西壁），亦上下分为四格。最上格有飞翔的羽人、一对捣药兔、一个长有六人首的牛身神兽。第二格表现的内容为六博图。两画像石对比可知：西王母对应于捣药兔和神兽，拜谒仙官对应于六博，且一左一右两侧面均有力士等图像，正好相互对应，应是一对整体（见图2-27）。

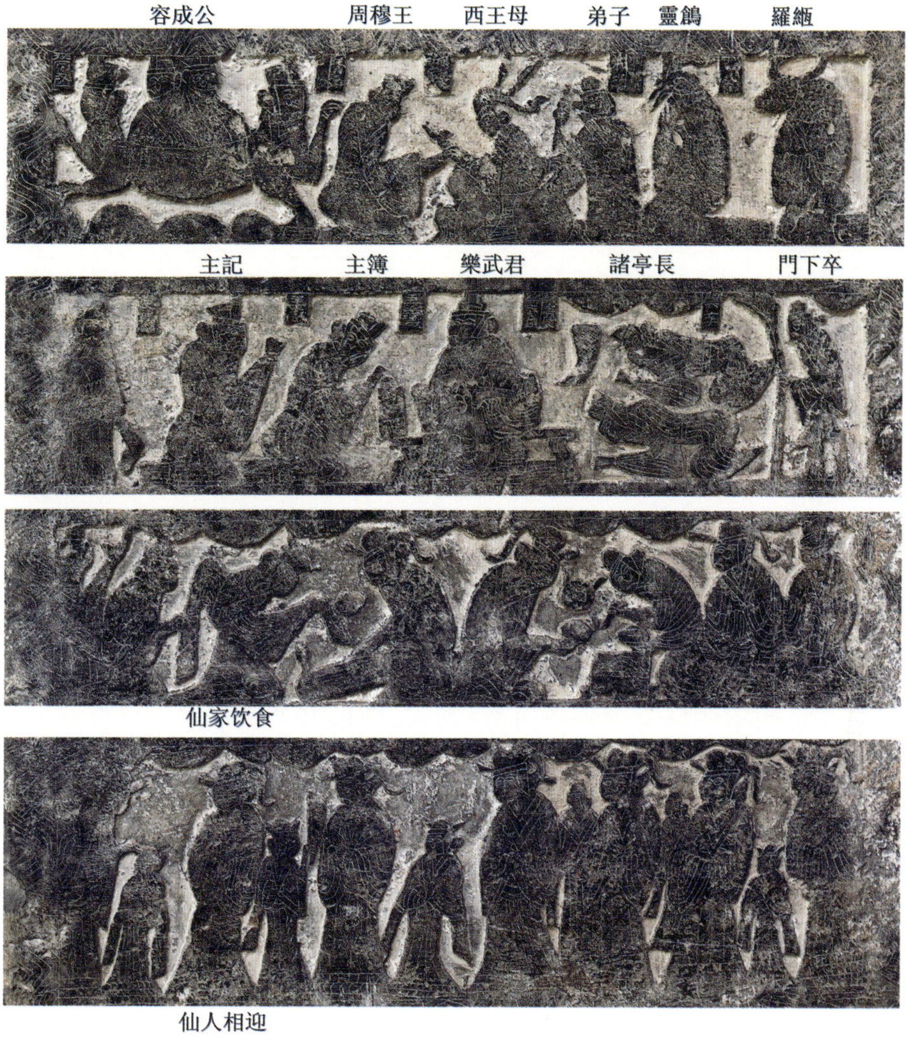

图 2-28　元和三年“乐武君”榜题画像石分层图解

有待于更多徐州墓葬的发掘。”[①]

此石自上而下分为四格。西王母位居上格中央，榜题不清，侧向而坐，面对来拜者。其头饰十分特殊(非戴胜，而是一种分为三叉的头饰)，坐骑似为白虎。西王母对面戴斜顶冠者应为前来觐见者，榜题“□王”，推测应为穆王。穆王身后为一四头人面神兽。汉画像石中常见有双头兽、三头兽、九头兽等多头怪兽，其中四头兽比较少见，更不知其名。不过此石上其榜题为“荣成”，荣成是容成公，或称容成子，传说中的仙人，为黄帝师，得见周穆王。其事迹载于《黄帝内经·素问》《列仙传》《神仙传》《轩辕本纪》等书[②]。在西王母身后立一人，榜题“弟子”；“弟子”身后立有牛首人身与鸟首人身者，亦各有榜题(图 2-29)，非常重要，唯其漫漶，解读艰难。借助影像技术手段，同时配合当时宗教背景，庶几可识牛首神榜题为“罗緰”（图 2-30），鸟首神榜题应为“灵鸧”（见下文）。

画面的第二格中人物榜题，原发掘报告释读有误，纠正如下：画面中的主角榜题为“乐武君”（原发掘报告误释为“乐老君”），右边二位俯身拜见者榜题为“诸亭长”（原发掘报告误释为“诸离忌”），后面拥彗而立的侍从榜题为“门下卒”（原发掘报告误释为“门下车”），左面的诸位人物榜题分别为“主簿”“主记”等官职名称。

第三格和第四格中人物多没有榜题。根据整个画面内容，可以判断出时人的神学逻辑：第四格所表现的内容应为墓主死后，众位仙真前来迎接死者；第三格内容则是仙人们在烹制仙家饮食，等待墓主享用；第二格或为拜见仙官；第一格则是西王母所居的彼岸仙境，预示死者将见西王母，

① ［美］简·詹姆斯(J. M. James)著，贺西林译：《汉代西王母的图像志研究》，《美术研究》1997 年第 2 期。

② 早期房中家多祖述容成公。《汉书·艺文志》著录《容成子》14 篇、《容成阴道》26 卷。《列子》云：“黄帝与容成子居空桐之上。”（杨伯峻：《列子集释》，北京：中华书局，1979 年，第 157 页）《列仙传·容成公》云：“容成公者，自称黄帝师，见于周穆王。能善补导之事，取精于玄牝。其要谷神不死，守生养气者也。发白更黑，齿落更生。事与老子同。亦云老子师也。”（《道藏》第 5 册，第 65 页）《后汉书·方术列传》称汉末甘始、东郭延年、封君达、泠寿光等方士皆行容成公御妇之术(见前引文)。葛洪《神仙传》称其“行玄素之道，延寿无极”（胡守为：《神仙传校释》，北京：中华书局，2010 年，第 257 页）。《抱朴子内篇·释滞》述房中十余家，而容成公居其一。参见王明：《抱朴子内篇校释》，北京：中华书局，1985 年，第 150 页。

图 2-29　徐州元和三年画像石右上方三个榜题的放大照片

2010 年 7 月 29 日摄于徐州汉画像石艺术馆

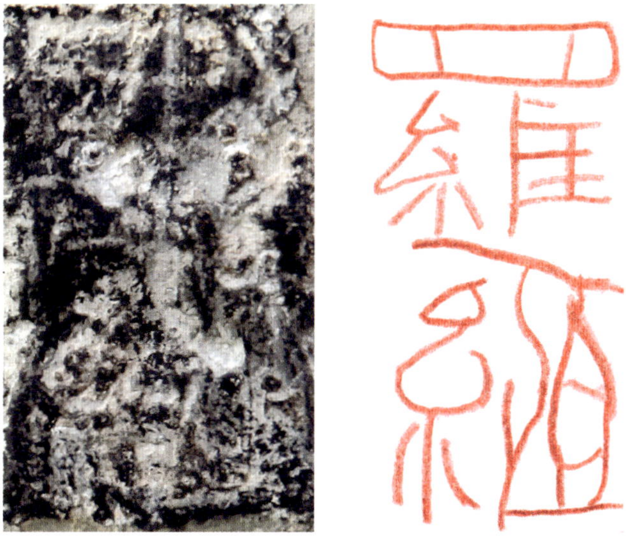

图 2-30　徐州元和三年画像石上的“罗緬”榜题及其识读

得道升仙。

以下就榜题中的“荣成”“罗緬”及“灵鸽”等概念进行详细讨论，并以此石之突破为基点，论证汉画像中西王母之下的牛首人身、鸟喙人身神，实即汉代信仰世界中的炎帝与老君。

一、四首怪物：黄帝老子之师、能善补导之术的容成公

该石左上角所刻为四头连体怪兽，榜题“荣成”，即“容成”[①]，指汉代旧宗教体系中颇受崇奉的神仙容成公(容成子)。如《马王堆汉墓帛书·五十二病方》即专列有“黄帝问于容成”的条目，所论则为治气与宝精方面的内容。载言：“黄帝问于容成曰：‘民始蒲(敷)淳溜刑，何得而生？溜刑成體(体)，何失而死？何曳(泄)之人也，有恶有好，有夭有寿？欲闻民气赢屈施(弛)张之故。’容成合(答)曰：‘君若欲寿，则顺察天地之道。……天地之至精，生于无征，长于无刑(形)，成于无(体)，得者寿长，失者夭死。故善治气榑(抟)精者，以无征为积，精神泉益(溢)，翕(吸)甘潞(露)以为积，饮榣(瑶)泉灵尊以为经，去恶好俗，神乃溜刑。’”[②]《列仙传》所载容成公“能善补导”的特点与马王堆帛书基本一致：“容成公者，自称黄帝师，见于周穆王，能善补导之事，取精于玄牝，其要谷神不死，发白复黑，齿落复生。事与老子同。亦云老子师也。”(见上引文)故此，《列仙传》中亦特别强调老子“好养精气，贵接而不施”的特点。又《汉书·艺文志》房中家著录《容成阴道》28卷，另于阴阳家著录《容成子》14篇。《后汉书·方术列传》说方士甘始、东郭延年、封君达、泠寿光等，皆行容成公御妇之术，爱啬精气[③]。《抱朴子内篇·遐览》著录《容成经》一卷。前秦王嘉《拾遗记》卷8则记载：“风后、容成，皆黄帝之史。”[④]可见，居位

---

① 武利华：《汉画像石西王母图像研究之徐州样式》，《台湾王母信仰文化世界学术研讨会论文集》，台湾胜安宫管理委员会，2009年，第163—197页。

② 马王堆汉墓帛书整理小组编：《马王堆汉墓帛书》(肆)，北京：文物出版社，1985年，第146页。

③ 《后汉书》卷82下《方术列传》，第2750页。

④ (东晋)王嘉撰，(梁)萧绮录，齐治平校注：《拾遗记》，北京：中华书局，1981年，第195页。

黄帝之侧，“顺察天地之道”，“能善补导之事”，即是容成公在汉代的主要形象。

然而，徐州汉王乡出土画像石上面刻画“荣成”（容成公）形象，究竟是何用意？作为古代房中家，容成公在汉代已是房中求仙道法之神君。东汉旧宗教体系盛行男女合气之术，即黄赤之道[①]。这种方法与《容成阴道》之类汉代房中著作，应有内在联系，而“荣成”出现在画像石上西王母所在的第一层，似即表明这块画像石所在墓的墓主人应是汉代容成派的信徒，其基本信仰应是“阴阳不死”（参见本书第四章的讨论），相信通过这种方式，可以得道成仙。

东汉后期，西部五斗米道首领张修撰《想尔注》中，则把容成派的房中修炼作为“伪伎”加以批判；但五斗米道并不是对性过程在修炼神仙中的价值加以否定，而是排斥容成派的方法，以便推行其“合气”说：藉男女行房交接之道，解脱“天罗地网”，超越鬼界网罗之灾，也是当时人们借以修仙的重要方法。施舟人（Kristofer Schipper）推测可能出于 3 世纪《上清黄书过度仪》一卷[②]，系早期天师道房中修炼仪式，其中有言：

> 地网：第七越地网三过，初一过言左，无上中过右，玄老后太上合手，慈父圣母，解脱罗网，除我死籍，上我生录。
>
> 天罗：释天罗三过，初在无上中右玄老，后太上对合手，生我者甲子，王文卿师父康，怀我者甲午，卫上卿师，母妞生我活我，事在大道，与父母。[③]

① 有关研究参见林富士：《略论早期道教与房中术的关系》，《“中央”研究院历史语言研究所集刊》第 72 本第 2 分，2001 年。另参叶珠红：《论汉武帝房中求仙——以神君为例》，载《绛云集》，台北：秀威资讯科技股份有限公司，2007 年，第 72—98 页。

② Kristofer Schipper & Franciscus Verellen, eds. 2004. *The Taoist Canon: A historical Companion to the Daozang*. Chicago& London: The University of Chicago Press, p.130.

③《道藏》第 32 册，第 736 页。

图 2-31　山东莒县沈刘庄东汉墓石柱刻西王母旁男女秘戏图（作者藏拓）

蒙文通早曾指出，晚周道仙主要分“行气、药饵、宝精”三派[①]。朱越利认为：“两汉之际，盖有涓彭派存在，活动在北方。容成派活跃在汉末魏初，影响很大。”[②]1985 年山东莒县沈刘庄东汉晚期墓[③]内一石柱上，下刻一对男女在帷下相拥而吻，而女侍在侧；上刻西王母安坐龙虎座上（见图 2-31）。此图所表达的信仰应是，通过房中修炼，见西王母而成仙。与莒县所见相似，1972 年发现的四川荥经东汉石棺，由于石棺空间有限，因此所刻神学思想简约明确：一侧刻信道弟子在西王母旁行男女合气术，另一侧刻所谓“饮马图”画像，实为备马将行，蕴意深刻：此乃天马，死者卧身棺中即将完成“太阴炼形”，从西王母处得药成仙，乘天马经双阙构成的“天门”而升天；而天门就在前头——双阙刻于石棺前挡头；至于后挡头所刻朱雀则是前来接引的天帝使者（见图 2-32）。荥经石棺的这一整套图像象征，为研究认识莒县沈刘庄汉墓石柱上西王母旁的男女合气图，及类似图像，以及汉墓内部的转换成仙神学符号逻辑，提供了珍贵的解释参照。另外，四川彭

① 蒙文通《晚周道仙分三派考》：“神仙之事，晚周已盛。南方（楚）为行气，称王乔、赤松；秦为房中，称容成、彭祖；燕齐为服食，称羡门、安期。三派之中行气之术最流行。”见《蒙文通文集》第一卷《古学甄微》，成都：巴蜀书社，1987 年，第 335 页。

② 朱越利：《方仙道和黄老道的房中术》，《宗教学研究》2002 年第 1 期。

③ 苏兆庆、张安礼：《山东莒县沈刘庄汉画像石墓》，《考古》1988 年第 9 期。

图 2-32　四川荥经东汉石棺(作者藏拓)

一侧刻西王母旁的男女秘戏图(上)；另一侧刻“备马图”(中)；
前挡头刻“天门”双阙(下左)；后挡头刻朱雀为天帝使者接引升天(下右)

图 2-33　彭山江口镇汉崖墓 M550 门楣石刻秘戏图

图 2-34　泸州合江县城东汉崖墓出土“磨房偷欢”陶枕

成都文物考古研究所李绪成摄

图 2-35　泸州合江县出土东汉秘戏俑
成都文物考古研究所李绪成摄

山江口镇东汉崖墓门楣上雕刻的男女亲吻图(图 2-33)、合江汉墓出土的“磨房偷欢”陶枕(图 2-34)、秘戏俑(图 2-35)等等，皆属时代信仰之反映。

这种修炼方法就是史家所记五斗米道的“合气术”。《后汉书·刘焉传》：“沛人张鲁，母有恣色，兼挟鬼道，往来焉家，遂任鲁以为督义司马，与别部司马张修将兵掩杀汉中太守苏固，断绝斜谷，杀使者。鲁既得汉中，遂复杀张修而并其众。”[①]这段记载谓鲁母“有姿色”同时“兼挟鬼道”，暗示鲁母或行合气之术，而刘焉或亦信行此道。

早期天师道要求弟子诣师门、依师命而行男女合气之术。男女斋戒数日后前往师门，在道师面前依师指令行“三五七九”“黄书合气”。对此，东晋《真诰》卷 6“甄命授第二”的“服术叙”，则质疑“以道交接、解脱网罗”的汉代宗教修仙法术：

① 《后汉书》卷 75《刘焉传》，第 2432 页。

> 若以道交接，解脱网罗，推会六合，行诸节气，却灾消患，结精宝胎，上使脑神不亏，下令三田充溢，进退得度而祸除，经纬相应而常康，敌人执辔而不失，六军长驱而全反者，乃有其益，亦非仙家之盛事也。呜呼危哉！此虽相生之术，俱度之法，然有似骋冰车而涉乎炎州，泛火舟以浪于溺津矣。自非真正，亦失者万万。①

应注意，《真诰》对于房中修仙，尽管委婉地提出了批评，却并非全盘否定，而且这些批评来自晋人。

综合以上讨论，徐州汉王乡画像石上的容成公形象与“荣成”题刻，作为第一手的、最直接的资料，十分难得地保存了汉代修房中以成仙的信仰，而主要以批判性态度出现于东汉末及其以降的相关道经资料中的言说，则在“无意”间呈现出了该种信仰的面貌之一斑。

考“罗緬”“灵鸽”之称，见于《抱朴子外篇》及《真诰》。按《真诰》卷 7“甄命授第三”：

> 逸驎逍遥于太荒之衣(按：应作表)，故无羁络之忧；灵羽振翅于玄圃之峰，以遗(按：应作违)罗緬之患。何其识吉凶哉！

陶弘景注：

> 此复是《博喻》。两篇合为今语，而改“机阱”作“羁落”，“灵鹘”作“灵羽”，“罩罗”作“罗緬”耳。②

陶注所指《博喻》，即《抱朴子外篇·博喻》。考之《抱朴子外篇》卷 38《博喻》篇，有：

① 《道藏》第 20 册，第 522—523 页。

② 以上见《道藏》第 20 册，第 527 页。

图 2-36　德阳黄浒镇蒋家坪出土汉秘戏画像砖（上，重庆中国三峡博物馆藏，2011 年 8 月摄）、三台郪江汉崖墓秘戏图（下，2012 年 5 月 12 日摄）

逸麟逍遥大荒之表，故无机阱之祸；灵鸽振翅玄圃之峰，以违罩罗之患。[①]

那么，牛首的“罗緪”，鸟首的“灵鸽”，其具体内涵如何？各自又有着怎样的知识背景？以下分次予以解读。

二、牛首的“罗緪”：天下鬼神之主炎帝神农氏

《说文解字·网部》：“羅：以丝罟鸟也。从网从维。古者芒氏初作罗。”段玉裁注：“鸟罟谓之罗。《王风》传曰：‘鸟网为罗。’”又按糸部：“緪：大索也，一曰急也，从糸。”[②]罗指网罗，緪是“大索”（大绳），从文字看“罗緪”是鬼神世界执网罗者，因而是以其在鬼神世界的职业工具，而非生前背景(古之炎帝)得其名。

“罗緪”应是对“天下鬼神之主”牛首神炎帝的一种称呼。北罗酆之圣，后名酆都大帝。《真诰》卷15“阐幽微第一”在整理、辨析道教的仙鬼迁谪体系时有言：

炎庆甲者，古之炎帝也，今为北太帝君，天下鬼神之主也。

陶弘景注曰：

炎帝神农氏，造耕稼，尝百药，其圣功不减轩辕、颛顼，无应为鬼帝。又黄帝所伐大庭氏称炎帝，恐当是此，非神农也。[③]又外书云神农牛首，今

① 杨明照撰：《抱朴子外篇校笺》（下），北京：中华书局，1991年，第275页。又考之《云笈七签》卷98“赞颂部”诗赞辞：“逸麟逍遥大荒之表，故无羁络之忧；灵羽振翅玄圃之峰，以违罗緪之患。”（《道藏》第22册，第667页）可见《云笈七签》对此段文字的引述，颇为考究，对于《真诰》内容的把握很有助益。

② (清)段玉裁：《说文解字注》，上海：上海古籍出版社，1988年，第356、659页。

③ 在上古史研究中常见的“炎帝神农氏”连称，把炎帝和神农氏混为一谈，始作俑者大概是成于秦汉之际的谱牒《世本》。这种提法与“太昊伏羲氏”“少昊金天氏”之类相似，当是战国末期的儒者为了适应大一统的历史趋势所造。参见龚维英：《“炎帝神农氏”形成过程探索》，《华南师范大学学报》(社会科学版)1984年第2期。

佛家作地狱中主煞者亦牛首，复致疑焉。[①]

陶弘景主观认为早期道教中作为“天下鬼神之主”的炎帝，不应是据有圣功的神农氏，而当为与黄帝交战的大庭氏炎帝，但据“外书”[②]神农牛首及佛家地狱主亦牛首之记载，又颇生疑虑。今按：陶氏于汉事有所不知。在东汉，人们对“鬼”的想象、理解实非魏晋以降——受到生人修道思想兴起及佛教地狱观共同影响之后——所可比拟，如东汉许慎《说文解字》释鬼曰：“人所归为鬼。”[③]况于汉人，鬼帝亦大帝，若何不可？故而，炎帝神农氏在汉代以牛首形象高居“天下鬼神之主”的“北太帝君”之位，应无疑义。

陶弘景有此疑虑，盖因汉魏间的历史变化之遽，造成“汉晋道殊”[④]的文化隔膜，以致陶弘景这样的大学者亦难以臆测汉人之“道”矣。

在整理编撰《真灵位业图》时，陶弘景按其理解将第七中位写作大庭氏的炎帝：“酆都北阴大帝，炎帝大庭氏，讳庆甲，天下鬼神之宗，治罗酆山，三千年而一替。”[⑤]事实上汉晋道教文献及汉画资料证明，《真诰》所指，就是以这位“造耕稼、尝百药”的神农氏炎帝为“北太帝君”，又名“北阴大帝”，即后之“酆都大帝”。

徐州这方“乐武君画像石”上面牛首神的榜题表明，最迟在东汉前期，这位牛头人身之神已有“罗緬”之名；“罩罗”乃其晋时之称。因此，陶弘景注文中说是“今语”的“罗緬”之称，恰恰并非南朝道门所造，而是承自汉代文本的传统称呼，说明汉代牛头神的名称，一直在道教中被保存流传到

①《道藏》第20册，第580页。

②“外书”在《真诰》凡20余见，除降诰之外皆称外书(应指儒书)，具体当则指皇甫谧《帝王世纪》。《史记》张守杰《正义》引《帝王世纪》：“神农氏，姜姓也。母曰任姒，有蟜氏女，登为少典妃，游华阳，有神龙首，感生炎帝。人身牛首，长于姜水。有圣德，以火德王，故号炎帝。”现存文献中，陶弘景之前述神农牛首者，似仅此一书。见《史记》卷1《五帝本纪》，第4页。

③（东汉)许慎：《说文解字》卷9上，北京：中华书局，1963年，第188页。

④（后晋)刘昫等：《旧唐书》卷25《礼仪志五》，北京：中华书局，1975年，第953页。

⑤《道藏》第3册，第280页。

图 2-37　费县潘家疃汉墓前室东壁南段画像石柱、神木大保当 M11 左门柱彩绘伏羲像

左：作者藏拓；右：采自韩伟主编：《陕西神木大保当汉彩绘画像石》，重庆：重庆出版社，2000 年，图六六

南朝。其原本形态得以如此与历代文化影响及信仰变迁有所区隔而传递数百年，实唯宗教特有之文化保守性所可能。总之，“罗緬”应是汉代对牛首人身的炎帝的一种宗教称谓。至于牛首的炎帝何以称“罗緬”，何时由何群体始称之，缺乏证据，尚难得知。

按照《真诰》记载，炎帝北太帝君治所即北罗酆山，为天下鬼神之所在。《真诰》卷15“阐幽微第一”载：

> 罗酆山在北方癸地(陶注：此癸地未必以六合为言，当是于中国指向也。则当正对幽州辽东之北，北海之中，不知去岸几万里耳)。山高二千六百里，周回三万里，其山下有洞天，在山之周回一万五千里。其上其下，并有鬼神宫室，山上有六宫，洞中有六宫，辄周回千里，是为六天鬼神之宫也。

其后陶弘景又注云：

> 酆都唯有六宫，而周文王父子顿处其三，明周德之崇深矣。[①]

在汉墓中作者发现了与此相关的汉画像石资料。山东费县潘家疃村发现的东汉墓前室东壁南段为一立柱石，上刻人物为蛇身、执矩[②]并戴笼冠，当为伏羲；下刻牛首神人(图2-37左)。其右上方有榜题(图2-38左和图2-39左)，庶可识：

> 此乃閔戲也。

上下两神像之间，刻有较长的题记(图2-38右原石和图2-39右拓片及摹

① 以上见《道藏》第20册，第579、580页。

② 汉画中多见伏羲执矩、女娲执规。然则出土文物中伏羲和女娲执规、执矩的情况均有，可见东汉墓葬画像中伏羲、女娲所执，并无定规(应是匠人粉本传播流变所致)，总之其所表达就是伏羲女娲执规矩。

本)，剔平刻字，计 5 行 20 字：

此下鬼帝/奇相也/戴日抱月/此上下皆尧/先圣人也

根据这组题记[①]的表述，石上所刻人物系帝尧之前的圣人[②]。确实，从图像和题记可以看出，这方石柱上所刻两个人物都是“尧先圣人”；上部的“閇戱”[③]即伏羲(亦作伏戏、虙戏、皇羲、宓牺、包牺、庖羲)，下部的“鬼帝”即炎帝，都是尧之前的圣人。显然这幅画像石乃儒生依《易•系辞下传》而创作：“包犧氏没，神农氏作；……神农氏没，黄帝、尧、舜氏作。”[④]汉扬雄《法言•问道》：“洪荒之世，圣人恶之，是以法始乎伏牺而成乎尧。”[⑤]

按《庄子•大宗师》：“夫道，……伏戏氏得之，以袭气母。”[⑥]可见伏羲是“得道”而成神仙的圣人。晋王嘉《拾遗记》卷 1“春皇庖牺”：“庖者包也，言包含万象；以牺牲登荐于百神，民服其圣，故曰庖牺，亦曰伏羲。”[⑦]至于刻画

① 这组题记，《山东汉画像石选集》(图 426，识读文字见该书前部“图版说明”第 44 页)、《临沂汉画像石》(图 275，识读文字见其图下)同识之为：“此□□□□日也□戴日抱月此上下皆□□圣人也”。《中国画像石全集 3•山东汉画像石》(图 83，识读文字见该书后部“图版说明”第 28 页)将第一个字识为“行”，余同。关于此题记的识读，作者经历了一个从图像依据到识别结论的变化过程。多年前作者根据上述三种图册提供的图片，以其形廓、依乎道书，庶识之曰“此下炎羅奇相也戴日抱月此上下皆道德圣人也”(见拙文《汉代神祇考》，《江西社会科学》2015 年第 1 期)，未得确然。幸运的是，本书出版前，承费县历史文物管理所大力支持，得睹原石及拓片之清晰图片，乃获更新。特此说明。

② 如《太平经》卷 47“服人以道不以威诀”以上古“三皇”为“上圣人”，说“古者三皇上圣人胜人，乃以至道与德治人”。王明：《太平经合校》，北京：中华书局，1960 年，第 143 页。

③ 閇同“闭”，字例见隋《杜乾绪造像》。参见冷玉龙等：《中华字海》门部，北京：中华书局、中国友谊出版公司，1994 年，第 1554 页。

④ (清)阮元校刻：《十三经注疏•周易正义》，北京：中华书局，1980 年，第 86 页。

⑤ (西汉)扬雄：《法言》，北京：中华书局，1985 年，丛书集成初编本。

⑥ (清)郭庆藩撰，王孝鱼点校：《庄子集释》，北京：中华书局，1961 年，第 247 页。

⑦ (东晋)王嘉撰，(梁)萧绮录，齐治平校注：《拾遗记》，北京：中华书局，1981 年，第 1 页。

伏羲女娲手执规矩，乃是因为，正如《孟子·离娄上》所言："不以规矩，不能成方圆。"[①]规和矩所表达的是，从伏羲女娲，始有天地阴阳男女之别，盖即汉儒所谓"乾坤凿度"。

两汉时期，在五行以至五德终始学说的持续影响下，以证明汉家正统为鹄的，藉着"天道圣统"或曰帝德谱构建的契机，"汉家尧后""汉承尧运"以及汉家"尧后火德"说隆盛，影响所及，王朝政治、思想学术以至宗教信仰，无不因之而动[②]。通过《尚书中候·握河纪》中尧的神话研究，间嶋润一发现，"获得天命的尧，他的身份已经转化成为支配全宇宙的至高权威。在这样一个尧的统治下，这个国家也将会同此前的国家大相径庭。这是一个贯通全宇宙的神圣国家。因此可以说，《尚书中候》有关尧的太平神话向我们展示的，其实是一个关于拥有天命的神圣国家的构想"[③]。

基于古代的思想传统，北宋邵雍总之为："尧之前，先天也；尧之后，后天也。后天乃效法耳。"[④]这是符合古代思想传统的逻辑总结。

画像中刻炎帝之奇相，所谓奇者，异也，非常也，不群之谓也。"奇相"即怪相，乃两汉鬼神信仰特有的一种神化手法。关于"戴日抱月"之形象，《春秋合诚图》说天皇大帝冠五彩抱日月："天皇大帝，北辰星也，含元秉阳，舒精吐光，居紫宫中，制御四方，冠有五采文。"[⑤]天皇大帝是伏羲，即昊天

---

① (清)阮元校刻：《十三经注疏·孟子注疏》，北京：中华书局，1980年，第2717页。

② 相关讨论可参顾颉刚：《五德终始说下的政治与历史》，原刊《清华学报》1930年第6卷第1期，收入《顾颉刚全集·顾颉刚古史论文集》第2册，北京：中华书局，2011年，第249—446页；徐兴无：《谶纬文献与汉代文化构建》，北京：中华书局，2003年；杨权：《新五德理论与两汉政治：尧后火德说考论》，北京：中华书局，2006年；陈苏镇：《两汉之际的谶纬与公羊学》，《文史》2006年第3辑；刘辉：《"汉承尧运"的汉画像解读》，《光明日报》2013年5月16日第12版；冯渝杰：《从"汉家"神化看两汉之际的天命竞夺》，《历史研究》2015年第1期。

③ [日]間嶋潤一：《鄭玄と〈周礼〉——周の太平國家の構想》，東京：明治書院，2010年，第186页。

④ (宋)邵雍：《皇极经世·观物外篇》，文渊阁四库全书本。

⑤《春秋合诚图》，《太平御览》卷76"皇王部一·叙皇王上"引。见[日]安居香山、中村璋八：《纬书集成》，石家庄：河北人民出版社，1994年，第767页。

图 2-38　费县潘家疃汉墓前室东壁南段中部题记（右）和上部榜题（左）的原石（2016 年 1 月 7 日摄）

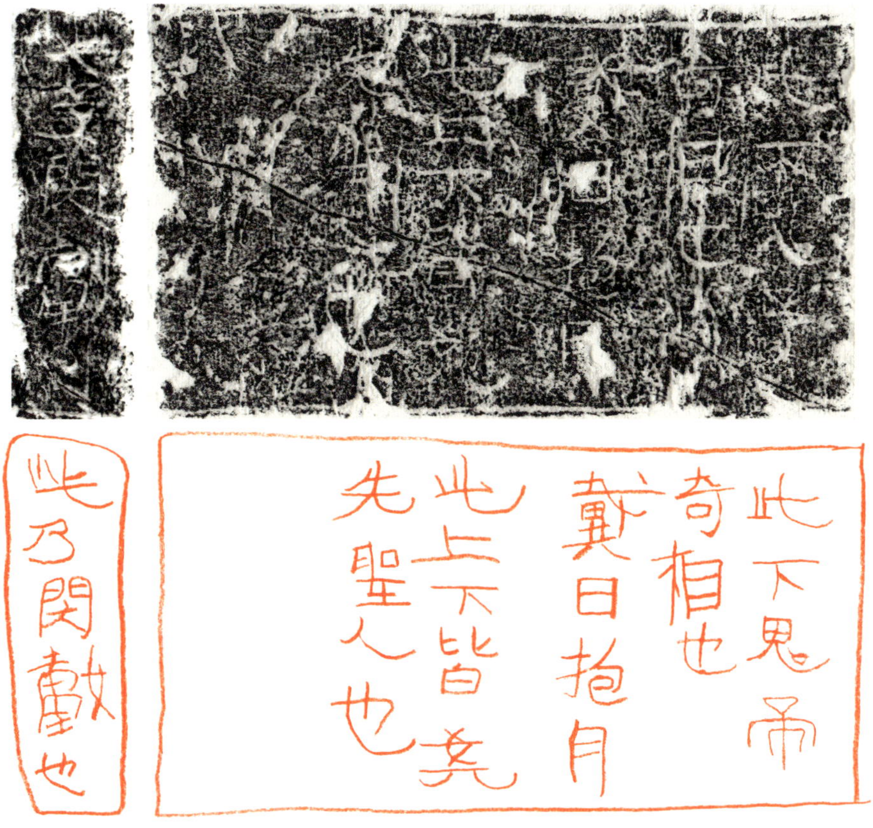

图 2-39　费县潘家疃汉墓前室东壁南段中部题记、上部榜题拓片（上）及摹本（下）

上帝、太昊。郑玄《六艺论》曰："太昊帝包犠氏，姓风，蛇身人首，有圣德。"[①]"大帝冠五彩，衣青衣，黑下裳，抱日月。日在上，月在下。黄色正方居日间，名曰五光。"注："正黄而名为五光者，盖以黄为质而众彩就饰之，故曰五色。此大帝人象旁文也。"[②]又称"伏羲龙身牛首"[③]。陕西神木大保当 M11 左门柱彩绘伏羲像[④]甚佳(图 2-37 右)。龙身的伏羲女娲怀抱日月的形象，汉画中多有出现。四川出土的伏羲女娲各抱日月的画像，亦应据此解。然而牛头的戴日抱月人物形象，在汉墓中则是鬼帝(炎帝)的形象；潘家疃汉墓前室东壁南段中部题记即是证明。疑《春秋合诚图》"伏羲龙身牛首"文字有失，当为"伏羲龙身炎帝牛首"。《春秋合诚图》出现的"此大帝人象旁文也"之说，及其与潘家疃汉墓伏羲与炎帝画像特别是其题记内容的高度契合，则清楚地表明，这段纬书文字的产生与东汉画像石墓的造作处于同一个时代，甚至可能就是东汉画像石粉本所附的说明文字。郑玄《六艺论》："神农氏姓姜，人身牛首。"[⑤]

汉晋道教秘籍《三皇文》(或《三皇经》)即围绕天地人三皇(伏羲、神农、女娲)而成其说。旧题西汉伏生撰《尚书大传》："神农为农皇也。……神农以地纪，悉地力种谷疏，故托农皇于地。"[⑥]《春秋纬》："炎帝号大庭氏，下为地皇，作耒耜，播百谷，曰神农也。"[⑦]这里将神农说成是炎帝号大庭氏。且不论其传说之异，仅就其所言神农炎帝为地皇，可得理解何以炎帝成为地下冥界的鬼帝。至于牛首形象，亦有汉代思想的根据。《春秋说题辞》："牛为阴事，牵耦耜耕也，故在丑。"[⑧]天阳地阴，炎帝神农既为地皇，主鬼界，

---

① (清)皮锡瑞：《〈六艺论〉疏证》，《续修四库全书》第 171 册，上海：上海古籍出版社，1995 年，第 276 页 a。

②《春秋合诚图》，见[日]安居香山、中村璋八：《纬书集成》，石家庄：河北人民出版社，第 766 页。

③ [日]安居香山、中村璋八：《纬书集成》，第 762 页。

④ 韩伟主编：《陕西神木大保当汉彩绘画像石》，重庆：重庆出版社，2000 年，图六六。

⑤ (清)皮锡瑞：《〈六艺论〉疏证》，《续修四库全书》第 171 册，上海：上海古籍出版社，1995 年，第 276 页 a。

⑥ 王闿运补注：《尚书大传补注》卷 6《略说下》，北京：中华书局，1991 年，丛书集成初编本，第 57 页。

⑦ [日]安居香山、中村璋八：《纬书集成》，石家庄：河北人民出版社，1994 年，第 902 页。

⑧ [日]安居香山、中村璋八：《纬书集成》，石家庄：河北人民出版社，1994 年，第 864 页。

本属阴，故复合以牛首符号以象其阴性神祇特征。

潘家疃前室东壁南段立柱石上为天皇大帝伏羲，下为鬼帝——炎帝。西汉末年刘歆将神农与炎帝合一。这里的鬼帝正是《真诰》所说的炎帝神农氏。

不仅如此。同在潘家疃汉墓，前室北壁下段（图 2-40），在楼下凭栏而坐、头上戴笠的中心人物，正是上文引该墓前室南壁上段所刻戴笠荷臿的神农；加之楼顶上的两只鸱鸮暗示所在空间的冥界性质（参见本书第一章和第四章），可以判断，前室北壁下段刻画的是“北太帝君”炎帝神农氏所主的酆都六天宫的第一宫“纣绝阴天宫”；且前室外接墓道，当死者在死后被送入墓室所代表的冥界，第一步仪式便在前室发生，《真诰》卷 15“阐幽微第一”说得很清楚：“人初死，皆先诣纣绝阴天宫中受事。”[①]也就是说，前室北壁

图 2-40　费县潘家疃汉墓前室北壁下段刻画炎帝神农氏所主的纣绝阴天宫（作者藏拓）

①《道藏》第 20 册，第 566 页。

下段表示，死者入冥，首先朝见“天下鬼神之主”炎帝。同时，潘家疃汉墓的这些图像、榜题资料也再次证明，在东汉，作为冥界鬼帝的炎帝确实是神农氏，而非陶弘景所猜测的大庭氏。

作为对应部分，这里值得进行关联探讨的是潘家疃汉墓前室南壁。南壁下段画像为一楼阁(图 2-41 上)，左边楼阁底部刻两组双扇门，各刻一人从里面半开门作迎入状(图 2-41 下)，表示死者被接受前往[①]，楼顶栖一双朱雀，各有仙人相伴。这部分的画像与北壁下段相对峙，应表示为死后前往炼形以待成仙的“朱火宫”。《真诰》卷 16“阐幽微第二”，陶注：“在世行阴功密德，好道信仙者，既有浅深轻重，故其受报亦不得皆同。……有先诣朱火宫炼形者。”[②]相关考证可参看本书第四章第四节。结合南壁上下两部分的画像内容来看，很清楚，东汉人相信：死者入冥先往纣绝阴天宫(第一天宫)向北太帝君报到，其后去西南朱火宫“炼形”，最后经“把持仙箓”的老子核准而飞升成仙(参见第六章第五节第二部分)。

关于炎帝“罗缅”的神性及具体职司，亦另有早期道经记述。约出于东晋的早期上清派经典《上清高上金元羽章玉清隐书经》中有如下相关叙述：

> 北台金玄洞微玉清消魔大王，生乎始劫之中，二仪分判，三象植灵，天地翳莽，幽幽冥冥，正诞于北漠广寒之庭，平丘中域寒谷之滨，元为我父，玄为我母，……于是受命高上玉皇，……总领五岳，检摄北酆，匡正三五，馘斩六天，受任上宫，威制万灵。……上升太虚，游宴玉清，东诣青华，校定方诸，西游龟山，定录天真，南方之洞阳，南极上元，削死注生，勒箓安昌，中礼金阙太上玉京，受事于无极，总司于五方，典生死于图籍，制群妖于北酆。上统无上，下领无渊，五岳、四渎、十二河源，万

① 汉墓画像石所见各种“半开门”画像，暗示死者升仙，参见[日]土居淑子：《中國古代の半開の扉》，《古代中國考古・文化論叢》，东京：言叢社，1995 年，第 275—287 页。相关研究参盛磊：《四川“半启门中探身人物”题材初步研究》，《中国汉画研究》第 1 卷，南宁：广西师范大学出版社，2004 年，第 70—88 页。另参郑岩：《论“半启门”》，《故宫博物院院刊》2012 年第 3 期。

②《道藏》第 20 册，第 583 页。

图 2-41　费县潘家疃汉墓前室南壁下段的朱火宫

2016 年 1 月 6 日摄

> 仙群灵，莫不咸隶于王焉。消魔大王治天北广寒七宝宫下，领北罗酆山，山在北方癸地，高二千六百里，周回三万里，其山并有七宝珠宫，皆鬼神所住。山下有万丈之谷，名曰丘寒之泉，则是鬼神之狱，北帝大魔王即住在山上纣绝阴天宫中。[①]

虽然该经内容明显受到佛教的影响，但这套成熟的关于死后世界的宗教文本，尚存汉传统信仰的某些要素，有助于我们理解这位“天下鬼神之主”的“羅緬”的早期角色及其职司。南北朝至隋唐之际道经《正一出官章仪》有道师上章，为信徒“回化家生奴某，使急回归家舍就主”，“如辄远叛归宅，悔背曹主，恶心不改者，上请罗网君百万人断截、围绕道路，缚录扭劾，勿使东西，令自归就主”[②]。可见南北朝有“罗网君”之称。而“罗网君”职司的主要特点确实是网罗执缚[③]。

三、鸟喙的“灵鸽”：太上老君

关于老子在两汉时期的神化，前文已作文献方面的讨论。然而除了文献，汉墓考古呈现的丰富图像资源以前多被忽视了。事实上，成神的老子在仙界呈现为鸟喙形象，是谓“老君真形”。《抱朴子内篇·杂应》引《仙经》关于“老君真形”的描述，其中最突出的特征就是“鸟喙”和黄色(见前文引述)。

前引《想尔注》说“太上老君”乃“常治昆仑”，这表明东汉的太上老君已与西王母同在昆仑。又按“老君真形”作鸟喙形象，“见老君则年命延长”。将这些资料逻辑地结合起来，可以发现，前引“灵鸽振翅玄圃之峰”一说，“灵鸽”所指乃是昆仑玄圃之上、身生羽翼的太上老君。因此，徐州“乐武君画

---

①《道藏》第 33 册，第 773 页。

②《道藏》第 18 册，第 280 页。

③ 这种信仰长期流传于中国古代社会。南宋文天祥宿信道教，被元军杀害之前曾与道士灵阳子谈道，作诗《有感》：“心在六虚外，不知呀网罗。病中长日过，梦里好时多。夜夜频能坐，时时亦自歌。平生此光景，回首笑呵呵。”又作《浩浩歌》中有：“不能高飞与远举，天荒地老悬网罗。到头北邙一抔土，难事碌碌空奔波。金张许史久寂寞，古来贤圣闻丘轲。乃知世间为长物，惟有真我难灭磨。”(《文天祥全集》，北京：中国书店，1985 年，第 382、28 页)这些诗中提到的“六虚”“网罗”即来自古老的“罗网君”信仰。

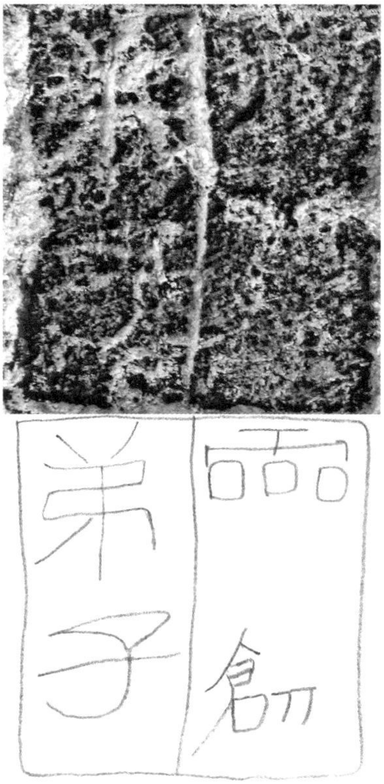

图 2-42　元和三年画像石上“靈鶴”“弟子”榜题识读

像石”上，与西王母同处昆仑的鸟喙之神，应是太上老君。故其榜题隔线右边所刻两字，即“灵鸽”（图 2-42）。“灵鸽”应是汉代旧宗教体系对鸟喙的“太上老君”的一种称呼。因为在汉人心目中，老君乃是“道”的化身，因而被表达为他们梦想中得道成仙者才具有的“羽化”鸟身之神。老君的这种鸟喙形象，也是一种能够上下飞行的神力的表现，而与明、章二帝之际益州太守王阜《老子圣母碑》对老子“浮游六虚，出入幽冥”神力的描述相吻合。这里“六虚”与“幽冥”值得注意。何谓“六虚”？《易·系辞下》：“《易》之为书也不可远，为道也屡迁，变动不居，周流六虚。”韩康伯注：“六虚，六位也。”孔颖达疏：“言阴阳周遍流动在六位之虚。六位言虚者，位本无体，因爻始见，故称虚也。”[①]从宗教的角度，这是一种宇宙概念。而所谓“幽冥”，《淮南子·说山训》：“视之无形，听之无声，谓之幽冥。幽冥者，所以喻道，而非道也。”[②]作为宗教概念，则指冥间。《文选·曹植〈王仲宣诔〉》：“嗟乎夫子，永安幽冥；人谁不没，达士徇名。”吕向注：“幽冥，地下也。”[③]前引《传授经戒仪注诀》曰：“老君者，得道之大圣，幽显所共师者也。”这里“幽显”即阴阳两界，是生人修仙信仰对汉传统的包容性继承（其意即生死之人皆须师奉老子）。

综上所述，鸟喙的老君乃是能够超越一切局限、出入天地之间、以

① （清）阮元校刻：《十三经注疏·周易正义》，北京：中华书局，1980 年，第 89 页。

② （西汉）刘安撰，刘文典集解，冯逸、乔华点校：《淮南鸿烈集解》，北京：中华书局，1989 年，第 520 页。

③ （梁）萧统编，（唐）李善等注：《六臣注文选》，北京：中华书局，2012 年，第 1045 页。

道救人成仙的神君形象。汉代旧宗教信仰中，羽化是成仙的主要表达形式之一。后来道教以驾鹤喻升仙，或即由早期的“灵鸽”信仰演变而来[①]。

徐州汉王乡出土“乐武君画像石”上这两处榜题表明，东汉早期牛首人物称“罗緢”，鸟喙人物称“灵鸽”。所谓“弟子”，即“大道弟子”[②]。图中弟子的身高刻得相对较低，手持一物，在“灵鸽”形象的太上老君前面向西王母跽坐，回首望着老君似乎仍在聆听老君指引，应表示弟子已通过鬼帝“罗緢”的考谪，从老君受书，在等候拜见西王母，符合汉纬《尚书帝验期》所说“得道授书者，皆朝王母于昆仑之阙”仪式过程的表达。

上述徐州汉王乡“乐武君画像石”题材内容并非孤例。在徐州附近地区亦出土有类似图案的画像石。1956 年，在安徽宿县褚兰一号汉画像石墓的石祠西壁，发现一块题材相同的画像石(图 2-43)[③]。上格是关于西王母的神话，右为一躯两头、四脚分向两边爬行的怪物，应即汉王乡画像石上所见的“荣成”(容成子)，其后有一虎。右边为玉兔捣药，暗示此乃西王母的世界[④]，左边为鸟喙人身双角的怪物，当为炎帝的代表“罗緢”。由于该石残损严重，推测石祠画像中还应有代表老君的鸟喙人物“灵鸽”。

---

① 宋张君房《云笈七签》卷 8“三洞经教部·经释·释三十九章经”有：“兆既得洞一之道，乃拔死于泉曲之籍，书仙名于灵羽之箓。”卷 42“存《大洞真经》三十九真法”，在存思三素老君后祝曰：“……兆得上升，化合帝晨，身映日月，命与天连，重华累晖，咸会上尊，世书灵羽，紫录内宣，乘景三素，北宴高元，号曰仙王上清真人。”(《道藏》第 22 册，第 48 页，第 298 页)又诗词所见，如宋人王安中撰《初寮集》卷 1《拟进天应颂一首》：“……神鼎成而甘露零，大晟奏而灵羽至。”(《文渊阁四库全书》本)宋人文同撰《丹渊集》卷 18《仙禽送景逊赴阶州监税》：“肃肃彼灵羽，英英下瑶台。杨翘俗采暗，振响仙籁回。……”(《历代画家诗文集·新刻石室先生丹渊集》，台北：台湾学生书局，1973 年，第 420 页)宋人郭祥正撰《青山集》卷 4《游仙一十九首》之十八：“清僚真可慕，振衣愿所归。既绝世上缘，吾宁抱愁悲。云韶自相谐，虚听方达微。是将跨灵羽，逸麟复攀追。”(《文渊阁四库全书》本)

② 例如《赤松子章历》卷 2 等诸多道经的叙述。

③ 参见王步毅：《安徽宿县褚兰汉画像石墓》，《考古学报》1993 年第 4 期。

④ 汉纬《春秋说题辞》：“兔为积阴，西方之象也。”[日]安居香山、中村璋八：《纬书集成》，石家庄：河北人民出版社，1994 年，第 863 页。

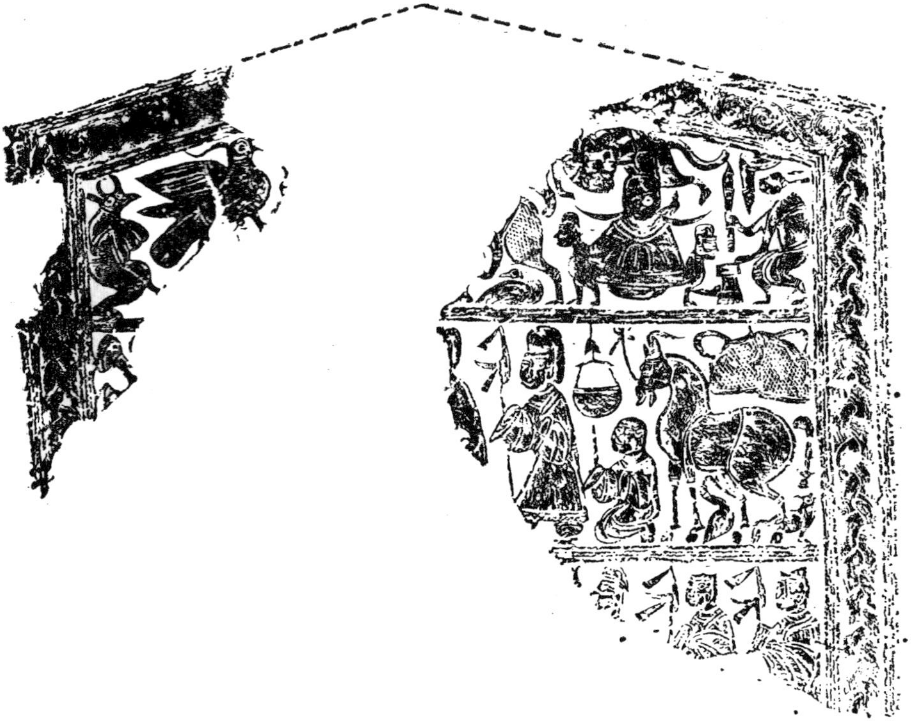

图 2-43　安徽宿县褚兰一号汉画像石墓石祠西壁第 17 石拓本

采自王步毅：《安徽宿县褚兰汉画像石墓》，《考古学报》1993 年第 4 期

“罗緪”（炎帝）和“灵鸽”（老君）所表达的鬼—仙两界张力，及人在其间相应承受的道德的和仙术的需求张力，构成为汉代宗教体系的基本界定要素。

第四节　汉画中老君、炎帝的组合模式及其神格

牛首人身、鸟喙人身神像，在鲁南苏北和陕北汉墓、甘肃河西晋墓中，均有精彩的考古发现。其形象鲜明、独特，往往成组出现，地位崇高，非常引人注目。其研究仍处于起始阶段，诸多基本问题尚未解决，而种种猜测带来的问题亟待澄清。

一、所谓“鸡首”“牛首”问题

陕西《神木大保当》考古报告叙述大保当出土的鸡首人身及牛首人身形象理解为东王公和西王母[①]。在《山海经·西次三经》的西王母神话中，同时出现有关于牛角兽“狡”和赤鸟“胜遇”的记述：

又西北三百五十里，曰玉山，是西王母所居也。西王母其状如人，豹尾虎齿而善啸，蓬发戴胜，是司天之厉及五残。有兽焉，其状如犬而豹文，其角如牛，其名曰狡，其音如吠犬，见则其国大穰。有鸟焉，其状如翟而赤，名曰胜遇，是食鱼，其音如录，见则其国大水。[②]

根据这份文献资料，叶舒宪曾对上述报告中提出的“牛头西王母”和“鸡头东王公”作大量阐释，进而提出“另一个悬而未决的疑问”：

鸡头人身像是如何认同为东王公的？牛头人身像又是如何认同为西王母的？这两种人兽合身意象的神话类比想象之逻辑依据是什么？[③]

对于“牛头西王母”和“鸡头东王公”的图像判断本身，牛天伟、金爱秀曾批评是一种“误释”，指出“这种说法显然是错误的，因为晋西北的同类形象分别被安排在西王母与东王公图像下方。而山东、苏北区的同类形象拱手面向西王母(或东王公)”；接着判断，“汉画中的鸡头人身像即秦汉人所奉祀的‘宝鸡神’”，而把这一牛首人身形象，和汉画中出现的各种牛形象，一同归入“牛神图像”加以讨论，提出“牛神信仰最早应出现在西北的戎羌地区。汉画牛首人身像正是基于戎羌人的牛图腾崇拜观念而产生的图画艺术，山东、苏北区的崇牛习俗，显然是随着古代西羌部分东迁而传入的”；

---

① 陕西省考古研究所、榆林市文物管理委员会办公室编著：《神木大保当——汉代城址与墓葬考古报告》，北京：科学出版社，2001年，第117页。

② 袁珂：《山海经校注》，成都：巴蜀书社，1992年，第59—60页。

③ 叶舒宪：《牛头西王母形象解说》，《民族艺术》2008年第3期。

又基于古代的炎帝牛首传说，提出“陕北汉画中的牛首人身像当源于古羌人所崇拜的祖先神炎帝”；对于陕北、山东等地汉画像石中所见的牛首人物形象，认为是“头戴牛头面具的巫师之像”，“画中头戴牛角之人是一位能交通上下、协调阴阳的神圣之人”[①]。

李淞则观察到：“它们有两种主要出现方式：其一是和西王母、东王公一样端坐在墓门框的上端天柱上，或像西王母、东王公一样肩生双翼，在某种程度上有与西王母、东王公相同的意义，这类形式要早一些，主要出现在永元模式中；其二是在西王母、东王公下格的站立像，即以前为持彗拥盾的门吏站立的位置，手中持符节、笏或棨戟，扮演使者或卫士的角色。这类鸡首(牛首)人身像除了鲁南和苏北这一区域外，在其他地区很少见。”“鲁南和苏北在东汉初期比较流行这种图像，至东汉中、后期的嘉祥样式中还能见到。……这些像的出现时间都要早于陕北和晋西北画像石，应该是后者的图像来源。不仅如此，元和三年西王母的侧面角度和特殊的三叉形头饰，也以略为变化的形式频频出现在永和模式中。陕北本是汉代边陲之地，之所以有大量画像石出土，与地势作为抗击西羌和南匈奴前线的地位密切相关。”并看出，鲁南和苏北，“不论画像石传统还是西王母信仰，当时这个地区都最具辐射力”[②]。

东汉初期陕北和晋西北的同类形象明显是徐州模式的传播形态。但这种传播形态，在西北地区却因简约化而使其信仰主干被突显出来并加以模式化，形成以西王母(东王公)为中心，左右辅以牛首、鸟喙二神的陕北墓门模式。

下文的研究证明，汉画中的牛首、鸟喙人物形象，本身就不是所谓“牛头西王母”和“鸡头东王公”(也就是说，这种名称所指的对象不存在)，不

---

① 以上见牛天伟、金爱秀：《汉画神灵图像考述》，开封：河南大学出版社，2009 年，第 244—247、249、236、237 页。

② 李淞：《论汉代艺术中的西王母图像》，长沙：湖南教育出版社，2000 年，第 169—171 页。按《禹贡》：“海、岱及淮，惟徐州。”[(清)阮元校刻：《十三经注疏·尚书正义》，北京：中华书局，1980 年，第 148 页]《尔雅·释地》：“济东曰徐州。”[(清)阮元校刻：《十三经注疏·尔雅注疏》，北京：中华书局，1980 年，第 2614 页]今鲁南、苏北、皖北各地在汉代属徐州刺史部，治郯县，辖琅邪郡、东海郡、临淮郡、泗水国、广陵国、楚国，在行政和文化上有区域共性。

是《山海经·西次三经》所说的牛角兽“狡”和赤鸟“胜遇”，也不是“头戴牛头面具的巫师之像”“宝鸡神”之类。而鸟喙人物也不是《神异经》所说的东王公，因为该形象虽有“人形鸟面”，但汉画中尚未见有“虎尾、载一黑熊”的鸟喙人物。

二、北太帝君牛首、太上老君鸟喙：汉晋的六天信仰

如上所论，鸟喙人身形象，乃汉晋时期的“老君真形”。牛首人身，根据文献记述，乃是古代传说中炎帝形象的主要特征。按《吕氏春秋·孟夏纪》：“孟夏之月……其帝炎帝。”高诱注曰：“炎帝，少典之子，姓姜氏，以火德王天下，是为炎帝，号曰神农，死讬祀于南方，为火德之帝。”[①]《列子·黄帝》亦言：“庖牺氏、女娲氏、神农氏、夏后氏，蛇身人面，牛首虎鼻：此有非人之状，而有大圣之德。”[②]晋皇甫谧《帝王世纪》：“炎帝神农氏，姜姓也。……人身牛首，长于姜水，因以氏焉。”[③]唐初所编《艺文类聚》卷17“人部一”引《帝系谱》曰：“神农牛首，结绳而治。”[④]唐孔颖达撰《周易正义·系辞下》卷8、宋李昉等撰《太平御览》卷78亦曾引《帝王世纪》的叙述[⑤]。

在道教形成过程中，人身兽首形象同许多其他古代宗教传统一起，被纳入鬼神之列。主体可能作于六朝的上清经《太上元始天尊说北帝伏魔神咒妙经》[⑥]说：“穷北方之极，有一世界，名曰五气玄天洞，阴朔单爵绝之。……中有一大山，上参碧落，下入风泉，名曰酆都罗山。……其山中有六洞宫，……名为六天魔王宫。”宫中鬼神：

> 或为女巫摇铃鼓吹之怪，据于大木古树。或为三皇五帝古先帝王形像，垂旒带佩。或为六天魔女，盛服艳妆。或为九州前代猛将凶臣，持戟把剑。

① （秦）吕不韦等撰，许维遹集释：《吕氏春秋集释》，北京：中华书局，2009年，第83页。

② 杨伯峻：《列子集释》，北京：中华书局，1979年，第84页。

③ （西晋）皇甫谧：《帝王世纪》，北京：中华书局，1985年，第3页。

④ （唐）欧阳询：《艺文类聚》卷17，上海：上海古籍出版社，1999年，第311页。

⑤ （清）阮元校刻：《十三经注疏·周易正义》，北京：中华书局，1980年，第86页；（宋）李昉等撰：《太平御览》，北京：中华书局，1960年，第365页。

⑥ 该经断代，见朱越利：《道经分类解题》，北京：华夏出版社，1996年，第104页。

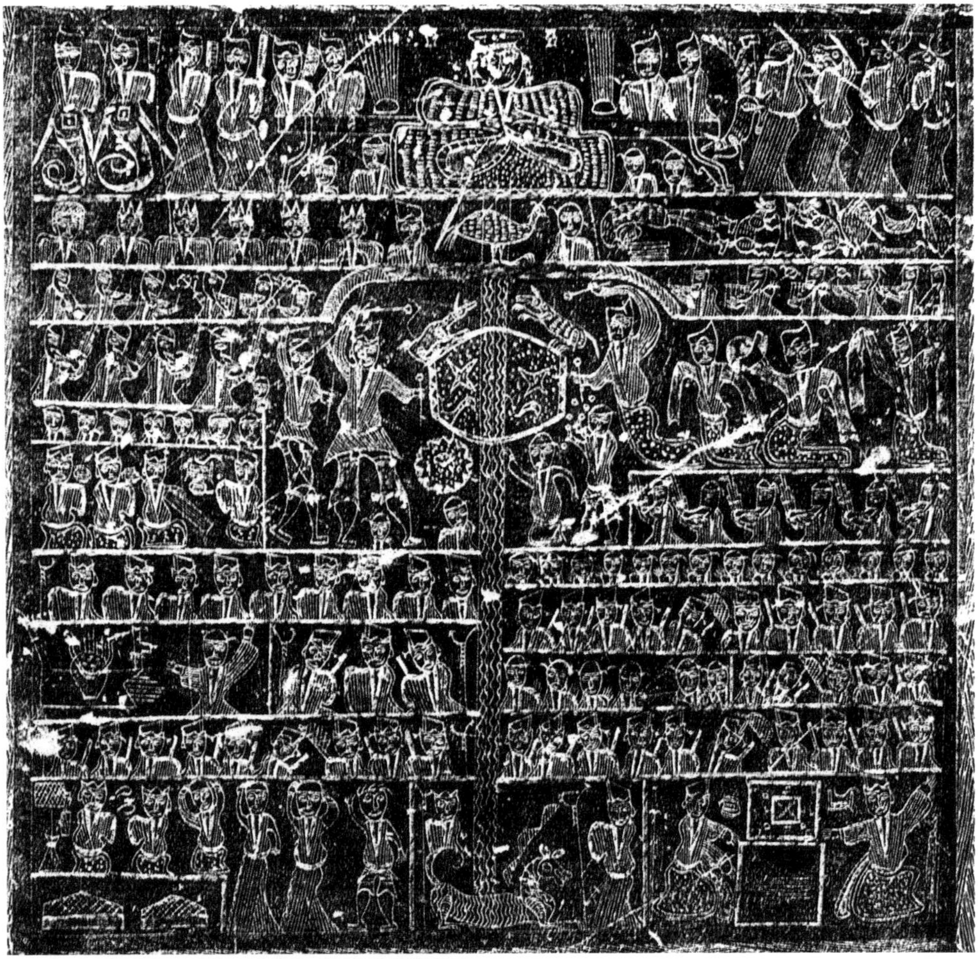

下为上的放大。画面顶层中央西王母的右侧，四人列队，第一人右手持斧，第二人鸟喙，第三人鹿首右手持锤，第四人牛首。上海博物馆藏

图 2-44　滕州西户口东汉墓出土画像石

或为诸天大将军，驭骑日月星辰光气，游行人间。或为生人七代填墓祖考仪貌。或为野兽，乘骑飞鸟，驾驭蛇鼠，五色光明，妖童艳女。或托异木怪石为主。或为古穴泉源。百形千变，杀害生人。苦遭逼逐，或求异法禁卫，镇压追捉。其鬼力不能加，即反入洞中，不可寻逐。诸邪不禁，力不加敌。及有大威力，移山拔树，兴云动雨，不可禁制。①

其中所言“或为三皇五帝古先帝王形像，垂旒带佩”的说法，保存了此前对酆都罗山鬼神形象的记忆。故陶弘景在《真诰》卷 14“稽神枢第四”注文中说，“古来英圣之王”多已成仙真，“唯未见显尧及汤得道，及鬼官之迹耳”②。

在鲁南、苏北、皖北区域，引人瞩目的“西王母—牛首神—鸟喙神”模式，体现非常一致。究竟此二神形象代表的是什么？在传世文献中，已不见有关叙述。但在汉晋道教文献中，除了前述老君真形的记述，尚可找到关于牛头神的文献依据(见前引《真诰》卷 15“阐幽微第一”)。

那么，牛首炎帝及鸟喙老君在汉代的宗教体系中拥有怎样的职司？居于何种位置？又占有怎样的地位呢？下面即结合它们在汉画中的图像呈现形式，对此作一系统讨论。

徐州民间收藏的邳州一座汉代祠堂山墙构件画像石(见图 2-45)的顶部右方(石头自身的左边)，先后排列坐三人，牛首人身、熊首人身及高冠人物。他们身生羽翼，皆为神仙(局部放大见图 2-46)。将图像逻辑与历史逻辑相比照判断，坐在牛首人身的炎帝后面的熊首人身者，当系古代传说中的“有熊氏”黄帝(其形象见下文讨论)。最右端高冠人物的身份，待考。这种组合的更早形态则见于西汉晚期，山东微山县微山岛乡出土的西汉晚期画像石中已见有其神像(见图 2-47)，尽管有所不同。右三人左向，前面两位人面蛇身者当为伏羲和女娲。

①《道藏》第 34 册，第 392、393 页。

②《道藏》第 20 册，第 577 页。

与微山一样同西王母组合一起的模式，还见于沛县、滕州以及淮北、萧县等地。其中沛县出土的画像石上，西王母所居楼阁右侧四位神人恭立。从左到右第三位即鸟喙人身的老君（见图 2-48）。

图 2-45　徐州民间收藏邳州一座汉代祠堂山墙构件画像石（作者藏拓）

图 2-46　邳州祠堂山墙构件画像石局部

东王公(与西王母具有相同的暗示)的左侧为牛头的炎帝，右侧为鸟喙的老君真形

图 2-47　微山出土西汉晚期画像石(作者藏拓)

又安徽淮北出土的一幅汉画（见图 2-49），左二鸟喙者为老君真形，右二牛头者为炎帝。与众不同的是，这幅画面中，在老君和炎帝的对面分别安排一捣药和一捧药臼的玉兔，而玉兔乃是西王母身边负责丹药的神。同样在安徽萧县圣村出土的东汉 M1 前室北壁立柱石画像上（见图 2-50 下）[①]，楼上中间并排坐两人，当为东王公、西王母，楼下左侧有一鸟喙之神，侧身坐。而萧县博物馆收藏的一幅东汉画像石（见图 2-50 上），左右两端为日月，西王母居中正坐，牛首炎帝、鸟喙老君二神则一左一右背向王母而侧坐：牛首炎帝向日，鸟喙老君向月，符合汉人崇尚的阴阳对应原则，一如西王母龙虎座上常见的阴（虎、西、金）阳（龙、东、木）对应相合形态。可见汉画中老君、炎帝俱在西王母之下，这与汉代的宗教情况是符合的，也与《真灵位业图》保存的早期道教鬼神谱系基本一致。徐州汉画像石艺术馆藏第 279 石上（见上文引用图 2-12），则是子路—西王母组合之下出现老君—炎帝组合。根据本章第一节的研究，子路是西王母的最早配神，因而这种配置模式亦可归入老君—炎帝—西王母的组合模式。

除此之外，老君与炎帝还多见于晋、陕、甘交界区域的汉墓墓门中，表现为二者对峙而立的样式，明显具有冥界至高神格的意味（如图 2-51、图 2-52[②]）。从墓门图像本身的方位（注意与观看者左右方向相反）看：右门框刻神山上的牛首人身——炎帝，左门框刻神山上的鸟喙人身——老君；上面的

图 2-48　沛县栖山西汉墓画像石

《徐州汉画像石》，图版 11

① 周水利：《安徽萧县新出土的汉代画像石》，《文物》2010 年第 6 期。

② 采自陕西省考古研究所、榆林市文物管理委员会办公室编著：《神木大保当——汉代城址与墓葬考古报告》，北京：科学出版社，2001 年，第 60 页，图 77；第 67 页，图 89。

图 2-49　安徽淮北出土汉画

采自江继甚编著：《汉画像石选》，上海：上海书店出版社，2000 年，第 78—79 页，图 83

图 2-50　安徽萧县出土汉画像石

上：日月、西王母与牛首、鸟喙二神画像，安徽萧县博物馆藏石；下：安徽萧县圣村汉墓 M1 前室北壁立柱石门楣，中间画楼阁，里面左右并坐两位有翼神人，应即东王公、西王母，楼外左右两侧分布有捣药的玉兔和九尾狐。这意味着墓门图像系统所表达的乃是死者必须经历的从死到仙的整个过程[①]。

李凇曾对陕北汉墓墓门图像布局模式作系统观察，提出“其布置遵循一定的格式”，因而绘制了“陕北汉代墓门画像石分区图”（图 2-53）。这一观察模式，“将墓门画像石分 10 个区域，这 10 个区域大都有相对稳定的图像母题。它们既服从于墓石的实际功用，又是其图像的象征性意义所决定的。

图 2-51　陕西神木大保当东汉墓葬 M16 墓门画像拓片组合

① 与西王母有关的“升仙图”的讨论，参见[日]曾布川寛：《漢代畫像石における昇仙圖の系譜》，《東方學報》第 65 册，1993 年，第 23—221 页。

图 2-52　陕西神木大保当东汉墓葬 M18 墓门画像拓片组合（作者藏拓）

……这种布置和搭配，贯穿于陕北画像石的主要阶段并基本稳定”。按其划分，一般的安排是：

1. 流云纹边饰（两顶角或有日、月）。

2. 墓主出行或瑞兽。

3、4. 西王母（及东王公）。

5、6. 门吏。

7、8. 门扇石，有朱雀和铺首图。

9、10. 玄武[①]。

① 以上俱见李凇：《论汉代艺术中的西王母图像》，长沙：湖南教育出版社，2000 年，第 136 页。

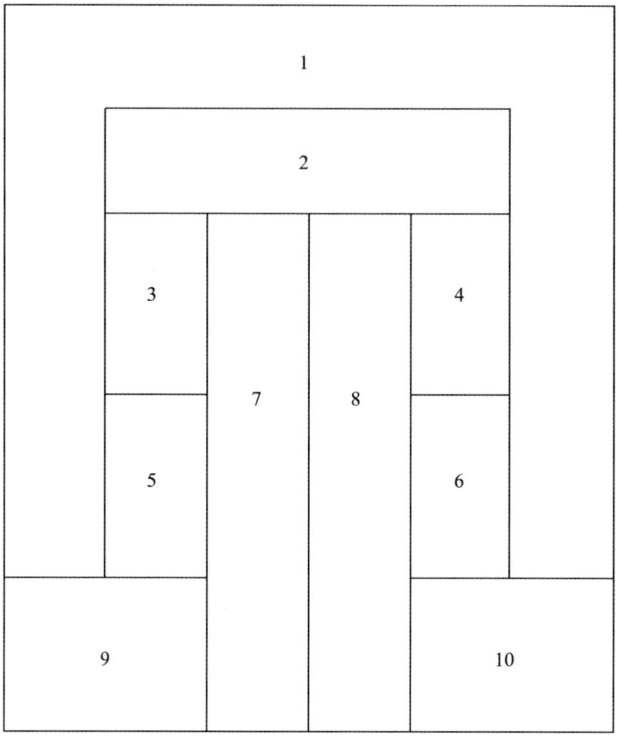

图 2-53　李凇提出的“陕北汉代墓门画像石分区图”

这一划分模式对于陕北汉墓的分析研究确有一定价值，因为这是出现频率最高的模式。下文对 61 个有限例证的研究显示，这种模式的陕北汉墓墓门所占比例为 40/61，约 66%。这一划分模式可以包容左右立柱为西王母(及东王公)的墓门结构形态，但不能涵盖左右立柱为牛首人身、鸟喙人身之神(有些在门楣上并现西王母)等其他类型的墓门画像。

这里提出陕北汉墓墓门的“西王母—炎帝—老君”诸神布局模式，是一种补充——尽管有些墓门图像中西王母(东王公)并未出现或以暗示的方式出现。在这一观察模式中，按顺序，第 1、第 2 区域所绘乃是万鬼之君(北帝)、万仙之君(老君)，第 3 区域所绘西王母(东王公)，为神仙世界之所在。

陕北米脂官庄 2001 年新出土的汉画像石中，有一套画像石组合(图 2-54)，左石下方画佩长剑的牛首神，上方画悬圃，两位神仙在顶上博弈；右石下方画佩长剑的鸟喙神，上画悬圃，西王母坐于顶部。这套组合方式，也应归入图 2-55 所指的模式。在这套图像的布局中，尽管西王母没有出现在门楣中央而是坐在右侧柱顶，但她仍在事实上位于牛首、鸟喙两神之上。

事实上还有一些模式，比如有些墓门只绘炎帝—老君共坐门楣而不见西王母(东王公)。因此这些模式都不具有唯一性。

图 2-54　米脂官庄 2001 年出土汉画像石上的西王母、牛首神、鸟喙神组合

康兰英：《米脂官庄 2001 年出土的部分汉画像石简介》，朱青生主编《中国汉画研究》第二卷图版一，图 3-4，桂林：广西师范大学出版社，2006 年

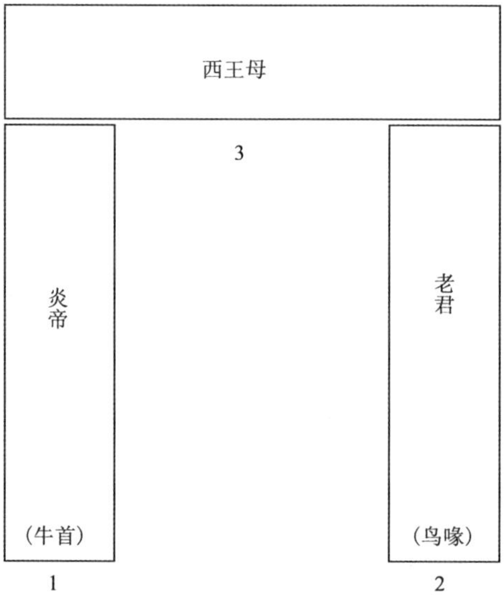

图 2-55　陕北汉墓墓门的“西王母—炎帝—老君”诸神布局模式

表 2-1　陕北部分汉墓所见西王母、炎帝、老君之神位秩序的几种表现类型

类型／地点	门楣刻西王母	门楣刻西王母和老君	门楣刻炎帝和老君	门框刻西王母（和东王公）	门框刻炎帝和老君	门框刻孔子见老子
绥德四十铺 1		●				
绥德四十铺 2				●		
绥德四十铺 3					●	
绥德四十铺 4				●		
绥德四十铺 5				●		
绥德四十铺 6					●	
绥德苏家圪坨				●		
绥德苏家圪坨				（前室●南壁）		
绥德刘家沟	●					●
绥德黄家塔 M1				●		
绥德黄家塔 M8				●		
绥德刘家湾				●		
绥德延家岔				●		
绥德延家岔				（前室●北壁）		

续表

类型 / 地点	门楣刻西王母	门楣刻西王母和老君	门楣刻炎帝和老君	门框刻西王母(和东王公)	门框刻炎帝和老君	门框刻孔子见老子
绥德大坬梁				●		
绥德后思家沟 1				●		
绥德后思家沟 2				●		
绥德赵家铺				●		
绥德保育小学				●		
绥德快华岭 1				●		
绥德快华岭 2				●		
绥德五里店 1				●		
绥德五里店 2					●	
绥德五里店 3					●	
绥德五里店 4				●		
绥德张家砭					●	
绥德贺家沟				●		
绥德贺家湾					●	
绥德征集 1					●	
绥德征集 2					●	
绥德征集 3					●	
绥德征集 4				●		
米脂征集 1				●		
米脂征集 2				●		
米脂征集 3				●		
米脂官庄 1				●		
米脂官庄 2				●		
米脂党家沟				●		
米脂党家沟					●	
米脂官庄 4 号墓 1				●		
米脂官庄 4 号墓 2				●		
米脂官庄 3 号墓				●		
米脂官庄 2 号墓 1					●	
米脂官庄 2 号墓 2					●	

续表

类型 / 地点	门楣刻西王母	门楣刻西王母和老君	门楣刻炎帝和老君	门框刻西王母（和东王公）	门框刻炎帝和老君	门框刻孔子见老子
米脂官庄 1 号墓 1				●		
米脂官庄 1 号墓 2					●	
榆林古城滩				●		
榆林征集					●	
子洲淮宁湾				●		
清涧贺加沟 1				●		
清涧贺加沟 2				●		
吴堡李家塬				●		
神木大保当 96SDM4				●		
神木大保当 96SDM5				●		
神木大保当 96SDM9				●		
神木大保当 96SDM16	●				●	
神木大保当 96SDM17					●	
神木大保当 96SDM18			●			
神木大保当 96SDM20					●	
神木大保当 96SDM24				●		
神木大保当征集					●	
共计	2/61	1/61	1/61	40/61	18/61	1/61

注：本表仅以《陕北汉代画像石》和《神木大保当——汉代城址与墓葬考古报告》两书所收为考察对象

由上可见，在陕西，从出土文物看，西王母—东王公组合与炎帝—老君组合交互占据最高神位，互有出入，似乎人们可以选择安排，而没有严格固定的规范。但鉴于同一地区出现了西王母高于黄老的情况，且大多数（表2-1>65%）选择的是西王母—东王公组合，而炎帝—老君组合相对所占比例较低（表 2-1<30%），因而可以判断，时人心目中最高神乃是西王母，尽管西王母像不一定直接出现在画面中。

至于鸟喙老君（旧老君）、牛首炎帝的职司，可从相当程度上保存着汉晋宗教思想的道经文献中得窥一二（汉画中也得到了部分反映）。《真诰》卷 13“稽神枢第三”：

鬼官之太帝者北帝君也，治第一天宫中，总主诸六天宫。[①]

人死后进入太阴幽冥，按道教思想，若贤者、有道者则可经过“太阴炼形”而转变成仙。《真诰》卷15“阐幽微第一”：

人初死，皆先诣纣绝阴天宫中受事；或有先诣名山及泰山江河者，不必便径先诣第一天。要受事之日，罪考吉凶之日，当来诣此第一天宫耳。泰煞谅事宗天宫，诸煞鬼，是第二天也，卒死暴亡又经于此。贤人、圣人去世，先经明晨第三天宫受事。祸福吉凶，续命罪害，由恬昭第四天宫，鬼官地斗君治此中，鬼官之北斗。[②]

可见太阴世界尚有鬼官“地斗君”(如西安东郊田王晋墓所见“地下北斗”[③])，即鬼官中(而非天上)的“北斗”管辖[④]。

炎帝作为鬼帝在必要时会杀掉某些恶鬼。《真诰》卷10“协昌期第二”有“北帝神祝”，为北帝煞鬼之法。其祝辞说：“敢有小鬼，欲来见状，攫天大斧，斩鬼五形，炎帝裂血，北斗燃骨，四明破骸，天猷灭类，神刀一下，万鬼自溃。”[⑤]所谓“裂血”“燃骨”“破骸”“灭类”，是逐步加重的惩处。

西王母、北帝等鬼神之责，亦包括检讨死者是否有道，以定其升天或沉寂鬼界。《真诰》卷16“阐幽微第二”引《辛玄子自叙》曰：“享年不永，遂没命于长梁之津。西王母见我苦行，酆都北帝悯我道心，告敕司命，传檄三官，摄取形骸，还魂复真，使我颐胎，位为灵神。”[⑥]可见西王母、北帝、司命、三官等的各自职司及其在地下世界的“办公程序”。

死者由死升仙的具体过程，则可据早期道书及汉墓资料大体复原而出：

---

①《道藏》第20册，第566页。

②《道藏》第20册，第579页。

③ 陕西省考古研究所配合基建考古队：《西安东郊田王西晋墓清理简报》，《考古与文物》1990年第5期。

④ 具体讨论见姜生：《地斗考》，日本《中国出土资料研究》第19号，2015年。

⑤《道藏》第20册，第548页。

⑥《道藏》第20册，第585页。

死者“得道授书”后，乃往昆仑朝西王母而成仙。汉纬《尚书帝验期》载：“王母之国在西荒。凡得道授书者，皆朝王母于昆仑之阙。”（见前引文）根据这些文献，可大致归纳出一个人死后可能经历的如下步骤：

(1)入冥界——炎帝所主(在这里经历炼形过程)；

(2)受道书——老君所主；

(3)得神药——西王母所主(在这里升天)。

这三步所代表的，对于死者来说，无疑是最关键的过程，也是一个人从死到仙的基本逻辑。其中，后两步乃是完成“太阴炼形”的收获。这显示出，汉代的墓葬神学建构思想逻辑已相当严密。

牛首北太帝君“总主诸六天宫”之职司等内容，典型地反映了早期道教文本中的“六天”信仰[①]。如刘宋天师道经典《三天内解经》云：

> 老君……至伏羲、女娲时，各作姓名，因出三道，以教天民。中国阳气纯正，使奉无为大道。外胡国八十一域，阴气强盛，使奉佛道，禁戒甚严，以仰阴气。楚越阴阳气薄，使奉清约大道。此时六天治兴，三道教行。……至汉世，群邪滋盛，六天气勃，三道交错，疠气纵横，医巫滋彰，皆弃真从伪，弦歌鼓舞，烹杀六畜，酌祭邪鬼，天民夭横，暴死狼籍。……太上以汉顺帝时，选择中使，平正六天之治，分别真伪，显明上三天之气。以汉安元年壬午岁五月一日，老君于蜀郡渠亭山石室中，与道士张道陵将诣昆仑大治。(新出太上。)太上谓，世人不畏真正而畏邪鬼，因自号为新出老君，即拜张为太玄都正一平气三天之师，付张正一明威之道，新出老君之制，罢废六天三道时事，平正三天。[②]

《陆先生道门科略》：

> 太上老君以下古委怼，淳浇朴散，三五失统，人鬼错乱，六天故气称官上号，构合百精及五伤之鬼，败军死将，乱军死兵，男称将军，女称夫

① 有关“六天”研究，可参王宗昱：《道教的“六天”说》，《道家文化研究》第16辑，北京：三联书店，1999年。

②《道藏》第28册，第413、414页。

人，导从鬼兵，军行师止，游放天地，擅行威福，责人庙舍，求人飨祠，扰乱人民，宰杀三牲，费用万计，倾财竭产。不蒙其佑，反受其患，枉死横夭，不可称数。太上患其若此，故授天师正一盟威之道，禁戒律科，检示万民逆顺、祸福、功过。[1]

可以发现，经文所载诸如汉世“弦歌鼓舞，烹杀六畜，酌祭邪鬼”等项内容，汉画中所见多有，应即六天信仰的内容。其可识者主要是哪些呢？牛首炎帝、鸟首老君皆其典型。由于历史及意义系统的剧变，晋宋以降，“六天”信仰显然已成为备受道门批判，乃至“清整”的对象，与汉代迥异其趣。

图 2-56　甘肃高台县南华镇河西晋墓 M1 照墙上的老君、炎帝图

采自赵吴成：《河西墓室壁画中伏羲、女娲和牛首人身、鸡首人身图像浅析》，《考古与文物》2005 年第 4 期

综合以上讨论，汉画中牛首人身与鸟喙人身形象，或恭立于西王母一侧，或出现于陕北部分汉墓墓门的门楣或门框上，具有明显的图像规定性，据此可知其神格或仅次于西王母（以及与之对应的符号性人物东王公）之下。对徐州汉王乡元和三年画像石图像内容及榜题的精细解读，使我们得以判断：牛首人物为“天下鬼神之主”的“炎帝”，鸟喙人物则是具有拯救功能的“老君”。汉画中西王母、炎帝、老君等内容的不同组合形式，实际上皆表达了汉代由死而仙的尸解信仰及依此展开的死后升仙仪式，成为汉代

① 《道藏》第 24 册，第 779 页。

精神世界的重要组成部分。形形色色的兽首人身形象，皆属古代神祇之“奇相”。只是更多汉墓选择性地接受了牛头鸟喙，强化了此二神祇的重要性，在河西地区，其传承则一直延续到了晋代(图 2-56)。

附录　关于陕北汉墓门楣中央楼阁内坐人物

按《神木大保当》发掘报告描述，M20 墓门楣下栏中央有一庑殿式建筑，内坐三人(图 2-57)：

> 左为一妇人，梳垂髻，着红领绿袍，……右为一男子，戴委貌冠，服红袍，袖手而坐。中间一人服红领墨衣，形体较小。如果将这一建筑看成是祠堂的话，左右二人应该是墓主人夫妇，而中间这个“小人”是其先祖之像。[①]

李凇提出，横额中央画面屋内“二人应为西王母、东王公”[②]。这一判断比较合理。

整个墓门的图像逻辑结构，是将地位仅次于西王母的牛首神炎帝、鸟喙神老君置于左右门框，而门框之上更高的地方——门楣，可以肯定地说：门楣上中央这个最神圣的位置，显然不能用为祠堂，而应是用来崇拜对死者具有拯救意义的神祇。因此，庑殿内左右夫妇形象应是东王公、西王母。至于中间童稚形象，则表示死者见西王母而成仙，遂得返老还童。且西王母、东王公本身就是以仙界父母的名称和形象出现，是使死者再生之父母。故而，死者以童子形象出现在这“夫妇”中间，实为颇具亲情气氛之刻画方式。更突出的这种“夫妇”形象，出现在米脂墓门楣(见图 2-58)：中央对坐二人，身生羽翼，楼外面有九尾狐，玉兔捣药，皆西王母世界之典型符号，此二人亦乃西王母、东王公无疑，其所在的建筑显然也不是祠堂。

---

① 陕西省考古研究所、榆林市文物管理委员会办公室编著：《神木大保当——汉代城址与墓葬考古报告》，北京：科学出版社，2001 年，第 95 页。

② 李凇：《论汉代艺术中的西王母图像》，长沙：湖南教育出版社，2000 年，第 163 页。

图 2-57　陕西神木大保当东汉墓葬 M20 墓门画像拓片组合(作者藏拓)

神木大保当 M20 墓门较典型。其左右框顶部所刻为牛首炎帝、鸟喙老君，墓门的门楣正中，刻一庑殿式建筑，内端坐三人，即西王母(右)、东王公(左)和墓主人(中)。

据上，则陕北汉墓门楣刻西王母与东王公的比例，便相当可观(但此项尚未计入表 2-1)。

至于米脂官庄出土的一套墓门画像石[①]的门楣中间楼阁内空白，应是雕刻未完或无需明示而已。

① 李林、康兰英、赵力光编著:《陕北汉代画像石》，西安：陕西人民出版社，1995 年，第 26 页。

图 2-58 陕北汉墓门楣及墓内画像石中央建筑内的对坐人物

(1)左排，墓门楣画像石中央建筑内坐人物，左上向右：绥德王得元墓室横额(《中国画像石全集 5・陕西・山西汉画像石》，图 75)；米脂党家沟汉墓门楣(《中国画像石全集 5・陕西・山西汉画像石》，图 46)；绥德四十里铺汉墓门楣(《中国画像石全集 5・陕西・山西汉画像石》，图 176)；绥德汉墓门楣(《中国画像石全集 5・陕西・山西汉画像石》，图 112)；绥德四十里铺汉墓门楣(《中国画像石全集 5・陕西・山西汉画像石》，图 157)；神木大保当 M20 汉墓门楣(《神木大保当》，彩版二一，图 2)。(2)右排，墓内壁画像石中央建筑内对坐人物，上起：离石马茂庄四号墓前室南壁右侧(《中国画像石全集 5・陕西・山西汉画像石》，第 207 页)；离石马茂庄二号墓前室东壁左右侧(《中国画像石全集 5・陕西・山西汉画像石》，图 245、图 248)；米脂官庄墓室西壁(《中国画像石全集 5・陕西、山西汉画像石》，图 35)

第　三　章

汉代仙谱考

神仙思想长期盛行于战国秦汉，可以想见当时应逐渐形成了一套相应的仙谱(不一定以谨严的文本形式传世)，以教人信仙之实有。然而在现有的一般概念中，“仙谱”似乎就是《列仙传》《神仙传》《位业图》乃至《仙鉴》一类的道教劝化辅教文献。较早者自是《列仙传》，近人余嘉锡考证较详，谓“此书已盛行于东汉”，“盖明帝以后、顺帝以前人之所作”[①]。在《列仙传》之前，是否还有更早的仙谱？其标准与结构如何？这些问题至今未被触及，且其形态究竟如何，遍寻古籍难窥一斑[②]。

---

① 详见余嘉锡：《四库提要辨证》，北京：中华书局，2007 年第 2 版，第 1202—1207 页。

② 关于《列仙传》与《神仙传》的研究，参见 Robert F. Campany, *Strange Writing: Anomaly Accounts in Early Medieval China*. Albany, NY: State University of New York Press, 1996; Max Kaltenmark, tr. Le Lie-sien tchouan: *Biographies légendaires des immortels taoïstes de l'antiquité*. Beijing: Université de Paris, Publications du Centre d'études sinologiques de Pékin (1953). 1987 reprint Paris: Collège de France. Robert F. Campany, *To Live as Long as Heaven and Earth: A Translation and Study of Ge Hong's Traditions of Divine Transcendents*. University of California Press, 2002. Benjamin Penny, "*The Text and Authorship of Shenxian zhuan*", Journal of Oriental Studies, 34, 2,1996, pp.165-209。[日]宮澤正順：《『列仙伝』と『神仙伝』について》，《儒•仏•道三教思想論攷：牧尾良海博士喜寿記念》，東京：山喜房佛書林，1991 年，第 213—242 页。蒲慕州：《神仙与高僧——魏晋南北朝宗教心态试探》，《汉学研究》1990 年第 8 卷第 2 期。[日]福井康順：《神仙伝考》，《東方宗教》1951 年创刊号；《神仙伝續考》，《宗教研究》1954 年第 137 号；《列仙伝考》，《早稻田大学大学院文学研究科紀要》1957 年第 3 号。[日]小南一郎：《〈神仙傳〉の复元》，收入《中国文学語学論集——入矢教授小川教授退休記念》，东京：筑摩書房，1974 年。向群：《〈神仙传〉版本考》，《文史》2014 年第 4 辑。

事实上，大量汉墓出土的画像石和壁画，已提供丰富数据；汉墓画像中保存着现知最早最可靠的汉代列仙图谱形态，其主要特征是以儒家德目尤其是春秋大义为核心价值观，拣选古来忠孝节义圣贤英雄，图其像传以崇扬之。只是这些画像的这种仙谱属性长期不为学界所识，阻碍了对隐藏其中的汉代仙鬼谱系的把握。

汉画中经常出现伏羲、女娲、东王公、西王母、青龙、白虎、朱雀、玄武、山神海灵、奇禽异兽、风伯雨师、仙童羽人等神仙灵异的题材。这些图像向我们证明，那里是鬼神的世界。与此同时，汉墓中往往以特定故事情节的图像叙事方式刻画某些帝王将相、孝子贞妇、忠臣义士等历史人物，古时博物家对此已有关注。《水经注•济水》引戴延之《西征记》记述东汉鲁峻（公元 111－172 年）墓云：

> 冢前有石祠、石庙，四壁皆青石隐起，自书契以来，忠臣、孝子、贞妇、孔子及弟子七十二人形像，像边皆刻石记之，文字分明。[1]

然而令人疑惑的是，这些历史人物为何被选入墓葬画像之中？对此，学界一直局限于“历史故事”的世俗认识框架，尽管也认识到这些人物之被选择乃是当时主流意识形态驱动的结果[2]。此种认识方式的致命问题是忽略了墓葬的宗教属性。人死为鬼，故《说文解字》释鬼曰：“人所归为鬼。”[3]在神仙思想支配下形成的汉墓本身就是一个庞大的神鬼世界；墓中所刻绘的历史人物，不复以人的身份出现，而是已成神仙；墓主人自然与他们一起生活

---

① （北魏）郦道元著，陈桥驿校证：《水经注校证》，北京：中华书局，2007 年，第 216 页。

② 曾布川宽广泛讨论了两汉时期不同区域的升仙图，但认为武梁祠画像中的“历史故事”（孝子、列女、刺客等）“有可变的要素”，所以采取了“暂且留下不论”的态度（[日]曾布川宽：《漢代畫像石における昇仙圖の系譜》，《東方學報》第 65 册，1993 年，第 132 页）。土居淑子亦专题讨论了中国古代的仙界图像（[日]土居淑子：《古代中国における仙界図像》，《美術史研究》第 8 册，1971 年，第 17—39 页）。信立祥指出：“汉代祠堂里所有的历史故事画像并不是雕造者或祠堂所有者自由选择和创造出来的，而是严格按照当时占统治地位的意识形态选择和配置在祠堂里。”见信立祥：《汉代画像石综合研究》，北京：文物出版社，2000 年，第 118—119 页。

③ （东汉）许慎：《说文解字》，北京：中华书局，1963 年，第 188 页。

在另一个维度的时空——鬼神的世界。墓主与这些历史人物所在的鬼神世界究竟具有怎样的时空属性？在纷繁的历史人物、故事情节背后，是否隐含有某种内在的宗教的规定性？这些具体问题都有待进一步揭明。

第一节　“视万龄如旦暮”：神仙世界对世俗时空秩序的超越

山东沂南县北寨东汉画像石墓中室南壁西段的一幅画像石(图 3-1)，分为上下两格，上格画齐桓公、卫姬等人物，似以“卫姬请罪”的著名故事呈现。至于下格所绘，《沂南古画像石墓发掘报告》则出现如下的困惑：

> 下格刻着三人。左面立着一个戴有布纹的帽子的人，身佩长剑，双手扶住一有缨有套的长矛，上有榜刻“齐侍郎”三字。中间一人和右面一人都是头上梳髻，髻上戴一下小上大的帽子，两根长缨飘在后面，都穿长衣，束带，佩长剑，拱手而立。中间一人头上有榜，刻“苏武”二字；右面一人头上榜刻“管叔”二字。管叔是周初人，苏武是西汉时人，侍郎是汉代官名，这表示这些榜题是乱刻的……①
>
> 侍郎本系汉代官名，但武梁祠专诸刺吴王画像中，以长铍夹专诸的二人，其上榜题为“二侍郎”。郑业敩云：“盖汉时王国，王之近侍谓之侍郎。

① 曾昭燏、蒋宝庚、黎忠义：《沂南古画像石墓发掘报告》，南京博物院、山东省文物管理处合编，文化部文物管理局，1956 年，第 23 页。其第 40 页又说“管叔”“苏武”等“是乱刻的”。该报告认为该墓造于东汉晚年、公元 193 年以前，见该书第 67 页。《四库全书总目提要》卷 147 子部 57《道家类存目・真灵位业图》说：“以孔子为第三左位太极上真公，颜回为明晨侍郎，秦始皇为酆都北帝上相，曹操为太傅，周公为西明公比少傅，周武王为鬼官北斗君，则诞妄殆不足辨。”(余嘉锡：《四库提要辨证》，北京：中华书局，2007 年第 2 版，第 1222 页)我们将证明，这些历史人物在鬼界的这些安排实非诞妄，而是汉晋宗教的体现。

图 3-1　沂南北寨汉墓中室南壁西段齐桓公、苏武、管叔等画像(作者藏拓)

> 汉人习见汉制如此，故亦目吴王左右为侍郎耳。”这里刻的“齐侍郎”，可能指的齐侯的近侍……
>
> 孟贲是秦武王时的力士，而蔺相如完璧归赵事发生在秦昭王时，其时孟贲已死。沂南画像上刻孟贲与蔺相如相对，大致传说当蔺相如持璧却立倚柱、怒发冲冠时，秦庭有力士试去夺璧，画家联想到孟贲为秦国的力士，便不考虑史实而将其名字题上了。[①]

这些不同时代的人物，在画面中比肩而立，确实令人困惑。事实上，细观汉画，类似现象多见，必须予以正视、深思。墓葬乃至为肃穆之所在，面对大量奇特图画，“乱刻”二字何堪了之？又有观点认为，诸如此类的安排，“一是对于历史知识的无知或一知半解……二是有意所为。如将苏武和管叔组合在一个画面的目的在于，以正反两方面的典型给人们以深刻的印象和教育。将蔺相如的无畏、孟贲和三力士的力大无穷组合在一起，显示力量的强大。以此装点墓室，在教育鉴戒之外，增加辟邪的威力。”[②]现在看来，此中尚有更深层的原因；这个原因(如果存在的话)，其隐蔽性本身表明它更具内在规定性。

有学者在对山东长清孝堂山郭氏祠画像的研究中，将汉画内容分为神话人物、历史人物故事和现实生活三大系统[③]。从历史表象看，这几个系统大致存在。但这只是表象，实质是什么呢？毫无疑问，是仙鬼世界的谱系。进一步说，这个图像化谱系表达的是，他们是通过不同的“道”而成仙的典范(圣贤、忠孝节义之道，皆汉代以来伦理道德宗教化——道德决定论之表现)。因此，这三个系统其实是一个系统，即仙鬼系统。

要探讨沂南画像石中人物是否为“乱刻”，先须辨明汉人在墓室内刻画历史故事情节和人物形象这一现象，同墓葬本身的关联逻辑。若仅为装饰

---

① 曾昭燏、蒋宝庚、黎忠义：《沂南古画像石墓发掘报告》，南京博物院、山东省文物管理处合编，文化部文物管理局，1956年，第40—41页。

② 张从军：《黄河下游的汉画像石艺术》(下)，济南：齐鲁书社，2004年，第303页。

③ 周均平：《现实与浪漫的统一——秦汉审美文化的重要特征》，《山东师范大学学报》2000年第4期。

墓穴，或为纪念那些历史故事和历史人物，按照时人的丧葬逻辑，显然不应该出现在墓葬之中——诸多汉墓的出土资料显示，东汉时人们关于生前、死后的空间所属已形成严格之区分且多忌讳①，墓葬非为生人而作，当然也无法正常观看②，所以不存在“装饰”或“纪念”的可能。至于世间的绘画题材，东汉王充《论衡·须颂篇》载：“宣帝之时，画图汉列士，或不在于画上者，子孙耻之。何则？父祖不贤，故不画图也。”③可见汉宣帝时（公元前74—前48年）已有画图颂扬汉代贤臣烈士的做法。又东汉王延寿《鲁灵光殿赋》载：

尔乃悬栋结阿，天窗绮疎。圆渊方井，反植荷蕖。发秀吐荣，菡萏披敷。绿房紫菂，窋簃垂珠。

云楶藻棁，龙桷雕镂。飞禽走兽，因木生姿。奔虎攫挐以梁倚，仡奋舋而轩鬐。虬龙腾骧以蜿蟺，颔若动而躨跜。朱鸟舒翼以峙衡，腾蛇蟉虬

① 汉墓中多见此类仪式用语：“生人属西长安，死人属东泰山。”“生属长安，死属太山，死生异处，不得相防（妨）。”“生人上就阳，死人下归阴，生人上就高台，死人深自藏。”“上天苍苍，地下茫茫，死人归阴，生人归阳，（生）（人）（有）里，死人有乡。”相关讨论参见吴荣曾：《镇墓文中所见到的东汉道巫关系》，《文物》1981年第3期。

② 陕西旬邑百子村东汉墓，西壁朱书“诸欲观者皆当解履乃入观此”，东壁朱书“诸观者皆解履乃得入”。见陕西省考古研究院编：《壁上丹青——陕西出土壁画集》（上），北京：科学出版社，2009年，第117—118页。古来墓葬多忌讳；“解履乃入观”之所指，应非一般性质的参观，而是墓葬封闭使用前一些人短暂的观摩或祈拜性质的进入。所谓“解履”与“脱屣”（脱躧）同义，其蕴意耐人寻味。据说当汉武帝闻听黄帝铸鼎升仙事，慨言“嗟乎！诚得如黄帝，吾视去妻子如脱屣耳！”（《汉书·郊祀志上》）。《论衡·非韩》：“志洁行显，不徇爵禄，去卿相之位若脱躧。”左思《吴都赋》亦有“轻脱躧於千乘”之句。可见脱屣有摆脱人世枷锁之意，古人亦以相高尚。如《三国志·魏书·崔林传》：“刺史视去此州如脱屣，宁当相累邪？”王禹偁《潘阆咏潮图序》：“脱屣场屋，耻原夫之流；栖心云泉，有终焉之计。”元好问《送秦中诸人引》：“时时酿酒为具，从宾客游，伸眉高谈，脱屣世事，览山川之胜概，考前世之遗迹，庶几乎不负古人者。”可见“脱屣”自武帝以降已具有对抗人间世俗之内涵。汉墓为汉人“去世”炼仙的去处，具有特殊的神仙空间属性；百子村汉墓朱书提醒观览者须解履乃可得入，其用意正是出于这样的信仰背景。由此可以理解，履、屣乃代表世人在俗间所践行之生活，脱之乃可得入神仙世界。

③ 黄晖：《论衡校释》卷20，北京：中华书局，1990年，第851页。

而绕椽。白鹿孑蜺于欂栌，蟠螭宛转而承楣。狡兔跧伏于柎侧，猿狖攀椽而相追。玄熊舑舕以龂龂，却负载而蹲跠。齐首目以瞪眄，徒脉脉而狋狋。胡人遥集于上楹，俨雅跽而相对。仡欺怨以雕䀮，鷓顤顟而睽睢，状若悲愁于危处，憯嚬蹙頞而含悴。神仙岳岳于栋间，玉女窥窗而下视。忽瞟眇以响像，若鬼神之仿佛。图画天地，品类群生。杂物奇怪，山神海灵。写载其状，托之丹青。千变万化，事各缪形。随色象类，曲得其情。上纪开辟，遂古之初。五龙比翼，人皇九头。伏羲鳞身，女娲蛇躯。鸿荒朴略，厥状睢盱。焕炳可观，黄帝唐虞。轩冕以庸，衣裳有殊。下及三后，婬妃乱主，忠臣孝子，烈士贞女，贤愚成败，靡不载叙。恶以诫世，善以示后。[①]

有学者认为“从灵光殿这一名称和其内部的壁画内容推测，这座宫殿决不会是刘余及其家属日常居住和生活的宫殿，极有可能是当时鲁国的宗庙”[②]。类似的记载亦见于《孔子家语·观周》：“孔子观乎明堂，睹四门墉，有尧舜之容，桀纣之象，而各有善恶之状，兴废之诫焉。又有周公相成王，抱之负斧扆南面以朝诸侯之图焉。孔子徘徊而望之，谓从者曰：此周之所以盛也。夫明镜所以察形，往古者所以知今。”[③]其他祠堂如武氏祠、宋山小祠堂等亦是地面建筑，其画像之主要观众还是生人，尽管墓祠之功能最终非为生人；其主题内容也是“神仙灵怪”“古之圣王”“忠臣孝子”“烈士贞女”。如此则汉代社会中同样以这些为常用的绘画题材，甚至还有淫妃乱主等反面教材，以图“恶以诫世，善以示后”之效。

但是，如上文提到的沂南汉画中“苏武”“管叔”与“齐侍郎”同堂比肩的场景，显然并非用以载叙历史，若出现在世俗的绘画作品中，当然就属于“乱画”；但若沿此逻辑以墓中所见为乱刻，则不免有拟俗臆断之嫌。

坟墓乃去世者之所居；研究汉代墓葬画像，须特别注意世俗和宗教两种性质下的时空观念及其对于人物的不同规定性。墓、祠中的汉画及俗间的绘画题材，世俗所见或为历史人物故事，而当时主持此等事务的道者术士，则

① 费振刚等校点：《全汉赋》，北京：北京大学出版社，1993年，第528—529页。

② 信立祥：《汉代画像石综合研究》，北京：文物出版社，2000年，第74页。

③ 陈士珂辑：《孔子家语疏证》卷2，上海：上海书店出版社，1987年，第72页。

必另有所本。这正是需要学者努力揭示的方面。宗教的奥秘就蕴藏在对世俗经验逻辑的超越之中——哪怕是以荒诞的方式。因为墓葬的最终目的，是要回答死者而非生者的终极诉求。经过宗教的“过渡”，无论其人生前的时代(时间)、地域(空间)有何等的差距，死后都可超越俗世之时间逻辑与空间秩序的局限，而进入同一时空的神灵世界。汉人在墓葬中刻画历史上那些早已故去的人物共处同一时空，是要表示，死者将进入神仙世界，加入那个不朽的行列。基于宗教研究视角的整体考察而得出的这个结论，在以下的具体讨论中将一再得到证实。

颇为难得的是，萧绮在为《拾遗记》卷2所写的“录”中，合理地解释了不同历史时空的人物何以能够比肩共处：

> 观伏羲至于夏禹，岁历悠旷，载祀绵邈，故能与日月共辉，阴阳齐契。万代百王，情异迹至，参机会道，视万龄如旦暮，促累劫于寸阴。何嗟鬼神之可已，而疑羲、禹之相遇乎！”[①]

事实上，这种“视万龄如旦暮”的思想在《太平经》中已有表达：“上天度世者，以万岁为一日，其次千岁为一日，其次百岁为一日，其次乃至十日为一日也。”[②]东晋葛洪《抱朴子内篇·对俗》亦言：“或难曰：‘龟鹤长寿，盖世间之空言耳，谁与二物终始相随而得知之也？’抱朴子曰：‘苟得其要，则八极之外，如在指掌，百代之远，有若同时，不必在乎庭宇之左右，俟乎瞻视之所及，然后知之也……’”[③]可见，汉画中出现的俗间难以想象的奇景异象，包括日月同辉，“人”仙共处(有翼仙人与人类交错于同一画面)，水天一片(鱼车、龙车、雷公、风伯出现于同一画面空间)，怪诞身形(兽首人身、人首兽身、多

---

① (东晋)王嘉撰，(梁)萧绮录，齐治平校注：《拾遗记》，北京：中华书局，1981年，第39页。

② 见《道教义枢》卷9《净土义第三十一》引《太平经》佚文，《道藏》第24册，文物出版社、上海书店出版社、天津古籍出版社，1988年，第833页。

③ 王明校释：《抱朴子内篇校释》，北京：中华书局，1985年，第47页。

首）[①]等，无不表明，画面所表现的，正是超越俗世经验的鬼神世界。

同样的道理，汉画中将“管叔”“苏武”等不同时代的人物刻在一起，虽不符合世俗的历史逻辑，却合乎特定的宗教神学逻辑，所以才会如此描绘他们比肩共事于另度世界（即另一个维度的世界）。更进一步说，基于墓、祠本身所具有的宗教属性（死者所居），汉画中“古之圣王”“忠臣孝子”“烈士贞女”等历史人物，实际上已被赋予象征死者在死后世界获登仙品的宗教功用。换言之，汉画中的历史人物画面，绝不是表面看似的劝善“教材”，而是当时社会价值标准被推向极致的宗教化样态——一套基于儒家忠、孝、节、义伦理的秩序严谨的仙鬼谱系，用之于墓中，意在表示死者也将跻身其列。遗憾的是，有关汉代这一仙鬼谱系的文献记录未能保存下来，使后人在汉代画像的理解中面临重重障碍。

第二节　汉画中的仙鬼谱系：以武梁祠东、西、后壁图像为中心

关于武梁祠东壁、西壁、后壁画像，吴曾德指出，画像“包罗了三皇五帝等十帝王像、周文王十子和孔门弟子像以及其他各类故事画二十五种，堪

① 除了图像资料，汉代史籍文献对于上古圣人的怪诞身形亦有明确载述。如《白虎通义·圣人篇》云：“圣人皆有异表。《传》曰：‘伏羲日禄衡连珠，大目山准龙状，作《易》八卦以应枢。黄帝龙颜，得天匡阳，上法中宿，取象文昌。颛顼戴干，是谓清明，发节移度，盖象招摇。帝喾骈齿，上法月参，康度成纪，取理阴阳。尧眉八彩，是谓通明，历象日月，璇、玑、玉衡。舜重瞳子，是谓滋凉，上应摄提，以象三光。’《礼说》曰：‘禹耳三漏，是谓大通，兴利除害，决河疏江。皋陶马喙，是谓至诚，决狱明白，察于人情。……’”（《白虎通疏证》，北京：中华书局，1994年，第337—339页。标点略有调整。）纬书《尚书帝命验》云：“禹身长九尺，有只虎鼻河目，骈齿鸟喙，耳三漏。”（[日]安居香山、中村璋八辑：《纬书集成》，石家庄：河北人民出版社，1994年，第369页）葛洪《抱朴子内篇·对俗》总之曰：“古之得仙者，或身生羽翼，变化飞行，失人之本，更受异形。”王明校释：《抱朴子内篇校释》，北京：中华书局，1985年，第52页。

称历史故事画廊”[①]。巫鸿提出：“一个似乎让人费解的现象是，在这部分图像中，性别、德行以及社会身份不同的各色历史人物相杂一处，明显有别于上部装饰区域中对人物的清晰分类。这里，围绕中心楼阁刻画着六个刺客、两位贤相和一位列女。更令人迷惑的是虽然如上层图像中的女性人物，钟离春的故事也出自《列女传》，但她却被单独放在这里，与其他女性形象分开。这种安排是不是有意设计的呢？如果是的话，那么是什么因素把这位列女和忠臣、刺客安置在同一组图像中？又是什么因素把这些历史人物和中心楼阁及其相关的题材连在一块，编制入一个更大的构图中去？”[②]

如上所述，汉画中为数不少的不同时空的历史人物共事一堂的“不合理”情景，恰恰是强烈表现了这些“历史人物”的非世俗特征。以此观之，在战国以来神仙思想的长期熏染下，汉画中与众多常见的神仙奇异图像处于同一图像语境的“历史人物”，应即超越世俗经验的仙鬼；从画面可明显看出，他们之间存在高下尊卑之别，表明这个仙鬼世界存在一定的等级秩序。进一步说，汉画中包括帝王将相、王公王妃、圣贤高德、忠臣孝子、英雄列女在内的人物，乃是一个等级有序的仙鬼谱系。

实质上，武梁祠西壁、东壁及后壁画像(图 3-2，图像内容的文字整理见表 3-1)[③]可以说是汉代列仙图谱的典型呈现，为把握汉代仙谱形态提供了可靠的基础依据。三面石壁均被菱形纹+连弧纹构成的分隔带分为三个大层，三石画面同层为同级：最上层三角形区域为西王母、东王公及神怪异兽，其与下层的分隔线除了菱形纹、连弧纹(嘉祥宋山许安国祠堂画像石题记所谓“褰帷反月”，表示仙宫的帷幕，详见本书前面有关汉画边框纹样的讨论)之外，还多了一层云纹，表明此上乃是九天神界，是最高神之所在(见于东西壁的同一层)，也是宗教性内涵最明显、最具本质规定性的图像区域；其下一层为帝王圣贤、孝子孝孙、节妇列女(见于东西壁的同一层)，处于同一重天宫帷幕之下，为第二等的神仙；再下一层为次一等的神仙，所绘为刺客与

① 吴曾德：《汉代画像石》，北京：文物出版社，1984 年，第 132 页。

② 巫鸿著，柳扬、岑河译：《武梁祠——中国古代画像艺术的思想性》，北京：三联书店，2006 年，第 165—166 页。

③ 蒋英炬：《中国画像石全集 1 • 山东汉画像石》，济南：山东美术出版社，2000 年，图 49(西壁)、图 50(东壁)、图 51(后壁)。

西壁

后壁

图3-2　武梁祠三面石壁画像（作者藏拓）

东壁

周代诸侯(亦见于东西壁的同一层)，为第三等的神仙(明主＋英雄＋贤相)。九天神界中，西王母、东王公、玉兔、有翼仙人等图像内容，宗教性内涵明确而突出，并因此成为具有语境规约性的图像层，在其下逐次展开的图像也因此具备神仙时空的属性——图像中区分人物上下的云气纹也暗示了这一点(这与暗示西王母所主仙界的马王堆外棺表面云气纹具有同样的涵义，尽管形态有所不同)。以下依据汉代思想文化背景，分次讨论帝王、圣贤、孝子、列女、刺客等图像的具体内涵及排列标准①。

表 3-1　武梁祠三面石壁画像内容整理表

西壁	第一层	伏羲、女娲、祝融、神农、黄帝、颛顼、帝喾、尧、舜、禹、夏桀(从右至左，下同)
	第二层	(曾母)曾子，闵子骞，老莱子(莱子母、莱子父)，丁兰
	第三层	管仲、齐桓公、曹子劫桓、鲁庄公；二侍郎、专诸、吴王(僚)；荆轲、樊于其(于期)头、秦武阳、秦王
后壁	第一层	梁高行(奉金者、使者)；秋胡妻、鲁秋胡；鲁义姑姊(兄子、义姑姊，故姊儿，齐将军)；楚昭贞姜(使者)
	第二层	伯瑜(瑜母)；(渠父)邢渠；(永父)董永；蒋章训？(章孝母)；朱明[朱明弟，朱明(儿)，朱明妻]；李善；金日磾(休屠像，骑都尉)
	第三层	蔺相如(秦王)；范雎(魏须贾)
东壁	第一层	梁节姑姊[长妇儿，梁节姑姊，捄(救)者，姑姊儿]；齐义继母[追吏(骑)，后母子，前母子，齐继母，死人]；京师节女[京师(节)女，怨家攻者]
	第二层	三州孝人；羊公(乞浆者)；(汤父)魏汤；颜乌；赵徇；(孝孙父)原穀(孝孙祖父)
	第三层	要离、王庆忌；豫让、赵襄子；韩王、聂政；钟离春(齐王、无盐丑女钟离春)

一、“自三代已来贤圣及英雄者为仙”：帝王及刺客图

武梁祠帝王图所列十一位古帝王，从右至左分别为伏羲与女娲、祝融、神农、黄帝、颛顼、帝佶、帝尧、帝舜、夏禹、夏桀。这十一位帝王，除夏

① 有关武氏祠图像内容的整理，可参阅①[日]長廣敏雄编：《漢代畫象の研究》(第二部“武梁石室画象の图象学的解说”)，東京：中央公論美術出版，1965 年，第 61—95 页。②[日]黒田彰：《武氏祠画象石の基礎的研究(三)：Michael Nylan "Addicted to Antiquity"読後》，《京都語文》2009, 16:64-176。③巫鸿著，柳扬、岑河译：《武梁祠——中国古代画像艺术的思想性》，北京：三联书店，2006 年，第 265—330 页。据之可整理列表(见表 3-1)。

桀外，或具文明开创之功，或是品行高超的“圣王”，故得高居仙谱上端。然而夏桀与另十位上古圣王比肩在列，备极庄严，令人甚感意外。

一般认为，夏桀作为有名的暴君与其他诸圣王并列，刻于祠堂，乃取其教化、劝诫意义，即夏桀是作为“反面教材”的典型被选择。这种论点看似有理，却很难经受推敲。帝王图中，除夏桀外，都是图像旁刻“人名榜题+赞记”的模式[①]，而夏桀只有榜题，独缺赞记。如果刻画夏桀的动机在于树立反面教材，那么“赞记”自不用刻，但劝诫之类的表达岂不正应理所当然地书写吗？在本来可以宣示教化的地方却戛然而止，留下了意味深长的“缄默”。再者，如果确实意在教化，那么桀、纣连举应更合惯例，为何会在“反面教材”本已不足的情况下还只举其一(有德的圣王十位，“暴君”只此一位)？因此，“劝诫”说存在难以说通的逻辑缺陷，夏桀被列入帝王图应另有他因[②]。

夏桀在东汉得入帝王图，当与其拥有众圣王所不具的特殊勇力有关。而从传统史籍文献中确可发现关于夏桀惊人勇力的记载。《墨子》卷 8《明鬼下》：“昔夏王桀贵为天子，富有天下，有勇力之人，推哆、大戏，生列兕虎，指画杀人。”《淮南子》卷 9《主术训》：“桀之力，制觡伸钩，索铁歙金，椎移大牺，水杀鼋鼍，陆捕熊罴。”《太平御览》卷 82 引晋皇甫谧《帝王世纪》亦谓：“帝桀淫虐有才，力能伸钩索铁，手搏熊虎。”[③]

从当时的整体思想、文化氛围来看，汉人的确强调近乎“原始”的勇力与“霸道”，以能力、德行并重，故云“以霸、王道杂之”[④]。而这种标准

---

①《隶释》卷 16“武梁祠画像”条载：“所画者古帝王、忠臣、义士、孝子、贤妇，各以小字识其旁，有为之赞文者。”见洪适：《隶释》，北京：中华书局，1985 年，第 168 页。

② 与多数学者所持的“政治教科书”说不同，巫鸿认为，帝王图可分为三组，“第一组是传统上称作‘三皇’的伏羲(和他的配偶女娲)、祝融和神农。第二组中的帝王与《史记》记载的五帝相同……最后两位人物——禹和桀组成第三组，二者分别是中国历史上第一个朝代——夏代的创立者和末代君主”。见巫鸿著，柳扬、岑河译：《武梁祠——中国古代画像艺术的思想性》，北京：三联书店，2006 年，第 174 页。问题仍待解决。

③ 分别见(清)孙诒让撰，孙启治点校：《墨子间诂》，北京：中华书局，2001 年，第 245 页；(西汉)刘安撰，刘文典集解，冯逸、乔华点校：《淮南鸿烈集解》，北京：中华书局，1989 年，第 279 页；(宋)李昉等撰：《太平御览》，北京：中华书局，1960 年，第 386 页。

④《汉书·元帝纪》记汉宣帝言：“汉家自有制度，本以霸、王道杂之。”见(东汉)班固：《汉书》卷 9《元帝纪》，北京：中华书局，1962 年，第 277 页。

当源自汉儒所崇的《春秋》。《左传·隐公十一年》："度德而处之，量力而行之。"[①]故东汉崔寔曰："量力度德，《春秋》之义。"[②]这个"力"在评价个人的时候自然也应包括个人的力量；毕竟，在冷兵器时代，男子的强壮体魄对于国家具有毋庸置疑的重要意义。秦汉尚力，尚力即尚武，帝国所倚。秦武王可谓其极，《史记·秦本纪》："武王有力好戏，力士任鄙、乌获、孟说皆至大官。"[③]也有人竟因比赛举鼎过重致双眼出血、折断胫骨而死。徐州汉画像石中有一幅描绘古英雄力士聚会的画像(图 3-3 上)[④]，一人执盾挥剑，一人骑虎，一人怒目圆睁将树连根拔起，一人捉住牛尾倒背大牛，一人举鼎过头，身后跟随有抱羊者、抱壶者；另一幅残石上也出现了举鼎、背牛等人物(图 3-3 下)，生动表达了汉人对于力量的崇尚。正是因为骁勇的樊哙在鸿门宴上闯帐救刘邦，汉家才得以立业。与此紧密相关的，是汉代尚武、尚侠之风的盛行[⑤]，此种风尚浸入宗教思维里，成为与忠、孝、节、义思想并行不悖的重要内容。

据此推测，夏桀可能是作为古来帝王中的"勇力"代表而被选入帝王图。夏桀像无赞记，表明尽管汉人尚勇，但在长时期积淀的崇德氛围下，仍然无法对其明言褒赞，所以虽然将其列入帝王图，给他与其他帝王同等的地位，作者却缄默而未附赞。这也表明，尽管存在董仲舒"《春秋》以为戒"的说法[⑥]，但从图像的整体逻辑及当时社会的思想背景出发，以尚勇、好侠且不回避"霸道"的角度去理解夏桀跻身于帝王图的原因，应更合理。事实上，

---

① (清)阮元校刻：《十三经注疏·春秋左传正义》，北京：中华书局，1980 年，第 1736 页。

② (南朝宋)范晔撰：《后汉书》卷 52《崔寔传》，北京：中华书局，1965 年，第 1727 页。

③ (西汉)司马迁：《史记》卷 5《秦本纪》，北京：中华书局，1982 年第 2 版，第 209 页。

④ 武利华主编：《徐州汉画像石》，北京：线装书局，2001 年，图 124。该画像石系铜山县洪楼东汉祠堂三角隔梁。

⑤ 参阅[日]增淵竜夫：《漢代における民間秩序の構造と任俠的習俗》，《一桥论丛》26–5，1951 年，收入《中国古代の社会と国家》，東京：岩波書店，1996 年，第 77—118 页。[日]東晋次：《漢代任俠論ノート》(一、二、三)，《三重大学教育学部研究紀要》第 51、52、53 卷，2000、2001、2002 年。

⑥ (西汉)董仲舒撰，(清)苏舆义证，钟哲点校：《春秋繁露义证》卷 4，北京：中华书局，1992 年，第 107 页。这里须注意，董仲舒"《春秋》以为戒"的说法出现于西汉时期，到东汉宗教化以后作为鬼神世界的夏桀，已与董仲舒所表达的世俗"教材"属性产生较大差异。

殷纣王也有与夏桀类似的材力形象。《荀子·非相篇》说帝辛（纣王）“长巨姣美，天下之杰也；筋力超劲，百人之敌也”[①]。《史记·殷本纪》亦称“帝纣资辨捷疾，闻见甚敏；材力过人，手格猛兽；知足以距谏，言足以饰非；

图 3-3　徐州汉画像石艺术馆收藏的两幅“英雄会”画像石

2013 年 1 月 10 日摄

① （清）王先谦撰，沈啸寰、王星贤点校：《荀子集解》，北京：中华书局，1988 年，第 75 页。

矜人臣以能，高天下以声，以为皆出己之下”[①]。这些叙述应传递了历史的某些真实；在王、霸结合的汉代，对于桀纣的批判似乎尚未严重到彻底否定。

与此同时，在整体的图像语境中，夏桀以“勇力”得入帝王图，亦与下文即将讨论的众刺客(并见东壁、西壁图第三层)进入汉画之中的信仰逻辑相同，还与汉画中刻列诸“有英雄之才者”[②]的标准相一致(详见本章第三节讨论)。譬如上揭沂南北寨汉墓画像中，孟贲与蔺相如二人被刻在一个空间里，比肩而立。事实上蔺相如作为赵国的使者去面见秦昭王的时候，孟贲早已去世，不可能一起出现于秦庭。将此二人画在一起，既不是“画家的联想”，也不是某种艺术手法，而是因为汉人相信在死后世界他们可以相遇；他们被归在同一个空间里，是因为他们符合相同的成仙标准。历史上，蔺相如不辱使命、完璧归赵。齐人孟贲生拔牛角、勇武过人：

> 孟贲水行不避蛟龙，陆行不避兕虎。
>
> 人谓孟贲：生乎勇乎？曰：勇；贵乎勇乎？曰：勇；富乎勇乎？曰：勇。三者人之所难能，而皆不足以易勇。此其所以能摄三军、服猛兽之故也。[③]

孟贲的人格特征，甚合汉代文化气质取向，堪谓“以霸、王道杂之”的汉人所崇“力”与“德”的典范，为“有英雄之才者”，故得图画而入“仙谱”。当然，这种成仙标准，主要是在儒生们的价值观念支配下形成的，与汉初淮南学派有所不同。《淮南子·主术训》：“故智不足以治天下也。……勇力不足以持天下矣。智不足以为治，勇不足以为强，则人材不足任，明也。”[④]

又如河南出土的汉画像砖(图 3-4、图 3-5)[⑤]显示，燕国上将军乐毅、燕昭王与宰相郭隗也在死后转变成仙，一同共事；此三人死后能再度相聚，是

---

① 《史记》卷 3《殷本纪》，第 105 页。

② 见后文《真诰•阐幽微第二》所引。

③ (战国)尸佼撰：《尸子》，《百子全书》本，杭州：浙江古籍出版社，1998 年(据扫叶山房石印本缩印)，第 480 页。

④ (西汉)刘安撰，刘文典集解，冯逸、乔华点校：《淮南鸿烈集解》，北京：中华书局，1989 年，第 279 页。

⑤ 蒋英炬、高文：《中国美术全集 18 • 绘画编 • 画像石画像砖》，上海：上海人民美术出版社，1988 年，图 258。

图 3-4　郑州出土的燕王王相将军共坐画像砖

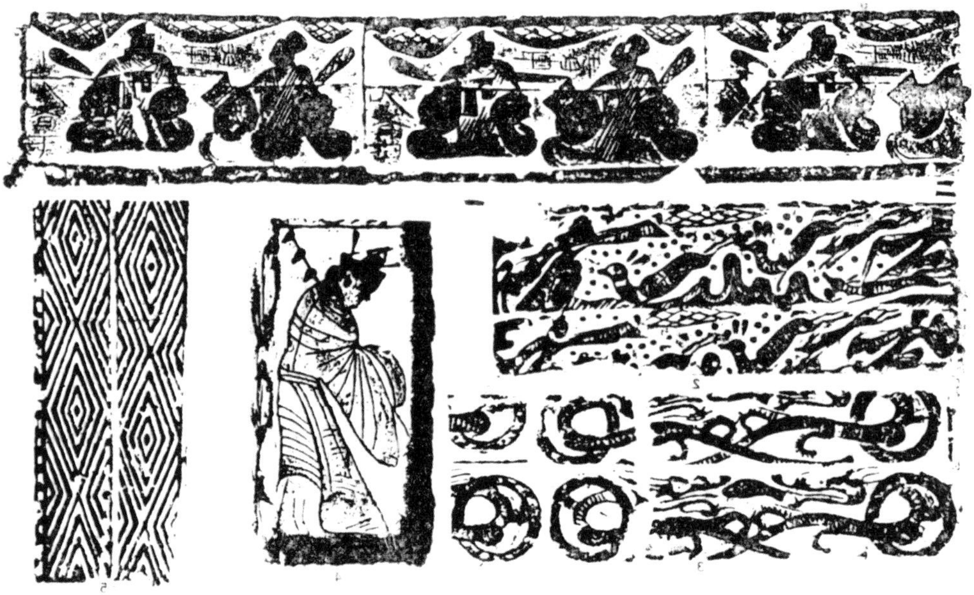

图 3-5　淅川县下寺东汉画像砖

采自李松：《淅川县下寺汉画像砖墓》，《中原文物》1982 年第 1 期

因为他们生前的为人，可谓君尽其英明、臣尽其贤勇，至为汉人所崇。《史记·乐毅列传》：

乐毅贤，好兵，赵人举之。及武灵王有沙丘之乱，乃去赵适魏。闻燕昭王以子之之乱而齐大败燕，燕昭王怨齐，未尝一日而忘报齐也。……乐毅于是为魏昭王使于燕，燕王以客礼待之。乐毅辞让，遂委质为臣，燕昭王以为亚卿，久之。

于是使乐毅约赵惠文王，别使连楚、魏，令赵嚪说秦以伐齐之利。诸侯害齐愍王之骄暴，皆争合从与燕伐齐。乐毅还报，燕昭王悉起兵，使乐毅为上将军，赵惠文王以相国印授乐毅。乐毅于是并护赵、楚、韩、魏、燕之兵以伐齐，破之济西。诸侯兵罢归，……乐毅攻入临菑，尽取齐宝财物祭器输之燕。燕昭王大说，亲至济上劳军，行赏飨士，封乐毅于昌国，号为昌国君。

后燕惠王继位对乐毅产生疑忌，乐毅奔赵，“赵封乐毅于观津，号曰望诸君。尊宠乐毅以警动于燕、齐”。即使如此，乐毅仍表现出“古之君子，交绝不出恶声；忠臣去国，不絜其名”①的君子风范。故太史公文颇称乐毅之贤。

尽管史家所记不丰，但从汉画可以看出(图 3-4)，在死后的世界，郭隗位居燕昭王和乐毅之上，可见汉人对贤相郭隗的高度推崇，亦映射着儒生愿为汉家良辅之心声。这块画像砖画面完整，布局规整、均匀，自成一体。不过仔细观察画像砖的图像安排，居中的不再是燕昭王，而是王相郭隗，乐毅和昭王则在其左右(图 3-5 上层并排三块同样的二人画像砖，内容与图 3-4 略有不同，原因可能在于画像砖制作模板的差异，但主体内容并无差异；陈直曾收录 3 方类似的拓片，其一见图 3-6，其同款见于日本天理大学天理参考馆所藏“押型对座宴乐空砖”②，图 3-7)，可见汉代仙谱乃基于生前事迹的再评价而作。《真诰》卷 16“阐幽微第二”保存了这种再评价的例证：“汉高祖为南明公宾友。……荀彧为北明公宾友。……不拘职位也，在世之罪福多少，乃为称量处分耳。”③如本为家奴的李善被刻画在汉墓的孝子类画像中，在《真诰》卷 16 亦得叙列仙位(详见下文)。从文献记载和汉墓所见可以判断，在汉代思想中，世间的君臣尊卑秩序在死后失效，人

① 以上见《史记》卷 80《乐毅列传》，第 2427—2429、2433 页。

② 天理大学、天理教道友社共編：《天理大学附属天理参考館・画像塼》，奈良：天理教道友社，1986 年，第 75 页，图 31。

③《道藏》第 20 册，第 583 页。

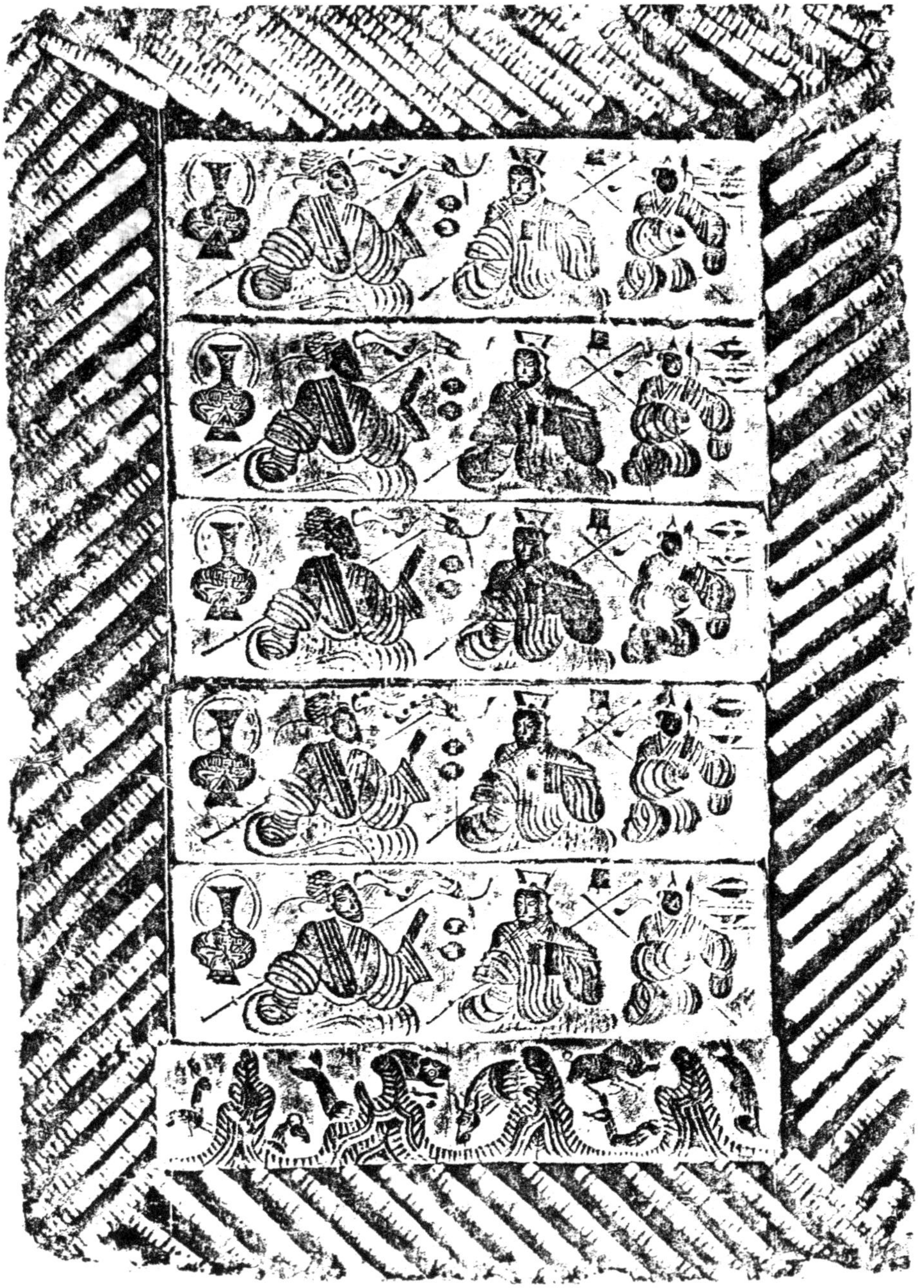

图 3-6　三人共坐画像砖拓片

采自陈直：《关中秦汉陶录》，北京：中华书局，2006 年，第 522 页

图 3-7 三人共坐画像砖

日本天理大学天理参考馆藏

死后在仙鬼中的地位，不依在世职位之高卑，而据生前所积罪、福之多寡来重新论定。

有意思的是，陶弘景注《真诰》卷 16“阐幽微第二”曰：“《剑经》序称，燕昭亦得仙。燕昭六国时英主，遂不堕于三官。乃知炼丹独往，亦为殊拔也。”[①]而陶弘景撰《真灵位业图》，燕昭王即被安排在第四层左位之中。现在看来，《剑经》及《位业图》应保存、继承了汉代关于燕昭王成仙的资料[②]。

及至唐末杜光庭撰《仙传拾遗》，燕昭王才正式出现在道教的神仙传记文献之中：

> 燕昭王者，哙王之子也。及即位，好神仙之道。仙人甘需臣事之，为王述昆台登真之事，去嗜欲，撤声色，无思无为，可以致道。王行之既久，谷将子乘虚而集，告于王曰：“西王母将降，观尔之所修，示尔以灵玄之要。”后一年，王母果至。与王游燧林之下，说炎皇钻火之术。然绿桂膏以照夜，忽有飞蛾衔火，集王之宫。得圆丘砂珠，结而为佩。王登捱日之台，得神鸟所衔洞光之珠，以消烦暑。自是王母三降于燕宫，而昭王狥于攻取，不能遵甘需澄静之旨，王母亦不复至。甘需白：“王母所设之馔，非人世所有，玉酒金醴，后期万祀，王既尝之，自当得道矣。但在虚疑纯白，保其遐龄耳。”甘需亦升天而去。三十三年，王无疾而殂，形骨柔软，香气盈庭。[③]

这些仙传叙事显然已偏离汉晋的传统叙述，而不过是道教利用来传播其

① 《道藏》第 20 册，第 587 页。

② 这与郑州出土汉画像砖上，郭隗居中、乐毅和燕昭王在其左右的情况，并不矛盾：不难理解，作为当时社会信仰主导的汉儒梦想担当良辅之任，以成就明主和英雄；这应是郭隗——犹如管仲在齐国——居中的原因。至于汉画所载，同东晋许翙抄写《剑经》所论尸解成仙人物，恐怕已有不同，大概《剑经》作为文本所记多系最为著名人物。《史记·封禅书》记齐威王、齐宣王和燕昭王求仙事，史上著名，亦为仙家所崇，故可理解《剑经》提及燕昭王成仙事；或者许翙只是依其兴趣选择性地抄入《剑经》序言中，而其他成仙人物则被略过，遂不显于后世文献。

③ (宋)李昉等编：《太平广记》第 1 册，北京：中华书局，1961 年，第 8 页。

信仰的仙传文学手段。

汉画中大量“刺客图”的出现，同样出于如上文所述的“有英雄之才者”得仙的汉代价值观。如表现“二桃杀三士”故事的画面常见于汉画，其文本记载见于《晏子春秋》卷2：

> 公孙接、田开疆、古冶子事景公，以勇力搏虎闻。晏子过而趋，三子者不起。晏子入见公曰：“臣闻明君之蓄勇力之士也，上有君臣之义，下有长率之伦，内可以禁暴，外可以威敌，上利其功，下服其勇，故尊其位，重其禄。今君之蓄勇力之士也，上无君臣之义，下无长率之伦，内不以禁暴，外不可威敌，此危国之器也，不若去之。”公曰：“三子者，搏之恐不得，刺之恐不中也。”晏子曰：“此皆力攻勍敌之人也，无长幼之礼。”因请公使人少馈之二桃，曰：“三子何不计功而食桃？”公孙接仰天而叹曰：“晏子，智人也！夫使公之计吾功者，不受桃，是无勇也。士众而桃寡，何不计功而食桃矣。接一搏猏而再搏乳虎，若接之功，可以食桃而无与人同矣。”援桃而起。田开疆曰：“吾仗兵而却三军者再，若开疆之功，亦可以食桃，而无与人同矣。”援桃而起。古冶子曰：“吾尝从君济于河，鼋衔左骖以入砥柱之流。当是时也，冶少不能游，潜行逆流百步，顺流九里，得鼋而杀之，左操骖尾，右挈鼋头，鹤跃而出。津人皆曰：‘河伯也！’。若冶视之，则大鼋之首。若冶之功，亦可以食桃而无与人同矣。二子何不反桃！”抽剑而起。公孙接、田开疆曰：“吾勇不子若，功不子逮，取桃不让，是贪也；然而不死，无勇也。”皆反其桃，挈领而死。古冶子曰：“二子死之，冶独生之，不仁；耻人以言，而夸其声，不义；恨乎所行，不死，无勇。虽然，二子同桃而节，冶专其桃而宜。”亦反其桃，挈领而死。使者复曰：“已死矣。”公殓之以服，葬之以士礼焉。[①]

从该记载可以看出春秋晚期士人“重义轻身”的价值观念，他们首重仁、义、勇等道德价值，不惜以死相求。《史记·刺客列传》论曰：“自曹沫至荆

---

① 吴则虞：《晏子春秋集释》（上），北京：中华书局，1982年，第164—165页。

轲五人，此其义或成或不成，然其立意较然，不欺其志，名垂后世，岂妄也哉！”[①]《论衡·定贤篇》复论：

> 人之举事，或意至而功不成，事不立而势贯山，……天下之士不以荆轲功不成不称其义，秦王不以无且无见效不赏其志。志善不效成功，义至不谋就事。义有余，效不足；志巨大，而功细小，智者赏之，愚者罚之。必谋功不察志，论阳效不存阴计，是则豫让拔剑斩襄子之衣，不足识也；伍子胥鞭笞平王尸，不足载也；张良椎始皇，误中副车，不足记也。三者地道不便，计画不得，有其势而无其功，怀其计而不得为其事。是功不可以效贤，三也。[②]

曹沫、专诸、要离、豫让、聂政、荆轲等刺客，抱定“一去兮不复返”之心，为国忘我、不惧牺牲，强烈地表现出舍身尽命以求大义的崇高气节。而在宗教中这恰恰被认定为成神成仙、走向不朽的一种极端方式。故陶渊明《咏荆轲》诗云：“其人虽已没，千载有余情。”[③]陶弘景曾质疑：“自三代已来，贤圣及英雄者为仙，鬼中不见殷汤、周公、孔子、阖闾、勾践，春秋时诸卿相大夫，及伍子胥、孙武、白起、王翦，下至韩信项羽辈，或入仙品，而仙家不显之。”[④]又曰：“古来英圣之王，唯未见显尧及汤得道，及鬼官之迹耳。”[⑤]这里“自三代已来贤圣及英雄者为仙”之说，接受了汉以来的上古圣贤及英雄成仙的思想。汉代史籍文献与画像数据交互印证显示，拓平九州、诛暴整乱的霸主、刺客等英雄人物、忠勇贤能，在汉代皆为士人景仰的楷范，死后已入不朽的仙界。“或入仙品，而仙家不显之”一句，说明陶弘景认为以上提到的英雄人物自然符合升仙的标准(亦是延续汉以来的标准)，也许已入仙品，而未见于仙家文献。事实上，殷汤、孔子、吴王、孙武，在陶弘景之前数

① 《史记》卷86《刺客列传》，第2538页。

② 黄晖：《论衡校释》，北京：中华书局，1990年，第1108—1109页。

③ (东晋)陶渊明撰，袁行霈笺注：《陶渊明集笺注》，北京：中华书局，2003年，第388页。

④ 《道藏》第20册，第587页。

⑤ 《道藏》第20册，第577页。

百年已见诸汉画，在汉代神仙体系中各占一席之地，唯其深藏汉墓之中，陶氏不知耳；如汤王见于山东莒县东莞镇东莞村汉代圆孔碑阙正面(图 3-8)，孙武见于河南密县出土的榜题“孙自(子)”的汉画像砖(图 3-9)和山东兖州市博物馆藏榜题“孙武”的画像石(图 3-10)，吴王见于山东嘉祥纸坊镇汉墓画像石(图 3-11，最下方两张停尸床上的尸体，应为周公所诛的管叔蔡叔)，汉高祖刘邦和贤辅张良，则见于雅安高颐阙正面的高祖斩蛇和张良椎秦皇的雕刻画面[①]。

周公往往以汉画常见的“周公辅成王”模式出现。周公在汉初黄老道中已被视为有道的圣人。《淮南子·氾论训》：

> 周公事文王也，行无专制，事无由己，身若不胜衣，言若不出口，有奉持于文王，洞洞属属，而将不能，恐失之，可谓能子矣。武王崩，成王幼少，周公继文王之业，履天子之籍，听天下之政，平夷狄之乱，诛管、

图 3-8　莒县东莞出土的 1 号画像石正面拓片局部

上层人物榜题从左至右分别为“尧”“舜”“侍郎”“大夫”；下层人物榜题从左至右分别为“禹妻”“夏禹”“汤王”“汤妃”，第五人有榜无题。莒县博物馆藏，作者藏拓

① 见徐文彬等：《四川汉代石阙》，北京：文物出版社，1992 年，图 80、图 81。两图解释见《中国画像石全集 7·四川汉画像石》关于图 84 和图 85 的说明文字，参看该书“图版说明”第 27—28 页。

蔡之罪，负扆而朝诸侯，诛赏制断，无所顾问，威动天地，声慑四海，可谓能武矣。成王既壮，周公属籍致政，北面委质而臣事之，请而后为，复而后行，无擅姿之志，无伐矜之色，可谓能臣矣。……故圣人所由曰道，所为曰事。[1]

图 3-9　孙自（子）与□进画像砖

采自密县文管会等编：《密县汉画像砖》，郑州：中州书画社，1983 年，第 57 页

图 3-10　榜题“孙武”的汉墓画像石（局部）

兖州市博物馆藏。采自《中国画像石全集 2 · 山东汉画像石》，第 12 页“老子、孙武画像”

---

①（西汉）刘安撰，刘文典集解，冯逸、乔华点校：《淮南鸿烈集解》，北京：中华书局，1989 年，第 427—429 页。

因此，周公不仅是儒生的人格理想，更是有道的圣人；其入仙谱，是儒道共推的结果。山东沂南北寨东汉画像石墓北面正中，刻有一幅周公辅成王画像，即表示周公是作为神仙来担当鬼神世界的官员（图3-12）。

六朝道书《元始上真众仙记》保存着一段实属汉代旧宗教信仰的文本：

> 周公旦为北帝师，治劲革山。①

可见周公在神仙世界之地位极重，只是魏晋以后宗教信仰结构变迁导致神仙谱系发生重大变化，古先圣人多所佚失，不为后世所知。

进入仙谱的古代圣人，于华夏文明史之贡献，各有千秋，遂及于仙。如汉纬《遁甲开山图》："古有大禹，女娲十九代孙，寿三百六十岁，入九嶷山，仙飞去。后三千六百岁，尧理天下，洪水既甚，人民垫溺，大禹念之，乃化生石纽山泉，女狄暮汲水，得石子如珠，爱而吞之，有娠，孕十四月生子。及长，

图 3-11　嘉祥纸坊镇东汉早期墓出土"吴王"画像石（作者藏拓）

① 《道藏》第 3 册，第 271 页。

能知泉源，代父鲧理洪水。尧帝知其功，如古大禹知水源，乃赐号曰禹。”① 故《淮南子·修务训》曰：“圣人不高山，不广河，蒙耻辱以干世主，非以贪禄慕位，欲事起天下利而除万民之害。盖闻传书曰：神农憔悴，尧瘦臞，舜霉黑，禹胼胝。由此观之，则圣人之忧劳百姓甚矣！”“昔者，苍颉作书，容成造历，胡曹为衣，后稷耕稼，仪狄作酒，奚仲为车。此六人者，皆有神明之道，圣智之迹。”②从目前可见的汉画像石中，这些圣人大多已可识出。

图 3-12　沂南北寨汉墓周公辅成王画像(作者藏拓)

① (清)马骕著，王利器整理：《绎史》(一)，北京：中华书局，2002 年，第 125 页。

② (西汉)刘安撰，刘文典集解，冯逸、乔华点校：《淮南鸿烈集解》，北京：中华书局，1989 年，第 633—634、646 页。

二、"孝悌之至通于神明"：忠臣、孝子与列女图

除帝王、英雄、刺客图外，忠臣、孝子与列女图亦是广泛见诸汉画像石的重要题材，这类图像同样需要置于汉代普遍价值观及其信仰神学中予以理解。

汉家以孝治世，汉儒以神化孝道为人伦之首。这在《孝经》中已露端倪——《孝经》用天人感应论建立起孝能通神的信仰，曰："孝悌之至，通于神明，光于四海，无所不通。"[①]汉纬《孝经左契》则将"孝"上升为宇宙规则，而述之以宗教家的语气：

> 元气混沌，孝在其中。
>
> 天子孝，天龙负图，地龟出书，夭孽消灭，景云出游。庶人孝，则泽林茂，浮珍舒，怪草秀，水出神鱼。
>
> 孝顺二亲，得算二千，天司录所表事，赐算中功，祉福永来。
>
> 孝悌之至，通于神明，病则致其忧，顾额消形，求医翼全。[②]

但以汉画作为载体的表达，使我们可以直观地看到这种思想的宗教化形态。四川合江22号棺(图3-13，1)，很清晰地表达出，车马来迎孝子往昆仑之上的墉城仙国：画面上，一篮午饭挂在田头大树上，年迈的父亲持杖闲坐树下车辕上，荷锄耕作中的儿子正在反身顾望老父，而一吏引高马阔车已向孝子疾驰而来，此乃农耕时代孝道支撑的温馨生活之写照(类似之图景，见图3-14)。然而如何知道此为昆仑墉城？合江17号棺左侧刻有与22号棺左侧相同的楼台建筑，而其他各面均留白(图3-13，2)，可知此楼台意义之重；至于此楼台之性质，可进一步从合江19号棺(图3-13，3)右侧所刻楼台建筑加以深度观察，楼台上方，刻西王母头上特有的胜饰图案，暗示此楼台乃在

① (清)阮元校刻：《十三经注疏・孝经注疏》卷8，北京：中华书局，1980年，第2559页。
② [日]安居香山、中村璋八：《纬书集成》，石家庄：河北人民出版社，1994年，第997—998页。

1

2

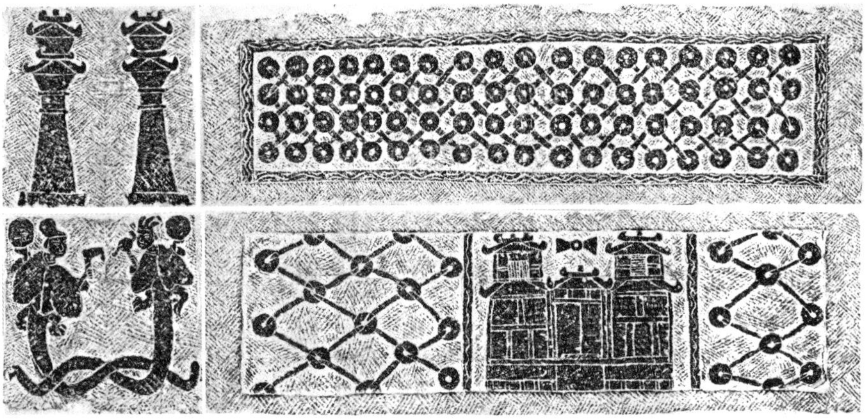

3

图 3-13　四川合江石棺画像

1. 四川合江 22 号石棺，车马来迎孝子往仙国墉城 2. 四川合江 17 号棺左侧，仙国图景（其他各面空白）3. 四川合江 19 号棺，亦示升往仙国墉城。照片由成都文物考古研究所、泸州市博物馆提供昆仑[①]。这种暗示法与徐州汉画像石艺术馆搬迁复原的车夫山汉墓砌拱模印砖上的胜饰纹相同(见图 3-15)，故可以清晰地判断，合江 22 号棺乃表示孝子被西王母以车马迎往昆仑升仙。何以知车马来自昆仑？按前引《尚书帝验期》：“王母之国在西荒。凡得道授书者，皆朝王母于昆仑之阙。”又按《真诰》卷 14《稽神枢第四》：“赤水山中学道者朱孺子，……今年八月五日，西王母遣迎，即日乘五色云车登天。今在积石台。”[②]堪与为证。

这种刻画在石棺上的孝子升仙图，显然其宗旨是为表彰棺中死者生前之淳孝。但其所表彰者何人，今已无考。然而嘉祥武梁祠东、西、后壁成体系的图像序列中，许多有名的孝子孝女作为“历史人物”被有规律地排列在第一、二层，表明他们与圣王、英雄一样，在汉人价值体系中，已列入仙位。如后壁第二层所刻李善乳主的著名故事[③]，即表示李善已因其生前的忠孝之德而成为神仙。《真诰》卷 16“阐幽微第二”曰：

> 至孝者能感激鬼神，使百鸟山兽巡其坟埏也。至忠者能公犯直心，精贯白日，或剖藏煞身，以激其君者也。比干今在戎山，李善今在少室。有得此变炼者甚多，举此二人为标耳。[④]

就此陶弘景注曰：“比干剖心，可为至忠。至于孝子感灵者，亦复不少，

---

① 关于昆仑上的仙国楼台，古有五城十二楼说。《史记·孝武本纪》：“其明年，东巡海上，考神仙之属，未有验者。方士有言‘黄帝时为五城十二楼，以候神人于执期，命曰迎年。’”裴骃集解引应劭曰：“昆仑玄圃五城十二楼，此仙人之所常居也。”(《史记》卷 12《孝武本纪》，第 484 页)《淮南子》卷 4《墬形训》：“禹乃以息土填洪水以为名山，掘昆仑虚以下地，中有增城九重，其高万一千里百一十四步二尺六寸。……是谓太帝之居。”(《淮南鸿烈集解》，第 133—135 页)《海内十洲记》称昆仑宫“其一角有积金，为天墉城，面方千里，城上安金台五所，玉楼十二所。其北户山、承渊山又有墉城，金台玉楼相鲜，如流精之阙，光碧之堂，琼华之室，紫翠丹房，景云烛日，朱霞九光，西王母之所治也，真官仙灵之所宗”。见《道藏》第 11 册，第 54 页。

②《道藏》第 20 册，第 575 页。

③ 有关事迹见(东汉)刘珍等撰，吴树平校注：《东观汉记》卷 18，北京：中华书局，2008 年，第 848—849 页；《后汉书》卷 81《李善传》，第 2679—2680 页。

④《道藏》第 20 册，第 586 页。

而今止举李善，如似不类。当李善之地，乃可涉忠而非孝迹也，恐以其能存李元后胤，使获继嗣，因此以成其孝，功所不论耳。若程婴齐孙杵臼，亦应在孝品矣。李善字次逊，本南阳育阳李元家奴。汉建武中，元家人之死尽而巨富，唯尽一孤儿名续祖，尚在孩抱，诸奴复共欲煞之而分其才(财)。善乃密负续祖，逃瑕丘山中，哺养乳，乃为生计。至十岁余，出告县令钟离意。意于是表荐，悉收其群奴煞之，而立续祖为家。光武拜善为太子舍人，

图 3-14　成都曾家包东汉晚期 M1 后室后壁农作与养老图

成都文物考古研究所藏。采自《中国画像石全集 7·四川汉画像石》，第 40 页

图 3-15　徐州车夫山汉画像石墓及胜纹砖砌拱顶

2010 年 10 月 12 日摄于徐州汉画像石艺术馆

后迁日南九江太守。”[①]可见汉画所刻乃表示李善因其至孝而得成仙，而《真诰》卷 16 则保存和发展了汉代以来的这种孝可成仙的信仰。见诸汉纬《孝经右契》：“内深藏不足为神，外博观不足为明；惟孝者，为能法天之神、丽日之明。”[②]

① 《道藏》第 20 册，第 586 页。

② ［日］安居香山、中村璋八：《纬书集成》，石家庄：河北人民出版社，1994 年，第 1001 页。标点略有调整。

徐州汉画像石艺术馆收藏的一方残石上，有一人坐在鼎里，接受神鸟治病，身生羽翼[①]。该画面表现的应是大医文挚怒王以愈疾、为忠义一往而不返，死后得神鸟致仙药而转变成仙。《吕氏春秋·仲冬纪第十一》“至忠”：

> 齐王疾痏，使人之宋迎文挚。文挚至，视王之疾，谓太子曰：“王之疾必可已也。虽然，王之疾已，则必杀挚也。”太子曰：“何故？”文挚对曰：“非怒王则疾不可治，怒王则挚必死。”太子顿首强请曰：“苟已王之疾，臣与臣之母以死争之于王，王必幸臣与臣之母，愿先生之勿患也。”文挚曰：“诺。请以死为王。”与太子期，而将往不当者三，齐王固已怒矣。文挚至，不解屦登床，履王衣，问王之疾，王怒而不与言。文挚因出辞以重怒王，王叱而起，疾乃遂已。王大怒不说，将生烹文挚。太子与王后急争之而不能得，果以鼎生烹文挚。爨之三日三夜，颜色不变。文挚曰：“诚欲杀我，则胡不覆之，以绝阴阳之气？”王使覆之，文挚乃死。夫忠于治世易，忠于浊世难。文挚非不知活王之疾而身获死也，为太子行难以成其义也。[②]

《论衡·道虚篇》亦有其事迹[③]。

汉画中的列女主题亦基于同样的宗教道德逻辑而刻，即以成仙的至高方式褒崇节义。如《列女传·节义》“京师节女”条：

> 京师节女者，长安大昌里人之妻也。其夫有仇人，欲报其夫而无道径，闻其妻之仁孝有义，乃劫其妻之父，使要其女为中谲。父呼其女告之，女计念不听之则杀父，不孝；听之，则杀夫，不义。不孝不义，虽生不可以行于世。欲以身当之，乃且许诺，曰：“旦日，在楼上新沐，东首卧则是矣。妾请开户牖待之。”还其家，乃告其夫，使卧他所，因自沐居楼上，东首开户牖而卧。夜半，仇家果至，断头持去，明而视之，乃其妻之头也。仇人

① 该图像的解释参见本书第五章。

② （秦）吕不韦等撰，许维遹集释：《吕氏春秋集释》卷 11，北京：中华书局，2009 年，第 245—246 页。

③ 黄晖：《论衡校释》，北京：中华书局，1990 年，第 326—328 页。

哀痛之，以为有义，遂释不杀其夫。君子谓节女仁孝厚于恩义也。夫重仁义轻死亡，行之高者也。《论语》曰："君子杀身以成仁，无求生以害仁。"此之谓也。①

如1908年出土于山东滕县董家村的"荅子管仲等画像"（图3-16下，天理大学参考馆藏石），有榜题"荅子""荅子母""荅子妇"等②。汉刘向所撰《列女传》卷2《贤明传·陶荅子妻》中载有春秋时陶大夫荅子之妻的故事：

荅子治陶三年，名誉不兴，家富三倍。其妻数谏不用。居五年，从车百乘归休。宗人击牛而贺之，其妻独抱儿而泣。姑怒曰："何其不祥也！"妇曰："夫子能薄而官大，是谓婴害。无功而家昌，是谓积殃。昔楚令尹子文之治国也，家贫国富，君敬民戴，故福结于子孙，名垂于后世。今夫子不然。贪富务大，不顾后害。妾闻南山有玄豹，雾雨七日而不下食者，何也？欲以泽其毛而成文章也。故藏而远害。犬彘不择食以肥其身，坐而须死耳。今夫子治陶，家富国贫，君不敬，民不戴，败亡之征见矣。愿与少子俱脱。"姑怒，遂弃之。处期年，荅子之家果以盗诛。唯其母老以免，妇乃与少子归养姑，终卒天年。君子谓荅子妻能以义易利，虽违礼求去，终以全身复礼，可谓远识矣。诗曰："百尔所思，不如我所之。"此之谓也。③

荅子妻觉察到丈夫任官只为牟取私利，恐致灭门之灾，劝说无效乃携子离家而去，后果应验。荅子妻能以义易利，同时又能全身复礼，自然为汉家所推崇，故《列女传·节义》"京师节女"条论之曰："夫重仁义轻死亡，行之高者也。《论语》曰：'君子杀身以成仁，无求生以害仁。'此之谓也。"④显然，"荅子管仲等画像"所要强调的主角即"荅子妇"，而贪婪、愚蠢的"荅子""荅子母"，既无才又无德，不过是作为"荅子妇"故事画面的陪衬元素

① （西汉）刘向：《古列女传》，北京：中华书局，1985年，第152页。
② 傅惜华：《汉代画象全集》二编，北京：巴黎大学北京汉学研究所，1951年，图54。
③ （西汉）刘向：《古列女传》，北京：中华书局，1985年，第47—48页。
④ （西汉）刘向：《古列女传》，北京：中华书局，1985年，第152页。

图 3-16　孟母断杼（上）、苔子管仲等（下）画像

上为徐州汉画像石艺术馆藏（2013 年 1 月 10 日摄），下为京都大学人文科学研究所藏拓

罢了。武梁祠东壁上“京师(节)女”“怨家攻者”均出榜题，同样是为了在故事形态中突显“杀身成仁、义冠天下”的节女的崇高。徐州汉画像石艺术馆藏“孟母断杼”画像石(图 3-16 上)，整个画面的含义亦在突出孟轲之母教子(《列女传·母仪·邹孟轲母》)，焦点在体现孟母之气节。进一步说，汉画中人物以一组组故事形态出现，目的是为了定位其中的核心人物，让人从这些最著名最精彩的故事片段画像中，立刻就能看出所要突显的中心人物，而不是为了铺述故事本身。很明显，这些中心人物都各因故事片断所表之德而入仙品。

前述沂南汉墓中苏武与管叔比肩而立的图像，据刘向《新序·节士第八》：“苏武者，故右将军平陵侯苏建子也。孝武皇帝时，以武为栘中监，使匈奴。是时匈奴使者数降汉，故匈奴亦欲降武以取当。单于使贵人故汉人卫律说武，武不从。乃设以贵爵重禄尊位，终不听。于是律绝不与饮食，武数日不降，又当盛暑，以旃厚衣并束，三日暴。武心意愈坚，终不屈挠，称曰：‘臣事君，由子事父也，子为父死，无所恨。’守节不移，虽有鈇钺汤镬之诛而不惧也，尊官显位而不荣也，匈奴亦由此重之。武留十余岁，竟不降下，可谓守节臣矣。《诗》云：‘我心匪石，不可转也；我心匪席，不可卷也。’苏武之谓也。匈奴绐言武死，其后汉闻武在，使使者求武，匈奴欲慕义，归武。以为典属国，显异于他臣也。”[①]班固认为，苏武是实践儒家“志士仁人”人格理想的典范，慨言：“孔子称‘志士仁人，有杀身以成仁，无求生以害仁’，‘使于四方，不辱君命’，苏武有之矣。”[②]故于《苏武传》之末，记汉使得武后，“李陵置酒贺武曰：‘今足下还归，扬名于匈奴，功显于汉室，虽古竹帛所载，丹青所画，何以过子卿！陵虽驽怯，令汉且贳陵罪，全其老母，使得奋大辱之积志，庶几乎曹柯之盟，此陵宿昔之所不忘也。收族陵家，为世大戮，陵尚复何顾乎？已矣！令子卿知吾心耳。异域之人，壹别长绝！’陵起舞，歌曰：‘径万里兮度沙幕，为君将兮奋匈奴。路穷绝兮矢刃摧，士众灭兮名

① (西汉)刘向编撰，石光瑛校释，陈新整理：《新序校释》，北京：中华书局，2001 年，第 1005—1009 页。

②《汉书》卷 54《李广苏建传》，第 2469 页。

图 3-17　为臣忠信瓦当
西安市秦砖汉瓦博物馆藏

已聩。老母已死，虽欲报恩将安归！’陵泣下数行，因与武决。”[①]汉宣帝图画苏武于麒麟阁十一功臣之列，更使登汉臣之最，可见苏武的节义获得了汉人何等的推崇。他的忠义气节，不仅彰显了汉家臣子之伟岸，更向匈奴蛮夷展示了汉家雄风[②]。毫无疑问，他在汉人心目中是作为“节臣”的最高标范入列仙品。

根据上面以武梁祠东、西、后壁图像为中心的讨论，以及对汉画超越世俗时空秩序之宗教属性的认识，可以判断，汉画中存在着一套以图像形式保存下来的“仙谱”；这个仙谱内含的评价标准可以归纳为君明、臣忠、子孝、妇贞、士节，具有“善善恶恶，贤贤贱不肖”之功，表现出强烈的“《春秋》决狱”特征[③]。基于此，汉儒

① 《汉书》卷 54《李广苏建传》，第 2466 页。史家书此泣别，乃欲再度彰显苏武之崇高。

② 杨维桢《题苏武牧羊图》：“未入麒麟阁，时时望帝乡。寄书元有雁，食雪不离羊。旄尽风霜节，心悬日月光。李陵何以别？涕泪满河梁。”热烈歌颂苏武威武不屈、贫贱不移的崇高气节。（元）杨维桢著，邹志方点校：《杨维桢诗集》，杭州：浙江古籍出版社，2010 年，第 324 页。

③ 《史记·太史公自序》曰：“夫《春秋》，上明三王之道，下辨人事之纪，别嫌疑，明是非，定犹豫，善善恶恶，贤贤贱不肖，存亡国，继绝世，补敝起废，王道之大者也。……《春秋》辨是非，故长于治人。”（《史记》卷 130《太史公自序》，第 3297 页）《春秋繁露·精华》：“《春秋》之听狱也，必本其事而原其志。志邪者不待成，首恶者罪特重，本直者其论轻。”苏舆义证，钟哲点校：《春秋繁露义证》卷 4，北京：中华书局，1992 年，第 92 页。

刘向撰《列女传》《列士传》《孝子传》应属实[①]，且对应汉画像之内容，皆具一定的“仙传”属性，是时人褒崇忠、孝、节、义者(历史与当朝人物皆在其中)至极致而宗教化的结果。上论《列女传》所见陶荅子妇、京师节女、梁高行等皆以其节义成就完美人格，堪谓“列女”死后成仙之典型，故得图其像而入列仙焉。史载，顺帝皇后梁妠(公元106—150年)，“少善女工，好史书，九岁能诵《论语》，治《韩诗》，大义略举。常以列女图画置于左右，以自监戒”[②]。东汉列女图之情况于此可见一斑。

---

①《初学记》卷11“职官部・尚书令”引东汉蔡质《汉官典职》谓尚书省：“省中画古列士，重行书赞。”(《初学记》，北京：中华书局，2004年，第259页)清姚振宗撰《隋书经籍志考证》案“列士传”引《初学记》此句后又曰：“刘光禄既为《列女传颂图》，又取列士之见于图画者，以为之传。”[(清)姚振宗撰：《隋书经籍志考证》，《二十五史艺文经籍志考补萃编》第15卷，北京：清华大学出版社，2014年，第824页]《初学记》卷24“居处部・墙壁”又引曰：“省中皆以胡粉涂壁，紫素界之，画古烈士也。”(《初学记》，北京：中华书局，2004年，第585页)《隋书・经籍志》史部杂传类序云：“汉时，阮仓作《列仙图》，刘向典校经籍，始作《列仙》《列士》《列女》之传，皆因其志尚，率尔而作，不在正史。”著录“《列士传》二卷，刘向撰”；“《列女传》十五卷，刘向撰，曹大家注”(《隋书》，北京：中华书局，1973年，第982、976、978页)。《文苑英华》卷502录唐许南容、李令琛对策中亦皆称“刘向修《孝子》之图”(《文苑英华》，北京：中华书局，1966年影印本，第2579页)。王仁俊《玉函山房辑佚书补编》辑录刘向《列士传》一卷。《列女传》最早著录于《七略别录》《汉书•艺文志》《汉书•楚元王附刘向传》。《刘向传》云：“向睹俗弥奢淫，而赵、卫之属起微贱，逾礼制。向以为王教由内及外，自近者始，故采取《诗》《书》所载贤妃、贞妇、兴国显家可法则及孽嬖乱亡者，序次为《列女传》，凡八篇，以戒天子。”(《汉书》卷36《楚元王传》，第1957—1958页，标点略有调整)《初学记》卷25“器物部・屏风”引刘向《七略别录》亦云：“臣向与黄门侍郎歆所校《列女传》，种类相从，为七篇，以著祸福荣辱之效，是非得失之分，画之于屏风四堵。”(《初学记》，北京：中华书局，2004年，第599页)孙志祖《读书脞录》卷四有《列女传缺文》，王仁俊《经籍佚文》有《列女传佚文》一卷。钱穆《刘向歆父子年谱》考证刘向《列女传》撰于成帝永始元年(公元前16年)。《列仙传》非刘向撰之说，学界多有论之，不具述。关于刘向作《列女传》《列士传》《孝子传》三传及其辑佚整理，参见熊明《刘向〈列女〉、〈列士〉、〈孝子〉三传考论》，《锦州师范学院学报》2003年第3期；熊明《刘向〈列士传〉佚文辑校》，《文献》2003年第2期；饶道庆《刘向〈列士传〉佚文辑校增补》，《文献》2007年第1期。刘向《孝子传》的辑佚，见茆泮林《十种古逸书》辑录《刘向孝子传》，黄奭《子史钩沉》辑录《刘向孝子传》一卷，王仁俊《玉函山房辑佚书续编・史编总类》辑录《孝子传》一卷。

②《后汉书》卷10下《顺烈梁皇后》，第438页。

事实上，汉武帝时已有画图褒扬贤臣的做法。按《汉书·金日磾传》，武帝时“日磾母教诲两子，甚有法度，上闻而嘉之。病死，诏图画于甘泉宫，署曰‘休屠王阏氏’”[①]。甘泉宫通天台画有天、地、泰一诸鬼神，为通神祭天之处；“汉法，三岁一祭天于云阳宫甘泉坛”[②]。可见死后图画于甘泉宫乃是愿其升天。按《资治通鉴》卷27“汉纪十九·中宗孝宣皇帝下”，甘露三年(公元前51年)，宣帝感匈奴之宾服，思股肱之美，乃图画十一功臣于麒麟阁，法其容貌，署其官爵姓名，大褒崇之[③]。以帝国最高荣誉，供奉那些曾为汉帝国建立卓越功勋之臣，同具崇高神化意义。故前引《论衡》云：“宣帝之时，画图汉列士。或不在于画上者，子孙耻之。何则？父祖不贤，故不画图也。”甘泉、麟阁所画，乃汉代价值观之崇高标范；而汉代宗教则承袭、神化汉家标准并从中拣选列入仙谱(如金日磾、苏武等)。

第三节　至爱亦仙：韩凭夫妇仙话图证

作为“相思树”“相思鸟”起源及“梁山伯与祝英台”故事之原型[④]，韩凭夫妇故事在传世文献中得以保存，引发历代文人骚客、民间艺术家的创作激情，对中国文学艺术历史影响深远。但是，究竟传说中二人死后的故事情节渊源何时？其二人仙界地位如何？文学作品中并无交待。汉代金石画像中

---

①《汉书》卷68《霍光金日磾传》，第2960页。

② (宋)李昉等撰：《太平御览》卷527引《汉旧仪》，北京：中华书局，1960年，第2393页。

③ (宋)司马光：《资治通鉴》，北京：中华书局，1956年，第888页。未央宫麒麟阁乃因汉武帝元狩年间猎获麟而名。甘露三年(公元前51年)，宣帝感匈奴之归降，忆往昔辅国之功臣，乃令图画十一臣形貌于其上，以纪念褒扬之，遂为臣荣之最。十一臣以霍光为首，尊称“大司马、大将军、博陆侯，姓霍氏”，其余为卫将军富平侯张安世，车骑将军龙额侯韩增，后将军营平侯赵充国，丞相高平侯魏相，丞相博阳侯丙吉，御史大夫建平侯杜延年，宗正阳城侯刘德，少府梁丘贺，太子太傅萧望之，典属国苏武。

④ 钱南扬：《梁祝故事叙论》，《民俗周刊》1930年2月第93—95期合刊，此据氏著《汉上宧文存 梁祝戏剧辑存》，北京：中华书局，2009年，第257—258页；[日]澤田瑞穗：《連理樹記》，《中国の傳承と説話》，東京：研文出版社，1988年，第5—32、15—18页。

虽有呈现，然其图像内容长期未获合理认知。在尸解成仙的信仰结构中，“死”是由人转变成“仙”的必备前提。关于韩凭夫妇的故事，在汉晋民间应有更为丰满的文本，其思想基础就是汉晋盛行的“先死后蜕”[①]信仰。古时文人志记之于民间故事，大抵依其趣而掠其要，未必全貌。吾意借助汉晋信仰之认知，以图韩凭故事之大体。

现存已知最早、最完整地载述韩凭夫妇与宋康王所发生故事的文献文本，见于《搜神记》：

> 宋康王舍人韩凭，娶妻何氏，美，康王夺之。凭怨，王囚之，论(沦)为城旦。妻密遗凭书，缪其辞曰：“其雨淫淫，河大水深，日出当心。”既而王得其书，以示左右，左右莫解其意。臣苏贺对曰：“其雨淫淫，言愁且思也；河大水深，不得往来也；日出当心，心有死志也。”俄而凭乃自杀。其妻乃阴腐其衣。王与之登台，妻遂自投台，左右揽之，衣不中手而死。遗书于带曰：“王利其生，妾利其死。愿以尸骨，赐凭合葬。”王怒，弗听。使里人埋之，冢相望也。王曰：“尔夫妇相爱不已，若能使冢合，则吾弗阻也。”宿昔之间，便有大梓木生于二冢之端，旬日而大盈抱，屈体相就，根交于下，枝错于上。又有鸳鸯，雌雄各一，恒栖树上，晨夕不去，交颈悲鸣，音声感人。宋人哀之，遂号其木曰“相思树”。“相思”之名，起于此也。南人谓此禽即韩凭夫妇之精魂。今睢阳有韩凭城，其歌谣至今犹存。[②]

幸存于敦煌文书的《韩朋赋》与《搜神记》所记内容相似而更详细，全文约两千字，兹不赘录[③]。陶敏在唐人段公路《北户录》卷下“相思子蔓”

①《抱朴子内篇·论仙》引《仙经》。见王明：《抱朴子内篇校释》，北京：中华书局，1985年，第20页。

②（东晋）干宝撰，汪绍楹校注：《搜神记》卷11，北京：中华书局，1979年，第141—142页。

③ 录文与注释可参王重民等编：《敦煌变文集》，北京：人民文学出版社，1957年，第137—141页。

的崔龟图注中亦发现有《韩朋赋》末段二百余字①。20 世纪 30 年代，容肇祖通过对敦煌本《韩朋赋》与《搜神记》所记韩凭故事的比较研究，发现两种文本“根本出于一个故事”，但“《韩朋赋》……较之《搜神记》所载，更为详细得多”；“从《韩朋赋》的内容去考证，可定为不是因《搜神记》的记载而产生，而且《韩朋赋》为直接朴实的叙述民间传说作品”。认为其故事在《搜神记》之前已在民间流传，并由此推测“在汉魏间，贵族盛行以赋作为文学的玩意儿时，民间自有说故事的白话赋？《韩朋赋》等，便是这类赋体仅留的型式”②。《搜神记》与《韩朋赋》所载韩凭夫妇故事当属文人小说与民间传说两个不同的流传系统，且两者之间时有交流。

属于前一系统之最早传世文本应系初唐《艺文类聚》卷 92“鸟部下·鸳鸯类”引《列异传》：“宋康王埋韩冯夫妻，宿夕文梓生，有鸳鸯雌雄各一，恒栖树上，晨夕交颈，音声感人。”③《列异传》最早著录于《隋书·经籍志》史部杂传类，题魏文帝撰；新旧《唐志》著录为张华撰④。内容较为丰富的传世文本，则是唐释道世《法苑珠林》卷 27“宋韩冯妻康王夺”引《搜神记》⑤。《太平寰宇记》引《搜神记》较简略，但该文本出现的韩凭妻投台瞬而“化蝶”的情节，为后来《梁祝》故事的形成提供了构成性资源：“宋大夫韩凭，娶妻美，宋康王夺之，凭怨王，自杀。妻阴腐其衣，与王登台，自投台下，左右揽之，着手化为蝶。”⑥

民间传说系统亦非孤例。1979 年在敦煌马圈湾汉代烽燧遗址中发现的一批

---

① 陶敏、陶红雨：《〈北户录〉崔龟图注所引〈韩朋赋〉残文考论》，《文史》2005 年第 4 期。

② 容肇祖：《敦煌本〈韩朋赋〉考》，原刊《庆祝蔡元培先生六十五岁论文集》下册，中央研究院历史语言研究所，1935 年，此据《敦煌变文论文录》，上海：上海古籍出版社，1982 年，第 675、673、679、680 页。

③（唐）欧阳询撰，汪绍楹校：《艺文类聚》，上海：上海古籍出版社，1982 年，第 1604 页。

④《隋书》卷 33《经籍志》，第 980 页；《旧唐书》卷 47《经籍志》，北京：中华书局，1975 年，第 2005 页；《新唐书》卷 59《艺文志》，北京：中华书局，1975 年，第 1539 页。

⑤（唐）释道世撰，周叔迦、苏晋仁校注：《法苑珠林校注》，北京：中华书局，2003 年，第 840 页。

⑥（宋）乐史：《太平寰宇记》卷 14，北京：中华书局，2007 年，第 281 页。

西汉后期简牍中，有一枚经裘锡圭考证为韩朋故事片断[①]（见图 3-18）。该简文字识读为：“……书而召韩倗问之，韩倗对曰：臣取妇二日三夜去之，乐游三年不归，妇……”[②]此简应是韩妻致韩凭书信为宋王所获，召朋问对之言。这是目前已知最早的韩凭故事史料。敦煌本《韩朋赋》当大致延续了汉代民间所流传的韩凭故事原型。

图 3-18 敦煌马圈湾汉简

采自张德芳：《敦煌马圈湾汉简集释》，简 496A（红外照片），兰州：甘肃文化出版社，2013 年，第 261 页

无论《搜神记》与敦煌本《韩朋赋》是否存在文本承袭关系，两者情节上的相似性，颇能反映这一文学母题的流布与影响；这里的问题是，其源头在哪里？

《马王堆汉墓帛书・战国纵横家书 22・苏秦谓陈轸章》《史记・田敬仲完世家》里，有一位与张仪活跃于同一时期的韩凭（《战国纵横家书》作韩倗）。齐愍王十二年即周赧王三年、宋康王戴偃称王后七年（公元前 312 年），齐攻魏，魏王会见韩凭、张仪，望能助其救魏。容肇祖曾就此推测：“这里的韩凭是游说之士，和张仪一辈子的。大约是仕韩而使魏，故此可以劝韩出兵以结好于魏了。后来他究竟有没有仕宋呢？这是很难说的。《韩朋赋》说，‘韩朋出游，仕于宋国’，究竟韩朋仕于宋国以前，有没有仕于韩或仕于魏呢？这两个韩凭，在年代是相同，是否即是一人？或者后来的传说是根据于《史记》的韩凭，而为多生的枝节及演变？却是无从知道了。”[③]然而前引马圈湾西汉后期简牍中已见韩凭故事，表明该故事在西汉流传甚广；且韩凭夫妇率性赴情、往而不返的道德品格及行为结构极合汉儒所尊崇的《春秋》大义，推测其故事的早期形态在“儒术”获尊的西汉中期或已出现。

进一步看，《战国纵横家书》韩倗、《史记》韩凭（a）与《搜神记》韩凭

① 裘锡圭：《汉简中所见韩朋故事的新资料》，《复旦学报》1999 年第 3 期。

② 张德芳：《敦煌马圈湾汉简集释》，简 496A，兰州：甘肃文化出版社，2013 年，第 504 页。

③ 容肇祖：《敦煌本〈韩朋赋〉考》，此据《敦煌变文论文录》，上海：上海古籍出版社，1982 年，第 656—657 页。

(b)为同一人的可能性却亦未可遽然否定。从时间逻辑看，戴偃立十一年始称王，立四十七年被杀。按《史记》偃称王后七年，韩凭a使魏，与韩凭b之游仕宋王不存在时间冲突。从社会活动属性看，a和b两个韩凭的“游士”特征同见于《史记》(韩凭a)、汉简、《搜神记》、《韩朋赋》(韩凭b)的描述。

且从韩凭a与纵横家张仪一同见魏王，而韩凭b亦有游仕宋国，可推测韩凭(a和b)与张仪为同类，在仕韩仕魏之后游仕于宋；甚至韩凭b之被宋王夺妻，颇似张仪在楚之受辱(事见《史记·张仪列传》)，盖亦与其纵横家游仕列国终无定主、无环境依恃而难免受辱之职业特征有关。

见于平邑、嘉祥画像石的两处“孺子”榜题(详下)，透露了汉代传说中关于韩凭b的出身的表述。按《世本》：“鲁公子与大夫多称公某，其大夫之适子，与公之庶子，多称孺子。”[①]可见汉代传说中韩凭b出身士大夫之家。同时，从韩凭b为宋王“舍人”的身份亦可看出其非普通百姓，而为王侯公卿之门客[②]，与战国时代纵横家的游仕特征相似，盖属游走列国之间的士大夫。从韩凭a和b两者背景的某些相似性，可对两者做出某种关联性推理：若b本乎a，那么即使历史上韩凭a夫妇未曾发生此等凄惨事件，民间抑或可能依托韩凭a构造韩凭b(韩朋)故事。的确，文学创作中即使是依托历史人物a起构故事b，二者之间也难免因铺张演绎而产生巨大差异；只是韩凭b是否果为韩凭a之故事化形态，本身尚乏证据，因此这种关联性即使从逻辑上推测可能存在，目前只能存疑。但同时需要指出的是，多情自古空余恨，若韩凭a本无相关的人生奇事或轶闻，那么汉代故事b又何以必择此人而裁之以无中生有的凄惨奇特故事？至少应有迹可循乃以衍生枝蔓。故亦得存疑[③]。

除了文献材料外，有关韩凭故事的出土汉代图像资料研究，亦已取得一定进展。事实上，汉画韩凭故事资料，具有更重要的意义。王士伦曾据浙江省文物考古研究所藏一枚东汉铜镜上的“宋王”“贞夫”“侍郎”等榜题(三榜题见图3-19下，铜镜全貌及局部见图3-19上)，判断此画像镜故事是汉代

① (东汉)宋衷注，(清)秦嘉谟等辑：《世本八种·王梓材撰本·世本集览通论》，北京：中华书局，2008年，第64—65页。

②《汉书·高帝纪》颜师古注：“舍人，亲近左右之通称也。”《汉书》卷1上，第21页。

③ 当然，另外尚有一个不能忽略的情况：也许a与b纯属同姓同名，毫无关系，若然则另当别论。

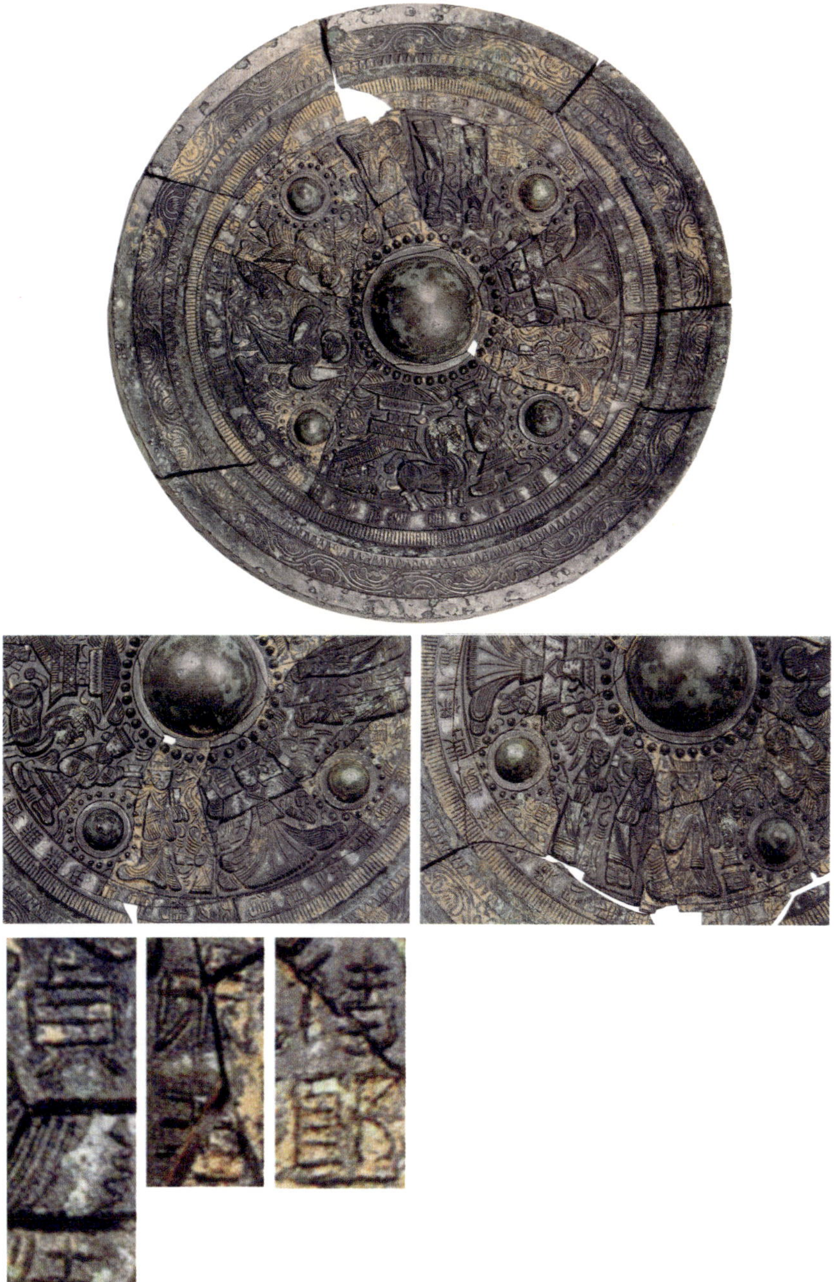

图 3-19　浙江省文物考古研究所藏东汉铜镜

流传的韩凭与贞夫的爱情故事，镜中所题宋王很可能就是故事中的宋康王[①]。王牧就两枚带有“贞夫”榜题的画像镜（见图 3-20 孔震藏镜）作进一步探讨，推测此故事虽产生于战国，但开始广泛流传则可能是在汉代；并指出，镜上四区画面，除了贞夫与宋王可明确外，其余两部分画面所要表达的意思还有待探讨[②]。陈长虹认定镜上所绘是贞夫故事，认为平邑皇圣卿阙东阙西面画像的“信夫”榜题是指“贞夫”，但对该石出现的“孺子”榜题持疑，并“推测较大的可能是工匠的误刻”，对“宋王”榜题内容亦仍其疑[③]。

学界在汉画内容认知方面长期存在的问题，制约了对这些资料的应有认识。问题的解决仍需新资料支持。同时，究竟什么思想驱动汉人将韩凭（韩朋）夫妇纳入汉画，亦是亟须解决的关键问题。

作者在收集汉墓画像资料过程中，偶获一幅精美汉画像石图片（图 3-21），上有“宋王”“孺子”“孺子妻”等榜题（详见图 3-22 右），揭示了图上中箭者与抱弓者之间的夫妻关系，从而为这一问题的最终解决提供了可靠的突破点。研究发现，其上所刻正是宋康王与韩凭夫妇的故事。

史载，宋康王戴偃是个暴君，他“灭滕、伐薛，取淮北之地。乃愈自信，欲霸之亟成。故射天笞地，斩社稷而焚灭之，曰：‘威服天地鬼神’；骂国老谏曰[者]，为无颜之冠，以示勇；剖伛之背，锲朝涉之胫，而国人大骇。齐闻而伐之，民散，城不守。王乃逃倪侯之馆，遂得而死”[④]。《史记》说宋王偃“盛血以韦囊，县而射之，命曰‘射天’。淫于酒、妇人。群臣谏者辄射之。于是诸侯皆曰‘桀宋’。‘宋其复为纣所为，不可不诛’。告齐伐宋”[⑤]。汉前历史上称“宋王”者仅此一人。焦袁熹《此木轩四书说》卷 8 解“独如宋王何”：“宋自剔成已前，未尝称王；至偃立十一年始称王，及身亡灭。则

① 王士伦编著，王牧修订：《浙江出土铜镜》，北京：文物出版社，2006 年，第 216 页。

② 王牧：《东汉贞夫画像镜鉴赏》，《收藏家》2006 年第 3 期。

③ 陈长虹：《贞夫故事图像考——复原一个汉代失传的列女故事》，《艺术史研究》15，广州：中山大学出版社，2013 年，第 77—102 页。

④ 何建章注：《战国策注释》卷 32《宋卫策・宋康王之时章》，北京：中华书局，1990 年，第 1219 页。

⑤《史记》卷 38《宋微子世家》，第 1632 页。

图 3-20　孔震藏“贞夫”镜

孟子所称宋王者，偃也。偃有桀宋之号。”[①]汉画榜题所示“宋王”应即故事中的“宋康王”，画面所绘为韩凭故事无疑。

画像中，沦为城旦的韩凭无冠，衣褐，登梯离去，回首顾望其妻，实乃永诀；脉脉惜别之情，表现惟妙惟肖(细部见图3-22左)。

按敦煌本《韩朋赋》，韩朋沦为城旦，贞夫设法与其相见，而韩朋却怨怼贞夫“去贱就贵，于意如何”，致使“贞夫闻语，低头却行，泪下如雨。即裂

图3-21　嘉祥所出民间收藏汉韩凭故事画像石（作者获赠照片）

① (清)焦袁熹：《此木轩四书说》卷8，《文渊阁四库全书》本。

图 3-22 嘉祥所出画像石上荷臿载笵的韩凭及“宋王”“孺子”“孺子妻”榜题

裙前三寸之帛，卓齿取血，且作私书，系箭[头]上，射与韩朋。朋得此书，便即自死。”[①]该石画面中，韩凭荷臿上所挂篼子中一箭，箭尾缚一长方形物，应即其妻用箭射给韩凭的一封帛书密信，石上均匀平行刻两行共10个小凿痕，表示其上有字；右边图像中韩凭妻戴帼，左手抱弓，右手前伸，上身前倾，目光射向回头顾望中的韩凭，愿他能见信明心。这部分画面正堪与赋文所叙相佐，可以说是韩凭夫妇故事中最具代表性的一幕，被用作故事的特有标识刻入汉画。

引人思考的是这封简短密信的涵义问题。按前引宋王之臣苏贺的解释，“其雨淫淫，言愁且思也”，喻相思愁苦绵绵；“河大水深，不得往来也”，言阻隔不可突破；“日出当心”确可理解为“心有死志”，但原本意象应是借仰面朝天之死相，表示愿以死证其清白，所谓“此心可对天”：赤诚清白可对天，何惧太阳直照心。韩凭见信，知妻坚贞，加之绝望，不待其妻以死相证即先行自杀，可见心意传达甚确。

嘉祥武氏祠藏南武山东汉小石祠西壁(图3-23)，由下向上第二层画面，最右侧边接近戴进贤冠男子处刻榜题“此宋王也”，中部一戴帼妇人左臂抱弓，面向一正在登梯离去的无冠男子，边登梯边回首顾望，右手荷臿在肩[②]，臿上挂一有提梁的篼子（给马喂料及饮水的工具）[③]。敦煌本《韩朋赋》说贞夫“乃见韩朋剉草饲马”[④]，图与说合，篼子被射中一箭，箭尾缚一长方形物，刻画很突出。武氏祠左石室后壁小龛东壁画像石(图 3-22 下右)亦出现类似画像，榜题漫漶，戴帼持弓女子的榜题庶可辨识为“此凭妻”，荷臿登梯男子的榜题为“此凭也”，表示“三寸之帛”的长方形被刻于臿上。平邑皇圣卿阙所刻三人榜题为“孺子”“信夫”“宋王”（图 3-26 左)无疑；韩

---

① 王重民等编：《敦煌变文集》上集，北京：人民文学出版社，1957年，第140页。

② 《史记·秦始皇本纪》言及大禹“身自持筑臿”，张守节《正义》：“臿音初洽反。筑，墙杵也。臿，锹也。《尔雅》云：‘锹谓之臿。’”《史记》卷6《秦始皇本纪》，第272页注11。

③ 从其形状大小判断，此即古老的柳编饮马器“篼子”，汉画像石多见，沿用至今，山东等地民间尚有制作及使用。《说文解字》卷5“竹部”：“篼，饮马器也。从竹，兜声。”[(东汉)许慎：《说文解字》，北京：中华书局，1963 年，第 97 页]扬雄《方言》：“饮马橐，自关而西谓之裺囊，或谓之裺篼，或谓之㡌篼。燕齐之间谓之帳。”周祖谟校笺：《方言校笺》，北京：中华书局，1993年，第35页。

④ 刘复编：《敦煌掇琐》上册，“中央”研究院历史语言所，1931年版，1991年台北影印本，第5页。

凭背上箙子中箭，箭尾所系长方形“三寸之帛”刻画很明显(图 3-26 右)。类似的汉画像石，亦见于山东博物馆(图 3-27、图 3-28)。日本松永美术馆所藏一方山东汉画像石①，上层有类似的韩凭故事描绘。

图 3-23　嘉祥南武山小石祠西壁(作者藏拓)

韩凭故事为何以这样的思想形态呈现？这需要在汉晋思想和信仰的大背景中去寻其根源。

① 参见文物图象研究室汉代拓本整理小组：《“中央”研究院历史语言研究所藏汉代石刻画象拓本精选集》，“中央”研究院历史语言研究所，2004 年，图 79。感谢陈昭吟博士协助购书。

贞夫、信夫之名，应系汉儒所冠，以彰凭妻贞夫信之德。事实上，战国末期“贞信”之德已颇为世誉；《韩非子·五蠹》曰：“世之所谓贤者，贞信之行也。”[①]贞信守节、重义轻死，正是汉代“道者”们认定的死后尸解成仙之标准。汉代画像石和铜镜等出土金石资料表明，韩凭夫妇的夫信妇贞、至死不渝品格所造就的爱情故事在汉代广为流传，并引起儒生的强烈共鸣；他们认定韩凭夫妇死后尸解仙化，出现了歌颂韩凭夫妇殉情死而成仙的仙话故事，并图其形于列仙，示其与古圣贤、忠孝、节义、贞烈、英雄之辈同臻仙域（上引敦煌马圈湾汉简即证），此亦梁山伯与祝英台故事中“化蝶”（在墓中“太阴炼形”而致仙化）情节之渊源。汉墓画像中，以贞烈之德跻身列仙图谱的节义之妇，尚有梁高行、秋胡妻、京师节女等。正是这些圣贤、节义和英雄，令汉儒为之折腰，援入列仙。若韩凭夫妇者，可谓夫信妇贞之极，凭妻更堪称妇之苏武；汉人重“死节”，故大尊崇之。

孔震藏“贞夫”画像镜的画面结构配置较为简练，但恰恰是这种简单结构使人更易把握其思想内涵。除了贞夫持弓画面，镜上其余三区图像——贞夫对面的龙和左右相对的东王公、西王母，所呈现的无疑是神界景象；这种画像配置结构清楚地表明贞夫已入仙界[②]。山东莒县东莞孙熹墓汉画像石阙圆坑阙也有韩凭故事画面（图 3-24），且画面配置显示韩凭夫妇在仙界地位相当崇高，他们与“尧”“舜”“夏禹”“禹妻”“汤王”“汤妃”等圣人夫妇们在一起；其上一层人物身边有“门大夫”榜题，示为“天门”；如上文所述，“自三代已来贤圣及英雄者为仙”，可见这些圣王乃为神仙。武氏祠左石室后壁小龛东壁上栏刻韩凭故事（图 3-25），其下刻“二桃杀三士”的故事。三位英雄为气节而死，这里同样表示他们已成仙；而韩凭夫妇故事刻画在顶部上栏，表明其较之英雄更受汉儒的推崇。嘉祥南武山小石祠西壁（图 3-23）顶部画西王母世界，其下为周公辅成王，再下为韩凭夫妇故事，亦示其死后与古圣贤为邻。堪与上古圣贤同列，自是情圣。

《左传·昭公二十年》齐景公问晏子曰：“古而无死，其乐若何？”[③]从《庄子·大宗师》对“古之真人”的追矜，到刘安与窦太后所代表的“道者”

① （清）王先慎撰，钟哲点校：《韩非子集解》，北京：中华书局，1998 年，第 450 页。

② 王牧：《东汉贞夫画像镜鉴赏》，《收藏家》2006 年第 3 期。

③ （清）阮元校刻：《十三经注疏·春秋左传正义》，北京：中华书局，1980 年，第 2094 页。

们的信仰，再到《太平经》以神、真、仙、霸递相为治的退化论文明史观对远古的怀念[①]，战国两汉的思想家、宗教家，都在回答这个问题。《淮南子·诠言训》："稽古太初，人生于无，形于有，有形而制于物。能反其所生，若未有形，谓之真人。真人者，未始分于太一者也。"[②]追求"乃合大道，混混冥冥。光耀天下，复反无名"[③]，正是汉代黄老道信仰之梦想。现实人生也许很残酷，但在死后世界，藉着仙话的乌托邦功能，人却可望实现《淮南子·原道训》所言的"与道为一"[④]，回到传说中人类的"黄金时代"；汉墓画像中所见韩凭夫妇等人死后在仙界与上古圣贤同在的情景，正是这种思想支持下的回归上古"无死"时空信仰的表达。

图 3-24 莒县孙熹阙上韩凭荷臿挂篼及篼上中箭（作者藏拓）

① 《太平经钞·己部》："前古神人治之，以真人为臣，以治其民，故民不知上之有天子也，而以道自然无为自治。其次真人为治，以仙人为臣，不见其民时将知有天子也，闻其教敕而尊其主也。其次仙人为治，以道人为臣，其治学微有刑被法令彰也，而民心动而有畏惧，巧诈将生也。其次霸治，不详择其臣，民多冤而乱生焉，去治渐远，去乱渐近，不可复制也。"见王明：《太平经合校》，北京：中华书局，1960 年，第 25 页。

② （西汉）刘安撰，刘文典集解，冯逸、乔华点校：《淮南鸿烈集解》，北京：中华书局，1989 年，第 464 页。

③ 司马谈：《论六家要指》，《史记》卷 130《太史公自序》，第 3292 页。

④ （西汉）刘安撰，刘文典集解，冯逸、乔华点校：《淮南鸿烈集解》，北京：中华书局，1989 年，第 36 页。

图 3-25　武氏祠左石室后壁小龛东壁韩凭荷臿挂篼（作者藏拓）

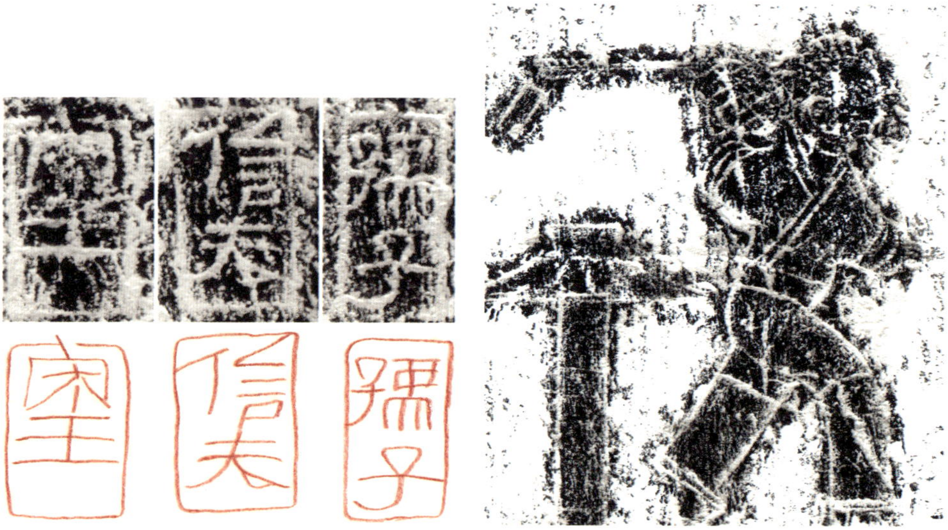

图 3-26　平邑皇圣卿阙东阙西面顶栏的韩凭及三个榜题（作者藏拓）

图 3-27　嘉祥满硐乡出土的韩凭故事画像石之一

2015 年 5 月 19 日摄于山东博物馆

图 3-28　嘉祥满硐乡出土的韩凭故事画像石之二

2015 年 5 月 19 日摄于山东博物馆

苦难或许是人生最亲密的伴侣，然而人类援信仰以对。战国两汉思想中已逐步形成对抗人生苦难的信仰路线。《庄子·天地》早就提出以仙乡代人生的梦想："千岁厌世，去而上仙；乘彼白云，至于帝乡。"[①]到汉代，从此岸到彼岸，则形成了思想的桥梁，——无论是圣贤还是凡人，都必须"归地下"，不得久留人间；只不过，圣贤"去世"乃是"避世"升天：

> 世不可得久有而独治也。故得道者，则当飞上天，亦是其去世也……故天地开辟以来，更去避世，圣文常格在而不见其人，是明效也……若不乐常在而乐死者，弃道随俗，亦将归地下，不得久睹天日月星历也……故古者圣贤人尽去，今无见者，是其大效也。[②]

至于墓葬则是死后"炼形之宫"。东汉《老子想尔注》说，贤者在这世上无法生存之时，他们会假托"死"而"避去"，通过"太阴"转移到神仙世界：

> 太阴道积，炼形之宫也。世有不可处，贤者避去，托死过太阴中；而复一边生像，没而不殆也。俗人不能积善行，死便真死，属地官去也。
>
> 道人行备，道神归之，避世托死过太阴中，复生去为不亡，故寿也。俗人无善功，死者属地官，便为亡矣。[③]

《周易参同契》亦有"化迹隐沦……变形而仙"，"委时去害，依托丘山……化形而仙，沦寂无声"之说[④]。"丘山"者，坟墓之谓也。如此，则《论语·泰伯》"笃信好学，守死善道，危邦不入，乱邦不居。天下有道则见，无道则隐"[⑤]的思想得到了实现。况且，在尸解信仰中，"死"是"仙"

---

① (清)郭庆藩撰，王孝鱼点校：《庄子集释》，北京：中华书局，1961年，第421页。

② 王明：《太平经合校》，北京：中华书局，1960年，第450页。

③ 饶宗颐：《老子想尔注校证》，上海：上海古籍出版社，1991年，第21、43页。

④ 孟乃昌:《周易参同契考辩》考证《参同契》成书于东汉，上海：上海古籍出版社，1993年，第93页。

⑤ (清)阮元校刻：《十三经注疏·论语注疏》，北京：中华书局，1980年，第2487页。

的前提。《后汉书·王和平传》李贤等注："尸解者，言将登仙，假讬为尸以解化也。"①《无上秘要》卷87"尸解品"："夫尸解者，形之化也，本真之练蜕也，躯质之遁变也。"②汉晋盛行的"先死后蜕"的尸解成仙信仰，正是韩凭仙话得以成说的思想关键。

尸解成仙之际，表现有种种。南北朝道书《洞真藏景录形神经》曰："尸解之法，有死而更生者，有头断已死乃从傍出者，有死毕未殓而失骸者，有人形犹存而无复骨者，有衣在形去者，有发既脱而失形者。"③按唐崔龟图注段公路《北户录》卷3"相思子蔓"引《无名诗集》云："昔有贤士姓韩，名朋，故娶贤良妻成公索之女，名曰贞夫，具贤具圣"；又云二人葬后"三日三夜，始得圹空，不见韩朋贞夫，唯见石子一双，郁郁葱葱，一青一白"。这是关于尸解成仙的一种典型叙事模式。按照男女阴阳方位对应关系，显然青石子(属东木)、白石子(属西金)分别为韩凭与其妻在"炼形之宫"行"太阴炼形"三日三夜所化。尸解化石说，《无上秘要》卷87更有赵成子死后在石室炼成神仙的生动例证：

> 昔有赵成子者，学仙之士也。初受吾镇生五藏上经，乃按而为之，成子后故欲还入太阴，求改貌化形。当是时，自故死亡于幽州上谷玄丘山中石室之下，即为死尸白骨也。后五六年，忽有他人经山行者，见此尸在石室中，肉朽骨在；又见腹中五藏自生，又香而不烂如故，以液血缠裹，五色之华莹然于内，紫胞结络交缠于外。彼人乃叹曰："昔闻五藏可养以至不朽者，今见其人矣。此子将有道而不终乎。"因手披死尸，五藏之内，藏中各见有一白石子在焉。彼人又曰："使汝五藏不朽者，必此五石也。子已失道，可以相与。"因探取而仰吞石，石皆以入喉也。彼人别去十余年，而成子之尸当生。当生之时，彼人先服石子即日皆飞从口出，如飞蝉之状，径还死尸之藏，因此成子改形而起矣。④

①《后汉书》卷82下《王和平传》，第2751页。
②《道藏》第25册，第245页。
③《道藏》第25册，第246页。
④《道藏》第25册，第248页。

故《云笈七签》卷85《太一守尸》云："夫解化之道，其有万途。或隐遁林泉，或周游异域，或亲逢圣匠，或会遇真灵，或授箓而记他生，或交带而传仙诀，或坐死空谷，或立化幽岩，或髻发但存，或衣结不解。乃至水火荡炼，经千载而复生；兵杖伤残，断四肢而犹活。一足不化，五脏生华，若赵成子之类，皆名著紫府，籍在丹台，是得三官太一守尸而不泯也。"[①]韩凭夫妇葬后在墓中一夕之间化为"相思树""相思鸟"，同样是汉晋信仰中至德有道者"委时去害"、以墓室为"炼形之宫"、经历"太阴炼形"、最终变形而仙的尸解成仙信仰的一种仙话文学表达。图其形于古圣贤、忠孝、节义、贞烈、英雄之伦，意在示其同臻仙域。所有这一切，构成对死亡的蔑视，支持那些践行《中庸》"率性之谓道"之人的坚贞节义，勇敢率性地以"死"去对抗和告别无道之世。因为在尸解信仰的支持下，"死"已被掏空为"假象"，而实之以得道升天的信仰，甚至出现了可以"乐死"的选择。

以上的研究表明，对于汉墓中的韩凭夫妇故事画像，不仅要还原到墓内画像的整个系统中逻辑地予以理解和把握，还要回到更为宽广的汉代思想和信仰背景中去寻求合理的认知。韩凭故事的实质应是颂扬韩凭夫妇以生命复贞信，此世不可处，相踵赴太阴，尸解而成仙。故事的不同版本中出现的相思树、相思鸟、青白石子以及化蝶等几种死后变化形态，都是汉晋尸解信仰的体现；鸟和蝶的形态尤为羽化飞升信仰之典型。

沈宏曰："亲至结心为爱。"[②]为爱而死、由死而仙，若非贤圣，焉得其径？《孟子·滕文公下》："世衰道微，邪说暴行有作，臣弑其君者有之，子弑其父者有之。孔子惧，作《春秋》……而乱臣贼子惧。"[③]汉儒图画古昔圣贤忠义，备举其美，则非唯戒世，而欲引仙道以崇大义；图之墓中，更兼以自拟，即令生前未能成仁尽义，死后亦当朝向贤圣之伦。

值得注意的是，韩凭夫妇故事中，为后世《梁山伯与祝英台》故事采为构成性元素者，除了前述"化蝶"的羽化成仙情节，同样重要而以前未曾看到的，还有从"哭坟"到墓中幻化（即尸解成仙）的部分。

---

① 《道藏》第22册，第597页。

② （清）阮元校刻：《十三经注疏·孝经注疏》卷1引，北京：中华书局，1980年，第2546页。

③ （清）阮元校刻：《十三经注疏·孟子注疏》，北京：中华书局，1980年，第2714—2715页。

敦煌变文《韩朋赋》，韩凭得妻书自杀后：

贞夫曰："韩朋已死，何更再言。唯愿大王有恩，以礼葬之，可不得利后人。"宋王即遣人城东，辁百丈之旷(圹)，三公葬之礼也。贞夫乞往观看，不敢久停。宋王许之。令乘素车，前后事(侍)从，三千余人，往到墓所。贞夫下车，绕墓三匝，嗥啼悲哭，声入云中，[临旷](圹)唤君，君亦不闻。回头辞百官："天能报[此]恩。盖闻一马不被二安(鞍)，一女不事二夫。"言语未讫，遂即至室，苦酒侵衣，遂脏(脆)如葱(葱)，左揽右揽，随手而无。百官忙怕，皆悉搥胸。即遣使者，[走]报宋王。

王闻此语，甚大嗔怒，床头取剑，煞臣四五。飞轮来走，百官集聚。天下大雨，水流旷(圹)中，难可得取。梁伯谏王曰："只有万死，无有一生。"宋王即遣[人]拴(掘)之。不见贞夫，唯得两石，一青一白。宋王睹之，青石埋[于]道东，白石埋于道西。道东生于桂树，道西生于梧桐。枝枝相当，叶叶相笼，根下相连，下有流泉，绝道不通。[①]

《韩朋赋》的感天动地叙事结构中，贞夫哭坟模式为《梁祝》所接受而成其关键。复按可能最早见于晚唐张读《宣室志》所载："山伯后为鄞令，病死，葬鄮城西。祝适马氏，舟过墓所，风涛不能进。问知山伯墓，祝登号恸，地忽自裂陷，祝氏遂并埋焉。"[②]虽然《韩朋赋》并无韩朋圹开、贞夫跃入的直接描述，但贞夫绕墓三匝、悲号入云、临圹唤君，及宋王遣人掘墓、不见贞夫、唯得两石，合之即见，两节之中必有贞夫归朋之奇迹。疑《韩朋赋》文本或经贤儒删改，隐其奇说，唯求教化。此外，《韩朋赋》的大雨洒净变幻布新之仪式暗示，亦为《梁祝》所采。

① 王重民等编：《敦煌变文集》，北京：人民文学出版社，1957年，第140—141页。

② 今本《宣室志》不存此条，疑为佚文。《剑桥中国文学史》以为："这段记录在十八世纪的文献中被首次提及，有人怀疑它是否确实产生于九世纪。尽管如此，这个传说在宋朝即已流行，后来被添加了梁祝双双化蝶的情节。"(说见[美]孙康宜、宇文所安主编，刘倩等译：《剑桥中国文学史》下卷，北京：三联书店，2013年，第458页)按此条可能最早见于明人田艺蘅(1524—？)《留青日札》一书，此据明万历重刻本卷21。

总之，汉晋流行以至于唐的“先死后蜕”的尸解信仰，及其支持下的“世有不可处，贤者避去，讬死过太阴中”信念，正是韩凭仙话和梁祝故事先后得以成说的思想根据。

第四节　镇星“二十八岁而周天”：仙鬼迁擢标准的古天学依据

上引《真诰》关于死后世界仙鬼迁谪标准中，在年限规定方面，除了300年、400年、1000年等一般完美大数外，还出现了如下一些看上去令人困惑的年限数字：

> 140年，乃得受下仙之教，授以大道，从此渐进，得补仙官，140年，听一试进也。
>
> 复1400年，乃得游行太清。
>
> 280年乃得为地下主者，从此以渐，得进补仙官，以280年为一阶耳。
>
> 280年乃得进受地仙之道矣。[①]
>
> 安（案）司命说，启在位2400年，得上补九宫。[②]

对于文中所给出的年限标准，《真诰》并未提供任何依据，陶弘景在整理注释之时，亦未给出任何解释。但是，从这组年限标准的数字选择中，还是不难看出一些端倪。除了最后一句提到的2400年以外，其他的三种年数：140、280和1400，它们彼此间是有着倍数的关系，并且它们有如下的一些公约数：1、2、4、5、7、10、14、28、140。而在这一组公约数中，与中国古代天文学最为有关的一个数是28，它首先使人联想到的就是古代著名的二十八宿星空划分体制。

---

①《真诰》卷16《阐幽微第二》，《道藏》第20册，第586—587页。

②《真诰》卷15《阐幽微第一》，《道藏》第20册，第580页。

二十八宿是中国古代天文学中一个基础性的星空划分体系。关于它的起源，学界看法虽有不同，但可以肯定的是，至迟在春秋时期以前，甚至周初时期，二十八宿的体制就已经确立[①]。

《吕氏春秋》和《淮南子》等完整地记述了二十八宿各宿名称，呈现二十八宿各宿名称的出土文物时代则更早。20 世纪 70 年代末，湖北随县擂鼓墩战国早期曾侯乙墓出土一件大漆箱，箱盖上绘一幅标有二十八宿名称文字围绕北斗的天文图。另一件重要文物是 1973 年 11 月长沙马王堆三号汉墓出土的帛书《五星占》，证明二十八宿在秦汉时期普遍使用。《五星占》文字计约八千字，分九部分，占文的后三部分记录了从秦始皇六年(公元前 246 年)到汉文帝三年(公元前 177 年)之间共七十年里，岁星、填(同“镇”)星和太白在天空中的位置，并用完整的二十八宿恒星作背景描述了三大行星在一个会合周期里的动态[②]。这都表明，至迟到秦汉之际，至少对于天文星占家来说，关于二十八宿的认识已经成为一种常识。

道术修炼的周期与天文知识密不可分。太阳沿视运动轨迹绕二十八宿运转一周为一年。马王堆三号汉墓出土的帛书《五星占》中，也是用完整的二十八宿恒星为背景来记录岁星、填(同“镇”)星和太白在天空中的位置。其中提到岁星(木星)和镇星(土星)的运转周期：木星周期十二年，土星周期二十八年。

在古代关联性思维背景下，土星二十八年的运转周期，很容易令人将其与二十八宿相联系。《淮南子·天文训》云：“镇星以甲寅元始建斗，岁镇行一宿，……二十八岁而周。”[③]又《史记·天官书》：“历斗之会以定填星之位。……岁填一宿”；“(填星)其一名曰地侯，……二十八岁周天”[④]。而土星每年行一宿，一个完整的周期结束，恰好周行二十八宿一遍，而其行一宿即相当于地上的一年(太阳则恰好行二十八宿一周)，这种速度变化上的差

---

① 潘鼐：《中国恒星观测史》，上海：学林出版社，1989 年，第 11 页。

② 关于《五星占》更为详细的内容可参见席泽宗：《马王堆汉墓帛书中的〈五星占〉》，《中国古代天文文物论集》，北京：文物出版社，1989 年，第 46—58 页。

③ (西汉)刘安撰，刘文典集解，冯逸、乔华点校：《淮南鸿烈集解》，北京：中华书局，1989 年，第 90 页。

④《史记》卷 27《天官书》，第 1319 页，第 1320 页。

异，也在某种程度上暗示着天上与人间的不同[1]。

这样便不难看出，取镇星“二十八岁而周天”为基数进行计算，则一周天28年×5=140年，10周天为280年，50周天为1400年。取镇星的5周天、10周天和50周天，意在显示差异。而选10以内的其他数字做倍数相乘，结果都有尾数，形态不够完美神圣。

上文引《真诰》中关于升迁年限的最后一句：“安(案)司命说，启在位2400年，得上补九宫。”这里的2400年数值不是28的倍数，与上述计算模式看似不相吻合。但不难发现2400实际上是由1400加1000组合而成，上引《真诰》卷16“阐幽微第二”的迁谪标准第一条就是：“夫有上圣之德，既终，皆受三官书，为地下主者。一千年乃转补三官之五帝，或为东西南北明公，以治鬼神。复一千四百年，乃得游行太清，为九宫之中仙也。”这样一来，这种计算模式确为两种“仙鬼迁谪标准”计算模式的组合，一种是28为基数的计算模式，另外一种是完美大数的模式。

当然，除此之外，基于某种特别根据——崇高之德，死后亦可超越周天之限而升仙。如《真诰》卷16“阐幽微第二”所述邵(召)公故事：“邵奭为东明公，云行上补九宫右保公。”陶弘景注曰：“前云邵为南明公，今乃是东。若非名号之误，则东南之差，既寻当迁擢，则必应是启中君脱尔云邵耳，亦可是有甘棠之德，故不限其年月耳。”[2]

《真诰》卷5“甄命授第一”末尾有：

> 积功满千，虽有过故得仙；功满三百，而过不足相补者，子仙；功满

---

① 内在地模拟周天过程，成为后世道教之乘斗、“历度天关”存思修炼模式。如早期上清派重要经典《洞真太上紫度炎光神元变经》(约出东晋)之“运度天关披神洞观秘文”说：“帝君曰：子欲飞腾上造金阙，当修洞观，运度天关，……每以夜半，露出中庭，仰存北斗七星朗然，思见我身在斗中央，随斗运转，历度天关。”《洞真太上紫度炎光神元变经》，《道藏》第33册，第564页。

②《道藏》第20册，第585页。所谓“甘棠之德”，指周朝召公之德。按召公奭系周宣王时贤相，曾出巡南国，惧扰民生而舍于甘棠树下。既去，民思其德政而无所遗加，遂爱其树，诗以咏之，见诸《诗经·召南·甘棠》：“蔽芾甘棠，勿翦勿伐，召伯所发。蔽芾甘棠，勿翦勿败，召伯所憩。蔽芾甘棠，勿翦勿拜，召伯所说。”(清)阮元校刻：《十三经注疏·毛诗正义》，北京：中华书局，1980年，第288页。

二百者，孙仙；子无过又无功德，藉先人功德便得仙，所谓先人余庆；其无志多过者，可得富贵，仙不可冀也。

陶弘景注："此一条功过之标格也。可不勉乎！"①陶弘景在校理《真诰·甄命授》时在末尾标明，以上内容是引自"道授"卷。在本篇之始"道授"二字下，陶注："此有长史掾各写一本，题目如此，不知当是道家旧书，为降杨时说，其事旨悉与真经相符，疑应是裴君所授。"试观《道授》所述裴君之言：

道者混然，是生元炁；元炁成，然后有太极；太极则天地之父母，道之奥也。故道有大归，是为素真。故非道无以成真，非真无以成道。道不成，其素安可见乎？是以为大归也。见而谓之妙，成而谓之道，用而谓之性。性与道之体，体好至道，道使之然也。

陶注："此说人体自然与道炁合，所以天命谓性，率性谓道，修道谓教。今以道教使性成真，则同于道矣。"可谓洞见。可以看出，这些内容媾和儒、道的特征甚明。从其中显示的儒学地位特征判断，所谓"道家旧书"当承自东汉。

其下又引《道授》："君曰：人生有骨录，必有笃志，道使之然。"②此当袭自被东汉晚期《老子想尔注》批为"大恶人"之所传"不劝民真道可得仙寿，修善自勤，反言仙自有骨录"③的信仰内容。清灵真人裴君（裴玄仁）是东晋上清经造作中少数几个主要仙真之一；至于《云笈七签》《仙鉴》称汉时裴玄仁在武当山传道，则本仙家造说，未可征信。

关于功过与晋仙之关系，《抱朴子内篇·对俗》引《玉钤经中篇》所述尤重：

立功为上，除过次之。为道者以救人危使免祸、护人疾病、令不枉死为上功也。欲求仙者，要当以忠、孝、和、顺、仁、信为本。若德行不修，而但务方术，皆不得长生也。行恶事大者，司命夺纪，小过夺算，随所犯轻重，故所夺有多少也。凡人之受命得寿，自有本数；数本多者，则纪算

① 《道藏》第20册，第521页。

② 以上见《真诰》卷5《甄命授第一》，《道藏》第20册，第516、519页。

③ 饶宗颐：《老子想尔注校证》，上海：上海古籍出版社，1991年，第23页。

难尽而迟死；若所禀本少，而所犯者多，则纪算速尽而早死。

又云，人欲地仙，当立三百善；欲天仙，立千二百善。若有千一百九十九善，而忽复中行一恶，则尽失前善，乃当复更起善数耳。故善不在大，恶不在小也。虽不作恶事，而口及所行之事，及责求布施之报，便复失此一事之善，但不尽失耳。

又云，积善事未满，虽服仙药，亦无益也。若不服仙药，并行好事，虽未便得仙，亦可无卒死之祸矣。①

《玉钤经中篇》已佚；《抱朴子内篇》引《玉钤经》凡三见。其出汉晋之间自无疑义，度其行世或当东汉。复观之以纬书《河图纪命符》：

天地有司过之神，随人所犯轻重，以夺其算纪。恶事大者夺纪，过小者夺算；随所犯轻重，所夺有多少也。人受命得寿，自有本数；数本多者，纪算难尽，故死迟；若所禀本数以少，而所犯多者，则纪算速尽而死早也。又，人身中有三尸，三尸之为物，实魂魄鬼神之属也，欲使人早死。此尸当得作鬼，自放纵游行，飨食人祭醊，每到六甲穷日，辄上天白司命，道人罪过；过大者夺人纪，小者夺人算。故求仙之人，先去三尸，恬淡无欲，神静性明，积众善，乃服药有益，乃成仙。②

抱朴子谓“《易内戒》及《赤松子经》及《河图记命符》皆云”③此说，臆此纬之出或当东汉后期“司命”信仰之盛时。按应劭《风俗通义》卷 8《祀典》：

今民间独祀司命耳，刻木长尺二寸为人像，行者担箧中，居者别作小屋，齐地大尊重之，汝南余郡亦多有。皆祠以仕，率以春秋之月。④

① 王明：《抱朴子内篇校释》，北京：中华书局，1985 年，第 53—54 页。标点略有调整。

② [日]安居香山、中村璋八：《纬书集成》，石家庄：河北人民出版社，1994 年，第 1196 页。

③《抱朴子内篇·微旨》，王明：《抱朴子内篇校释》，北京：中华书局，1985 年，第 125 页。另见下文[日]丹波康赖《医心方》卷 26 引，北京：人民卫生出版社，1955 年影印，第 606 页。

④（东汉）应劭撰，王利器：《风俗通义校注》第 2 版，北京：中华书局，2010 年，第 384 页。

且谶纬亦为齐学。刘师培指出："方士之流，欲售其术，乃援饰遗经之语，别立谶纬之名，淆杂今文，号称齐学。"注曰："大约齐学多信谶纬，鲁则不信谶纬。"[①]钟肇鹏进一步指出，孟、京易学存于《易纬》为齐学，齐诗遗说存于《诗纬》，谶纬采《公羊春秋》为齐学特征[②]。上述这些以"立功为上、除过次之"为思想特征的《玉钤经中篇》《易内戒》《赤松子经》及《河图纪命符》等古佚书，显然是汉代"《春秋》决狱""原心论罪"[③]儒术行使治世(西汉后期至东汉后期)背景下的产物，与魏晋以后的思想背景特征迥异，故汉亡而失其传，唯有少量抄存。

历史可能会作为后世文化架设的资源而被选择、被叙述。汉墓画像的历史拣择与叙事模式，旨不在叙史，而在以史叙其信仰。

第五节　《真诰》对汉画仙鬼体系的保存与改变

从以上讨论可以看到，汉画背后实际上隐含着某种宗教的价值评判标准；汉画中这类人物图像的内在秩序规则，应源自汉代仙传谱系。可以说，汉画中的历史人物大都是生前忠孝节义、死后成仙的典范。同时尤其应注意，汉画对包括众刺客在内的"英雄"人物所持的盛赞态度——甚至夏桀也因勇武而被接受，强烈地显示出汉人"德""力"并重的价值观。神学化的儒家道德伦理(忠、孝、节、义)、重武尚侠的社会风尚与长时期积淀的神仙思想的结合，乃是汉代仙谱依以形成的内在思想要素。汉代仙谱以静态图像的表达方式，精心布置墓内或祠堂，表达着汉人的精神世界和价值观念，呈现了他们所理解的死后人生的可能样态。

对汉画神仙谱系的识读，离不开对汉晋时期仙道文献与思想的理解。实际上，汉画仙谱体系与《真诰》所保存的仙鬼体系——尤其在升仙标准与别

---

① 刘师培：《谶纬论》，据《刘申叔遗书》，南京：江苏古籍出版社，1997 年，第 1371 页。

② 钟肇鹏：《谶纬与齐文化》，《管子学刊》1993 年第 3 期。

③ 见前引《春秋繁露 · 精华》："《春秋》之听狱也，必本其事而原其志，志邪者不待成，首恶者罪特重，本直者其论轻。"

秩分类方面——有较大的重叠。《真诰》卷16“阐幽微第二”对世人死后成鬼成仙的分类和迁谪标准有如下表述：

夫有上圣之德，既终，皆受三官书，为地下主者。一千年乃转补三官之五帝，或为东西南北明公，以治鬼神。复一千四百年，乃得游行太清，为九宫之中仙也。

夫有萧邈之才，有绝众之望，养其浩然，不营荣贵者，既终，受三官书，为善爽之鬼。①四百年乃得为地下主者，从此以进，以三百年为一阶。②

夫有至贞至廉之才者，既终，受书为三官清鬼。二百八十年乃得为地下主者，从此以渐得进补仙官，以二百八十年为一阶耳。夫至廉者，不食非己之食，不衣非己之布帛，王阳有似也。夫至贞者，纷华不能散其正炁，万乘不能激其名操也。男言之，务光之行有似矣；女言之，宋金漂女是也。

先世有功在三官，流逮后嗣，或易世炼化、改氏更生者，此七世阴德根叶相及也。既终，当遗脚一骨以归三官，余骨随身而迁也。男留在(引者按：当作左)，女留右，皆授书为地下主者，二百八十年乃得进受地仙之道矣。……

诸有英雄之才，弥罗四海，诛暴整乱，拓平九州岛，建号帝王，臣妾四海者，既终，受书于三官四辅，或为五帝上相，或为四明公宾友，以助治百鬼，综理死生者，此等自奉属于三官，永无进仙之冀，坐煞伐积酷害生死多故也。③

两相比照，汉画中所见的历史人物大都能够对应纳入《真诰》所划分的几类人群中，表明在升仙标准这一点上，汉画与《真诰》确有较大重合处。基于《真诰》仙鬼分类及武氏祠等比较规整的汉画历史(及传说)人物画面分

①《道要灵祇神鬼品经》引《太极真人飞仙宝剑上经》云：“夫有萧邈之才，有绝众之望，养其浩然，不荣贵者，既终，受三官书，为善爽之鬼。”(《道藏》第28册，第391页)此或即陶弘景注《真诰》时多次所指的《剑经》。

② 陶弘景注：“此事是高士逸民之品也，从主者以去，是入仙阶，不复为鬼官耳。”《道藏》第20册，第587页。

③《道藏》第20册，第586—587页。

布形态，现将可识者归纳如下（表 3-2）[①]：

表 3-2　基于《真诰》仙鬼分类及汉画像历史（及传说）人物分布形态整理的仙谱表

标准		汉画所见历史（及传说）人物
有上圣之德者		伏羲（戏）、女娲、祝融（诵）、炎帝神农氏、黄帝、颛顼、帝喾（俈）、皋陶、尧、舜、禹、苍颉、容成、后稷、仪狄、奚仲、商汤、周文王（伯昌）、周武王、周成王、周公、召公、老子、孔子等
有萧邈之才、绝众之望者		项橐、柳（下）惠、晏子、季札、何馈、颜渊、子贡、伯牙、师旷、伯乐、扁鹊、仓公、赵盾、燕昭王＋郭隗＋乐毅、孙子（孙武）、范雎（且）、司马相如（长卿）、李少君等
有至贞至廉之才者	忠臣节士	关龙逢、子路、程婴、（公孙）杵臼、伍子胥、苏武、（二桃杀）三士、曹沫（劫齐桓）、专诸（刺王僚）、要离（刺庆忌）、豫让（刺赵襄）、聂政（刺韩王）、荆轲（刺嬴政）、无盐丑女、颜叔子、义浆羊公、魏信陵君＋侯嬴、范睢、文挚等
	孝子孝女	赵苟、丁兰、曾参、申生、闵子骞、老莱子、韩伯榆、邢渠、董永、朱明、李善、卫姬、七女（为父复仇者）、魏汤、原谷、三州孝人、金日磾等
	节妇烈女	梁节妇、齐义母、京师节女、梁高行、秋胡妇、鲁义姑、曾母、楚昭贞姜、莒子妻、管仲妻、王陵母、何氏（韩凭妻）＋韩凭等
先世有功或易世炼化		晋灵公、管叔等
有英雄之才者		齐桓公＋管仲[②]、鲁庄公、秦始皇、汉高祖＋张良、蔺（令）相如、孟贲、乌获、夏桀等

再回到本节开头所引沂南北寨汉墓图像，画面下格的“齐侍郎”及“苏武”“管叔”皆为齐桓公（图像上格所绘）在鬼界的下属，而非生前属官。陶弘景曾提到：“如桀纣王莽董卓等，凶虐过甚，恐不得补职僚也。”[③]管叔为

① 大量相关汉画人物图像难以具列，只能给出其与《真诰》的对比分析结果。

② 齐桓公与管仲在汉画中有相当高的地位，而文献所见当时人们对桓公与管仲亦有极高评价。如司马迁评价《离骚》：“《国风》好色而不淫，《小雅》怨诽而不乱。若《离骚》者，可谓兼之矣。上称帝喾，下道齐桓，中述汤武，以刺世事。明道德之广崇，治乱之条贯，靡不毕见。”（《史记》卷 84《屈原贾生列传》，第 2482 页）《论衡•书虚篇》赞曰：“桓公尊九九之人，拔宁戚于车下，责苞茅不贡，运兵攻楚，九合诸侯，一匡天下，千世一出之主也。”（黄晖：《论衡校释》，北京：中华书局，1990 年，第 194 页）《论语•宪问》记录孔子曾说：“管仲相桓公，霸诸侯，一匡天下，民到于今受其赐。微管仲，吾其被发左衽矣！岂若匹夫匹妇之为谅也，自经于沟渎而莫之知也！”（清）阮元校刻：《十三经注疏・论语注疏》，北京：中华书局，1980 年，第 2512 页。

③《道藏》第 20 册，第 587 页。

周武王弟(姬鲜)，由于反叛周朝而被周公所杀，卒年距东汉晚期的沂南汉画已有一千多年。也就是说，管叔死后在酆宫做鬼官已逾千年，依然只是齐桓公的下级，地位较低，难获升迁。而苏武为西汉忠臣，新死仅二百余年，地位已与管叔比肩。籍此汉画可以看出忠孝之德对于升仙的重要意义。

关于“侍郎”问题，略作解释。按《真诰》卷12“稽神枢第二”中提到“林屋仙人”王玮玄乃“是楚庄王时侍郎，受术于玉君，右理中监，准职如司马”[①]。对于王玮玄之为楚庄王“侍郎”的这种身份，陶弘景亦曾表示困惑：“若是春秋时楚庄王者，疑侍郎之官不似古职。而汉楚王又无庄谥。”[②]事实上陶弘景有所不知，在汉画所表达的汉代信仰世界，所有入列神仙谱系者，必依汉代官僚体系架构，各领其在仙界之职。由此便可理解，春秋五霸之一楚庄王之下何以也有“侍郎”之官。王玮玄为楚庄王时侍郎说，至少可以证明《真诰》保存了东汉画像石流行时期某些宗教信仰的模式，汉画与《真诰》间确有图、文互证之缘。

除了依生前贡献的升仙标准，《真诰》还发展出一套严密的仙鬼秩序及其迁、谪制度。在对不同人等的价值归类升仙方面，大多继承了汉画所见的仙谱价值体系，但亦有明显的变化。首先是仙、真地位之别和尸解仙地位降低。《真诰》卷5《甄命授第一》：“昆仑上有九府，是为九宫，太极为太宫也。诸仙人俱是九宫之官〔辽〕(僚)耳。至于真人，乃九宫之公卿大夫。仙官有上下，各有次秩。”又，“尸解之仙，不得御华盖，乘飞龙，登太极，游九宫也”。陶弘景注：“此谓自然得尸解，为地下主者之类耳，非云讬化遯变之例也。”[③]其次是晋人对“诸有英雄之才者”的贬斥。汉画对“英雄”人物，包括众刺客甚至夏桀在内，皆持盛赞态度，故英雄与忠孝节烈在武梁祠同登仙品，而《真诰》则抑黜之，指其“永无进仙之冀，坐煞伐积酷害生死多故也”，与汉人价值观殊甚，是证“汉晋道殊”[④]及终极意义体系变迁之剧。

①《道藏》第20册，第562页。
②《道藏》第20册，第562页。
③《道藏》第20册，第520页。
④ 开元年间唐玄宗语。见《旧唐书》卷25《礼仪志五》，第953页。

第六节 信仰结构变迁与仙鬼谱系存佚

康儒博(Robert F. Campany)提出，古代仙传并非无中生有，而是在特定的知识和文本脉络中产生；这并不意味着对过去种种片断文献的任意收装，而是一种“传记再造过程”（hagiographic reshaping process)，即对现存素材进行有意识的修订、重构和再叙事处理[①]。现在看来，类似的情形，也曾发生在两汉时期的仙鬼谱系演变过程之中。

仙传是一种非常重要的辅教之作。选择什么样的人进入仙谱、以什么方式对神仙的成仙历程进行叙述，这种造“模”本身不仅表达着一种宗教生存发展和传播的基本策略，更是一个时代的理想价值观念的集中表现。因为这些仙谱，将面对的是可能的信仰人群，如果仙谱和传记中的叙述缺乏与社会现实生活经验的合理接口，和某种必要的对峙性(升华)或批判性的张力，都同样会缺乏共鸣而丧失信众，因为那将缺乏对现实人生的解释力和批判力——两者缺一不可。缺乏解释力意味着令可能的信众找不到与其现实人生的对接点，不能使人生成为修仙的起点——无论是肯定性还是否定性的起点；缺乏批判力则不能为其突破现实人生处境的种种封锁，而走向哪怕是彼岸性的自由和终极意义提供依据。

汉墓画像证明，东汉时期的信仰中，圣、贤、忠、孝、勇、信、节、义等道德伦理对升仙具有决定性作用。但是到东汉末，道教的倡导者们反对追求死后成仙的旧宗教旧传统，宣扬不死而仙(生人成仙之道，即所谓即身成仙、白日飞升)，极力反对杀伐(一个可能的依据或即《道德经》“兵者，不祥之器，非君子之器，不得已而用之”[②]之说)。《太平经》更言：“大恶有四：兵、病、水、火。”[③]这种思想在《想尔注》中亦有多处体现：“兵者非吉器也……道故斥库楼，远狼狐，将军骑官房外居，锋星修柔去极疎。但当信道，

① Robert F. Campany, *Making Transcendents: Ascetics and Social Memory in Early Medieval China*. Honolulu: University of Hawai'i Press, 2009, pp. 11, 217.

②《道德经》第31章，《道藏》第12册，第9页。

③ 王明：《太平经合校》，北京：中华书局，1960年，第3页。

于武略耳”;“以兵定事，伤煞不应度，其殃祸反还人身及子孙”;“天子之军称师，兵不合道，所在淳见煞气，不见人民，但见荆棘生”;“为善至诚而已，不得依兵图恶以自强”;“至诚守善，勿贪兵威，设当时佐帝王图兵，当不得已而有”;“兵者非道所喜”[①];《太平经》更倡导贪生畏死修道:“天者，大贪寿常生也。仙人亦贪寿，亦贪生。贪生者不敢为非，各为身计之。”[②]于此便不难理解《真诰》之判：历史上的英雄豪杰们因杀伐过重，永留鬼域，而无进仙之冀。陶弘景在《真诰》注释中提到:“文王名昌，《礼》云，年九十七亡。此父子并得称圣德，而不免官鬼，虽为煞戮之过，亦当是不学仙道故也。”[③]承认杀伐之罪会影响死后在阴间的官位，但实际上强调了学道修仙对于一个人死后命运之重要。

东汉晚期神学上的这种转变，涉及有关成仙的根本性问题。其中，炼丹术本身是一种通过学问的方式，证“仙可学致”，而不再是向鬼神去祈求。于是主体的作用上升，得到了更多的肯定。类似的情景，发生在对待鬼神的态度问题上。

秦汉时期，冀仙之士皆得向鬼神祈求，以致大量神祠修建起来，众多方士藉此为帝王祈求长生不死。在这种信仰的支配下，甚至秦皇汉武也加入了方士的队伍，不辞劳苦与危险，东去海上尝试接近神仙世界，梦想从神人处求得不死药。这在秦汉历史上形成一种文化逻辑，即人的不死梦想，有待于“外物”之“坚固”来实现，而这个“外物”乃在神人之握。在此逻辑下，即使对于死者，也需要运用方术，与鬼神沟通，甚至用药物在幽冥世界为死者治病、驱除疫鬼，解除灾殃，以图助其早日升仙。在此过程中亦得施用文书，以“三官手书”向主管生死命籍的三官祈求，是即后代道门所谓“上章”之科仪法术。

这种对待鬼官和神仙的方式正是汉代宗教的主要特征。这种信仰形态，实乃古老的墓葬仪式(如章丘女郎山战国墓所见乐舞陶俑群)同神仙信仰以及最为儒家所提倡的忠孝节义等价值观念的结合态(如济南无影山西汉墓所

---

① 饶宗颐:《老子想尔注校证》，上海：上海古籍出版社，1991年，第38—39页。

② 王明:《太平经合校》，北京：中华书局，1960年，第223页。

③《道藏》第20册，第580页。

见乐舞陶俑群＋三官＋神吏)，它以服务死者、致力于操作死后过程、使死者转变成仙为其核心。这种传统至少要上溯到先秦时期燕齐巫者“羡门”的方仙道。《史记·封禅书》所记方仙道的尸解信仰[①]，是其典型形态：“宋毋忌、正伯侨、充尚、羡门子高最后皆燕人，为方仙道形解销化依于鬼神之事。”[②]然而到东汉后期，生人修炼成仙信仰占据上风；加之魏晋玄学冲击、五胡乱华，以及佛教的持续、深入传播，社会价值观念巨变，——东晋政权能够接受长期偏安的现实，本身亦表现出与汉家观念的巨大落差。很明显，曾经流行两汉的尸解信仰受到贬斥，《太平经》所崇“贪生”修道不死观念、天师道所代表的生人修仙不死信仰流行，伴随两晋士人新价值观念的发展，许多汉代传统道德标准也被颠覆，曾为汉人推崇的一些古圣贤如今备受士人讥讽(甚至葛洪《抱朴子》亦视比干杀身之忠、尾生为期抱梁而死等为愚蠢之狂举)；释天下而求不死，成为新宗教理想。价值观念已然转变，作为昔日价值理想代表的旧仙谱遂不得传；《真诰》所见只是一些隐传下来的线索。因此，虽然《真诰》继承了来自汉代的诸多信仰要素，却难免受到当下社会价值观念的冲击，不能完全反映汉代的信仰传统。在这种情况下，深刻植根于当时社会价值观、甚至可说是当时社会一般价值观念之极致表达的仙谱，难免发生变异。这应是三代以来英雄圣贤节义之士反而不见于《列仙传》以下各种仙传文献的主要原因。

今传本《列仙传》众仙不见于汉画。此中问题甚为复杂，兹略为辨析。一个基本的逻辑是，如将元嘉元年(公元151年)所建武梁祠画像之历史人物故事视为当时仙谱文本之固化，则此图像化文本堪为一较古底本以供比较。

汉画像石人物不见于今本《列仙传》，一种可能的情形是，最初《列仙传》或曾有之，但由于仙传文学辅教功能之需，伴随信仰结构变化，难免调整其构成，且后世不止一次的“清整”道教亦难免致文本变化，今人安得睹其旧容？如《汉书·郊祀志》“形解销化”句下应劭注引《列仙传》有：“崔文子学仙于王子乔，(王子乔)化为白蜺，文子惊，引戈击之，俯而见之，王子乔之尸也，须臾则为大鸟飞而去。”[③]今本《列仙传》有崔文子条但故事已

① 关于战国及汉初的“道者”及其尸解信仰，参见本书第四章。

②《史记》卷28《封禅书》，第1368—1369页。此处断句已经作者调整。

③《汉书》卷25下《郊祀志第五下》，第1204页。

全然不同[①]。又《汉书·司马相如传》应劭注:“《列仙传》陵阳子言春(食)朝霞,朝霞者,日始欲出赤黄气也。夏食沆瀣,沆瀣,北方夜半气也。并天地玄黄之气为六气。”[②]亦不见于今本。陈洪认为,汉末“古本”存在的可能性很大,应劭的确可以看到并采用某种《仙传》,该《仙传》是东汉末年(公元165—204年)的产物;而流传到今天的《仙传》,早已不是“古本”的原来面目;在嵇康被杀以前(公元263年),续本《仙传》在曹魏时期已经形成了基本定型本[③]。总之汉代以后《列仙传》传本变化甚大,如何才能准确把握汉代《列仙传》的思想形态,为一难题。张美樱提出,“就神仙思想的内容表现上看,《列仙传》的神仙思想较为朴素,在仙道的修炼过程上以简单的服食为主,也有仙药的服食但以遇仙所得的仙药为主,而神仙信仰多与祠庙信仰结合,神仙形象多含有巫者的样貌。”[④]其说或有一定参考价值,然而这已是基于今本的认识。

至于初本《列仙传》之渊源及其文本形态,扑朔迷离,颇已难考。在只言片语之间似乎可看出更早一种名曰《列仙图》的古本。史称汉章帝刘炟(公元57—88年)对东平宪王刘苍特加优爱,六年三月,“赐以秘书、列仙图、道术秘方”[⑤]。葛洪《神仙传·序》:“昔秦大夫阮仓,所记有数百人,刘向所撰,又七十一人。”又《抱朴子内篇·论仙》:“至于撰《列仙传》,自删秦大夫阮仓书中出之,或所亲见,然后记之,非妄言也。”[⑥]唐释法琳《破邪论》引《列仙传》称刘向云:“吾搜检藏书,缅寻太史创撰《列仙图》,自黄帝已下六代迄到于今,得仙道者七百余人;向检虚实,定得一百四十六人。又云,其七十四人已见佛经矣。”[⑦]《颜氏家训·书证》指出:“《列仙传》刘向所造,

---

① 王叔岷:《列仙传校笺》,北京:中华书局,2007年,第95页。

②《汉书》卷57下《司马相如传》,第2599页。

③ 陈洪:《〈列仙传〉成书时代考》,《文献》2007年第1期。

④ 张美樱:《列仙、神仙、洞仙三仙传的叙述形式与主题》,《古典文献研究辑刊》第4编第29册,新北:花木兰文化出版社,2007年,第95页。

⑤《后汉书》卷42《光武十王列传》,第1440页。

⑥ 王明:《抱朴子内篇校释》,北京:中华书局,1985年,第22页。

⑦ (唐)释法琳:《破邪论》,《大正新修大藏经》第52册,东京:大正一切经刊行会,1924—1934年,第166页。

而《赞》云七十四人出佛经；《列女传》亦向所造，其子歆又作《颂》，终于赵悼后，而传有更始韩夫人、明德马后及梁夫人嫕：皆由后人所羼，非本文也。”[①]颜氏所判甚是。至于“创撰”或为“仓撰”之误。今本《列仙传·玄俗》条下赞称：“余尝得秦大夫阮仓撰《仙图》，自六代迄今，有七百余人。”[②]清孙星衍《平津馆丛书》校勘本《抱朴子内篇·论仙》提出，“大夫阮仓”四字刻本讹作“太史暨汉”[③]。但还有一种可能的情形，即“大夫阮仓”“太史创”或许是“太史阮仓”的抄误。

《隋书·经籍志》史部杂传类序：“又汉时，阮仓作《列仙图》，刘向典校经籍，始作《列仙》《列士》《列女》之传，皆因其志尚，率尔而作，不在正史。”[④]阮仓属秦抑或属汉，尚难究竟。但无论如何，若《列仙图》果为秦人或汉人阮仓所撰，则汉代当有《列仙》传记行世，则王逸注《楚辞》引古本《列仙传》“有巨灵之鳌，背负蓬莱之山而抃舞，戏沧海之中”[⑤]之说亦可与马王堆帛画互证，则可能有刘向据以“检定”而成《列仙传》之事，而汉后则历世损益多至难辨矣，甚疑世本《列仙传》颇有天师道徒之笔矣。

伴随太平道黄巾之乱的失败，以及西部五斗米道张修的类似结局，道门面临严峻挑战，这也是道教内部新思潮即“天师道”崛起的良机。至此，以“新出老君”相标榜的新道派出现，神学的新趋势形成。旧宗教的衰亡和天师道的崛起及其带来的宗教运动，正是仙鬼谱系变化、旧谱系佚失的最重要原因[⑥]。这同样可以解释，为何东汉以后西王母及其所代表之仙术地位逐渐下降而老君及其道术地位上升，且是以老君的自我更新形态“新出老君”来表达。

---

① （北齐）颜之推撰，王利器集解：《颜氏家训集解》（增补本），北京：中华书局，1993年，第484页。

② 王叔岷：《列仙传校笺》，北京：中华书局，2007年，第203页。

③ 王明：《抱朴子内篇校释》，北京：中华书局，1985年，第44页。

④《隋书》卷33《经籍志》，第982页。

⑤ 黄灵庚：《楚辞章句疏证》，北京：中华书局，2007年，第1114页。

⑥ 以此为观念基础形成历代官方认定的道教起源叙事模式，长期构成对作为道教前身的旧宗教历史和相关文献及信息的排斥态度，不仅造成历史信息的混乱，而且似曾导致其后官方史家的排斥性修订。

如此，汉代仙谱的基本结构得由《真诰》存续，吾辈得览其要，幸甚。对比另外两部早期仙谱——《列仙传》[①]与《神仙传》，亦可发现，随着汉晋之际道教的变革，汉画所见神仙标准已发生巨大变化。《道藏》洞真部记传类所收《列仙传》记载赤松子、宁封子等自上古至秦汉共七十一位神仙，他们或驭使风雨，或妙手回春，或预知未来，或死而复生，或长寿，或尸解，或服食，或炼丹，或飞升，或变化，或遇仙……总之皆修仙道，乃有异能之高人。《神仙传》中记载了广成子等八十多位神仙[②]。两相比照，除“容成公”“赤松子”和“彭祖”与《列仙传》重出外，其他均不相同。葛洪明言非欲否定《列仙传》，只是《列仙传》中所举“盖神仙幽隐，与世异流，世之所闻者，犹千不及一者也”[③]。因其“不可尽载”，故作《神仙传》以为增补。所录仙人多为凡人通过学道而成仙者，以论证神仙可学，不死可得。至于《列仙传》中所举之仙，葛氏“多所遗弃”，不再赘述。

这里存在一个基本的差异性，即汉画所见历史人物成为神仙都是生前忠孝节义、死后成仙的典范，为汉家所崇；而《神仙传》所记，多是凭道术修炼飞升成仙的典范，属神仙道教。因此，汉画所存仙鬼谱系，乃汉代信仰结构之反映；这种信仰结构的最基本内涵就是“先死后蜕”；对于生人则是以祭祷祈求鬼神为核心，以求生人之延命或死者之变仙；尸解术、三尸说[④]、

---

① 《列仙传》非刘向所撰，学界多有所论，不具述。这里特别指出的是，从神仙谱系结构变迁的角度亦可明确判断，其成书当在东汉后期以降(生人修仙思想兴起)，或其内容曾经后人严重改写。

② 今见百卷《说郛》本、《四库全书》本《神仙传》各收录神仙传记84篇，明代辑本《汉魏丛书》本收录92篇。各版本性质及条目研究可参上文注引相关文章。

③ 此据《神仙传校释·序》，北京：中华书局，2010年，第1页。

④ 上引《抱朴子内篇·微旨》指出，《易内戒》《赤松子经》及《河图纪命符》皆言，人身中三尸会在特定日子里上天向司命道人罪过，以此将肉身与道德直接联结起来。《河图纪命符》的这段文字，《医心方》有较完整的引述：“天地有司过之神，随人所犯轻重，以夺其算纪。恶事大者夺纪，过小者夺算；随所犯轻重，所夺有多少也。人受命得寿，自有本数；数本多者，纪算难尽，故死迟；若所禀以少，而所犯多者，则纪算速尽而死早也。又，人身中有三尸，三尸之为物，实魂魄鬼神之属也，欲使人早死。此尸当得作鬼，自放纵游行，飨食人祭醊，每到六甲穷日，辄上天白司命，道人罪过；过大者夺人纪，小者夺人算。故求仙之人，先去三尸，恬淡无欲，神静性明，积重善，乃服药有益，乃成仙。”[日]丹波康赖：《医心方》卷26，北京：人民卫生出版社，1955年影印，第606页。

解注术、合气术、三官及三官手书、太阴炼形等皆其属。《神仙传》所存神仙多属修道淳厚之人，皆修诸身终而得仙之例，反映了生人修道成仙信仰的主导作用。东汉后期以天师道为代表的生人修炼成仙、即身飞升的信仰崛起，“神仙可学”信仰结构形成。《神仙传》所表现的成仙路径，基本上属于生人主动修仙模式，与汉代传统颇有不同。

信仰结构的这种变化，导致精神世界的焦点转向自主的修炼神仙模式。这至少包含两个必要的方面，一是炼丹药，二是修道德。《抱朴子内篇》言必须修炼道德，然后才能服药有效——如《河图纪命符》所说“积重善，乃服药有益，乃成仙”；但往往又过分单独强调服药的决定性（如九转之丹服半剂即可成地仙）或者道德的决定性（如有时强调的道德对于丹药有效性的制约作用），因为当时此两者尚处于结合过程中。

这意味着，人——无论死者抑或生者——获得拯救与不朽的方式，超越了对古老的巫师体系的依赖，从一种通过否定手法而获取意义象征的单纯巫术发展成为一种基于社会生活的人生追求。至此，道教的神仙信仰终于渗透到了汉人的整个人生过程之中，而不再仅仅是提供给生人的梦想或提供给死者的解脱；进一步说，神仙信仰终于从过去的人生终点，变成了现在的生活方式。于是，整个人生过程就是追求神仙的过程；人生中的一切都成为神仙修炼的可能要素——从山居穴处到冶铸制药、从饮食烹调到人伦道德。因此汉末《老子想尔注》对旧信仰的批判，也包括对旧的神仙传记的破斥：“真道藏，耶文出，世间常伪伎称道教，皆为大伪不可用。何谓耶文？其五经半入耶，其五经以外，众书传记，尸人所作，悉耶也。”[①]于是汉画造作流行时代的仙谱，伴随汉代宗教体系之变迁而亡佚，吾人只能在出土汉墓资料中去追寻。

道教信仰体系的此种变化在魏高贵乡公正元二年（公元 225 年）问世的《大道家令戒》中反映得尤为明显：

> 秦人不得真道，五霸世衰，赤汉承天道佐代乱，出《黄石》之书，以授张良，道亦形变，谁能识真？汉世既定，末嗣纵横，民人趣利，强弱忿争。道伤民命一去难还，故使天授气治民，曰“新出老君”。言鬼者何人？

① 饶宗颐：《老子想尔注校证》，上海：上海古籍出版社，1991 年，第 22 页。

但畏鬼，不信道。故老君授与张道陵为天师，至尊至神，而乃为人之师。汝曹辈足可知之，为尊于天地也……道以汉安元年五月一日于蜀郡临邛县渠停赤石城，造出《正一盟威之道》与《天地券》，要立二十四治，分布玄、元、始气治民。汝曹辈复不知道之根本、真伪所出，但竟贪高世，更相贵贱，违道叛德，欲随人意，人意乐乱，使张角黄巾作乱。汝曹知角何人？自是以来，死者为几千万人邪？道使末嗣分气治民汉中四十余年，道禁真正之元，神仙之说，道所施行，何以想尔、妙真、三灵、七言，复不真正，而故谓道欺人。哀哉可伤！至义国殒颠，流移死者，以万为数，伤人心志。[①]

这里张陵是作为革“言鬼者”之命的代表、作为“人之师”，或者说作为新宗教的化身而出现。必须看到，虽然旧的宗教体系受到“新出老君”信仰者的斥责，而事实上作为一种长期被接受的宗教传统，仍然存在于东汉社会，并突出反映于东汉的墓葬资料中。如解注瓶上文字的内容，沿袭的也是西汉道门的话语，甚至不顾东汉都城已迁到洛阳这样的事实，仍然以西汉都城长安作为基准点进行叙述：“生人属西长安，死人属太山。”[②]

需要强调的是，信仰体系的变革并不意味着此后旧宗教传统的彻底消失，而是作为道教神学的一部分，继续存在于道教之中，只是其地位发生了由主到辅的转变。譬如《神仙传》对诸多“讬形仙去”的旧宗教传统，仍多收录，尽管是以变相(赘之以修道炼丹或得丹)的叙述，此乃过渡期道教所无法避免。

综合以上探讨，可以看到，汉墓图像多见的不同时空之历史人物共事一堂的“不合理”情景，以及大量超出世俗经验的奇观异景，都暗示了图像所指的空间乃具有对世俗时空秩序的超越性特征。以秩序严整的武氏祠东、西、后壁图像为中心，综合考察各类画像石资料可以发现，汉代墓葬画像背后实际上隐含着一套宗教的价值评判标准：帝王、贤相、能将及刺客类图像，反映了汉代“自三代已来贤圣及英雄者为仙”的成仙标准；忠臣、孝子及列女类图像则表明，在汉代，生前为圣、贤、忠、孝、节、义之典范者亦得死后成仙。因此，汉画中内在有序的历史人物图像，当更合理地作为汉代仙传谱

① 《道藏》第 18 册，第 236 页。

② 罗振玉：《贞松堂集古遗文》(下)，北京：北京图书馆出版社，2003 年，第 361 页。

系予以对待。进一步说，神学化的儒家《春秋》价值与意义观念，重武尚侠的社会风尚以及历史上长期积淀的神仙思想的深度融合，乃汉代“仙谱”所依以形成的关键思想要素。同时，汉画所存仙鬼谱系作为汉代宗教信仰结构之反映，亦伴随汉晋之际的价值观念遽变发生转折。将汉墓画像系统与道书文献相互印证研究，不仅可在一定程度上还原汉代“仙谱”的基本面貌，更可揭示当时以春秋大义(而非其后道门所崇仙术)为核心的成仙标准，这对于研究汉代宗教形态和初期道教的起源问题，无疑具有钩沉起蔽的重大意义。

下　　篇

“太阴炼形”：汉鬼的尸解成仙仪轨

第　四　章

“阴阳不死”：西汉“道者”的尸解仙术

汉代的信仰主体是什么？过去，史家往往从战国汉初的方仙道、黄老道很快引向东汉末天师道的创立，其间情形多被略过了①。事实上，大量汉墓出土的简帛文献、画像砖、画像石和墓室壁画，为填补这段历史空白，提供了珍贵的资料，唯其解读方法上存在的问题，长期制约着学界对这些材料之思想史价值的合理认知。

西汉中前期，融汇方仙道与黄老道的“道者”们，创造性地继承了战国以来的尸解信仰。他们，是跨接神仙方术与黄老道的新信仰体系的构筑者和主张者。由此，过去至为简单的“形解销化之术”被超越，“得道”被视为“成仙”的前提，死后生命转换逻辑在更高的层面得到完善，形成了较之战国燕齐尸解信仰更为深厚而丰富的思想基础。

马王堆和临沂金雀山等地的汉墓，为揭示西汉中前期的信仰形态，提供了宝贵而丰富的第一手资料。马王堆一号汉墓画像符号系统隐藏着某种内在逻辑，即以“死后生命的转化成仙”为核心主题的思想。研究表明，马王堆三号墓出土的黄老道经典《十问》，首次提出了“阴阳不死”的思想，为人可成仙信仰提供了学理保证。这是中国思想史、中国道教史的重大事件。此前，只在神话传说中有彼岸性的不死，而人类修仙得不死的可行性，未能得到原理性的证明，因而也就限制了神仙信仰的社会存在。《十问》作为战国

① 如许地山《道家思想与道教》关于道教历史源流的列表（《燕京学报》1927 年第 2 期，第 259 页）。傅勤家的《中国道教史》更是从第五章“道教以前的信仰——秦汉方士”直接跳到第六章（东汉末）“道教之形成——于吉太平道及张角”（傅勤家：《中国道教史》，上海：商务印书馆，1937 年）。此后治道教史者亦未能超越。

至汉初“道者”们的重要文献，其重大成就之一，就是依据道家和阴阳家学说，以“大道”为最高宗旨，阐释尸解信仰在思想上的合理性，实现了对人类修道成仙不死假说的逻辑证明，在原理上使神仙不死信仰从彼岸向此岸的转移成为可能。对此，太史公所言“因阴阳之大顺、采儒墨之善”[①]，揭示了西汉“道者”群体的信仰结构。由此，修道成仙方术的合理性得到辩护，开辟了神话向人间转移的思想空间。这意味着，神话世界向着人间的着陆、道教作为人间宗教的形成，具备了可靠的思想基础。是皆堪称汉文明之伟岸。

第一节　马王堆汉墓：研究现状及问题

这里拟以长沙马王堆汉墓为主要研究对象，以新发现的文献资料为基础，与帛画图像、帛书文本、墓葬背景相关联，从一号墓出土的T形帛画（下文如无特别说明，则“T形帛画”或“帛画”专指一号墓出土T形帛画）找到突破口，揭示西汉中前期的宗教思想。

马王堆一号汉墓T形帛画（一号墓T形帛画原图及摹本见图4-1[②]，三号墓帛画原图及摹本见图4-2[③]），上宽92厘米，下宽47.7厘米，画幅长205厘米，出土时面朝下南北向覆于内棺盖上。

帛画出土不久，孙作云参照辽宁营城子东汉墓壁画判断其所绘为死者升仙图[④]。其后学者多从之，如《中国美术史》《中国大百科全书·考古学》均认为帛画主题为“引魂升天”，画中人物正在通往“天国”的途中[⑤]。马雍认

① （西汉）司马迁：《史记》卷130《太史公自序》，北京：中华书局，1959年，第3289页。

② 分别见文物出版社编：《西汉帛画》，北京：文物出版社，1972年，第8页；湖南省博物馆、中国科学院考古研究所编：《长沙马王堆一号汉墓·上集》，北京：文物出版社，1973年，第40页。

③ 分别见湖南省博物馆、湖南省文物考古研究所编：《长沙马王堆二、三号汉墓》第1卷《田野考古发掘报告》，北京：文物出版社，2004年，彩版20、图31。

④ 孙作云：《长沙马王堆一号汉墓出土画幡考释》，《考古》1973年第1期。

⑤ 王朝闻主编：《中国美术史·秦汉卷》，济南：齐鲁书社，2000年，第221—223页；中国大百科全书出版社编辑部编：《中国大百科全书·考古学》，北京：中国大百科全书出版社，1986年，第164页。

图 4-1.1　马王堆一号汉墓 T 形帛画

图 4-1.2　马王堆一号汉墓 T 形帛画摹本，已据本研究予以修订(详见下文)

图 4-2.1　马王堆三号汉墓 T 形帛画

图 4-2.2　马王堆三号汉墓 T 形帛画摹本

为帛画“显示了这些贵族们妄图死后灵魂升天的愚昧思想”[①]。顾森认为这件绘画作品的内容“以升天为中心”，而“天国的主题，是以墓主人轪侯夫人奔月上天成仙的图形来体现”[②]。陈兆忠也认为帛画是“墓主升仙图”，画中天门已洞开，两帝阍拱手相迎；天上日月同辉，人间钟鸣鼎食，地府简洁阴森；附以龙、豹、句芒、玉璧等祥瑞物，体现了当时的神仙信仰和时代风尚，是黄老思想的集中体现[③]。彭景元认为，帛画主题为仙岛——度索山上的迎新场面，位于上端的“人首蛇身”者为黄帝[④]。

一些学者则对“引魂升天”说提出异议。俞伟超认为：“在先秦的典籍中，升仙思想找不到明显踪迹。它只是到汉武帝以后，尤其是在西汉晚期原始道教发生以后，才日益成为人们普遍的幻想。”[⑤]刘晓路等则认为一号、三号墓出土的两幅T形帛画是用来“招魂”，而不是“引魂升天”[⑥]。李建毛亦认为“引魂升天”说令人难以信服，因为“汉代民间没有死后升天观念”[⑦]。胡飞认为一号墓T形帛画的主题思想不是引魂升天，而是“引魂入墓”[⑧]。巫鸿则主张“马王堆帛画既不是用于给死者招魂，也非表现灵魂升天。……墓葬的设计是‘多中心的’（polycentric），死后世界被认为是诸多独立部分的集合体，而这些部分是由墓葬各单位中的随葬品和图像来象征的”[⑨]。刘敦愿认为“这幅帛画主要描写的是地府的情景，以地母神话为主体，兼及治

① 马雍：《论长沙马王堆一号汉墓出土帛画的名称和作用》，《考古》1973年第2期。

② 顾森：《秦汉绘画史》，北京：人民美术出版社，2000年，第78页。

③ 陈兆忠：《马王堆“T”形帛画的艺术特征及思想文化管窥》，《湖南省社会主义学院学报》2003年第4期。

④ 彭景元：《马王堆一号汉墓帛画新释》，《江汉考古》1987年第1期。

⑤ 俞伟超：《马王堆一号汉墓帛画内容考》，《先秦两汉考古论集》，北京：文物出版社，1985年，第156页。

⑥ 刘晓路：《帛画诸问题——兼谈帛画学构想》，《美术史论》1992年第3期。

⑦ 李建毛：《也谈马王堆汉墓T形帛画的主题思想——兼质疑“引魂升天”说》，《美术史论》1992年第3期。

⑧ 胡飞：《关于马王堆汉墓T形帛画内容的疑点分析》，《合肥教育学院学报》2003年第1期。

⑨ 巫鸿著，郑岩、王睿等译：《礼仪中的美术》，北京：三联书店，2005年，第102页。

水神话”[①]。王孝廉认为帛画反映的是幽冥神话[②]。

有学者解释帛画主题为生殖祈福。如启良认为帛画是一幅以男女性爱为主题的生殖崇拜图[③]。朱存明和李立对于“二龙穿璧”亦解释为生殖崇拜[④]。

画面主题的判断影响到对帛画性质与功能的判断。商志𩡝认为帛画就是随葬简册上的“非衣”，并认为“非衣”即“飞衣”[⑤]。唐兰指出：“非衣是盖棺的衣，就是出土时盖在杝棺(里棺)上的帛画。”[⑥]张安治亦赞成“非衣”说[⑦]。陈直认为应当称为“画荒”[⑧]。金景芳认为，它是以大常之旗为铭的明旌[⑨]。马雍和雪克亦持此说[⑩]。

关于帛画画面结构的划分，学界亦有不同的论说。《简报》认为整个画面纵向分为天上、人间、地下三部分，分别以门阙和巨人托举的平面为分界线[⑪]。商志𩡝认为帛画内容以帛画的自身形状为分割依据，分上、下两部分，分别对应描绘了“天国”和“蓬莱仙岛”[⑫]。顾铁符也坚持两部分说，但认为表现的是天上和人间[⑬]。孙作云持“三层”说，认为以帷幕为界的第二层是“从

① 刘敦愿：《马王堆西汉帛画中的若干神话问题》，《文史哲》1978年第4期。

② 王孝廉：《中国的神话世界》，北京：作家出版社，1991年，第251页。

③ 启良：《马王堆汉墓“非衣帛画”主题破揭》，《求索》1994年第2期。

④ 朱存明：《汉画像的象征世界》，北京：人民文学出版社，2005年，第265—266页；李立：《汉墓神画研究：神话与神话艺术精神的考察与分析》，上海：上海古籍出版社，2004年，第29、32页。

⑤ 商志𩡝：《长沙马王堆一号汉墓“非衣”试释》，《文物》1972年第9期，此据湖南省博物馆编：《马王堆汉墓研究》，长沙：湖南人民出版社，1981年，第240页。

⑥ 唐兰：《长沙马王堆汉轪侯妻辛追墓出土随葬遣策考释》，《文史》第十辑，北京：中华书局，1980年，第6页。

⑦ 张安治：《西汉帛画的艺术成就》，收入湖南省博物馆编：《马王堆汉墓研究》，第292页。

⑧ 陈直：《长沙马王堆一号汉墓的若干问题考述》，《文物》1972年第9期。

⑨ 金景芳：《关于长沙马王堆一号汉墓帛画的名称问题》，《社会科学战线》1978年第1期。

⑩ 马雍：《论长沙马王堆一号汉墓出土帛画的名称和作用》，《考古》1973年第2期；雪克：《马王堆西汉帛画“非衣”说质疑》，《浙江学刊》1988年第1期。

⑪ 湖南省博物馆、中国科学院考古研究所、文物编辑委员会编：《长沙马王堆一号汉墓发掘简报》，北京：文物出版社，1972年，第6—7页。

⑫ 商志𩡝：《长沙马王堆一号汉墓“非衣”试释》，《文物》1972年第9期。

⑬ 顾铁符：《座谈长沙马王堆一号墓——关于帛画》，《文物》1972年第9期。

人间到天上的过渡阶段”[①]。马雍亦作两部分观，分别为第一单元的天上境界和第二单元以两条相交龙为主体的境界，其中第二单元内容又可分墓主人像、祭祀图和水府图三个部分[②]。刘敦愿则认为整幅画面表现的都是地下世界[③]。郭学仁从帛画的上部往下按照天国、天空、人间、阴间的顺序分析画面内容[④]。李建毛认为帛画应分天上、阴间、阳间、地下四个部分[⑤]。

关于 T 形帛画上部的“人身蛇尾”图像，郭沫若、孙世文释为女娲[⑥]，安志敏认为是烛龙[⑦]，顾铁符释为镇墓神[⑧]，钟敬文认为是伏羲[⑨]，郭学仁认为是“太一”[⑩]，胡飞认为一号墓帛画上为女娲、三号墓帛画上为黄帝[⑪]。

鲁惟一(Michael Loewe)曾综述各种解释，认为观察帛画应从竖状部分开始：“这幅竖状图应解释为蓬莱，通过此岛达到永生……那里是获得了不死性之造物们的家园……据说秦始皇费尽心机寻找这些仙岛，以图得到长生的秘密。汉武帝统治(公元前 141—前 87 年)的早期也有类似的故事。尽管此图更早，然而此中的意义相似。”[⑫]从下文的研究可以看出，这一判断颇有道理。

综观学界已有研究，考古学、文献学、神话学、艺术史等等方法纷然见于各篇，各有所得而各存其敝。T 形帛画究竟是否蕴含自身圆满的思想逻辑？还是一些零碎观念的拼凑？这些问题，至今有待合理的回答。

---

① 孙作云：《长沙马王堆一号汉墓出土画幡考释》，《考古》1973 年第 1 期。

② 马雍：《论长沙马王堆一号汉墓出土帛画的名称和作用》，《考古》1973 年第 2 期。

③ 刘敦愿：《马王堆西汉帛画中的若干神话问题》，《文史哲》1978 年第 4 期。

④ 郭学仁：《马王堆一号汉墓帛画内容新探》，《美术研究》1993 年第 2 期。

⑤ 李建毛：《马王堆一号汉墓帛画新解》，《南方文物》1992 年第 3 期。

⑥ 郭沫若：《桃都、女娲、加陵》，《文物》1973 年第 1 期；孙世文：《马王堆一号汉墓帛画人首蛇身图考》，《东北师大学报》1987 年第 1 期。

⑦ 安志敏：《长沙新发现的西汉帛画试探》，《考古》1973 年第 1 期。

⑧ 顾铁符：《座谈长沙马王堆一号墓——关于帛画》，《文物》1972 年第 9 期。

⑨ 钟敬文：《钟敬文民间文学论集》，上海：上海文艺出版社，1982 年，第 122 页。

⑩ 郭学仁：《马王堆一号汉墓帛画内容新探》，《美术研究》1993 年第 2 期。

⑪ 胡飞：《关于马王堆汉墓 T 形帛画内容的疑点分析》，《合肥教育学院学报》2003 年第 1 期。

⑫ Michael Loewe, *Ways to Paradise: the Chinese Quest for Immortality*. Boston: Allen & Unwin, 1979, pp.35-37.

墓葬仪式操作人类死生大事，跨接幽明两界，很大程度上属于信仰范畴，应借重于宗教学方法进行多学科综合研究。以死后生命的转化成仙为核心主题的思想体系，应是支配全部汉画符号系统的内在逻辑。马王堆一号、三号墓所出 T 形帛画表达的，是汉初已形成的一套从阴间到天上的完整的生命转化升仙程序；帛画内容不应被理解为各种零碎神话元件的拼凑组合物，正如 1983 年谢柏柯(Jerome Silbergeld)在对马王堆研究的检讨分析中提出的发人深省的批评：“我们真能相信如此精工细作、天衣无缝的画面，是以如此散漫不一的文献材料为背景创作的吗？一个形象来自这个文献，另一个形象来自那个文献？”[①]

只有把握汉初那个生成帛画和墓葬文化的支配性思想体系，才能真切地理解帛画乃至整个墓葬，才能合理地回答种种疑问；而这个支配性思想体系本身所背靠的就是一个正在综合山海文化、融汇区域传统而以尸解信仰为中心的新宗教形态。帛画乃至整个墓葬体系是这个支配性思想体系的外化；来自不同时代不同区域的文化材料，不过是这个外化表达结构所摄取的符号而已。

第二节　九天信仰：T 形帛画解读的突破点

帛画研究的关键问题之一是画面右上方为什么绘九颗红日，究竟是什么思想的表达？此问题令人费解，引人入胜。以往四十年对这部分图像的解释，主要有十日说、九日说和星宿说，其解释均有不确，仍待合理解读。

事实上，图绘九日，乃象征墓主人尸解成仙之际，“九天开”而“九日俱明于东方”，墓主人成仙升入“九天”。从汉墓出土图像资料及新发现的早期道经所存文本资料来看，这种信仰从西汉至东晋一直得到了继承和传播。

---

① Jerome Silbergeld, “*Mawangdui, Excavated Materials, and Transmitted Texts: A Cautionary Note*.” *Early China* 8（1982-1983）, p.83. 引文中译见前引，巫鸿著，郑岩、王睿等译：《礼仪中的美术》，北京：三联书店，2005 年，第 101 页。

一、帛画九日研究中的问题

T形帛画顶部右方，画有一大八小九个圆形图案(细部见图4-3)，难免使人想起古代神话中十日并出、后羿射日的传说。《庄子·齐物论》：“昔者十日并出，万物皆照。”《淮南子·本经训》：“尧之时，十日并出，焦禾稼，杀草木，而民无所食。……尧乃使羿……上射十日……万民皆喜。”[①]然而下文证明，这些神话文本不堪为解。

图4-3　马王堆一号汉墓T形帛画顶部右侧九日并明之胜景

采自《西汉帛画》，北京：文物出版社，1972年，第3页

帛画出土数月，文物出版社即印行一套大幅彩色画片《西汉帛画》，分11幅细部大图予以公布。图集所附说明文字，尝试对画面所见九日作出解释：

> 右上角画有九个太阳，一大八小，大的里边有金乌。……《楚辞·招魂》说：“十日代出。”“代”即是更迭。这里所画的可能是那九日的景象。由此可见，“阴间”的九日也在轮流值夜；值夜后复与值日者交替，故成为“十日代出”。[②]

① (清)郭庆藩撰，王孝鱼点校：《庄子集释》，北京：中华书局，1961年，第89页；(西汉)刘安撰，刘文典集解，冯逸、乔华点校：《淮南鸿烈集解》，北京：中华书局，1989年，第254—255页。

② 文物出版社编：《西汉帛画》“说明”，北京：文物出版社，1972年。

1973年出版的该墓发掘报告，亦认同画上所绘为九日，并尝试作出解释：

> 帛画画面上所绘大太阳，及其下面扶桑树枝叶间的八个小太阳，合计共有九日。它的近旁，没有后羿的形象，显然与“羿射十日”无关。九日没有并出，似乎与“九阳”的说法也不甚相符。比较接近的是“九日居下枝，一日居上枝”，奇怪的是“居下枝”者仅有八日，总数不足“十日”，这由于画家的偶然疏忽还是另有其他传说，需要进一步研究。[①]

但发掘报告并未接受《西汉帛画》“说明”中所谓“‘阴间’的九日也在轮流值夜”的解释，显得更为谨慎。

商志馥、安志敏和孙作云持“十日说”[②]，主要依据为《山海经》《楚辞》中“十日代出”的记载，以及《淮南子》中“后羿射日”的神话传说，当其解释为何太阳仅为九个而非十个，则采取“其中一日为扶桑树叶所遮蔽”的解释策略。刘敦愿将《楚辞》《吕氏春秋》中关于九日的文献记载、帛画的阴间场景主题，以及“后羿射日”的神话传说相互参证立说，认为九个被射死的太阳恰与画面阴间九日吻合，提出“九日说”[③]。亦有学者将九个太阳所代表的数字“九”与生殖崇拜联系在一起[④]。罗琨坚持“星宿”说，认为画中八个圆点可能代表北斗七星[⑤]。刘宗意认为八个小圆代表“苍龙星象”[⑥]。胡飞认为帛画上部的日月星辰应该代表着特定的时刻，应该是墓主人死时的天象记录[⑦]。鲁惟一认为：“绘者可能将东方扶桑树的神话与九阳的概念结合

---

① 湖南省博物馆、中国科学院考古研究所编：《长沙马王堆一号汉墓·上集》，北京：文物出版社，1973年，第39页。

② 商志馥：《长沙马王堆一号汉墓“非衣”试释》，《文物》1972年第9期；安志敏：《长沙新发现的西汉帛画试探》，《考古》1973年第1期；孙作云：《长沙马王堆一号汉墓出土画幡考释》，《考古》1973年第1期。

③ 刘敦愿：《马王堆西汉帛画中的若干神话问题》，《文史哲》1978年第4期。

④ 穆宝凤：《“九日”与“二龙穿璧”的生殖和祈福意义阐释——论马王堆一号墓帛画的主题意义》，《美与时代》2009年第4期。

⑤ 罗琨：《关于马王堆汉墓帛画的商讨》，《文物》1972年第9期。

⑥ 刘宗意：《马王堆帛画中“八个小圆”是苍龙星象》，《东南文化》1997年第3期。

⑦ 胡飞：《关于马王堆汉墓T形帛画内容的疑点分析》，《合肥教育学院学报》2003年第1期。

起来了——九阳预示着分离天地的悬崖绝壁，并且行者由此找到通往仙境之路。”[①]这些思考都很慎重，但问题依旧需要解决。

二、“九天开则九日俱明于东方”：对应文献之发现与解读

埋入地下的帛画，是否可能表达某种与天上“九日”有关的思想？

马王堆帛画绘制的时代，正处在战国以来神仙信仰盛行、秦汉大一统帝国信仰系统逐步走向融汇的历史阶段[②]。作为当时神仙信仰的表现形态，尸解信仰承诺，经过死后的墓葬仪式过程，死者最终将转变成仙，而不是永沦幽冥；“升天”则是成仙的最高境界(详见下文)。帛画所绘内容，正是这种信仰的典型表达。根据这一思想逻辑，该帛画所绘“九日”，是对应于九天的九日(而非冥界的“九阳代烛”)，代表的应是至阳之神界[③]。故九日即暗示九天之所在。帛画虽被埋入阴间，但它表达的却是从太阴到九天的生命转变过程。在这个过程的末端，人脱离幽冥，得道授书(说见下文)，“上升九天”[④]而成仙。

在马王堆汉墓所背负的楚文化中，“九天”说有其深厚的渊源。《楚辞·招魂》：“魂兮归来！君无上天些。虎豹九关，啄害下人些。”王逸注：“言天门凡有九重，使神虎豹执其关闭。”[⑤]王夫之从王逸说，谓为“九天之关”[⑥]。《楚辞·天问》言“圜则九重”，王逸注：“言天圜而九重。”至于直称“九天”，则三见于《楚辞》：《天问》有“九天之际，安放安属”；《九歌·少司命》有“孔

---

① Michael Loewe, *Ways to Paradise: the Chinese quest for immortality* ,pp.50-52.

② 有关研究可参姜生《汉魏两晋南北朝道教伦理论稿》第二章关于秦汉大一统国家对区域信仰融摄、整合与升华之需的讨论。姜生：《汉魏两晋南北朝道教伦理论稿》，成都：四川大学出版社，1995 年；杨华：《秦汉帝国的神权统一——出土简帛与〈封禅书〉、〈郊祀志〉的对比考察》，《历史研究》2011 年第 5 期。

③ 九乃数之极，故《易》以阳爻为九。《易·文言》传：“乾元用九，乃见天则。”(阮元校刻：《十三经注疏·周易正义》，北京：中华书局，1980 年，第 17 页)《管子·五行》亦言“天道以九制”(黎翔凤撰，梁运华整理：《管子校注》卷 14，北京：中华书局，2004 年，第 859 页)。按《说文解字》：“九，阳之变也。象其屈曲究尽之形。”(东汉)许慎：《说文解字》卷 14 下，北京：中华书局，1963 年，第 308 页。

④ 《真诰》卷 10《协昌期第二》，《道藏》第 20 册，第 545 页。

⑤ 黄灵庚：《楚辞章句疏证》，北京：中华书局，2007 年，第 1986—1987 页。

⑥ (清)王夫之：《楚辞通释》，上海：上海人民出版社，1975 年，第 143 页。

盖兮翠旌，登九天兮抚彗星"；《离骚》有"指九天以为正兮，夫唯灵修之故也"，而王逸在这里则注说"九天谓中央八方也"[①]。可以相信，楚传统中这种深厚的九天信仰，融入汉初信仰体系，是马王堆汉墓信仰系统的思想来源之一。

然而须先澄清的是，死者究竟是将去坟墓而升天还是永居其间？巫鸿认为"死者最安全的地方是他的坟墓，正如家是生者最安全的地方一样。而天上则被视为极端危险的所在"；帛画在宇宙的背景下"描绘了死亡，也寄托了重生的愿望：葬礼之后，轪侯夫人将生活在地下的'永恒家园'"[②]。这应是死者初葬阶段坟墓之基本象征性。接着，当死者进入更深的过程，那么，坟墓的空间便将被超越，尽管汉墓在物理特征方面是作为死后之宅而精心建设——甚至极尽奢华，尽管作为社会现象的坟墓秩序、祠堂设置、祖灵祭拜、丧葬仪式等是在以家族为单位的结构中进行着，尽管墓室乃用坚固材料修造成与周边相隔的物质形态，然而墓葬及其画像系统所表达的死后世界，却明确地表现出超越世俗宗法制家族边界形态的、为神所统领的某种"公共空间"属性（不见祖宗神等家族元素）；墓室、墓祠表现为神界之一角，成为死者实现"形解销化"的空间（即暂过太阴的"炼形之宫"[③]）；汉墓所见众多自由往来其间的神人、仙人，即强烈暗示了这一点。《庄子·至乐》中记载髑髅说："死，无君于上，无臣于下；亦无四时之事，从然以天地为春秋，虽南面王乐，不能过也。"[④]又《汉书·朱云传》，朱云以狂言致成帝激

---

① 以上见黄灵庚：《楚辞章句疏证》，北京：中华书局，2007 年，第 1008、1015、906—907、118 页。

② 巫鸿著，郑岩、王睿等译：《礼仪中的美术》，北京：三联书店，2005 年，第 109—110 页。

③ 东汉末期所出《老子想尔注》更详细地论述了墓葬的生命转换功能，通过对"太阴炼形"内部结构的描述，呈现了这时期道教对于战国以来文献记载的"尸解"神学作出的纵深推进："太阴道积，练形之宫也。世有不可处，贤者避去，讬死过太阴中，而复一边生像，没而不殆也。俗人不能积善行，死便真死，属地官去也。""道人行备，道神归之，避世讬死过太阴中，复生去为不亡，故寿也。俗人无善功，死者属地官，便为亡矣。"（饶宗颐：《老子想尔注校证》，上海：上海古籍出版社，1991 年，第 21 页，第 43 页）按《老子想尔注》为西部五斗米道首领张修撰于公元 184 年黄巾发难前（见姜生：《〈老子想尔注〉三题》，饶宗颐主编《华学》第 9—10 辑合刊，上海：上海古籍出版社，2008 年，第 4 册，第 1514—1527 页）。关于死而"暂履太阴"之说，见《真诰》卷 4《运象篇第四》，《道藏》第 20 册，第 515 页。

④ （清）郭庆藩撰，王孝鱼点校：《庄子集释》，北京：中华书局，1961 年，第 619 页。

怒，“御史将云下，云攀殿槛，槛折。云呼曰：‘臣得下从龙逢、比干游于地下，足矣！未知圣朝何如耳？’御史遂将云去。”[①]可见汉人心目中，死后世界乃是超越物理性、家族性区隔的自由世界，而不是现实社会(有限生命所依存的宗法制家庭空间)在彼岸世界的简单映射。当然，这个“公共空间”的内部结构究竟如何，早期道教的表达甚为模糊，其后亦未能给出清晰的答案；这正是一切宗教的基本特征。与此同时，值得思考的是，汉墓之彼岸世界的这种去家族化空间特性，或许受到了“汉家”之思想和信仰空间建构的左右。正如尾形勇指出的：“‘天下一家’、‘汉家’这些语句的存在，使之追认了前面提到的‘秩序构造’。就是说，‘天下一家’一语的意义是，在全部‘私家’被废弃的场域‘天下’的‘一家’才得以建立。只有在以‘君臣’关系为媒介而实现的‘无家’基础上，以‘君’和‘臣’为成员而建立起来的新的‘家’才是‘天下一家’。这种‘天下一家’的具体表现，正如汉代的‘汉家’还被称为‘汉氏’一样，是被冠以‘汉’这一拟制的‘姓’的‘家’。在这里，一切现实的个别的‘姓’(家)，都被一扫而光了。”因此“‘汉家’意味着汉帝国本身，仅此而言，古代帝国最终是作为一个‘家’而完成的。……这个‘家’不是别的，而是皇帝为把‘天帝’和‘君臣关系’结合起来作为基础而准备的，即‘天子’‘出身’的‘家’。”[②]于是，与地上的这种“天下一家”秩序构造相对应，死后所往的地下世界的“地下一家”的秩序构造也就不难理解。具体到“汉家”，则本身已被汉人以各种方式赋予神性[③]。因此可以说，墓室已变成冥界“地下一家”的入口，用来集中表现人在死后世界所历过程的相对空间；死后面对的并不是凡人所见由坟墓框定的一处永恒封闭的洞室，而是未来过程的起点；在这个过程的末端，在最大的可能上，他(她)将飞升九天而成仙。

从死者的角度说，丧礼就是生人协助死者去世入冥的程序；而对待初

① (东汉)班固：《汉书》卷67《杨胡朱梅云传》，北京：中华书局，1962年，第2915页。

② [日]尾形勇著，张鹤泉译：《中国古代的“家”与国家》，北京：中华书局，2010年，第252页。

③ 有关研究参见冯渝杰：《从“汉家”神化看两汉之际的天命竞夺》，《历史研究》2015年第1期。

死者的第一个步骤——招魂，作为“尽爱之道”[①]被列入礼法。刘敦愿提出，古人“认为必须以衣招魂，使魂附于体，然后才能入葬，……马王堆一号墓出土的帛画之所以作 T 字形并且以‘衣’来命名，当是从这种以衣‘招魂以复魄’的习俗发展而来。”[②]俞伟超、余英时均持类似观点[③]。按汉人所依之礼法，明确以死者之衣为招魂之媒介。《仪礼·士丧礼》：“降衣于前。受用箧，升自阼阶，以衣尸。”郑玄注：“衣尸者覆之，若得魂反之。”[④]可见，用死者之衣执行招魂动作之后，覆于死者身上，只是用来引魂返回其身(因为古人相信衣服有神与人相连[⑤])，及至沐浴程序便去掉，并不用作入殓之衣。

据以上所见，刘敦愿等以 T 形帛画为汉代招魂所用“复衣”之变体的推测不当。巫鸿曾据《礼记·丧大记》“复衣不以衣尸，不以敛”批评把 T 形帛画看作招魂所用衣服之替代物的观点。按金景芳考证 T 形帛画为铭旌，应较合理。《后汉书·礼仪志第五》：“大驾，太仆御。方相氏黄金四目，蒙熊皮，玄衣朱裳，执戈扬楯，立乘四马先驱。旗之制，长三仞，十有二游，曳地，画日、月、升龙，书旐曰‘天子之柩’。”[⑥]帛画应此旗之制[⑦]。《仪礼·士丧礼》：“为铭各以其物。”郑玄曰：“杂帛为物，大夫之所建也。以死者为不可别，故以其旗识之。”[⑧]《礼记·檀弓下》：“铭，明

① (清)阮元校刻：《十三经注疏·礼记正义》，北京：中华书局，1980 年，第 1301 页。

② 刘敦愿：《马王堆西汉帛画中的若干神话问题》，《文史哲》1978 年第 4 期。

③ 见俞伟超：《马王堆一号汉墓帛画内容考》，收入《先秦两汉考古论集》，北京：文物出版社，1985 年，第 154－156 页；Ying-Shih Yu, "'O Soul, Come Back!' A Study in the Changing Conceptions of the Soul and Afterlife in Pre-Buddhist China." *Harvard Journal of Asiatic Studies*, Vol. 47, No. 2 (Dec. , 1987), p.365.

④ (清)阮元校刻：《十三经注疏·礼记正义》，北京：中华书局，1980 年，第 1128—1129 页。

⑤ 衣服在中国传统信仰中具有神圣的人神中介功能。《孟子·滕文公下》：“衣服不备不敢以祭。”(阮元校刻：《十三经注疏·孟子注疏》，北京：中华书局，1980 年，第 2711 页)道教法服继承了古代祭祀传统，《真诰》卷 10《协昌期第二》：“诸是巾褐履屐之具，皆使鲜盛，三魂七魄，或栖其中，亦为五神之炁，忌污沾故也。”《道藏》第 20 册，第 551 页。

⑥ (南朝宋)范晔：《后汉书》志第 5《礼仪中》，北京：中华书局，1965 年，第 3144—3145 页。

⑦ 且马王堆一号墓所见丧仪，“实是用了周代的诸侯之礼，而相比汉法当在诸侯王等级”。见张闻捷：《试论马王堆一号汉墓用鼎制度》，《文物》2010 年第 6 期。

⑧ (清)阮元校刻：《十三经注疏·仪礼注疏》，北京：中华书局，1980 年，第 1131 页。

旌也，以死者为不可别已，故以其旗识之。爱之，斯录之矣；敬之，斯尽其道焉耳。”明旌，郑玄注曰“神明之旌。”[①]从T形帛画看，旗之所旌，盖死后魂魄之所历。

根据以上讨论，《招魂》的飞升九天思想，乃有助于理解T形帛画的九日画面。如余英时所论：“无论如何，至迟在《招魂》时代，中国南方已出现了魂可以上天入地的思想”，“特别是长沙马王堆汉墓的发现，更证实了《招魂》中的上天下地的观念是有根据的”[②]。

除了《楚辞》所反映的灵魂飞升九天思想，《吕氏春秋·有始》更详细地记载了当时的“九天”说：“天有九野……中央曰钧天……东方曰苍天……东北曰变天……北方曰玄天……西北曰幽天……西方曰颢天……西南曰朱天……南方曰炎天……东南曰阳天。”[③]以《楚辞》王逸注的解释为基础去理解，那么“九天”并非诸天上下层叠，而是指“天门凡有九重”，各“天”之间乃同处一层，也就是“中央+八方”的“盖天”模式。事实上，从《淮南子·天文训》所谓“天有九野，九千九百九十九隅，去地五亿万里”之说[④]，同样可知汉初的“天有九重”观念亦属盖天说。扬雄《太玄·玄数》将其具体化：“九天：一为中天，二为羡天，三为从天，四为更天，五为睟天，六为廓天，七为减天，八为沈天，九为成天。”[⑤]九阳的宗教想象应是战国以来九天宇宙学说影响下的产物。《焦氏易林》卷1“大有之第十四”则言：“天地九重，尧舜履中；正冠我裳，宇宙平康。”[⑥]

在这种宇宙观基础上，形成了交通天地的汉代郊祀仪式。《汉书·礼乐志》：“至武帝定郊祀之礼，祠太一于甘泉，就乾位也；祭后土于汾阴，泽中方丘也。乃立乐府，采诗夜诵，有赵、代、秦、楚之讴。以李延年为协律都尉，

① (清)阮元校刻：《十三经注疏·礼记正义》，北京：中华书局，1980年，第1301页。

② 余英时：《中国古代死后世界观的演变》，《中国哲学史研究》1985年第3期。

③ (秦)吕不韦等撰，许维遹集释：《吕氏春秋集释》，北京：中华书局，2009年，第276—277页。

④ (西汉)刘安撰，刘文典集解，冯逸、乔华点校：《淮南鸿烈集解》，北京：中华书局，1989年，第84页。

⑤ (宋)司马光集注，刘韶军点校：《太玄集注》，北京：中华书局，1998年，第202页。

⑥ (西汉)焦延寿撰：《焦氏易林》，北京：中华书局，1985年，第64页。

多举司马相如等数十人造为诗赋，略论律吕，以合八音之调，作十九章之歌。以正月上辛用事甘泉圜丘，使童男女七十人俱歌，昏祠至明。夜常有神光如流星止集于祠坛，天子自竹宫而望拜，百官侍祠者数百人皆肃然动心焉。”[①]《郊祀歌》十九章之一曰《练时日》：

练时日，侯有望，焫膋萧，延四方。九重开，灵之斿，垂惠恩，鸿祜休。灵之车，结玄云，驾飞龙，羽旄纷。灵之下，若风马，左仓龙，右白虎。……

按颜师古注：“九重开，灵之斿”之意乃“天有九重，言皆开门而来降厥福。”[②]这首郊祀歌辞，不仅描绘了汉人所想象的郊祀仪式中延四方之神，九重天门为之洞开、神灵下降、惠垂恩祜之美好景象，反映了汉前期仪式对于人神关系的想象力；更重要的是表达了一种仪式结构，在此结构中，人间通过选择吉日秉烛燃香祈求神明，可致九天开、神明降而垂祜。《史记·天官书》曰：“苍帝行德，天门为之开。”[③]《淮南子》则清晰地道出了“道鬼神，登九天，朝帝于灵门”[④]的理想；《汉书·郊祀志》说武帝“立神明台，井干楼，高五十丈，辇道相属焉”。按颜师古注引《汉宫阙疏》：“神明台高五十丈，上有九室，恒置九天道士百人。”[⑤]均透露出汉初信仰中存在着九天开启与人之福祉相关联的天－人直接关系模式。

这正是其后所有道教神学仪式之最核心结构；某种程度上可以说，后世道教神学仪式的某些核心架构在汉武帝时代的郊祀仪式中已经浮现，它超越了“绝地天通”以来整个社会对专业神职群体的依赖，给了所有的人以通神、得祐、成仙的可能。其中，神灵下降之际“左仓龙，右白虎”的威仪模式，亦成为道教大神形象的基本配置。

然而关于九日画面之宗教涵义的最直接解释资料，则保存在东晋早期上

---

① 《汉书》卷22《礼乐志第二》，第1045页。

② 《汉书》卷22《礼乐志第二》，第1052页。

③ 《史记》卷27《天官书》，第1351页。

④ (西汉)刘安撰，刘文典集解，冯逸、乔华点校：《淮南鸿烈集解》，北京：中华书局，1989年，第210页。

⑤ 《汉书》卷25下《郊祀志下》，第1245页。

清派重要经典《上清三元玉检三元布经》中[①]，其文曰：

> 太真金书九天上空洞隐文，九天父母书之凤生台，直符八百人。九千年，九天一开；九天开，则九日俱明于东方，此文则自明于得道之人南轩之上也。[②]

在另一部东晋上清派重要道书《太上玉佩金珰太极金书上经》中[③]，也有类似的表述：

> 是日忽天光昏翳，日月昼冥，八炁回谢，七元隐精，玄象冥滞，万真奔灵，三日三夜，碧鸡启晨。时有九日焕明东方，玄光朗耀天元，复有青乌来翔……[④]

显然，这些道书文献保存并发展了此前的九天信仰，而成为道教信仰结构的核心。在这里，"九天"是一个人得道成仙之际可能的最崇高去处。道书依太阳东升西落的常识，描述九天中的九个太阳，说它们"俱明于东方"。由此可理解《远游》所谓"朝濯发于汤谷兮，夕晞余身兮九阳"[⑤]，及东汉仲长统《述志诗》所谓"沆瀣当餐，九阳代烛"[⑥]均乃"九天"信仰之体现。

T形帛画右上角绘九个红日，所要表达的是，九日俱明，九天洞开，墓主人上升成仙。而且九日被集中画在T字头部右边(T字自身的左边)，其方位是东方"苍天"。东方主生，正与死后复生为仙的信仰相合。

---

① 该道书之断代，参见 Kristofer Schipper and Franciscus Verellen, eds. 2004. *The Taoist Canon: a Historical Companion to the Daozang*. Chicago & London: The University of Chicago Press, p.157。

② 《道藏》第6册，第219页。

③ 该道书之断代，参见 Kristofer Schipper and Franciscus Verellen, *The Taoist Canon: A Historical Companion to the Daozang*, p.176。

④ 《道藏》第1册，第896页。

⑤ 黄灵庚：《楚辞章句疏证》，北京：中华书局，2007年，第1788页。

⑥ 《后汉书》卷49《仲长统传》，第1645页。

T形帛画九日对“九天开则九日俱明于东方”——象征死者升仙上登“九天”宫之“南轩”——这一思想的表达，再次证明此帛画确乃汉代神仙思想最可信的严谨传达，发掘报告所指“画家的偶然疏忽”并不存在。马王堆三号汉墓出土的T形帛画(见上文图4-2)，则只绘一日一月，其墓主人与一号墓主人地位区别之意，以及画家的严谨，亦由此可见。

值得注意的是，死者成仙升“九天”的信仰，并非马王堆一号墓T形帛画仅见，类似表达也出现在两汉其他墓葬画像中。如南阳英庄出土所谓“幻日”画像石(图4-4上左)[①]、南阳市一中出土所谓“阳乌”画像石(图4-4上右)[②]呈现的，都是“九日并明”的胜景。这表明，汉晋之间“九日并明”信仰确有一个连续的传播过程。可以推断，东晋《上清三元玉检三元布经》中“九天开则九日俱明于东方”之说，应传承保存了见诸西汉前期马王堆墓葬的信仰文本。

基于以上研究可进一步判断，T形帛画画面自身的方向是(画面上方的日、月)：左日(东)、右月(西)[③]。进而可以理解，帛画上为阳、下为阴；而阳与天、与南对应，阴与地、与北对应。故下方为太阴世界，合乎汉人观念中以北方大海之中的幽冥世界为太阴的信仰[④]。整个帛画表达的是海中大鲛鱼顺服人愿、海神禺强呈献神药，于是死者从冥界(龙宫)到昆仑仙界再到天上神界的逐步上升过程，构成为一套非常完美的从阴间到天上的生命转化程序(详下)。

---

① 释文曰“此图为幻日出现的天象”。王建中主编：《中国画像石全集6·河南汉画像石》，郑州：河南美术出版社，2000年，第61页。

② 闪修山、王儒林、李陈广：《南阳汉画像石》，郑州：河南美术出版社，1989年，第159页。

③ 汉纬《春秋命历序》：“东方为左，西方为右。”[日]安居香山、中村璋八辑：《纬书集成》(中)，石家庄：河北人民出版社，1994年，第885页。

④ 王孝廉提出，马王堆一号墓T形帛画反映的是幽冥神话，西汉以前中国人观念中的幽冥地狱是在北方地底的大海之中。王孝廉：《中国的神话世界》，北京：作家出版社，1991年，第251页。

图 4-4　汉画像石所见九日(上左、上右)、九月(下)并明之奇观

上左：南阳英庄所谓“幻日”图；上右：南阳市一中汉墓出土所谓“阳乌”图；下：所谓“嫦娥奔月”图

图 4-5　江苏睢宁九女墩东汉墓画像石

根据汉代阴阳对应的观念逻辑，九天之上有九日，则必有九月。的确，在南阳出土的汉墓画像石中，可以发现九个月亮当空齐明之奇观。如 1964 年南阳西关出土的所谓“嫦娥奔月”(实为女娲捧月，图 4-4 下)画像石即是一例①。与九日画像石相匹配，“九月”画像石的发现，作为另一证据，否定了试图使用“十日”神话中被射落的九日而构设的错误猜测：画上九日是被羿射死的那九个太阳，死后成为阴间的九日。因为，所有神话中，只有后羿“射日”而没有“射月”的传说。若画上九日是十日中被射死的九个，那么，画像石所见的九月齐辉又来自何方？可见，从神话角度解读九日，将遇到无法回应的挑战。阴间九个死日说当可休矣。

综上，关于马王堆一号汉墓 T 形帛画绘九颗红日，前贤所谓阴间九日说、画家疏忽说、树叶遮蔽说、星象说等皆不能成立。绘画九日乃是象征墓主人成仙之际出现的“九天开则九日俱明于东方”的奇观胜景。汉墓画像石更多资料表明，不仅九日并明，更有九月齐辉。这些图景，与墓中多见的星空图像一道，共同呈现出仙界独有的日、月、星“三烛合明、无昼无夜”的非常

① 见王建中主编：《中国画像石全集 6 • 河南汉画像石》，郑州：河南美术出版社，2000 年，图 205。须注意者，此画像石实际刻有 1 大 9 小共 10 个圆圈，应系匠人误致。类似者如河南南阳所出另一方被称“阿乌”的“九日”画像石(南阳汉代画像石编辑委员会编：《南阳汉代画像石》，北京：文物出版社，1985 年，图 518)，甚至刻出了 1 大 10 小共 11 个圆圈。盖画像石之制作，坊间虽有模本，然因凿制不易且需求量大，一般情况下，匠人赶制难能严谨；少数画像石题记中，言及死者亲属恭侍石匠，又或言及耗资之巨，甚至匠人名字亦得刊石上——如东汉永平二年“芗他君石祠堂题记”言“使师操蓦，山阳蝦丘荣保，画师高平代盛、邵强生等十余人，段(假)钱二万五千，朝莫(暮)侍师，不敢失欢心”([日]永田英正：《汉代石刻集成》图版 • 释文篇，京都：同朋舍，1994 年，第 118 页)，皆可透露其缘由之一二，亦可理解何以不同墓葬画像石制作水准参差不齐矣。

上左：平谷西柏店东汉墓出土的绿釉九联陶灯台。采自《中国陶瓷全集·秦汉》，图155。

上右：陕西扶风县官务汉墓出土的朱雀灯。采自周原博物馆：《陕西扶风县官务汉墓清理发掘简报》，《考古与文物》2001年第5期封面。

下：朱雀衔丹九枝灯。日本天理参考馆藏

图4-6 东汉墓出土的三座陶灯

奇观[①]。此外，1954年江苏睢宁九女墩汉墓出土的"羽人点灯"画像石(图4-5)[②]，左部所刻逆时针旋转的圆形图案，证之以《易》天道左旋地道右旋之义，即表示此乃天上；因此，旁边高大的九枝灯，亦表达着与九日说一样的九天信仰。类似之例，见于1961年平谷西柏店东汉墓出土的绿釉九联陶灯台、陕西扶风县官务汉墓前(南)室出土的多枝灯、日本天理参考馆藏朱雀衔丹九枝灯(图4-6)[③]。九为至阳，数之极；施之南方前室正合九宫九位，引人上升南天之意甚明。后世道教灯仪应为此信仰之承续与发展[④]。这些胜景之描绘、明器之施用，意皆象征墓主人成仙上"九天"。值得强调的是，这一信仰从西汉经东汉到东晋，得到了连续传播。以帛画九日之合理解读为突破口，才可进一步综观全画表达的信仰内涵。

第三节　帛画所见汉初"道者"的尸解成仙信仰

马王堆一号汉墓T形帛画的整个画面构成为汉代关于死后世界图景的总体描绘。T形下部的纵向空间，表示死后在冥界经历的尸解转变成仙过程；T形头部的横向空间，表示成仙后上升九天的情景。帛画从下向上分别表达了人死后经历的蓬莱、昆仑、九天等三个逐步递升的境界。可以说，该

---

① 《上清后圣道君列纪》，《道藏》第1册，第896页。该经旧题王远游撰，应为东晋南朝上清派道书(《真诰》卷14提及该经)。相同的说法亦见于约出东晋的《太上玉佩金珰太极金书上经》。

② 江苏省文管会编：《江苏徐州汉画像石》，北京：科学出版社，1959年，图版24图29。

③ 朱伯谦主编：《中国陶瓷全集·秦汉》，上海：上海人民美术出版社，2000年，图155。

④ 这一问题尚待进一步考定。林圣智对不同地区的多枝灯作分别对待，认为河北、山东地区的多枝灯相较于河南、陕西所见，装饰较为朴素，尺寸亦相对较小，"是否具有升仙的意涵尚难一概而论"；同时认为"河南、陕西地区出土的多枝灯具有明显的升仙意涵，可称为仙灯，……有助于增进、强化墓室与仙界之间的感应与连结"；"东汉墓葬中的多枝灯并无济度拔亡的功能，但是部分多枝灯可称为仙灯，其光芒已具有神光的意义"；而"参照汉墓中多枝灯的发展与使用方式，亦可能稍有助于吾人认识道教灯仪的起源问题。"见林圣智：《东汉墓葬中的灯具——兼论与道教灯仪的可能关联》，《艺术史研究》14，广州：中山大学出版社，2012年，第265—297页。

帛画相当完整地保存了汉初墓葬仪式中的尸解成仙信仰；画面由下而上分别表达着墓主人死后得蓬莱神药、受道书饮玉浆、登昆仑、上九天、变形而仙等生命转换过程的不同阶段。“道者”群体的出现，清晰地展现了雄厚国力背景下的汉人正在寻求以“道”为最高依据与终极归宿的新宗教和由此而来的新生活方式。

用宗教学方法对马王堆文献进行整体观察尤其是对帛画进行思想分析，可以把握浮现于“道者”群体的信仰形态，准确识读此后汉墓大量出现的“虚图”——成仙信仰的图像表达，再现汉人的死后世界图景。

一、服神药：蓬莱仙岛，海神献药

T 形帛画下面的整个竖状部分，中心主题是描绘死后得神药而尸解成仙。而竖状部又可大致分为上、下两部分：下半部象征死者在冥界得服蓬莱仙岛“神药”(图 4-7)——曹植《辩道论》所谓 “海岛难得而游”[①]即指传说中的海上仙岛；上半部则象征登临昆仑悬圃而成不死之仙(图 4-8)。

竖状部分的中间所绘彩色帷幔及巨磬之下，左右各画一只大龟，背上各站立一只猫头鹰(鸱鸮)。按《楚辞·天问》有“鸱龟曳衔”说，究竟此言何指，古今史家提出数十种解释，莫衷一是。何新认为鸱龟即玄武[②]。王孝廉则称此部为“乌立龟背上之图”[③]。从整幅图像所拟表达的情境来看，以上解释皆有难通之处。退回至更初始的意象象征，或许可以认为古人是因猫头鹰的夜行习性，引以为暗夜的象征，在画面中暗示其所在空间乃是幽暗的“太阴”冥府[④](且大龟本身暗示水府，说见下文)，即东汉王逸注《楚辞·招魂》时所言：“幽都，地下后土所治也。地下幽冥，故称幽都。”[⑤]究其渊源，或本幽都之说。《山海经·海内经》：“北海之内，有山，名曰幽都之山，黑水

① (三国魏)曹植撰，赵幼文：《曹植集校注》，北京：人民文学出版社，1984 年，第 188 页。

② 何新：《诸神的起源：中国远古神话与历史》，北京：三联书店，1986 年，第 263 页。

③ 王孝廉：《中国的神话世界》，北京：作家出版社，1991 年，第 251 页。

④ 顾森亦认为鸱鸮表明那里是阴间景象，见顾森：《秦汉绘画史》，北京：人民美术出版社，2000 年，第 80 页。

⑤ 黄灵庚：《楚辞章句疏证》，北京：中华书局，2007 年，第 1992 页。

出焉。其上有玄鸟、玄蛇、玄豹、玄虎、玄狐蓬尾。”[①]马王堆三号墓T形帛画的这部分同样表示为太阴幽冥，因而表示在这个空间，墓主经历的是“太阴炼形”过程。

前亦有及，在汉代思想中，存在着因乎人类肉体之死亡朽坏命运，于是相信需要得到来自仙界的“神药”以超越朽坏，使人在死后通过尸解转换为不死仙躯的逻辑。当时尚未形成后世道门所谓炼丹术来获取这种“不死药”的社会方式，那么神药将向何处寻觅？战国时期，燕、齐盛传蓬莱、方丈、瀛洲等三神山上有“不死之药”[②]。这一传说，对战国两汉信仰世界产生了强烈的构造作用。《史记·封禅书》：

> 自(齐)威、宣、燕昭使人入海求蓬莱、方丈、瀛洲。此三神山者，其传在勃海中，去人不远；患且至，则船风引而去。盖尝有至者，诸仙人及不死之药皆在焉。其物禽兽尽白，而黄金银为宫阙。未至，望之如云；及到，三神山反居水下；临之，风辄引去，终莫能至云。[③]

关于海上神山仙岛的形态，王嘉《拾遗记》曰：“三壶，则海中三山也。一曰方壶，则方丈也；二曰蓬壶，则蓬莱也；三曰瀛壶，则瀛洲也。形如壶器。此三山上广、中狭、下方，皆如工制，犹华山之似削成。”[④]微山县文管所藏一“送葬图”石椁[⑤]侧面右栏或亦三神山(图4-9)。帛画底部所绘两条大

① 袁珂：《山海经校注》(修订本)，成都：巴蜀书社，1992年，第525页。

② 江闻杰提出，从古籍资料的有关描述、古汉语发音与古埃及语古希腊语地名比较，如果三神山确有现实原型，则蓬莱与古埃及吉萨大金字塔(Pyramid)极吻合，方丈极可能是古埃及的法罗斯(Pharos)灯塔，瀛洲有可能是埃及的神圣之城Innu洲；认为公元前5世纪左右热衷于埃及文明的腓尼基人、希腊人已经知道中国，可能此时海上丝绸之路已经单方面开通。“洋商”们带来了以古埃及文化为背景的一些传说，为保持商业机密、垄断海上贸易，他们的传说故弄玄虚，结果变成了中国的三神山神话。参见江闻杰：《蓬莱、方丈、瀛洲考源》，《励耘学刊(语言卷)》2009年第1辑。

③ 《史记》卷28《封禅书》，第1369—1370页。

④ (东晋)王嘉撰，萧绮录，齐治平校注：《拾遗记》，北京：中华书局，1981年，第20页。

⑤ 马汉国主编：《微山汉画像石选集》，北京：文物出版社，2003年，图108。

图 4-7 作为尸解信仰的关键组成部分，帛画下部所绘的蓬莱冥界（图 4-1 局部）

图 4-8 登昆仑悬圃，受道书饮玉浆（图 4-1 局部）

鱼——应即燕齐方士所称的"大鲛鱼"①——之上，踞一力士，双手擎一带菱形纹的案板，上置两鼎两壶。这些符号叠加在一起，表达着墓主人在蓬莱从海神得成仙所需之"神药"。其中，带菱形纹的案板，即表示海上为海神所掌的蓬莱仙岛②。帛画下部的倒立之"壶"表达的正是"反居水下"的蓬莱。又据史载：

① 《说苑·正谏》："昔白龙下清冷之渊，化为鱼，渔者豫且射中其目。"[（西汉）刘向撰，向宗鲁校证：《说苑校证》，中华书局，1987 年，第 238 页]《晋书》："长安谣曰：'东海大鱼化为龙。'"[（唐）房玄龄等：《晋书》卷 112《苻生载记》，北京：中华书局，1974 年，第 2878 页]《述异记》："水虺五百年化为蛟，蛟千年化为龙。"（梁）任昉：《述异记》卷上，丛书集成初编本。

② 前引商志䜩、鲁惟一（Michael Loewe）认为帛画 T 形的下部对应描绘的是蓬莱仙岛，但这里经过我们进一步的细化辨识，乃知 T 形的整个下部画面中，尚需分为上下两个部分：下面的力士擎托的白色的案板，是象征蓬莱仙岛的符号；上面的贵妇人（墓主人）足下、有白色案板的 T 字形图案，代表的则是昆仑神山。画有两班侍者及鼎壶、由禺强擎托、左右各画大龟的白色板——前引《史记·封禅书》方士言渤海三神山上"其物禽兽尽白"——乃象征"举首而戴之"的巨鳌托举着海上蓬莱仙岛。

图 4-9 微山石椁侧面“送葬图”中的三神山(作者藏拓)

方士徐市等入海求神药，数岁不得，费多，恐谴，乃诈曰：“蓬莱药可得，然常为大鲛鱼所苦，故不得至，愿请善射与俱，见则以连弩射之。”始皇梦与海神战，如人状。问占梦博士，曰：“水神不可见，以大鱼蛟龙为候。今上祷祠备谨，而有此恶神，当除去，而善神可致。”①

这说明人们相信是海神掌握着神药，而“大鱼蛟龙”则是限制寻药者的障碍。这里应特别注意联系分析上引“未至，望之如云；及到，三神山反居水下；临之，风辄引去，终莫能至”和“始皇梦与海神战，如人状”两段故事，从中可发现一种暗示，即三神山乃为海神所控制；双手托案也暗示海神掌管漂浮海上的蓬莱仙岛。

马王堆三号汉墓出土的 T 形帛画中也出现了由双龙构成的两个底部相共、壶口相反的壶形空间(图 4-10)②，并且，在帛画的最下部多了一个巨罐(盛放仙药的容器)，使整个帛画的神学逻辑更加清晰：力士双脚踏在两条大鲛鱼之上(力士制服鲛鱼)，双手高举鼎壶(蓬莱仙岛罐中的仙药)，以呈献给墓主人。

① 《史记》卷 6《秦始皇本纪》，第 263 页。引文标点略有改动。

② 有关壶与神仙世界的讨论及相关考古印证，参见小南一郎：《壶型の宇宙》，《东方学报》1989 年第 61 期，第 165—221 页。

图 4-10 马王堆三号汉墓 T 形帛画底部两鲛鱼下绘一巨罐，象征蓬莱仙岛上盛放仙药的容器（图 4-2 摹本局部）

那么“海神”是谁①？

事实上，作为阴间之象征的北方即北海之神“禺强”，乃汉代“太阴炼形”信仰中的重要神祇之一——掌管太阴世界的“太阴之神”。汉刘向《九叹·远游》有“就颛顼而陈词兮，考玄冥于空桑”，王逸注：“玄冥，太阴之神。”②《庄子·秋水》：“且彼方跐黄泉而登大皇，无南无北，奭然四解，沦于不测；无东无西，始于玄冥，反于大通。”所谓“不测”“大通”，皆指“道”。按《庄子·大宗师》：“夫道，……颛顼得之，以处玄宫；禺强得之，立乎北极。”③《山海经·大荒北经》：“北海之渚中，有神，人面鸟身，珥两青蛇，践两赤蛇，名曰禺强。”④《庄子·大宗师》释文转引汉崔譔所引《大荒经》云：“北海之神，名曰禺强，灵龟为之使。”⑤又《列子·汤问》：“五山之根无所连著，常随潮波上下往还，不得暂峙焉。仙圣毒之，诉之于帝。帝恐流于西极，失群仙圣之居，

① 何新认为是土伯；商志䜩、安志敏、王孝廉认为是禺强。见何新：《诸神的起源：中国远古神话与历史》，北京：三联书店，1986 年，第 263 页；商志䜩：《长沙马王堆一号汉墓“非衣”试释》，《文物》1972 年第 9 期；安志敏：《长沙新发现的西汉帛画试探》，《考古》1973 年第 1 期；王孝廉：《中国的神话世界》，北京：作家出版社，1991 年，第 151 页。

② 黄灵庚：《楚辞章句疏证》，北京：中华书局，2007 年，第 2640 页。

③（清）郭庆藩撰，王孝鱼点校：《庄子集释》，北京：中华书局，1961 年，第 246—247 页。

④ 袁珂：《山海经校注》，成都：巴蜀书社，1992 年，第 485 页。

⑤（清）郭庆藩撰，王孝鱼点校：《庄子集释》，北京：中华书局，1961 年，第 250 页。

图 4-11 马王堆一号汉墓出土戴长冠的著衣木俑
湖南省博物馆藏

乃命禺强使巨鳌十五举首而戴之。迭为三番，六万岁一交焉。”晋张湛亦引《大荒经》注曰：“北极之神名禺强，灵龟为之使也。”[①]所谓鳌乃传说中的大龟或大鳖或赑屃或巨蟹。汉纬《春秋说题辞》：“巨灵赑屃，首顶灵山，负蓬莱山，即巨蟹也。”[②]画面中巨鳌显然是大海的象征[③]。

这些信息叠加在一起可以判断，擎托巨案的力士乃是因“得道”而“立乎北极”的禺强。帛画下部所画，为太阴之神“禺强”之域。这部分画面，表达着海神在蓬莱仙岛为死者献神药这一过程，因而象征其在太阴世界尸解变仙的成功。

在 T 形帛画这部分的上方，绘巨型五彩帷幔，两仙官伏其上，表示此乃冥界的顶部。帷幔下悬一巨磬，其下左右两班男性人物均戴长冠，其服饰源于戴长冠穿袍服的汉代官员形象[④]。此类冠带之实例，见于该墓所出着衣木俑(图 4-11)，为冥界仙官，服侍墓主人进服神药的“天厨”。约出于汉末魏晋间[⑤]的道经《太上三五正一盟威箓》卷 4 有仪式所

① 杨伯峻撰：《列子集释》，北京：中华书局，1979 年，第 152—154 页。按《楚辞·天问》有“鳌戴山抃，何以安之？”郭世谦指出，抃字为卞字或弁字之讹，所谓“冠蓬莱”与“鳌戴山弁”义同(郭世谦：《屈原天问今译考辨》，天津：天津古籍出版社，2006 年，第 18 页)。近是。这里弁、冠应指载负；郫县竹瓦铺东汉石棺侧面刻巨鳌负山之图堪证。见高文主编：《中国画像石棺全集》，太原：三晋出版社，2011 年，第 129 页。

② [日]安居香山、中村璋八：《纬书集成》，石家庄：河北人民出版社，1994 年，第 864 页。

③ 何新：《诸神的起源：中国远古神话与历史》，北京：三联书店，1986 年，第 263 页。

④ 按《后汉书·舆服志》：“长冠，一曰斋冠，高七寸，广三寸，促漆纚为之，制如板，以竹为里。初，高祖微时，以竹皮为之，谓之刘氏冠，楚冠制也。民谓之鹊尾冠，非也。祀宗庙诸祀则冠之。皆服袀玄，绛缘领袖为中衣，绛袴袜，示其赤心奉神也。五郊，衣帻袴袜各如其色。此冠高祖所造，故以为祭服，尊敬之至也。”见《后汉书》志第 30《舆服志》，第 3664 页。

⑤ 见胡孚琛主编：《中华道教大辞典》，北京：中国社会科学出版社，1995 年，第 282 页。

诵经文曰："神药治我，……司命举我，天厨饴我，……一食千岁，连命日月，与天无穷，与地无极，登升天机。"[①]这应是战国秦汉以来冀得海上"神药"成仙信仰之承续。后来的乐府诗词中也不乏神人赐药这一题材，如曹操《气出唱》："愿得神之人，乘驾云车，骖驾白鹿，上到天之门，来赐神之药。"[②]海神献药，象征死者已获"海中三神山之奇药"，遂得上昆仑而仙。这种宗教图像系统乃东方之海、内陆之山与上古之天等多种神话、宗教资源混融整合的产物。

类似地，西汉初第二代南越王赵眛（"文帝"，公元前 137—前 122 年在位）墓出土的铜提筒 I（图 4-12）腹部所绘的长舟下，可见大鱼、巨鳌及站立其上的大鸟；这些符号的出现，显示此图上的大船应是驶往蓬莱获取神药。

图 4-12 南越王墓出土铜提筒 I（B59）

采自《西汉南越王墓》，北京：文物出版社，1991 年。左为上册图 37，右为下册彩版 25

比较微妙的是，死者的形象并没有出现在蓬莱仙岛服食神药这部分画面中，何故？此与魂魄（阴阳）思想有关。竹书《十问》言之甚明：

① 《道藏》第 28 册，第 449 页。

② （宋）郭茂倩编：《乐府诗集》卷 26《相和歌辞一》，北京：中华书局，1979 年，第 383 页。

云云（魂）柏（魄）安刑（形），故能长生。[①]

而人死即魂魄分离；死后须得蓬莱神药、有道而能和合阴阳（后之所谓炼形），才可能期待魂魄再度媾和，“复形”[②]为不死的仙躯。

这里涉及丧仪中招魂的功能和目的问题。《仪礼·士丧礼》：

死于适室，幠用敛衾。复者一人，以爵弁服簪裳于衣，左何之，扱领于带；升自前东荣、中屋，北面招以衣，曰：“皋——某复！”三，降衣于前，受用箧，升自阼阶，以衣尸。复者降自后西荣。

确认人死，施用殓衾，而后用亡人的衣服为其招魂；按其仪式进程和行为逻辑，其结果应当是魂魄同葬。故郑玄注曰：“衣尸者，覆之，若得魂反之。”[③]其意即，用死者的衣服招魂后覆于尸体上，如此就相当于实现了（“若得”）替死者借衣返魂于尸，当然就会与其魄同葬墓中。又《周礼·天官·夏采》郑玄注：“复，谓始死，招魂复魄。”[④]这里的逻辑很清楚：在为死者沐浴之时尽管会去掉招魂后所覆死者之衣，但借衣还魂的过程已经完成，所以去掉死者之衣也不意味着魂与尸再度分离。用死者的衣服招魂—覆盖其尸—若得魂反之—去衣—沐浴……整个程序中并无判断或怀疑魂灵是否已经复归于尸的逻辑环节，表明从招魂到入殓到埋葬的过程中，都是默认死者之魂在招魂后当然地回归了尸身（“覆之，若得魂反之”），而后进入了整个丧葬仪式过程；据此逻辑只能理解为魂魄合葬。

索安（Anna Seidel，1938—1991）根据熹平二年（公元 173 年）张叔敬瓦缶

① 马王堆汉墓帛书整理小组编：《马王堆汉墓帛书》（肆），北京：文物出版社，1985 年，第 147 页。

② 西安碑林博物馆藏西晋永平元年（公元 291 年）《徐君夫人菅氏之墓碑》：“千秋万岁，何时复形？呜呼哀哉！”

③（清）阮元校刻：《十三经注疏·仪礼注疏》，北京：中华书局，1980 年，第 1128—1129 页。

④（清）阮元校刻：《十三经注疏·周礼注疏》，北京：中华书局，1980 年，第 694 页。

丹书所见“黄神生(主)五岳，主死人录，召魂召魄，主死人籍”[①]，以及其他汉代墓葬文书内容，也曾指出：“死后并不离散为魂和魄，而是魂与魄一起去往山中冥界。这与文人们所谓魂神升天、尸魄入墓的理论远为不同。根据这种更为大众化的观点，人死后所有的魂和魄都将落入五岳辖下”[②]。这也揭示了马王堆汉墓、满城汉墓等极重尸体保护的根本原因；招魂的表象是“尽爱之道”，实质则是魂魄同葬，是死后成仙乃至升天这一信仰结构的需要。

辽宁盖县九垅地曲莹永和五年(140年)东汉墓出土的墓砖，侧面模印文字：

> 叹曰，死者魂归棺椁，无妄飞扬，而无忧，万岁之后乃复会。永和五年造作，竭力无余，用庸数千，士夫莫不互助，生死之义备矣。[③]

这里“死者魂归棺椁，无妄飞扬”的说法，已经很清楚地告诉我们，汉代的丧葬仪式中，确实是魂魄同葬。

招魂葬或许可以看作是体现此传统的一种极端例证。所谓招魂葬是指人死而不得其尸，则招其魂而葬之。《后汉书·邓晨传》：晨卒，光武“诏遣中谒者备公主官属礼仪，招迎新野主魂，与晨合葬于北芒”[④]。新野主是指光武帝即位后所追封其姊刘元“新野节长公主”。杨树达亦曾就此史料而论招魂合葬[⑤]。显然这种招魂葬仪式在东汉已是一种传统。然而到东晋，这种葬法受到质疑。《晋书·袁瓌传》：“时东海王越尸既为石勒所焚，妃裴氏求招魂葬越，朝廷疑之。瓌与博士傅纯议，以为招魂葬是谓埋神，不可从也。帝

---

① 郭沫若：《奴隶制时代》，北京：人民出版社，1954年，第94页。

② Anna Seidel, “Traces of Han Religion in Funerary Texts Found in Tombs.” 见秋月观暎编《道教と宗教文化》，东京：平河出版社，1987年，第30(总703)页。中译本《从墓葬的葬仪文书看汉代宗教的轨迹》，见《法国汉学》第7辑“宗教史专号”，北京：中华书局，2002年，第118－148页。第124页该段译文(soul的复数)有误，不用。

③ 辽宁省博物馆文物队：《辽宁盖县九垅地发现东汉纪年砖墓》，《文物》1977年第9期。

④ 《后汉书》卷15《邓晨传》，第584页。

⑤ 杨树达：《汉代婚丧礼俗考》，上海：上海古籍出版社，2000年，第143页。

然之，虽许裴氏招魂葬越，遂下诏禁之。”[①]可以清楚地看到，古人对于招魂仪式的功能和实质相当清楚，这个过程的结果，就是招引死者之魂返归尸体，而后死者才能进入入殓、下葬等程序。曾兰莹提出：“在汉代思想中，魂魄可能没有明确的分别，可以一直待在尸体里、居住在坟墓里。”因此，“无论如何，保存完好的尸体都证明了对于死后成仙的追求；帛画和棺饰都表明，通过这些，死者被认为可能有更大的机会到达天堂境界”[②]。当是。

魂魄即阴阳，媾而为人。这里的关键在于，黄老道相信，人虽有死，而“阴阳不死”；此说意义甚为重大，乃是魂魄(阴阳)同葬、媾合成仙信仰的最根本依据。具体论证，见下文引述马王堆三号墓出土竹简《十问》论“刑(形)解”。又《淮南子·览冥训》曰：“故至阴飂飂，至阳赫赫，两者交接成和，而万物生焉。众雄而无雌，又何化之所能造乎？”[③]T形帛画中，左右红白两色之阴阳双龙交尾所构成的从下向上两层“龙宫”(即冥宫，恰似东汉道书《想尔注》所谓“练形之宫”)，暗示了死者从死亡经由(魂魄)阴阳二气交合作用向再生成仙转变过程的通道(恰如孕育婴儿的子宫)。下层“龙宫”，即由彩色巨帷及玉磬以下龙尾(尾为阴)与底部双鲛以上部分构成的空间，左右的鸱鸮进一步强调了此空间的冥界属性；上层“龙宫”，即由双龙头(头为阳)以下与双龙交璧以上部分构成的空间。

汉初是否已有“龙宫”概念，有待进一步考证。不过，据信为战国时期作品的《九歌·河伯》中已出现与此类似的“龙堂”概念：

> 与女游兮九河，冲风起兮横波。乘水车兮荷盖，驾两龙兮骖螭。登昆仑兮四望，心飞扬兮浩荡。日将暮兮怅忘归，惟极浦兮寤怀。鱼鳞屋兮龙堂，紫贝阙兮珠宫。灵何为兮水中？乘白鼋兮逐文鱼，与女游兮河之渚，流澌纷兮将来下。子交手兮东行，送美人兮南浦。波滔滔兮来迎，

① 《晋书》卷83《袁瓌传》，第2166页。

② Lillian Lan-ying Tseng, *Picturing Heaven in Early China*. Boston: Harvard University Asia Center, 2011, p.204, 205.

③ (西汉)刘安撰，刘文典集解，冯逸、乔华点校：《淮南鸿烈集解》，北京：中华书局，1989年，第197页。

鱼鳞鳞兮媵予。[①]

且东汉墓中已有以龙代表水界的明确表现。徐州汉画像石艺术馆所藏的一幅石椁侧面(图 4-13)，刻三条巨鱼共拉一车，车底现一巨龙以唇端向上撑起车体，车上方另有二鱼共衔一绳向上提着车体。这应是表示车子正行驶在水下或曰水府龙宫。至少，此处的龙应代表着水的浮力，因而代表着水界的主掌力量。该馆收藏的另外两幅龙宫中的鱼车出行图(图 4-14)，以龙身拱起构成为一种空间，鱼车出入其间，更清楚地暗示了龙宫的概念逻辑。

T 形帛画上双龙构成的整个空间里发生的，就是汉人相信的可以使人由死而仙的生命转换。在这个转变结构中，《易传》“一阴一阳之谓道”[②]、《道

图 4-13 东汉石椁侧面的“龙宫”行车图

2013 年 1 月 10 日摄于徐州汉画像石艺术馆

① 黄灵庚：《楚辞章句疏证》，北京：中华书局，2007 年，第 932—944 页。

② (清)阮元校刻：《十三经注疏·周易正义》，北京：中华书局，1980 年，第 78 页。

图 4-14　龙宫中的鱼车出行图

上：2013 年 1 月 10 日摄于徐州汉画像石艺术馆；下：采自武利华主编：《徐州汉画像石》，北京：线装书局，2002 年，图 21

德经》"万物负阴而抱阳，冲气以为和"[①]的思想，无疑具有内在的支撑意义。

在此过程中，来自鬼神世界的神力——如蓬莱神药，无疑是制约转换的关键要素。但仅此仍不足以使人在死后达到最高境界。

二、登昆仑：受道书，饮玉浆

既然死者已在蓬莱仙岛上得服神药，何以又出现饮玉浆的情景？《真诰》卷 4 "运象篇第四"："俱挹玉醴津，倏忽已婴童。"[②]可见玉浆之神奇。从下文可以看到，死者上升九天后，变为蛇身的少女，正是饮玉浆之效。

按照某些汉画所见的仪式逻辑，死者在转变成仙之前，有待饮玉浆。玉浆可能是来自《山海经》传说、穆天子西行传说或神山（泰山、华山、昆仑山）传说的一种神药。《神农本草经》卷 2 "上品药·玉泉"条："玉泉，味甘，平。主治五脏百病。柔筋强骨，安魂魄，长肌肉，益气。久服耐寒暑，

① 《道德真经注》（王弼注），《道藏》第 12 册，第 283 页。下文如无特别说明，所引《道德经》原文皆据此本。

② 《道藏》第 20 册，第 511 页。

不饥渴，不老神仙。人临死服五斤，死三年色不变。”[①]为药之极品。

梦想成仙、视去妻子如脱屣[②]的汉武帝曾尝试在现实世界造出玉液。《汉书·郊祀志》：“其后又作柏梁、铜柱、承露仙人掌之属矣。”颜师古注：“《三辅故事》云：建章宫承露盘高二十丈，大七围，以铜为之，上有仙人掌承露，和玉屑饮之。盖张衡《西京赋》所云：‘立修茎之仙掌，承云表之清露，屑琼蕊以朝餐，必性命之可度’也。”[③]纬书亦保存有汉代关于玉浆的信仰，如《诗·含神雾》：“太华之山，上有明星玉女，主持玉浆，服之神仙。”[④]郭璞注《山海经》引《河图玉版》：“少室山，其上有白玉膏，一服即仙矣。”[⑤]

仙人玉浆也是汉乐府诗词造作中的一个重要题材，如曹操《气出唱》：“仙人玉女，下来翱游，骖驾六龙，饮玉浆，河水尽，不东流。解愁腹，饮玉浆。”[⑥]

出土于马王堆三号墓的竹书《十问》有论：

> 故善治气抟精者，以无征为积，精神泉溢，吸甘露以为积，饮瑶泉灵尊以为经，去恶好俗，神乃溜刑。[⑦]

这段文字所言“瑶泉”虽源自体内（指口中津液，一如《十问》盘庚问道耇老一段所谓“含其五味，饮夫泉英”，以及王期食阴翕气之道一段所谓“饮夫天浆，致之五藏”的“天浆”[⑧]），但“瑶泉”本义则是指昆仑“丹水”

① 尚志钧：《神农本草经校注》，北京：学苑出版社，2008年，第15页。

② 《汉书》卷25上《郊祀志上》，第1228页。

③ 《汉书》卷25上《郊祀志上》，第1220页。

④ ［日］安居香山、中村璋八辑：《纬书集成》，石家庄：河北人民出版社，1994年，第461页。

⑤ 袁珂：《山海经校注》，成都：巴蜀书社，1992年，第41页。

⑥ （宋）郭茂倩编：《乐府诗集》卷26《相和歌辞一》，北京：中华书局，1979年，第383页。

⑦ 马王堆汉墓帛书整理小组编：《马王堆汉墓帛书》（肆），北京：文物出版社，1985年，第146—147页。

⑧ 马王堆汉墓帛书整理小组编：《马王堆汉墓帛书》（肆），北京：文物出版社，1985年，第149、152页。

之类的玉液琼浆。《淮南子·墬形训》："倾宫、旋室、县圃、凉风、樊桐在昆仑阊阖之中，是谓疏圃。疏圃之池，浸之黄水，黄水三周复其原，是谓丹水，饮之不死。"[①]

昆仑乃西王母所主。西王母则是"得道"而变成神祇之典范。据信成书于战国时期[②]的《庄子·大宗师》说："夫道，……西王母得之，坐乎少广，莫知其始，莫知其终。"[③]《竹书纪年》说："（舜）九年，西王母来朝。""（穆王）十七年，王西征昆仑丘，见西王母。其年西王母来朝，宾于昭宫。"[④]《穆天子传》卷3说："乙丑，天子觞西王母于瑶池之上。西王母为天子谣曰：'……将子无死，尚能复来'。"[⑤]

宾主所饮何物？晋王嘉《拾遗记·周穆王》说，西王母与其"共玉帐高会，荐清澄琬琰之膏以为酒。"[⑥]周舍《上云乐》："周帝迎以上席，王母赠以玉浆。"[⑦]可见所谓"清澄琬琰之膏"即玉液之属。

汉初西王母已为掌不死药之神。《淮南子·览冥训》有："羿请不死之药于西王母，姮娥窃以奔月。"[⑧]《文选》卷60《祭颜光禄文》注引《归藏》曰："昔嫦娥以西王母不死之药服之，遂奔月，为月精。"[⑨]在各地出土的汉墓画像中，西王母身边多见玉兔捣药、蟾蜍司药之情景。

---

① （西汉）刘安撰，刘文典集解，冯逸、乔华点校：《淮南鸿烈集解》，北京：中华书局，1989年，第133—134页。

② 《庄子·内篇》是否为学界所持信的战国庄周所撰？近年《通报》（*T'oung Pao*）发表一文提出否定性观点，并推测《庄子·内篇》为刘安淮南学派所作。见Esther Klein（朴仙镜），"Were there 'Inner Chapters' in the Warring States? A New Examination of Evidence about the *Zhuangzi*." *T'oung Pao*, Volume 96（2010）, Issue 4, pp. 299-369。

③ （清）郭庆藩撰，王孝鱼点校：《庄子集释》，北京：中华书局，1961年，第246—247页。

④ 王国维：《今本竹书纪年疏证》，见方诗铭、王修龄辑录：《古本竹书纪年辑证》，上海：上海古籍出版社，1981年，第198、246页。

⑤ 《道藏》第5册，第40页。

⑥ （东晋）王嘉撰，萧绮录，齐治平校注：《拾遗记》，北京：中华书局，1981年，第65页。

⑦ （宋）郭茂倩编：《乐府诗集》卷51《清商曲辞八》，北京：中华书局，1979年，第746页。

⑧ （西汉）刘安撰，刘文典集解，冯逸、乔华点校：《淮南鸿烈集解》，北京：中华书局，1989年，第217页。

⑨ （梁）萧统编，（唐）李善等注：《六臣注文选》，北京：中华书局，2012年，第1125页。

汉人相信人死后都要去朝拜西王母，乞求仙药。故汉乐府《董逃行》曰：“采取神药若木端。白兔长跪捣药虾蟆丸。奉上陛下一玉柈，服此药可得即仙。”[①]又《淮南子·墬形训》：

> 昆仑之丘，或上倍之，是谓凉风之山，登之而不死。或上倍之，是谓悬圃，登之乃灵，能使风雨。或上倍之，乃维上天，登之乃神，是谓太帝之居。[②]

图 4-15 马王堆一号墓 T 形帛画中部的昆仑（上，摹本局部）；郝滩东汉墓壁画西王母端坐昆仑（下）

在这些思想背景下，考察马王堆一号墓中的 T 形帛画中部（见上文图 4-8），墓主人面朝西而立，示已西登昆仑悬圃；其足下带菱形纹的白色 T 形台（图 4-15 上；三号墓 T 形帛画此部分画法基本相同；按，白色正是西方昆仑所属五行西金之色，菱形纹则是象征山石的符号[③]），与上文所述三神山一样，表示昆仑神山的悬圃台（前引王孝廉认为白色平台象征大地）。汉画中多见类似画法，如陕西郝滩东汉墓壁画西王母所坐神山亦作蘑菇状的 T 形（图 4-15 下）[④]，而满城汉墓所出错金铜博山

① （宋）郭茂倩编：《乐府诗集》卷 34《相和歌辞九》，北京：中华书局，1979 年，第 505 页。

② （西汉）刘安撰，刘文典集解，冯逸、乔华点校：《淮南鸿烈集解》，北京：中华书局，1989 年，第 135 页。

③ 有关论证见本书第一章关于汉墓画像边饰的研究。

④ 见陕西省考古研究院：《壁上丹青——陕西出土壁画集》，北京：科学出版社，2009 年，第 76 页。另，淮北汉画像石中有一些刻画东王公、西王母所主的神山形状即是如此。如高书林《淮北汉画像石》所收淮北电厂出土的神山上的东王公、淮北时村塘峡子出土的昆仑神山上的西王母等画像石，所画 T 形神山均很典型。高书林：《淮北汉画像石》，天津：天津人民美术出版社，2002 年，第 179、181 页。

炉(图 4-16 左)、涪陵出土陶博山炉(图 4-16 右)，即是葬仪中用来象征 T 形仙山、指引死者的宗教仪式用品，皆示为悬圃台。这种形状，及其上与天连的画法，在汉纬《河图括地象》有继承性的表述："昆仑山为天柱，气上通天。"柱下左右各绘一虎形神兽"陆吾"[①]，按《山海经・西山经》："西南四百里，曰昆仑之丘，是实惟帝之下都，神陆吾司之。其神状虎身而九尾，人面而虎爪；是神也，司天之九部及帝之囿时。"按郭璞注："即肩吾也。庄周曰'肩吾得之，以处大山'也。"[②]而博山炉发出的缭绕香烟，正合昆仑山"气上通天"的信仰，其于葬仪岂不美哉。由此可知何以某些实用器得入墓中。

图 4-16 满城汉墓出土的错金铜博山炉(左，采自《汉风——中国汉代文物展》，图 63)；涪陵博物馆藏陶博山炉(右，2002 年 10 月摄于涪陵博物馆)

① [日]安居香山、中村璋八辑：《纬书集成》，石家庄：河北人民出版社，1994 年，第 1091 页。

② 袁珂：《山海经校注》，成都：巴蜀书社，1992 年，第 55—56 页。

图 4-17　马王堆一号汉墓 T 形帛画中部(图 4-1 局部)

两位仙官奉上道书和玉浆；下为作者对该部分图像摹本的修订重绘，朱磊绘图

图4-18　营城子汉墓壁画老君身边童子双手捧道书

帛画上，支撑昆仑悬圃台的立柱作倾斜状，何故？贺西林指出，这种画法应表示那里是昆仑的“顷宫”[①]。《淮南子·墬形训》：“倾宫、旋室、县圃、凉风、樊桐，在昆仑阊阖之中。”当是。《说文解字·匕部》：“顷：头不正也。从匕从页。”徐铉注：“匕者，有所比附，不正也。”[②]可知“顷宫”在语源上确有倾斜之意。因此，把立柱画成倾斜状意在表示此乃昆仑“顷宫”。

画面中部跪在尊贵的墓主人面前的两位戴长冠的官员（见图 4-17 的局部放大及修订摹本）应是神界的使者，分别代表“得道授书”和奉献“玉浆”的仪式程序。

彭景元认为老妪面前所跪两人是从度索山来的使者，“前者案中盘碟内之物，当是吃后能轻体之药，后者案中之物为仙桃”[③]。这种细心观察很可贵，但图像辨识仍不确。发掘报告则未识出跪在稍后位置的白衣使者手中所托之物[④]。

仔细辨识，跪在稍前的赤衣使者所捧案中之物不是药，而是一卷用红丝带系扎的书简，此人应是汉初黄老道信仰中最为修炼者渴慕的神仙世界的使者，墓主从他那里获得书简乃代表“得道授书”

① 贺西林：《从长沙楚墓帛画到马王堆一号汉墓漆棺画与帛画——早期中国墓葬绘画的图像理路》，《艺术史研究》第 5 辑，广州：中山大学出版社，2003 年。

② （东汉）许慎撰：《说文解字》卷 8 上，北京：中华书局，1963 年，第 168 页。

③ 彭景元：《马王堆一号汉墓帛画新释》，《江汉考古》1987 年第 1 期。

④ 《长沙马王堆一号汉墓·上集》，第 40 页图。其后摹图者尝试修订这部分，但仍未能准确识出白衣人物托盘所呈之物；见刘炳森：《临摹马王堆西汉帛画的点滴体会》，《文物》1973 年第 9 期，第 72 页图。

程序的完成(按：辽宁营城子东汉墓壁画[①]里面，佩剑的老君[②]身边，图 4-18 童子双手所捧书简，表示将由老君授予前来拜见的死者，而画面下方或跪或立的三人已受道书，将饮玉浆，见图 4-19)。由此亦可见，这个墓主人正是东汉初年王充所质疑的那种“学道死者”[③]。按《庄子·大宗师》，得道乃成仙之前提：

图 4-19　营城子汉墓壁画

三位死者得道授书后，手捧道书排队跪饮玉浆。左边的酒樽与上文所引陕西郝滩东汉墓壁画西王母旁玉兔所掌玉液之樽，内涵象征完全一致。玉浆为作者所标

夫道有情有信，无为无形；可传而不可受，可得而不可见；自本自根，未有天地，自古以固存；神鬼神帝，生天生地；在太极之先而不为高，在六极之下而不为深，先天地生而不为久，长于上古而不为老。狶韦氏得之，以挈天地；伏戏氏得之，以袭气母；维斗得之，终古不忒；日月得之，终古不息；勘坏得之，以袭昆仑；冯夷得之，以游大川；肩吾得之，以处大山；黄帝得之，以登云天；颛顼得之，以处玄宫；禺强得之，立乎北极；西王母得之，坐乎少广，莫知其始，莫知其终；彭祖

① [日]森修：《營城子》，《東方考古學叢刊甲種》第四冊，東京：雄山閣出版株式會社，1981 年，第二号墓，图版 36。

② 参见第二章第二节。

③ 黄晖：《论衡校释》，北京：中华书局，1990 年，第 331 页。

得之，上及有虞，下及五伯；傅说得之，以相武丁，奄有天下，乘东维、骑箕尾而比于列星。[1]

从《庄子》记述的这份目前所知最早的“仙谱”，可以看出当时人们已经相信，最堪为典范的神仙们，都是以“得道”为成仙的依据。事实上，这种思想在汉初已成为黄老道信仰的核心；除了马王堆所见（“有道”），淮南学派亦呈现相同的信仰结构。据初步考察，《淮南子》在《原道训》《主术训》《齐俗训》《汜论训》《诠言训》《兵略训》《说山训》《人间训》《修务训》《泰族训》等篇，有 20 多处以“得道”概念论述“道”对于人生乃至国家的永恒意义；“得道”作为一种超凡的境界被叙述。《淮南子·齐俗训》：“今夫王乔、赤诵子，吹呕呼吸，吐故内新，遗形去智，抱素反真，以游玄眇，上通云天。”“朴至大者无形状，道至眇者无度量。……昔者冯夷得道，以潜大川；钳且得道，以处昆仑。扁鹊以治病，造父以御马；羿以之射，倕以之斫。所为者各异，而所道者一也。”[2]这种得道乃成仙成神的信仰逻辑，在汉初这幅帛画的中部图像里，得到了很好的体现。此后的两汉信仰中，“得道授书”都是关键的组成部分，尽管其表现方式或有不同。陕西靖边发现的东汉墓彩绘壁画孔子拜老子图、济南长清孝堂山石祠的孔子拜老子图中，均绘孔门弟子手捧简，寓意与此相同[3]。至东汉，则文献已有表述。汉纬《尚书帝验期》：

王母之国在西荒，凡得道授书者，皆朝王母于昆仑之阙。[4]

这里的逻辑是，朝西王母之前，先须“得道授书”。《真诰》卷 4 亦有：

---

① （清）郭庆藩撰，王孝鱼点校：《庄子集释》，北京：中华书局，1961 年，第 246—247 页。

② （西汉）刘安撰，刘文典集解，冯逸、乔华点校：《淮南鸿烈集解》，北京：中华书局，1989 年，第 361、362 页。引者对引文标点有改动。

③ 有关汉画所见孔子拜老子图像中此类符号的解释及相关讨论，参见本书第六章。

④ ［日］安居香山、中村璋八辑：《纬书集成》，石家庄：河北人民出版社，1994 年，第 387 页。

“天帝曰：太阴炼身形，胜服九转丹。形容端且严，面色似灵云。上登太极阙，受书为真人。”[①]

按五行理论，西方为金、其色白，所以帛画中部两位仙官中，跪在赤衣仙官左后方的白衣人物，应表示来自西王母所在“西荒”昆仑山的使者，手捧的案上有一杯盏(彭景元误识为“仙桃”者)，杯中所盛，应即仙醴“玉浆”(图 4-17 上)。汉墓表达的死后服玉浆成仙过程，往往以玉杯来象征。1976 年广西贵县罗泊湾一号西汉前期墓出土的玉杯，1983 年广州象山西汉南越王墓出土的承盘高足玉杯，2010 年西安汉宣帝陵园区发现的金箍玉杯，1968 年河北满城西汉中山靖王刘胜之妻窦绾墓出土的朱雀衔环杯(杯底曾有红色物质似为丹砂，入葬仪式中用以象征死者饮玉浆、丹水而登仙，见图 4-20 下左)，1969 年济南市无影山南坡西汉晚期墓出土的“彩绘陶载壶鸟”(图 4-20 下右)，陕北郝滩东汉墓壁画描绘昆仑山上玉兔向西王母侍童递杯之情景(图 4-20 上[②])，营城子汉墓壁画中三位死者受道书后手捧道书跪饮玉浆(图 4-19)[③]，均应表示死者将饮玉液而升仙。

这些画面之所示，乃与汉初 T 形帛画所见成仙仪式一致。值得关注者，昆仑本为西王母所居；迨至东汉，更现老君常治昆仑说：“一者，道也……一散形为气，聚形为太上老君，常治昆仑。”[④]据此，帛画中部白衣、赤衣使者在象征昆仑悬圃的白色 T 形台上一同出现于死者面前，是否为此思想之早源，未遑遽言。

---

① 《道藏》第 20 册，第 515 页。

② 采自陕西省考古研究院：《壁上丹青——陕西出土壁画集》，北京：科学出版社，2009 年，图 28。

③ 鲁惟一认为这三个人物形象，非指三人，而是同一个人的三种动作的连环式描绘(Michael Loewe, *Ways to Paradise*, PLATE XXVIII)，2011 年在剑桥晤谈及其后通信均予重申。然细观三人的冠及衣服并不相同：左边伏拜者与右边站立者均戴进贤冠，而中间跪地者戴帻(且其眉端明显上翘)；右边站立者著黑衣，余二人著白衣；同时，置放酒樽的桌旁三个象征玉浆的耳杯也正与三人相对应，足见该壁画对仪式的表达甚为直观明白而严谨。此皆堪证非。且对一个人的系列动作进行连环描绘的画法在汉代是否已经出现，本身尚乏证据。

④ 饶宗颐：《老子想尔注校证》，上海：上海古籍出版社，1991 年，第 12 页。

图 4-20 满城汉墓、郝滩汉墓、无影山汉墓象征玉液的器物

上：郝滩东汉墓壁画描绘昆仑山上，酒樽旁的玉兔向西王母身边的侍童递上一杯玉浆。郝滩壁画的这部分画面，为观察者从汉墓多见的玉杯（及图 4-19 中的樽与杯）去想象昆仑玉液，提示了内在的逻辑关联。下左：满城西汉中山靖王刘胜之妻窦绾墓出土朱雀衔环杯（河北省博物馆藏）。下右：济南无影山西汉晚期墓出土“彩绘陶载壶鸟”（济南市博物馆藏）

在帛画这部分的顶部，昆仑与九天之间，出现了一种似鸟似兽的展翅怪物，应是蝙蝠。崔豹《古今注》：“蝙蝠，一名仙鼠，一名飞鼠。五百岁则色白脑重，集则头垂，故谓之倒折，食之神仙。”[①]《抱朴子内篇·仙药》称有肉芝(万岁蟾蜍)，及“千岁蝙蝠，色白如雪，集则倒县，脑重故也。此二物得而阴干末服之，令人寿四万岁”[②]。

帛画上这只蝙蝠特征描绘非常仔细，其双耳、双眼及双爪均与蝙蝠无二，展开的羽翼应即蝙蝠覆盖皮膜的翼手；更重要的是，这只蝙蝠为白色，或正暗示了其非凡性——“食之神仙”的仙药属性。可以理解，在帛画的天门下方作为上龙宫之壶盖下绘此蝙蝠，乃兆死者之升天仙也。马王堆三号汉墓T形帛画该部位也画有同样的蝙蝠。

三、上九天：朝帝于灵门

登昆仑而得不死仙，固为美矣，而犹未达于最高境界——登天。按《淮南子·墬形训》，昆仑之上乃是“太帝之居”[③]。于是在T形帛画上面的横向部分出现了更宽阔的空间，画出了最高的理想：天门为死者洞开，死者变形为蛇身，上登“九日”所象的九天，成为“天仙”。这才是汉人心目中的最高归宿，是天帝的所在。故汉乐府《步出夏门行》曰，独处小径空庐，一旦“卒得神仙道”，则“上与天相扶”[④]。

得道升天之际，众神列仙下降，接引升仙，素为道经所津津乐道。事实上，关于天上百神降临的叙述，已见于《离骚》：“巫咸将夕降兮，怀椒糈而要之。百神翳其备降兮，九疑缤其并迎。”[⑤]对于道教来说，千神万灵来迎升仙的盛大仪式，正是对修道成功者的褒扬。东汉《老子中经》“第十二神仙”引《经》曰：“乘云去世，上谒道君。吾之从官，凡

① (西晋)崔豹：《古今注》卷中《鱼虫第五》，北京：中华书局，1985年，第13页。

② 王明：《抱朴子内篇校释》，北京：中华书局，1985年，第201页。

③ (西汉)刘安撰，刘文典集解，冯逸、乔华点校：《淮南鸿烈集解》，北京：中华书局，1989年，第135页。

④ (宋)郭茂倩编：《乐府诗集》卷37《相和歌辞十二》，北京：中华书局，1979年，第545页。

⑤ 黄灵庚：《楚辞章句疏证》，北京：中华书局，2007年，第443—448页。

图 4-21　千万仙官迎墓主升仙

采自高至喜、熊传薪主编：《中国音乐文物大系・II 湖南卷》，郑州：大象出版社，2006 年，第 274 页三万六千神。”[①]《神仙传》“苏仙公”：“俄顷之间，乃见天西北隅，紫云氤氲，有数十白鹤，飞翔其中，翩翩然降于苏氏之门，皆化为少年，仪形端美，如十八九岁人，怡然轻举。”[②]《抱朴子内篇·杂应》亦曾描述众多神仙出现之情景：“来神甚多。或纵目，或乘龙驾虎，冠服彩色，不与世同。”[③]在马王堆文物中，用来表达墓主人得道授书、畅饮“玉浆”之后，万神千灵相迎、墓主人渐行渐远之升天情景者，见于三号墓棺房西壁悬挂的巨型“车马仪仗图”（图 4-21，摹本见图 4-22），其精彩描绘和巧妙空间布局，使万众相送、群仙接引的盛况和向着高远天际陟升的情景得到充分表现[④]。类似情景亦见于广西贵县罗泊湾西汉前期一号墓出土的提梁漆绘铜筒（见图 4-23）所绘画面[⑤]。画面共有 4 格，可分为上、下两部分：中间竹节以下的两格描绘墓主人升天之前的情形，其中下面一格绘力士伏虎的故事和侍者，上面一格绘墓主人佩剑由乘虎蹻的神人接引升天。铜筒中间竹节以上的两格描绘墓主人升天的情景，其中下面一格为仙界庆祝场面，上面一格左右两个铺首图案表示天门的所在，有门亭长在天门迎接墓主人升仙。

马王堆一号墓 T 形帛画上部天阙入口处两位仙官值守，天门的东西两阙各有仙官守卫，阙顶各有虎豹雄踞。萧兵认为双阙形建筑乃西方天门“阊阖”，即“昆仑山”的门户[⑥]。然而经仔细辨识，帛画画面的方位信息相当明确。从帛画的自身方位来说：左为东方（九日并明），右为西方（新月升起），由此可以判断，帛画本身表现的是一幅坐北朝南的景象，故正面的双阙形建筑并非西方昆仑门户，而是南天门。《淮南子·原道训》：“排阊阖，沦天门。”高

---

① 《云笈七签》卷 18《老子中经》，《道藏》第 22 册，第 135 页。

② （宋）李昉等编：《太平广记》第 1 册，北京：中华书局，1961 年，第 91 页。

③ 王明：《抱朴子内篇校释》，北京：中华书局，1985 年，第 273 页。

④ 据统计，“车马仪仗图”上各类人物共计 300 余人，马 200 多匹，车 40 余辆。见顾森：《秦汉绘画史》，北京：人民美术出版社，2000 年，第 82 页。

⑤ 广西博物馆：《广西贵县罗泊湾汉墓》，北京：文物出版社，1988 年，第 37 页图 33。

⑥ 萧兵：《楚辞与神话》，南京：江苏古籍出版社，1987 年，第 66 页。

图 4-22 千万仙官迎墓主升仙(摹本)
采自《长沙马王堆二、三号汉墓》第 1 卷《田野发掘报告》，北京：文物出版社，2004 年，第 113 页“马王堆三号汉墓《车马仪仗图》”

诱注：“阊阖，始升天之门也。”[①]其东西两阙有“帝阍”把守[②]。“他们身后的虎豹，就是《楚辞》中‘虎豹九(纠)关’的虎兽”[③]。汉初《淮南子·览冥训》描绘的“乘雷车，服驾应龙，骖青虬，援绝瑞，席萝图，黄云络，前白螭，后奔蛇，浮游消摇，道鬼神，登九天，朝帝于灵门……”[④]，即得道成仙登九天之门的盛况，为时人信仰之表达，亦有助于对帛画上部所绘仪式内涵之理解。汉晋信仰中九天之门的这种配置模式，在《晋书·陶侃传》中仍可得到部分印证：据说陶侃曾经“梦生八翼，飞而上天，见

① (西汉)刘安撰，刘文典集解，冯逸、乔华点校：《淮南鸿烈集解》，北京：中华书局，1989 年，第 7 页。标点略有调整。

② 说见陈兆忠：《马王堆“T”形帛画的艺术特征及思想文化管窥》，《湖南省社会主义学院学报》2003 年第 4 期。《楚辞·离骚》：“吾令帝阍开关兮，倚阊阖而望予。”王逸注：“帝，谓天帝也；阍，主门者也。”(黄庚灵：《楚辞章句疏证》，第 366—367 页)张衡《思玄赋》：“叫帝阍使辟扉兮，觌天皇于琼宫。”吕延济注：“帝，天也；阍，守门人。”(萧统编，李善等注：《六臣注文选》卷 15，北京：中华书局，2012 年，第 285 页)

③ 何新：《诸神的起源：中国远古神话与历史》，北京：三联书店，1986 年，第 261 页。

④ (西汉)刘安撰，刘文典集解，冯逸、乔华点校：《淮南鸿烈集解》，北京：中华书局，1989 年，第 208—210 页。

天门九重，已登其八，唯一门不得入。阍者以杖击之，因坠地，折其左翼。及寤，左腋犹痛”[①]。可知把守双阙的两个仙官正是帝阍。

图 4-23 广西贵县罗泊湾西汉前期一号墓出土提梁漆绘铜筒

① 《晋书》卷 66《陶侃传》，第 1778 页。

类似于T形帛画对天门的表现，更多汉墓则用画像、棺饰或建筑形式的双阙来象征死者升入天门。如棺首饰天门牌，作圆形以象天，又刻字“天门”以强调（图4-24、图4-25）。

飞升九天的梦想，在汉以后的道教中得到了继承。约出于东晋的早期上清派重要经典《洞真上清青要紫书金根众经》卷上有转化死者升入九天的道门仪式，其咒诀有云：

> 气化成神，尸变入玄，三化五炼，升入九天，……得为真人。……又阴咒曰：天气已清，人化已生，得生上天，九变受形，五苦三涂，断落死名，超度穷魂，还反南庭。止。如此，亡人即更受化，生于九天之上，九年得升玉清之宫，其法妙于大洞度七祖之法。①

图4-24 甘肃成县石碑坝出土“天门”棺饰铜牌

采自《汉风——中国汉代文物展》，北京：科学出版社，2014年，图108

① 《道藏》第33册，第429—430页。

图 4-25　简阳鬼头山三号石棺“天门”画像

采自高文：《四川汉代石棺画像集》，北京：人民美术出版社，1997 年，图 98

可见九天信仰从先秦以来不仅是一种稳定的信仰传统，而且融入了新时代的宗教体系，成为汉晋信仰的最高意义话语。

四、变形而仙：人面蛇身

在帛画顶部，可以看到中部所见老态龙钟的墓主人受道书、饮丹水后已升天，与日月同辉，返老还童，变为人身蛇尾的曼妙女子。中国古代传说中的伏羲、女娲即为人面蛇身，《山海经·海外西经》则谓“轩辕之国……人面蛇身，尾交首上”①；教化万民统一华夏的黄帝，亦出于人面蛇身的轩辕之国。《史记·封禅书》关于黄帝骑龙升仙的传说，以及《列仙传》引《仙书》关于黄帝的类似叙述，盖本乎此。女子周围众多仙鹤表示墓主已变形而仙，九天鹤鸣相庆。《诗经·小雅·鹤鸣》：“鹤鸣于九皋，声闻于天。”其图像描绘见于马王堆 1 号墓 T 形帛画顶部(图 4-26)，马王堆 3 号墓 T 形帛画此段所表现亦复相同(关于该帛画顶部的人面蛇身图像的识别结果，见图 4-27)。东汉《周易参同契》有“服炼九鼎”之药“化迹隐沦……变形而仙”之说②，

---

① 袁珂：《山海经校注》，成都：巴蜀书社，1992 年，第 266 页。

② 《道藏》第 20 册，第 128 页。

图 4-26　马王堆一号汉墓 T 形帛画顶部中央区域，墓主人变形升天，鹤鸣九天（图 4-1 局部）

继承了 T 形帛画所见的变形而仙信仰[①]。

对于这一切的过程，变化的思想无疑最为关键最具支撑意义。《列子·天瑞》："视之不见，听之不闻，循之不得，故曰易也。易无形埒，易变而为一，一变而为七，七变而为九。九变者，究也，乃复变而为一。一者，形变之始也。清轻者上为天，浊重者下为地，冲和气者为人；故天地含精，万物化生。"[②]比之以汉代九宫图，不难发现，《易纬乾凿度》所述的"一→七→九→一"变化逻辑正是 T 形帛画所含的死者在死后世界经历的"往蓬莱过太阴(1)→登昆仑见西王母(7)→上九天(9)→变形而仙(1)"的生命转化逻辑。

根据以上研究，依 T 形帛画自身圆满的思想逻辑，将其图像符号话语尽可能转换为语言表达，可转译整理出其中包含的尸解升天转变成仙过程示意图（图 4-28）。从墓主人形象出现的情况判断，葬仪中施用的这幅帛画，

① 《抱朴子内篇·对俗》："古之得仙者，或身生羽翼，变化飞行，失人之本，更受异形，有似雀之为蛤，雉之为蜃，非人道也。……笃而论之，求长生者，正惜今日之所欲耳，本不汲汲于升虚，以飞腾为胜于地上也。若幸可止家而不死者，亦何必求于速登天乎？"（王明：《抱朴子内篇校释》，北京：中华书局，1985 年，第 52—53 页）从前后两种境界对比中可以看出，所谓"更受异形"的古之得仙者，实指战国两汉追求"先死后蜕""变形而仙"的尸解信仰群体；这种信仰到魏晋以后被追求"止家而不死"的即身成仙信仰群体认为是"失人之本"的下等仙术。

② 杨伯峻撰：《列子集释》，北京：中华书局，1979 年，第 6—8 页。《易纬·乾凿度》中亦有相似内容，[日]安居香山、中村璋八辑：《纬书集成》（上），石家庄：河北人民出版社，1994 年，第 12 页。

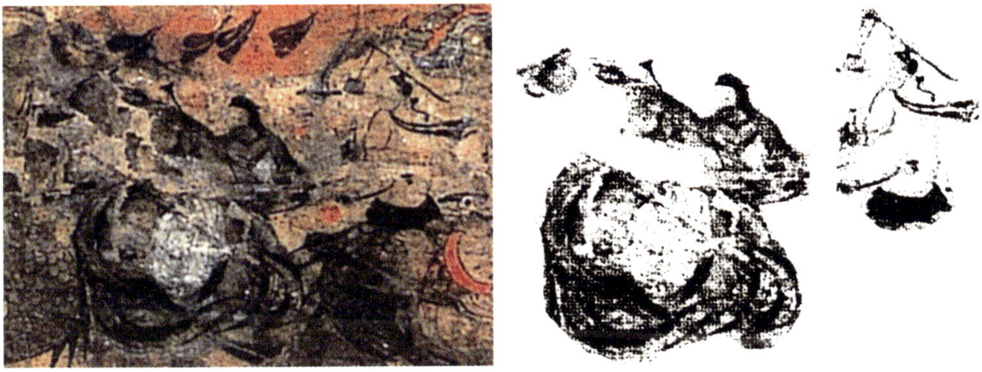

图 4-27 马王堆三号汉墓 T 形帛画顶部的蛇身人物识别

墓主变形成仙，人面蛇身，两位仙官相伴左右(图 4-2 局部)。此处经图像技术处理以突出显现其中描绘墓主人成仙升天之情形

描绘了死者的过去(往蓬莱)、现在(登昆仑)和未来(上九天)。在双龙构成的巨型双壶空间中，阴阳及气的思想，正是生命重建的主体结构赖以形成的根据。阴阳双龙构成的双壶，犹如死后藉以再生的子宫，是死者重生的地方；蓬莱仙药和昆仑玉液则为此过程提供了必要的支持。重生的墓主人乃超出壶外，飞升九天。来自西部内陆的神山传统与来自东方滨海的仙岛传统，以及古宗教神话系统，以黄老思想为基础，在汉初融汇为一，成为汉时代之精神世界的基本结构①。T 形帛画乃其系统呈现。

文献与图像的互证是一个类似于“对焦”的过程；只有当思想的逻辑与符号的逻辑准确契合，合理的解释才可能出现。为此必须在关键证据基础上，理解和超越“散漫不一的文献材料”，找到那个汲取消化种种“思想碎片”的灵魂——汉代信仰体系，才能最终把握汉墓的原本思想面貌。

① 这一过程结构依照来自铜镜铭文的简约表达为：“上大山，见神人，食玉英，饮澧泉，得天道，物自然。驾交龙，乘浮云，宜官秩，保子孙，贵富昌，乐未央。”见宋彦泉、宋爱贞：《山东临沂银雀山发现古代铜镜》，《考古》1990 年第 11 期。所谓“官秩”乃指仙官。

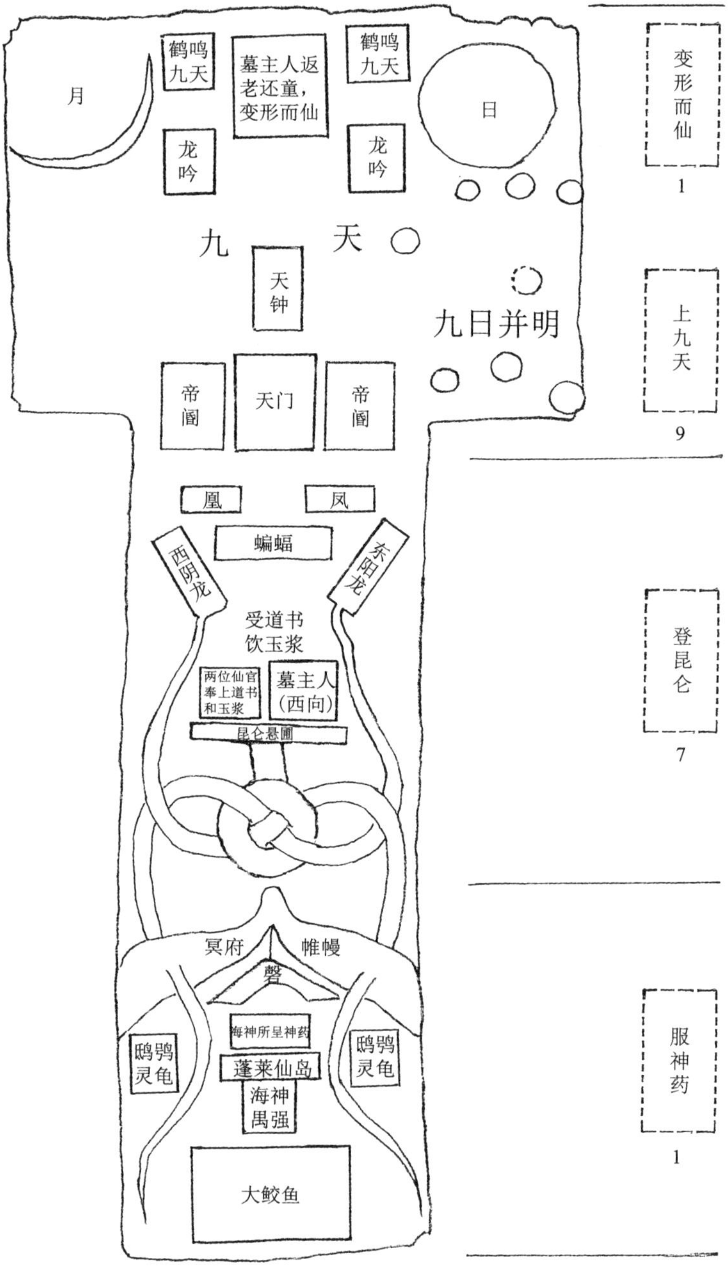

图 4-28　马王堆一号汉墓 T 形帛画尸解成仙过程示意

第四节 马王堆一号墓四重棺所示死后变仙程序

马王堆一号墓的葬具，由二层椁室、四层套棺及椁下垫木组成（纵剖面见图 4-29），棺椁置于墓室底部正中，方向正北[①]。巨型木椁内置四重髹漆套棺。由内向外可厘为第 1—4 重（Layers 1-4）：最里层（L1）为锦饰内棺（长 202 厘米、宽 69 厘米、通高 63 厘米），向外一层（L2）为朱地彩绘棺（长 230 厘米、宽 92 厘米、通高 89 厘米），再外一层（L3）为黑地彩绘棺（长 256 厘米、宽 118 厘米、通高 114 厘米），最外一层（L4）为黑色素棺（长 295 厘米、宽 150 厘米、通高 144 厘米）；各层棺的内里皆髹朱漆。

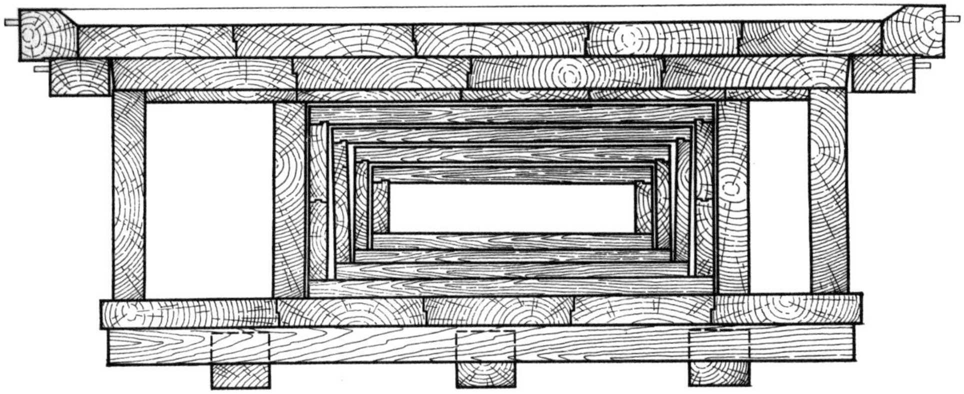

图 4-29 马王堆一号汉墓葬具纵剖面图

学界对套棺的研究，较成熟的观点仅集中于对朱地彩绘棺的认识；至于其他三重，及各重之间是否存在逻辑关联及其思想依据等，认知现状混乱，部分合理的认知“点”被淹没在谬误缠结的泡沫中。

孙作云曾对该套棺的中间两层棺表面图像进行基本解释，未及各棺之象征性[②]。曾布川宽著《向昆仑山的升仙》论及 L2，认为 T 形帛画顶部的人身

① 湖南省博物馆、中国科学院考古研究所编：《长沙马王堆一号汉墓》（上集），北京：文物出版社，1973 年，第 6 页。

② 孙作云：《长沙马王堆一号汉墓漆棺画考释》，《考古》1973 年第 4 期。

图 4-30　右起：马王堆一号汉墓的锦饰内棺(L1)、朱地彩绘棺(L2)、黑地彩绘棺(L3)和黑漆素棺(L4)

蛇尾人物是女娲，至于墓主人升仙到昆仑后是否更可升天则无法判断[①]。巫鸿认为，轪侯夫人四重棺的最外层黑漆素棺(图 4-30，L4)，“黑色的象征意味很明显，在汉代，黑色与北方、阴、长夜、水和地下相关，而这一切概念又都与死亡联系在一起。……庄重的黑色意味着把死者与生者永远分开的死亡，也意味着这个黑色外棺之内的第二、三重外棺表面的华丽图案，并非为了在送葬仪式中被人观赏，而仅仅是为死者设计制作的”；其余三重彩棺，“第一重即最外一重(引者按：实指 L3)把她与生者分离开来，第二重(引者按：实指 L2)代表了她正在进入受到神灵保护的地府，第三重(引者按：实指 L1)一变而为不死之仙境。这些套棺的独特设计不见于古代典籍记载，大概反映了汉代早期丧葬艺术中出现的新因素。”[②]

诸如此类的讨论，对于探究重重棺椁的象征意义，不无启发性。然而遗憾的是，最外层的黑漆素棺(L4)在许多研究中被忽略了；直接原因在于，黑漆素棺完全没有纹饰，不引人注意。虽然认识到三重彩棺象征三重空间，然而究竟套棺各层代表什么空间，各层之间的逻辑关系及其涵义如何，仍待合理的理解和解答。

按《礼记·檀弓上》：“天子之棺四重。”[③]依此观之此棺似有僭越。然如俞伟超所论，轪侯(列侯)夫人的四重套棺乃承旧制；事实上，诸侯僭用天子之制，早在两周之际已经发生，所以西汉诸侯王用过去的天子之制，列侯用战国时代列国的封君贵族或列卿之制是很自然的[④]。关键在于，此四重之棺并非仅仅用来表示其身份之重，而是以每重棺代表不同的时空，其所指向的焦点乃是死者；四重棺及其表饰画像之施用，俨如重重暗道，其复杂架构里面隐含着严密的内在逻辑和思想。与此紧密相关的是，铺在锦饰内棺盖上(方向为上南下北)的 T 形帛画之信仰逻辑问题。前文研究表明，帛画由下而上逐一对应墓主死后“服神药”“登昆仑”“上九天”的“尸解”登仙成神过程

① [日]曾布川寛：《崑崙山への昇仙：古代中国人が描いた死後の世界》，東京：中央公論社，1981 年，第 125 页。

② 巫鸿著，郑岩、王睿等译：《礼仪中的美术》，北京：三联书店，2005 年，第 111、115 页。

③ (清)阮元校刻：《十三经注疏·礼记正义》，北京：中华书局，1980 年，第 1293 页。

④ 俞伟超：《马王堆一号汉墓棺制的推定》，收入氏著《先秦两汉考古学论集》，北京：文物出版社，1985 年，第 130 页。

（参看上文图 4-28）。事实上，四重棺同样表达着墓主在死后经历的迁移变化；但须特别注意的是，这个过程乃由内而外（L1→L4）逐层呈现；每一层棺的颜色和图像，代表了一重境界的空间性质和该道程序对于死后过程的意义。具体来说，由内而外的三重彩绘套棺（L1→L3）之所表达，与 T 形帛画所呈现的冥界蓬莱、昆仑、九天三种空间及相应的死后三历程完全吻合。而历来受忽视的最外层黑漆素棺（L4），则以其黑色代表“包天裹地”“玄之又玄”的“道”。T 形帛画和四重套棺，可以说是汉初黄老道信仰及其生命与宇宙思想的绚烂艺术呈现。

以下将按由内向外的原本时空迁移顺序，逐层解释四重棺各自的时空象征，以及整个套棺对死后尸解成仙过程的完美表达。

一、锦饰内棺（L1）：九泉冥界，归土为鬼

装载着轪侯夫人尸体的是最里层的锦饰贴羽内棺［图 4-30，L1；《长沙马王堆一号汉墓》（上集）识之为第四层］。该层棺木外髹黑漆；髹漆之外贴一层锦饰，锦上图案为各种菱形纹，别无他图；锦上复贴鸟羽。内棺表饰如此简单，是否尚有涵义或象征可寻？

在汉墓画像系统中，菱形纹多见，蕴义独特。菱形纹或单独刻画，或与五铢钱等纹饰组合，形成具有特定寓意的图像格套。本书第一章已经指出，在这些单独或组合的图像中，菱形纹作为方形的大地——“天圆而地方”[①]思想的一种表达——实际上代表着阴性的石头（“地之骨”），暗示着死者暂居的“九泉之下”（五铢钱纹则寓意“泉”——九泉——“地之血”）[②]。人死为鬼是起于远古、世代传承的一种观念，睡虎地秦简《日书》甚至记有 20 余种鬼[③]。《礼记·祭义》：

① 《大戴礼记·曾子天圆》：“天之所生上首，地之所生下首。上首之谓圆，下首谓之方。如诚天圆而地方，则是四角之不揜也。且来，吾语汝。参尝闻之夫子曰：天道曰圆，地道曰方，方曰幽而圆曰明。”（清）王聘珍：《大戴礼记解诂》本，北京：中华书局，1983 年，第 98 页。

② 参见本书第一章第二节。

③ 参见王子今：《睡虎地秦简〈日书〉甲种疏证》，武汉：湖北教育出版社，2002 年，第 339—445 页。

> 气也者，神之盛也；魄也者，鬼之盛也；合鬼与神，教之至也。众生必死，死必归土，此之谓鬼。①

故《说文解字·鬼部》释云：“人所归为鬼。从人，象鬼头。”②

因此，按四重套棺的思想逻辑，直接装殓死者尸体的最里层锦饰内棺，乃象征人死后所归“九泉之下”的冥界，所谓入土为鬼，代表死后过程的第一步。

T 形帛画即覆盖于此棺盖上。L1 究竟与该帛画有何关联？显然，L1 用实物加符号，简洁地表达了死后入冥的第一道程序。关于 L1 及其与 T 形帛画的关系，贺西林认为，“内棺上的羽饰具有羽化升天的功能和象征寓意，表明墓主之魂还将继续飞升。那么，其究竟要飞升何处呢？”进而提出墓主将循着 L4→L3→L2→L1（由外而内）→T 形帛画↑（由下而上）这个顺序经历“从死到再生直至永生的整个时间流程”。同样需要强调的是，《长沙马王堆一号汉墓》（上集）对套棺所作的由外而内的主观排列③，其序不合古意，依此解释套棺所蕴含的升仙迁转流程，只能走向一种颠倒的、与原始逻辑不符的想象，难免自相矛盾。

事实上，T 形帛画所表达的，与套棺的 L1—L3 之所表达，完全相同；也就是说，它们之间是并列关系，互为重复强调，帛画与 L1—L3 之间不存在由套棺再转向帛画的前后衔接顺序。

二、朱地彩绘棺（L2）：昆仑，“登之不死”而仙

向外一层为朱地彩绘棺（图 4-30，L2），色彩鲜艳，图案丰富；《长沙马王堆一号汉墓》（上集）识之为第三层，并据《山海经》和《淮南子》的有关叙述，指出此层棺“头挡和左侧面上所绘高山，应该不是一般的

① （清）阮元校刻：《十三经注疏·礼记正义》，北京：中华书局，1980 年，第 1595 页。

② （东汉）许慎撰：《说文解字》卷 9 上，北京：中华书局，1963 年，第 188 页。

③ 湖南省博物馆、中国科学院考古研究所编：《长沙马王堆一号汉墓》（上集），北京：文物出版社，1973 年，第 13—27 页。

山，而是所谓仙山。……可能是昆仑的象征”[①]。巫鸿亦认为，此棺“通体为明亮的红色，象征着太阳、南方、日光、生命和永恒。三峰竞起的仙山昆仑处于神龙、神鹿、天马和羽人之间，成为此棺的中央意象”[②]。并且：

> 其“中央部分”由第四重内棺和放置在棺上的帛画组成，保存着墓主的尸体与形象；第二重棺的装饰主题是阴间世界和护卫死者的神灵；……最重要的是，升仙在这时期被看作死后世界的一个组成部分。在第三重棺上，我们可以看到有三个尖峰的昆仑上和两侧的吉祥动物，这些图像将此棺转化为一个超凡脱俗的天堂。[③]

何以代表昆仑？学界尚未给出应有的论证，仍停留在推测的层面。

L2“通体为明亮的红色”，实为丹砂之色。类似的棺表颜色处理，亦见于汉代其他漆棺资料。1997 年发现的临沂金雀山金民 4 号西汉中期周氏墓(公元前 110 年前后)，木棺表显然曾施朱漆，唯其色彩已较淡，棺上亦敷一幅彩绘帛画(参见下文图 4-37 及图 4-39)[④]。元寿二年(公元前 1 年)汉哀帝暴崩，宠臣董贤免官归第自杀，其父恭等仍欲高之，乃“以沙画棺[⑤]，四时之色，左苍龙，右白虎，上著金银日月，玉衣珠壁以棺，至尊无以加”[⑥]。

---

① 湖南省博物馆、中国科学院考古研究所编：《长沙马王堆一号汉墓》(上集)，北京：文物出版社，1973 年，第 26 页。`

② 巫鸿著，施杰译：《黄泉下的美术：宏观中国古代墓葬》，北京：三联书店，2010 年，第 227 页。

③ 巫鸿著，郑岩译：《超越“大限”——苍山石刻与墓葬叙事画像》，《南京艺术学院学报·美术与设计版》2005 年第 1 期。

④ 金雀山考古发掘队：《临沂金雀山 1997 年发现的四座西汉墓》，《文物》1988 年第 12 期。棺木照片见封三彩版；又见郭文铎、杜学民、徐淑彬：《银雀山金雀山西汉墓群》，北京：解放军出版社，2004 年，彩版 6。关于墓主周姓及其墓葬年代判断，见该书第 192—193 页。

⑤ 颜注：“以朱砂涂之，而又雕画也。”见《汉书》卷 93《佞幸传》，第 3740 页。

⑥ 《汉书》卷 93《佞幸传》，第 3740 页。“看来，这类纹饰的朱漆棺，是当时封建统治阶级所习用的葬具。”见湖南省博物馆、中国科学院考古研究所编：《长沙马王堆一号汉墓》(上集)，北京：文物出版社，1973 年，第 26—27 页。

可见西汉礼制中以朱砂画棺为尊贵之器（东汉亦然，见后文）。

作为一种矿物，朱砂以其色朱红得名；事实上“丹”字本为其古称。按“丹”字甲骨文和金文作。《说文解字》“丹部”段玉裁注曰：“丹，巴越之赤石也。象采丹井，•象丹形。凡丹之属皆从丹。，古文丹。”[①]《史记•货殖列传》记载，秦始皇帝曾专门接见远在巴地的一位寡妇，只为她所经营的祖传丹砂矿：“巴寡妇清，其先得丹穴，而擅其利数世，家亦不訾。清，寡妇也，能守其业，用财自卫，不见侵犯。秦皇帝以为贞妇而客之，为筑女怀清台。”[②]可见丹砂资源之重。事实上，对朱砂的信仰非常古老。考古显示，新石器时代墓葬已有在人骨周围播撒朱砂的现象，仰韶文化大型墓葬遗存亦有在死者头骨和器物上涂朱现象，瓮棺葬也有在棺内施用朱砂习俗，春秋战国时期墓底施朱砂现象则较多见。非独华夏如此，在欧美古代墓葬中亦均发现有施用朱砂的情况[③]。直到现代，朱砂在历史悠久的二次葬仪式中仍具重要功能。壮族的捡骨葬仪式中，仍保存着为骨坛内死者骸骨施洒朱砂的传统。罗二虎在对汉墓的相关研究中指出，此或与辟邪及升仙有关[④]。当是。显然，将朱砂作为神药施之墓中并期待其对死者生命赋予再生的转变，是一种十分古远而执著的人类信仰：朱砂的所在就是“不死之地”，死者将在那里重生。

与此密切相关，中国古代以朱色代表西南之天。《吕氏春秋・有始》谓天有九野，其中“西南曰朱天”[⑤]。《淮南子・天文训》亦云“西南方曰

---

① （清）段玉裁注：《说文解字注》卷5下，上海：上海古籍出版社，1988年，第215页。

② 《史记》卷129《货殖列传》，第3260页。按史家记述，秦始皇陵内使用了巨量的水银，耗用丹砂之多，可以想见。《史记》卷6《秦始皇本纪》：“以水银为百川江河大海，机相灌输。”（《史记》卷6《秦始皇本纪》，第265页）《汉书》卷36《楚元王传》：“秦始皇帝葬于骊山之阿，……水银为江海。”见《汉书》卷36《楚元王传》，第1954页。

③ 更多相关考古资料，可参高志伟：《考古资料所见赭石、朱砂、铅丹及其运用》，《青海民族大学学报》（社会科学版）2011年第1期。

④ 罗二虎：《四川汉代砖石室墓研究》，《考古学报》2001年第4期。

⑤ （秦）吕不韦等撰，许维遹集释：《吕氏春秋集释》，北京：中华书局，2009年，第277页。

朱天”[1]。

而L2棺表画饰为昆仑神山，自有其方位暗示。《山海经•海内西经》：“海内昆仑之虚，在西北，帝之下都。”[2]可见昆仑在古中国的西北方。这些方位概念，均是以古老的中央帝国——中原的“中国”为坐标基点的描述。

西王母一方面被描述为西方之神（汉墓画像石上，西王母皆出现在西面），一方面又被描述为昆仑之主（汉墓画像石、壁画、器物彩绘中的西王母总是坐在上宽下狭的昆仑之巅）。战国《穆天子传》描绘的西征过程，便是一路向西，达于昆仑：“丁巳，天子西征。巳未，宿于黄鼠之山，西□乃遂西征。癸亥，至于西王母之邦。”[3]西北自然被包含在西方之内。

古来中国以“往生西天”讳称人死。这个西天，显然包含了西南朱天、西北昆仑以及西极之天。正如本章所揭示的，汉人相信，死后所经历的首先是入冥为鬼，而后逐步上升。汉初淮南派给出了从登昆仑（不死而仙）到登天（成神）的完整表述。《淮南子•墬形训》：

> 昆仑之丘，或上倍之，是谓凉风之山，登之而不死；或上倍之，是谓悬圃，登之乃灵，能使风雨；或上倍之，乃维上天，登之乃神，是谓太帝之居。[4]

向上推溯，则战国时期《九歌•河伯》似已表达类似由L1登往L2的信仰：“与女游兮九河，冲风起兮横波。乘水车兮荷盖，驾两龙兮骖螭。登昆仑兮四望，心飞扬兮浩荡……”[5]这里已有从水（冥、鬼）到山（阳、仙）而游

① （西汉）刘安撰，刘文典集解，冯逸、乔华点校：《淮南鸿烈集解》，北京：中华书局，1989年，第87页。

② 袁珂：《山海经校注》，成都：巴蜀书社，1992年，第344页。

③ 王贻梁、陈建敏：《穆天子传汇校集释》，上海：华东师范大学出版社，1994年，第155页。

④ （西汉）刘安撰，刘文典集解，冯逸、乔华点校：《淮南鸿烈集解》，北京：中华书局，1989年，第135页。部分标点有所改动。

⑤ 黄灵庚：《楚辞章句疏证》，北京：中华书局，2007年，第932—933页。

的内容。古“九”“鬼”通假，且林河对沅湘民歌的研究表明，侗语称“鬼”曰“九”，所谓《九歌》就是《大鬼歌》[①]。如此，则“九河”或即“鬼河”之意。

其实，汉晋及其以降葬俗信仰中，泰山下的渿河即是这种鬼河。西汉都城长安北面的渭河具有类似的象征性。渭河以北的五陵塬多汉帝陵墓(西汉十一帝之九帝陵)；其于汉人，过渭桥正如过渿河桥一样意味着告别人间进入冥界。如此，则“乘水车”“驾骖螭”从“九河”而“登昆仑”，表达的应即战国楚地“鬼歌”中对于从鬼界(水)往仙界(山)游历的向往。

关于西北昆仑山与朱色的复合，在先秦到汉晋的中国传统中保持了某种连续性。先秦时期以朱色涂棺及画像的形态，或可从曾侯乙墓墓主的两重套棺(图4-31)[②]之棺表颜色及纹饰窥其一斑。据发掘报告描述，曾侯乙墓外棺全身(包括铜足、铜框架)外表均以黑漆为地，绘朱色间黄色花纹。棺盖顶面木板上主要饰龙形蜷曲勾连纹，盖顶铜框架的四侧饰云纹。棺身上24组图案基本相同，每组以阴刻圆涡纹为中心，周饰朱绘龙形蜷曲勾连纹，铜立柱上有龙形蜷曲勾连纹和花瓣纹，底部铜框架上有云纹和花瓣纹，铜足上施鳞纹[③]。总之，外棺表面主要纹饰特征，均属流动的圆形元素即“天圆”属性[④]。

内棺内壁遍髹朱漆，外表基色为朱漆，图案用墨、金等色绘成。盖面上画68组双龙。棺身四周图案由龙、蛇、鸟、神等构成，很多龙为有翼之龙。内棺的棺表画像有些可能源自神话传说，有些可在《山海经》《楚辞》等文献中找到印证[⑤]。

---

① 林河：《〈九歌〉与沅湘民俗》，上海：三联书店，1990年，第70—76页。

② 采自陈振裕主编：《中国漆器全集 1·先秦》，福州：福建美术出版社，1997年，图187、图188。

③ 参见湖北省博物馆编：《曾侯乙墓》(上)，北京：文物出版社，1989年，第25—26页。

④ 《吕氏春秋》：“何以说天道之圜也？精气一上一下，圜周复杂，无所稽留，故曰天道圜。”高诱注：“杂犹匝，无所稽留，运不止也。”[(秦)吕不韦等撰，许维遹集释：《吕氏春秋集释》，北京：中华书局，2009年，第78—79页]

⑤ 参见湖北省博物馆编：《曾侯乙墓》(上)，北京：文物出版社，1989年，第28—45页。

图 4-31　曾侯乙墓墓主的外棺（上）和内棺（下）

曾侯乙墓套棺没有出现对应于马王堆一号墓套棺外层棺的设计。但曾侯乙墓内棺表面的朱漆底色、各种纹饰颇与马王堆一号墓套棺的 L2 底色、L3 纹饰相似，所表达的应是在这个空间获得不死；从外棺表面象征玄天的黑漆上所作大量圆弧性质的图案中则可读出升天信仰。死者从内棺到外棺的境界升迁，与马王堆一号墓从 L2 向 L3 的空间迁转象征甚为相似。

同时代例证，则见于长沙砂子塘西汉墓两重棺（图 4-32），年代约当公元前 157 年前后[①]。内棺为朱漆内里、黑漆外表。外棺为朱漆内里、彩绘外表，菱形纹与云气纹相配。两面侧板漆画相同。侧板中间部位绘陡峭悬绝、高耸入云、仙气缭绕的神山，山下左右各有一豹把守，双龙游于云气中；从“神兽把守神山”的图像叙事模式看，应系昆仑山。又安徽潜山县彭岭 58 号墓出土西汉早期彩绘漆棺（图 4-33），亦甚得马王堆一号汉墓漆棺及帛画之意[②]。是皆可证汉初“道者”死后信仰流布之广。

图 4-32 上：长沙砂子塘一号西汉墓外棺壁板漆画（摹本）；下：头足挡（摹本）
采自湖南省博物馆编：《长沙砂子塘西汉墓发掘简报》，《文物》1963 年第 2 期，图版贰、彩色图版

① 湖南省博物馆：《长沙砂子塘西汉墓发掘简报》，《文物》1963 年第 2 期。
② 傅举有主编：《中国漆器全集 3 • 汉》，福建：福建美术出版社，1998 年，图 50。

图 4-33 安徽潜山彭岭 58 号墓出土西汉早期彩绘漆棺

马王堆之后的例子，见于新疆楼兰古城北的汉晋墓所出四足箱式朱地彩绘木棺（图 4-34）[①]。该棺为单层，头足挡大菱形纹交叉点上所绘的朱雀和蟾蜍，暗示了昆仑西王母（蟾蜍在汉画中是西王母身边的司药之神）；其朱色背景则表明这个空间同时代表着西南朱火之天。造于太元十一至十九年（286—294 年）间的云南昭通东晋壁画墓（霍承嗣墓）[②]，南壁西段有朱绘建筑（图 4-35），楼阁西侧高冠、披甲、执环首刀而立的武官，及其头部东侧“中门侯”榜题，暗示这里是被严密把守的天上宫殿。西侧出现早期道教特有的朱书文字符——云文（或曰云篆）题记，其字宜识作“朱天”，表示楼阁所代表的空间（方位恰在南方西端），为汉晋道教的“朱火宫”。《真诰》卷 16“阐幽微第二”陶弘景注：“在世行阴功密德，好道信仙者，既有浅深轻重，故其受报亦不得皆同。有即身地仙不死者，有讬形尸解去者，有既终得入洞宫受学者，有先诣朱火宫

① 采自新疆维吾尔自治区文物事业管理局主编：《新疆文物古迹大观》，乌鲁木齐：新疆美术摄影出版社，1999 年，第 33 页。

② 云南省文物工作队：《云南省昭通后海子东晋壁画墓清理简报》，《文物》1963 年第 12 期。

图 4-34 楼兰古城北汉晋墓出土彩绘木棺

图 4-35 云南昭通后海子东晋霍承嗣墓南壁西段壁画摹本局部

朱绘建筑(朱火宫)旁的朱书云篆“朱天”题记和带“中门侯”榜题的守宫武官。完整原图见徐光冀主编：《中国出土壁画全集》第 10 册，北京：科学出版社，2011 年，第 167 页炼形者。”[①]所谓“朱火宫”即西南朱天宫。由此亦可见，关于西南朱天的信仰传统，从先秦到汉晋保持了它的历史连续性。

系统地看，轪侯夫人的三重彩棺表达着一个由内而外的连续性升迁转化过程；这个过程指向的终极目标是升天，很难说此中存在某个“中央”性质的空间。

贺西林提出：“帛画与四重漆棺为同一观念的两个表述系统。……帛画自下而上营造了四个不同空间，展现了从死到再生直至永生的整个时间流程。”[②]这些表述存在逻辑问题。巫鸿提出“尚未统一”，“这些境地之间的关系是不明确的”，对来世的解释“在佛教传入以前的中国却没有产生”[③]等否定性的看法，可在我们对马王堆汉墓的最新发现中得到重新认识。

L2 同时代表昆仑仙境和朱火宫，应无疑义。前引巫鸿说，“我们可以看到三座尖峰的昆仑山上和两侧的吉祥物，这些图像将此棺转化为一个超凡脱俗的天堂”。只不过，L2 所代表的昆仑，并未因此而成为“一个超凡脱俗的天堂”，而仍是死者转变升仙的中间过程。这里值得注意的是，遍布 L1 外表的菱形纹饰，出现在 L2 外表的边框纹饰中，表示这里是仍在大地上的“帝之下都”[④]昆仑，是朝向“得道成仙”最高境界所必经的步骤而非终点。相比之下，更外一层表示玄天的 L3，则未再出现表示“地之骨”石头的菱形纹，可见整个套棺设计制作之严谨缜密。

前文已论及，马王堆一号墓 T 形帛画中部贵妇人脚下的白色 T 形台，以菱形纹饰示为山石，表示此处为昆仑悬圃[⑤]；现在，关于 L2 代表昆仑的更丰富图像符号信息，反过来可为边饰研究提供更多的支持。

总之，按其表面绘画涵义及四重套棺的思想逻辑，L2 朱地彩绘棺实际上象征沟通天地、升仙必至的昆仑，同时复合了西南朱火宫，代表死后的第二重境界。

---

① 《道藏》第 20 册，第 583 页。

② 贺西林：《从长沙楚墓帛画到马王堆一号汉墓漆棺画与帛画——早期中国墓葬绘画的图像理路》，《艺术史研究》第 5 辑，广州：中山大学出版社，2003 年。

③ 巫鸿著，郑岩译：《超越“大限”——苍山石刻与墓葬叙事画像》，《南京艺术学院学报·美术与设计版》2005 年第 1 期。

④ 《山海经·西次三经》：“昆仑之丘，是实惟帝之下都。” 袁珂：《山海经校注》，成都：巴蜀书社，1992 年，第 55—56 页。

⑤ 参见本书第一章。

三、黑地彩绘棺(L3)：九天，“登之乃神”为“真人”

再外一层的棺(图4-30,L3;《长沙马王堆一号汉墓》上集识之为第二层)，基底为黑色，其上彩绘复杂多变的云气纹，以及穿插其间、形态生动的许多神怪和禽兽。按《长沙马王堆一号汉墓》(上集)对其的描绘：“黑地彩绘棺上的花纹，除盖板四侧边缘满饰带状卷云纹外，五面的四周都有宽15厘米以上以流云纹为中心的带状图案。盖板和左、右侧面的云气纹均为六组，上下两列，每列三组；头挡和足挡上的云气纹则均为四组，上下两列，每列二组。”①云气纹里多处可见怪神、怪兽及长发带翼仙人。

棺表的黑色基底代表天的本色。《易·坤卦·文言》：“夫玄黄者，天地之杂也，天玄而地黄。”②此处“玄”即黑。可见棺表涂黑乃表玄天之色，是以颜色喻示该层空间的九天属性。棺上全部描画云气，目的是在玄天之色的背景上，描绘死者上升九天成神而为“真人”之胜景。

上引《淮南子·墬形训》曰：“或上倍之，乃维上天，登之乃神，是谓太帝之居。”《孔子家语·哀公问政》：

> 人生有气有魄。气者，人之盛也。魄者，鬼之盛也。夫生必死，死必归土，此谓鬼；魂气归天，此谓神。合鬼与神而享之，教之至也。③

如何“归天”？《长沙马王堆一号汉墓》(上集)描述此棺“右侧板内壁中上部的朱漆面上，有黑漆勾出的奔马和人，笔画草率，勉强成形”④。贺西林认为，这组几乎被遗忘的画面，起着联系黑地彩绘棺表、朱地彩绘棺表这两重棺表图像的关键作用，“它很可能是一组赴仙的车马人物，表明已复

① 湖南省博物馆、中国科学院考古研究所编：《长沙马王堆一号汉墓》(上集)，北京：文物出版社，1973年，第15页。

② (清)阮元校刻：《十三经注疏·周易正义》，北京：中华书局，1980年，第19页。

③ 陈士珂辑：《孔子家语疏证》卷4，上海：上海书店出版社，1987年，第119页。

④ 湖南省博物馆、中国科学院考古研究所编：《长沙马王堆一号汉墓》上集，北京：文物出版社，1973年，第15页。

苏的墓主之魂正在通往仙境的道路上”。这个“解释零件”很好；但把墓主变仙的时空流程在套棺中解释为从外到内的方向，造成自相矛盾。类似又如：“四层套棺从外到内表现复活的墓主之魂正在赶往仙境的路上，最后进入帛画的世界。帛画自下而上营造了四个不同空间，表现了从死到再生直至永生的过程。”[①]说妙，但均需理清认知逻辑。

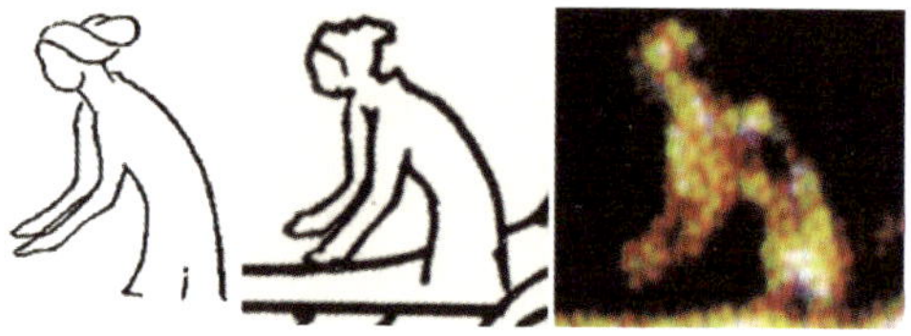
图 4-36 黑地彩绘棺头挡下部所绘人物

在黑地彩绘棺的头挡下部边框的内边线正中，浮现一个很小的半身人物（《长沙马王堆一号汉墓》提供的照片和摹本见图 4-36 右、中）。对此孙作云曾予仔细观察，摹绘其状（图 4-36 左）并指出：“在这幅图的最下方正中，画着一个老人，包着头、弯着腰、伸着手，好像摸索着前进。露出上半身，正表明她刚刚出来。这老人的姿态，使我们想起画幡中段那位老妇人。她倚杖而立，背微驼，面向左，和这位老人有些相像，只是头挡上的老人，画的有点不太清楚。这老人的形状、姿态、神气，和画棺上其他人物迥然不同，可能代表着墓中的死者。”[②]巫鸿赞同，但提出：“该图所表现的是轪侯夫人处于刚刚越过死亡的大限，正在进入地府（underground world）的一瞬间。”[③]贺西林否定此说，认为“其魂已经复苏、正从地府中走出来”（部分值得认同），但同时又提出此棺表面“色彩和图像均表现为阴间景致”[④]，这些半正半谬的解释，致使对死者迁移方向之判断与对此棺所代表空间之判断构成自相矛盾。

此类正谬掺杂的解释，往往在同一学者的同一篇文章中即自成矛盾。造成这种困境的根本原因，最终仍是对墓葬之信仰逻辑的认知，缺乏系统准确的把握。

---

① 贺西林：《从长沙楚墓帛画到马王堆一号汉墓漆棺画与帛画——早期中国墓葬绘画的图像理路》，《艺术史研究》第 5 辑，广州：中山大学出版社，2003 年。

② 孙作云：《长沙马王堆一号汉墓漆棺画考释》，《考古》1973 年第 4 期。

③ 巫鸿著，郑岩、王睿等译：《礼仪中的美术》，北京：三联书店，2005 年，第 112 页。

④ 贺西林：《从长沙楚墓帛画到马王堆一号汉墓漆棺画与帛画——早期中国墓葬绘画的图像理路》，《艺术史研究》第 5 辑，广州：中山大学出版社，2003 年。

根据本章所论和四重套棺所呈现的时空流程与思想逻辑，可以推断，L3黑地彩绘棺象征的并非“地府”，而是九天，代表死后过程的第三步；头挡图像底部中出现的妇人形象应代表轪侯夫人由“帝之下都”昆仑上升九天，得成神仙之上品——“真人”。

值得一提的是，棺表云气的绘制，在汉人，颇有形胜及物件关联方面的讲究。《汉书·天文志》载：“凡望云气，……云气有(战)兽居上者，胜。……其气平者其行徐。”[①]由其棺表云气、仙人及神兽画像，不难见证矣。

四、黑漆素棺(L4)：“大道”，“包裹天地”“玄之又玄”

最外层的黑漆素棺(图4-30，L4)，《长沙马王堆一号汉墓》(上集)识之为第一层。“棺的外表遍涂棕黑色漆，素面无纹饰。”[②]可能是这种朴素，导致此棺未被收入《长沙马王堆一号汉墓》(下集)图版26公布的木棺全套彩色图片，此后所有相关出版物亦皆如此。相应地，这层素棺亦因其简单的外表往往被忽略了。

古以黑色解“玄”字。如《诗经·商颂·玄鸟》载：“天命玄鸟，降而生商。”[③]《说文解字》卷4下“玄部”：“玄，幽远也。黑而有赤色者为玄。象幽而入覆之也。”[④]可见汉人以颜色表达宇宙观，所思深矣。黑漆素棺的这种棺表髹漆当即“玄”色。

在前三重的既有逻辑上，进一步推断，黑漆素棺当是象征“包天裹地”“玄之又玄”而为宇宙之本的“大道”。应当说，在整个套棺中，L4蕴涵着最为精微奇妙的宇宙观、生命观。甚至可以说，基于其内三重彩棺所表达的思想，包裹一切的黑漆素棺以玄素的沉默，暗示着道家思想的精髓。

按马王堆三号汉墓出土帛书《老子乙本》：

---

① 《汉书》卷26《天文志》，第1297页。

② 湖南省博物馆、中国科学院考古研究所编：《长沙马王堆一号汉墓》(上集)，北京：文物出版社，1973年，第14页。

③ (清)阮元校刻：《十三经注疏·毛诗正义》，北京：中华书局，1980年，第622页。

④ (东汉)许慎撰：《说文解字》卷4下，北京：中华书局，1963年，第84页。

浴(谷)神不死，是胃(谓)玄牝。玄牝之门，是胃(谓)天地之根。①

又按《道德经》一章，道乃“玄之又玄，众妙之门”。《道德经》二十五章：“有物混成，先天地生。寂兮寥兮，独立不改，周行而不殆，可以为天下母。吾不知其名，字之曰道，强为之名曰大。”②《老子河上公章句》注《道德经》四十二章曰：“道始所生者一也，一生阴与阳；阴阳生和气、清、浊三气，分为天、地、人也。”③《庄子·大宗师》：“夫道，有情有信，无为无形；可传而不可受，可得而不可见；自本自根，未有天地，自古以固存；神鬼神帝，生天生地；在太极之先而不为高，在六极之下而不为深，先天地生而不为久，长于上古而不为老。”(见前引文)老庄所论皆以“道”为先于天地的宇宙本原。

《淮南子》卷1“原道训”开篇即言：

夫道者，覆天载地，廓四方，柝八极，高不可际，深不可测，包裹天地，禀授无形。④

此乃汉代元气论宇宙观之体现。这种宇宙观内在地建构了一个时代的死后世界观，马王堆四重套棺即是这种思想的典型体现。

复按东汉道经《太平经》己部之十三(卷 98)“包天裹地守气不绝诀第一百六十”：

凡道包天裹地，谁持其气候者?

善哉，子之言入微意。然天地之道所以能长且久者，以其守气而不

---

① 国家文物局古文献研究室编：《马王堆汉墓帛书》(壹)，北京：文物出版社，1980年，第95页。

② 《道藏》第12册，第272、277—278页。

③ 《道德真经注》(河上公注)，《道藏》第12册，第12—13页。和字后之“气”字，疑为衍文。

④ (西汉)刘安撰，刘文典集解，冯逸、乔华点校：《淮南鸿烈集解》，北京：中华书局，1989年，第1页。

绝也，故天专以气为吉凶也，万物象之，无气则终死也。子欲不终穷，宜与气为玄牝，象天为之，安得死也？亦不可卒得，乃成幽室也，入室思道，自不食，与气结也。[①]

同样，东晋葛洪《抱朴子内篇·畅玄》卷首开篇即言：

玄者，自然之始祖，而万殊之大宗也。眇昧乎其深也，故称微焉。绵邈乎其远也，故称妙焉。其高则冠盖乎九霄，其旷则笼罩乎八隅。光乎日月，迅乎电驰。……胞胎元一，范铸两仪，吐纳大始，鼓冶亿类，佪旋四七，匠成草昧，辔策灵机，吹嘘四气，幽括冲默，舒阐粲尉，抑浊扬清，斟酌河渭，增之不溢，挹之不匮，与之不荣，夺之不瘁。故玄之所在，其乐不穷。……其唯玄道，可与为永。[②]

葛洪以玄论道，将“玄”解释为自然之“始祖”、万物之“大宗”之说，成为“道”的代名词，乃因其身在魏晋玄学时代之故。

从思想史背景来看，L4 外表的玄漆无饰，同样也是对道家所崇的虚无素朴思想的奇妙艺术表达。《道德经》崇尚“见素抱朴、少私寡欲”以近其“道”；老子认为，人不能期待通过物质的或感官的过程去直接领略那“视之不见”“听之不闻”“搏之不得”的“道”。《道德经》二十一章：

道之为物，惟恍惟惚。惚兮恍兮，其中有象。恍兮惚兮，其中有物。窈兮冥兮，其中有精，其精甚真，其中有信。[③]

又同书第十四章：

视之不见，名曰夷；听之不闻，名曰希；搏之不得，名曰微。此三

① 王明：《太平经合校》（下），北京：中华书局，1960 年，第 450 页。
② 王明：《抱朴子内篇校释》，北京：中华书局，1985 年，第 1 页。
③ 《道藏》第 12 册，第 277 页。

> 者不可致诘，故混而为一。其上不徼，其下不昧，绳绳兮不可名，复归于无物。是谓无状之状，无物之象，是谓惚恍。迎之不见其首，随之不见其后。执古之道，以御今之有，能知古始，是谓道纪。[①]

这意味着只有在虚无惚恍若有若无之中，才能尝试去把握那不可名状的“道”。

《庄子·天地》：“泰初有无，无有无名。一之所起，有一而未形。”《庄子·齐物论》：“有始也者，有未始有始也者，有未始有夫未始有始也者。”[②]《文子·九守》：“故静漠者，神明之宅，虚无者，道之所居。”[③]《列子·天瑞》：

> 夫有形者生于无形，则天地安从生？故曰有太易，有太初，有太始，有太素。太易者，未见气也；太初者，气之始也；太始者，形之始也；太素者，质之始也。气形质具而未相离，故曰浑沦。[④]

两汉元气说盛行，以元气为万物之本体。故《春秋繁露》说，“元者，始也”；“元者，为万物之本”，生于“天地之前”[⑤]。《说文解字·一部》：“元，始也。从一从兀。”[⑥]这个“元”的实质即是道家所论宇宙万物之本的“道”。《淮南子·俶真训》：“是故虚无者道之舍，平易者道之素。”[⑦]《本经训》：“太清之始也，和顺以寂漠，质真而素朴，闲静而不躁，推移而无故，

---

① 《道藏》第12册，第275页。

② （清）郭庆藩撰，王孝鱼点校：《庄子集释》，北京：中华书局，1961年，第424、79页。

③ 王利器撰：《文子义疏》，北京：中华书局，2000年，第112页。

④ 杨伯峻撰：《列子集释》，北京：中华书局，1979年，第5—6页。

⑤ （西汉）董仲舒撰，（清）苏舆义证，钟哲点校：《春秋繁露义证》，北京：中华书局，1992年，第100页，第147页。

⑥ （东汉）许慎撰：《说文解字》卷1上，北京：中华书局，1963年，第7页。

⑦ （西汉）刘安撰，刘文典集解，冯逸、乔华点校：《淮南鸿烈集解》，北京：中华书局，1989年，第61页。

在内而合乎道，出外而调于义，发动而成于文，行快而便于物。其言略而循理，其行侻而顺情，其心愉而不伪，其事素而不饰。”[①]《天文训》：“天墜未形，冯冯翼翼，洞洞灟灟，故曰太昭。”高诱注：“冯、翼、洞、灟，无形之貌。”[②]

一言以蔽之，最外层黑漆素棺所表现的乃是《淮南子·原道训》所论“与道为一”，“与道同出”，终得“全其身”而“与道游”的终极理想境界[③]。

马王堆一号墓晚于二、三号墓，其时间顺序，二号墓主轪侯利苍公元前186年卒，其子三号墓主公元前168年卒，约5年后(公元前163年)一号墓主轪侯夫人辛追去世。按前引《礼记·檀弓上》：“天子之棺四重。”郑玄注：“诸公三重，诸侯再重，大夫一重，士不重。”[④]《荀子·礼论》：“天子棺椁十重，诸侯五重，大夫三重，士再重。”[⑤]利苍身被爵秩，未敢有所僭越，葬具为二重棺二重椁。因其套棺仅存底板，内髹朱漆、外髹黑漆，未见棺周表饰。三号墓所用为三重棺二重椁，三重棺皆内髹朱漆、外髹深棕色漆，外棺、中棺表面无彩饰；内棺外表四周和棺盖贴满锦和绣，各方四周方框用起绒锦装饰，中间为长寿绣[⑥]。约公元前163年去世的轪侯夫人辛追墓用四重棺二重椁，帛画及棺表画饰臻乎完美，艺功精湛。

二、三号墓的深色棺，似乎缺乏类似一号墓所见的完美程序。实质上轪侯利苍生前身处黄老道流行环境中，死后成仙的“尸解”信仰就是那个时代关于终极意义的主导话语；三号墓的T形帛画及随葬的大量黄老道典籍亦堪

① (西汉)刘安撰，刘文典集解，冯逸、乔华点校：《淮南鸿烈集解》，北京：中华书局，1989年，第244—245页。

② (西汉)刘安撰，刘文典集解，冯逸、乔华点校：《淮南鸿烈集解》，北京：中华书局，1989年，第79页。标点略有改动。

③ (西汉)刘安撰，刘文典集解，冯逸、乔华点校：《淮南鸿烈集解》，北京：中华书局，1989年，第36、34、20页。

④ (清)阮元校刻：《十三经注疏·礼记正义》，北京：中华书局，1980年，第1293页。

⑤ (清)王先谦撰，沈啸寰、王星贤点校：《荀子集解》，北京：中华书局，1988年，第359页。

⑥ 以上见湖南省博物馆、湖南省文物考古研究所：《长沙马王堆二、三号汉墓》第1卷《田野发掘报告》，第11、40页。

为证。这些黄老道信仰者自称“明大道”、“有道”，“道者”之称及其同义词，于《十问》凡九见（“道者”5次、“明大道者”2次、“有道之士”2次），其最高理想是复归“混混冥冥”的“大道”。因此，或许二、三号墓套棺设计本身即忽略中间过程，而由T形帛画所示的三道程序直入棕黑色棺所代表的“合大道”第四道(也是终极)程序(二号墓棺木毁坏已无从得知是否有帛画)；而由一号墓的套棺从内向外形成逻辑序列，自可推断，各层棺表颜色与画饰乃死后变仙过程逻辑之对应象征与表达；换句话说，他们将经历与一号墓主相同的变仙历程。二、三号墓外棺表饰颜色与一号墓黑漆素棺表面或有色差但应是技术条件所致，而其涵义无异。

基于对马王堆汉墓的讨论，巫鸿提出：

> 死后的理想世界被概念化为各种独立境地(realms)的集合，以墓葬中的各个部位以及不同的物品和图像来象征和代表。这些境地之间的关系是不明确的，死者究竟居住在哪个特定的境地也不清楚。似乎是造墓者的孝心使他们为了取悦死者，而把所有关于超越“大限”的答案都统统摆了进去。
>
> 我们或可假定这种对来世的模棱两可、自相矛盾的理解会导致更系统的理论性的解释。但是这种解释在佛教传入以前的中国却并没有发生。[①]

这或许低估了汉初宗教的发展。汉初，以窦太后为首的“道者”们对老子及其思想虔诚信仰，大尊奉之。在这个信仰体系中，他们追求“乃合大道，混混冥冥，光耀天下，复反无名”[②]。淮南学派则从理论上予以总结，《淮南子·诠言训》：“稽古太初，人生于无，形于有，有形而制于物。能反其所生，

① 巫鸿著，郑岩译：《超越“大限”——苍山石刻与墓葬叙事画像》，《南京艺术学院学报·美术与设计版》2005年第1期。

② (西汉)司马谈：《论六家要指》，《史记》卷130《太史公自序》，第3292页。

若未有形，谓之真人。真人者，未始分于太一者也。”[①]考虑到这些，便不难理解，在马王堆一号墓四重套棺中，汉初“道者”的死后信仰，已经得到系统而具象的表达。

轪侯夫人的四重棺，从内到外的三重彩绘棺 L1—L3，分别代表着冥界、昆仑、九天等三种空间，与 T 形帛画一样象征死后的三段转变过程；L1—L3 与 T 形帛画之间为并列关系。最外层 L4 则作为“包天裹地”“玄之又玄”的“大道”的象征，是 L1—L3 和 T 形帛画共同的归宿。装入黑漆素棺意味着“乃合大道”，进入混混溟溟“与道为一”的终极境界，其蕴义可谓至妙[②]。

简言之，整个套棺从内向外依次表达了汉初死后尸解成仙信仰的完整程序：入冥界、登昆仑、上九天、合大道。从道家和道教的信仰史来看，这样的程序，逻辑上完全合理，且与每个图像蕴义相符合[③]。

T 形帛画和四重套棺的物理结构与符号结构完美结合，使之形成“象征”和“现实”的混融态，套棺实物与棺表及帛画图像配合，使入冥、变仙、成神、合道的系列程序被现实化，墓主人于死后世界藉此成为得道升天的“真人”。四重棺与内棺上 T 形帛画一起表达着死后转变成仙“与道为一”的整个过程。汉初的黄老道信仰在整个套棺中获得如此精微体现，遥想其时代、其思想，堪称宏大。

---

① (西汉)刘安撰，刘文典集解，冯逸、乔华点校：《淮南鸿烈集解》，北京：中华书局，1989 年，第 463 页。

② 东汉，画棺入于礼制。《后汉书·礼仪志下》有三等之棺：“诸侯王、公主、贵人，皆樟棺，洞朱，云气画。公、特进，樟棺黑漆。中二千石以下，坎侯漆。”(《后汉书》志第 6《礼仪志下》，第 3152 页)《周礼·春官·巾车》：“凡裸事用概”，唐贾公彦疏：“既是黑漆为尊，以朱带落腹，故名概。”[(清)阮元校刻：《十三经注疏·周礼注疏》，北京：中华书局，1980 年，第 771 页]关于坎侯漆，《通典》释曰：“空中勘合而漆之，如漆坎侯，即箜篌。”[(唐)杜佑撰，王文锦等点校：《通典》卷 86《礼典·丧制之四》，北京：中华书局，1988 年，第 2325 页]即在棺木组装后整体漆之待用，工艺稍简。所谓“洞朱”即“洞赤”即通赤，《后汉书·礼仪志下》：“东园匠、考工令奏东园秘器，表里洞赤。”(《后汉书》志第 6《礼仪志下》，第 3141 页)皇室和显贵所用之棺，表里皆髹朱漆。《后汉书·舆服志上》：“轻车，古之战车也。洞朱轮舆”，即轻车的轮、厢皆漆作通红(《后汉书》志第 29《舆服志上》，第 3650 页)。这种作为礼制的棺饰规定，以棺表的不同颜色和纹饰分别用于不同等级之人，则显然不可将三种棺饰同时用于一人，而与马王堆所见汉初之情形已甚为不同。

③ 后世道教则从中发展出炼精化气、炼气化神、炼神还虚以合大道的修仙逻辑。

第五节 西汉中期之呈现

一、金雀山汉墓群及其帛画

上文所论汉代尸解成仙模式之图像表达，并非马王堆汉墓独有。山东临沂金雀山 9 号汉墓出土的帛画(图 4-37 右)[①]，太阴世界(最下层两条蛟龙代表太阴世界，隐含着得神药于蓬莱)和成仙(上部的玉女呈玉浆)两部分明显得到表达，可说同样呈现了太阴炼形信仰，其中亦包含众仙乐舞相迎，最后有玉女奉上玉浆，墓主人饮之而仙。临沂金雀山民安工地 4 号西汉墓曾出土另一张粘在棺板上的帛画(摹本见图 4-37 左，彩色照片见图 4-39 上左)[②]，该帛画的基本构图和内容与金雀山 9 号墓所出相似，只是保存更差。

1978 年在临沂金雀山周氏墓群 M13 和 M14 两座汉墓均发现帛画碎片(腐蚀过甚未能揭取)[③]，两座墓与 9 号墓相去不足 20 米，虽然碎片上仅能看出有交龙和琼阁顶上的瓦垅等图像，但基本可以判断这两座墓所使用的帛画，应与 9 号墓相同(M14 发现的帛画碎片照片见图 4-38)。

仔细观察临沂金民 4 号墓帛画照片，可以发现，似乎在帏幔屋宇以上绘有日月，可能因年久脱落或绘画材料发生化学变化逐渐消失沁入棺板，但从照片中仍可大致辨出原绘日月(特别是左边的月亮)的圆形痕迹(略加突出处理的该部分图片，见图 4-39 下)。

前引临沂金雀山金民 4 号西汉中期周氏墓，其木棺表面曾施朱漆，棺上亦敷一幅彩绘帛画，颇似马王堆所见。该棺表帛画，内容亦与马王堆一号和三号墓所见相似，引人入胜。

---

① 山东金雀山汉墓发掘组：《山东临沂金雀山九号汉墓发掘简报》，《文物》1977 年第 11 期，封二。

② 金雀山考古发掘队：《临沂金雀山 1997 年发现的四座西汉墓》，《文物》1998 年第 12 期，第 23 页。

③ 临沂市博物馆：《山东临沂金雀山周氏墓群发掘简报》，《文物》1984 年第 11 期，图 44。

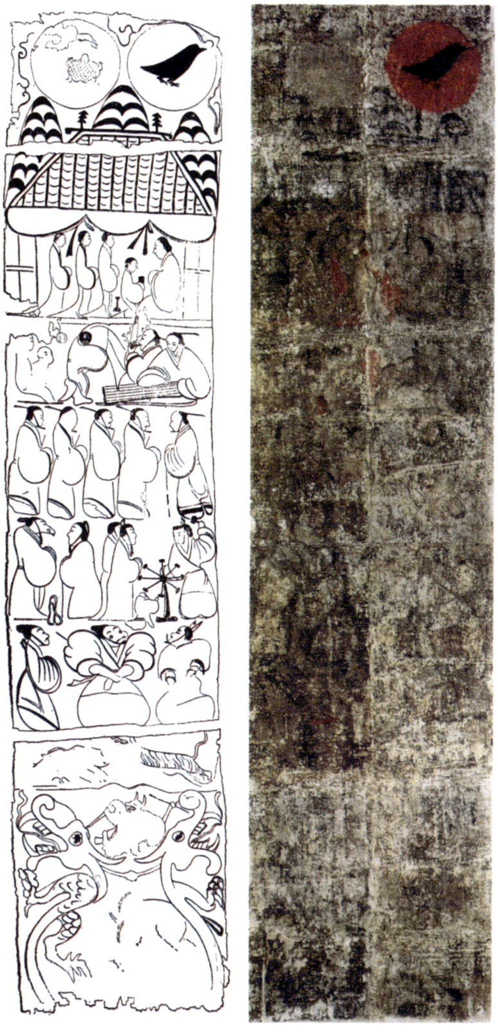

图 4-37 临沂金雀山汉墓出土帛画

左：临沂金雀山民安工地 4 号汉墓出土帛画摹本；右：临沂金雀山 9 号汉墓出土帛画及摹本

研究显示，第四代轪侯利秩(公元前 141—前 110 年居侯位)，汉武帝元封元年(公元前 110 年)，“侯秩为东海太守，行过不请，擅发卒兵为卫，当

图 4-38 临沂金雀山周氏墓群 M14 汉墓发现的帛画碎片

斩，会赦，国除”[①]。盖因利秩赴任东海太守之际(公元前 110 年)，将长沙国的帛画艺匠带到东海郡(今临沂在西汉隶属东海郡开阳县治)[②]。古楚国向东北扩张到了大致包括今皖北、苏北和鲁南的广大地区。公元前 249 年楚灭鲁，楚文化向鲁地的传播获更深推进。出身长沙国的利秩任东海太守，与东海郡有共同的楚文化背景，其上层所持丧葬礼俗自然受到欢迎。

由此背景观之，则无论从马王堆帛画所见，抑或从升仙思想的符号逻辑推断，均可判断，此类帛画的顶部必绘日月。按照古代宗教思想，人死后的理想乃是升天成仙，即飞升到“太清”，日月同辉，胜景非凡。

许多汉墓出土的画像中可见日月同辉，俯拾之例，如枣庄西集镇东汉早期日月画像石(图 4-40)，1978 年河南唐河湖阳出土的西汉“羲和主日、常羲主月”画像石，1983 年河南南阳宛城区出土的东汉“日月合璧”画像石，都是满圆的月亮与太阳同辉齐明(图 4-41)。

① 《史记》卷 19《惠景间侯者年表第七》，第 978—979 页。

② 关于墓主周姓及其墓葬年代的判断，见郭文铎、杜学民、徐淑彬：《银雀山金雀山西汉墓群》，北京：解放军出版社，2004 年，第 192—193 页。

图 4-39　金民 4 号墓西汉帛画

上左：金民 4 号墓西汉帛画，采自《文物》1998 年第 12 期；上右：金民 4 号墓帛画出土照片，郑岩教授提供；下：经模式化处理凸显该帛画顶部日月图案痕迹的位置。

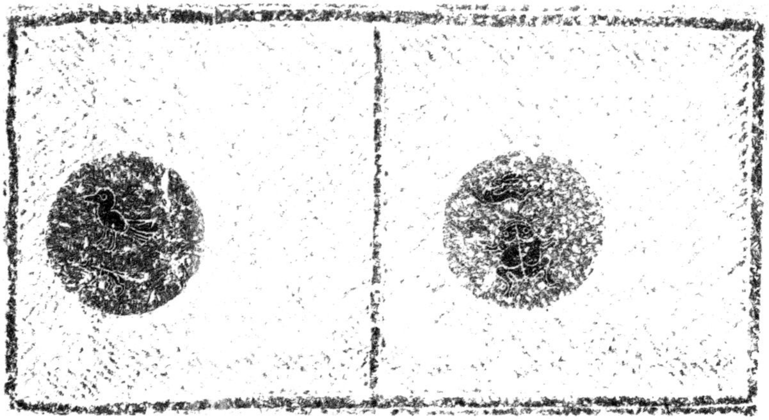

图 4-40　枣庄西集镇东汉早期日月画像石

采自《中国画像石全集 2 • 山东汉画像石》图 145

图 4-41　河南南阳汉画馆藏汉墓出土的日月同辉画像石

左：河南唐河湖阳出土的西汉“羲和主日、常羲主月”画像石；右：河南南阳宛城区出土的东汉“日月合璧”画像石。采自王建中主编：《中国画像石全集 6 • 河南汉画像石》，图 30、图 160

得道成仙飞升太清，正合“明”字构造所含“日月同辉”的古老理想。东晋《大洞真经》卷 2：“混洞六府，日月齐晖。”卷 5：“上登太虚，日月同晖。”[1]东晋南朝道经《洞真上清太微帝君步天纲飞地纪金简玉字上经》曰：“日月同辉，游行上清。”[2]而且从同期、同地、同类帛画（如武威磨嘴子汉墓所出时代在西汉末至东汉前期的两幅麻布画铭旌，图4-42）和一些道教文献也可以看出，必有日月，方是吉物。《太平经》卷72“不用大言无效诀第一百一十”：

> 凡天下人死亡，非小事也，壹死，终古不得复见天地日月也，脉骨成涂土，死命，重事也。人居天地之间，人人得壹生，不得重生也。重生者独得道人，死而复生，尸解者耳。……故凡人壹死，不复得生也。[3]

图4-42 武威磨咀子23号、54号西汉末至东汉前期墓出土的麻布铭旌

采自刘晓路：《中国帛画》，北京：中国书店，1994年，彩图15；《汉风——中国汉代文物展》，北京：科学出版社，2014年，第154页

如果作为上天象征的帛画顶部不绘日月，那将意味着死者未能得道，将不能往升天堂、得见日月，而是永沉太阴地府——所谓永远“不见天日”。譬如，大约出于东晋的古灵宝经《洞玄灵宝长夜之府九幽玉匮明真科》说，只有那些道德败坏者，死后受到重罚，才不能得见日月：

> 明真科曰：无极世界男女之人，生世无道，乘暗而行，夜入人家，掠人妻妾，夺人衣服，谋图不轨，伤残男女，死受重罪，头脚锁械，幽闭三光，不见日月，考掠楚痛，非可堪忍。

---

① 《道藏》第1册，第526、540页。

② 《道藏》第33册，第441页。

③ 王明：《太平经合校》，北京：中华书局，1960年，第298页。

> 劫盗人财物，斫刺于天民，死魂受髡截，生世被刑残。乘暗入人家，肆意适所行，死魂长幽闭，不见日月光。[①]

所谓“三光”即日、月、星。另一部道经《无上内秘真藏经》卷10也说有些人因生前因缘致“身死后，名系三官，魂神被缚，考对幽牢，长夜之中，不见日月，受苦报对，永无期限”[②]。类似之说多见于道书。

汉代铜镜铭文则可提供一些同时代的正面叙述，例如“见日之光，天下大明”[③]，“见日之光，天下大明，服者君卿，镜辟不羊(祥)，宜于侯王，钱金满堂”，“见日之光，长乐未央”[④]等类似铭文大量出现，可知这确实是时人信仰的表达。

诸如此类的叙述，本身可以映射古人对“不见日月”的忌讳。因此，若该帛画没有日月，显然不能为死者及其亲属所接受。

二、杨王孙与黄老道的死而归真思想

汉初，在黄老道信仰背景下，马王堆一号墓漆棺厚椁、极力实施尸体防腐，中山靖王刘胜夫妇则金缕玉衣、穿山为墓，可谓穷奢极礼。然而西汉中期出现了一位同属黄老道信徒却力倡裸葬的人物：基于对黄老道的修道返真思想的理解，杨王孙反对“厚葬以隔真”，坚定地要求亲朋在其死后予以裸葬，以身亲土，以使化者得变。《汉书·杨王孙传》：

> 杨王孙者，孝武时人也。学黄老之术，家业千金，厚自奉养生，亡所不致。及病且终，先令其子，曰：“吾欲裸葬，以反吾真，必亡易吾意。死则为布囊盛尸，入地七尺，既下，从足引脱其囊，以身亲土。”其子欲默而不从，重废父命；欲从之，心又不忍，乃往见王孙友人祁侯。

---

① 《道藏》第34册，第383、384页。

② 《道藏》第1册，第494页。

③ 此为1977年鄂钢第73号墓出土西汉日光镜铭。该镜图见湖北省博物馆、鄂州市博物馆编：《鄂城汉三国六朝铜镜》图版1，北京：文物出版社，1986年。

④ 吴永存编著：《九江出土铜镜》，北京：文物出版社，1993年，第34页，附历代镜铭选录。

祁侯与王孙书曰："王孙苦疾，仆迫从上祠雍，未得诣前。愿存精神，省思虑，进医药，厚自持。窃闻王孙先令裸葬，令死者亡知则已，若其有知，是戮尸地下，将裸见先人，窃为王孙不取也。且《孝经》曰'为之棺椁衣衾'，是亦圣人之遗制，何必区区独守所闻？愿王孙察焉。"

王孙报曰："盖闻古之圣王，缘人情不忍其亲，故为制礼，今则越之，吾是以裸葬，将以矫世也。夫厚葬诚亡益于死者，而俗人竞以相高，靡财单币，腐之地下。或乃今日入而明日发，此真与暴骸于中野何异！且夫死者，终生之化，而物之归者也。归者得至，化者得变，是物各反其真也。反真冥冥，亡形亡声，乃合道情。夫饰外以华众，厚葬以隔真，使归者不得至，化者不得变，是使物各失其所也。且吾闻之，精神者天之有也，形骸者地之有也。精神离形，各归其真，故谓之鬼，鬼之为言归也。其尸块然独处，岂有知哉？裹以币帛，隔以棺椁，支体络束，口含玉石，欲化不得，郁为枯腊，千载之后，棺椁朽腐，乃得归土，就其真宅。由是言之，焉用久客！昔帝尧之葬也，窾木为椟，葛藟为缄，其穿下不乱泉，上不泄殠。故圣王生易尚，死易葬也。不加功于亡用，不损财于亡谓。今费财厚葬，留归隔至，死者不知，生者不得，是谓重惑。於戏！吾不为也。"

祁侯曰："善。"遂裸葬。[1]

同为黄老道信仰者，何以有此天壤之别？

一般认为，杨王孙是思想通达、以身作则、矫正世风的贤者，此举目的是惊世骇俗，改变世间逾礼厚葬、攀比炫耀、靡费资财之风，甚至认为杨王孙表现的是无神无鬼论的唯物主义观念。

然而必须指出，杨王孙决非无宗教信仰之俗人；事实上，恰恰是这位"明大道者"对天道自然，"反其所生"，"乃合大道，混混冥冥，光耀天下，复反无名"（俱见上文引述）信仰的独特深刻体悟和强烈坚守，导致他选择了与那些王侯贵族恰恰相反的另一个"极端"。

实质上，窦太后们对黄老道信仰的理解和实践，与杨王孙们对黄老道信

① 《汉书》卷67《杨王孙传》，第2907—2909页。

仰的体悟和坚守，看似相去天壤，实则同道无异：前者所实践的是从生到死的养生延命，坚信即使人有死，但作为人之构成要素的阴阳（魂魄即阴阳）不死，因此“察天地之情，而行之以身”（天地亦阴阳），一以贯之，遂至保其尸以待阴阳（魂魄）之媾合成仙；后者则认定，“明大道”就是要顺天地之自然，以返朴归真，行之以身就是要死后“以身亲土”，从而达到“反其所生”。汉初的这些黄老道思想表达，均已见诸上文引述。

综上可见，墓葬出土资料、正史资料均表明，直到西汉中期，汉人的信仰结构基本保持着一致；尽管“道者”对黄老道思想的体悟和实践各自有所不同，但其对“道”的最高信仰和复归浑沌不死之境的宗旨，则并无二致。

三、“贵于速变”：东汉赵咨的呼应

东汉赵咨上承西汉黄老道思想，在生死问题上，认为一个人如果明达性命之理，则当务死后之“速变”，而不是死后的物质享受。

按《后汉书》卷 39《赵咨列传》，东郡燕人赵咨，“在官清简，计日受奉，豪党畏其俭节。视事三年，以疾自乞。征拜议郎。抗疾京师，将终，告其故吏朱祇、萧建等，使薄敛素棺，籍以黄壤，欲令速朽，早归后土，不听子孙改之。乃遗书敕子胤”，曰：

> 夫含气之伦，有生必终，盖天地之常期，自然之至数。是以通人达士，鉴兹性命，以存亡为晦明，死生为朝夕，故其生也不为娱，亡也不知戚。夫亡者，元气去体，贞魂游散，反素复始，归于无端。既已消仆，还合粪土。土为弃物，岂有性情，而欲制其厚薄，调其燥湿邪？但以生者之情，不忍见形之毁，乃有掩骼埋窆之制。《易》曰：“古之葬者，衣以薪，藏之中野，后世圣人易之以棺椁。”棺椁之造，自黄帝始。爰自陶唐，逮于虞、夏，犹尚简朴，或瓦或木，及至殷人而有加焉。周室因之，制兼二代。复重以墙翣之饰，表以旌铭之仪，招复含敛之礼，殡葬宅兆之期，棺椁周重之制，衣衾称袭之数，其事烦而害实，品物碎而难备。然而秩爵异级，贵贱殊等。自成、康以下，其典稍乖。至于战国，渐至颓陵，法度衰毁，上下僭杂。终使晋侯请隧，秦伯殉葬，陈大夫设参门之木，宋司马造石椁之

奢。爰暨暴秦，违道废德，灭三代之制，兴淫邪之法，国资糜于三泉，人力单于郦墓，玩好穷于粪土，伎巧费于窀穸。自生民以来，厚终之敝，未有若此者。虽有仲尼重明周礼，墨子勉以古道，犹不能御也。……并棺合椁，以为孝恺，丰资重襚，以昭恻隐，吾所不取也。……王孙裸葬，墨夷露骸，皆达于性理，贵于速变。梁伯鸾父没，卷席而葬，身亡不反其尸。彼数子岂薄至亲之恩，亡忠孝之道邪？况我鄙闇，不德不敏，薄意内昭，志有所慕，上同古人，下不为咎。果必行之，勿生疑异。恐尔等目猒所见，耳讳所议，必欲改殡，以乖吾志，故远采古圣，近揆行事，以悟尔心。但欲制坎，令容棺椁，棺归即葬，平地无坟。勿卜时日，葬无设奠，勿留墓侧，无起封树。於戏小子，其勉之哉，吾蔑复有言矣！[①]

这个为“道者”所贵的“速变”涵义为何？

细读传记，可以看出，赵咨非独崇奉道家庄老思想，更重要的是秉承战国汉初“道者”信仰；而“道者”信仰之核心则在尸解。此其“变”之关键。

身处东汉后期，赵咨以一个死后尸解成仙信仰者的立场，鄙视那些竭财穷家以送死、为死者大修冥宫的厚葬之风，而对死后变仙的信仰毫不怀疑。事实上，同杨王孙一样，他能够做出这一选择，正是他坚奉尸解信仰所贵的“速变”的反映。

第六节 “因阴阳之大顺、采儒墨之善”：西汉“道者”的“阴阳不死”信仰

作为汉初精神世界的结晶，马王堆折射出极为丰富的思想。经过战国时期的思想激荡与整合，更具包容性的“兼陈万物而中悬衡”[②]的汉文化结构

① 《后汉书》卷39《刘赵淳于江刘周赵列传》，第1314—1315页。

② (清)王先谦撰，沈啸寰、王星贤点校：《荀子集解》卷15《解蔽篇第二十一》，北京：中华书局，1988年，第394页。

正在形成。为达成由死到仙的生命转换，汉墓在文化结构和物理空间结构上提供了一整套仪式架设。那么，“新的观念”[①]内部形态如何，反映的是什么样的宗教？

马王堆三号墓出土竹简《十问》（以下相关内容的部分图像，见图4-43）[②]，在容成向黄帝叙述“刑（形）解”之道后，接着说：

> 明大道者，其行陵云，上自麋榣，水流能远，龙登能高，疾不力倦，□□□□□□□巫成柖□□不死。巫成柖以四时为辅，天地为经。巫成柖与阴阳皆生，阴阳不死，巫成柖与相视。有道之士亦如此。[③]

《康熙字典·白部》：“《说文》：‘皆，俱词也。’《小尔雅》：‘同也。’……《诗·周颂》：‘以洽百礼，降福孔皆。’《傳》：‘皆，遍也，与偕通。’”[④]是知“与阴阳皆生”之“皆”意“偕”“同”“俱”也。

进一步，在这段答黄帝之问的对话中，容成强调：

> 君必察天地之情，而行之以身，有征可知；间虽圣人，非其所能，唯道者知之。[⑤]

可见至少在马王堆汉墓建造所依凭的思想体系中，已有“道者”（“有

---

① 如巫鸿所见，在汉代，“一种新的观念”已经浮现，“即人们认为墓葬不仅是死者在地下的家园，而且还是死者进行神秘的幻化转变的地方。……无论是描绘仙山，还是开凿崖墓，其背后都有一个未言的前提，那便是纵然死亡不可避免，但却可以看做通往仙境的道路上必不可少的一个阶段。”巫鸿著，郑岩、王睿等译：《礼仪中的美术》，北京：三联书店，2005年，第133页。

② 采自裘锡圭主编：《长沙马王堆汉墓简帛集成》（贰），北京：中华书局，2014年，第208页。

③ 马王堆汉墓帛书整理小组编：《马王堆汉墓帛书》（肆），北京：文物出版社，1985年，第148—149页。部分文字已据今文字库予以转换（下同）。

④ 《康熙字典》午集中“白部”，北京：中华书局（影印同文书局），1958年，第786页。

⑤ 马王堆汉墓帛书整理小组编：《马王堆汉墓帛书》（肆），北京：文物出版社，1985年，第148页。

道之士”“明大道者”）乃得成仙不死的思想；换句话说，在马王堆汉墓中，“有道”与“不死”之间，已经建立起必然联系；这种联系明确表现出由巫术向修道不死论证演进的新趋势。问题在于，如何才是“有道”？

特别值得注意的是，《十问》关于“刑(形)解”(即尸解)论述中提出的“阴阳不死”说，意义重大，它使制约人类死后成仙信仰的关键问题终于得到了解决。按其逻辑，巫成柖[①]之所以能获不死，是因为他能察天地之情，而行之以身，做到以四时为辅、以天地为经(法天地即阴阳之道)，因此能够进入与阴阳“偕生”、与阴阳“相视”的境界；人会死而阴阳不死，既然巫成柖与阴阳相终始(盖守一之类)，因而能得不死；《十问》声称有道之士亦能如此，故亦能得不死。这不仅是汉代黄老道的尸解信仰、也是整个两千年道教修道成仙信仰得以生存和发展的最重要的思想根基，是中国思想史上的一个关键点。进一步说，在《十问》出土以前，从未发现对人可成仙信仰的如此清晰明确的思想逻辑支持。过去千年，人类修道可得不死的信仰作为历史背后的思想逻辑，看似不证自明，实则经过了汉代“道者”清晰深邃的思想论证，唯其后文献亡佚以致其说不为人知罢了。

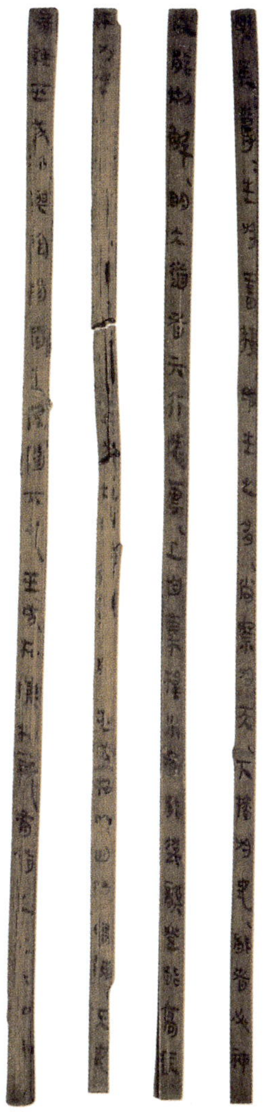

图 4-43 马王堆三号墓出土竹简《十问》部分

寻其渊源，则《庄子·达生》之论值得注意：“夫形全精复，与天为一。天地者，万物之父母也，

① 《荀子·大略》：“舜学于务成昭。”[(清)王先谦撰，沈啸寰、王星贤点校：《荀子集解》卷 19，北京：中华书局，1988 年，第 489 页]《汉书·艺文志》著录《务成子阴道》36 卷。《汉书》卷 30《艺文志》，第 1778 页。

合则成体，散则成始。形精不亏，是谓能移。精而又精，反以相天。”[①]不难看出，其中以天地父母这一组阴阳的分合关系，来阐述阴阳之合而成物，其散则为新生之始。此中隐含着阴阳二气不死、人当则而行之这一思想的基础，唯其尚未获得直接的逻辑表达罢了。许地山提出：“在先秦时代，最初与道家思想结合，成为道教的宗教教义的便是阴阳家。”[②]从汉初所见，其说当是。

《十问》之信仰逻辑的思想支持者，既非古老的巫觋，亦非单纯信仰尸解术的方士，而是以黄老道家思想为基础，拣择、融合汉代以前包括“形解销化之术”在内的古代区域信仰传统的汉初“道者”群体。他们自称“彻士”，自豪地宣称能够“明大道”（“有道”）而“制死生”，依乎“阴阳不死”的思想逻辑，修炼神仙，达到“不明大道、生气去之”的“俗人”所无法想象的“长生累世”的理想状态：

> 俗人芒性，乃恃巫医，行年七十，形必夭埋，容事自杀，亦伤悲哉。死生安在，彻士制之，实下闭精，气不漏泄。心制死生，孰为之败？慎守勿失，长生累世，累世安乐长寿。[③]

前文曾论及，“道者”之称及其同义词，于《十问》凡九现，可见当时已是一个相当成熟的概念[④]。文中出现的“间虽圣人，非其所能，唯道者知之”的自我论说，历史价值甚重，表达了汉初“道者”这一新宗教主张者群体的自觉：他们宣布拥有一套足以自豪、即令圣人亦不能代之的宗教方法体系；而群体自觉应是判断特定宗教成立并浮现于世的最重要依据

① （清）郭庆藩撰，王孝鱼点校：《庄子集释》，北京：中华书局，1961年，第632页。

② 许地山：《道教、因明及其他》，北京：中国社会科学出版社，1994年，第10页。

③ 马王堆汉墓帛书整理小组编：《马王堆汉墓帛书》（肆），北京：文物出版社，1985年，第148页。

④ 除了马王堆帛书所见这几组词汇外，西汉时期也可见“道士”“道人”“道术士”“道术之士”“方士”“术士”“术客”“术家”等词汇，用法和语义亦皆相近，详论见陈槃：《战国秦汉间方士考论》，收入氏著《古谶纬研讨及其书目解题》，台北：编译馆，1991年，第183、188、191—195页。

之一。

汉兴，刘邦崇黄老用无为以救弊，黄老道在汉初的崇高地位应较真实。综观汉初史料，似乎存在一个以窦太后为代表的“道者”信仰集团。马王堆三号墓出土的竹书《十问》等文献，应为该信仰集团最重要的共用经典之一。史载：“窦太后好黄帝、老子言，帝及太子诸窦不得不读《黄帝》《老子》，尊其术。”[①]又从《史记·儒林列传》记载儒生辕固生因蔑视《老子》而遭窦太后惩处，可见其时黄、老之神圣[②]及太后信仰之笃。同时，文献记载显示，在窦太后的周围，文景二帝以至萧何、陈平、曹参等重臣，亦皆好黄老。复观本章之考察对象，前引刘胜夫妇墓中出土有长信宫灯，而长信宫为刘胜祖母窦太后居住的宫殿，刘胜妻窦绾为窦太后族人，显然亦在“诸窦”之列。而刘胜夫妇墓中用于尸身防腐的金缕玉衣，以及杯底疑有朱砂痕迹的朱雀衔环杯(表示饮玉浆、丹水而登仙)，亦表明其神仙信仰(刘胜卒于元鼎四年即公元前 113 年)。马王堆一号墓主人长沙王丞相轪侯利苍之妻辛追，虽其去世(约公元前 163 年)较窦太后为早[③]，与窦太后为代表的汉初黄老道信仰集团的具体关系难考，但皆处同一时期。据《史记》和《汉书》记载，轪侯利苍(马王堆二号墓主)卒于汉惠帝二年(公元前 186 年)；三号墓所出一枚木牍记有“十二年十二月乙巳朔戊辰”，表明墓主下葬应在汉文帝十二年(公元前 168 年)；一号轪侯夫人辛追墓构建时分别打破二、三号墓的封土，则其年

① 《史记》卷 49《外戚世家》，第 1975 页。

② 如《史记·老子韩非列传》记录时人相信：“盖老子百有六十余岁，或言二百余岁，以其修道而养寿也。”(《史记》卷 63《老子韩非列传》，第 2142 页)两汉之间老子之神化未曾中断。至东汉明、章之际(58—88 年)益州太守王阜撰《老子圣母碑》已呈现将老子与道混融为一的信仰形态：“老子者，道也。乃生于无形之先，起于太初之前，行于太素之元；浮游六虚，出入幽冥，观混合之未别，窥清浊之未分。”(见李昉等撰：《太平御览》卷 1，北京：中华书局，1960 年，第 2 页)更多文献及图像呈现之研究，可参索安(Anna Seidel)：《漢代における老子の神格化について》(载吉岡義豊、ミシェル・スワミエ(苏远鸣)主編：《道教研究》第 3 册，東京：豊島書房，1968 年，第 5—77 页)及本书第二章第二节。

③ 按《汉书·天文志第六》，窦太后崩于建元六年即公元前 135 年。《汉书》卷 26《天文志》，第 1305 页。

代应晚于二、三号汉墓，较二号轪侯利苍墓晚 20 余年[①]。从马王堆汉墓反映的信仰来看，亦当在这一信仰集团的强大辐射之内。这对于我们合理理解马王堆帛画、把握汉代神仙信仰之形态及其社会呈现，无疑具有重大意义。

由死到仙的生命转换乃汉墓之最高宗旨；“尸解”是这个死后生命转换信仰的核心。墓葬作为中间环节，在这个转换过程中承担着不可替代的作用。墓葬的物理－文化构建则是表达这种作用过程的话语符号。马王堆汉墓层层叠叠棺椁结构指向的焦点，是等待成仙的墓主人；庞大的棺椁系统同墓室及其内外所有附属物和信仰符号系统一起，构成了死者的生命转换系统。进一步地，按照中国古代传统风俗，墓葬往往被选定在风水宝地，因而墓本身即构成为一个“穴”；明器在墓中也并非无规则、无目的地任意摆放，而有特定的分布逻辑(支配器物及图像话语符号的“语法”)[②]；风水—墓穴—棺椁—明器，一同构成墓主人炼形成仙的话语系统，反映了古人试图超越自然生命局限、获得永恒不朽的信仰和努力。在马王堆中，我们可以清晰地看见“道者”与汉墓在尸解成仙上的有效结合，从而完美地表达了汉初从生前到死后的生命转换信仰。他们籍着养生送死之方式，牢固结合到生活中，最终亦达成对社会信仰之构建，并由此而立教。

战国时期燕齐盛行的尸解信仰，似未见与“得道”存在必要的逻辑关联——尽管《庄子·大宗师》述及一些“得道”的神祇，但这种“得道”乃“神”的理想模型，在战国时期是否已经成为世人实现终极超越的路径，是否在墓葬中得到了呈现，仍然待考。及至汉初，这种情形则朗然可见。神仙信仰支配下的知识和技术手段广泛参与到了墓葬之中；墓不再仅是人死之所归，而变成了一座“熔炉”(所谓“炼形之宫”)[③]，在那里，人有望重获生机，得到世人无法比拟的不朽生命。“道者”将对不死之乡的美好期许，化作追求成仙的技术手段，并广泛传播、运用到墓葬结构之中。从这个

① 参见湖南省博物馆、湖南省文物考古研究所：《长沙马王堆二、三号汉墓》第 1 卷《田野发掘报告》，第 237—238 页。

② 有关研究见姜生：《长沙金盆岭晋墓与太阴炼形——以及墓葬器物群的分布逻辑》，《宗教学研究》2011 年第 1 期。

③ 类似的思想已见于《庄子·大宗师》：“今一以天地为大炉，以造化为大冶，恶乎往而不可哉！”(清)郭庆藩撰，王孝鱼点校：《庄子集释》，北京：中华书局，1961 年，第 262 页。

角度可以说，当时的“道者”群体已经具备系统的知识和技术资源，且有崇高的终极追求和群体自觉。概言之，汉初的“道者”群体，通过将战国以来的尸解信仰融入以得道成仙为终极追求的黄老学说，并将其注入墓葬仪式系统，成功地浇铸为一种宗教形态；“道者”是汉初这种跨接方术与黄老道的新信仰体系的构筑者和主张者。是他们，开辟了汉帝国的精神世界。

司马谈《论六家要指》所述“因阴阳之大顺，采儒墨之善，撮名法之要，与时迁移，应物变化，立俗施事，无所不宜”、追求“乃合大道，混混冥冥；光耀天下，复反无名”的“道家”，（见上文所引）正是马王堆所代表的拥有死后尸解成仙信仰及信仰群体、操作仪式和身份自觉的汉初“道者”——窦太后们的黄老“道家”，而非许地山《道教史》所误指的先秦道家[①]。所谓“因阴阳之大顺”，《说文解字》：“顺，理也。”[②]大顺者，自然之理也，正乃《十问》所谓巫成柖与阴阳相偕、相比而不死之理。汉镜铭文中常见的“朱雀玄武顺阴阳”之说，内涵同样如此。刘安及其淮南学派则从思想理论上系统地论证了这一宗教信仰体系。如《淮南子·要略》总之曰：“原道者，卢牟六合，混沌万物，象太一之容，测窈冥之深，以翔虚无之轸，托小以苞大，守约以治广，使人知先后之祸福，动静之利害。诚通其志，浩然可以大观矣。欲一言而寤，则尊天而保真；欲再言而通，则贱物而贵身；欲参言而究，则外物而反情。执其大指，以内治五藏，瀸濇肌肤，被服法则，而与之终身，所以应待万方，览耦百变也。”[③]可谓至论[④]。故胡适曰：“道家集古代思想的大成，而《淮南王书》又集道家的大成”；“《鸿烈》之书虽包罗天文、地形

① 许地山：《道教史》，上海：上海书店，1991年，第14页。

② （东汉）许慎撰：《说文解字》卷9上，北京：中华书局，1963年，第182页。

③ （西汉）刘安撰，刘文典集解，冯逸、乔华点校：《淮南鸿烈集解》，北京：中华书局，1989年，第700—701页。

④ 又如《淮南子·说山训》：“魄问于魂曰：‘道何以为体？’曰：‘以无有为体。’魄曰：‘无有有形乎？’魂曰：‘无有。’‘何得而闻也？’魂曰：‘吾直有所遇之耳。视之无形，听之无声，谓之幽冥。幽冥者，所以喻道，而非道也。’魄曰：‘吾闻得之矣。乃内视而自反也。’魂曰：‘凡得道者，形不可得而见，名不可得而扬。今汝已有形名矣，何道之所能乎！’魄曰：‘言者，独何为者？’‘吾将反吾宗矣。’魄反顾，魂忽然不见。反而自存，亦以沦于无形矣。”

以及齐俗治国之道，然而主旨所在实是神仙出世的理论”。[①]

马王堆汉墓造于汉初文景时期，作为汉人传统的墓葬建筑模式其时尚未形成稳定形态，要获得对汉初墓葬形态的认知，尚赖对帛画和棺椁的进一步解读。但两汉墓葬结构在不断丰富的神仙梦想驱动下迅速演变并走向成熟；最重要的变化之一就是每个人都可以梦想死后升天(以往有疑汉代尚无死后升天成仙信仰者)，于是墓室对于每一个死者而言都变成了极端重要的功能性空间：此时去那里不再仅仅意味着做鬼、享受生人祭祀，更重要的是要在那里变仙、上升九天。为此，墓室必须从结构到功能给出令人满意的回答。正如黄晓芬所指出的，“从西汉至东汉初相对比较短的二百年间，汉墓的玄室顶部形态却发生了巨大的变化，即经历了由平顶→屋殿顶→弧顶→拱顶→券顶→穹隆顶阶段的变化，最终统一和定型在券顶、穹隆顶上。”“这种覆盖矩形空间上方的半球体圆顶有意遵照和形象表现中国自古以来‘天圆地方’观念的，是模仿天体宇宙而设计，……穹隆顶玄室结构的重要特点突出表现为覆盖矩形空间上方的半球形体。这个集‘天圆地方’造型于一身的穹隆顶砖室墓本身的神圣符号或许就是东汉时期流行仙界思想的图形化表现。”[②]具体地说，方形墓室结合券顶，或穹隆顶的方圆组合结构，应是由地上天的变仙信仰逻辑之物化表达，于是墓成为“玄室”[③]。在这种成熟的墓室结构形成之前，汉人寻求的是通过棺椁、棺表画像及其内部放置帛画之类的直观描绘手法，来表达死后从冥界上升天界的转变过程。

这种表达需求产生的前提，是汉代死后信仰空间的延展：死后在墓室冥界做鬼的单纯享受观念已经被超越。现在，墓室成为死后由鬼变仙过程的暂用工具，因此墓室的功能——进而结构——发生了重大变化。这种变化的物理表达就是用穹隆形墓室顶部结构以代表天界，以满足从死到仙整个过程的需要。这样一来，汉初以棺表画、帛画之类对死后变仙过程的图

① 胡适：《中国中古思想史长编》，《胡适全集》第6卷，合肥：安徽教育出版社，2003年，第123、160页。

② 黄晓芬：《汉墓的考古学研究》，长沙：岳麓书社，2003年，第156、166页。

③ 张衡《司徒吕公诔》：“去此宁寓，归于幽堂。玄室冥冥，修夜弥长。”[(唐)欧阳询撰，汪绍楹校：《艺文类聚》，上海：上海古籍出版社，1982年，第836页]《列仙传·彭祖》“赞”曰：“道与化新，绵绵历古。隐伦玄室，灵著风雨。”《道藏》第5册，第67页。

象化叙事，最终让位于墓室建筑结构的技术表达，墓室之为“炼形之宫”的属性终得其空间依据。

汉传统的人生价值－意义系统和宗教信仰体系的最重要基础至此形成。正是这个信仰体系，内在地支配、缔造了充满生机的汉帝国文明，泽被后世，历经涨落而绵延不绝。

第　五　章

神药与天厨：汉墓的炼度科仪

作为生命机体，人从诞生到老死，无异草木之荣枯，是一个自然过程，然而人类难以接受如此残酷的现实。纵观文明历史，控制甚至改造生命进程的欲望，始终牵动着人类最深的激情和最多的财富。如何才能挽住生命的缰索、实现不死的梦想？

要超越生死桎梏，获得不死性，按中国的古老传统，大致可从两个向度寻求答案。一是死后转变成仙，二是即身不死成仙。前者在战国两汉的精神世界占据重要地位，并支配了当时的生活方式；后者则在东汉后期兴起的天师道中，成为信仰的主体。

欲由汉墓研究找回汉人原有的思想形态，先须还原墓葬仪式话语，从中把握各种器物与图像之思想象征及其配置逻辑。为此必须利用汉墓所呈现的仪式片段，去尝试把握汉代墓葬仪式(至少是其中某些方面)的可能形态。

人死后的地位高下、变仙之速，各自有别。例如“地下主者”一类，即有三等，其最高一级为第三等，死后享其自由无忧，成仙亦速。按《真诰》卷 13《稽神枢第三》：

> 其第三等，地下主者之高者，便得出入仙人之堂寝，游行神州之乡，出馆易迁童初二府，入晏东华上台，受学化形，濯景易气。十二年，气摄神魂；十五年，神束藏魄；三十年，棺中骨还附神气；四十年，平复

如生人，还游人间；五十年，位补仙官；六十年，得游广寒；百年，得入昆盈之宫。此即主者之上者，仙人之从容矣。[①]

欲得这般“仙人之从容”，最重要的是能在死后得神仙之药、天厨饮食，实现“太阴炼形”。

汉墓出土资料中可见三官、神鸟携丹、鼎与神药、壶与玉浆、神吏及酒与歌戏等庆祝性质的场面，盛宴豪饮，且伴以乐舞。学界传统观念多认为此乃描绘墓主人生前的功绩德行及奢华生活，实则非也。事实上，汉墓呈现的是死后世界之图景，其中的种种艺术形态，从墓室建筑、壁画到棺椁绘画，从明器到陶俑，无不表达着一种信仰，即墓中死者将转变成仙。这种转变过程，就是两汉“尸解”信仰中的“太阴炼形”。因此，墓中明器所要表达的核心主题是：死者得神药，将在墓室这个“生命转换器”中通过“太阴炼形”使其生命转变成仙——“先死后蜕”的尸解仙[②]；墓中充斥乐舞宴饮气氛，欢庆死者得道升仙。否则，本属至为肃穆且颇有禁忌的墓葬中，何以出现各种绘画和陶俑等组成的庆祝场面[③]？汉墓艺术描绘墓主得药成仙和乐舞宴饮庆祝升仙的内容，本来就有其内在的逻辑，器物置放亦因此而有其内部秩序[④]，只是后人难识其意。这里将通过济南无影山汉墓出土的彩陶明器和大量其他汉画石像资料的分析，揭示汉代信仰中的“生物行精”“神药”“易貌”变仙和“天厨贻食”等仙术信仰。

① 《道藏》第20册，第565页。按：所谓“位补仙官”，即死后升为仙官，此可证汉代墓砖及铜镜之类明器上常见的“君宜官、寿万年”之类铭文，本意确为祝颂死者在死后的世界尽速升天为仙界之官。有关研究见姜生：《长沙金盆岭晋墓与太阴炼形——及墓葬器物群的分布逻辑》，《宗教学研究》2011年第1期。

② 葛洪《抱朴子内篇·论仙》引汉魏《仙经》，见王明：《抱朴子内篇校释》，北京：中华书局，1985年，第20页。

③ 譬如《洛阳东北郊东汉墓发掘简报》图18所示12件陶人的“伎乐俑”组合，见俞凉亘、高金照等：《洛阳东北郊东汉墓发掘简报》，《文物》2000年第8期。

④ 这一点尚待进一步研究揭示。现有相关研究，见上揭拙文《长沙金盆岭晋墓与太阴炼形——及墓葬器物群的分布逻辑》。

第一节 “神药”与“易貌”变仙信仰之表达

1969 年 4 月济南市无影山南坡发现的西汉墓 M11[①]，从其信仰形态判断应属西汉晚期，其中出土了系列彩陶明器，主要有：①致送仙丹(食)的神吏护送双鼎鸟(图 5-1)；②致送瑶池玉浆(酒)的载双壶鸟(图 5-2)；③三官守护、仙人歌舞杂技庆贺墓主得药成仙、神吏接引墓主人升天的情景(图 5-3)；④即将载墓主人升天的来自“太一帝君”的车马(图 5-4)[②]。该墓形制并不庞大，但出土器物艺术风格独特，且形体较大，思想内容表达系统丰富，非常罕见。

作者认为，这些器物和陶俑，表达的乃是一套前后逻辑秩序紧密衔接的宗教话语，揭示着汉代的尸解变仙信仰及其在墓葬中的仪式表达。其仪式结构大体包括：①“三官”守护墓主“太阴炼形”；②获神界致送之神仙饮食——壶和鼎所象征的“神药”，伴以仙人歌戏，神吏侍迎；③“太一帝君”遣车马来迎，欢庆之后，上登仙界。依其思想与信仰背景，找出关键图像符号，可望还原出这套器物(图像)话语的运转表达结构，从而再现汉代死后变仙仪式的逻辑。

图 5-1 彩绘陶载人鸠

图 5-2 彩绘陶载壶鸟

① 济南市博物馆：《试谈济南无影山出土的西汉乐舞、杂技、宴饮陶俑》，《文物》1972 年第 5 期。

② 类似的场景描述如东晋时期的道经《真诰》卷 9《协昌期第一》引《太上消魔经》所谓“太一遣宝车来迎，上登太霄”（《道藏》第 20 册，第 543 页）。

图 5-3　济南无影山汉墓出土歌舞杂技陶俑盘

图 5-4 济南无影山汉墓出土彩绘陶车马俑

一、“炼形于太阴，易貌于三官”：死后生命转换逻辑

实质上，汉墓是一架宗教机器，它的结构和功能皆聚焦于死者的拯救升仙，并以此为现世中人提供一条超越苦难和死亡恐惧的理想道路。

M11 虽然墓室规模不大，明器却特别用心、耗费巨大，这种墓葬文化的形成是否受到了某种文化因素的驱动？

对于人的死亡，早期道书《太平经》用“去世上天”的宗教话语来解释：

> 子思书言，自得之也，为神之阶可见矣。去世上天而治，不复见矣。
>
> 子欲重知其明效也，世不可得久有而独治也。故得道者，则当飞上天，亦是其去世也。不肯力为道者，死当下入地，会不得久居是中部也。故天地开辟以来，更去避世，圣文常格在而不见其人，是明效也。不死得道，则当上天；死则当下入地，不得久当害中和之路也。……若不乐常在而乐死者，弃道随俗，亦将归地下，不得久睹天日月星历也。吾文□□，万万不失一也。故古者圣贤人尽去，今无见者，是其大效也。[①]

① 王明：《太平经合校》，北京：中华书局，1960 年，第 450 页。

问题是，从“去世”到“上天”的过程结构，需要一种宗教神学予以逻辑化的表达，才能使人敢于面对“死”这个残酷的现实；作为尸解信仰之具体表现的“太阴炼形”说，就是对这一过程结构的进一步表达。

在两汉尸解信仰结构中，墓葬被认为是死后的“炼形之宫”。东汉道书《老子想尔注》曰：

> 以道保形容，为天地上容，处天地间不畏死，故公也。
>
> 太阴道积，炼形之宫也。世有不可处，贤者避去，托死过太阴中，而复一边生像，没而不殆也。俗人不能积善行，死便真死，属地官去也。
>
> 道人行备，道神归之，避世托死过太阴中，复生去为不亡，故寿也。俗人无善功，死者属地官，便为亡矣。①

成书于公元2世纪的《周易参同契》认为，若能“服炼九鼎”之药，便可望“化迹隐沦……变形而仙”，“委时去害，依托丘山。循游寥廓，与鬼为邻。化形而仙，沦寂无声”②。这正是两汉尸解信仰之主体。

其实“太阴炼形”信仰在汉前期墓葬中已初露端倪，见诸于马王堆汉墓出土T形帛画所表达的死者经过“太阴”（帛画最下端的大海）而升仙的尸解信仰。但其成熟则应在西汉末期以降，到东汉初则已在王充对“炼形”“易形”的批判中，见其流行。《论衡》卷 20“论死篇”指出：“人之精神，藏于形体之内，犹粟米在囊橐之中也。死而形体朽，精气散，犹囊橐穿败，粟米弃出也。粟米弃出，囊橐无复有形，精气散亡，何能复有体，而人得见之乎！……今人死，皮毛朽败，虽精气尚在，神安能复假此形而以行见乎？”“人生于天地之间，其犹冰也。阴阳之气，凝而为人，年终寿尽，死还为气。

---

① 饶宗颐：《老子想尔注校证》，上海：上海古籍出版社，1991 年，第 20、21、43 页。研究显示《老子想尔注》为西部早期五斗米道首领张修撰作于公元 184 年黄巾发难前。参见姜生：《〈老子想尔注〉三题》，载饶宗颐主编《华学》辑刊，上海：上海古籍出版社，2008 年第 9－10 辑合刊，第 4 册，第 1514－1527 页。

② 孟乃昌《周易参同契考辩》（上海：上海古籍出版社，1993 年，第 93 页）认为《参同契》成书于东汉。

夫春水不能复为冰，死魂安能复为形？”[①]显然汉人相信，即使死后“皮毛朽败”，但“精气尚在”，死者便可“复为形”。可见“太阴炼形”说在东汉初已流行。西安碑林“晋徐君夫人管氏之墓碑”亦有“千秋万岁、何时复形”说。

那么“太阴炼形”的过程结构如何？《真诰》卷4“运象篇第四”所述甚详：

> 若其人暂死，适太阴，权过三官者，肉既灰烂，血沉脉散者，而犹五藏自生，白骨如玉，七魄营侍，三魂守宅，三元权息，太神内闭。或三十年二十年，或十年三年，随意而出。当生之时，即更收血育肉，生津成液，复质成形，乃胜于昔未死之容也。真人炼形于太阴，易貌于三官者，此之谓也。天帝曰：“太阴炼身形，胜服九转丹。形容端且严，面色似灵云。上登太极阙，受书为真人。”[②]

据此基本可以判断，无影山汉墓出土的系列器物，表达着墓主人在“太阴”世界的“炼形”转变过程。需要注意的是，此墓出土的众多陶俑中，有九人身材高大，特别突出。其所戴之冠有两种——环形冠和冕形冠。显然两种冠分别代表两种不同的身份。杂技陶盘上并排站立的四个纵向环形冠者(图5-5左)和载鼎载人鸟俑上对揖的两人(图5-5中)，闲适和悦，应是汉人想象中的仙界使者；而另一排戴冕形冠的三个人俑(图5-5右)神态威严肃穆，则应是“三官”，即“太阴炼形”过程中的主要控制力量。

堪为形态参考者，是莒县东莞镇出土的一对东汉画像石阙中，刻有西王母的方坑阙背面左下方所绘建筑(图5-6)，里面有三个戴冠人物，建筑顶部有三个桃形宝顶尖，暗示三人各有官署；一只大耳的鸮鸟(右边已残，仅余左半部分的头和翅膀)，站在屋顶的斜坡上；建筑下部刻虚掩的大门。

---

① 黄晖：《论衡校释》，北京：中华书局，1990年，第873、877页。

② 《道藏》第20册，第515页。

图 5-5　无影山汉墓陶盘上的“三官”（右）、四位“神吏”（左）和载人载壶陶鸟上的两位“神吏”（中）

从各要素关联分析，此建筑应表示为酆都冥界的三官府。按汉晋信仰，人在死后所要接受的各种登记和审判，主要发生于三官执掌的酆都六天宫。《真诰》卷 15“阐幽微第一”：“罗酆山在北方癸地，山高二千六百里，周回三万里。……其上其下并有鬼神宫室。山上有六宫，……第一宫名为纣绝阴天宫，以次东行，第二宫名为泰煞谅事宗天宫，第三宫名为明晨耐犯武城天宫，第四宫名为恬昭罪气天宫，第五宫名为宗灵七非天宫，第六宫名为敢司连宛屡天宫。凡六天宫是为鬼神六天之治也。”[①]可能是南朝顾欢《道迹经》残卷的《道迹灵仙记》记载：“人初死，皆先诣纣绝阴天宫中受事，……祸福吉凶宿命罪害，由恬照第四天宫，鬼官北斗君治此中。鬼官之北斗，非天上之北斗也，鬼官别有北斗君以司生杀耳。鬼官之太帝者北帝君也，治第一天宫中，总主诸六天宫。……二天宫辄立一官，六天凡立为三官。三官如今之刑名之职，主诸考谪，常以上属真仙，司命兼以总御之也，并统仙府，共

① 《道藏》第 20 册，第 579 页。

图 5-6 莒县东莞镇出土东汉画像石阙之方坑阙下部图像

司生死之任也，大断制皆由仙官。”[①]可见三官府是建立在更为复杂的鬼神体系之上的冥府机构。

按《三国志·张鲁传》注引《典略》，光和（公元 178－184 年）中张修的五斗米道，其法“略与角同，……为鬼吏，主为病者请祷。请祷之法，书病人姓名，说服罪之意。作三通，其一上之天，著山上，其一埋之地，其一沉之水，谓之三官手书”[②]。三官掌管人们死后的“太阴炼形”过程。死者进入地下世界，皆经“三官”的检讨“试观”[③]，以决定墓中的死者是“暂死”（所谓“讬死”）而“权过三官”、速即变仙，还是会被三官判为“真死”。按《真诰》：“臣妾四海者，既终，受书为三官四辅。或为五帝上相，或为四明公宾友，

① 《道藏》第 11 册，第 45 页。此段文字又见于《真诰》卷 15“阐幽微第一”，《道藏》本有错简，校正本见［日］吉川忠夫、麦谷邦夫编，朱越利译：《真诰校注》，北京：中国社会科学出版社，2006 年，第 470－471 页。按陶弘景注：“道家常呼‘三官’者是此也。而《消魔经》云：岱宗又有左火官、右水官及女官，亦名三官，并主考罚。”不过泰山“三官”已是南朝道门之解（见［日］吉川忠夫、麦谷邦夫编，朱越利译：《真诰校注》，北京：中国社会科学出版社，2006 年，第 471 页）。“鬼官北斗”之称实为“地斗”，参见姜生：《地斗考》，日本《中国出土资料研究》第 19 号，2015 年 3 月。

② （西晋）陈寿撰：《三国志》卷 8《张鲁传》，北京：中华书局，1959 年，第 264 页。

③ 《真诰》卷 7《甄命授第三》：“三官因之以试观，试遂不过，侨于是得有死罪。”见《道藏》第 20 册，第 528 页。

以助治百鬼。”[①]从无影山汉墓的情形看，死后“受书于三官四辅”者，也不一定都是曾经“臣妾四海”的帝王。

被“三官”判为可以成仙的死者，将在三官府经历一个“易貌”的过程。这可以解释为什么汉墓画像中可见大量变形为鸟兽之身的人物——他们都是死后以“易貌”而证仙的标范。《老子变化经》亦称老子有言：“吾变易身形，托死更生，周流四海，……愚者不知死复更生。”[②]东汉初王充《论衡》卷 7“道虚篇”记载说：“好道之人……谓人能生毛羽，毛羽备具，能升天也。”[③]《太平经合校》卷 18 至 34《阙题(二)》载：“真人问：‘何以知道效乎？’神人曰：‘决之于明师，行之于身，身变形易，与神道同门，与真为邻，与神人同户。’”[④]很有意思的是，东晋葛洪《抱朴子内篇·对俗》也以批评的方式保存了两汉的变形而仙信仰：“古之得仙者，或身生羽翼，变化飞行，失人之本，更受异形。”[⑤]

然而不能真心修道的人，死后便不能简单地“权过三官”了事。按《真诰》卷 8：“若形羁荣罗，鼓轮华园，乘波适物，鸣辔风尘，外有谋道之名，内有百忧来臻者，适足劳天年以骋思，终归骸于三官耳。”[⑥]这类不能升仙者，死后往“三官府”只是报到“归骸”而已。

无影山汉墓“太阴炼形”仪式结构的发现，亦可证明“太阴炼形”信仰在西汉晚期已成为当时神仙思想中的重要内容，在墓葬仪式系统中具有核心作用。更重要的是，该墓内所施用的系列大型彩绘陶器，可为我们分析当时的“三官”信仰，提供某种支持，从中把握汉代“炼形于太阴，易貌于三官”的信仰内涵，揭示汉墓生命转换信仰之结构。

---

① 《云笈七签》卷 86“尸解”引《真诰》，《道藏》第 22 册，第 606－607 页。

② 《藏外道书》第 21 册，第 2 页。索安(Seidel Anna)认为《老子变化经》的成书时间在 185－215 年之间。见[法]索安：《汉代における老子の神格化について》，吉岡義豊、ミシェル·スワミエ(苏远鸣)主編：《道教研究》第 3 册，東京：豊島書房，1968 年，第 5－77 页，引文见第 34 页。[日]菊地章太最近的一项研究《敦煌写本『老子变化経』の构造と生成》亦再次重申汉末成书说。载《東洋学研究》2009 年第 46 期，第 372－350 页。

③ 黄晖：《论衡校释》，北京：中华书局，1990 年，第 318 页。

④ 王明：《太平经合校》，北京：中华书局，1960 年，第 26 页。

⑤ 王明：《抱朴子内篇校释》，北京：中华书局，1985 年，第 52 页。

⑥ 《真诰》卷 8《甄命授第四》，《道藏》第 20 册，第 534 页。

二、“生物行精”：得仙界“神药”“丹水”而不死

在两汉思想中，成仙需要得到来自神仙世界的“神药”，但当时尚未形成通过炼丹术获取这种“不死药”的宗教技术形式及社会组织方式。因此，在各地出土的汉墓画像中，较为常见的是西王母身边玉兔捣药的情景。据此可知，不死药乃为西王母所司，人死后都要去朝拜西王母，乞求仙药。如纬书《尚书帝验期》记载：“王母之国在西荒。凡得道授书者，皆朝王母于昆仑之阙。”[①]《乐府诗集》卷34《相和歌辞九·董逃行五解》：“教敕凡吏受言，采取神药若木端。玉兔长跪捣药虾蟆丸，奉上陛下一玉柈。服此药可得神仙。”[②]

1. 神鸟携丹与“生物行精”

汉画中常见飞鸟衔丹或凤鸟吐丸。考之道教文献，在汉代信仰中，这些飞禽是致送仙药的使者。成都市出土的一株摇钱树顶部，铸一朱雀，背部驮负一壶，同时其长喙末端即衔有不死药丸(图5-7)，生动地象征着朱雀身负神药并以其长喙将神药送达墓主口中，使墓主起死回生，转变成仙。这个朱雀，按早期道教文献所记，是专为死者治病的“治疾使者”。如《太平经》卷89“八卦还精念文第一百三十”曰：

图5-7　神鸟背驮丹壶、口衔丹丸

成都市出土摇钱树顶部，2000年5月摄

> 朱雀治病，黄气正中，君而行之，寿命无穷。[③]

更多文献之证见诸《太平经·丙部之十六》“生物方诀第七十一”：

---

① [日]安居香山、中村璋八辑：《纬书集成》，石家庄：河北人民出版社，1994年，第387页。

② (宋)郭茂倩：《乐府诗集》第二册，北京：中华书局，1979年，第505页。

③ 王明：《太平经合校》，北京：中华书局，1960年，第339页。

生物行精，谓飞步禽兽跂行之属，能立治病。禽者，天上神药在其身中，天使其圆方而行。十十治愈者，天神方在其身中；十九治愈者，地精方在其身中；十八治愈者，人精中和神药在其身中。此三者，为天地中和阴阳行方，名为治疾使者，比若人有道而称使者，神人、神师也。

图 5-8　神鸟口衔仙丹飞翔

成都青白江区出土，2000 年 4 月摄

是者，天地人精鬼使之。得而十十百百而治愈者，帝王上皇神方也；十九治愈者，王侯之神方也；十八治愈者，大臣白衣至德处士之神方也；各有所为出，以此候之，万不失一也。此三子，皆为天地人行神药以治病，天使其各受先祖之命，著自然之术其中，不得去也，比若凤凰麒麟，著德其身；比若蜂虿，著毒其身，此之谓也。[①]

神鸟口衔神药飞行，为死者治病，救之成仙，事实上在汉墓中多有，只是从未被识出(上文所述济南无影山出土的载人载鼎陶鸟、载双壶陶鸟明器即是)。如成都市青白江区出土的一件陶制组合器，上部即神鸟衔丹(图 5-8)；四川西昌杨家山东汉墓出土的一只铜鸟背负药壶(图 5-9)，其上喙末端残，亦应衔丹；丰都袁家岩出土的汉代神鸟(所谓“巴渝神鸟”)，实为口含仙丹的朱雀(图 5-10 上右)。日本东京国

图 5-9　神鸟驮丹药壶(M1：31)

西昌杨家山东汉墓出土，上喙末端残，应有衔丹

① 《道藏》第 24 册，第 429 页。王明本标点不同，未采。

图 5-10　不同形态的“治疾使者”

上左：四川出土东汉摇钱树顶朱雀衔丹，2011 年 11 月 15 日摄于日本东京国立博物馆；上右：2001 年 10 月丰都袁家岩出土“汉代神鸟”（重庆中国三峡博物馆藏）；下左：成都金堂李家梁子东汉墓出土的背负药壶陶鸟，2010 年 10 月 27 日摄于成都文物考古研究所；下右：乐山东汉崖墓出土驮丹药壶的神鸟，2015 年 10 月 17 日摄于乐山麻浩崖墓博物馆

立博物馆收藏的一株四川出土的东汉摇钱树，顶部亦为口衔丹药飞翔的朱雀（图 5-10 上左）。此外，成都金堂县李家梁子东汉墓出土一件背负药壶的陶鸟（图 5-10 下左），乐山市麻浩崖墓博物馆藏的数件东汉崖墓出土背负丹药壶的陶制神鸟（图 5-10 下右），虽表现形式不同，但信仰来源却完全相同。

四川射洪县斗龙坝某工地出土的摇钱树，部分残片中有一神鸟，背负一物（或即药壶），口衔丹丸作飞翔状（图 5-11 下左）；同一墓中出土的摇钱树残片中有一片为一对男女赤裸对坐，二人手持金丹相庆（图 5-11 下右）。可见该墓出土的这一套摇钱树乃表示死者获得神使（即飞鸟）送来丹药，服之而仙。四川泸县出土的汉代画像石棺上，也有神鸟背负丹药壶的图案（图5-12）。此外，画像石中尚有不少凤鸟口吐丹药的情景，亦皆此类[①]。而汉画上的所谓“扁鹊治病”图（图5-14），其形作人首鸟身，高冠，盖亦源于鸟身自有神药之信仰。

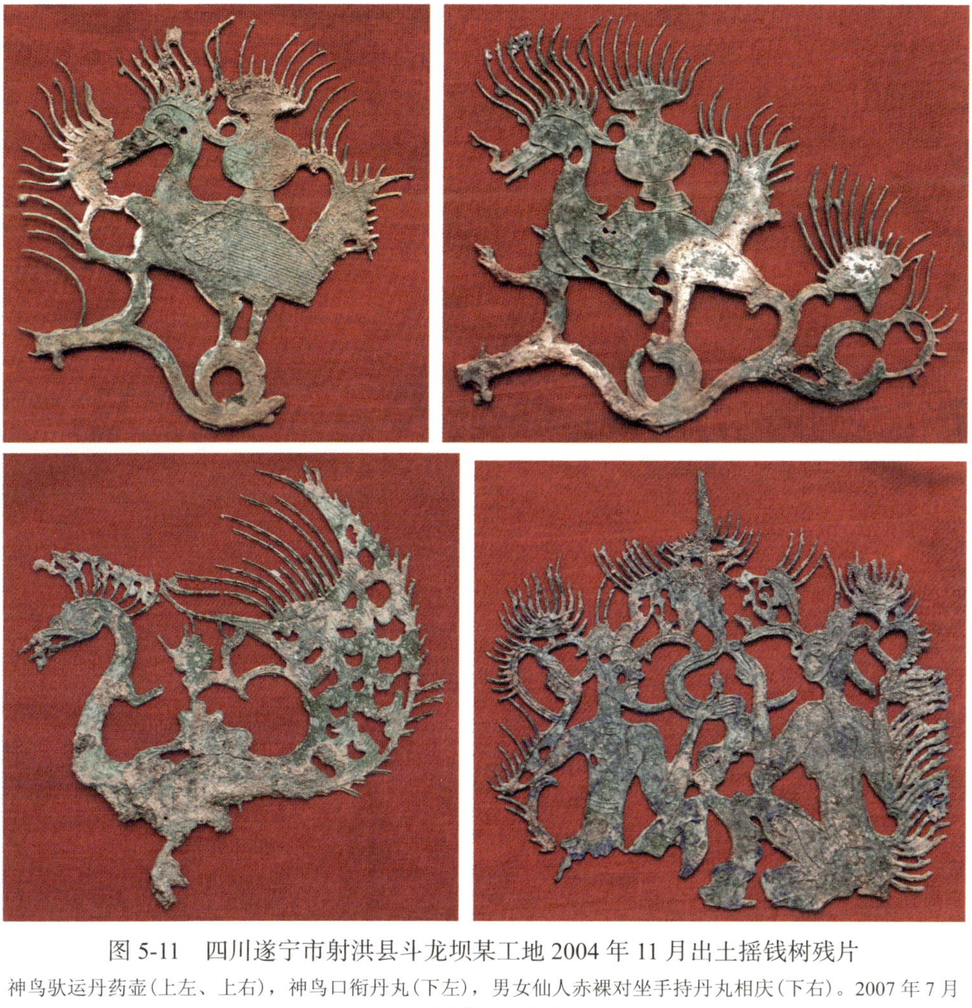

图5-11　四川遂宁市射洪县斗龙坝某工地2004年11月出土摇钱树残片

神鸟驮运丹药壶（上左、上右），神鸟口衔丹丸（下左），男女仙人赤裸对坐手持丹丸相庆（下右）。2007年7月摄于射洪县文管所

① 有关讨论参见张从军：《汉画像石中的射鸟图像与升仙》，《民俗研究》2006年第3期。

图 5-12 2001 年四川泸县云龙镇汉墓出土画像石棺

现存泸县文物局

与“扁鹊治病”图相类似的，还有徐州汉画像石艺术馆所藏的另一方残石(局部见图 5-15)，颇引人注目。该石刻一鸟站立伸颈，对面一人坐鼎内，探身向前；人鸟之间器物应为倒置的鼎盖；鸟喙触人头顶，人则安详接受，示为“朱雀治病”之中，其人后背则已生出四根翎羽，正合《老子中经》“第四十一神仙”引《经》所言：“服一刀圭，面目生光，身出毛羽，上谒上皇。”[①]以及魏文帝词《折杨柳行》：“西山一何高，高高殊无极。上有两仙僮，不饮亦不食。与我一丸药，光耀有五色。服药四五日，身体生羽翼。”[②]《论衡·道虚》和《抱朴子内篇·对俗》也有类似的描述。由此判断这一情景表达的应是飞禽治病、去死而仙(徐州此石刻画鸟治鼎中之人，或为表示文挚因生前至忠被烹、死后得神鸟施药而仙，参见第三章第二节第二部分。人鸟之间的鼎盖，表示文挚被烹故事中用来隔绝阴阳的鼎盖已被移去)。该图之下，另有一身生羽翼的仙人手拿长针为人治病，其施治部位也在头顶。这些均应是飞禽携药、“生物行精”信仰之表现。

值得注意的是，在这方画像石上，神鸟和羽人以神药施治的部位均为人的头顶，应与汉晋信仰有关。作为这一信仰传统的稳定继承形态，在东晋南朝早期上清派“三奇宝文”之一，《洞真高上玉帝大洞雌一玉检五老宝经》改编

① 《云笈七签》卷 19，《道藏》第 22 册，第 143 页。

② (宋)郭茂倩编：《乐府诗集》卷 37《相和歌辞十二》，北京：中华书局，1979 年，第 547 页。

本《大洞金华玉经》所绘脑九宫图中（参图5-16），“中黄太一真君”所居“玄丹宫”“丹田宫”，均在头顶正中的上、下两重空间（理解示意图见图5-17）。考之道门丹田信仰，细观徐州此画，鸟喙所触、羽人针砭所在，部位所指应是头部上丹田。根据以上研究，汉墓所见的表达飞鸟治病的丰富图像资料，与《太平经》卷50、卷89以及《老子中经》所引古《经》等早期道教文献的记载构成准确的互释，也使我们确证《太平经》卷50、卷89论述“朱雀治病”“生物行精”“治疾使者”的经文造于东汉；《老子中经》所引古《经》亦应造于东汉，故两经许多内容堪与汉画互证。这对于甚为艰难的早期道教经文断代研究将具有重要证据价值。

值得一提的是，盛行于东汉的这种“生物行精”“朱雀治病”信仰，为后世道教所继承，唯传世文献载述不丰。如南宋陈田夫《南岳总胜集》卷中“叙观寺·九仙宫”曰：

> 又有邓郁之，南阳新野人也。幼梦一鸟吐印与之，自是人间有疾，以印治救，求为符章，病者自愈。[1]

图5-13.1　绵阳博物院藏何家山二号墓出土汉代摇钱树

又《南岳总胜集》卷上引《湘中记》云，灵麓峰“中有抱黄洞，下有洞真观，乃东晋邓郁之修内外丹处。后升真于南岳”[2]。邓郁之为六朝时期南

①（南宋）陈田夫：《南岳总胜集》卷中，《大正新修大藏经》第51册，东京：大正一切经刊行会，1924—1934年，第1075页b。

②（南宋）陈田夫：《南岳总胜集》卷上，《大正新修大藏经》第51册，东京：大正一切经刊行会，1924—1934年，第1060页c。

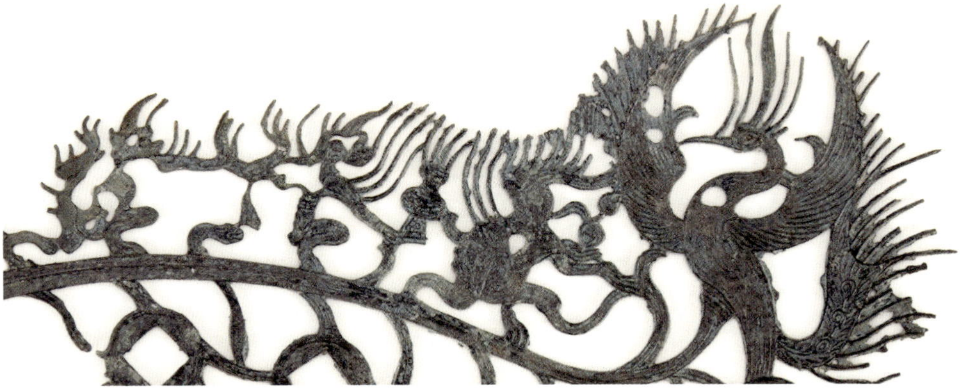

图 5-13.2　绵阳博物院藏何家山二号墓出土汉代摇钱树叶片

图 5-14　微山县两城山出土、曲阜孔庙藏仙使扁鹊治病图
2011 年 11 月 4 日摄

图 5-15　飞鸟治病及羽人治病图
徐州汉画像石艺术馆藏残石局部

岳高道，与吴郡徐灵期为友，俱入北宋廖侁《南岳九真人传》。考其思想渊源或即《太平经》，况同时代有高道褚伯玉在南岳焚修《太平经》道法。《南岳总胜集》卷上：“褚伯玉，字元璩，吴郡钱塘人。隐南岳瀑布山，妙该术解，深览图秘，采炼纳御，靡不必为。齐高祖诏吴会一郡以礼资遣，又辞以疾，俄而高逝。人主追恨，乃诏于瀑布山下立太平观，以伯玉好读《太平经》兼修其道，故为观名也。”[①]

① (南宋)陈田夫：《南岳总胜集》卷上，《大正新修大藏经》第 51 册，东京：大正一切经刊行会，1924－1934 年，第 1067 页 a。按褚伯玉事迹当取自(唐)王悬河《上清道类事相》卷一。

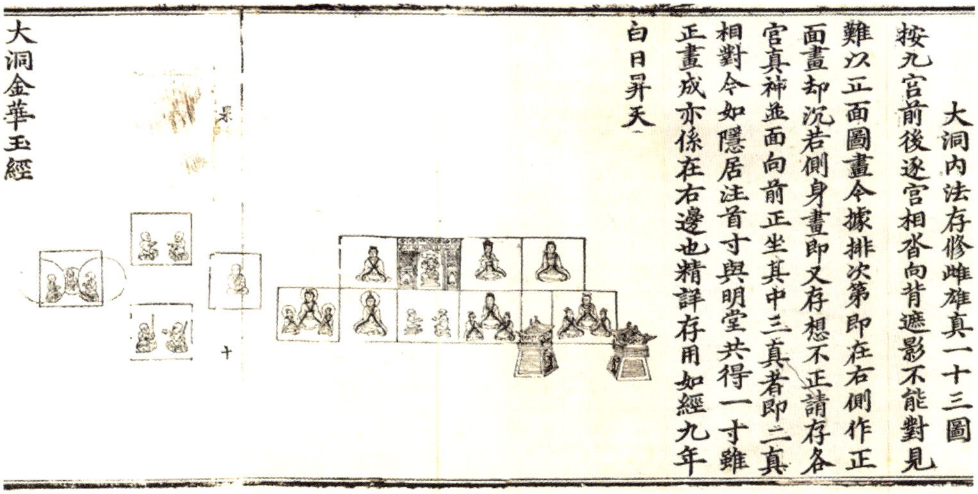
大洞内法存修雌雄真一十三圖
按九宫前後逐宫相沓向背遮影不能對見難以正面圖畫今據排次第即在右側作正面畫却沉若側身畫即又存想不正請存各宫真神並面向前正坐其中三真者即二真相對令如隱居注首寸與明堂共得一寸雖正畫成亦係在右邊也精詳存用如經九年白日昇天

大洞金華玉經

图 5-16　《大洞金华玉经》“大洞内法存修雌雄真一十三图”明版《正统道藏》本

国家图书馆提供

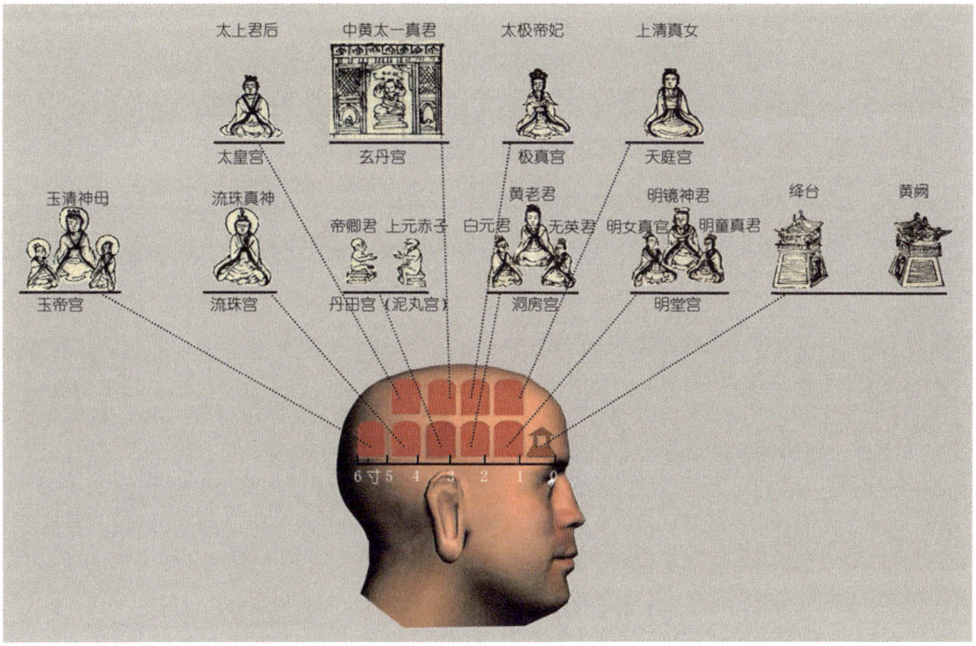

图 5-17　据《大洞金华玉经》存真十三图绘制的脑九宫及诸神示意图

采自姜生、汤伟侠主编《中国道教科学技术史·南北朝隋唐五代卷》彩版图 39-9b

2. 鼎与神药

除了药壶，古代墓葬多见的鼎和壶在汉墓中亦成为象征“神药”“丹水”的容器。

济南无影山 M11 出土载人载鼎陶鸟俑(图 5-1)，李约瑟解释为“将要进入仙境的神鸠，或鹏，背上站着两个相互施礼的变金者，他们的后面是盛长生不老药的‘鼎’，戴着相同奇异头巾的仆从站在靠近尾巴处，为他们撑着伞”[①]。此器物所表现的应是朱雀驮负双鼎及两位“神使”(或称“神吏”)飞行致送仙药的情景；鸟背上的华盖乃暗示双鼎之尊贵。按东汉道书《老子中经》“第五十四神仙”引《经》曰：“下仙之士，……当为神使。”[②]《太平经》卷 50“神祝文诀第七十五”：“天上有常神圣要语，时下授人以言，用使神吏应气而往来也。”[③]载鼎载人鸟俑“背上站着两个相互施礼的”人物形象，非如李约瑟所谓“变金者”，而是来自神仙世界、负责押运“神药”的仙官。而杂技陶盘上所见有相同装束者四人，亦属“神吏”之类的仙官，其使命应是在墓主人完成“太阴炼形”之后，接引其升仙。

可能出于汉末魏晋间[④]的道经《太上三五正一盟威箓》卷 4 载，某法箓弟子诣师拜受秘箓，仪式所诵，也表达了“神药治我”以成仙的思想(本章第二节)，当即汉代“神药”思想的继承。

在这里，鼎是最关键的符号，因为它承载着当时的信仰。据信成书于东汉的《列仙传》[⑤]引古“仙书”说，黄帝就是铸鼎而仙：“黄帝采首山之铜，

---

① 李约瑟：《中国之科学与文明》，中译本，第 14 册，台北：台湾商务印书馆，1989 年二版，第 578 页，图 1337 释文。

② 见《云笈七签》卷 19，《道藏》第 22 册，第 146 页。关于《老子中经》成书于东汉的讨论参见 Kristofer Schipper and Franciscus Verellen eds., *The Taoist Canon: A Historical Companion to the Daozang*, Chicago & London: The University of Chicago Press, 2004, p.92. 又施舟人：《〈老子中经〉初探》，载《道家文化研究》第 16 辑，北京：三联书店，1999 年；刘永明：《〈老子中经〉形成于汉代考》，《兰州大学学报》2006 年第 4 期。

③ 王明：《太平经合校》，北京：中华书局，1960 年，第 181 页。

④ 关于《太上三五正一盟威箓》的成书时间，参见胡孚琛主编：《中华道教大辞典》，北京：中国社会科学出版社，1995 年，第 282 页。

⑤ 《四库提要辨证》卷 19 子部 10 著录“列仙传二卷”，见余嘉锡：《四库提要辨证》，北京：中华书局，2007 年，第 1202—1211 页。

铸鼎于荆山之下，鼎成，有龙垂胡髯下迎帝，乃升天。”这一传说，成为秦皇汉武追求不死的梦想，《史记·封禅书》和《汉书·郊祀志》皆有记述。

汉画中，西王母面前往往设丹鼎，并玉兔捣药、蟾蜍司药，象征着那里是制作和掌握不死药的地方。合江 27 号石棺一面刻西王母与巨型丹鼎（图 5-19），即示死者从西王母得仙药。

按西王母信仰之出现甚早。陈梦家认为，殷甲骨卜辞中所见“西母”二字即战国文献中的神话人物西王母，因其孤证而受质疑。[①]但无论如何，战国以后西王母传说大为流行。汲郡战国墓出土先秦古书《竹书纪年》曰：“（舜）九年，西王母来朝。”“（穆王）十七年，王西征昆仑丘，见西王母。其年，西王母来朝，宾于昭宫。”[②]《山海经·大荒西经》：“西海之南，流沙之滨，赤水之后，黑水之前，有大山名曰昆仑之丘。有神——人面虎身，有文、有尾、皆白——处之。其下有弱水之渊环之。其外有炎火之山，投物辄然。有人戴胜，虎齿，豹尾，穴处，名曰西王母。此山万物尽有。”其《海内北经》又云：“西王母梯几而戴胜杖，其南有三青鸟，为西王母取食。”[③]《淮南子》卷 4 载：“西王母在流沙之濒。”高诱注引《地理志》曰：“西王母石室，在金城临羌西北塞外。”[④]

纬书言昆仑如《河图括地象》：“地南北三亿三万五千五百里。地部之位，起形高大者，有昆仑山，广万里，高万一千里，神物之所生，圣人仙人之所集也。出五色云气，五色流水，其泉东南流入中国，名曰河也。其山中应于天，最居中。八十城市绕之。中国东南隅，居其一分，是奸城也。”[⑤]《河图始开图》：“昆仑山北，地转下三千六百里，有八玄幽都，方二十万里。地下

① 陈梦家：《古文字中之商周祭祀》，《燕京学报》1936 年第 19 期。

② 王国维：《今本竹书纪年疏证》，见方诗铭、王修龄辑录：《古本竹书纪年辑证》，上海：上海古籍出版社，1981 年，第 198、246 页。

③ 《山海经》中关于西王母、不死、不死药，各种可以令人不死的东西的记述，见袁珂：《山海经校注》，成都：巴蜀书社，1992 年，第 358、466 页。

④ （西汉）刘安撰，刘文典集解，冯逸、乔华点校：《淮南鸿烈集解》，北京：中华书局，1989 年，第 149－150 页。

⑤ ［日］安居香山、中村璋八辑：《纬书集成》，石家庄：河北人民出版社，1994 年，第 1095 页。

有四柱，广十万里。地有三千六百轴，犬牙相奉。”“昆仑之墟，有五城十二楼，河水出，四维多玉。”①

因此，汉画中出现的某些东西结构或上下结构的西王母主题系列图景，

图 5-18.1　凉山州博物馆藏东汉西王母摇钱树残片

采自刘世旭：《四川西昌高草出土汉代“摇钱树”残片》，《考古》1987 年第 3 期

① ［日］安居香山、中村璋八辑：《纬书集成》，石家庄：河北人民出版社，1994 年，第 1106－1107 页。

图 5-18.2　梓潼出土汉“神鼎”铭文画像砖（经水平翻转处理）（绵阳博物院藏）

及一些摇钱树（如图 5-18.1）所描绘的图景，事实上是同一个——引导死者前往“昆仑之墟”。《淮南子·地形》：“昆仑之丘，或上倍之，是谓凉风之山，登之而不死。或上倍之，是谓悬圃，登之乃灵，能使风雨。或上倍之，乃维上天，登之乃神，是谓太帝之居。”[①]需要特别注意的是，有些看似上下结构的汉画，实非上下关系，而是对处于同一平面上的不同群体进行分组刻画而已，如滕州汉画馆藏画像石中即见有这种情况。

西王母作为掌管各种不死药的女神，在当时是毋庸置疑的。《文选》卷 60《祭颜光禄文》注引《归藏》：“昔嫦娥以西王母不死之药服之，遂奔月

① （西汉）刘安撰，刘文典集解，冯逸、乔华点校：《淮南鸿烈集解》，北京：中华书局，1989 年，第 135 页。

为月精。”[①]《淮南子·览冥训》曰：“羿请不死之药于西王母，姮娥窃以奔月。”[②]自然而然地，汉画中与西王母相伴出现的丹鼎、玉兔捣药、蟾蜍司药等图像（如图 5-24）便有了强烈的象征意义，尤其是鼎，其象征意义更为明显。

绵阳市何家山二号墓出土的东汉摇钱树叶片上，就有神鸟吐丹、蟾蜍收丹入鼎（图 5-13.2）以及大象背部驮负两个药鼎（图 5-22）。而该摇钱树最顶部为一展翅的朱雀，其下为西王母。而同是在绵阳市中区出土的汉砖[③]，下部的所谓“花罐”三耳，其实是一只大放神光的鼎，上部是一只运丹药的神鸟（图 5-20）。鼎上之光，源于其内之神丹。这可以由曹丕《折杨柳行》仙僮“与我一丸药，光耀有五色……”[④]的词句得到解释。

类似的神鼎还出现在朱集的东汉墓（图 5-21）和四川出土的汉砖（图 5-23）。

图 5-19 合江 27 号石棺刻龙虎座上的西王母与丹鼎图

采自晏满玲：《泸州地区汉画资源调查与分析》，《中国汉画学会第十二届年会论文集》，香港：中国国际文化出版社，2010 年，第 279 页图 21

① （梁）萧统编，（唐）李善等注：《六臣注文选》，北京：中华书局，2012 年，第 1125 页。

② （西汉）刘安撰，刘文典集解，冯逸、乔华点校：《淮南鸿烈集解》，北京：中华书局，1989 年，第 217 页。

③ 高文、王锦生：《中国巴蜀汉代画像砖大全》，澳门：国际港澳出版社，2002 年，第 375 页。

④ （宋）郭茂倩编：《乐府诗集》卷 37，北京：中华书局，1979 年，第 547 页。

从这些明器的功能特征提示，可以相信，这种容器的功用，是运送来自西王母的不死之药，其目标乃指向墓主，象征着他（她）获得西王母赐予的仙药，将飞升成为“宜侯王”“寿万年”“千秋万岁”的天上仙官。许多情况下，即使没有西王母出现，鼎也是作为丹药的象征，以种种图像方式出现在汉墓画像之中。梓潼出土的一批带有铭文的同款汉模印画像砖，其画面构成模式为：中央画巨鼎，鼎左右各有铭文，铭文之外左右各画一人，一坐鼎旁、一执笏而跪。梓潼县文管所藏一砖的鼎旁铭文可识出上方为“神”字[1]；绵阳博物院藏有 4 砖[2]，这里引入 2 砖（图 5-18.2 上下两图，均经水平翻转处理），从中可以识出，巨鼎左右铭文均为“”（神鼎），即“神鼎”（参考马王堆三号墓出土帛书中的鼎字鼎、《曹全碑》的鼎字鼎）。基于梓潼出土的这批画像砖铭文，可知汉墓中出现的许多鼎或鼎图像并非普通的鼎，而是象征神药的神鼎[3]。早期道教最重要的三种大丹法之一的《黄帝九鼎神丹经》即述神

图 5-20　绵阳出土的神鼎汉砖

采自《中国巴蜀汉代画像砖大全》，第 375 页

① 参见高文、王锦生编著：《中国巴蜀汉代画像砖大全》图 417，澳门：国际港澳出版社，2002 年，第 342 页。铭文识别前须对画面进行水平翻转处理。

② 谨向绵阳市文物局唐光孝副局长、绵阳博物院龚迎春女士和杨伟先生致以谢忱。

③ “神鼎”是汉文化的一个重要母题，影响深远。事实上，正是元狩七年（公元前 116 年）夏六月汾阴出宝鼎导致了汉武帝改年号“元鼎”及元封元年（公元前 110 年）的封禅。《汉书》卷 25《郊祀志上》：“有司皆言：‘闻昔泰帝兴神鼎一。一者，一统，天地万物所系象也。黄帝作宝鼎三，象天地人。禹收九牧之金，’铸九鼎，象九州。皆尝鬺享上帝鬼神。”颜师古曰：“泰帝者，即泰昊伏羲氏也。”《论衡・儒增篇》：世俗传言“周鼎不爨自沸；不投物，物自出”。《恢国篇》：“孝明麒麟、神雀、甘露、醴泉、白雉、黑雉、芝草、连木、嘉禾，与宣帝同，奇有神鼎、黄金之怪。”汉宣帝甘露元年于华山铸鼎铭文曰：“万国伏，贻长久。铸神鼎，承天酒。”（《全汉文》卷六宣帝二）《抱朴子内篇・金丹》：“若取九转之丹，内神鼎中，夏至之后，爆之鼎热，内朱儿一斤于盖下。伏伺之，候日精照之。须臾翕然俱起，煌煌辉辉，神光五色，即化为还丹。取而服之一刀圭，即白日升天。”

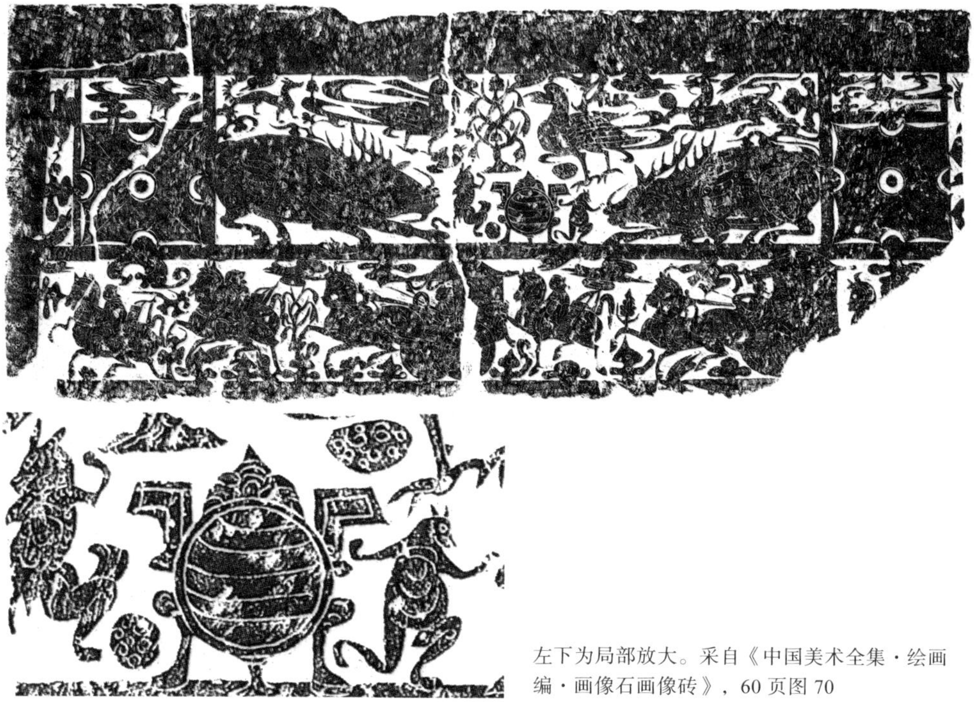

左下为局部放大。采自《中国美术全集·绘画编·画像石画像砖》，60 页图 70

图 5-21　徐州博物馆藏 1954 年江苏睢宁朱集东汉墓出土的以神鼎为中心的画像石

鼎还丹，韩吉绍指出其为东汉时期撰于北方滨海地域的齐地或近齐地区[①]。可见东汉墓葬中出现的这些巨鼎，确乃当时还丹不死信仰之反映。

由梓潼这方画像砖题记的识读，进而可以理解，汉墓中出现的许多神鼎图像应识为“神丹”之象征。

3. 壶与玉浆

事实上，汉晋考古出土的许多文物中可见神界为死者致送玉浆的酒樽（壶）。河北满城汉墓曾出土镶绿松石鎏金载双杯铜朱雀（图 4-20），发掘者根据器物出土时内有红色物质，判其所装为化妆品，不确。显然这个器物组合也是象征来自西王母的玉浆，其中的红色物质应为朱砂，为下葬仪式过程中

① 韩吉绍：《〈黄帝九鼎神丹经〉源流辨正》，《宗教学研究》2014 年第 4 期。其结论较陈国符《中国外丹黄白法经诀出世朝代考》之西汉末东汉初出世说略晚。

所施用，表示死者获得玉浆以升仙；山东临沂白庄汉画像石之乐舞宴饮图中，二仙官抬两壶，也是象征送来玉浆(图 5-26)[①]；马王堆一号墓帛画(相应部分见图 5-25)、临沂金雀山 9 号汉墓帛画[②]、金雀山民安工地 4 号墓出土帛画[③]侍女旁都有一壶，一女捧一物跪呈主人，即象征仙女捧杯致送仙醴玉浆。帛画上的这一层，表达的是墓主人已完成“太阴炼形”，进入得药成仙的阶段。

按《淮南子·墬形训》：“倾宫、旋室、悬圃、凉风、樊桐、在昆仑阊阖之中，是谓疏圃。疏圃之池，浸之黄水，黄水三周复其原，是谓丹水，饮之不死。”[④]上述济南无影山 M11 中的彩绘载壶鸟俑(图 5-2)，李约瑟认为，“与前图比较，可知这是一次货运飞行，因鸠或鹏只背着两个大壶，其中无疑是长生不老药”[⑤]。近是。庆墓主得药升仙活动的内容，主要是表现为乐舞和宴饮。陶鸟驮负酒尊，应当是象征着来自西王母的瑶池玉液琼浆或曰丹水、醴泉，既为仙药，亦充庆祝宴饮。无影山汉墓出土的歌舞杂技陶俑盘的情节

图 5-22　大象运丹鼎

1990 年四川绵阳何家山二号墓出土东汉摇钱树叶片细部。绵阳博物院藏

① 临沂市博物馆：《临沂汉画像石》，济南：山东美术出版社，2002 年，第 4－5 页。

② 金雀山汉墓发掘组：《山东临沂金雀山九号汉墓发掘简报》，《文物》1977 年第 11 期，封二。

③ 徐淑彬：《临沂金雀山 1997 年发现的四座西汉墓》，《文物》1998 年第 12 期。

④ (西汉)刘安撰，刘文典集解，冯逸、乔华点校：《淮南鸿烈集解》，北京：中华书局，1989 年，第 133－134 页。

⑤ 李约瑟：《中国之科学与文明》，中译本，第 14 册，台北：台湾商务印书馆，1989 年二版，第 579 页，图 1338 释文。

(图 5-3)，象征死者获赐昆仑“丹水”(醴泉、玉浆)，将饮而升仙。相同的表达，见于上述四川遂宁市射洪县出土摇钱树残片的朱雀耿壶(图 5-11)。

图 5-23　四川彭州汉神鼎画像砖

成都市考古所刘雨茂博士提供

图 5-24　东汉摇钱树上的朱雀与主司丹药的蟾蜍

2011 年 11 月 15 日摄于日本东京国立博物馆

图 5-25　马王堆一号墓 T 形帛画下部饮食神药图

天津艺术博物馆所藏汉代“赵诩印”（图 5-27）文说：“福禄进，日以前，乘浮云，上华山，饮玉英，歙禮（醴）泉，服名药，就神仙。”东汉道书《老子中经》：“第五十四神仙”引《经》曰：“食芝服丹即不老。人万八千岁更为童子，男八女七，从此始。”[①]曹操的诗歌《气出唱》和《秋胡行》都表达了成为神仙的目标，《秋胡行》曰：“愿登泰华山，神人共远游。

① 《云笈七签》卷 19，《道藏》第 22 册，第 146 页。

图 5-26 临沂白庄汉画像石欢庆墓主成仙图

上下两图为同一石之左、右两部分，采自《临沂汉画像石》第 4、5 页，图 6

图 5-27 汉赵翊印

愿登泰华山，神人共远游。经历昆仑山，到蓬莱。飘遥八极，与神人俱。思得神药，万岁为期。歌以言志，愿登泰华山。”[①]晋陶渊明的《读〈山海经〉诗》也说：“翩翩三青鸟，毛色奇可怜。朝为王母使，暮归三危山。我欲因此鸟，具向王母言。在世无所须，惟酒与长年。”[②]表达了对玉浆的渴望。饮玉浆之效见于《真诰》卷 4“运象篇第四”：“俱挹玉醴津，倏忽已婴童。”[③]

除了随葬器物之外，汉画像石、画像砖、壁画等文物资料中也多见有鼎、壶出现，亦有可能是墓主人得到仙界的神药、玉浆之象征。但同时鼎、壶又是祭祀的常用礼器，所以似亦难将所有墓葬中出现的鼎、壶全部当做是盛放神药、玉浆之器，这在下文关于墓主人成仙之际仙界的宴饮庆贺仪式中还将仔细讨论。

① （三国魏）曹操：《曹操集》，北京：中华书局，1974 年，第 14 页。

② （东晋）陶渊明撰，袁行霈注：《陶渊明集笺注》，北京：中华书局，2003 年，第 403 页。

③ 《道藏》第 20 册，第 511 页。

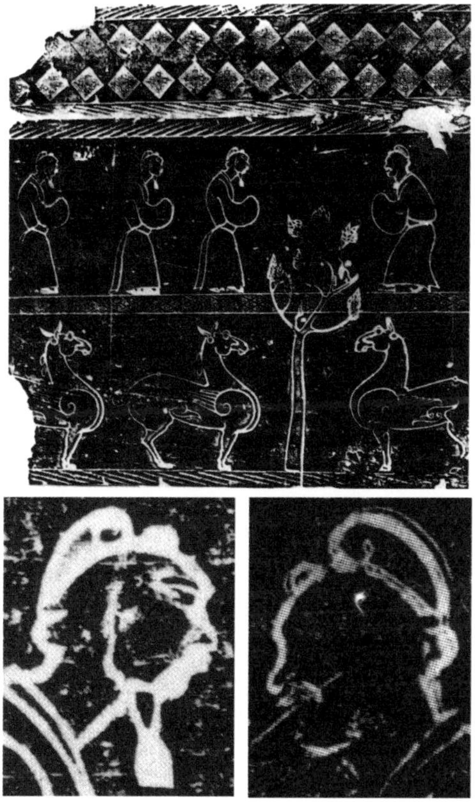

图 5-28　洛阳出土西汉大型空心砖(上，局部)所见神吏及其细部(下，两头部图)
采自黄明兰《洛阳汉画像砖》第 32、34 页

洛阳出土西汉墓葬的大型空心砖上，亦同时出现有珠树、有翼天马、对揖人物(图 5-28)，作者发现这些人物所戴的冠，与无影山出土六俑所见相似，且看得出这是文吏的冠；同时从洛阳汉砖中也可见携兵杖结队巡行的武吏，冠式不同[①]。按济南俑与洛阳汉砖上的图案，出现在不同的区域、不同形态

① 关于汉砖所见神使文吏的冠，可参见黄明兰《洛阳汉画像砖》(郑州：河南美术出版社，1986 年)第 32—33、124 页砖上的人物及第 34 页细部图；武吏的冠，可参见该书第 19、22—23、24、37、40、47、50—51、54—55、60—61、62—63、104、117、127、128—129 页诸砖上的人物，及第 20、38、49、52、56、64、69、105 页的细部图。另外，文吏的冠，亦可参见沈从文《中国古代服饰研究》(上海：上海书店出版社，2002 年，第 150 页上图)所摹传为洛阳八里台出土西汉画像砖的人物图像。

图 5-29 洛阳西汉画像砖上的神吏（左）、济南无影山汉墓陶塑中的神吏（中）和三官（右）的冠

的艺术表达方式中，难免有别，但这两种器物上人物的侍者身份，显然都是仙界的使吏。人物下颌所见系带（图 5-29 左、中），证明头上确实戴冠而为仙官。

三、“酒与歌戏”庆死者升仙

洛阳涧西区七里河汉墓出土七盘舞女佣、马王堆一号墓中随葬有彩绘乐俑及着衣歌舞俑（图 5-31），鼓瑟吹箫，轻歌曼舞，一派欢快喜庆的场景。江苏徐州博物馆藏徐州驮蓝山楚王墓出土的西汉乐舞俑群，也构成一个欢快的乐舞庆祝场景（图 5-33）。济南无影山汉墓也出土有彩绘乐舞宴饮杂技陶俑，表演者在陶盘的中心，后面是乐队，一般解释两侧是观众——如上所述，实际上这些人物不是观众，而是来自鬼神世界的三官、神吏，整个看上去是一百戏宴乐场面（局部见图 5-30）。其所表达的乃是仙界欢庆墓主人成仙之仪式。

毫无疑问，这是欢庆的场面。事实上，在本应肃穆的墓葬中反而经常能够看到乐舞百戏、车马仪仗等欢快喜庆的场面。为什么会出现这种情景？毕竟，对于人来说死亡不是一件好事。学界传统观念往往认为在墓中出现现实世界宴饮游猎的生活场面，多是描绘墓主人生前的功绩德行及豪华的生活排场。此种解释路径的问题在于：过分执著于世俗文化背景，于是注重现实价值而缺乏对意义系统的关注，忽视了对当时特定文化背景下的人们思想意识

图 5-30　济南无影山汉墓陶盘上的击钟奏乐和胡人杂技

形态之考察。墓葬是人类特有的文化，是人运用自我意识对抗生命终结现象的方式。墓葬空间和所有器物同死者一起，共同表达着超越死亡这个千古梦想。因此在古代，无论是盛行厚葬还是薄葬，其丧葬仪式皆隆重庄严，其文化内涵更多地表现的是一种神化，而非世俗功用。所使用的随葬品很大程度上亦非由墓主或是其亲属之身份地位或好恶来决定，而是源于一套严格的宗教逻辑。

根据上文的分析我们知道，乐舞宴饮实为墓主完成太阴炼形、得药成仙之时，众仙共为庆贺的仪式。尤其是马王堆一号墓黑地棺上的鼓瑟者，便是以兽面仙人的形象出现（图 5-32），奏乐庆祝墓主得道升仙。由此可知，在墓葬中经常能见到以宴乐歌舞为主题的器物或画像，目的就是表达墓主已往升仙界。

东汉墓画像系统中出现了更多的此类内容。如洛阳偃师辛村新莽墓壁画中，在“中室东壁宴饮图”[①]这一幅内，即有三组猜拳对饮者，图的右下方画两只大酒瓮，左下方画两侍者搀扶着一位醉态十足的女子正在离开宴饮现场，甚为传神（图 5-34）。河南南阳出土汉代画像砖“七盘舞”（图 5-35）则呈现一组年轻男女仙人欢快优美的舞蹈[②]。若非仙界的欢庆，何得出现如此忘形之情景？

曹操《气出唱》三首，淋漓尽致地道出了汉人的最深梦想：

① 黄明兰、郭引强编著：《洛阳汉墓壁画》，北京：文物出版社，1996 年，第 134 页。
② 南阳文物研究所编：《南阳汉代画像砖》，北京：文物出版社，1990 年，图 95。

图 5-31　马王堆一号墓中随葬有彩绘乐俑及著衣歌舞俑（上）、马王堆一号墓出土奏乐俑（下）
采自《汉风——中国汉代文物展》，第 193 页

行四海外，东到泰山。仙人玉女，下来翱游。骖驾六龙，饮玉浆，河水尽，不东流。解愁腹，饮玉浆。……愿得神之人，乘驾云车，骖驾白鹿，上到天之门，来赐神之药。跪受之，敬神齐，当如此，道自来。

吹我洞箫鼓瑟琴，何訚訚。酒与歌戏，今日相乐诚为乐。玉女起，起舞移数时。鼓吹一何嘈嘈。从西北来时，仙道多驾烟，乘云驾龙，郁何蓩蓩。遨游八极，乃到昆仑之山，西王母侧。神仙金止玉亭，来者为谁？赤松、王乔，乃德旋之门。乐共饮食到黄昏，多驾合坐，万岁长，宜子孙。

乃到王母台，金阶玉为堂，芝草生殿旁。东西厢，客满堂。主人当行觞，坐者长寿遽何央。①

图 5-32　马王堆一号墓黑地棺上鼓瑟仙人
采自《长沙马王堆一号汉墓》（上集），第 106 页图 96

无影山 M11 的彩绘陶乐舞杂技俑盘所表现的正是曹操诗中“酒与歌戏”的宴乐场景，所庆自然是墓主得药升仙。而该墓出土的彩绘陶车马（图 5-4），则表示墓主人将乘“太一帝君”派来的车马往升仙界。

事实上，已有学者提出，出行宴饮亦是汉墓画像的主要内容之一②。确实，汉墓中往往包含有明显属于庆祝性质的场面。关键是，如何理解这些出行和宴饮场景？必须把这些图像内容，放回一个合理的逻辑中，才能获得合理解释。这个逻辑的核心就是死者如何转变成仙。要把握这个逻辑，“太阴炼形”是其突破口。

如 2003 年发现于陕西定边县郝滩的新莽至东汉早期墓 M1，西壁南部有一幅非常精彩的画面，表达死者完成“太阴炼形”过程之际，众仙庆贺、诸神降临（图 5-36）：画面的左半是西王母坐在昆仑山上；右半的中心部位画一条巨龙随着音乐配合蟾蜍双手抛出的盘子在跳盘舞，这部分画面的上方是云

① （三国魏）曹操：《曹操集》，北京：中华书局，1974 年，第 1—3 页。
② 赵超：《汉代画像石墓中的画像布局及其意义》，《中原文物》1991 年第 3 期。

气车“太一坐”，其下画仙人演奏钟磬(局部放大见图 5-37 上)，其右画仙人鼓瑟吹箫及歌舞，图中可见西王母身边的玉兔已将玉浆从药鼎装入杯中，正在递给王母身边的一个女侍，以便死者到达时按王母之命而授予之。西壁南部则接着绘有白虎击打建鼓的场面①。

在吹箫鼓瑟的两位演奏者和两位歌舞的狐仙面前，各有一个酒杯(局部放大见图 5-37 下)，根据这一图像组合所表达的逻辑，汉画中所见此类“酒与歌戏”的内容，确是用以表达神仙世界庆祝死者完成“太阴炼形”而升仙。

图 5-33　江苏徐州博物馆藏徐州驮蓝山楚王墓出土的西汉乐舞俑群

图 5-34　偃师辛村新莽墓壁画中室东壁宴饮图

采自《洛阳汉墓壁画》，第 134 页

图 5-35　南阳汉画像砖七盘舞

采自《南阳汉代画像砖》

① 陕西省考古研究院：《壁上丹青——陕西出土壁画集》，北京：科学出版社，2009 年，第 79 页图 31。

图 5-36　郝滩 M1 壁画众仙“酒与歌戏”图

采自《壁上丹青》，第 76 页图 28

图 5-37　陕西定边郝滩新莽至东汉早期墓 M1 壁画仙人演奏钟磬图（上）、吹箫鼓瑟及歌舞图（下右）、仙官驾鱼车图（下左）

采自《壁上丹青》，第 76 页图 28

大英博物馆收藏的一组西汉末期壁画[1]中，绘有华盖羽葆的四轮鼓车，车上两人以对称身姿甩袖击鼓，此车与史家所记王莽试图用以登仙的秘机四轮车[2]极似(此亦可反过来证明 Lukas Nickel 提出的其画“生产于公元初的洛阳附近”判断之合理)，甚疑此车即汉末神仙家之所推崇；同时仙人吹笙，更有歌舞相伴，共成一大型庆贺场面(局部见图 5-38)。这辆鼓车用旋转的云气为车轮，显示出汉人极富想象力。关键在于，此车的云气为轮，表明其事非属现世，由此可证汉墓画像中此类建鼓及歌舞场面，皆仙界活动，表示仙界正在庆贺墓主人升仙。类似的情景，亦见于沂南北寨汉墓画像石(图 5-38 左)。

图 5-38　沂南北寨村汉画像石墓中室东壁上横额、大英博物馆藏汉壁画云气轮鼓车歌舞庆贺升仙图

左：沂南北寨村汉画像石墓中室东壁上横额，乘龙车进入盛大的欢迎仪式现场，2010 年摄于北寨汉墓博物馆；右：鼓车以云气为轮，仙人吹笙及仙人歌舞庆贺墓主人升仙图(摹本局部)，采自《大英博物馆收藏的一组汉代壁画》，《考古与文物》2004 年第 5 期

① 线摹图见倪克鲁(Lukas Nickel)著，贺西林译：《大英博物馆收藏的一组汉代壁画》，《考古与文物》2004 年第 5 期。

② 《汉书·王莽传》：“或言黄帝时建华盖以登仙，莽乃造华盖九重，高八丈一尺，金瑵羽葆，载以秘机四轮车，驾六马，力士三百人黄衣帻，车上人击鼓，挽者皆呼‘登仙’。莽出，令在前。”(东汉)班固撰：《汉书》卷 99 下《王莽传》，北京：中华书局，1962 年，第 4169 页。

洛阳偃师辛村新莽墓壁画中，中后室间横额绘西王母安坐昆仑之巅，身边玉兔执掌药臼，作听命取药状；下有大蟾蜍及九尾狐（图5-39）。此图表示死者获西王母之神药已成仙。遂有宴饮情景出现于中室东壁，以表仙界之庆贺。

图 5-39　偃师辛村新莽墓壁画中后室间横额西王母图

采自《洛阳汉墓壁画》，第 137 页

此类情景中，人物表情欢快喜庆，他们杀猪宰羊、盛宴豪饮，且伴以乐舞，看似与本当肃穆的丧葬气氛不合。事实上这些全部是神仙世界庆贺死者升仙、“上到天之门”时的场景，实与人世无涉，因而也就谈不上什么合与不合。从这个“内史”的角度去看，便可以理解为什么所有墓葬绘画艺术所呈现的均是欢庆的情景。

南阳许阿瞿墓出土画像石也是典型之例。根据画像石榜题可知，该墓画面内容明确表现了死者许阿瞿观舞赏乐之情形。这个墓葬史料证明，墓中出现的这些歌舞，确实是为死者而举行的成仙庆祝仪式。

济南东部章丘女郎山战国墓亦曾出土与无影山汉墓所出相似的乐舞欢庆陶俑组合（图 5-40），但该组陶俑所构成的只是奏乐和歌舞场面，应是冥界迎接死者的仪式。

需要注意的是，在西汉晚期，出现了新的仪式要素，其中包括上文已经讨论的“三官”、神吏及胡人杂技等。这种变化，超越了过去仅有的乐舞仪式，尤其是“三官”和神吏的形象出现，证明了当时墓葬仪式中已经引入宗教神学。女郎山战国墓乐舞组合可以作为一种基底性映衬，来凸显汉代以来墓葬仪式出现的新要素，此历史线索有助于原始道教发生史的研究。

图 5-40　章丘女郎山战国墓出土的乐舞组合

毫无疑问，女郎山战国墓的乐舞组合配置，钟、磬、鼓、瑟与歌舞俱备，足以表达鬼神世界的欢庆，但这只能解读为一种单纯围绕死者的庆祝仪式。换句话说，这种配置比较单纯，看不出象征某些神祇降临的因素或线索。

而类似配置的汉晚期墓中则出现了来自鬼神世界的神真仙官——使死者转变成仙的信仰结构要素。尤其重要的是，无影山汉墓出土的这一整套资料表明，在西汉晚期这些新要素已基本形成并进入墓葬仪式系统，超越了战国墓葬仪式的接收庆祝特征，使之成为更具有功能性的过程。王充对死后炼形信仰的批判本身也透露了西汉末到东汉初新信仰要素的流行(参看上文)。此后的墓葬，不复是死者在地下简单享受阴间生活的地方，而是成为走向未来新目标——尸解仙的中间环节。这样一来，墓葬的所在，便是一个功能性的、过程性的环节而不仅仅是生命终结点。俞伟超曾经指出："在先秦的典籍中，升天的思想找不到明显踪迹。它只是到汉武帝以后，尤其是在西汉晚期原始道教发生以后，才日益成为人们普遍的幻想。"[①]这一说法有一定的合理性。

① 俞伟超：《马王堆一号汉墓帛画内容考》，收入《先秦两汉考古论集》，北京：文物出版社，1985 年，第 154－156 页。

从这个角度，则应看到，无影山汉墓的整套仪式配置，乃具有与女郎山战国墓乐舞组合根本不同的性质：无影山的配置只是作为生命过程的中介，而女郎山的配置则意味着终结点——尽管在乐舞及人物组合方面存在某些惊人的相似之处。这提示我们古代文化的变与不变：不变的是千百年风俗中传承的某些基础性信仰(对死亡的否定)，变则意味着新要素的出现(神祇、神药、变仙)。

综上，汉代墓葬中保存的是一种身生羽翼、飞升成仙或以死为尸解而“暂过太阴”、继而得神药而升仙的“太阴炼形”信仰。其中，用神使、丹鼎、神鸟“生物行精”、宴饮歌戏之吉庆等多种象征符号反复强调墓主人之得神药成仙，目的是达成墓葬对死者的生命转换功能。实质上，此乃汉墓承载的最高功能，其余皆属这一功能的辅助成分。进言之，汉墓中的死者犹如炉中受炼之丹药，一旦达到既定火候，即可出炉而为仙丹；棺椁中装载的死者，经历特定的“炼形”过程，将超脱“太阴”而飞升成仙。正是基于以上研究作者认为，在汉墓研究中，应更多从宗教背景予以观照，特别注意西汉以来墓葬所见的“太阴炼形”信仰在汉墓文化结构中的内在赋型意义，依墓葬结构、器物、图像、诸类要素之相对配置关系等多重话语材料进行关联分析，这样便可望合理把握、准确揭示汉墓的内在信仰结构，再现隐藏在表象之后的汉代思想文化形态。

第二节　“大同”之降临：汉代的天厨贻食信仰与道教施食炼度科仪之起源

汉墓中可见大量以庖厨场面为题材的画像，其典型者如山东诸城凉台东汉墓出土画像石中的庖厨图(图 5-41)，场面盛大而井然有序，是汉画庖厨图中的精品，被定为国家一级文物。郑州新密打虎亭村汉壁画墓中室北壁则有彩绘的宴乐场景(参看第一章图 1-59)，场景宏大，绘制精美。

汉墓画像中，庖厨图似乎是必备的内容，究竟有何寓意？

学者对出土汉画庖厨图数量及分布规律的统计表明，庖厨图的主要内容大致分为屠宰图、汲水图、炊煮图与切菜图四类；各地庖厨图主题基本一致，当是汉代尤其是东汉时期庖厨饮食习俗一致性的反映；汉画庖厨图所见主要是肉食加工的场面，因而反映的是有关汉代人肉食的情况[①]。亦有学者从庖厨图所反映的汉代饮食文化角度尝试予以解释[②]。新近的研究认为这些讨论“更多的是对庖厨图现象的内容描绘，很少触及其深处的精神层面”，而试图对汉画中庖厨图的精神内涵有所揭示，认为“庖厨图出现在祠堂中，代表着一种场面，或者说是向外人展示的一种场景，这种场景在当时应该是非常常见的。”在庖厨图之肉食加工场景的认识基础上，认为“庖厨图反映了当时流行的以宏大的丧葬场面表现孝道的丧葬习俗”，并发现庖厨画像与乐舞杂技画像关系密切，认为二者结合“表现的是丧家举行盛大丧礼、宴飨宾客的场面”，由此认为“庖厨图是专为反映盛大的宴饮场面而设计的，是为当时盛行的规模宏大的葬礼服务的，因此庖厨图是汉代社会丧葬习俗的直接反映，是汉代葬礼图的重要组成部分”[③]。另一种观点认为，庖厨图是“生人为祭祀祖先灵魂而准备祭食的画面。通过围绕为祭祀祖先而准备祭食的一系列庖厨图画像的描绘，汉代人们建立在‘鬼犹求食’观念基础上的祭祀观被图像叙述出来了”[④]。

本来，古代所谓肉食就是官僚士人的生活内容；只是当这种生活内容表现在地下世界，所表达的究竟是什么，需要厘定。毫无疑问，汉画像石乃是为墓中的死者而作而设，并且死者被设计参与画像中的仪式过程，所以在有的图像中我们能够识别出死者的位置，如“君车”（死者所乘之车）。甚至在空间很有限的石椁上，庖厨图也是作为基本配置，出现于绝大部分石椁画像之中（譬如图 5-42）。那么汉墓中的庖厨究竟蕴含什么用意？

---

① 杨爱国：《汉画像石中的庖厨图》，《考古》1991 年第 11 期。

② 林正同、刘建华：《庖厨画像反映的汉代饮食文化》，《古今农业》1996 年第 3 期。

③ 于秋伟：《汉代画像石之“庖厨图”分析》，《中国博物馆》2010 年第 2 期。

④ 陈萍：《浅论汉画像庖厨图的祭祀意义——“鬼犹求食”》，《大众文艺》2010 年第 21 期。

图 5-41.1　诸城凉台汉墓庖厨图（作者藏拓）

图 5-41.2　诸城凉台汉墓庖厨图(线图)

采自任日新：《山东诸城汉墓画像石》，《文物》1981 年第 10 期

图 5-42 微山县文管所藏汉代石椁外侧面的庖厨图(作者藏拓)

或许，庖厨图最直接的理解就是在表达“去饥饱食”的愿望。从古至今，吃饭问题始终是国计民生的头等大事。尤其是在食物相对匮乏的古代社会，饥饿与疾病是人们最主要的两大自然死因。人一日不食则饥，“三日不食，耳无闻，目无见也”[①]。“一日不食则惫，二日不食则病，三日不食则死。民事之急，无甚于食。”[②]故“民以食为天”[③]这句话，即使在为死者而施的汉

① (清)阮元校刻：《十三经注疏·孟子注疏》，北京：中华书局，1980 年，第 2715 页。

② (五代)谭峭：《化书》卷 5“食化”，《道藏》第 23 册，第 600 页。

③ 《汉书》卷 43《郦陆朱刘叔孙传》，第 2108 页。

代墓葬仪式中，同样有其强大的解释力。

在古人看来，人死后与生人一样需要饮食。孔子在称赞禹的美德时，指其表现之一就是“菲饮食而致孝乎鬼神，恶衣服而致美乎黻冕”[①]。大禹减省自己的饮食和衣服而盛事鬼神，本身表明，鬼神需人供奉饮食，是一种非常古老的信仰。《左传·宣公四年》：“鬼犹求食。若敖氏之鬼，不其馁而？”[②]盖最初之宗教仪式即向神明贡献饮食。《礼记·礼运》：“夫礼之初，始诸饮食。其燔黍捭豚，污尊而抔饮，蒉桴而土鼓，犹若可以致其敬于鬼神。及其死也，升屋而号，告曰：‘皋某复。’然后饭腥而苴孰，故天望而地藏也。体魄则降，知气在上，故死者北首，生者南乡，皆从其初。”[③]按《太平经》卷111“善仁人自贵年在寿曹诀”：

惟太上仁人为行也，乃积功累行于天。天乃听信，使助东皇布置当生之物，华实以给民食，使得温饱。[④]

卷114“不孝不可久生诫”：

家无食者，乞丐为事，逐逋亡之气，自不可久，地下亦欲得善鬼，不用恶也。如是宜各念善，不失其度，才可矣。不者，亦欲何望乎？[⑤]

卷114“大寿诫”：

死命以至，不见棺木，毕埋土中。须治生有钱财，乃当出之。相贫之家，财去人走，何时可合；家室分离，不能复相救。遂不见棺木，为无棺椁之鬼，浮游无家，亦无复食之者。死为鬼，饿乞求食，无有止时。

---

① (清)阮元校刻：《十三经注疏·论语注疏》，北京：中华书局，1980年，第2488页。

② (清)阮元校刻：《十三经注疏·春秋左传正义》，北京：中华书局，1980年，第1869页。

③ (清)阮元校刻：《十三经注疏·礼记正义》，北京：中华书局，1980年，第1415页。

④ 王明：《太平经合校》，北京：中华书局，1960年，第552页。

⑤ 王明：《太平经合校》，北京：中华书局，1960年，第599页。

是恶行所致，而不自知，亡失宗族。呜呼痛哉！死无所依。是过积祸之人，自致无门户后世，天甚复伤之。①

卷114“九君太上亲诀”：

（善人）饮食天厨，衣服精华，欲复何求，是太上之君所行也。②

卷114“天报信成神诀”：

大神言：“天君信有心进善之人，教无有二诺，无所狐疑，是自天君意也。虽念家不足，饥寒并至，自有天厨，但仰成事，神自师化其子，无以为念也。”③

可见，唯有积功累行甚厚者，才能获信于天，才有资格获得东皇所赐之食，以得温饱。天神既能贻食，天上则必有“天厨”。汉画中庖厨图所表现，实非市井之庖厨，而应是汉人想象中神仙世界的“天厨”场景。

图5-43　莒县东莞镇出土东汉光和元年孙熹墓东阙画像石阴面拓片
作者藏拓

① 王明：《太平经合校》，北京：中华书局，1960年，第617页。
② 王明：《太平经合校》，北京：中华书局，1960年，第595页。
③ 王明：《太平经合校》，北京：中华书局，1960年，第608页。

莒县东莞镇出土的东汉光和元年（公元 178 年）孙熹墓的双阙画像石[①]，在东阙（中部带圆坑的阙，图 5-43）的下部，刻庖厨情景，接着其上一层自左至右出现的是“禹妻”“夏禹”“汤王”“汤妃”（汤妃身后人物榜题难识）等带有榜题的古代圣王及配偶画像，更上一层是带有榜题的古代圣王“尧”“舜”共坐的画像，旁刻“侍郎”“大夫”等侍官拱手而立，表示这里是已经逝去的古代圣王们相聚的地方，是神仙的世界（参看第三章）。孙熹石阙显示的这种图像布局逻辑，再次证明庖厨图表现的乃是“天厨”，即神仙世界的饮食。

值得注意的是，上引《太平经》中所言仁人“助东皇布置当生之物，华实以给民食，使得温饱”，可以证明何以大多数汉画像墓中庖厨图出现在东面[②]。事实上，从早在战国时期的包山二号楚墓所出遣策的描述和出土器物可以看出，其“食室”也在东面（东椁室，图 5-44）[③]，因而汉墓所见应是古老的为死者备厨及厨位观念的继承和发展。对照汉代画像石墓、石室墓或砖室墓，可以看出，汉墓往往设东耳室，其功能实与包山楚墓东椁室相同，而为其替代与拓展，且已形成为一种传统。如营城子汉墓结构设计专门有东耳室（参看本书第一章），其内器物亦证为“食室”；即使到东晋十六国时期，墓内庖厨生活图景仍在东面，如甘肃酒泉丁家闸十六国时期 5 号墓壁画，厨炊画面绘在墓室东壁（图 5-45）。

鬼神世界的庖厨面对的是纷至沓来的死者，功能强大，自不同于世间。值得注意的是，道书中尚保存有关于“天厨”的说法。道书《太上三五正一盟威箓》经卷 4 所载弟子诣师受箓仪式，须诵：

天帝所生，皇天养我，皇地载我，日月照我，北斗辅我，山川通我，万灵佑我，百神侍我，阴阳扶我，风伯送我，紫云盖我，神药治我，往来无极，入海出天门，入河出地户，司命与我，天厨饴我，何求不得，

① 刘云涛：《山东莒县东莞出土汉画像石》，《文物》2005 年第 3 期。

② 庖厨图往往布置在东面，其统计见王双生：《汉代画像石中的庖厨图研究》，东北师范大学硕士学位论文，2012 年。

③ 湖北省荆沙铁路考古队：《包山楚墓》（上），北京：文物出版社，1991 年，第 69－74、369 页。遣策谓供死者之饮食曰“鬼攻”。

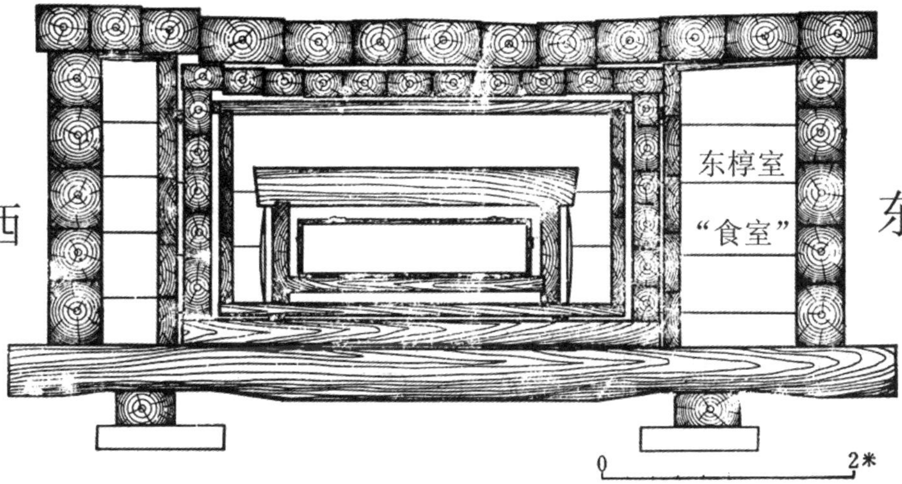

图 5-44　包山二号楚墓椁棺配置图(纵剖面)

采自《包山楚墓》(上)，第 50 页图 33.2

何指不测，一食千岁，连命日月，与天无穷，与地无极，登升天机，驾魁乘罔(罡)，所向者伏，所指者亡，我受太上天帝教令，谁敢有当，龙虎扶我，朱雀导我，玄武从我，左阳青龙，右阴白虎，头戴七星，法应天斗，司命留我，司录护我，疾病离我，盗贼避我，所求皆得，所厌皆伏，逾河渡海，风浪不起，虎狼见我，摧牙折齿，丹书为符，凶咎灭亡，禹为除道，蚩尤避兵，天符地节，前开后闭，延年无极，与天同毕。急急如律令。[1]

当然，这部经文所描述的乃是现世弟子从道师受箓的情景，但其中所表达的却显然适合任何可称“天帝所生”的人。这段口诵经文中，进入仪式状态的道人，受到日、月、星及诸天神灵的辅佐与护佑，完成神圣的符箓授受。在这过程中，天厨不仅可以满足修道者的饮食需求，且“一食千岁，连命日月，与天无穷，与地无极，登升天机……”，可见功效之巨。如此，在这项

① 《道藏》第 28 册，第 449 页。

旨在护佑师徒授受过程、而终极目的在于指导生人修仙的道教科仪中，“天厨贻食”构成其中的重要一环。

既然汉画反映的是死者的升仙仪式，那么庖厨图也应是该仪式过程的构成环节。墓葬中汉画的空间布局则是我们判断其仪式内涵的有效基础。结合庖厨图与车马出行图的分布关系，可判断庖厨图和前论道教科仪的“天厨贻食”仪式相似，也是引人进入“延年无极，与天同毕”之神仙境界的步骤之一。因为在汉墓的“太阴炼形”体系中，墓中死者亦在修炼，而“天厨贻食”则是其修炼过程中举足轻重的关键步骤。

图 5-45 酒泉丁家闸十六国时期 5 号墓厨炊图

采自甘肃省文物考古研究所：《酒泉十六国墓壁画》，北京：文物出版社，1989 年，“东壁 · 厨炊”

具体地说，死者埋葬入地，即进入居有众神灵的“太阴”世界——这是模拟宇宙布局的“冥天”世界，同时也是一般死者暂经却必炼必考的地下世界。死者在“冥天”接受“太阴炼形”，通过地下六宫之考谪，然后才能获得仙籍。而“天厨”的存在，既为死者“太阴炼形”的过程提供有力的食物保障，亦是对得道成仙、陟升仙境者的嘉奖。

如此我们可以理解为何汉画中场面、规模宏大得有些夸张的庖厨场面，基本上只刻画肉食加工场景。世人很少有条件享受这种奢侈的生活，因为这本是发生在仙界的事情，是“天厨”服务于死者升仙的仪式环节。

除了“庖厨图”，汉墓中大量出现的“天仓”同样暗示死者有“接受天食”的宗教需求。有关“天食”的说法，早在《庄子》中已有所见。《庄子•德充符》：“天鬻者，天食也。既受食于天，又恶用人。”[①]

汉画中多见“此上人马皆食天仓”“食天仓”之类的题刻(图 5-46)，“天仓”也多写作“太(大)仓”。对此，陈直曾指出：“太仓为汉代太仓令，藏粟最多之处，比拟死者禄食不尽之意。”[②]李发林认为“这是表示墓主人的饮食有广大的来源，像太仓和江海那样，永远吃不尽，喝不完。这是一种吉祥语。”[③]信立祥论述说：“墓主车马出行图中的‘都亭’题记，与常见的‘此上人马，皆食太仓’的题记一样，都是为了表明墓主在地下世界也是有身份的高贵人物。”[④]罗二虎指出和林格尔东汉壁画墓中“此上人马皆食太仓”的榜题，“说明墓主是食官俸的官吏。将人间的太仓移至天上，说明墓主希望升入天国仙境之后，也能成为天上的官吏”[⑤]。巫鸿在解释四川简阳鬼头山东汉崖墓石棺的“大苍(太仓)”时，论其为死者(及石棺上其他的人物、动物)提供无穷无尽的食物，并进一步解释说：“‘此上人马皆食太仓’铭文在汉墓中常见，其意为墓中所有刻画或陈设的人物动物均可以在太仓(此处

① (清)郭庆藩撰，王孝鱼点校：《庄子集释》，北京：中华书局，1961 年，第 217 页。
② 陈直：《望都汉墓壁画题字通释》，《考古》1962 年第 3 期。
③ 李发林：《山东汉画像石研究》，济南：齐鲁书社，1982 年，第 99 页。
④ 信立祥：《汉代画像石综合研究》，北京：文物出版社，2000 年，第 327 页。
⑤ 罗二虎：《汉代画像石棺》，成都：巴蜀书社，2002 年，第 206—207 页。

指最大储藏粮食的地方）中取得食物”[①]。后在解释山东苍山城前村画像石墓中“其当饮食就夫（太）仓，饮江海”的题记时，认为：“‘太仓’指的是西汉名相萧何在公元前200年建立的国家粮仓。然而在汉代人们用该词象征数量巨大的粮食储备，就像以江海象征水量之多一样。作者在墓中写这一句话，意思是希望墓中的人物动物向大自然获取饮食，而不与生者争夺食物。”[②]周到、郭太松将许昌市郊出土画像砖上的“上人马食太仓”题记解释为“对车上人的祝愿，祝愿他成为吃皇粮的上等人”[③]。刘增贵认为肥城北大留墓画像石“所描述的人物车马府第，皆属死后世界之太山君管辖”，而“此人马食太山仓”的题记则是祝愿死者成为吃皇粮的上等人，“不能视为生前生活场景之重现”[④]。陈路认为此句中“天仓”指“天国粮仓”[⑤]。

图5-46　大邑出土“食天仓”题记砖

大邑县文管所藏，采自《中国画像砖全集·四川汉画像砖》，第54页图75

① 巫鸿：《礼仪中的美术》，见巫鸿著，郑岩、王睿等译：《礼仪中的美术》，北京：三联书店，2005年，第122页。

② 巫鸿著，郑岩译：《超越“大限”——苍山石刻与墓葬叙事画像》，《南京艺术学院学报·美术与设计版》2005年第1期。

③ 周到、郭太松：《河南汉画像题记研究》，收入《汉画学术文集》，郑州：河南美术出版社，1996年，第37页。

④ 刘增贵：《汉代画像阙的象征意义》，《中国史学》第10卷“先秦西汉史专号”，2000年。

⑤ 陈路：《汉画榜题“上人马食太仓”考》，《南都学坛》2005年第3期。

杨爱国对“此上人马皆食太仓”类榜题进行了系统梳理，提出：“‘此上人马皆食太仓’题记文句虽然简单，但从它广泛的分布地域看，在当时是相当深入人心的，他们除了想死后‘食太仓谷’，成为官家人物外，有的人可能还想借此表达想食不死药的愿望。”[①]又言：

> 东汉道教徒不仅以图像的方式向人们宣传升仙的思想，还常常在图像旁题相关的文字，明示有关升仙内容，其中，最具代表的文字是“此上人马皆食太仓”。“此上人马皆食太仓”常见于山东地区东汉画像石上的题记，且分布范围较广，在嘉祥、曲阜、枣庄、泗水、苍山、临沂、安丘、东平、肥城、长清、东阿等地发现的画像石上皆有所见。不仅山东，江西、湖北、江苏、安徽、河北、陕西、内蒙古等省区的东汉文物上也有类似的文字。……它的确不是生前生活场景的重现，而是与道教相关。[②]

根据《太平经》关于天界和天仓的描述，杨爱国提出：“既然不死药可以比作太仓之粟，‘太仓’在有的榜题文字中又写作‘天仓’。由此可以推测，所谓‘此上人马皆食太仓’，并非真希望死后能食太仓之粟，而是要上天食不死之药。”[③]

以上讨论或有合理处，但将太仓之粟的比喻直接解作不死药，又失之过简。其实“仓”还是粮仓，所食亦难直言仙药。毕竟，从其在汉画中的存在语境来看，天粮、神药各有其用。

《太平经》的形成在汉代经历了较长的过程，凝缩了汉代以来许多层面的思想和信仰内容(参见本书相关讨论)。《太平经》卷47《上善臣子弟子为君父

① 杨爱国：《“此上人马皆食太仓”解》，见中国社会科学院考古研究所、陕西省考古研究院、西安市文物保护考古所编：《汉长安城考古与汉文化》，北京：科学出版社，2008年，第567—568页。

② 杨爱国：《东汉时期道教参与丧葬活动的考古学证据》，《文史哲》2011年第4期。

③ 杨爱国：《“此上人马皆食太仓”解》，见中国社会科学院考古研究所、陕西省考古研究院、西安市文物保护考古所编：《汉长安城考古与汉文化》，北京：科学出版社，2008年，第568页。

师得仙方诀第六十三》记录了真人与天师的对话，涉及仙界的有关内容：

天上积仙不死之药多少，比若太仓之积粟也；仙衣多少，比若太官之积布白也；众仙人之第舍多少，比若县官之室宅也。常当大道而居，故得入天。大道者，得居神灵之传舍室宅也。若人有道德，居县官传舍室宅也。天上不惜仙衣不死之方，难予人也。人无大功于天地，不能治理天地之大病，通阴阳之气，无益于三光四时五行天地神灵，故天不予其不死之方仙衣也。此者，乃以殊异有功之人也。子欲知其大效乎？比若帝王有太仓之谷，太官之布帛也。夫太仓之谷几何斗斛，而无功无道德之人不能得其一升也；而人有过者，反入其狱中，而正尚见治，上其罪之状，此明效也。①

《太平经》卷 120《有过死谪作河梁诫》更深论及赏倡乐、食天仓、衣司农等神仙生活：

天有倡乐乐诸神，神亦听之。善者有赏，音曲不通亦见治。各自有师，不可无本末，不成。皆食天仓，衣司农，寒温易服，亦阳尊阴卑，粗细靡物金银彩帛珠玉之宝，各令平均，无有横赐，但为有功者耳。不得无功受天衣食。②

从这些论说来看，《太平经》保存的汉人对“天仓”的宗教想象，的确深刻影响了汉画像石墓中的宗教神学结构，并以“此上人马皆食太仓”之类铭题呈现出来。若欲进一步理解“天仓”的内涵，则需结合前面《太上三五正一盟威箓》中有关“天厨”的讨论加以认识。如此，汉画中庖厨类图像在死者(墓中修道者)升仙仪式过程中的“贻食”功能，便得清晰展示：从“太阴”(墓葬)而出，经过升仙的旅途劳累，人马困顿，所以陟升仙界后，“天

① 王明：《太平经合校》，北京：中华书局，1960 年，第 138 页。
② 王明：《太平经合校》，北京：中华书局，1960 年，第 579 页。

厨贻食”成为必需的过程，也是仙官庆贺的开始。场面宏大、分工细密、过程复杂的庖厨忙碌场景，生动、形象地反映了这一崇高时刻的到来。

进一步看，古老的“鬼犹求食”思想，在这里发展出了新的思想高度。汉墓中，供鬼之饮食，已转变为以往仅存在于传说之中、为神仙所独享的玉液琼浆，并发展出每个死者都可望享受的“天仓”和“天厨”，一食而得千岁。

图 5-47 西汉 “海内皆臣砖”
西安市秦砖汉瓦博物馆藏

然而，汉墓大量庖厨图的最深思想根源，在于汉儒所追求“天下为公”的“大同”理想。《礼记·礼运》：

> 大道之行也，与三代之英，丘未之逮也，而有志焉！大道之行也，天下为公，选贤与能，讲信修睦。故人不独亲其亲，不独子其子，使老有所终，壮有所用，幼有所长，矜寡孤独废疾者皆有所养，男有分，女有归。货，恶其弃于地也，不必藏于己；力，恶其不出于身也，不必为己。是故谋闭而不兴，盗窃乱贼而不作，故外户而不闭。是谓大同。[①]

这也是汉家君臣共同追求、为之忘我献身的天下梦想，一个人人拥有美好人生的完美帝国！这种理想与激情甚至被刻在砖上(图 5-47)，铺在帝宫，以勉君臣：

> 海内皆臣，岁登成熟，道毋饥人，践此万岁。

如此可以理解，将天仓与庖厨置入墓中，则谋道不谋食、忧道不忧贫的

① (清)阮元校刻：《十三经注疏·礼记正义》，北京：中华书局，1980 年，第 1413－1414 页。

“大同”盛世，借此于死后世界获得实现。

这意味着，为践履春秋大义无惧其死的志士仁人，生前品行符合儒生德目标准的人们，一旦身死，将即刻在神仙的国度，获得“天厨贻食”的超自然享受。人皆不免一死，在信仰的时代，这种设在来世的奖赏，其感召与崇高之功，亦可想知耳。

要之，汉墓所见种种天厨贻食情景，不仅表示“鬼亦求食”，而更重要的是表示，那里是“道毋饥人”的天堂[①]。汉儒用意可谓至矣美矣。至于此种思想之表现，则主要见诸汉中期以后儒生所主导的墓葬礼仪结构之中；汉中期以前之情形，宜以冥界饮食（包山楚墓遣策所谓“鬼攻”）与神药论。

后世道教的斋醮道场有施食炼度科仪以济度亡魂，然其自身渊源如何，在与佛教长期复杂交涉背景之下（佛教有燄口施食仪式），很难分辨。不过现在，汉墓中大量出现（证其必需性）的“天仓”“太仓”之类明器或文字，庖厨图所表现的死后接受天厨“贻食”内容，以及“此上人马皆食太仓”之类叙述所强调的死后得食在死者转变升仙过程中的重要性，皆可为这一探索提供某种可能的路径提示[②]。

敦煌所见东晋古道经《仙人请问本行因缘众圣难经》以一个修道者自述的口吻，叙述其多重“人生”转轮，其中有：“后更形作中人，珍宝近足，是时乃念作功德，常供养道士，奉经承戒，谦谦下人，布施厄困，每事从道，闻善欲从，年八十乃死，径升福舍，衣食天厨。”[③]可见死后“福舍”乃有“天厨”，其对死者可谓至关重要。而从以上的研究更可理解，后世道教斋忏仪

① 至今，关于人之死，仍有“去了好地方”“去天堂享受”之类的口彩言说，以慰生人，仍其孑遗。

② 东汉末年《老子想尔注》批判了一种祭祷仪式，谓：“行道者生，失道者死，天之正法，不在祭餟祷祠也。道故禁祭餟祷祠，与之重罚，祭醊与耶通同。”（饶宗颐：《老子想尔注校证》，上海：上海古籍出版社，1991 年，第 31 页）反映了东汉信仰中对鬼神行祭餟的旧传统。《说文解字·食部》：“餟，酹也。从食叕声。”《方言》：“䊩，餟，魄也。”这里的祭餟祷祠是现世生人试图通过馈鬼祷求却疾延命，非属对鬼的救度。

③［日］大渊忍尔：《敦煌道经·图录编》，东京：福武书店，1979 年，第 90 页 b62-66 行。

式中，法师祝诵文本中常用的祝愿死者“衣食自然”的言说[1]，正是对东汉墓葬所保存的“食天(太)仓”，即“天厨”信仰传统的继承发展形态。可见“天厨”对于死后之人的重要性。

① 例如《无上秘要》卷54《黄箓斋品》死者救度仪式中的三上香程序：“第一上香，为同法某甲拔度九祖父母九幽玉匮长夜之府、死魂恶对、宿身罪根，功德开度，建斋烧香，请谢十方，愿为九祖父母拔出幽苦，上升天堂，今故烧香，归身、归神、归命大道。臣等首体投地，归命太上三尊，愿以是功德，归流九祖父母，乞得免离十苦八难长夜之身，得见光明，上升天堂，衣食自然，长居无为。今故烧香，自归师尊大圣众至真之德，得道之后升入无形，与道合真。”《道藏》第25册，第198页。

第　六　章

受道书朝王母：汉画孔子拜老子所见的升仙仪轨

中国历史上两位圣人——孔子与老子的相见，频繁出现于“独尊儒术”以后的两汉墓葬画像中，引人瞩目。汉人为何选择将孔子拜见老子的情景，植入有限的墓葬空间甚或成为许多墓葬画像的重要构成部分？这是一个长期令人困惑的问题。

“孔子拜老子”画像并不出自上层贵族墓葬(虽然汉代画像墓多属拥有一定土地和经济条件的社会群体)，而这一主题的汉画，在孔子故乡山东(特别是环曲阜地区)的许多地区大量出土，更令人难以理解。究竟是何种历史逻辑，使孔子在儒术“独尊”之后的时代以此形象出现？又为什么会出现在墓葬中？目前学界多有探讨，但未能给出合理的解释。在墓葬中刻画孔子拜见老子，是要表达孔子虚心好学吗？“孔子拜老子”画像的意义究竟何在？

对于汉墓画像中出现的“孔子拜老子”图，学界的解释往往执著于历史上关于孔子拜老子的故事文本，忽略了汉代道家经典和仪式文本的存在及其直接解释意义。汉代道家文献直称“老子者，道也”，而“道甚大，教孔丘为知”。所教者何？当时，老子已是道门中极崇高的“太上老君”，其神格仅次于西王母；孔子率众弟子拜见老君，乃“得道授书”，获其仙箓，证明其命“上属九天君”，死后不须经鬼官之考谪，只是暂经阴界，见老子受道书后即受署为仙界地位较高的真人。孔、老之间常见的稚童项橐也有相当高的神格。汉墓中孔子拜老子画像须于宗教视野获得合理解释。其所表达的是，在地下的世界，死者将和孔子及其弟子们一样，往拜老君得道授书，将免鬼官之考谪；而“凡得道授书者，皆朝王母于昆仑之阙”[①]，乃成仙。这就是汉代宗教思想关于死者转变成仙的仪式逻辑。因此，宜称其画为“孔子拜老子”。

“孔子拜老子”图乃是汉代墓葬仪轨的重要组成部分。画像所反映的历史是，老子已成为“把持仙箓”的大神“老君”，包括孔子及其众弟子在内所有死者亦须前往拜见，因为拜老子受道书乃是得道成仙的关键一步；而得道成仙乃是汉唐之际本土最神圣的崇高方式。

老子在汉代信仰结构中占有关键地位。按照当时道门的神学逻辑，老子是死者为获得升仙资格所必须朝见的大神，因此孔子拜老子画像的功能，乃暗示墓主人亦将师法孔子往拜老君而得道授书。

第一节　汉画“孔子拜老子”研究现状及问题

国内已发现大量“孔子拜老子”画像，且分布广泛，主要见于黄河中下游与长江中下游的陕西、河南、山东、四川和江苏等广大地区。其中尤以山东地区所见最多，约占已确认“孔拜老”画像总数的百分之八十[②]。据作者观察，尚有更多画像属于这一内容，只因其表现形态变化，不易为人所鉴别。其载体除画像石外，也有少数画像砖和彩绘壁画。石刻画像大都采用平底浅浮雕的手法，场景大致分为三类：第一类是孔子率众弟子拜谒老子，老子身后亦有跟随者，一般认为这些人应是老子的弟子[③]；第二类为孔子拜谒老子时，中间出现了一位稚童形象，一般认为此稚童为项橐[④]，也有持反对意见

① [日]安居香山、中村璋八辑：《纬书集成》（上），石家庄：河北人民出版社，1994 年，第 387 页。

② 李强：《汉画像石〈孔子见老子图〉考述》，《华夏考古》2009 年第 2 期。

③ 李士星：《记山东嘉祥发现的一批汉画像石——兼谈有关问题》，《考古与文物》1988 年第 3 期。

④ “孔子拜老子”像分有榜题与无榜题两种，大多不注明孔老之间稚童姓名，平阴县出土的“孔拜老”像中稚童头上方有榜题“太□诧”（见平阴县博物馆：《山东平阴县实验中学出土汉画像石》，《华夏考古》2008 年第 3 期）。邢义田即以和林格尔、平阴“孔子拜老子”像中稚童上方残留榜题为据，推断稚童为项橐。见邢义田：《汉代画像项橐考》，《九州学林》6 卷第 3 期，总 21 辑。

者，如刘培桂认为司马迁在《孔子世家》中叙述“孔拜老”时只说与“一竖子俱”，并未提项橐，其他相关记载也不曾提到项橐，汉画像的创作者未给竖子刻名是谨慎的表现，不能确定稚童即项橐[①]；第三类为画面上仅孔子和老子二人相向而立。

关于画像中项橐的出现，研究者多认为是汉代雕刻家有意安排以体现孔子不耻下问[②]，朱锡禄则认为是石刻者主观失误所致，“把不同时间的事情和人物搅在一起了”[③]。张从军认为，西汉晚期至东汉初年的孔子拜老子画像，主要是依据《新序》的观点，项橐为圣人师，将项橐划到老子的阵营，反映了西汉时期儒家与道家思想的冲突，曲折表现了西汉王朝扬老抑孔的政治倾向；东汉晚期，则明白无疑地将项橐和《列子》中的小孩等同起来，虽有褒扬孔子不耻下问的成分，但还是西汉尊重黄老思想影响的继续[④]。画像中孔子的袖子里常出现一只禽头，李卫星等提出是孔子拜见老子时所献贽礼——雉，是周礼遗俗的体现[⑤]。张从军提出，东汉出土的“孔子拜老子”画像还增加了老子是龙的图像，蛇形杖也可能是关于老子是龙的比喻[⑥]。

“孔子拜老子”画像题材，一般认为源于《礼记·曾子问》《史记》以及《庄子》相关记载。例如，尤振尧通过与文献对照，认为武氏祠中“孔子拜老子”图是依《史记》版本，射阳一幅似依《庄子》版本[⑦]。但也并非严格依据文献记载，从画像构造皆无定式可以看出石刻艺人是根据自己所知、所好较为自由地发挥[⑧]。李强认为，无论是依据哪个版本，“孔子拜

① 刘培桂：《试谈汉画像石中的孔子》，收入氏著《孟子与孟子故里》，北京：中国文史出版社，2001年，第243页。

② 李卫星：《略谈儒家思想对山东汉画像石的影响》，《汉画学术文集》，郑州：河南美术出版社，1996年，第169页。

③ 朱锡禄：《嘉祥汉画像石》，济南：山东美术出版社，1992年，第5页。

④ 张从军：《黄河下游的汉画像石艺术》（上），济南：齐鲁书社，2004年，第158—160页。

⑤ 李卫星：《汉画像石所见周礼遗俗》，《中原文物》2001年第1期。李发林：《汉画考释和研究》，北京：中国文联出版社，2000年，第148页。

⑥ 张从军：《黄河下游的汉画像石艺术》（上），济南：齐鲁书社，2004年，第157页。

⑦ 尤振尧：《宝应〈射阳〉汉石门画像考释》，《东南文化》1985年创刊号。

⑧ 平阴县博物馆：《山东平阴县实验中学出土汉画像石》，《华夏考古》2008年第3期。

老子”像的出土都成为“孔子问礼于老子”之事真实存在的佐证[①]。李锦山指出，历史上孔子是否会见过老子，后人一直存有疑问，但无论诸说如何歧异，孔子拜老子一事肯定在民间广为流传，所以成为鲁南画像石常见的题材之一[②]。刘培桂认为，以“孔子拜老子”为题材的汉画像在山东地区汉墓葬中集中出现，一方面与儒学发源地的文化传统及汉代皇帝的“独尊儒术”分不开，另一方面也与东汉谶纬迷信盛行、神化孔老及儒道经典有密切关系[③]。

关于“孔子拜老子”汉画的意义，20 世纪 80 年代一些学者将其视为巩固封建阶级统治的需要，是维护封建统治阶级利益，以古为鉴的产物[④]。90 年代以来，对“孔子拜老子”画像意义的发掘形成多端并出之景象：有的直接歌颂先贤大儒的好学精神[⑤]，为人们树立学习、效法的楷模[⑥]。此尤以山东地区的画像表现强烈。巫鸿以武氏祠与四川新津的“孔子拜老子”像进行对比，发现后者画像中孔子向老子鞠躬表达敬意，老子则昂头袖手，直视来者；前者画中老子则走出都城，在路上迎接孔子，以表示对孔子的敬意[⑦]。李强以“孔子问礼于老子”一事为历史真实，推断儒道两家思想的相互影响相互补充，从春秋末期就已开始[⑧]。赤银中认为孔老相会是两种学说的相互交流，预示着儒道两家学说在对立和统一的矛盾关系之前提下共同发展进步[⑨]。贾庆超亦认为“孔老相会”是汉代儒道思想出现交流融合明显趋向的形象化反

---

① 李强：《汉画像石〈孔子见老子图〉考述》，《华夏考古》2009 年第 2 期

② 李锦山：《鲁南汉画像石研究》，北京：知识产权出版社，2008 年，第 363－366 页。

③ 刘培桂：《汉画像石中的孔子见老子》，见《鲁文化与儒学》，济南：山东友谊出版社，1996 年，第 40－41 页。

④ 李发林：《山东汉画像石概述》，《文史哲》1981 年第 2 期。

⑤ 李卫星：《略谈儒家思想对山东汉画像石的影响》，见《汉画学术文集》，郑州：河南美术出版社，1996 年，第 170 页。

⑥ 蒋英炬、蒋群：《从汉画像中说晏子》，见《晏子研究文集》，济南：齐鲁书社，1998 年，第 484 页。

⑦ 巫鸿著，郑岩、王睿等译：《礼仪中的美术》（上），北京：三联书店，2005 年，第 184 页。

⑧ 李强：《汉画像石〈孔子见老子图〉考述》，《华夏考古》2009 年第 2 期。

⑨ 赤银中：《老子会见孔子汉画像的文化意蕴》，《中国道教》2002 年第 4 期。

映，体现了汉代既尊儒又崇道的精神文化意向[①]。刘培桂则认为，“孔拜老”是后学拜见先生，这说明汉初崇尚黄老，道家的思想影响根深蒂固，尽管汉武帝“独尊儒术”，但实际上，这一时期的思想意识是儒道互补[②]。持此类观点的还有李亚光[③]、李锦山[④]等。黄雅峰从社会学角度分析，认为“孔子拜老子”像体现了两种思想观念的交融和汇合，使出世和入世、理性和直觉两种观念协调地相互共存，以反对人的兽性化，反对一切残忍违背人道的行为，形成伦理道德的崇高性和伦理观的规范原则，最后成为系统的民族人道主义精神[⑤]。张从军以微山沟南“孔子拜老子”像为例，综合该石椁画像题材，分析孔老所处方位，认为孔子是送葬队伍的延续，老子是丧家的代表，礼迎孔子。因此，孔子拜老子实际上表现的是汉代孝道中的敬老尊老思想[⑥]。

从以上的研究状况不难发现，汉画孔子拜老子的解释可谓众说纷纭，且几乎每一种解释都有一定的文献、历史或思想逻辑基础，因而相互之间难以说服。然而这些史料并不足以提供一套合理的解释逻辑，尤其是缺乏与其时代宗教文化进程之啮合，缺乏对该画在汉墓画像结构中的功能地位的合理分析，因而难以说明何以这一主题的画像被选择进入有限的墓室画像空间里。

第二节　先秦两汉关于“孔子拜老子”的文献叙述

按历史记载，老子是周守藏吏，广览群书，知识渊博。“孔子拜老子”

① 贾庆超：《武氏祠汉画石刻考评》，济南：山东大学出版社，1993 年，第 172－176 页。

② 刘培桂：《汉画像石中的孔子拜老子》，见《鲁文化与儒学》，济南：山东友谊出版社，1996 年，第 41 页。

③ 李亚光：《嘉祥汉画石的文化内涵》，《美术报》2006 年 6 月 10 日第 017 版。

④ 李锦山：《鲁南汉画像石研究》，北京：知识产权出版社，2008 年，第 363－366 页。

⑤ 黄雅峰：《汉画社会学研究》，见《汉画学术文集》，郑州：河南美术出版社，1996 年，第 81 页。

⑥ 张从军：《黄河下游的汉画像石艺术》（上），济南：齐鲁书社，2004 年，第 157 页。

的故事在古代文献中有许多记载。其中，《庄子》有多处记述。如《庄子·天运》："孔子行年五十有一而不闻道，乃南之沛见老聃。"[①]《礼记·曾子问》："孔子曰：昔者吾从老聃，助葬于巷党。"[②]《吕氏春秋·当染》："孔子学于老聃、孟苏、夔靖叔。"[③]《庄子》又记载老子弟子子阳、子居、庚桑楚、南矩郝和柏矩等都曾先后之沛地向老子请教问道。《后汉书》李贤注引《家语》载："孔子谓南宫敬叔曰：'吾闻老聃博古而达今，通礼乐之源，明道德之归，即吾之师也。'"[④]《礼记·曾子问》中也有四处记载孔子从学于老子。汉初韩婴撰《韩诗外传》卷5："臣闻黄帝学乎大坟，颛顼学乎绿图，帝喾学乎赤松子，尧学乎务成子附，舜学乎尹寿，禹学乎西王国，汤学乎贷子相，文王学乎锡畴子斯，武王学乎太公，周公学乎虢叔，仲尼学乎老聃。此十一圣人，未遭此师，则功业不能著乎天下，名号不能传乎后世者也。"[⑤]《潜夫论·赞学》云："孔子师老聃。"[⑥]

又《史记·老子韩非列传》载："孔子适周，将问礼于老子。老子曰：'子所言者，其人与骨已皆朽矣，独其言在耳。且君子得其时则驾，不得其时则蓬累而行。吾闻之，良贾深藏若虚，君子盛德，容貌若愚。去子之骄气与多欲，态色与淫志，是皆无益于子之身。吾所以告子，若是而已。'孔子去，谓弟子曰：'鸟，吾知其能飞；鱼，吾知其能游；兽，吾知其能走。走者可以为罔，游者可以为纶，飞者可以为矰。至于龙吾不能知，其乘风云而上天。吾今日见老子，其犹龙耶。'"[⑦]同时，在《史记·孔子世家》中也有记载："鲁南宫敬叔言鲁君曰：'请与孔子适周。'鲁君与之一乘车，两马，一竖子俱，适周问礼，盖见老子云。辞去，而老子送之曰：'吾闻

① (清)郭庆藩撰，王孝鱼点校：《庄子集释》，北京：中华书局，1961年，第516页。

② (清)阮元校刻：《十三经注疏·礼记正义》，北京：中华书局，1980年，第1400页。

③ (秦)吕不韦等撰，许维遹集释：《吕氏春秋集释》，北京：中华书局，2009年，第52页。

④ (南朝宋)范晔：《后汉书》卷70《孔融传》，北京：中华书局，1965年，第2261页。

⑤ (西汉)韩婴撰，许维遹集释：《韩诗外传集释》，北京：中华书局，1980年，第195—196页。

⑥ (东汉)王符撰，汪继培笺，彭铎校正：《潜夫论笺校正》，北京：中华书局，1985年，第1页。

⑦ (西汉)司马迁：《史记》卷63《老子韩非列传》，北京：中华书局，1959年，第2140页。

富贵者送人以财，仁人者送人以言。吾不能富贵，窃仁人之号，送子以言。”[①]《史记·仲尼弟子列传》又说：“孔子之所严事，于周则老子。”[②]东汉《白虎通·辟雍》亦有“孔子师老聃”之说[③]。

这些记载既见于道家文献，亦见于儒家文献和正史文献，确实可以从一个侧面看到孔子虚心好学的精神。但令人费解的是何以这一历史题材进入了汉代墓葬画像之中，表达着什么思想。特别是当我们意识到，在一座空间有限的墓葬中，究竟什么内容可以被选择进入其中，成为整个仪式的一部分，必有其更加深刻的思想依据。这意味着，仅仅依赖这些叙述，不足以解决问题，必须超越文献和史籍，从更广阔的视野去观察去把握。这就需要探索，诸如此类汉墓画像“显”逻辑背后，那个内在地构筑着汉代墓葬仪式——进而是死者在地下世界所要经历的过程——的宗教思想逻辑。这就要求我们必须突破过去所执著的世俗解释话语，进入汉人的信仰世界。

第三节　汉墓“孔子拜老子”图研究中的几个障碍

然而当我们面对此主题画像，确实可以看到其故事性相当明显。比较典型的画面是：孔、老相对而揖，二人中间站一孩童，面向孔子。较早者，如山东微山县微山岛乡出土的一方西汉晚期“丧葬画像”石（图 6-1），特别引人思考。画面分三格，兹参考馆藏方的解释[④]，加以修订，尝试识读之：左格主题为孔子拜老子，共 9 人，上恭立 5 人为孔门弟子，均双手捧长长的书

---

① 《史记》卷 47《孔子世家》，第 1909 页。

② 《史记》卷 67《仲尼弟子列传》，第 2186 页。

③ （东汉）班固纂集，（清）陈立疏证，吴则虞注解：《白虎通疏证》，北京：中华书局，1994 年，第 255 页。

④ 见马汉国《微山汉画像石选集》（北京：文物出版社，2003 年）第 244 页对图 108“丧葬画像”的解释文字。

简于胸前[①]，下边一高人，手拄弯杖，为孔子，其身后恭立一弟子，亦双手捧书简于胸前，孔子前有一小人，为项橐，项橐身后一人为老子(右下角)。中格为丧葬场面，輼辌车载尸，车篷前后立有华盖、羽葆。车前有两行人牵绳拉车，前一人举幡后顾。右上角为大孝子手按哀杖磕头迎柩。车后八人，四孝子及四媳妇。右格有山林，山脚下挖好墓穴，立三人，坐五人，并有酒壶，还有二人对坐，中间一樽。孔子以及这些面向老子、双手恭捧书简的孔门弟子们，究竟在做什么？特别是考虑到中格和右格描绘的丧葬情景，“孔拜老”应与死后事有干系，那么究竟这里要表达的是什么？

清乾隆丙午年(1786 年)冬，钱唐黄易等人发掘清理山东嘉祥武氏祠，并将其中的“孔子拜老子”画像石(图 6-2)“敬移济宁州学”(为此黄易在该石左部留有题刻)。该石中部一人拱手右向恭立、身后有榜题“孔子也”，其对面一长者躬身扶杖、与孔子对语，身后有榜题“老子”。孔子身后一弟子恭捧简册而立，旁有双马轺车，榜题“孔子车”；老子身后有人驾单马軿车在等候(有榜无题)，车旁三人在对语。孔、老头部之间刻一只大雁，头朝孔子、尾朝老子；孔子则手中捧一只较小的雁。按《仪礼·士相见礼》：“士大夫相见以雁。”[②]图中所画即孔子把雁作为初会老子时赠送的礼物，老子则回赠以更大的雁。

出土于嘉祥齐山、现保存在武氏祠的“孔老相见”汉画像石，一端上部微残(见图 6-3 和图 6-4)。上层画面一列共 30 人，左起第 8 人手扶曲木杖，以礼迎宾，其榜题为“老子也”，身后七人手捧简册，老子头上刻一头大雁朝向孔子；左起第 10 人与老子相向站立，双手捧雁，虔心诚意，榜题为“孔子也”。他身后恭恭敬敬地站着 21 名弟子，包括榜题分别为“颜回”“子路”和“子张”等三位得意门生。两位圣人相互以雁相赠。以上画像创作的主题、风格，与史书中关于“孔子适周问礼”的记载相吻合。

---

① 这些人物均是双手捧着长长的书简在胸前，而非佩剑。类似的例子请参考下文所引陕西靖边东汉墓出土彩绘壁画“双圣图”(即“孔子拜老子”图，见陕西省考古研究院：《壁上丹青——陕西出土壁画集》，北京：科学出版社，2009 年，第 85－87 页)，孔门弟子皆捧着长书简于胸前。

② (清)阮元校刻：《十三经注疏·仪礼注疏》，北京：中华书局，1980 年，第 976 页。

图 6-1 山东微山出土西汉晚期"孔子拜老子"画像石（左栏）（作者藏拓）

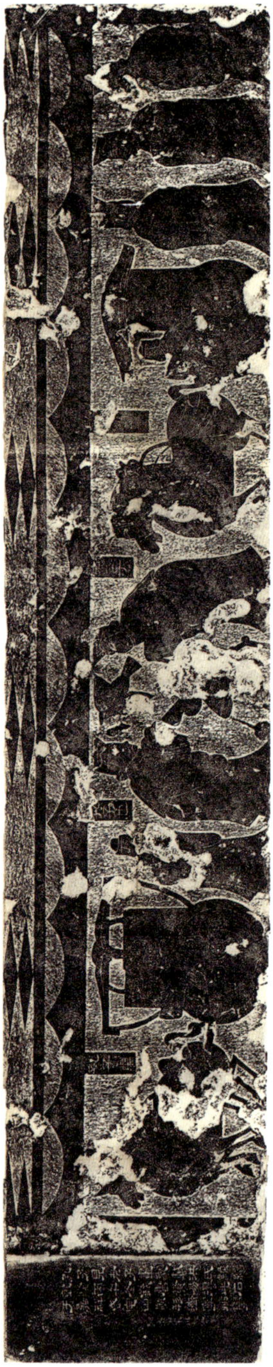

图 6-2 武氏祠前石室后壁东段承檐石"孔子拜老子"画像
清拓本，2011 年 8 月得之成都书肆

图 6-3　齐山出土现存武氏祠的“孔老相见”汉画像石

采自《中国画像石全集》第 2 卷，第 122—123 页

图 6-4　齐山出土“孔老相见”汉画像石局部

四川新津出土的汉代崖墓石函一侧所刻人物(图 6-5)，有“老子”①“孔子”“□子”等三处榜书，分别刻于三个人物的正上方。考该图三人情态，中间体形高大、戴高尖冠、左向执贽、正肃揖躬者为孔子(此系目前所见“孔拜老”画像中孔子身材显得最为高大的一个)；左袖手安坐、右向仰首作相迎状者为老子；右部位于孔子之后，身略前躬、戴尖冠、双手捧简肃然而立且略矮者，当系孔子弟子。此图中已不是孔子老子相对而揖，而是孔子在向老子鞠躬施礼。

而山东出土的另外一些类似画像，把孔子拜老子时对其师之“严事”恭敬之情表现得更加强烈。如嘉祥武氏西阙正阙身南面画像中的孔子拜老子

① 高文：《四川汉代画像石》一书载有石函画像《新津崖墓孔子问礼》，及作者附注：“以射阳石门第一层来比较，可知第一榜不清楚的字是‘弟’。”(指右边人物榜题)图文均见该书第 77 页，成都：巴蜀书社，1987 年。

图 6-5 四川新津汉墓石函“孔子问礼图”局部

采自闻宥集：《四川汉代画像选集》，北京：中国古代艺术出版社，1956 年，图四三

画像（图 6-6）[①]，图中孔子显得尤为谦恭，躬身屈膝，几拜伏，身后四弟子皆捧简恭立。1990 年枣庄市山亭区冯卯乡东汉晚期墓出土的刻有“孔子拜老子”及西王母等的一方画像石上，“孔拜老”是在由下而上第三层，西王母刻在上一层。在这幅画中，孔子（右起第五人）双手执雁恭敬地跪拜老子（图 6-7）[②]。类似的孔子跪拜老子的情形，亦出现于滕州出土的一幅东汉晚期画像石（图 6-9，由下向上第三层）。

图 6-6 武氏祠西阙正阙身南面“孔子拜老子”画像局部

① 《中国画像石全集·山东汉画像石》第 1 卷，济南：山东美术出版社，2000 年，第 9 页。

② 《中国画像石全集·山东汉画像石》第 2 卷，济南：山东美术出版社，2000 年，第 135 页，图 144。

有些画面构成非常简单的画像石中，“孔拜老”也是不可少的组成部分。此类画像石之例，有 1983 年嘉祥县纸坊镇敬老院东汉早期墓葬出土的两块含有“孔子拜老子”情节的画像石(图 6-8)[①]。

近年来一些汉墓出土的彩绘壁画中有非常精彩的“孔子拜老子”图。如陕西靖边杨桥畔东汉墓所出(图 6-10)，山东东平东汉墓所出(图 6-25)，这些彩绘图像对人物的描绘更为精细传神。

图 6-7　枣庄市山亭区冯卯乡东汉晚期墓出土的画有“孔子拜老子”及西王母等的画像石

画面中孔子(右起第五人)双手执雁跪拜老子

① 《中国画像石全集·山东汉画像石》第 2 卷，济南：山东美术出版社，2000 年，第 107 页，图 113 和图 115。

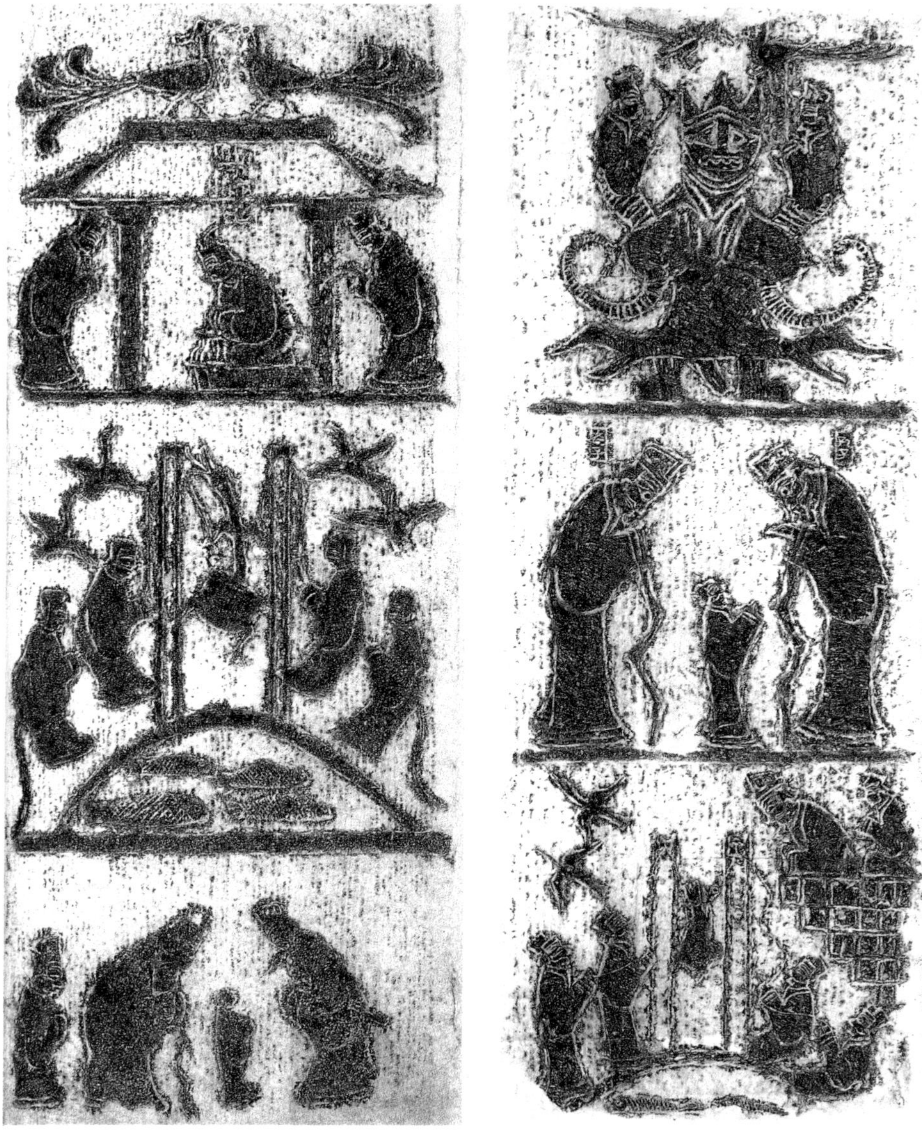

图 6-8　嘉祥县纸坊镇敬老院出土的两方东汉早期“孔子拜老子”画像石

考察“孔子拜老子”图，有三个关键问题往往令人费解：一是如此众多的孔子拜老子图出现于汉代以来崇儒尊孔的时代背景下；二是在“圣人”孔子的故乡山东地区(包括曲阜)出土的这种画像反而特别多；三是即使在一些内容图画非常简略的画像石墓中，也要安排孔子拜老子的情节。

在“孔子拜老子”汉画的理解问题上，则至少有五重障碍，为今人难以突破。一是汉代“独尊儒术”的历史背景约束，使人难以想象汉人如何可能让孔子在老子面前地位谦卑；二是在保持尊崇孔子心态的同时，又不得不接受历史上诸多“孔子问礼”文献叙述，遂折中形成“孔子好学”的解释心态；三是画面情节的故事性很强(包括互赠以雁等)，这种故事性外表，往往使今人难以突破“历史故事画”的表象，去发现古人的真实用意；四是“传统学问”对文献的“儒家性”的过度执著，以及与此相应形成的对道门文献的长期忽略甚至鄙视，导致观察视野进而诠释结构本身的缺陷；五是今人不知古人心，执著于近代以来的世俗观念去理解极富于宗教性但历经多重历史断裂、后人难以合理理解的汉代文化。与此同时，“孔子拜老子”画像在条件差别很大的各种墓葬中以不同规模样态出现，更加重了这种疑问的封锁性。要冲破疑雾，必须回到汉代墓葬所依以形成的宗教背景，去发现“孔拜老”画像与汉墓仪式结构的内在逻辑关系，发现它对于死者的意义。

图6-9　滕州龙阳店早年出土的东汉孔子拜老子画像石

采自《中国画像石全集2·山东汉画像石》图154

这些问题似难非难，关键始终在于观察者本身：须以古人之心为心，在更广阔的文化背景中去考量。事实上，此类画像乃源于汉代影响深广的神仙信仰，是汉代墓葬仪式的重要内容。

第四节 “道甚大，教孔丘为知”：老子神化为“太上老君”

汉武帝“罢黜百家、独尊儒术”，黄老道家的生存和传播面临危局，于是在日益宗教化的儒家经典解释中形成谶纬神学，并出现了孔子的神化。后汉则复归以老子为中心，于是在后汉，老子的神化得到新的发展，并酝酿着早期道教的形成过程。索安《汉代道教对老子的神化》认定汉末老子已具有绝对神格地位[①]。《想尔注》批判的“邪文”——说“其五经半入邪”——指的是儒书的谶纬化，是要求超越谶纬以来的旧道法，而以生人修道成仙为理想。其中，反复诵读《道德经》即是一大法宝。按《真诰》卷 9“协昌期第一”记载：“太极真人云：读《道德经》五千文万遍，则云驾来迎，万遍毕未去者，一月二读之耳，须云驾至而去。”[②]

一、孔子地位的变迁

胡适曾经指出：“从老子、孔子到荀卿、韩非，从前六世纪到前三世纪，是中国古代思想的分化时期”，这三百多年又可分为两期，“前期的三大明星，老子站在极左，孔子代表中派而微倾向左派，墨子代表右派，色彩都很鲜明。老子提出那无为而无不为的天道观念，用那自然主义的宇宙观来破坏古来的宗教信仰，用那无为而治的思想来攻击当日的政治制度，用那无名和虚无缥缈的思想来抹杀当日的文化：这都是富于革命性的主张，故可以说是极左派。孔子似乎受了左派思想的影响，故也赞叹无为，也信仰定命，也怀疑鬼神，也批评政治”[③]。奉持这种思想主张，老、孔命运各不相同，前者乃作为“柱

① [法]索安(Anna Seidel)：《漢代における老子の神格化について》，吉岡義豊、ミシェル・スワミエ(苏远鸣)主編：《道教研究》第 3 册，東京：豊島書房，1968 年，第 5—58 页。

② 《道藏》第 20 册，第 544 页。

③ 胡适：《中国中古思想史长编》，合肥：安徽教育出版社，1999 年，第 3—4 页。

下史”综述历代沧桑，故生隐逸之思；后者试图向诸国兜售治术，不合时宜而至“绝粮陈蔡”。

史载，孔门后裔还曾参加秦末陈胜起义：“及至秦之季世，焚诗书，坑术士，六艺从此缺焉。陈涉之王也，而鲁诸儒持孔氏之礼器往归陈王。于是孔甲为陈涉博士[①]，卒与涉俱死。陈涉起匹夫，驱瓦合适戍，旬月以王楚，不满半岁竟灭亡，其事至微浅，然而缙绅先生之徒负孔子礼器往委质为臣者，何也？以秦焚其业，积怨而发愤于陈王也。”[②]可见其时儒家孔门尚不拥有政治地位。汉高祖刘邦十二年（公元前 195 年）自楚过鲁祭祀孔子，封孔子九代孙孔腾为“奉祀君”，孔门之地位始发生变化。

元光元年（公元前 134 年）对策后，董仲舒以儒说杂糅诸子所推“儒术”，被汉武帝接受为“独尊”，才开始获得政治影响力。孔子的地位上升，治儒术而优者相继为仕，通经术者遂为之摩肩接踵矣。继而在谶纬神学中儒术宗教化，孔子亦被神化，言必称孔子，俨若神明。但“儒术”究竟是否曾经真正获得“独尊”，为学界所疑，而待考实。

二、谶纬神学与孔子的神化

众所周知，孔子推崇礼制。“礼者，贵贱有等，长幼有差，贫富轻重皆有称者也。”（《荀子·富国》）但是，西周以来，“礼崩乐坏”，秩序严密的上古传统礼制出现问题。秦汉之际，更经历“信仰—伦理危机”[③]。与此同时，强盛的汉帝国，整个社会对意义和崇高方式的需要，亦远超前代。由于最高的礼法为天子等最高统治者所用，“礼不下庶人”（《礼记·曲礼上》），天子诸侯王皆有古礼法以为崇高和拯救的途径，其下诸等皆不得用。

西汉后期谶纬神学的出现，暗示了儒术、经学的没落。谶纬以神秘化的思想方法，通过对上古中国文化的主要开创者和儒、道主要代表人物及其典

① 《史记集解》徐广曰：“孔子八世孙，名鲋字甲也。”《史记》卷 121《儒林列传》，第 3117 页。

② 《史记》卷 121《儒林列传》，第 3116—3117 页。

③ 有关探讨见姜生：《汉魏两晋南北朝道教伦理论稿》第 2 章，成都：四川大学出版社，1995 年。

籍的神秘化横向穿凿附会，来阐释自然和社会现象。在此过程中，孔子被神化，言必称“孔子曰”而后当。

如汉纬《易纬乾凿度》：“孔子曰：易始于太极。……有太易，有太初，有太始，有太素也。太易者，未见气也。太初者，气之始也。太始者，形之始也。太素者，质之始也。”又：“易变而为一，一变而为七，七变而为九，九者气变之究也，乃复变而为一。一者形变之始，清轻者上为天，浊重者下为地”①。

又如：“孔子曰：天之将降嘉瑞，应河水清三日，青四日，青变为赤，赤变为黑，黑变为黄，各各三日，河中水安井，天乃清明，图乃见，见必南向，仰天言……”②“孔子曰：至德之数，先立木、金、水、火、土德，合三百四岁，五德备，凡一千五百二十岁，大终复初。”“丘按录谶论国定符，以春秋西狩，题剑表命，予亦握嬉，帝之十二，当兴平嗣，出妃妾，妾得乱。”③诸如此类，不胜枚举。可以看出，在此过程中，许多本属宗教神秘主义的内容，作为“孔子言”，进入纬书系统并进一步得到发展。叙述孔子异表最全者为《汉学堂丛书》本《春秋演孔图》，据顾颉刚的统计，竟达五十种④。

在谶纬神学体系中，黄帝、老子、孔子等重要人物均被神化，成为来自神界的形象，但从未出现孔子超乎老子之上的说法；孔子只是仙界的一位真人。事实上，汉章帝主持裁定的《白虎通·辟雍》所记，恰是儒生们所造《论语谶》中的如下说法：

> 五帝立师，三王制之。传曰：黄帝师力牧。帝颛顼师绿图，帝喾师赤松子，帝尧师务成子，帝舜师尹寿，禹师国先生，汤师伊尹，文王师

---

① [日]安居香山、中村璋八辑：《纬书集成》，石家庄：河北人民出版社，1994 年，第 11、12 页。

② [日]安居香山、中村璋八辑：《纬书集成》，石家庄：河北人民出版社，1994 年，第 49 页。引者对标点有所调整。

③ [日]安居香山、中村璋八辑：《纬书集成》，石家庄：河北人民出版社，1994 年，第 56—57 页。

④ 顾颉刚：《中国上古史研究讲义》，北京：中华书局，1988 年，第 301 页。

吕望，武王师尚父，周公师虢叔，孔子师老聃。[①]

在谶纬神学之路末端出现的，是以黄老和西王母为大神的新宗教；汉纬的一些内容成为其宗教经典的组成部分；作为“道”之化身的老子，位居孔子之上，而为“太上老君”。东汉晚期原始道教形成之际，汉纬则逐渐被超越，在思想结构上发生转化和重构。

三、“老子者道也”：见老君即得道

早在战国时期已出现关于黄帝、老子的种种神话传说[②]。汉晚期图像资料显示，老子已经以神仙的形态出现。如西汉洛阳烧沟 61 号墓已可见“孔子拜老子”图(图 6-11)。该墓属西汉晚期，其中出现的“孔拜老”画像应是版本较早的一个。该图与三士画在象征天界的三角形的下缘，表示死者将经此升入仙界(有关“孔拜老”仪式内涵的讨论，详见下文)。

东汉初，桓谭《新论·祛蔽》记时人有“老子用恬谈养性，致寿数百岁”之说[③]；《论衡·道虚》亦言“世或以老子之道可以度世，恬淡无欲，养精爱气。夫人以精神为寿命，精神不伤则寿命长而不死。成事：老子行之，踰百度世，为真人矣”[④]。皆表明当时老子事实上已被神化。东汉中后期文献和出土文物显示，崇拜黄帝老子、慕求神仙不死的黄老道信仰，在上层社会已经形成巨大影响，皇帝亦信奉黄老道。明、章二帝之际(公元 58—88 年)，益州太守王阜撰《老子圣母碑》说：“老子者，道也。乃生于无形之先，起于太初之前，行于太素之元；浮游六虚，出入幽冥，观混合之未别，窥清浊之未分。”[⑤]老子已被等同于“道”而受到膜拜。桓帝延熹八年(公元 165 年)，陈相边韶受帝命作《老子铭》说：“世之好道者触类而长之，以老子离合于混沌之气，与三光为

① (东汉)班固纂集，(清)陈立疏证，吴则虞注解：《白虎通疏证》，北京：中华书局，1994 年，第 255 页。

② 韩秉方：《关于道教创立过程的新探索》，《世界宗教研究》1999 年第 2 期。

③ (东汉)桓谭撰，朱谦之校辑：《新辑本桓谭新论》，北京：中华书局，2009 年，第 32 页。

④ 黄晖：《论衡校释》，北京：中华书局，1990 年，第 334 页。

⑤ (宋)李昉等撰：《太平御览》，北京：中华书局，1960 年，第 2 页。

图 6-10　陕西靖边东汉墓出土彩绘壁画“双圣图”，即“孔子拜老子”图

图 6-11　洛阳烧沟 61 号西汉晚期墓孔子拜老子及二桃杀三士图

采自《洛阳古代墓葬壁画》上卷图 6

终始，观天作谶，升降斗星，随日九变，与时消息，规矩、三光、四灵在旁，存想丹田，太一紫房，道成身化，蝉蜕渡世。自羲、农以来，世为圣者作师。”[①]同年，桓帝遣中常侍管霸到苦县祠老子，同时遣官员祭祀仙人王子乔。次年桓帝又亲自“祀黄老于北宫濯龙中”[②]。这都表明黄老道在东汉后期已成为皇家和宫廷的宗教信仰。而且上述《论衡》资料，亦可证明《老子圣母碑》《老子铭》确属东汉作品。

《王子乔碑》《帝尧碑》等的树立本身，以及黄巾移书曹操提到的“中黄太一”之道，都暗示了当时高层官员信奉黄老道、修炼“中黄太一”之法的情况，唯其表现比较间接而已。但这些资料却可证明，汉桓帝、曹操等上层社会所信奉的黄老道，其主要道术乃是“中黄太一”之道，即脑内存思术[③]。杨宽教授曾经指出：“曹腾是汉桓帝的亲信宦官，必然也参与其事，信奉了‘黄老道’。曹操早年就信奉‘黄老道’，该是出于家学渊源。曹操一直到死，并没有完全摆脱这种‘道’的信仰，在他晚年所居的洛阳宫殿里，也还有专祠黄老的‘濯龙祠’”[④]。

随着老子的进一步神化，过去对儒经加以横向穿凿附会的谶纬神学，面临淘汰和批判。这意味着，原始道教的宗教学说处于深刻转变之中。这种转变的主要特征，是从西汉后期以来谶纬对儒经的宗教化穿凿，转向对道家经典的回归和宗教化穿凿。一个比较突出的例证，是通过对《老子》的“凿度”，来表达他们的“真圣道知”（见下）。黄巾发难前，张修所作[⑤]《老子想尔注》即可见这种思想。其对东汉流行的谶纬“邪文”“伪伎”的批判尤其尖锐：“道绝不行，耶文滋起，货赂为生，民竞贪学之，身随危倾。当禁之，勿知耶文，勿贪宝货，国则易治。”“人等当欲事师，当求善能知真道者；不当事耶伪伎巧，耶知骄奢者也。”“世常伪伎，不

① (宋)洪适：《隶释》卷3，北京：中华书局，1985年影印本，第36页。

② (东汉)刘珍等撰，吴树平校注：《东观汉记》卷3，北京：中华书局，2008年，第126页。

③ 姜生：《曹操与原始道教》，《历史研究》2011年第1期。

④ 杨宽：《论黄巾起义与曹操起家》，见《曹操论集》，香港：三联书店，1979年，第392页。

⑤ 姜生：《〈老子想尔注〉三题》，载饶宗颐主编：《华学》辑刊，上海：上海古籍出版社，2008年，第9—10辑合刊。

知常意，妄有指书，故悉凶。”“真道藏，耶文出，世间常伪伎称道教，皆为大伪不可用。何谓耶文？其五经半入耶，其五经以外，众书传记、尸人所作，悉耶耳。”“今人无状，裁通经艺，未贯道真，便自称圣，不因本，而章篇自揆，不能得道言……此乃罪盈三千，为大恶人，至令后学者不复信道，元元不旋，子不念供养，民不念田，但逐耶学，倾侧师门，尽气诵病，到于穷年，会不能忠孝至诚感天，民治身不能仙寿，佐君不能致太平；民用此不息，倍城邑虚空。是故绝诈圣邪知，不绝‘真圣道知’也。”[①]

至此，老子已成为“太上老君”神；孔子则被神化为仙界真人（“太极上真公”，说见下文），两人地位大为不同，突出地反映了原始道教神学的发展及老子的崇高地位。“老君”则是对老子神化后的尊称[②]。

原始道教将老子神化后放在超越宇宙初始的更古远的大道君地位。这种观念出现在《老子圣母碑》中。鲁南苏北、陕北汉画多见的作鸟喙形象的老君，所表达的或许就是这种神学（详见本书第二章）。

《老子想尔注》明确称老子为“太上老君”：

> 一者道也……一散形为气，聚形为太上老君，常治昆仑，或言虚无，或言自然，或言无名，皆同一耳。
>
> 道（即老子）甚大，教孔丘为知；后世不信道文，但上孔书，以为无上；道故明之，告后贤。[③]

---

① 饶宗颐：《老子想尔注校证》，上海：上海古籍出版社，1991年，第6、11、20、22—24页。

② 称老子为“老君”，已见于《后汉书·孔融传》：“融幼有异才。年十岁，随父诣京师。时河南尹李膺，以简重自居，不妄接士宾客，勅外自非当世名人及与通家，皆不得白。融欲观其人，故造膺门。语门者曰：‘我是李君通家子弟。’门者言之。膺请融，问曰：‘高明祖父曾与仆有恩旧乎？’融曰：‘然。先君孔子与君先人李老君同德比义，而相师友，则融与君累世通家。’众坐莫不叹息……”《后汉书》卷70《孔融传》，第2261页。

③ 饶宗颐：《老子想尔注校证》，上海：上海古籍出版社，1991年，第12、27页。后《三天内解经》说：“幽冥之中生乎空洞，空洞之中生乎太无，太无变化玄气、元气、始气，三气混沌，相因而化，生玄妙玉女，玉女生后，混气凝结，化生老子。从玄妙玉女左腋而生，生而白首，故号为老子。老子者，老君也。”《道藏》第28册，第413页。

《三洞珠囊》卷 9 引《太平经》则说老子是“幽显所共师”的“得道之大圣”：

> 老子者，得道之大圣，幽显所共师者也。应感则变化随方，功成则隐沦常住。住无所住，常无不在。不在之在，在乎无极。无极之极，极乎太玄。太玄者，太宗极主之所都也。老子都此，化应十方。敷有无之妙，应接无穷，……周流六虚，教化三界，出世间法，在世间法，有为无为，莫不毕究。[①]

汉画中出现的“孔子拜老子”图像，表明当时人们相信老子是最高的道神之一，孔子及其弟子们在成仙之前，也曾往拜老子。而且，特别值得注意的是，作为“太上老君”的老子，已具有与西王母比肩而立的“常治昆仑”的崇高神格地位。

在“孔拜老”汉画中，老君被画成了人的形象，没有“变化身形”为鸟喙之神。但这种形象的老君，同样属于汉代旧宗教体系(前道教)中的老君。

如上所引，边韶《老子铭》说，当时好道者“以老子离合于混沌之气，与三光为终始，观天作谶，……道成身化，蝉蜕渡世，自羲农以来，历为圣者作师”。老子乃成为历代圣者之师，非独为孔子师也。汉画中刻画为人“师表”的孔子携众弟子往拜老君，亦暗示死者为圣贤之辈，将跟随孔门圣贤往拜老君，免“纣绝阴天宫”之考谪，直入“明晨第三天宫”。事实上，此亦仍属汉代旧宗教传统下死后成仙的神学逻辑。

正是这个原因，使得孔子携众弟子拜老子的画像，在汉画中往往被刻画得非常引人瞩目。如齐山出土的著名的“孔老相见”汉画像石(见上文)，孔子身后跟随弟子 20 名；内蒙古和林格尔汉墓壁画上的孔子拜老子画像中，孔子身后则绘颜渊、子张、子贡、子路、子游、子夏、闵子蹇、曾子、仲弓、曾赐、公孙龙、冉伯牛、宰我、冉求等 28 名弟子，盖为“孔拜老”画像规

① 《道藏》第 25 册，第 354 页。

模之最，可谓壮观。这套壁画中孔子 28 弟子各手捧竹简[①]，表示从老子受道书而得道成仙(说见下文)；上文所引陕西靖边杨桥畔东汉墓所出壁画中孔门众弟子手中亦捧竹简，表明这些壁画的绘制者非常清楚地知道绘制此部分内容的用意。

前引《白虎通·辟雍》记时儒所造《论语谶》说“孔子师老聃”，而就在同时代的汉墓所暗示的另一重空间里(或者说在宗教的鬼神时空里)，孔子带众弟子前往拜见的，实已是“老君”神。终生“不语怪、力、乱、神”(《论语·述而》)的孔子，在这里乃是死后往拜老子以求道书的师表。而老子则已是超越一切之上、永恒不朽的“道”的化身。据信成书不晚于延熹八年(165年)的《老子变化经》中亦见老子说“吾变易身形，讬死更生，周流四海，……愚者不知死复更生……”[②]这正是汉画盛行时期同时流行着的对于“变易身形”、作鸟喙之形的“老君”的信仰[③]，因而属于汉代旧宗教体系中的死后成仙信仰。

东汉末牟融《牟子理惑论》卷 1：

> 道家云：尧、舜、周、孔、七十二弟子，皆不死而仙。[④]

晋时阮籍撰《孔子诔》亦称孔子：

> 养徒三千，升堂七十。潜神演思，因史作书。考混元于无形，本造

---

① 内蒙古自治区文物考古研究所编：《和林格尔汉墓壁画》，北京：文物出版社，2007 年见第 24 页，摹本见第 140－141 页。

② 《藏外道书》第 21 册，第 2 页。

③ 《神仙传》亦将老子的身世神化：“其母感大流星而有娠，虽受气天然，见于李家，犹以李为姓，或云老子先天地生，或云天之糟鞠，盖神灵之属。或云母怀七十二年乃生，生时剖母左腋而出，生而白首，故谓之老子；或云其母无夫，老子是母家之姓；或云老子之母，适至李树下而生，生而能言，指李树曰：‘以此为我姓’。”(宋)李昉等编：《太平广记》卷 1，北京：中华书局，1961 年，第 1 页。

④ (梁)僧祐：《弘明集》，《大正新修大藏经》第 52 册，东京：大正一切经刊行会，1924－1934 年，第 6－7 页。

化于太初。[①]

这些叙述，虽然从字面上表达为“不死而仙”，然而实质上同样属于汉代的旧宗教体系，只是作为结果他们已经成仙。

可能出于南北朝的道经《元始上真众仙记》，所本甚古，信其源于汉晋早期道书。经中对孔门师徒在神仙世界所获地位的叙述更为详细：

孔丘为太极上真公，治九嶷山。颜回受书，初为明泉侍郎，后为三天司真。七十二人，受名玄洲；门徒三千，不经北酆之门。[②]

此处所谓“明泉侍郎”即“明晨侍郎”，《真灵位业图》第三层左位第二十三为“明晨侍郎、三天司真颜回”，位在孔子之侧。

陶弘景在《真诰》卷16“阐幽微第二”注云：

自三代已来，贤圣及英雄者为仙。鬼中不见殷汤、周公、孔子、阖闾、勾践。[③]

又据《真诰》卷15“阐幽微第一”：

---

① (三国魏)阮籍撰，郭光校注：《阮籍集校注》，郑州：中州古籍出版社，1991年，第117页。

② 见《上清众经诸真圣秘》卷5引《元始上真众仙记》，《道藏》第6册，第786页。所谓“不经北酆之门”即不受鬼官之考谪。此类故事，如干宝《搜神记》卷4载，泰山人胡母班曾至泰山之侧，应泰山府君之召为之传书，其后几年，过泰山时向泰山府君汇报了传书的过程：“班语乞，如厕。忽见其父著械徒作，此辈数百人。班进拜流涕，问：‘大人何因及此？’父云：‘吾死不幸，见遣三年，今已二年矣，困苦不可处……’”卷16蒋济亡儿的故事亦称，济妇梦见亡儿泣言：“我生时为卿相子孙，今在地下为泰山伍伯，憔悴困苦，不可复言……”是皆死后受鬼官考谪之证。(东晋)干宝撰，汪绍楹校注：《搜神记》，北京：中华书局，1979年，第44—45、190—191页。

③《道藏》第20册，第587页。

贤人、圣人去世，先经明晨第三天宫受事。[①]

这意味着什么呢？要理解这一点，须细读《真诰》卷 15 开篇的如下叙述：

罗酆山在北方癸地，山高二千六百里，周回三万里，其山下有洞天在。山之周回一万五千里。其上其下，并有鬼神宫室。山上有六宫，洞中有六宫，辄周回千里，是为六天鬼神之宫也。山上为外宫，洞中为内宫，制度等耳。

第一宫名为纣绝阴天宫。以次东行，第二宫名为泰煞谅事宗天宫，第三宫名为明晨耐犯武城天宫，第四宫名为恬昭罪气天宫，第五宫名为宗灵七非天宫，第六宫名为敢司连宛屡天宫。凡六天宫是为鬼神六天之治也。洞中六天宫亦同名，相像如一也。……

人初死，皆先诣纣绝阴天宫中受事，或有先诣名山及泰山江河者，不必便径先诣第一天。要受事之日，罪考吉凶之日，当来诣此第一天宫耳[②]。泰煞谅事宗天宫，诸煞鬼，是第二天也；卒死暴亡，又经于此[③]。贤人、圣人去世，先经明晨第三天宫受事[④]。祸福吉凶、续命罪害，由恬昭第四天宫，鬼官地斗君治此中，鬼官之北斗。[⑤]

大约出于东晋的道经《上清天关三图经》述此六宫之后，亦说六宫“是北帝所主，六天鬼神所治，领人之名，死者莫不由酆都六宫也”[⑥]。但死者

---

①《道藏》第 20 册，第 579 页。

② 陶弘景注：“此宫是北帝所治，故后悉应关由，犹如今州县之狱，初虽各有执隶，终应送台定其刑书。”

③ 陶弘景注：“此宫当得专主收煞也，其卒死暴亡，恐文书未正，或姓名相同者，所以先来检问之也。”

④ 陶弘景注：“后云四明公各治一宫，不知此泰煞、明晨两宫当是何公所居。暴亡及贤圣，虽先暂经，亦犹应诣纣绝为正也。”

⑤ 《道藏》第 20 册，第 579 页。

⑥ 《道藏》第 33 册，第 811 页。

在六宫的遭遇显然很是不同。按《真诰》的这部分经文，“贤人”“圣人”死后，不必到第一天宫即“纣绝阴天宫”报到，而是直接到“明晨第三天宫”，且只是死后“先经”一下而已。对此，作为后代道教神学家，南朝的陶弘景感到这种对待过于特殊，因而在注文中提出“暴亡及贤圣，虽先暂经，亦犹应诣纣绝为正也”。也就是说，哪怕是死后从第一天宫“纣绝阴天宫”中“暂经”一下，也会显得更为正规，强调死后过程的规范化。

然而，“贤人”“圣人”死后不经第一天宫的“罪考”，直入“明晨第三天宫”，确为东晋以前道教所许。可见“孔拜老”画像确实代表着汉代旧宗教神学的一个重要思想方面，汉以后则被改造而逐渐为其他仪式过程所替代了。

由上可见，汉画中孔子携众弟子往拜老子的故事，乃表明在汉代的鬼界信仰结构中，人们相信，若生前为圣贤，则将与普通人不同，可免受“纣绝阴天宫”之考谪；因此，若能如孔子及其弟子一样得拜太上老君，“得道授书”，则获升天成仙。

东晋道书《真诰》卷5“甄命授”不沿袭东汉时期把“老君”与“道”混为一谈的叙述模式，而加以分析：

> 君曰：太上者道之子孙，审道之本，洞道之根，是以为上清真人，为老君之师。①
>
> 君曰：老君者，太上之弟子也，年七岁而知长生之要，是以为太极真人。
>
> 君曰：太极有四真人，老君处其左，佩神虎之符，带流金之铃，执紫毛之节，巾金精之巾，行则扶华晨盖，乘三素之云。②

可见其身份叙述已出现新的分化趋势。这是所有宗教通行的造神之术。至南朝梁陶弘景整理编定《真灵位业图》时，老子已化为多重神仙形象，陶撰神谱虽受其上清派信仰支配，但老君的地位仍很崇高。《真灵位业图》排

① 陶弘景注：“此即谓太上高圣玉晨大道君也。为太极左真人中央黄老君之师。”

② 陶弘景注：“此二条事出九真中经。即是论中央黄老君也。”以上见《道藏》第20册，第516页。

列神仙序位，分为七层，每层设一个中位。其中第三层左位第九为“北极老子玄上仙皇”，第二十二为“太极上真公孔丘”，第二十三为孔子的高足“明晨侍郎、三天司真颜回”；右位第三十三为“老聃”。第四层中位为“太清太上老君。上皇太上无上大道君。”陶注：“为太清道主，下临万民。”[①]可见其时老君神位之崇高。

四、“鬼圣”项橐的神格及其在古代信仰中的延续

项橐为汉前传说人物，但汉墓画像显示，项橐在死后世界与老孔二圣同在一个空间。事实上夭折而死却比肩孔、老的“大后橐”（后字读项）是鬼界神祇，即汉晋信仰中身居冥界“蓬莱司马”要职且与季札并称鬼中圣、贤的“项梁城”（或“项仪山”）。六朝以降，儒术尊崇不再，项橐被世人用作贬斥污弄孔子的牺牲品。敦煌变文中某些作品描绘孔子杀害项橐后供奉于庙堂之上，证明汉代神祇“大项橐”信仰延续到了隋唐，并与古老的项橐难孔子故事在这种历史背景下结合形成过度演绎形态。兹略为考述。

俗以成语“人小鬼大”加譬稚童；然古传说中果有一童，七岁堪为孔子师，不过十龄而逝，却为鬼中之圣，从汉墓画像到唐代世俗文学，均据崇高位格，他就是“孔拜老”汉画中常见的“小儿神”项橐。

项橐素有“圣公”“圣童”“圣小儿”之称。清王相《三字经训诂》注云：“项橐，鲁之圣童也，七岁而为孔子师。”刘师培曰：“汉儒以项橐释达巷党人者，则以大项即达巷转音。……盖橐为其名（字或作讬），达巷则以地为氏，言有转歧，则为大项（陶弘景《真灵位业图》第三左位有大项，注云名橐。是大项为氏，六朝学者均知之）。”[②]钱穆亦总述汉晋文献曰：“是汉儒相传，殆均以达巷党人即项橐也。……殆古人实有项橐，即达巷橐，又云大项橐。”[③]

项橐可能是个传说人物，尚未见有资料显示其与老子之关系，然而在许

---

① 《道藏》第3册，第275－276页。

② （清）刘师培：《刘申叔遗书》卷3《达巷党人考》，南京：江苏古籍出版社，1997年，第1－2页。

③ 钱穆：《先秦诸子系年考辨》（增订本），北京：中华书局，1985年，第63页。

多“孔子拜老子”汉画中，项橐大都出现在两位圣人之间[①]。何故？

首先，孔子师项橐，文献有其说。《淮南子》卷19“修务训”：“夫项讬(通“橐”，下同)七岁为孔子师，孔子有以听其言也。”[②]《战国策》卷7《秦五》：“甘罗曰：夫项橐生七岁而为孔子师。今臣生十二岁于兹矣，君其试臣，奚以遽言叱也？”[③]《论衡》卷26“实知篇”亦有“项讬年七岁教孔子”[④]。此类记述颇多，学界探讨亦较多。但这里关注的焦点不是其史实或事迹考证，而是有关项橐神化的问题。

至于项橐何以出现在孔子拜老子汉画中，应是宗教的而非历史的问题：因为这里的项橐已成神，即使在神仙世界，他仍是孔子之师。

项橐在神仙世界的地位如何？目前所见的汉晋道教文献中，均未见有关项橐身份的叙述。平阴实验中学汉墓第7号石孔子拜老子画像中，二人之间所刻稚童头部上方，有榜题：“太□诧”[⑤]。邢义田推断，该稚童为项橐，类似情况见于内蒙古和林格尔汉墓壁画的“孔拜老”画像中项橐的榜题[⑥]，亦见于嘉祥矿山村发现(民间收藏)的一方巨型“孔拜老”汉画像石。这里有待解决的一个共同问题是，榜题文字所写究竟为何。

为便于识读，这里引入这三种“孔拜老”画像石的局部图像资料(图6-12)。平阴实验中学汉墓画像的榜题为“太后诧”，太通大，诧即讬，以形似借用，故其实为“大后讬”。嘉祥矿山村出土汉画像石上榜题，中间的“⿸𠂆口”字，上后下口，考之相关文献及字书均未见录(略相近者，“呞”字，音吼，应非)。未知是否为“后(项)”字之异体，但显然这里的“⿸𠂆口”字宜识为“后(项)”。

和林格尔汉墓壁画榜题亦应识为“大后橐”(以上两处的橐字均缺“木”旁，矿山村的橐字上部更被简化为宀)。

这里的“后”字(注意非“後”字)情况较特殊，略为考证。宋洪适《隶

① 拙文《汉画孔子见老子与汉代道教仪式》(《文史哲》2011年第2期)未及详论。

② (西汉)刘安撰，刘文典集解，冯逸、乔华点校：《淮南鸿烈集解》，北京：中华书局，1989年，第654页。

③ 范祥雍笺证、范邦瑾协校：《战国策笺证》，上海：上海古籍出版社，2006年，第459页。

④ 黄晖：《论衡校释》，北京：中华书局，1990年，第1076页。

⑤ 平阴县博物馆：《山东平阴县实验中学出土汉画像石》，《华夏考古》2008年第3期。

⑥ 邢义田：《汉代画像项橐考》，《九州学林》6卷第3期，总21辑。

释》卷10所录东汉灵帝光和四年潍州“童子逢盛碑”，童子年十二而夭，碑文云：“才亚后橐，当为师楷。”洪适引《汉书·赵广汉传》中“鈲筩”为证，指出：“鈲筩之鈲音项。碑以童子当为师楷，故比之项橐。后、鈲偏旁相类，鈲有项音，故借后为鈲，又借鈲为项也。”[①]是知三处榜题乃借“后”为项，“后”字读项；鈲通鈲，为“后(音项)”字的通假字。

据上述汉碑资料及相关讨论，此三处榜题之所指实为“大项橐”。《抱朴子内篇》卷3“对俗”有“势可以总摄罗酆，威可以叱吒梁成”，王明注：“梁成何人，殊不可考。此言得道术高如梁成之鬼，亦可以威力叱咤之也。”[②]《真诰》卷15“阐幽微第一”说“项梁城作《酆宫诵》”，陶弘景注：“《苏韶传》云，鬼之圣者有项梁义，贤者有美季子。但不知项是何世人也，或恐是项羽之叔项梁，而不应圣于季子也。”[③]陶弘景的这条注释，取自王隐《晋书·苏韶传》：“节问所疑，韶曰：‘言天上及地下事，亦不能悉知也。颜渊、卜商，今见在，为修文郎，凡有八人。鬼之圣者，今项梁成[④]，贤者吴季子。’”[⑤]

唐释道宣撰《律相感通传》：“余曾见晋太常于(干)宝撰《搜神录》述，晋故中牟令苏韶有才识，咸宁中卒，乃昼现形于其家，诸亲故知友闻之，并同集。饮噉言笑不异于人。或有问者，中牟在生，多诸赋述，言出难寻，请叙死生之事，可得闻耶？韶曰：何得有隐。索纸笔著死生篇，其词曰：运精气兮离故形，神渺渺兮爽玄冥。归北帝兮造酆京，崇墉郁兮廓峥嵘。升凤阙

---

① (宋)洪适：《隶释》卷10，北京：中华书局，1986年，第8页。娄机《汉隶字源》卷4亦据“逢盛碑”将“后”字归入“项”字。见(宋)娄机：《汉隶字源》卷4，文渊阁四库全书本。

② 王明：《抱朴子内篇校释》，北京：中华书局，1980年，第66页注137。

③ 《道藏》第20册，第480页上。按：“美”字当系“吴”字之误。对于此条陶注内容之理解，吉川忠夫、麦谷邦夫编《真诰校注》(中华书局2006年版朱越利中译本，第480—481页注23)、赵益点校《真诰》(北京：中华书局，2011年，第269页)均未出新。事实上汉晋以后由于死后变仙向即身成仙信仰转变所致文化断裂，旧信仰形态渐被取代，失其传承，后人已不知前说何意。

④ 《登真隐诀》引《真诰》中《酆宫颂》亦称“项梁城”所作。《太平广记》卷319作“项梁成”。

⑤ 汤球辑，杨朝明校补：《九家旧晋书辑本·王隐晋书》卷4《瑞异记》，郑州：中州古籍出版社，1991年，第204页。

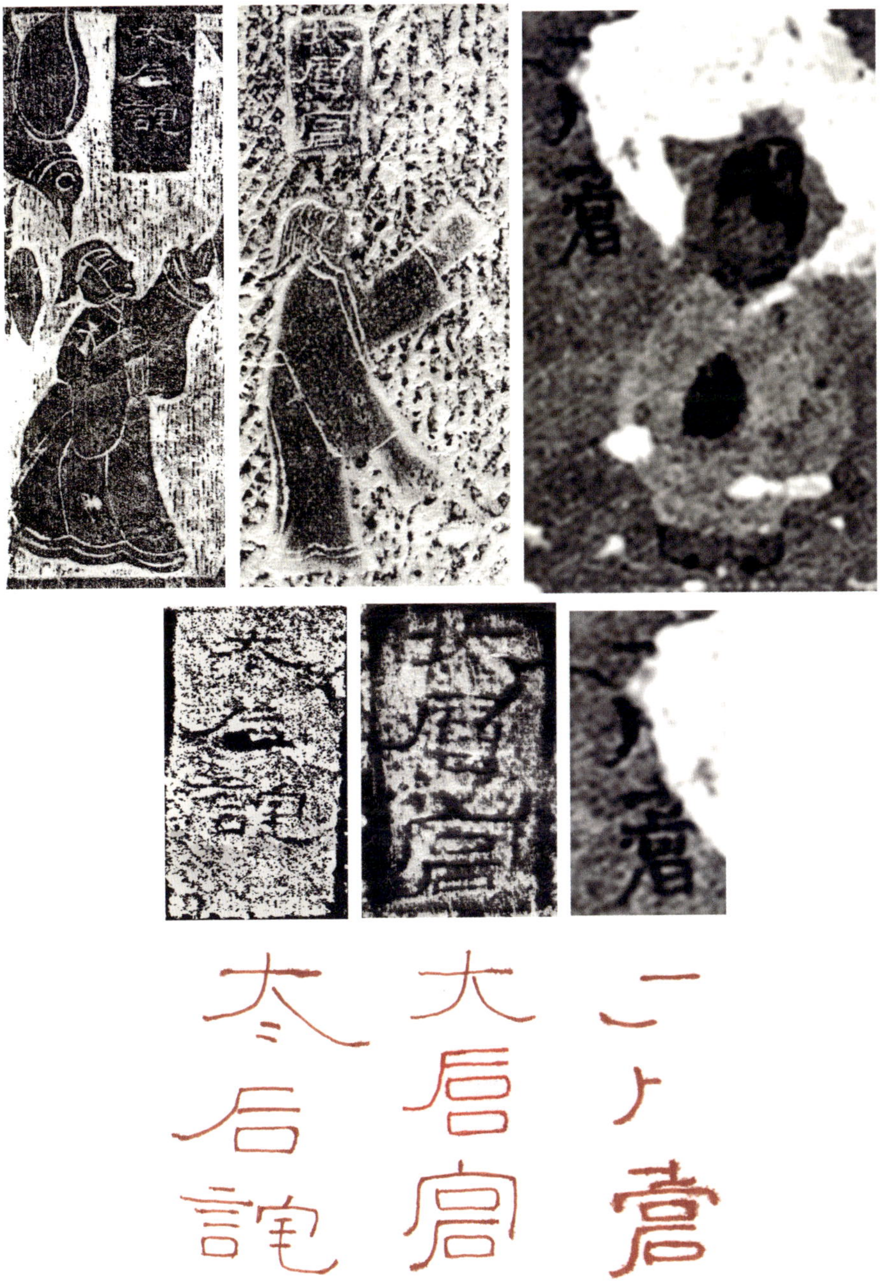

图 6-12　和林格尔汉墓壁画（右）、嘉祥矿山村汉画像石（中）、平阴实验中学汉画像石（左）之“孔子拜老子”图中的项橐及榜题（作者藏拓）

兮谒帝庭，迩卜商兮室颜生。亲大圣兮项良成，希吴季兮慕婴明。抗清论兮风英英，敷华藻兮文璨荣。庶擢身兮登昆瀛，受祚福兮享千龄。”[①]这里“吴季”即吴季子，即季札；项良成即项梁成(城)，即《真诰》卷 15 所指《酆宫诵》之作者。

六朝道书《元始上真众仙记》保存着一段实属汉代旧宗教信仰的文本：

> 孔丘为大极上真公，治九嶷山。颜回受书，初为明泉侍郎，后为三天司真。七十二人，受名玄洲。门徒三千，不经北酆之门。项仪山为蓬莱司马。周公旦为北帝师，治劲革山。[②]

现在看来，最迟到东晋，这个被称“项梁成”“梁成”“项梁城”“项梁义”或“项仪山”者，是已被广为接受的鬼中之圣，但后世已不知其所指何人。据以上诸文献综合分析，这些名称所指，应为项橐。

当南朝梁陶弘景整理道门文献、编定神仙谱系而作《真灵位业图》之际，项橐在道教中的地位，经过漫长的沉寂，终于在文献中再度浮现出来：“大项(名讬)”，列第三层左位之末。根据项橐的这种神格地位，反过来思考此前汉画中常见的“孔子见老子”图中的项橐形象和榜题，可以逻辑地推断，项橐在《真灵位业图》中的这种地位，乃是源于汉代以来道门的仙谱传承。北周道教类书《无上秘要》卷 84“得太极道人名品”中亦有：“大项，项橐者。”[③]可见在后世所列得道成仙的谱录中，项橐被归入得太极道者。

从这种神格地位的安排，可以发现，项橐在汉魏晋以迄南朝的道教仙鬼谱系中，地位相当崇高，其间必有相关的道教文献传播。其后文献不传，致后人无从得知。

在“孔拜老”画像中，项橐往往与二圣同在。这种图像配置模式，及其

① 《大正藏》第 45 册“诸宗部二”《律相感通传》，东京：大正一切经刊行会，1924—1934 年，第 874 页。另一个版本(《大正藏》第 52 册《道宣律师感通录》第 435 页)作“颂梁成”。汪绍楹将此内容辑入《搜神记》佚文，项良成作“颂梁成”。见汪绍楹校注《搜神记》，北京：中华书局，1979 年，第 247 页。“颂”应系“项”字抄误。

② 《道藏》第 3 册，第 271 页。

③ 《道藏》第 25 册，第 243 页。

蕴含的项橐的崇高地位，亦有助于在思想史逻辑上理解，在冥界能够符合这种高度、占有鬼圣地位的“项仪山”或“项梁城”，应为项橐。

根据以上资料，可整理出以下逻辑，据之不难看出可堪其位者：项姓；晋以前传说人物；死后为鬼中之圣；与季札相与为鬼中之圣、贤；可能与孔子相关；可能与颜回、子夏、周公等有背景性关联。以上数条，皆可在汉墓画像中找到某些合乎交叉逻辑的关联资料：项橐为汉前传说人物，死后与老孔二圣及颜回和子夏等孔门高足同在一个空间，并表现为站在大神“老君”(即老子)一侧与孔子对话的状态；多见项橐与季札和周公等出现在汉墓画像之中，同时《晋书·苏韶传》《搜神录(记)》《元始上真众仙记》《真灵位业图》《无上秘要》中的相关信息可与此构成交叉，使两个项姓人物信息重合。特别是《搜神录(记)》“亲大圣兮项良成”句，表明死后可望与项良成相见，正合乎“孔拜老”汉画之功能——死后往拜老君而得仙，而项橐总是与老君相伴，受众鬼之拜。

从陶弘景编订《真诰》所作的随文注释，可以看出其时道经的存佚问题已多。事实上，到陶弘景的时代，久乱之后，文献失传，世人已不知“项梁城”究竟为谁，故当陶氏撰定《真灵位业图》，又在第七层列出“项梁成，作《酆都宫颂》者”[①]。这意味着，陶弘景把这两个名字当做两个人，致使项橐在《位业图》中被两次列入。文献流传中的脱落缺失错讹等，也是导致后世不识的重要原因。

更重要的是，最近作者在徐州汉画像石艺术馆所藏一石(见图6-13示意图及第二章图2-12)上发现，项橐“脱离”孔—老组合模式，独立出现在子路—西王母组合所在的空间里，且汉代另外两大神祇的组合——鸟喙的老君、牛首的北太帝君炎帝(潘家疃汉墓题记所谓“鬼帝”)，出现在其下格空间里。项橐右手擎举的高大T形架顶上，左右各站一只三足乌。对此画像石的图像构成和思想结构，上文已做探讨(见第二章第一节关于子路—西王母组合的内容)。这里需要指出的是，在汉代墓葬信仰所见最大的两组神祇(子路—西王母、老君—炎帝)一同现形的环境中，项橐以独立形象出现于其间，只能映衬出，他同样是汉代信仰中具有崇高位格的神祇。项橐手擎T形昆仑

① 《道藏》第3册，第281页。

天柱，应是象征经由“蓬莱司马”项橐之手(实即经由蓬莱)乃上登昆仑拜见王母的变仙逻辑，暗示了项橐的权威。且“仪山”作为字号，其语源本义亦甚合“蓬莱司马”的神祇属性——蓬莱本为人死所往的海上仙山。究之以《说文解字》：“仪，度也，从人。”及段注：“度，法制也。”以“仪山”映射“蓬莱司马”之职，可谓善矣。

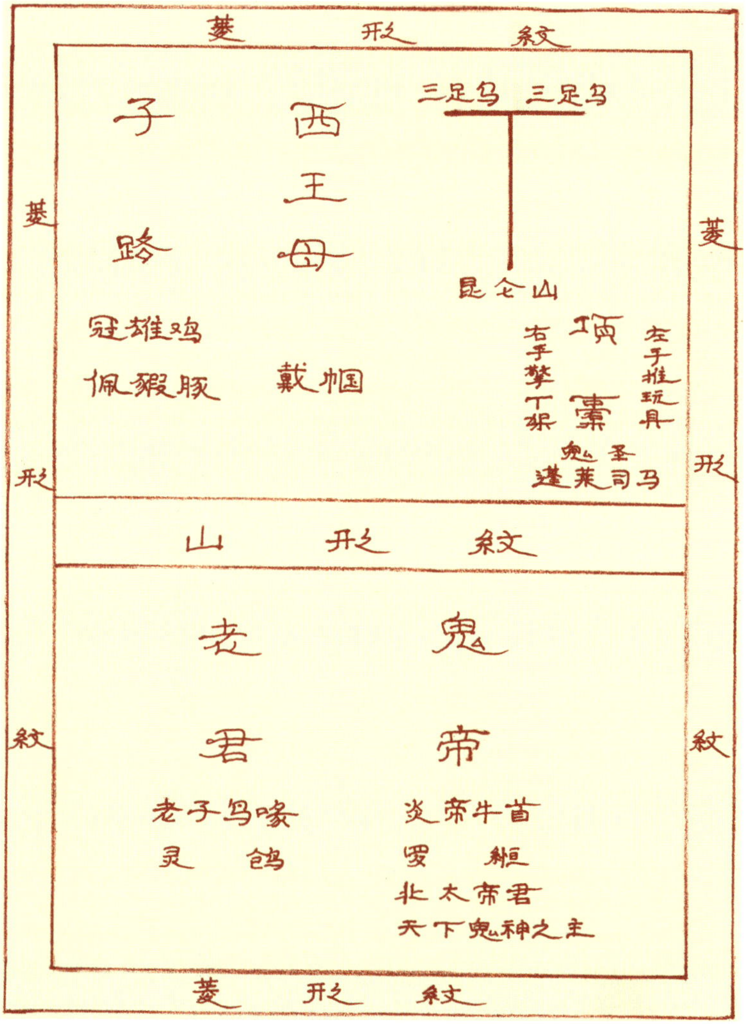

图 6-13　徐州汉画像石艺术馆藏“子路—西王母组合”、项橐、“老君—鬼帝组合”出现在同一幅画像石上(书文制图)

综合以上讨论，可以判明，在汉传统信仰中，项橐是位格相当尊崇的“鬼圣”“蓬莱司马”。这应是项橐出现于汉墓画像之中的信仰根据。

作为历史连续性的一种民间化表达，据信可能产生于隋唐之际、传承着某些古老记忆的敦煌变文《孔子项讬相问书》中，项讬之所言即呈现出老子《道德经》的“自然”“无为”“去甚、去奢、去泰”及“辅万物之自然而不敢为”的思想特征。如：

> 夫子曰：“汝年虽少，知事甚大。”小儿答曰：“吾闻鱼生三日，游于江海；兔生三日，盘地三亩；马生三月，(趁)及其母；人生三月，知识父母。天生自然，何言大小！”
>
> 夫子曰：“吾车中有双陆局，共汝博戏如何？”小儿答曰：“吾不博戏也。天子好博，风雨无期；诸侯好博，国事不治；吏人好博，文案稽迟；农人好博，耕种失时；学生好博，忘读书诗；小儿好博，笞挞及之。此是无益之事，何用学之！”
>
> 夫子曰：“吾与汝平却天下，可得已否？”小儿答曰：“天下不可平也，或有高山，或有江海，或有公卿，或有奴婢，是以不可平也。”
>
> 夫子曰：“吾以汝平却高山，塞却江海，除却公卿，弃却奴婢，天下荡荡，岂不平乎？”小儿答曰：“平却高山，兽无所依；塞却江海，鱼无所归；除却公卿，人作是非；弃却奴婢，君子使谁？”
>
> 小儿却问夫子曰：“鹅鸭何以能浮？鸿鹤何以能鸣？松柏何以冬夏常青？”夫子对曰：“鹅鸭能浮者缘脚足方，鸿鹤能鸣者缘咽项长，松柏冬夏常青〔者〕缘心中强。”小儿答曰：“不然也！虾蟆能鸣，岂犹咽项长？龟鳖能浮，岂犹脚足方？胡竹冬夏汀常青，岂犹心中强？”①

这些对话，都强烈地衬托出“道法自然”思想对儒家有为思想在基本合理性层面的怀疑。

至东晋符朗《符子》提出某种狭隘想法，以为孔子师项橐的说法会贬低

① 王重民等编：《敦煌变文集》(上)，北京：人民文学出版社，1957年，第231—233页。

孔子。这也可以说是对项橐思想之道家特征的一种间接反映。唐代皮日休《文薮》卷7“无项讬”曰：“符朗著《符子》，言项讬诋訿夫子之意者，以吾道将不胜于黄老。呜呼！孔子门，唯(回)称少，故仲尼曰：颜氏之子，其殆庶几乎！又曰：贤哉回也！叹其道与己促。固不足夫蔽之也。如托之年与回少远矣，托之智与回又远矣，岂仲尼不称之于其时耶？夫四科之外有七十子，七十子外有三千之徒，其人也有一善，仲尼未尝不称之，岂于项氏独掩其贤哉？必不然也。呜呼！项氏之有无，亦如乎庄周称盗跖渔父也，墨子之称墨尿娟婵也。岂足然哉！岂足然哉！”[①]

《孔子项讬相问书》叙述孔子、项讬相问答而孔子最终败绩之后，在最末尾的部分，道出这样的骇人故事：

> 夫子共项讬对答，下下不如项讬；夫子有心煞项讬，乃为诗曰：
>
> 孙景悬头而刺股，匡衡凿壁夜偷光，子路为人情好用(勇)，贪读诗书是子张。项讬七岁能言语，报答孔丘甚能强。项讬入山游学去，叉手堂前启娘娘：“百尺树下儿学问，不须受记有何方。”耶娘年老惛迷去，寄他夫人两车草；夫子一去经年岁，项讬父母不承忘。取他百束将烧却，余者他日餧牛羊。夫子登时却索草，耶娘面色转无光，当时便欲酬倍价，每束黄金三锭强。金钱银钱总不用，“婆婆项讬在何方？”“我儿一去经年岁，百尺树下学文章。”[夫子当时文(闻)此语，心中欢喜倍胜常]。夫子乘马入山去，登山蓦领(岭)甚分方。树树每量无百尺，葛蔓交脚甚能长。夫子使人把锹鑺，撅着地下有石堂：一重门里石师子，两重门外石金刚，入到中门侧耳听，两伴读书似雁行。夫子拔刀撩乱斫，其人两两不相伤：化作石人总不语，铁刀割截血汪汪。项讬残去犹未尽，回头遥望启娘娘：“将儿赤血瓮(缸)盛着，擎向家中七日强。”阿娘不忍见儿血，擎将写(泻)着粪塠(堆)傍。一日二日竹生根，三日四日竹苍苍，竹竿森森长百尺，节节兵马似神王。弓刀器械沿身带，腰间宝剑白如霜，二人登时却觅胜，谁知项讬

① 明陶宗仪撰《说郛》卷26下引皮日休《文薮杂著》“无项讬”条文字略有出入。(明)陶宗仪：《说郛》卷26，文渊阁四库全书本。

在先亡。夫子当时甚惶怕，州悬(县)分明置庙堂。[①]

其末一句，理解为“孔子建议，各地建项讬庙，传颂祭祀这位神童”[②]，似较合理。此句暗示，最迟到隋唐尚有州县庙堂供奉崇拜项讬的情形，而孔子则处于被讥讽抨击的处境。受抨击的根源则归因于孔子因为在二人相互诘难中以失败告终，遂设法杀害项讬，因而表现其无知、狭隘与凶残。唐代盛行的这种弄孔子之类俗文学，史家也有所记述。《旧唐书·文宗纪》，大和六年(832 年)“寒食节，上宴群臣于麟德殿。是日，杂戏人弄孔子。帝曰：‘孔子，古今之师，安得侮渎！’亟命驱出”[③]。唐末高彦休《唐阙史》亦记优人李可及在宫廷弄戏侮辱释迦、老子、孔子，使作妇人相。唐《封氏闻见记》：“流俗，妇人多于孔庙祈子，殊为亵慢，有露形登夫子之榻者。”[④]任半塘考证唐代“弄孔子”戏《夹谷会》主题亦是表现孔子的残忍阴险[⑤]，与《孔子项讬相问书》主题颇相类[⑥]。这或许也是昌黎先生以辟佛复儒为己任的原因之一。

而项橐在崇道的唐代则是有道之神尊，为道门所崇，故唐末道士吴筠的览古诗《太项橐》咏曰：“太项冥虚极，微远不可究。禀量合太初，返形寄童幼。孔父惭至理，颜生赖真授。泛然同万流，无迹世莫遘。”[⑦]宋人刘克庄亦诗云：“义理无穷尽，宣尼或未知。老聃与项橐，圣岂有常师。”[⑧]

容肇祖对敦煌《韩朋赋》的研究显示，某些敦煌文献事实上通过民间文

---

① 王重民等编：《敦煌变文集》(上)，北京：人民文学出版社，1957 年，第 233—235 页。

② 刘瑞明：《〈孔子项托相问书〉再校议》，《敦煌学辑刊》2001 年第 1 期。

③ (后晋)刘昫等：《旧唐书》，北京：中华书局，1975 年，第 544 页。

④ (唐)封演：《封氏闻见记》卷 1，北京：中华书局，1985 年，第 4 页。

⑤ 任半塘：《唐戏弄》，上海：上海古籍出版社，1984 年，第 687 页。

⑥ 相关研究见金文京：《孔子的传说——〈孔子项讬相问书〉考》，《“中央”研究院历史语言研究所傅斯年图书馆俗文学学术研讨会论文集》，台北：“中央”研究院历史语言研究所，2006 年，第 3—22 页。

⑦ (唐)吴筠撰：《宗玄先生文集》卷下《览古诗十四首·太项橐》，《道藏》第 23 册，第 671 页。

⑧ (宋)刘克庄撰：《后村集》卷 15“项橐”，文渊阁四库全书本。

学渠道传递了某些汉代传说文本[①]。《韩朋赋》的例子证明，汉代某些传说文本在流传过程中，融入社会底层民间传说之河，且嬗变以适应文化环境，遂能穿越世代兵燹与时空间隔而延存到隋唐，且其基本内容并无流失。关于项橐的信仰与传说，在汉唐之间盖亦经历了类似的嬗变传播过程。

事实上，直到明代正统元年（1436 年），民间仍延续着祠祭项讬之俗。按明代黄榆《双槐岁钞》卷 6“先圣大王”条所记：“正统改元之春，郡国多蝗。三月，有制分命大臣捕之。工部右侍郎邵旻往保定，至府西北四十五里为满城县，县之南门有先圣大王祠，父老言往岁遇蝗，祷之立应。时天久不雨，蝗生遍野，捕之愈盛。旻乃如父老言，帅郡县吏齐沐祷于祠下，旬月间，蝗果殄息，乃勒石以彰神功。神姓项名托，周末鲁人，年八岁，孔子见而奇之，十岁而亡，时人尸而祝之，号小儿神。”[②]可见明代项橐仍作为“先圣大王”受人崇拜、享其祠祭。

综上，汉画像石中常见的处于老子、孔子之间的项橐，榜题作“大后橐”，为汉晋传统信仰中的鬼界神祇，即后世文献中号称“鬼之圣者”“蓬莱司马”的“项梁城”（或“项仪山”）。换句话说，在汉代传统信仰中，项橐具有崇高的独立神格，位为“鬼圣”“蓬莱司马”。六朝以降，儒家尊崇不再，项橐被世人用作贬斥污弄孔子的牺牲品，乃六朝以降项橐难孔子故事在这种历史背景下的一种过度演绎；敦煌变文透露的项橐被置于庙堂之上受到崇拜的历史信息，则表明汉代的项橐信仰作为一种传统延续到了隋唐。

---

① 容肇祖指出：发现“《韩朋赋》较为符合民间故事多生枝节的型式。虽然全部有很多的差异，而根本出于一个故事，则可无疑”，但“《韩朋赋》所叙韩朋故事，当为唐以前民间的传说，较之《搜神记》所载，更为详细得多”；“从《韩朋赋》的内容去考证，可定为不是因《搜神记》的记载而产生，而且《韩朋赋》为直接朴实的叙述民间传说的作品。”认为韩朋故事在《搜神记》之前已流传于民间，提出“在汉魏间，贵族盛行以赋作为文学的玩意儿时，民间自有说故事的白话赋，《韩朋赋》等，便是这类赋体仅留的型式。”见容肇祖：《敦煌本〈韩朋赋〉考》，原刊《庆祝蔡元培先生六十五岁论文集》下册，中央研究院历史语言研究所，1935 年。此据《敦煌变文论文录》（上海古籍出版社，1982 年）所收，第 675、673、680 页。

② （明）黄榆撰，魏连科点校：《双槐岁钞》，北京：中华书局，1999 年，第 109 页。

附录一　“子贡画像石”与六天宫

上文曾论述，在汉画中孔子之高足子路被赋予非常隆崇的神学地位（见第二章），而孔子的其他弟子如颜回、子贡者，亦位列仙班。孔子得意弟子颜回（即颜渊）在神仙世界的地位，按《太平御览》卷 883《神鬼部三》引王隐《晋书》，苏韶，安平人，仕至中牟令卒。韶死后为地下修文郎，韶伯父第九子节在车上，昼日韶与之语，韶言：“天上及地下事，亦不能悉知也。颜渊、卜商，今见在修文郎，凡有八人。鬼之圣者梁成，贤者吴季子。”[①]此当非随意所言，而应有当时道书上的依据，正如上引道书材料所述孔子高足“七十二人，受名玄洲”，及颜回在阴间先后所居“明晨侍郎”“三天司真”之位等说法。这些资料，对于我们理解某些汉画，同样具有重要的旁证价值。

由此理解山东省博物馆所藏的一方断成两段的东汉“子贡画像石”[②]残石（图 6-14）可能表达的是冥界空间，或即“六天宫”之一的所在。

该残石画面分为上下两层，上层左上角为首的高冠人物头部附近有榜题“子贡”，这一排高冠人物均左向，应为子贡等孔门弟子（从现存图像及残迹识别可有十人），其左所面对人物，正在向子贡授一物，子贡躬身接受，此物甚似一部韦编的简册，简册的左边尽头下方尚可见左方人物所著宽大衣袖的残余图像；下层人物又分上下两排，右为上下两排各六位左向举剑持盾者，左面上排可见一骑马射箭左向奔驰者，下排则见一举剑者押解三名被绑手缚颈联结成串的胡人向右而来。

---

① （宋）李昉等编：《太平御览》，北京：中华书局，1960 年，第 3922 页。吴季子，即春秋贤者吴公子季札，吴王寿梦少子。“季札挂剑”故事传其美名。

② 鲁汶生主编：《山东省博物馆藏珍・石刻卷》，济南：山东文化音像出版社，2004 年，第 24 页。

图 6-14　山东省博物馆藏东汉“子贡画像石”

上为拓片(作者藏拓)；下为原石，2010 年 7 月 19 日摄于山东省博物馆

前已述及，孔门七十二弟子不仅“不经北酆之门”，更有高足颜回位居“明晨侍郎”之仙职。如果这套“子贡”残石图像之所象征果为“六天宫”之一，那么子贡在此所居，盖亦“侍郎”之类，一如颜回之所居；韦编的简册(见图 6-15 右)，应是即将经历此一天宫的死者的名录，而为子贡所掌。

已有一些学者关注到道教“六天”的问题。陈中浙认为：

源于上清派的“六天”一词也是在东晋初期出现，这是否可以说明东晋初期的葛氏道和上清派依于古代文献有关“九天”的记载，离析数字“九”，分为“三”与“六”，配以神秘的“天”，然后各自定“三天”为善神、“六天”为恶鬼之义。若果真如此，刘宋时期的天师道把“六天”作为“故气”来排斥并代以“三天”的思想，是有一定理论基础的。并且，这也是符合在特定历史背景下的刘宋天师道取“三天”（善神）去“六天”（恶鬼）以重新武装自己的境况。

道教中的“六天”思想架构于东晋初中期上清、葛氏道诸派有关酆都宫“六天”的传说，再经由刘宋时期的天师道在特定历史背景下对自身的思考而逐渐形成的。①

图 6-15 山东省博物馆藏东汉“子贡画像石”局部

左：子贡恭持书简；右：子贡及授书者的衣袖及两手之间的韦编简册放大图

这一判断有待商榷。上文已论，古之“九天”与此处酆都宫之“六天”完全不是一个神学体系下的概念。将古之“九天”割裂为“三天”为善神、“六天”为恶鬼也许是主观的猜测。

“六天”概念源于汉末经学家郑玄根据《尚书中候》对周礼的阐释。間嶋潤一的研究表明，郑玄六天说中昊天上帝是统领宇宙众神的最高神，其下

① 陈中浙：《刘宋天师道的“六天”说》，《中国道教》2005 年第 3 期。

为苍赤黄白黑五帝。这种六天说，被认为是承袭之前的《礼记·月令》五帝说、纬书太微五帝说，加上昊天上帝结合而成(太微五帝同昊天上帝的普遍结合，在绝大多数纬书中不存在，仅在《尚书中候》中可以看到作为天神的昊天上帝同太微五帝结合在一起，且《尚书中候》中的六天同郑玄《六艺论·总论》中的表述高度类似)。郑玄的六天说在后汉时期显得较为孤立：贾逵、马融认为五帝并非天神，而是大皞(即伏羲)、黄帝、炎帝等五人帝。后来王肃正是采纳了此种观点，将五帝同天神分离，主张天神唯一的一天说[①]。三国时曹魏经学家王肃对郑玄的“六天”说提出严厉批评，对此顾颉刚曾专文讨论[②]。王宗昱认为：“所谓‘六天’指的是至少自周代以来的血食牺牲的祭祀制度，而这个制度恰恰是中国官方政治制度乃至意识形态的基础。儒家的一整套礼教就是在这个基础上发展起来的。祭祀的对象则反映了至汉代逐渐形成的官方的历史观。”[③]《礼记·郊特性》孔颖达疏曰：“郑氏谓天有六天。天为至极之尊，其体只应是一，而郑氏以为六者，指其尊极清虚之体其实是一，论其五时生育之功则别有五。以五配一，故为六天。”[④]孔颖达的解释恐亦难立。《文献通考》卷68“郊社考一”：

> 然康成，汉人也，西汉之所谓郊祀，盖袭秦之制而杂以方士之说，曰泰一，曰五帝，丛杂而祀之，皆谓之郊天。太史公作《封禅书》，所序者秦汉间不经之祠，而必以舜类上帝，三代郊祀之礼先之。至班孟坚则直名其书曰《郊祀志》，盖汉世以三代之所郊祀者祀泰一、五帝，于是以天为有六，以祀六帝为郊。自迁、固以来，议论相袭而然矣。康成注二《礼》，凡祀天处必指以为所祀者某帝，其所谓天者非一帝，故其所谓配天者亦非一祖，于是释禘、郊、祖、宗以为或祀一帝，或

① [日]間嶋潤一：《鄭玄と〈周礼〉——周の太平國家の構想》，東京：明治書院，2010年，第250—251页。

② 顾颉刚：《王肃的五帝说及其对于郑玄的感生说与六天说的扫除工作》，《史学论丛》1935年第2期。

③ 王宗昱：《道教的六天说》，《道家文化研究》第16辑，北京：三联书店，1999年，第27页。

④ (清)阮元校刻：《十三经注疏·礼记正义》，北京：中华书局，1980年，第1444页。

祀五帝，各配以一祖。其病盖在于取谶纬之书解经，以秦汉之事为三代之事。然六天之祀，汉人崇之，六天之说，迁、固志之，则其谬亦非始于康成也。[①]

马端临认为是汉人讹传了三代的郊天之祀，“盖汉世以三代之所郊祀者祀泰一、五帝，于是以天为有六，以祀六帝为郊”。以致“六天之祀，汉人崇之，六天之说，迁、固志之”。最终发展成为后世道教的“六天”之说。

颜回为“明晨侍郎”，相当于世间御史中丞之职[②]，供职于“六天宫”中的第三宫“明晨耐犯武城天宫”[③]；而“贤人、圣人去世，先经明晨第三天宫受事”。

若以上分析成立，那么可以判断，此石有很重要的史料价值，它揭示着六朝以后已经湮灭难晓的汉代冥界空间。惜石已不全。

附录二　滕州西户口画像石——由鬼而仙

1958 年滕县城东桑村公社西户口一座汉墓出土的一批画像石中，有两方线刻的画像石，各有十层图像，非常引人注目。

(一)太山君、东王父、“孔拜老”画像石：归命泰山君及受道书之过程

此石(图 6-16)表达的主题是，死者按其命期归于泰山神的过程，及死后在冥界拜见老君受道书及拜见东王公的过程。

---

① (宋)马端临撰，上海师范大学古籍研究所、华东师范大学古籍研究所点校：《文献通考》，北京：中华书局，2011 年，第 2077 页。

② 《真诰》卷 12《稽神枢第二》：“三官官属有七人。四女三男。明晨侍郎七人。如今世上御史中丞之职。并隶东华方诸宫。保命君总关之耳。”见《道藏》第 20 册，第 563 页。又《真灵位业图》第六层有“明晨侍郎七人，比御史中丞”。见《道藏》第 3 册，第 279 页。

③ 《真诰》卷 15《阐幽微第一》：“第三宫名为明晨耐犯武城天宫。”《道藏》第 20 册，第 579 页。

图 6-16 滕州西户口孔子拜老子、东王父及太山君画像石(作者藏拓)

顶层刻两神兽及三位人面兽身人物，均向左行(本节所述方向系从观察者的角度定位)。

顶下一层中间位置，按榜题为孔子(向右)、老子(向左)，均著高冠。孔、老身后各刻七人，手捧书简恭随，应为两位圣人之弟子，皆著高冠。两圣人及弟子们皆向对方拱手作礼，但两组弟子面部表情颇为不同：孔子七弟子均张口作恭言状，老子七弟子则均肃然庄重。这种差别所暗示的，显然应是老、孔在神仙世界的地位差别。

顶下二层，中间刻一人，榜题“东王父”，其左右各刻八人，亦皆高冠，双手恭持木刺，作恭侍状，面部均为张口恭言之表情。

顶下三层，左有榜题为“太山君”著高冠乘鹿车向右出行，车前一骑鹿神吏著笼冠为先导；本层中间竖刻一线表示隔断，线右侧亦刻类似的车马左向而来，画面多已漫漶，未见榜题。

顶下四层，左为一群野兽，右一人驾牛车射箭追赶而来，车后一人持弓箭随从，右手高举一猎获之兽，似为狩猎场面。

顶下五层，刻群山，野兽出没其间。

顶下六层，用两道竖线划分为三区：左区中间刻一持网罗的高冠大头之神，左右各刻三个高冠持笏人物，皆恭向网罗之神作礼；中区中间刻一持网罗著大笼冠的大头之神，左二人、右三人持笏对其作礼（右一人未刻笏，疑为匠人之误）；右区中间亦刻一持网罗著高冠的大头之神，左二人、右三人持笏对其作礼。

顶下七层，也用两道竖线划分为三区：左区刻五人，高冠，但均未刻所持，当为匠人之误；中区中间刻一持网罗的高冠大头之神，左

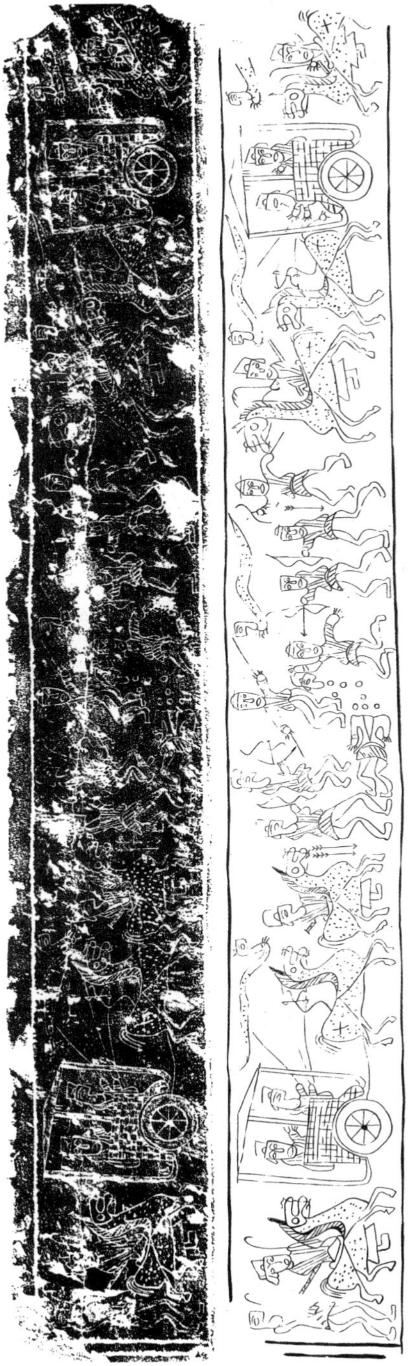

图 6-17　滕州西户口“泰山君出行图”画像石（作者藏拓）

刻四人，其中三人持笏作礼，右刻两人持笏作礼；右区中间刻一持网罗的高冠大头之神，左四人、右三人持笏向其作礼。

顶下八层，亦以两道竖线分作三区：左区中间刻一持网罗的高冠大头之神，左右各三个高冠人物持笏向网罗之神作礼；中区刻八人著圆帽，手无所持；右区中间刻一高冠持网罗之神，左二人、右三人皆高冠，持笏向其作礼。

顶下九层，刻三只船，船首皆坐一人持竿钓鱼，鱼自跃上船，舟人尽欢快。

所有这一切究竟意味着什么呢？

整个画面，应从下向上读，而以东岳泰山神之职司为线索展开。汉纬《孝经援神契》曰："太山天帝孙，主召人魂。"[①]汉代镇墓文中有"生人属西长安，死人属东太山""生属长安，死属太山"[②]之说。《后汉书·方术列传》："(许峻)自云少尝笃病，三年不愈，乃谒泰山请命。"[③]《风俗通·正失》："岱宗上有金崔玉策，能知人年寿修短。"[④]晋张华《博物志》卷1亦保存有"泰山一曰天孙，言为天帝孙也，主召人魂魄。东方，万物始成，知人生命之长短"的古老信仰[⑤]。

此石所刻十层图画，应分作两段解读：

(1)狩猎及以下共六层，表现泰山神如何召摄(即夺杀)动物之命。这些画面告诉人们，泰山神掌一切生命必死之期。他的众多下属，不仅以兵器猎获人命，而且以大量有效工具捕杀各类动物，以完成召其魂魄之职司——无论是地上所走、山中所藏、水中所游，命尽归之。

按《真诰》卷15"阐幽微第一"："人初死，皆先诣纣绝阴天宫中受事；或有先诣名山及泰山江河者，不必便径先诣第一天。"可见这一段表达的是

---

① [日]安居香山、中村璋八辑：《纬书集成》(中)，石家庄：河北人民出版社，1994年，第961页。

② 有关研究见吴荣曾：《镇墓文中所见到的东汉道巫关系》，《文物》1981年第3期。

③ 《后汉书》卷82下《方术列传下》，第2731页。

④ (东汉)应劭撰，王利器校注：《风俗通义校注》，北京：中华书局，2010年，第65页。

⑤ 由此可以理解，在原本意义上，生人登泰山，事实上是一种渊源古老的朝拜泰山神活动(所谓朝山)，暗含祈求延命之义(亦似送置"三官手书"之一到山巅)。登泰山的本来意义，今人或已淡忘，正如许多欧洲人忘却了登阿尔卑斯山的原本精神意义一样。

“人初死”之际，“先诣名山及泰山江河”的情景，画面中“泰山君”的出现就是证明。

(2)“太山君”及以上共四层，不仅表现其对人生命的控制——这里没有断杀人命的景象，但同一墓中设置的另一方画像石(见下文对“泰山君出行图”的讨论)，则是对此部分的图像补充，——而且刻画了人被泰山神夺命而死后，所将经历的冥界过程：前往拜谒东王公，之后跟随孔子前往拜谒太上老君，于是得受道书，变身异形(一如顶层之人面兽身人物)，也就是说，将往拜西王母而升入神仙世界。

同一墓中出土的另一长方条状画像石(图6-17)，是对“太山君”一层情节的补充性展开。虽然该画像石没有任何榜题，驾乘之鹿换为马，但从石上所刻神乘之车的样式、车前导骑神吏的笼冠等，可以看出与上石“太山君”一层的高度一致性，由此可判断此石应为“泰山君出行图”。此石刻画泰山神出行途中属吏以刀剑、弓箭断取人命(即召人魂魄)的残酷情节，更可看出此石乃是墓葬中所配置仪式过程的组成部分。

(二)西王母画像石：死者在冥界的成仙及被欢迎之情景

西王母画像石(图6-18)所刻画像情节分格方式较上一石更为复杂，但大致也分为十层。与上一石对死者按其命期归于泰山君这一过程的表达不同，此石整个画面表达的主题，是人在死后世界的继续，即死者被接受成为神仙，及仙界的庆祝场面。内容相对简单明了。汉《焦氏易林》“临之履”：“驾龙骑虎，周遍天下。为神人使，西见王母，不忧不殆。”[①]

此石应是对上一石画像所含仪式的继续，而其内容则标志着死者走出“死”的阴影，进入无忧无惧的神仙世界，再度表达着死后成仙之美好。

① (西汉)焦延寿撰，尚秉和注，常秉义点校：《焦氏易林注》，北京：光明日报出版社，2005年，第191页。

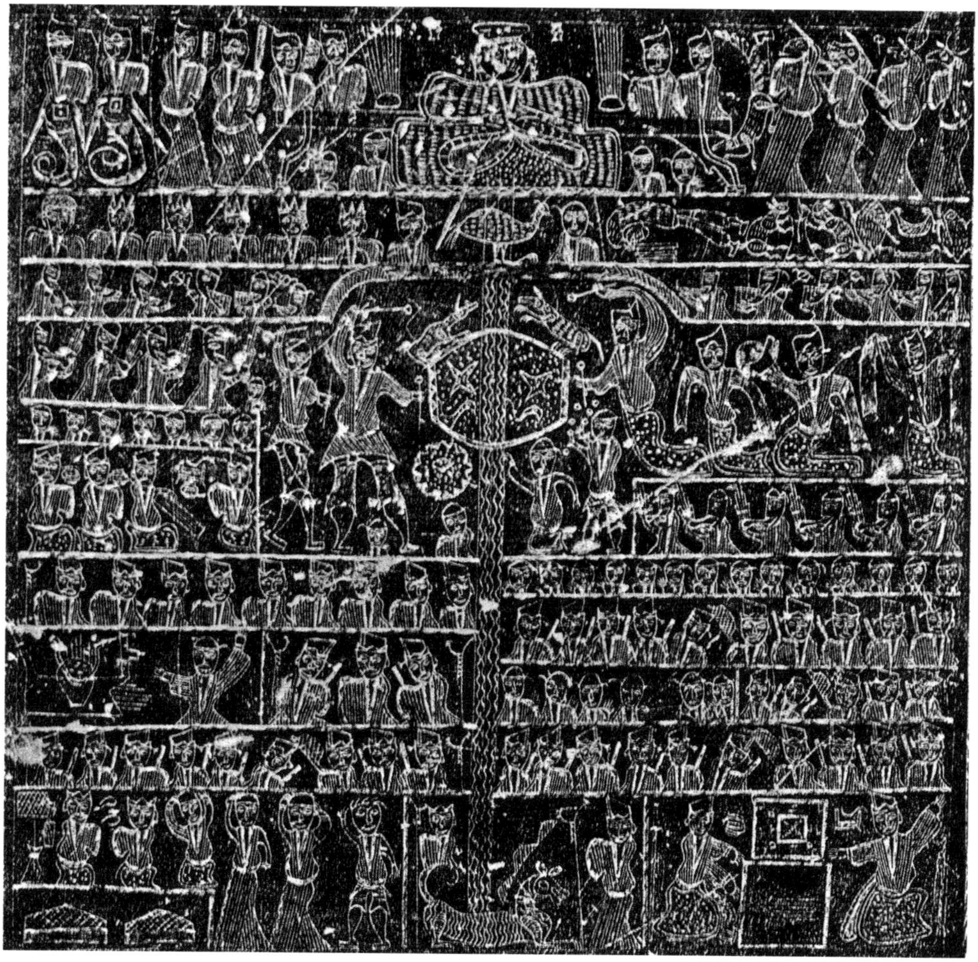

图 6-18　滕州西户口西王母画像石

第五节　拜老君“得道授书”，朝王母于“昆仑之阙”：严密的仙化仪轨

与“孔子拜老子”画像同时，往往可见西王母画像，或者出现暗示西王母背景的某种符号。这是由当时的墓葬宗教仪式所决定的，而且“孔拜老”

和“西王母”两种图像，由下而上呈现递升性层级式分布关系，表达着人在死后世界须经历之仪式过程的不同步骤。

一、“见老君则年命延长”：拜老君受道书

人类如何才能找回曾经的不死境界？既然不得不面对死亡，那么“物鬼变化”之因究竟何在？换句话说，宇宙间一切变化及生死存亡之根源何在？

汉武帝即位之初，即向思想界发出系列问难。《元光元年策贤良制》曰：“三代受命，其符安在？灾异之变，何缘而起？性命之情，或夭或寿，或仁或鄙，习闻其号，未烛厥理。伊欲风流而令行，刑轻而奸改，百姓和乐，政事宣昭。何修何饰而膏露降，百谷登，德润四海，泽臻草木，三光全，寒暑平，受天之佑，享鬼神之灵，德泽洋溢，施乎方外，延及群生？”[①]以为“‘善言天者必有征于人；善言古者必有验于今’。故朕垂问虖天人之应，上嘉唐虞，下悼桀纣，浸微浸灭浸明浸昌之道，虚心以改。”[②]元光五年，复策诏：

> 制曰：盖闻上古至治，画衣冠，异章服而民不犯；阴阳和，五谷登，六畜蕃，甘露降，风雨时，嘉禾兴，朱草生，山不童，泽不涸；麟凤在郊薮，龟龙游于沼，河洛出图书；父不丧子，兄不哭弟；北发渠搜，南抚交阯，舟车所至，人迹所及，跂行喙息，咸得其宜。朕甚嘉之，今何道而臻乎此？子大夫修先圣之术，明君臣之义，讲论洽闻，有声乎当世，敢问子大夫：天人之道，何所本始？吉凶之效，安所期焉？禹汤水旱，厥咎何由？仁义礼知，四者之宜，当安设施？属统垂业，物鬼变化，天命之符，废兴何如？天文地理，人事之纪，子大夫习焉。其悉意正议，详具其对，著之于篇，朕将亲览焉，靡有所隐。[③]

两汉历史表明，这是关乎整个汉代所有人群的价值与意义，而与宇宙观紧密相连的重大问题。《淮南子》完成于汉景帝后期，于武帝建元二年(公元

---

① (清)严可均辑：《全汉文》卷3，北京：商务印书馆，1999年，第24页。
② (清)严可均辑：《全汉文》卷3，北京：商务印书馆，1999年，第25页。
③ (清)严可均辑：《全汉文》卷3，北京：商务印书馆，1999年，第25页。

前139年)进献朝廷。书一开篇，即回应武帝之问：

> 夫道者，覆天载地，廓四方，柝八极，高不可际，深不可测，包裹天地，禀授无形；原流泉浡，冲而徐盈；混混滑滑，浊而徐清。故植之而塞于天地，横之而弥于四海；施之无穷，而无所朝夕。舒之幎于六合，卷之不盈于一握。约而能张，幽而能明，弱而能强，柔而能刚，横四维而含阴阳，纮宇宙而章三光。甚淖而滒，甚纤而微。山以之高，渊以之深，兽以之走，鸟以之飞，日月以之明，星历以之行，麟以之游，凤以之翔。……
>
> 夫太上之道，生万物而不有，成化像而弗宰，跂行喙息，蠉飞蝡动，待而后生，莫之知德，待之后死，莫之能怨。得以利者不能誉，用而败者不能非，收聚畜积而不加富，布施禀授而不益贫，旋县而不可究，纤微而不可勤，累之而不高，堕之而不下，益之而不众，损之而不寡，斫之而不薄，杀之而不残，凿之而不深，填之而不浅。忽兮怳兮，不可为象兮；怳兮忽兮，用不屈兮；幽兮冥兮，应无形兮；遂兮洞兮，不虚动兮；与刚柔卷舒兮，与阴阳俛仰兮。①

在这里，淮南派道家以“太上之道”作为总制宇内一切变化和生死存亡的根本，具备了以“道”为“教”的基本思想特征。

其后，《太平经》丙部“道无价却夷狄法第六十二”，仍然在努力以宗教家的思路，对汉武之问，遥相回应：

> 今吾所与子道毕具，乃能使帝王深得天地之欢心，天下之群臣遍说，跂行动摇之属莫不忻喜，夷狄却降，瑞应悉出，灾害毕除，国家延命，人民老寿。审能好善，案行吾书，唯思得其要意，莫不响应，比若重规合矩，无有脱者也。……吾道乃能上安无极之天，下能顺理无极之地，八方莫不悦乐来降服，扰扰之属者，莫不被其德化，得其所者也。……夫要言大贤珍道，乃能使帝王安枕而治，大乐而致太平，除去灾变，安

① (西汉)刘安撰，刘文典集解，冯逸、乔华点校：《淮南鸿烈集解》，北京：中华书局，1989年，第1—5页。

天下，此致大贤要言奇道，价直多少乎哉？[①]

综观汉镜、汉画中大量出现的祥瑞铭文及神灵喜悦、人民欢庆、动物欣喜、祥瑞纷呈的种种场景，正是汉代这种思想的图像化表达。在墓葬中，使用这种器物及图像，暗示的是，在这里，死者已得道授书，故而出现了神灵、人民、动物一皆欣喜的太平吉祥景象。

铜镜之类，山东所出精美者如 1998 年滕州市东小宫 108 号墓出土汉末新莽时期“方格规矩四神镜”(图 6-19)，铭曰：“王氏作竟四夷服，多贺新家人民息，胡虏殄灭天下复，风雨时节五谷熟，长保二亲乐无极。大乐兮。”[②]浙江出土东汉“神仙车马画像镜”，多刻东王公、西王母及仙人车马，边缘刻以此类祥瑞铭文(图 6-20)。

图 6-19　山东滕州出土新莽时期“方格规矩四神镜”

① 王明：《太平经合校》，北京：中华书局，1960 年，第 126－128 页。

② 山东省文物考古研究所藏。图文见山口県立萩美術館、浦上記念館編：《鏡の中の宇宙：シリーズ山東文物 6》，2005 年，第 54 页。

图 6-20　浙江出土东汉“神仙车马画像镜”

采自王士伦《浙江出土铜镜》（修订本），彩版 12（人物无铭）和彩版 15（一人铭东王公）。实皆东王公西王母仙人车马镜诸如此类，两汉墓葬所出甚多。如浙江出土西汉镜铭：“青盖作竟四夷服，多贺国家人民息，胡虏殄灭天下服，风雨时节五谷熟，长保二亲得天力”；又东汉镜铭：“青羊作竟四夷服，多贺国家人民息，胡虏殄灭天下覆，风雨时节五谷熟，传告后世得天福。”[①]此类铭文，无疑出于汉儒手笔，而为匠人铸之于镜，以供丧葬仪式之用，且终乎两汉，略无改变。此等明器不仅暗含两汉墓葬仪式，亦乃凝聚时代文化之雄大气魄。

东汉初期皇子之一楚王刘英就是有明确史料记载的东汉早期拜黄老求仙的上层人物。据《后汉书·楚王英传》，永平八年（公元 65 年）明帝诏言“楚王诵黄老之微言，尚浮屠之仁祠”；其“晚节更喜黄老，学为浮图，斋戒祭祀”[②]。

《老子圣母碑》云：“老子者，道也”。这意味着，得见老君即表示“得道”。而见过老君、得授道书（即“得道”——成仙的前提）后，还要去朝见西王母。

在延熹十年（公元 167 年）去世前，桓帝刘志三祠老子，正是这一信仰的反映[③]。《后汉书·桓帝纪》：“（延熹）八年春正月，遣中常侍左悺之苦县，祠老子。”“十一月，使中常侍管霸之苦县，祠老子。”[④]《后汉书·祭祀中》：“桓帝即位十八年，好神仙事。延熹八年，初使中常侍之陈国苦县祠老子。九年，亲祠老子于濯龙。文罽为坛，饰淳金釦器，设华盖之坐，用郊天乐也。”[⑤]《资治通鉴·汉纪四十七》：“自永平以来，臣民虽有习浮屠术者，而天子未之好；至（桓）帝，始笃好之，常躬自祷祠，由是其法浸盛，故楷言及之。”[⑥]

《后汉书·王涣传》：“延熹中，桓帝事黄老道，悉毁诸房祀，唯特诏密县存故太傅卓茂庙，洛阳留王涣祠焉。”[⑦]

---

① 王士伦编著：《浙江出土铜镜》（修订本），北京：文物出版社，2006 年，第 50 页。

② 《后汉书》卷 42《楚王英传》，第 1428 页。

③ 参见孙以楷：《汉桓帝遣使至苦县祠老子一事考辨》，《安徽大学学报》2002 年第 3 期。

④ 《后汉书》卷 7《桓帝纪》，第 313、316 页。

⑤ 《后汉书》志第 8《祭祀中》，第 3188 页。

⑥ （宋）司马光：《资治通鉴》卷 55《汉纪四十七》，北京：中华书局，1956 年，第 1793 页。

⑦ 《后汉书》卷 76《王涣传》，第 2470 页。

汉代帝王们的拜老行为，进一步发展成为从老君受道书、署仙官、寿万年的信仰结构。

《老子中经》排列了五十五个位格的神仙，要如：

> 第一神仙：上上大一者，道之父也，天地之先也，……元气是耳。
> 第二神仙：无极太上元君者，道君也。
> 第三神仙：东王父者，青阳之元气也，万神之先也。
> 第四神仙：西王母者，太阴之元气也。
> 第五神仙：道君者，一也，皇天上帝中极北辰中央星是也。
> 第六神仙：老君者，天之魂也，自然之君也。……①

如上所述，在东汉至魏晋道门体系中，老子乃是大神。东汉老君地位虽在西王母之下，但其职司极重。按东晋葛洪《抱朴子内篇》所记，人们相信：

> 见老君则年命延长，心如日月，无事不知也。②

葛洪《抱朴子内篇•杂应》的这一记载，反映的是汉晋宗教史的真实。对“长生”“升仙”这些“终极关怀”的渴望，超越了一切世俗追求，甚至皇帝也要用国家祭仪去祭祀老子。于是祭拜老子成为全国性的宗教运动。因此在孔子家乡山东地区出现大量“孔子拜老君”的汉画也就不足为奇。这不但说明当时老子的神位高于孔子，而且正如其他下级仙真要拜大道君一样，孔子也不例外。跟随孔子往拜老君，正乃孔子故乡之人所宜，一如当年南宫敬叔之“与孔子适周”见老子！

滕县西户口出土的一方汉画像石上的“孔子拜老子”情景(图 6-21)，出现于该石的顶部之下第二层，其顶层刻画的是两个瑞兽引导下的三个人面兽身的神。孔、老身后人物皆捧书简于胸前，其下一层围绕在“东王父”左右

---

① 《道藏》第 22 册，第 132－133 页。

② 王明：《抱朴子内篇校释》，北京：中华书局，1985 年，第 273 页。

的人物，也各捧书简于胸前。再下一层则是“太山君”出行。显然，这种背景下的“孔拜老”画像，不可做世俗解释，它所暗示的，无疑是发生在鬼神世界里的事。

图 6-21　滕县西户口出土画像石上的“孔子拜老子”

采自山东石刻艺术博物馆编：《山东汉画像石精华·滕州卷》第二辑，济南：齐鲁书社，1994 年

鲁迅藏汉画像拓片中有一幅来自山东嘉祥武氏祠的“孔子拜老子”图①，该图特别之处在于老、孔身边均有马车。图中有榜题，左为孔子，右为老子，二人对揖而立。老、孔之间残余画像为项橐。孔子身后有一人，该人身后有一辆两马之车，榜题“孔子车”。老子身后有马车，车后站三人怀抱简册，有解释认为可能是老子送给孔子的图书典籍。不错，问题是这是什么性质的“书”？显然这些简册乃是将由“老君”授予包括孔子及其众多弟子在内的死者的“道书”。根据《想尔注》所述，这里的老子是天上的太上老君。《真诰》卷 1“运象篇第一”的记述很清楚地印证了这一点：

> 紫微夫人曰：此是太虚上真元君金台李夫人之少女也，太虚元君昔遣诣龟山，学上清道，道成，受太上书，署为紫清上宫九华真妃者也，于是赐姓安，名郁嫔，字灵箫。②

所谓“受太上书”即受太上老君道书。

① 见北京鲁迅博物馆、上海鲁迅博物馆编：《鲁迅藏汉画像（二）》图 73，上海：上海人民美术出版社，1991 年。

② 《道藏》第 20 册，第 494 页。

图 6-22　营城子汉墓壁画中的太上老君

那么“太上老君”究竟是作何形象？东汉晚期道书《老子变化经》说：“老子者，老君也。此即道之身也。”[①]老君“足蹈二午，手把天关”。这里关键在“二午”何指。古时“午”与“五”互训。二五为十。《说文》：“五，五行也。从二，阴阳在天地间交午也。”又“午，啎也。五月，阴气午逆阳。冒地而出。此予矢同意。”故“二午”即“二五”即“十”，而返于“一”。九宫之中，一在正北，当君位，四灵中为玄武。玄武乃北方之神，其状龟蛇合体，即“神龟”所指。正与《抱朴子内篇·杂应》引《仙经》所记相合。

按葛洪的记述，汉晋道教中太上老君的形象是：“老君真形者，……以神龟为床，金楼玉堂，白银为阶，五色云为衣，重叠之冠，锋鋋之剑。”[②]据此描述，作者发现，1931 年发掘的辽宁营城子汉墓壁画[③]，保存了太上老君的基本形象要素。壁画上部中间佩剑蹈龟的长者，即太上老君（图 6-22）。

至于“受太上书”所受为何，可于《老子变化经》得其要旨：“欲知吾处，读《五千文》过万遍，首自知身，急来诣我，吾与精神。”可见所受乃《道德经》。

① 此说见于宋张君房《云笈七签》卷 102 引《混元皇帝圣纪》：“老子者，老君也，此即道之化身也，元气之祖宗，天地之根本也。”《道藏》第 22 册，第 690 页。

② 王明：《抱朴子内篇校释》，北京：中华书局，1985 年，第 273 页。

③ [日]森修：《營城子》，《東方考古學叢刊甲種》第四冊，東京：雄山閣出版株式會社，1981 年，第 2 号墓，图版 36。

事实上营城子汉墓壁画描绘的主要情节，就是死者修炼完成，从太上老君“受道书”（“五千文”，即《道德经》），得署为仙官。“受道书”后的死者，则双手持书，排队饮神药玉浆而升仙(详见本书第五章的讨论)。

营城子壁画中头戴高冠、手持道书等待饮玉浆的死者形象，与东平汉墓M1前庭北壁壁画所见头戴高冠、手持道书跪呈西王母的死者形象，颇为一致(参见图6-23)。这也可以反过来映衬东平M1前庭北壁壁画所绘，确应是拜老君受道书、继而朝见西王母的情景。

图6-23　山东东平汉墓M1前庭北壁壁画中死者所持道书(左，2015年8月27日摄于山东博物馆)；辽宁营城子汉墓壁画中死者所持道书(右)

二、“老子把持仙箓”

显然，不是任何人死后皆可“得道授书”。那么一个人死后，如何可证其是否具备这种资格？

从传世汉碑文本可以发现有关这一信仰的重要证据。《文选》卷56陆任《新刻漏铭并序》李善注引北魏崔玄山《濑乡记》：

《老子母碑》：老子把持仙箓，玉简金字，编以白银，纪善缀恶。[①]

《老子母碑》作于东汉永兴元年(153年)[②]。显然，这部分文字是对大神老子在神界权威地位的一种描绘。

汉人认为，天上有一种“命籍”，记录着每个人的言行意动。《太平经》卷114“为父母不易诀”：

善自得生，恶自早死，与民何争。故置善人文以示生民，各知寿命吉凶所起，为道其诫，使不犯耳。行善之人，无恶文辞。天见善，使神随之，移其命籍，著长寿之曹神，遂成其功。[③]

在天人感应思想背景下，这种“命籍”对人具有终极决定意义。《太平经》卷112“有过死谪作河梁诫”：

神仙籍与俗异录。当升之时，主籍之神及保人者来，乃知所部主奉承教化，各有前后，辄当进有所去，不得自可。众神共治，务取合天心。[④]

老子(老君)做“主籍之神”，有汉晋信仰的根据。《真诰》卷13《稽神枢第三》：

鬼官之太帝者，北帝君也。治第一天宫中。总主诸六天宫。……六天凡立为三官。三官如今刑名之职。主诸考谪。常以真仙，司命兼以总御之也，并统仙府，共司生死之任也。大断制皆由仙官。

---

① 萧统编，李善注：《文选》下册，北京：中华书局，1977年，第777页下。

② 《水经注》卷23《阴沟水注》：“涡水之侧又有李母庙，庙在老子庙北，庙前有李母冢，冢东有碑，是永兴元年谯令长沙王阜所立。”(北魏)郦道元撰，陈桥驿校证：《水经注校证》，北京：中华书局，2007年，第553页。

③ 王明：《太平经合校》，北京：中华书局，1960年，第625页。

④ 王明：《太平经合校》，北京：中华书局，1960年，第577页。

那么为什么有人的命籍在“仙官”而非“鬼官”之手？按此段道经的陶弘景注：

> 所以隶仙官者，以为天下人不尽皆死，其中应得真仙，则非北帝所诠。或有虽死而神化反质者，如此皆在真仙家简录。

可见老子(老君)担此之任，体现的乃是“大断制皆由仙官”，即：因为“天下人不尽皆死”，其中“应得真仙”或“虽死而神化反质者”，则超越北帝权限，而是由仙官的“大断制”——专断权所决定，也就是说，这种人的死后命运掌握在仙界大神老君之手。一个人在死后获得如此对待，意味着“度名东华，简刊上帝，不隶酆宫，不受制三官之府也”[①]。这对于死者来说，可谓至关重要。事实上，死后最基本的两种可能性——应得真仙或隶属酆宫，在本书第二章关于老君—鬼帝组合中已可看出。

三、“凡得道授书者，皆朝王母于昆仑之阙”

晋张华《博物志》卷9“杂说上”：

> 老子云：万民皆付西王母，唯王、圣人、真人、仙人、道人之命上属九天君耳。[②]

这部分内容，显然是引某部道经，它说明墓葬画像中使用西王母者，严格说来并不属于“王、圣人、真人、仙人、道人”，而是俗人的墓。又上引《尚书帝验期》有：

> 王母之国在西荒。凡得道授书者，皆朝王母于昆仑之阙。[③]

① 《真诰》卷13《稽神枢第三》，《道藏》第20册，第565页。

② (西晋)张华撰，范宁校证：《博物志校证》，北京：中华书局，1980年，第104页。

③ [日]安居香山、中村璋八辑：《纬书集成》，石家庄：河北人民出版社，1994年，第387页。

这里有一个特别值得注意的逻辑秩序，即“老子云”“万民皆付西王母”，也就是说，这一文本再次证明了，在朝西王母之前，拜老子（“老子者道也”）、“得道授书”，是死者走向成仙的两级程序之一。

2013 年在邹城一座宋墓中发现一方带有长篇题记的汉墓祠堂画像石，被宋人二次利用建造石板墓室。该画像石上同时出现了老子和西王母（图 6-24）。画像石上所有人物采站立姿势，中部为长篇题记，题记左边为拄杖的老子，其身后出现的佩剑人物应为孔子，余为孔门弟子（着武士装者应为子路）。题记右边的女性人物，头顶一鸟，与微山县两城乡出土的东汉祠堂西壁画像（图 2-14）所见一致，应为西王母（有关探讨参见第二章第一节）。该画像石的这种神祇成组呈现形态，比较完整典型地体现了“得道授书”、朝拜西王母的成仙仪轨。

西汉哀帝时期曾经发生的传递西王母“诏筹”事件，所传的“书”是西王母所承认的不死之证。按《汉书·五行志》，哀帝建平四年（公元前 3 年）正月：

> 民惊走，持稾或棷一枚，传相付与，曰行诏筹。道中相过，逢多至千数。或被发徒践，或夜折关，或逾墙入，或乘车骑奔驰，以置驿传行，经历郡国二十六，至京师。其夏，京师郡国民聚会里巷仟佰，设（祭）张博具，歌舞祠西王母。又传书曰：“母告百姓，佩此书者不死。不信我言，视门枢下，当有白发。”至秋止。[①]

但这里并未说明“书”之所自，而只是王母所认可。春正月人们相互传递此“书”，接着到夏季人们“聚会里巷仟佰”，“歌舞祠西王母”，这很合乎“得道授书”后祠西王母以求“不死”的逻辑。

《太平御览》卷 661《道部三·真人下》引《尚书帝验期》说：

> 王母之国在西荒。凡得道授书者，皆朝王母于昆仑之阙。王褒字子登，斋戒三月，王母授以琼花宝曜七晨素经。茅盈从西城王君诣白玉龟台，朝

---

① 《汉书》卷 27 下之上《五行志第七下之上》，第 1476 页。

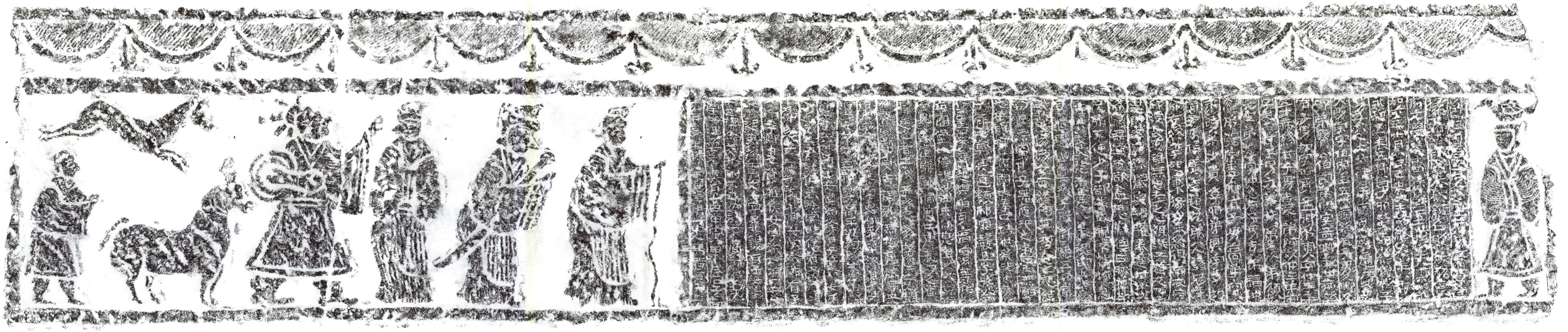

图6-24　邹城2013年新发现带长篇题记的汉墓祠堂画像石(作者藏拓)

图6-25　山东东平壁画墓M1前庭复原图

采自《中国博物馆》2010年第2期

谒王母，求长生之道，王母授以玄真之经，又授宝书，童散四方。[①]

仔细分析，茅盈从西王母获“玄真之经”和“宝书”，是其向西王母“求长生之道”所得的“经”，而非证明“‘道’授”之信物，与“得道授书者”不同。而且特别需要注意的是，首先须“得道授书”，然后方能“朝王母于昆仑之阙”，与茅盈前往西王母求经书，完全是相反的逻辑。因此，这里所引《尚书帝验期》所述，实属两事，甚至可能是两种不同文本的误合。故“诸辑佚之书以‘昆仑之阙’终文”[②]，自有其理。疑《太平御览》此段所录，所自非一。至于茅盈往西王母得授道经，瞳仁变为四方之形（道教称神仙之瞳为方形）的故事，则当系造经者出于神化需要之托辞（瞳孔扩散被用来判断死亡，是死后的直观表象，而被仙家转换用来描绘神仙之异象；《真诰》根据死者尸身状态判断是否得成尸解仙，即其同类例证）。

东汉社会已出现诸多神明，其地位权威犬牙交错，而西王母实为大神，看一看汉墓中诸神位序结构，即可明白这一点。毕竟，墓葬是所有宗教神灵被期待最终发生作用的地方，因为那是生命的终极，是不可等待、亟须拯救转换的地方。西王母之下，则有太上老君执掌“道书”。在墓葬中绘制老君图像，表示死者将朝拜老君，“得道授书”，而“年命延长”，又赴昆仑朝西王母，乃成仙。因此大约成书于晋的《洞真高上玉帝大洞雌一玉检五老宝经》说：“上元三君，紫盖华晨，玉童护神，玉女安魂，五藏百灵，摄养我身，长生天地，上为高仙，日月伏息，七星保真，太上受（授）书，三华据因。”[③]

朝拜西王母仪式的一个精彩表现，见于2007年在山东东平发现的新莽[④]或东汉早期[⑤]墓M1前庭北壁壁画（图6-25右侧）：首先拜见老君（中层），然

① （宋）李昉等撰：《太平御览》，北京：中华书局，1960年，第2951页。

② ［日］安居香山、中村璋八辑：《纬书集成》，石家庄：河北人民出版社，1994年，第387页校勘文字。

③《道藏》第33册，第385页。

④ 山东省文物考古研究所、东平县文物管理所：《东平后屯汉代壁画墓》，北京：文物出版社，2010年，第103页。

⑤ 于秋伟《汉代生活的真实写照——东平汉代墓室壁画》（《中国博物馆》2010年第2期）认为该墓属东汉早期。

后拜见西王母(上层)。在上层图像中，童子(死者)持书跪呈西王母，表示他已获道书，呈王母，请赐死者神仙。王母的美貌女侍王上华则持囊在侧，负责收取死者所呈之书。

东平后屯壁画墓发掘报告对这些图像的解释是：

> 前庭北壁(图 6-26 右)：画面分上下三层，上层：彩绘三人，左侧一女子，向左侧转身子，伸手接跪地之人呈来信函；中间一男子双膝跪地，双手向左侧女子递送信函；右侧绘一人双手合于胸前，似乎向左侧站立女子表达心意。中层：绘男子四人，左侧男子正身而立，其右青衣男子身材高大，双手合十作拜谒状；右侧二人相对似语。下层：左右两侧绘老翁、老妪相对而立，中间绘二对鸡狗，老妪伸手喂食，老翁合手观赏。
>
> 西壁墓门北侧(图 6-26 左)：画面分上下三层。上层：绘三人，与北壁上层一样，同为一蓝衣女子站立左侧，中间一青衣男子身背包裹，右侧一绿衣男子合手而立，二人似乎追随蓝衣女子而来。女子右手执一鼓，左手挥袖，似作奔走状。中层：绘五佩剑男子，中间一人正立，右侧二人相向而立，左侧一人正立，一人侧身而立。下层：绘三武士，手执长剑、盾牌。
>
> M1 北壁上层、西壁北侧上层绘画的人物形象均为一个蓝衣女子、一个青衣男仆和一位绿衣主人，两幅画面为表现三人的不同故事情节。……后屯 M1 西壁北侧上层和北壁上层的画面应该是导引[①]图，北壁上层：墓主人在仆人带领下，向仙人投函报名，到阴间或仙界报到；西壁上层：仙人手摇招魂小鼓，带领主人来到仙界或地府。[②]

由于缺乏文献依据，这些画面的内容究竟表达的是什么过程，很难断定。

① 引者按：此处所谓“导引”是指引导死者将其接入黄泉世界。

② 山东省文物考古研究所、东平县文物管理所：《东平后屯汉代壁画墓》，北京：文物出版社，2010 年，第 105－106 页。

图 6-26　东平后屯 M1 西壁北侧(左)、北壁(右)壁画摹本

采自《东平后屯汉代壁画墓》第 28 页图 20、第 30 页图 21

发掘报告对这些画面所作的详细观察及尝试性解释是值得赞赏的，它有助于读者理解这些画面。如上所述，我们对这些画面有不同的识读：

前庭北壁(图 6-28 下)上层：左侧女子为西王母，伸手接受死者跪呈文书；右侧绿衣女子为西王母侍女王上华。特别注意到，上层画面底部画一分隔线，以示其与下面内容之区隔。中层(图 6-27 左上)：左侧正身而立者为“太上老君”(老子)，其右身材高大、双手合十作拜谒状的男子为孔子。下层：画面内容与中层应属于同一层(所谓中、下层之间，并无分区线)。因此中、下层应作为一层看待。

西壁墓门北侧上层：左侧蓝衣男子为东王公，中间身背包裹的青衣男子为死者，右侧合手而立的绿衣男子为东王公的侍者。特别注意到，上层画面底部也画一分隔线，以示其与下面内容之区隔。中层：绘五佩剑男子。左侧一人正立，当为“天下鬼神之主”的“北太帝君”(炎帝)，其右四人为其下属。下层：绘三武士，手执长剑、盾牌，但此层应属于中层(所谓中、下层

图 6-27　东平汉墓与武氏西阙的图像构成比较

左上：东平汉墓 M1 前庭北壁壁画中间层；左下：前庭西壁北侧壁画中间层，2015 年 8 月 27 日摄于山东博物馆；右：武氏西阙正阙身南面画像

之间，并无分区线。因此中、下层亦应作为一层看待。

关于 M1 前庭北壁壁画（图 6-28 下），画面所见头挽高髻、身著蓝色拖地连衣长裙、作回身站立状者，应为西王母；站在右边的高髻女子，著青色拖地连衣长裙，拱手侍立，当为《真灵位业图》第二层左位诸女真中的“西王母侍女王上华（王子登）”。东晋葛洪依托之作《汉武帝内传》①对她有描述：

① 按《四库提要》，《汉武帝内传》旧题汉班固撰，后人考证，盖魏晋间文士所为。按唐昭宗时日本人藤原佐世撰《见在书目》，著录有《汉武帝内传》二卷，注云“葛洪撰”，可见唐以前曾有目录书将其著录为葛洪撰。又按宋晁载之《续谈助》卷 1《洞冥记跋》引述唐张柬之的说法称“昔葛洪造《汉武内传》《西京杂记》”。余嘉锡对《汉武帝内传》考证颇详，认定该书为“葛洪所依托”。余氏之论大致可依。见余嘉锡：《四库提要辨证》，北京：中华书局，2007 年，第 1131—1135 页。

至四月戊辰，帝夜闲居承华殿，东方朔、董仲舒侍。忽见一女子，著青衣，美丽非常。帝愕然问之，女对曰："我墉宫玉女王子登也，向为王母所使，从昆山来。"①

东平壁画此部分的人物组合形态，实已见于唐河电厂西汉晚期墓②画像

图 6-28　西王母及其侍女王上华的形象

上左：唐河西王母，1973 年河南唐河电厂西汉晚期墓画像石局部；上右：江苏睢宁汉画像石上的西王母，西王母及其侍女王上华皆著拖地连衣长裙；下：童子(代表死者)持书跪呈西王母，2006 年山东东平东汉早期墓壁画局部

① 《道藏》第 5 册，第 47 页。

② 《南阳汉画像石》编委会：《唐河县电厂汉画像石墓》，《中原文物》1982 年第 1 期。

图 6-29　1973 年河南唐河电厂西汉晚期墓画像石
采自《中国画像石全集 6 河南汉画像石》图 23

图 6-30　江苏睢宁汉西王母画像石

石（图 6-29，局部见图 6-28 上左人物）、江苏睢宁汉画像石[①]（图 6-30，局部见图 6-28 右上图），其上所见戴胜者即西王母，其右方著拖地连衣长裙的高髻女子当即侍女王上华。

西王母的这一形象组成，表明西汉甚至东汉前期，西王母尚未形成东汉画像多见的踞坐（如偃师辛村新莽墓中后室间横额上的西王母图[②]及陕西郝滩东汉墓壁画中的西王母图[③]）或坐于龙虎座上的固定姿势符号。

东平 M1 前庭北壁壁画上，西王母的站立姿势及装束，尤其是右方拱手侍立的高髻女子（西王母的侍女王上华）及装束，与唐河西王母画像石上所见极似。因此东平汉墓当与唐河电厂汉墓时间相近。而两汉之际西王母形象的绘制，在坊间绘画及石刻匠人中，则可能流传有某种较为相似的粉本模式。

① 田忠恩、陈剑彤、武利华、仝泽荣：《睢宁汉画像石》，济南：山东美术出版社，1998 年，图 37。

② 黄明兰、郭引强：《洛阳汉墓壁画》，北京：文物出版社，1996 年，第 137 页。

③ 陕西省考古研究院：《壁上丹青——陕西出土壁画集》，北京：科学出版社，2009 年，第 76 页“西王母宴乐图”。

与唐河西王母、东平西王母图像组合相似的，是河南新野樊集出土东汉画像砖[①]上刻画的死者伏拜西王母的情景组合：西王母戴胜，著拖地连衣长裙，而跽坐；右边是死者跪伏拜见；他们之间，刻一凤凰向西王母作跪伏状。

图 6-31　东平壁画墓南壁全景图

采自《中国博物馆》2010 年第 2 期

① 整图见张文军主编：《中国画像砖全集·河南画像砖》，成都：四川美术出版社，2006 年，第 106 页图 103。

M1 西壁墓门北侧壁画分析：顶层左侧着蓝衣者系一男子，头发向上梳起两个高髻，应为东王公。作为西王母的匹配内容出现的东王公部分，该层人物绘画模式基本仿照西王母一层。在顶层东王公下面，所绘一列人物，应为鬼界的炎帝及其下属。按道书《真诰》卷 15“阐幽微第一”说：“人初死，皆先诣纣绝阴天宫(引者按：即第一天宫)中受事。”复按卷 13“稽神枢第三”，“鬼官之太帝者北帝君也，治第一天宫中，总主诸六天宫”。进一步按卷 15“阐幽微第一”的解释，“炎庆甲者，古之炎帝也。今为北太帝君，天下鬼神之主也”[①](有关汉画中的“北太帝君”炎帝，详细的讨论见本书第二章)。

如果上述的解释成立，那么对于死者来说，前庭北壁、前庭西壁北侧图像所表达的，即是 M1 最核心的仪式内容。

东平汉墓 M1 的壁画内容，与清乾隆五十一年出土的武氏西阙正阙身南面画像，在内容构成上具有一致性(图 6-27 右图)。

东平汉墓 M1 前庭北壁壁画中间层(图 6-26 左上层)、前庭西壁北侧壁画中间层(图 6-27 左下)，分别相当于武氏西阙正阙身南面画像(图 6-27 右图)的顶层和中间层。

《史记·孔子世家》：“孔子长九尺有六寸，人皆谓之‘长人’而异之。”[②]东平汉墓 M1 前庭北壁壁画中间层所画身材高大、向左边人物(当为老子)恭肃作礼者当即孔子，其形态与四川新津石函所画颇有相似，非常严肃地表达孔子对其所“严事”之师的崇敬之情(参见图 6-32)。

由此亦可看出，东平汉墓 M1 前庭北壁壁画中间层、前庭西壁北侧壁画中间层，同武氏西阙正阙身南面画像一样，代表着汉人相信的在死后世界所经历的不同的仪式过程：跟随“至圣”孔子去拜见太上老君，是其重要的组成部分。

许多墓葬画像中尚未辨识出太上老君的画像，但根据以上的研究，从一些汉画已可识出老君形象(见第二章)；有些汉画并未直接出现西王母形象，但是特定条件下某些属于西王母身边的器物或神使形象的出现，却可暗示墓主人得到了来自西王母的不死药和昆仑玉液琼浆(玉浆或丹水)，因为时人明

① 《道藏》第 20 册，第 579、566、580 页。

② 《史记》卷 47《孔子世家》，第 1909 页。

图 6-32　东平壁画(左)和新津石函(右)“孔子拜老子”汉画中向老子恭肃作礼的孔子

了这些符号所具有的指代性，不须面面俱到。而且，墓中描绘的某些人物和车马出行，即使包括象征墓主人去朝拜老君和西王母的内容，今人也未必能直接读出，因为时人共识的某些图像组合，完全可能是以约简的暗示的方式将这些内容表达在石刻或壁画当中。这类图像的识别与解释，尚待进一步研究。

综上所述，汉墓画像“孔子拜老子”图乃是汉代墓葬仪式的重要组成部分。汉代道家经典和仪式文本可提供相当明朗的解释。在汉代神学体系中，老子乃是神格仅次于西王母的“太上老君”；孔子率众弟子拜见老君遂“得道授书”，不复经受北酆鬼官之考谪，升入仙界成为地位相当高的“真公”(仙格崇高的真人)。孔、老之间常见的童稚项橐，也有相当高的神格。“孔子拜老子”图在汉墓中所暗示的是，死者在地下世界将如孔子及其弟子们一样，拜见老君得道授书，免受鬼官之考谪，接着赴昆仑朝西王母而成仙。此乃汉代神学所提供的死者于冥界转变成仙的仪式逻辑。

基于这一逻辑，亦可理解汉画中频见的某些“车马出行图”。

四、车马出行：死者往拜老君及赴昆仑朝西王母

在汉代画像石中，西王母是死者所追求到达的“天”的代表；西王母安坐龙虎座上，代表着“天门”的所在，见过这位最大的神，就意味着死者上天了。

四川地区出土的一些棺前鎏金铜牌或摇钱树座上，明确写着“天门”二字[①]，1998年成都市钱币学会收藏的“天门”钱树树枝[②]上西王母坐居双阙之中(图6-33)，都使人确信，西王母所在的确就是“天”的所在，是“天”的入口(“天门”)。对此赵殿增等研究提出：“这些鎏金铜牌画像，构成了‘天门’双阙，西王母居中……祥云缭绕的一组完整的天国胜景。”[③]

图6-33 “天门”钱树树枝

如何才能达到西王母的所在？对于汉人来说，车马是最好的交通工具。汉画中出现的大量车马出行画像，应具有这种象征意义。当然，我们并不是说，所有的车马出行图都只是为朝见西王母这一种目的而画。

① 赵殿增：《绵阳文物考古札记》，《四川文物》1991年第5期。

② 张善熙、李清裕：《鎏金“天门”钱树的研究》，《成都钱币》1999年第1、2期。

③ 赵殿增、袁曙光：《“天门”考——兼论四川汉画像砖(石)的组合与主题》，《四川文物》1990年第6期。

考古领域所谓“车马出行图”，是指汉墓画像中所见成列之车马图像而得名。

“车马出行”是古代画像石中运用较为普遍的题材，从出土情况来看，主要出现于画像石墓、壁画墓、墓祠、墓阙等丧葬建筑以及随葬器物上，时间集中在两汉时期，尤以东汉居多。出土地点遍布陕西、山西、河南、河北、内蒙古、辽宁、山东、四川、安徽、湖南、湖北、江苏、浙江等广大地区。画面构造以队列式出行为主，前面为导从车骑，中间为主车，后面为随从车辆。也有非队列或单车单骑、单车多骑形式，如四川崖墓石棺上的“车马出行”图多为非队列式。

同一墓室中经常出现多幅车马出行图，如山东苍山县元嘉元年画像石墓前室东、西壁的横梁上各有一幅；山东平阴县实验中学墓葬汉画像石中1号、2号、3号、4号、5号、7号皆出现车马出行图；江苏徐州贾汪汉墓墓室东壁、西壁各有一幅[①]。另有大型组图，如河南偃师杏园村东汉壁画墓中的出行图，分三组，从南壁甬道向西连接整个西壁，又衔接北壁[②]；沂南汉画像石墓男墓主人的车马出行图，从北壁西段的横梁经过西壁，直到南壁横梁西段。

20世纪至今已发掘的70座壁画墓中有车马出行图的有26座[③]。除画像石墓和壁画墓外，在墓阙、画像砖墓和其他一些墓葬出土器物上也有见车马出行图，如山东平邑县皇圣卿阙、功曹阙[④]，苏南地区高淳固城和溧水柘塘汉画像砖墓。另外，陕西、河南、浙江等地出土的铜镜上发现有车马图像，长沙砂子塘西汉墓出土的漆奁上也绘有车马出行图[⑤]。

到目前为止，对汉画中“车马出行图”做专题性研究的论文成果很少，大部分散见于考古发掘报告、某地区或某时间段画像石整体研究。大体上，对“车马出行图”的研究主要涉及两个方面。

---

① 郝利荣、杨孝军：《江苏徐州贾汪汉画像石墓》，《文物》2008年第2期。

② 中国社会科学院考古研究所河南第二工作队：《河南偃师杏园村东汉壁画墓》，《考古》1985年第1期。

③ 黄佩贤：《汉代墓室壁画研究》，北京：文物出版社，2008年。

④ 王相臣、唐仕英：《山东平邑县皇圣卿阙、功曹阙》，《华夏考古》2003年第3期。

⑤ 湖南省博物馆：《长沙砂子塘西汉墓发掘简报》，《文物》1963年第2期。

1. 车马定名及车马制度

1954 年山东沂南汉墓的发掘报告对墓葬中车马图像进行了细致分析，并参照文献考证了当时的风俗、车骑制度和车形[①]。随后，赵化成对汉画像石、画像砖、壁画中的车马出行图进行考辨，按其形制，参以文献，对其分类定名[②]。孙机在其著作中收录了画像石和墓室壁画等图像材料中出现的各种车形，对其形制、类别、用途等进行了研究考证[③]。此外，冯沂对临沂汉画像石中所见各种车舆形制进行了归纳，主要包括斧车、轺车、軿车、辎车、轩车、辇车、辇车七种，另外还见有龙车、虎车、凤车、鹤车、鱼车、羊车等[④]。高海平、张小琴亦对东汉壁画车马出行图中的车制名称进行了考订，并分为九类：轺车、斧车、辎车、軿车、轩车、辇车、轓车、辇车和牛车[⑤]。

车马作为权贵的专属工具，是身份的象征，一般认为车马出行图的主人公即墓主本人，因此，对车马出行图中车马名称及制度的考证往往被用来进一步考证墓主的身份地位。如孝堂山祠堂车马出行图中驷马安车上有榜题“大王车”，李发林将其解释为“诸侯王的马车”，并以此为重要依据，推断该祠祠主为西汉济北王刘胡[⑥]。夏超雄也沿袭这一看法，将孝堂山祠堂的祠主考定为死于东汉安帝永宁元年的济北王刘寿[⑦]，并指出车马出行图应是舆服制度在艺术上的表现，不仅记录了墓主仕宦经历，标志其身份，同时也是特权的象征[⑧]。陈振裕认为大批出现在东汉时期的车马出行图，常辅以衙署、宅园等画面，用来表示墓主生前的社会等级与身份[⑨]。柴中庆在研究南阳汉画像石时也以车马出行图为重要依据，推断唐河针织厂墓的墓主人生前官职

① 曾昭橘：《沂南古画像石墓发掘报告》，文化部文物管理局出版，1956 年。

② 赵化成：《汉画所见汉代车名考辨》，《文物》1989 年第 3 期。

③ 孙机：《汉代物质文化资料图说》，北京：文物出版社，1991 年；孙机：《中国古舆服论丛》，北京：文物出版社，2001 年。

④ 冯沂：《临沂汉画像石中所见车骑出行图考释》，《文博》2004 年第 1 期。

⑤ 高海平、张小琴：《东汉壁画车马出行图相关研究》，《唐都学刊》2009 年第 1 期。

⑥ 李发林：《山东汉画像石研究》，济南：齐鲁书社，1982 年。

⑦ 夏超雄：《孝堂山石祠画像、年代及主人试探》，《文物》1984 年第 8 期。

⑧ 夏超雄：《汉墓壁画画像石题材内容试探》，《北京大学学报》1984 年第 1 期。

⑨ 陈振裕：《楚国车马出行图初论》，《江汉考古》1989 年第 4 期。

应为县令或县长级，唐河电厂墓的墓主人生前官职应相当于县令至太守级[①]。这种考证方法在随后的考古发掘报告编写中也产生了一定影响。

随着出土材料的增加以及研究的深入，以车马出行图中车马形制为重要依据的考证墓主人官职身份的方法受到质疑。早在20世纪60年代，日本学者林巳奈夫通过对汉画像石上车马仪仗的综合研究，指出车马出行图中图像规格与墓主身份不符，不能代表墓主真实的身份地位，而是反映了一般民众的愿望[②]。罗伟先通过考证指出，画像石墓使用者的身份等级局限于品秩二千石以下的官吏以至无官品的富豪人家这样一个大范围的中间阶层之间，墓葬规模以中、小型为主，而统治者上层集团的墓葬中没有使用画像石的传统，很难说车马出行图就是墓主人现实生活场景的写照，也不能以此推测墓主人的身份地位[③]。

2. 图像及意义解析

对车马出行图的艺术功能分析是车马出行图研究的热点，各种观点中以把车马出行图当做墓主现实生活场景写照为主流，将其归为表现现实生活一类。如李发林认为此类画像题材充分反映了汉代封建统治阶级骄奢淫逸的生活。车骑行列最能反映死者的地位，在车骑辚辚的画像场面中，都有恰如墓主身份的刻画[④]。姚景洲、贾庆华将一幅刻有亭台楼阁的车马出行图看作为距今2000多年前东汉王朝的地主庄园和庄园主们的日常生活[⑤]。王恩田认为，苍山元嘉元年汉画像石“卫桥尉车马”图反映的是东汉政权与羌族交战的情景[⑥]。王小凤认为，车马出行图表现的是人间的内容，为纪念死者的业绩永为人知[⑦]。持这类观点的论文还有王玉金《从南阳汉画看汉代的等级制

---

① 柴中庆：《南阳汉画像石墓墓主人身份初探》，《汉代画像石研究》，北京：文物出版社，1987年。

② [日]林巳奈夫：《後漢時代の車馬行列》，《東方學報》第37册，1966年。

③ 罗伟先：《汉墓石刻画像与墓主身份等级研究》，《四川文物》1992年第2期。

④ 李发林：《山东汉画像石概述》，《文史哲》1981年第2期。

⑤ 姚景洲、贾庆华：《邳州车夫山汉画像石》，《东南文化》1999年第2期。

⑥ 王恩田：《苍山元嘉元年汉画像石墓考》，《四川文物》1989年第4期。

⑦ 王小凤：《圣村汉画像石略述》，《中原文物》2004年第5期。

度》[①]，高海平、张小琴《东汉壁画车马出行图相关研究》[②]等。此种解释方法，在考古报告中则体现为将车马出行图一律归为表现现实生活一类。

与上述观点相反，冯沂提出车马出行图并非墓主生前地位显赫的真实写照，而是汉代民间的丧葬习俗，画像为死者到另一个世界的理想生活而作，以此表现一种死后在冥间能过上奢侈美好生活的强烈欲望[③]。

信立祥综合考察了墓室车马出行图与祠堂中的车马出行图后，提出墓室与祠堂中的车马出行图按图像学意义皆可分为两类：一类是用来表现墓主人或祠主生前的仕途经历，其目的是为了炫耀其高贵身世；第二类车马出行图表现的是墓主人或祠主的灵魂从地下世界赴祠堂去接受子孙祭祀的场面。针对墓室车马出行图与祠堂车马出行图的关系问题，信立祥根据画像配置位置提出，地下墓室“堂”的横梁、墓门门额的车马出行图与配置在祠堂后壁最下部的车马出行图都是为了表明墓主的车马行列是从位置较低的地下世界出行到位置较高的目的祠堂去，这两种车马出行图宛如一条纽带，与“祠主受祭图”一起构成一组完整表现祭祖礼仪活动的场面，反映的是传统的祖先崇拜观念和以“仁”为核心，以“孝”为主要内容的儒家伦理观念[④]。

与信立祥的解释方法相似，巫鸿也认为不同位置的车马出行图应有不同的寓意：“车马出行”在许多墓葬中常分布于前室的左右两壁，而队列的运动方向恰好相反，面向墓内者可能是表现送葬的场面，而面向墓外者则是去往想象中的仙境的队伍[⑤]。

刘克从当时的社会政治背景出发，认为汉代车骑出行画像的大量出现与当时社会文化转型的背景有着十分密切的关系。表现的是士人对功名利禄的蔑弃，对无忧无虑生活方式的刻意营求，既是精神苦闷的流露，也是心理扭

---

① 王玉金：《从南阳汉画看汉代的等级制度》，《南都学坛》1993 年第 1 期。

② 高海平、张小琴：《东汉壁画车马出行图相关研究》，《唐都学刊》2009 年第 1 期。

③ 冯沂：《临沂汉画像石中所见车骑出行图考释》，《文博》2004 年第 1 期。

④ 信立祥：《汉代画像中的车马出行图考》，《东南文化》1999 年第 1 期。

⑤ Wu Hung, “Where Are They Going? Where Did They Come From?—Hearse and Soul Carriage in Han Dynasty Tomb Art.”*Orientations*, 1989, 29(6): 22—31.

曲的反映[①]。同样，从社会历史背景出发考察车马出行图的还有刘未的《辽阳汉魏晋壁画墓研究》，提出汉末的社会动荡导致人们思想观念的变化，重自然轻名教的思想使得车马出行和家居饮食图代替神怪内容成为壁画题材主流，表现了人们对来世能够再现静谧祥和生活的期许[②]。

刘兰芝对车马出行图的象征意义做了两个层面的解释。首先，车马出行图是墓主人身份、地位、财富的象征，是汉代厚葬之风的产物；其次，车马是遨游三界的交通工具，蕴含着亡者在死后乘坐这车马到陵寝安歇，回到现实世界享受后人祭祀，以及承载墓主升仙的意义[③]。

此外，也有从神话学角度解释者，如山东平阴县实验中学发掘的汉画像石 1 号石上部车马出行图中人物被推断为电母、雨师和雷公[④]。

李立、谭思梅指出："汉画中较多车马出行的画面，而在车马出行画面中又较多呈现着'左向行进'的构图形式，这种左向行进的构图形式则体现着'西向行进'的方位趋向。神话中'西方'是月神的居处，是月宫的所在，恒娥奔向'西方'的月宫而获得生命的永恒，西王母因掌管不死药而能使人长生不老。缘于此，汉画'左向行进'的车马出行图，其奔向西方而寻求生命的再生和永生的绘画意图，也便清楚地显现出来。"该文同时认为："汉代与西部和北部'少数族'的战争较为频繁，而汉人也习惯于将西部和北部的'少数族'统称为'胡人'。显然，汉画在表现'胡汉之战'的内容时，将'胡地'置于画面的'左边'的构图形式，也是有这样的历史现实为依据的。……在汉画表现方位特点或方位趋向的构图时，画面的'左边'往往承载着'西方(北方)'的方位特点或方位趋向。"[⑤]

图像的方位在解释过程中的地位同样也引起了朱存明的注意，他考证提出汉代的墓地祠堂几乎都是南北向，如此便出现与东西方向相连属的图像，这些图像被赋予了宗教意义，而这为以往的研究所忽视[⑥]。

---

① 刘克：《汉代车骑出行羽化升仙画像石葬俗论略》，《文博》2005 年第 5 期。
② 刘未：《辽阳汉魏晋壁画墓研究》，《边疆考古研究》第 2 辑。
③ 刘兰芝：《车马出行在汉代壁画中的象征意义》，《美术界》2009 年第 10 期。
④ 平阴县博物馆：《山东平阴县实验中学出土汉画像石》，《华夏考古》2008 年第 3 期。
⑤ 李立、谭思梅：《汉画车马出行画像的神话学诠释》，《理论与创作》2004 年第 6 期。
⑥ 朱存明：《图像生存：汉画像田野考察散记》，南宁：广西人民出版社，2007 年，第 60 页。

信立祥《汉代画像中的车马出行图考》中提到“祠主受祭图”和其上部的“车马出行图”之间，一般都隔着一条很宽的复合花纹带，将壁画分为两部分，认为这种复合花纹带具有宇宙世界分界线意义：分界线之上的车马出行图是人间现实世界，分界线之下的“祠主受祭图”和祠主出行图则是地下鬼魂世界。但是，刻画在“祠主受祭图”和“车马出行图”之间的“孔子拜老子”图当做何解(如孝堂山祠堂后壁画像)？

“车马出行”究竟意义为何？概言之，关于“车马出行图”，学界以往多认为是在墓中出现的车马仪仗等现实生活场面，是描绘墓主人生前的功绩德行及豪华的生活排场。此种解释过分执著于世俗文化背景，而且许多墓葬显示死者出身并不高贵，生前难享豪华。

很多墓葬中“车马出行”图与“孔子拜老子”图一同出现，是巧合还是二者之间也有什么关联？表现较特别者，上引《鲁迅藏汉画像(二)》图七三来自山东嘉祥武氏祠的“孔子拜老子”图中，有榜题明确显示有“孔子车”，表示孔子是乘车来拜见老子受道书。

画像中有一些看似“逾制”的夸张性图像描绘，实欲其葬仪之庄严崇高；且汉人冀求死者冥中“宜兄弟”“宜子孙”，因埋入地下不具社会影响，故此敢于以图像方式“奢华”表达。

浩大奢华的车马出行队伍，暗示的是什么？

常任侠所藏名为“君车出行”[①]的汉画像石拓片上，有“君车”等榜题(见图 6-34)。余深以为，“君车”二字乃是指示死者，意为“您的车”，乘之以出行朝拜老君和西王母。这个“君”字，同马王堆一号汉墓出土的诸多漆杯、漆盒等饮食器上所书“君幸食” “君幸酒”文字[②]中(图 6-35)，及“君宜官、寿万年”之类汉砖铭文中的“君”字一样，是仪式中主礼者对死者的称呼。所有这些图像所绘均属葬仪中向死者所荐，因而所有称谓便以第二人称来表达。如此，则车马出行画像，必以死者所乘之车为其中心。山西离石马茂庄

① 中国美术全集编辑委员会编：《中国美术全集·绘画编 18 画像石画像砖》，上海：上海人民美术出版社，1988 年，图 87。

② 湖南省博物馆、中国科学院考古研究所编：《长沙马王堆一号汉墓》(上集)，北京：文物出版社，1973 年，第 77 页。

一座汉墓门楣画像残石，中有隶书题记“牛伯仪车骑”，石上刻画一队车马左向出行，题记右边为一奔驰中的马拉大车，上载一棺，当属死者牛伯仪(图6-36)。按照坐北朝南之俗，从墓本身而言，此图是表示墓主牛伯仪的一队车马向右(即向西)出行，前去朝见西王母。与此同时，汉画中围绕死者往往绘有“铃下”“门下小史”等骑官相随，一则庄严其事，一则暗示死者已获任鬼神世界高官，否则何以拥有这等掾属？而且这些从官戴的也都是高冠，是皆暗示死者在鬼神世界所获官阶之高(如图6-37孔、老亦著高冠)。

图6-34　常任侠藏“君车出行”东汉画像石拓片

图6-35　马王堆一号墓出土带有“君幸食”“君幸酒”等字的饮食器

采自《长沙马王堆一号汉墓》(下集)，北京：文物出版社，1973年，第155页

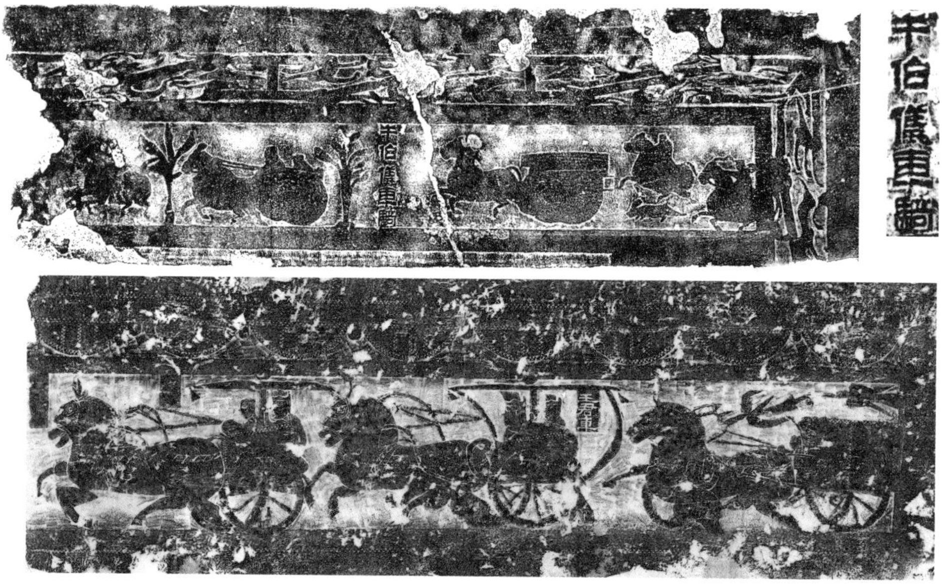

图 6-36　死者牛伯仪一行车马“朝王母于昆仑之阙”

上：离石马茂庄东汉牛伯仪墓门楣画像石，采自王金元、王双斌编著：《离石汉画像石选集》，太原：山西人民出版社，2011 年，图 111，王金元先生提供照片；下：泰安市岱庙博物馆藏王君车画像石，作者藏拓

前引武氏祠藏齐山“孔拜老”图下层的车马出行图，其所表现实为死者前往拜谒太上老君，以“得道授书”，然后前往昆仑山上朝见西王母，以得药成仙。基于这一事实，可解汉画中频见的某些“车马出行图”之真意(如图 6-38 所示)。

墓中某些画像所表达的坐车骑马纷至沓来的那些“出行”中的人物，乃是前往见老君受道书，接着去拜西王母求不死药的死者们。因为古人相信，每个人死后只有经历过这样的步骤，才能成神仙。

如前所述，许多墓葬中虽然并没有出现西王母的形象，但是特定条件下某些属于西王母身边的器物或神使形象的出现，却可暗示墓主人得到了来自西王母的不死药和昆仑玉液琼浆。而且，墓中许多人物、车马和活动，即包括了象征墓主人去朝拜西王母的内容。

无论在“孔子拜老子”历史上是否确有其事，其出现在墓葬中，便被赋予了不同于社会历史的意义，而是汉代宗教信仰的组成部分。很明显，在上为西王母、中为“孔拜老”、下为车马出行的三段式图像结构中，拜见老子“得

图 6-37　靖边东汉墓彩绘壁画“双圣图”（上，左老右孔）、和林格尔汉墓壁画（下，左老右孔）和长清孝堂山石刻（中，左孔右老，作者藏拓）“孔子拜老子”图中二人的冠

图 6-38 车马队伍接引死者“朝王母于昆仑之阙”，河南新野樊集出土东汉画像砖
引自《中国画像砖全集·河南画像砖》图 103

道授书”、西行拜王母，车马充当了交通工具。也许相对于死者生前的家庭条件和社会地位来说这些交通工具显得过于奢华，但这些其实并不代表或者归属于死者或其家庭的“财产”，而是神仙世界的车马，并非一般意义上的体现墓主人生前生活场景的写实性画面。按汉传统信仰，死后升仙之时，不需死者自备车马，而是仙界派遣车马相迎。1984 年在河南偃师杏园村发现的东汉墓壁画墓[1]所见大量车马构成的升仙仪仗图，仪式特征便非常鲜明。整个拜谒过程的最终目的地是西王母所在的西方。这从墓中壁画的方位安排也似乎可以得到证实——行进方向指向西。故孙作云有论：“不管画幡或者壁画墓中，死者升天时皆面左，即西方。……人要上天成神仙，都要向西行。”[2]甚是。详细的探讨，参见本书第四章关于马王堆汉墓帛画研究部分。

① 徐殿魁：《河南偃师杏园村东汉壁画墓》，《考古》1985 年第 1 期；中国社科院考古研究所：《杏园东汉墓壁画》，沈阳：辽宁美术出版社，1995 年。

② 孙作云：《长沙马王堆一号汉墓出土画幡考释》，《考古》1973 年第 1 期。

结 论

汉传统的形成

繁华消逝，沧海桑田，当年“强汉”，唯余残冢枯骨。地下仅存的汉文明，默示着昔日的辉煌。

在一座座精心造作的坟墓里，在沉睡千年的汉鬼身旁，汉时代留给后世的是宝贵的思想财富。汉民族文化要素，在两汉宏大而高度发达的文明机体中形成，见证和支撑了汉人富庶、体面、高尚的生活方式，成为汉帝国强盛国力构造的精神之维。有人说，历史上中国的盛世皆是道教文化主导的时代；然而更准确地，不如说是汉传统再发扬的时代。此传统成于两汉，变于魏晋，后人难识。幸其原貌沉潜墓中，吾辈乃有所获。

从战国到两汉，虽然帝国的主导思想和文化形态历经变迁，而神仙信仰的内核稳定，完成了汉民族传统信仰结构的基本架设。汉唐间千年中国最可宝贵的思想财富，亦正植根于此。过去，由于文化断裂、观念阻隔，汉代的思想遗产，已多被误解以至遗忘。现在，基于大量出土的汉墓图像资料和文献资料，辅以传世史料及早期道教文献，从宗教研究的视角和方法实现突破，重新检讨认识汉代信仰形态，已然可能；藉此可望重绘那雄踞东方、襟怀天下的大汉帝国的思想图景。

一、神化史观与汉帝国意义系统之建构

汉代，一群怀着先死后蜕论神仙信仰的人们，依其共同追求之理想人格

与终极意义，形成世界上最为庞大的一个文明共同体[①]；伴随其天下梦想之展开，汉帝国和汉民族在东方崛起。

为汉文明、成汉文明者，汉鬼也。承其绪余者，汉民族也。

《史记·郦生陆贾列传》："陆贾者，楚人也。以客从高祖定天下，名为有口辩士，居左右，常使诸侯。陆生时时前说称《诗》《书》，高帝骂之曰：'乃公居马上而得之，安事《诗》《书》？'陆生曰：'居马上得之，宁可以马上治之乎？'高帝不怿而有惭色，乃谓陆生曰：'试为我著秦所以失天下，吾所以得之者何？及古成败之国。'陆生乃粗述存亡之征，凡著十二篇。每奏一篇，高帝未尝不称善，左右呼万岁，号其书曰《新语》。"[②]固然，陆贾是个儒生；然而陆贾所忧，绝非儒学存废问题(贾亦非"纯儒")，而是汉家天下，是汉家迫切需要的价值和意义系统；有了它，天下民人才能安定，才会世代愿为汉家而思、而作、而牺牲。号其书《新语》，意其为当世《论语》，亦可见其教益之切。

陆贾作为汉初思想家，虽"时时前说称《诗》《书》"，实则从特定的时代政治需要出发，以儒为本，开放胸臆，融汇道、法，主行仁义，法先圣，礼法结合，无为而治，为汉帝国奠定了最根本的文化战略。故宋人黄震赞叹："贾庶几以道事君者！"[③]王利器亦云："陆贾者，盖兼儒、道二家，而为汉代学术思想导乎先路者也。陆贾传《穀梁》，私淑荀子，然于学术不专主孔氏，……故其书于《辅政》之后，即进说《无为》。"[④]甚是。事实上，春秋以来思想领域的重大问题与未来走向，战国思想家庄子、荀卿早有高瞻远瞩之论见；战国以降中国思想文化趋向"大一统"的会聚发展之势，及其机体

① 《佛祖统纪》卷33《世界名体志十五之二》："汉盛时，四履之地：东乐浪、西敦煌、南日南、北雁门，东西九千里，南北万三千里。"(宋)志磐撰，释道法校注：《佛祖统纪校注》，上海：上海古籍出版社，2012年，第722页。

② (西汉)司马迁：《史记》卷97《郦生陆贾列传》，北京：中华书局，1982年第2版，第2697、2699页。

③ (宋)黄震：《黄氏日抄》卷47，张伟、何忠礼主编：《黄震全集》，杭州：浙江大学出版社，2013年，第1586页。

④ 王利器：《新语校注》"前言"，北京：中华书局，1986年，第11页。

构造嬗变演进的历史，蔚为壮观，令人兴叹[1]。况且，历经亡秦之乱，目睹一夫揭竿而天下倾覆之现实，此中问题，汉家君臣宁无知乎？

汉武帝以降，以制礼作乐为天职的儒生们，不仅支配了汉代墓葬（人死所归，属礼之范畴）的文化构造与器物配置，而且以图像方式，将其人生理想、社会理想、对死后世界的想象，置入墓葬之中，共同构成为汉墓的宗教内涵；众多看似“荒诞离奇”的汉墓画像，正是其宗教属性的绝好体现。从这些结构要素，我们可以把握汉代的思想特征，认识汉帝国的精神遗产，——从思想、精神到制度、仪轨，——乃支撑汉唐中国强壮机体的内在“元气”。

汉儒有其独特的历史意识，以此审视和对待历史，以此建构他们的全部信仰。他们推崇儒家而能超越儒家门限、私淑荀圣、崇仰老君，充分展现了汉代学者和汉代文化的思想活力。

同时必须看到，对于汉武帝这样具有雄才大略的君主来说，“独尊儒术”绝非其目的，而是国家治理与控制的一“纲”；而他更为关心的乃是终极之“纲”——长生不死的问题。在崇尚儒术、钟意帝国扩张的同时，武帝终生执著于求仙不死之事。从汾阴出鼎到躬亲祠灶到泰山封禅到宿留海上，直至听信栾大“黄金可成，而河决可塞，不死之药可得，仙人可致”[2]之说、大量接受齐地鬼神祠祀仪轨……无不直涉人生终极关怀——而非俗间事务，无不透露出汉武帝思想世界之浩瀚广邈。以干预现实人伦事务为天职的传统儒生们，焉能满足这位襟怀天下而“好仙道”之君对帝国文化建构和人生超越问题的宏大想象？从封禅筹备阶段武帝对徐偃、周霸表现的不满，“黜偃、霸，而尽罢诸儒弗用”[3]，最终倾向于神仙家，足可见其一斑。

这里隐含着汉儒发展史上的一个动力逻辑：本身“独尊儒术”的武帝在面对封禅这类涉及君主神化等重大文化轨范问题时对儒生的不满，必将在现实逻辑上推动儒生文化结构的嬗变。因为，如果一个思想体系不能以一个比较完整的结构为整个社会——从天子到庶民——提供可以依托的终极意义

---

① 具体讨论见作者为《中国道教科学技术史·汉魏两晋卷》所撰“导论”第七章“道教产生的历史—文化逻辑”，北京：科学出版社，2002年，第79—85页。

② （东汉）班固撰：《汉书》卷25上《郊祀志》，北京：中华书局，1962年，第1223页。

③ 《汉书》卷25上《郊祀志》，第1233页。

架设(封禅可谓其中最高需求)，它将无法获得继续生存发展的空间而走向衰亡。历史表明，在这种文化需求迫力下，儒术发生了重大变化。汉儒继承了古儒的道德理想，又开创了让每个人去充分追求尧舜人格，同时接受墨家“尊天明鬼”而“死不旋踵”的宗教精神，嫁接以神仙家的尸解信仰，而以道家的宇宙论为最高终极意义指向，以此牵引世人之心。西汉后期以降，谶纬的宗教化思维乃至尸解修仙之术在儒生文化生态中获得发展，在动力学上当溯源于此。汉儒将历史上的英雄圣贤，经过汉墓化鬼成仙的程序，神化史笔将他们绘为华夏万神殿之砥柱栋梁。汉人的精神世界在儒生君子的这种极致化历史建构中臻于完善，由这些理想化的圣贤忠孝节义君子们世代建设和代言的“中国”亦因此成为神灵护佑、四方归向之圣域。

如何才能造成这一神圣史笔？

对汉代神祇与仙谱的研究表明，汉儒为构筑其人生价值—意义架设而采取的方法，是从历史观下手，具体表现为史观的宗教化，于是开通了从此岸人生到彼岸意义世界的通道。在这里，儒生的价值观和人生观，以其历史评价与重建的极端形式，得到了实现。因此在某种程度上可以说，从汉墓画像可见汉代儒生“春秋学”的图像表现。他们援“春秋学”的历史评判(“决狱”)、战国以来的神仙信仰(尸解)，去崇高他们所景仰、贬斥他们所不齿(包括历史人物乃至某一时代)，而把理想引向复周(是所谓“汉家法周”)。为此，儒生们构设了一套依《春秋》重组、再叙事之后的“历史秩序”。

如何导向神化目的下的“再叙事”？理想化的古史的造成，源于儒生在历史表达中所选择的叙事策略。首先是为圣贤而“讳”的叙事手法。《春秋公羊传·闵公元年》：“《春秋》为尊者讳，为亲者讳，为贤者讳。”[①]《春秋穀梁传·成公九年》：“‘晋栾书帅师伐郑’：不言战，以郑伯也。为尊者讳耻，为贤者讳过，为亲者讳疾。”[②]历史上的英雄圣贤，经过“讳”的程序，实现升华，便被推向无以复加的神化境界。

---

① (清)阮元校刻：《十三经注疏·春秋公羊传注疏》，北京：中华书局，1980年，第2244页。

② (清)阮元校刻：《十三经注疏·春秋穀梁传注疏》，北京：中华书局，1980年，第2421页。

刘邦、刘秀等开国之帝，老君、孔子之类神明，均被免除了凡人的出生经历，而被再叙述为神的诞生模式。在汉纬的世界，儒生为他们完成了这种必要的神化转换。非但如此，汉高祖甚至由此获得了“赤帝”的崇高神性；由此，汉家的空间神性和机构神性自不待言。

于是在汉画像所隐藏的神祇仙鬼谱系中，造成了一个完美的体系，一个不容置疑、不可动摇的汉家历史审美和价值观体系，一个由历史上最为传奇、最为贤圣、最为德一力超凡的人们所构成的神圣殿堂。汉代史观最终落实于意义与崇高，走向宗教化，使它最终能够跨越魏晋玄学振荡而抵唐宋并成为道教之核心架构。然而这是我们在汉画像所存神祇、仙谱研究中检讨的汉人史观中常为人所忽视的一面。

神祇仙鬼谱系之浮现，应是汉人所认同价值—意义体系建立、汉人信仰结构形成的最重要表征。《易纬》的仙鬼谱系即是一个重大证据。[①]此亦谶纬成为汉家“内学”的根本原因。这个谱系包括表现为五至十二位帝王构成的帝德谱，表达出“汉家”神统的基本形态。

与此同时，“善善恶恶”的历史意识，从《春秋》到《史记》，一脉相承，史学因而成为中国文化的自励机制。《史记·太史公自序》在回答“孔子何为而作《春秋》”的问题时指出：“余闻董生曰：‘周道衰废，孔子为鲁司寇，诸侯害之，大夫壅之。孔子知言之不用，道之不行也，是非二百四十年之中，以为天下仪表，贬天子，退诸侯，讨大夫，以达王事而已矣。’子曰：‘我欲载之空言，不如见之于行事之深切著明也。’夫《春秋》，上明三王之道，下辨人事之纪，别嫌疑，明是非，定犹豫，善善恶恶，贤贤贱不肖，存亡国，继绝世，补敝起废，王道之大者也。……拨乱世反之正，莫近于《春秋》。《春秋》之中，弑君三十六，亡国五十二，诸侯奔走不得保其社稷者不可胜数。察其所以，皆失其本已。……故有国者不可以不知《春秋》。……故《春秋》者，礼义之大宗也。”[②]因此川胜义雄说：“《史记》继承了《春秋》以来

① 谶纬文献中的圣王序列，当是“天道圣统”构建之所需，故当视为仙传谱系的早期形态。相关研究见徐兴无：《谶纬文献与汉代文化构建》，北京：中华书局，2003年，第107、111、128—136页。

② 《史记》卷130《太史公自序》，第3297—3298页。

对于各个历史过程进行伦理性批判的精神”，“甚至可以说，中国的精神本质上就是历史的精神。司马迁以后的中国史学思想史就是这种中国的基本的精神构造自觉深化的过程”[①]。

基于这种史观的伦理自省精神，成为中华文明传统的内在塑造者，也是这一文明千年不衰的思想根源。正是从这一史学传统中，汉人发展出超越精神，也因此世人有了可以为之而死、视死如归的理想殿堂，现实人生成为走向不朽的不可逾越的阶段，只不过，必须用崇高的标准来规定自我，使人生过程成为不断自我圆满的过程，才可能使之成为一种阶梯，与未来世界形成可靠的连接，直到最终登入神圣殿堂。

宗教是作为人性之表征的人类自我意识的产物[②]。而 O.y.加塞特断言：“人根本无所谓本性，他所有的只是……历史。”[③]这意味着，作为一切过去活动的集合，历史见证了人；人就是他的历史，历史就是人的外化与呈现。故而，人性发掘与呈现之可能性，在于历史学之可能性。于是历史理解与诠释的可靠性，对于特定人群之存在及其定性，便具有根本意义。这或许也是孔子作《春秋》、汉儒依史作仙谱以及中国古来重史之原因所在。

战国以来儒学的历史意识向复古的选择，是走向史观极致的一个重要基础。正如学者看到的，作为治理之策，战国时期儒学已形成一种崇古的史观。“面对混乱的现实，儒学希望历史能够倒退回过去。公羊、孟子和荀子在批判混乱现实上是一致的，也都把退回到历史上的盛世作为重建当下社会秩序的方法。”他们相信，“古圣人制定的礼体系是天意的体现，因此，能够把握住礼体系的人也就是懂得天意的人，因而就是王者。社会混乱的原因是礼体系的废弛，能够消除废弛恢复礼体系的人就是新的王者，换句话说，能够适应这个根据天意事先制定的礼体系的人就是王者。据此，礼体系实际上是不变的。古代诸圣王所身体力行的礼体系是同一的。战国时代的混乱实质就是礼体系的废弛，重新拾取这个不变的礼体系，让其发挥功能，就能让现实回

① [日]川勝義雄：《中国人の歴史意識》，東京：平凡社，1993 年，第 11、64 页。

② 姜生：《论宗教源于人类自我意识》，《世界宗教研究》2011 年第 3 期。

③ “*Man, in a word, has no nature; what he has is ... history*. Expressed differently: what nature is to things, history, *res gestae*, is to man.” See Jose Ortega y Gasset, *History as a System*, New York: W. W. Norton & Company, Inc., 1941, p.217.

到过去的治世状态。”[①]这种历史意识为武帝以后儒学主导的思想领域准备了价值观基础。类似于古希腊对远古历史及其神话中神谱体系对远古人物的评价方式——从远古的“黄金时代”依次递减至后代的“白银时代”“青铜时代”“黑铁时代”，东汉道经《太平经》亦将远古至当下的所有历史，递减评价为逐步败坏的过程，因而将最古远时代的帝王们设定为最高的人格理想，援以检讨当下人心与政治得失，而以信奉、施行道术为黄金时代复归之前提。

东汉前期王充《论衡・儒增篇》记录了一些见于儒书的宗教话语：“儒书称：‘尧、舜之德，至优至大，天下太平，一人不刑。’又言：‘文、武之隆，遗在成、康，刑错不用四十余年。’是欲称尧、舜，褒文、武也。夫为言不益，则美不足称；为文不渥，则事不足褒。尧、舜虽优，不能使一人不刑；文、武虽盛，不能使刑不用。言其犯刑者少，用刑希疏，可也；言其一人不刑，刑错不用，增之也。”又：“儒书言：夏之方盛也，远方图物，贡金九牧，铸鼎象物，而为之备，故入山泽不逢恶物，用辟神奸，故能叶于上下，以承天休。”[②]

事实上，身处东汉前期的王充尚未意识到，他看到的正是宗教化过程中的儒术；他所看到的只是儒生对上古历史神圣化叙事的一部分。

到东汉晚期，这种史观已经弥漫于历史的天空。間嶋潤一发现，东汉末郑玄具体论述了能够使武帝太平国家自圆其说的经书解释体系。郑氏在《六艺论》中论及“河图、洛书，皆天神之言语，所以教告王者也”，这明确表示他认为河图洛书即为天神教告王者的内容。而且，他说“六艺者，图所生也”，将河图洛书置于六艺的根源、内核地位。他所谓的“六艺”，就是一个经书构建起的完满宇宙，而以六艺为基轴构建起的大一统国家，郑玄称之为“周公致太平之迹”。这样一来，他所构想的太平盛世的国家秩序，实际上是以天神的言语——河图洛书作为基底[③]。

显然，汉代宗教家对历史与传说的选择安排方法，除了历史本身某些不

---

① [日]田村和親:《戦國儒學の歴史意識》,《二松學舎大學東洋學研究所集刊》(2000) 30: 75-102。

② 黄晖：《论衡校释》，北京：中华书局，1990 年，第 359、375 页。

③ [日]間嶋潤一:《太平と河圖・洛书——前漢武帝期の太平國家の構想》,《東方宗教》1992，80:1-14。

可割弃的叙述结构，则充之以超验的成分(譬如神仙真人作变形之躯，活在不朽的云气之中)，从而使历史叙述产生超越的特征，使历史时空得以仙化、不朽化。这一点在在仙鬼谱系的论定及图像呈现中，体现尤其典型。这种宗教化历史观，在道教中则表现为一个瑰丽的不死之境和与之相配的一套从未关闭的神仙谱系。这个仙谱体系之建构(后世所谓“封神”)所依据的价值观和历史观，看似人生教本，其输出功能却是终极意义的赋予，因而成为宗教的最终意义系统的内部结构，并支配着仙话、仙传谱写的价值取向和思维结构，最终则在现实世界中左右着人间的道德意识①。

人死后将去往彼岸世界，面见那些由历史上最伟大的先祖变成的神仙们，以证其生前人生价值之崇高，——这就是中国本土宗教神殿的建构方式。汉唐时期尤其典型。事实上，这也是观察整个中国本土宗教历史的根本路径。以此览史，中国历史或可称得上一幅用宗教手笔绘制的神圣画卷，而道德责求从未在神圣的结构中流失。

意义系统的形成，意味着丰满人格的完善。用神仙不朽这样的最高价值来“奖赏”历史上为这个民族共同体作出不同贡献的人们，这种宗教化的历史观，把现实人生同彼岸理想国连续而完美地联结为一体。这是构成中国宗教和文化传统之独特结构的意义之维。被刻在画像中的“汉鬼”们，以及那些以他们为人生标范的汉家世代臣子，自豪生为汉臣、死为汉鬼。他们所梦想、所追求、所为之而死的，是一套与汉家命运息息相关的社会理想和意义架设。它引导世人超越个体意识、超越生命执著而追求崇高，为现世中人提供了一条从现实人生通往不朽的道路。正是这条道路——以死为其枢纽——，造就了宗教化的人生观，一切皆以死后成仙而存在，因此在汉唐社会形成了某种极化人生观、价值观。在这里，宗教与世俗之间的边界消失了，今古之隔消失了，一切朝向未来，一切为了未来。于是对于任何人来说，是否能得神仙，唯在是否能够依乎道德而造其极于人生：臣极其忠，子极其孝，士极其节，友极其义，夫极其信，妇极其贞……则死后自列仙班，得道成仙，永

① 正是在这个意义上，“宗教使人类的生活和行为神圣化，于是变为最强有力的一种社会控制。”[英]马林诺夫斯基著，费孝通译：《文化论》，北京：中国民间文艺出版社，1987年，第78页。

享无忧无惧的“大同”胜境！对于那些生前有道之人，虽死而为鬼，而各方神祇为之守望：“夫得道之士，暂游于太阴者，太乙守尸，三魂营骨，七魄卫肉，胎灵掾气。”[①]当其完成炼形，则有“太一遣宝车来迎，上登太霄”[②]。进一步的极化则赋予那些至伟之人以神真之质。这样的信仰结构，给了每个人不朽的可能性。在此意义上可以说，“汉鬼”的人生绝非“朝露”[③]，他们生前认真践行忠孝节义，视死如归，堪为楷范，死后则位列仙班，进入不朽不死的大同“黄金时代”。在他们那里，死生同域，忘我无惧，超越世俗的生命意义由此获得保障。这一极具道德价值性和生命超越性的意义系统，赋予汉人无可比拟的忘我的人生勇气，轻生（重义不畏死）重死（着意死后事），缔造了汉人的英雄主义与牺牲精神。这正是汉帝国生命力之所系。在内，儒生们高扬儒家道德与汉家帝国梦想，融汇百家中外与黄老神仙信仰，高《春秋》，崇忠义，一死生，君明臣忠，缔造了大汉精神；在外，则有卫青、霍去病、李广、张骞、苏武、班超、马援等等史诗式的英雄们，拓西域，灭匈奴，“不教胡马度阴山”（唐王昌龄《出塞》）。虽经佛教和宋明理学的征服与改造，但其最关键的精神内核仍能“不绝如线”，穿越时空，泽被后世，至今犹可见其若干。

从汉墓的文化遗存可以看出，礼制向宗教的回归或曰再宗教化，以及由此而来的礼制下移，是汉代文化形成与发展中一个非常重要的结构特征。由此，自上古以来的“绝地天通”的神权垄断在这里终结，作为“尧后”的汉家每个子民都被承诺以升仙的机会，古儒憧憬的“人皆可以为尧舜”的时代终于来临了。汉儒的神化史观赋予了历史的超越性，使得历史某种程度上既成为民族性格的代言人，同时也成为民族传统的内在塑造者。如此，历史与信仰一样，都构成个人乃至民族的规定性。于是汉画所呈现的历史世界与神仙世界成为一体之两面，由此为世人开出超越性的未来世界，于是人有了可以为之而死、视死如归的理想殿堂。在此过程中，古礼的器物符号（如鼎壶

---

① 《真诰》卷4《运象篇第四》，《道藏》第20册，第515页。

② 《真诰》卷9《协昌期第一》引《太上消魔经》，《道藏》第20册，第543页。

③ 曹操《短歌行》：“对酒当歌，人生几何？譬如朝露，去日苦多。”《曹操集》，北京：中华书局，1974年，第8页。

等）亦被“俘获”和转用，以象征来自神仙世界的神药、玉浆。过去作为祭祀对象的上古先祖们，现在变成了华夏万神殿里的神仙，他们的伟大不仅象征着神仙世界的存在，而且见证着来人的升仙。儒生把通天通神的权利还给了每个恪守儒家伦理的人，给了每个人以无限的希望——尽管它的承诺发生在死后的世界，为汉帝国造就了高尚子民和强劲国力，“外攘夷狄，内修法度”[①]，带来了一个文明的崛起。

二、鬼雄—人杰：汉帝国的脊梁

汉人死后成仙的信仰结构，经由汉墓及升仙仪轨的具体表达和实施，同时孕育和生成一种特定的道德价值取向与理想人格类型。这种人格塑造机制及其理想人格形象，在汉墓画像中生动、直观地体现出来。

对汉墓图像的认知，让我们在一种近乎荒诞的历史图景中看出了汉儒为世间凡人指出的在人生中谋求不朽的最高可能性。他们把过去数千年华夏历史拣选刻画于地下，上古“历史”以神化的方式被“重演”；与此同时，在墓葬这一仪式境域的历史叙事中，人脱离了现实世界秩序的约束，于是汉儒超越时空限制的道德观在这里得以驰骋。当年的臣子、家奴在冥界仙鬼中位超生前帝王，某些帝王则受到了明显的抑黜；人生之累，为之解脱，而得衣食自然、永其无忧，死后所得亦以生前之德力而非名位为其依据。尤其当我们发现，这些表面看来似乎时空错乱的历史人物济济一堂，且以某种内在逻辑或秩序被规约排列于神祇之下，便会感受到“历史”以神圣化的手法，被彼时宗教家所重组。排列于地下的，不再是世俗所见的历史人物，而是身置仙界时空的列仙，——尽管是以“当年”的形象出现[②]。

譬如在山东沂南北寨汉墓壁画中，“管叔”与“苏武”、“蔺相如”与“孟贲”及“三力士”并肩而立；在武梁祠的壁画上，历代帝王、圣贤、英雄、力士、孝子、列女，更是济济一堂。这些绝非“乱刻”的图像符号组合形式，实质上隐含着汉代社会伦理的价值与规范要求。被刻画在汉墓图像中的“汉

① 《史记》卷130《太史公自序》，第3303页。

② 此乃汉画像中仙人图谱所特有的“符号语法”特征：图像采撷是以“过去时”，神仙象征意义则为“现在时”。

鬼”们，皆因其生前得“道”，——或为帝王圣贤、或行忠孝节义、或骁勇有力、或至信守贞……等等，而获得了“由鬼升仙”的终极奖赏。由此，历史被怀有特定道德价值标准的儒生宗教家们“激活”了，神圣的仙传谱系也由此生成。凡进入仙谱者，皆“天下之杰”①，拱力华夏文明之脊梁。在这里，汉代儒生提倡的崇高价值观和朝向神仙的人生观，以其仪式化的描述形式，得到了“实现”。

因此，汉墓隐含着一种以儒德尤其是《春秋》大义为核心价值的人格理想——德力并重、忠孝节义，与战国以来神仙黄老信仰支持下人生意义追求——成仙不死，而完美结合的“理想人”标准：只要生前努力践行高尚道德，死后则可望通过严密的变仙仪轨——入冥界、登昆仑、上九天、合大道，成仙、成真、成神。可以说，正是基于“汉墓”所具的神学褒扬和奖励机制，汉代的人格理想及其精神激励，在现实社会中得以充分贯彻和展现：“汉之得人，于兹为盛，儒雅则公孙弘、董仲舒、兒宽，笃行则石建、石庆，质直则汲黯、卜式，推贤则韩安国、郑当时，定令则赵禹、张汤，文章则司马迁、相如，滑稽则东方朔、枚皋，应对则严助、朱买臣，历数则唐都、洛下闳，协律则李延年，运筹则桑弘羊，奉使则张骞、苏武，将率则卫青、霍去病，受遗则霍光、金日磾，其余不可胜纪。是以兴造功业，制度遗文，后世莫及。”②值得注意的是，这种德、力并重的理想人格结构，与汉家政治制度及价值理念不谋而合：汉家自有制度，本以霸王道杂之③。理想人格上的“力”“德”与政治伦理上的“霸”“王”，可谓相应相契、道同相谋——二者共同建构起一种贯通、整合式的价值体系，从而有力地支撑起汉帝国这座文明大厦。由斯可见，汉墓所载信仰及仪式支持机制，其于汉代、汉帝国，及汉文明所具意义，可谓大矣。

尤为突出的是，汉人尚勇崇力、轻死重义的剽悍精神气质，亦当与汉墓仪式机制的支持密切相关。例如武梁祠壁画将夏桀与上古诸圣王并列，沂南

① (清)王先谦撰，沈啸寰、王星贤点校：《荀子集解》，北京：中华书局，1988 年，第 75 页。

② 《汉书》卷 58《公孙弘卜式兒宽传》，第 2634 页。

③ 《汉书》卷 9《元帝纪》，第 277 页。

北寨汉墓画像把孟贲和蔺相如绘于一图；以及汉画中大量“刺客图”的出现等等，实乃汉人推崇“勇力”的尚武精神使然。另一方面，汉画像所绘大量的忠臣、孝子、列女……等等形象，无不体现出一种“重仁义、轻死亡”的子路式人格特征。汉代这种崇“力”与“德”的理想人格模式，造成了汉帝国与汉民族的雄阔精神气质，堪为后世向往[①]。

显而易见，生成、建构和维系汉代人格理想及其精神气质的可靠机制，只能是汉墓所施的死后成仙信仰与仪式。事实上，战国以来融会道家思想和尸解仙术的黄老道，以其信仰结构和仪式逻辑，“合理”销解了今生与来世、生与死的时空大限；从而促使勇猛忠义、守死善道的儒墨君子品格与现实人生相衔接：高志、尚武、死节；“触白刃，冒流矢，义不反顾，计不旋踵”[②]；轻身重义、豪气凛然；“男儿要当死于边野，以马革裹尸还葬耳，何能卧床上在儿女子手中邪！”[③]此等凌云壮志、冲天豪气，为汉帝国崛起与强盛注入了充满勇猛活力的精神血液。尤自汉中期以降，儒术与黄老道作为汉家思想的脊梁，同被融入尸解信仰结构之中。于是战国秦汉的“形解销化之术”演变为志士仁人死后“得道成仙”的信仰，昔日“道不同不相为谋”的情景消失了，代之而起的是百家之融汇与汉家子民的精神圆满。对于他们而言，坟墓和地府并非接受死亡惩罚的恐怖之所，而是使自己获得终极意义与不朽的殿堂。

三、汉传统：中国根柢之造成

汉墓与汉画像所蕴含的信仰观念、结构，以及仪式方术等内容，有力地型构出一种相对稳定的宗教—信仰结构，并内在塑造了支撑汉帝国或汉文明的意义系统。其形成过程和根本动力，来自于汉儒对于“汉鬼”的神化史观

① 故宋代女词人李清照面临家国危亡之时，兴叹“生当作人杰，死亦为鬼雄”（《夏日绝句》）。虽言“至今思项羽”，又何尝不是借汉鬼之强而悲宋之弱。

② 见司马相如《喻巴蜀檄》，《史记》卷 117《司马相如列传》，北京：中华书局，1982 年第 2 版，第 3045 页。又《淮南子·泰族训》：“墨子服役者百八十人，皆可使赴火蹈刃，死不还踵。”（汉）刘安撰，刘文典集解，冯逸、乔华点校：《淮南鸿烈集解》，第 681 页。

③（南朝宋）范晔撰：《后汉书》卷 24《马援列传》，北京：中华书局，1965 年，第 841 页。

书写和刻画。换言之，正是汉儒这一思想群体，创制了汉帝国的宗教模式。与此同时，此一宗教模式开启了中国本土或根柢性宗教——“道教”之生成、发展的历史过程。

当我们从汉墓的画像中找出汉代宗教的时空构造，找出他们的神祇体系、仙谱体系，以及用以支持世人从现世人生走向“大道”而不朽的途径与方法——尸解与太阴炼形、从冥界到昆仑到九天到合大道；当我们看到郅伯夷“整服坐诵《六甲》《孝经》《易本》”，娴熟地运用“思道”（即存神或曰存思之术）、诵经咒、用剑三者结合的法术，成功地厌劾鬼魅[①]，便可获得我们所期待的关于汉代道教信仰形态的一些关键认知。究其文化根源，汉儒合“德”与“术”的史观宗教化过程，其关键在于荀子所构设的用以拣择、称量、决定任何文化要素在中华文化机体中可能角色与分量的“衡”，即荀子超越自身儒家局限，以“兼陈”胸怀所认同的“道”。

西汉中期以降，在“独尊”的文化生态下，汉儒始以儒家伦理道德为价值结构，主动汲纳融合战国以来墨家、神仙家、黄老道、方术士之信仰，从战国燕齐的尸解术发展出太阴炼形等丰富庞杂的死后成仙仪轨，形成了“张道陵”所赖以产生的中国宗教生态，——尽管是以儒生主导的方式出现。于是战国秦汉的“形解销化之术”发展为志士仁人死后“得道成仙”的信仰。这一信仰支配了汉人的生死观，作为人生终极意义的表达，最终带进了他们的墓葬。因此可以理解，汉墓画像隆崇忠孝节义，歌颂“力”“德”和英雄主义，彰显出重死轻生、以人生图不朽的汉精神；汉儒拣选古来圣贤、忠孝、节义、英雄，“自三代以来贤圣及英雄者为仙”，以艺术手法记录时代之音，以此表达他们的社会理想。

中国文化的内在稳定构造由此形成，而以“道”来“兼陈”众说，合“德”与“术”。因此，道德与仙术缺一不可，正是汉晋儒生和神仙家们认同并不厌其烦予以强调的核心问题。葛洪在《抱朴子内篇》中归纳了这一思想传统：

① 东汉应劭在《风俗通义》卷 9“怪神”篇曾经记录 30 岁的北部督邮西平郅伯夷以道术厌劾妖狐之事（见王利器校注：《风俗通义校注》，北京：中华书局，1981 年，第 425—428 页）。事实上，郅伯夷之所施用，作为道教劾鬼法术的基本结构，为后世道门所沿用。有关研究见姜生：《〈风俗通义〉等文献所见东汉原始道教信仰》，《宗教学研究》1998 年第 1 期。

或问曰："为道者当先立功德，审然否？"抱朴子答曰："有之。按《玉钤经中篇》云，立功为上，除过次之。为道者以救人危使免祸，护人疾病，令不枉死，为上功也。欲求仙者，要当以忠、孝、和、顺、仁、信为本。若德行不修，而但务方术，皆不得长生也。……人欲地仙，当立三百善；欲天仙，立千二百善。……又云，积善事未满，虽服仙药，亦无益也。若不服仙药，并行好事，虽未便得仙，亦可无卒死之祸矣。吾更疑彭祖之辈，善功未足，故不能升天耳。"①

抱朴子关于成仙的道德前提的这些论述，承自汉纬《玉钤经中篇》和《河图纪命符》等典籍。儒生们努力推行的以大一统、王天下、尊卑有序、忠孝节义为中心的价值观，最终落实为以个体终极意义"仙"之实现、归向宇宙唯一本体"道"为其总纲，不仅在社会的精神归宗、文化认同上具有涵摄作用，而且对汉文明与大一统国家之形成发展具有根本意义。这可以说是最适合农业文明的一套伟大思想体系。这一切，岂不正合荀子以"道"为极的大预言？可以看到，汉儒构建的这套信仰体系，奠定了后世道教信仰结构的最重要基础，成为汉文明的宗教根柢和汉民族世代所依的精神家园②。

历史地看，汉代宗教的信仰结构及其意义系统，并未随着汉帝国的衰亡而销声匿迹。恰恰相反，在历史长河中，它充分显示出一种结构上的超稳定性：不仅以"道教"的形式延续自身，并且不断地滋养、支撑着华夏文明的生命。

东汉末年，伴随儒生梦想之破灭与黄巾之难，汉儒所建构的社会理想及其配套的以儒家德目为标准的尸解成仙信仰面临严重危机。后世熟知的"张道陵"所代表的宗教变革运动，遽然兴起。表面看来，汉末"道教"的兴起，似乎是对汉帝国及其精神的否定。其实不然。研究表明，汉末"道教"的仪式系统很大程度上是对汉代官方礼仪和体制的模仿，因而具有明显的科层化

① 王明：《抱朴子内篇校释》，北京：中华书局，1985年，第53—54页。

② 世嘉汉唐，而吾尤重汉世，唯因唐之精神在汉。盖唐之强盛，根柢仍系于德力并重之汉传统，——得之者强，失之者衰，其必矣。

和世俗官僚化的特征[①]。有学者往往以此来判定“道教”与民间宗教及仪式的区别，诚然不错；然而更重要的是，这种科层性和官僚性的“仪式”建构，恰恰表明早期道教仪式系统乃汉帝国之变相延续。在很大程度上，“道教”作为一种仪式体系，是对理想形态之汉帝国的“实现”仪式。

因此我们发现，汉末“道教”依然具有一种强烈的“汉国”意识：“鲁杀修后，为求名正言顺之效，遂制造所谓祖父张陵的宗教政治神话并上溯托构于他……在那个时代比较有效的词语被选择来制造这个政治神话，比如：沛国丰县——汉家祖基所在；汉帝诏拜巴郡江州令、延和元年又诏拜司空封食冀县侯——表示深得皇帝信任接纳；太上高皇帝中黄真君——汉家先帝被列入神仙谱系成为天上的真君；汉师张良子房——偕同先帝来认定；传世子孙为国师，抚民无期——自我授受‘抚民’之权；辅汉、佐汉、抚民、统承三天、佐国扶命、养育群生、整理鬼气、传为国师——暗示与那参与黄巾之乱的张修的不同，是爱汉家的，所以敢于自封。”[②]这表明，汉末“道教”主要是作为汉帝国精神的合法替代者，而非完全的否定性存在。例如，早期天师道最为核心的“上章”仪式，实质上就是对汉帝国精神及其制度的仪式化延续：“在三张时期，上章占有核心仪礼的地位，也可说是为救济的唯一的仪礼。上章亦模仿现实政治中的上奏，是以臣的资格的道士和诸神沟通的最重要手段。而且和治、命籍等组织有互相照应的整体性的关系。”[③]索安曰：“道教科仪根本不以祭祀为中心，而是表现为一套行政程序，这套程序是根据太上老君降授(一般认为是在公元 142 年)天师的新法制定的。”[④]这样，我们便不难理解：早期道经《想尔注》对于无序、散乱的民间仪式、方术的禁制，态度

---

① 关于早期道教特别是天师道仪式的科层化与官僚化特征的描述，可参见吴荣曾：《镇墓文中所见到的东汉道巫关系》,《文物》1981 年第 3 期; Angelika Cedzich, “Ghosts and Demons, Law and Order: Grave Quelling Texts and Early Taoist Liturgy.” *Taoist Resources* 4.2 (1993): 23-35.

② 姜生:《〈老子想尔注〉三题》，饶宗颐主编:《华学》第 9—10 辑合刊，上海：上海古籍出版社，2008 年。

③ [日]丸山宏著，张泽洪译:《正一道的上章仪礼——以〈冢讼章〉为中心》,《宗教学研究》1992 年第 1—2 期。

④ [法]索安(Anna Seidel)著，吕鹏志、常虹译:《早期道教仪式》,《宗教学研究》2006 年第 4 期。

何以如此激烈。事实上，就其伦理本性而言，早期天师道与两汉宗教可谓一脉相承，它们所蕴含的都是基于汉帝国而来的大一统国家伦理意识和精神。

因此，中国历史上的所谓“道教”，本质上乃为古老的汉帝国遗传于世的精神化身。当可作如是之言，“道教”之魂神即“汉鬼”之魂神；“道教”之仪轨即汉墓之仪轨；“道教”之理想即汉帝国之理想。

汉时代，胸怀儒家理想、追求人生意义，而身居民间的一批有思想有信仰的儒生，对现实人生和死后的未来世界都充满激情，并将两者看作一个连续不断的整体。为此，他们援引古来伟大圣贤，作为汉时代忠孝节义英雄贤良们的人生见证，同时也表达着对自己时代的骄傲。所以我们看到，即便是穷居陋巷的王充，同样满怀激情地赞颂汉世之美：

> 使至台阁之下，蹈班、贾之迹，论功德之实，不失毫厘之微。武王封比干之墓，孔子显三累之行。大汉之德，非直比干、三累也。
>
> 汉德明著，莫立邦表之言，故浩广之德，未光于世也。[①]
>
> 《宣汉》之篇，高汉于周，拟汉过周，论者未极也。恢而极之，弥见汉奇。夫经熟讲者，要妙乃见；国极论者，恢奇弥出。恢论汉国，在百代之上，审矣。[②]

类似的赞美汉世之辞，如前引“(某氏)作竟四夷服，多贺国家人民息，胡虏殄灭天下复，风雨时节五谷熟，长保二亲得天力，传告后世得天福。大乐兮”之类，亦为儒生所用，呈现于铜镜铭文之中。

汉高于周，其真正原因在于，汉人不仅“私淑”荀子、得其精髓，而且努力落实，遂能超越周秦之局限性，由此构建其思想和信仰的基本架构，使人们终于获得了“兼陈万物”之“道”!

《太平经》卷41“件古文名书诀第五十五”：

> 古今天文、圣书、贤人辞已备足，但愁其集居，各长于一事耳。今案用一家法也，不能悉除天地之灾变，故使流灾不绝，更相承负，后生

---

① 《论衡·须颂》。黄晖：《论衡校释》，北京：中华书局，1990年，第858—859页。

② 《论衡·恢国》。黄晖：《论衡校释》，北京：中华书局，1990年，第824页。

者日得灾病增剧，……实过在先生贤圣各长于一，而俱有不达，俱有所失。天知其不具足，故时出河雒文图及他神书，亦复不同辞也。夫大贤圣异世而出，各作一事，亦复不同辞，是故各有不及，各有短长也。……是故天使吾深告敕真人，付文道德之君，以示诸贤明，都并拘校合天下之文、人口诀辞，以上下相足，去其复重，置其要言要文诀事，记之以为经书，如是乃后天地真文正字善辞，悉得出也。邪伪毕去，天地大病悉除，流灾都灭亡，人民万物乃各得居其所矣，无复殃苦也。故天教吾拘校之也。吾之为书不效言也，乃效征验也。案吾文而为之，天地灾变、怪疾病、奸猾誸臣、不详邪伪，悉且都除去，比与阴日而除云无异也。[①]

于是我们看到，荀子的思想，在汉代终于从理论走向了帝国的实践，并内在地支配着历史，形成一种以“道”统摄、整合、纲领一切的文明机制，——是乃汉传统之生命所在。

① 王明：《太平经合校》，北京：中华书局，1960年，第86—87页。作者对本段文字标点进行了调整。参见作者为《中国道教科学技术史》“汉魏两晋卷”所撰第七章。

参考文献

一、道教、佛教经典

《传授经戒仪注诀》，《道藏》第 32 册。
《大道家令戒》，《道藏》第 18 册。
《大洞金华玉经》，《道藏》第 4 册。
《丹论诀旨心鉴》，《道藏》第 19 册。
《道德真经注》（河上公注），《道藏》第 12 册。
《道德真经注》（王弼注），《道藏》第 12 册。
《道迹灵仙记》，《道藏》第 11 册。
《道教义枢》，《道藏》第 24 册。
《道要灵祇神鬼品经》，《道藏》第 28 册。
《道藏》（第 1—36 册），北京：文物出版社，上海：上海书店出版社，天津：天津古籍出版社，1988 年。
《洞玄灵宝三洞奉道科戒营始》，《道藏》第 24 册。
《洞玄灵宝长夜之府九幽玉匮明真科》，《道藏》第 34 册。
《洞玄灵宝真灵位业图》，《道藏》第 3 册。
《洞真高上玉帝大洞雌一玉检五老宝经》，《道藏》第 33 册。
《洞真三天秘讳》，《道藏》第 33 册。
《洞真上清太微帝君步天纲飞地纪金简玉字上经》，《道藏》第 33 册。
《洞真太上八道命籍经》，《道藏》第 33 册。

《洞真太上金篇虎符真文经》，《道藏》第 33 册。
《洞真太上素灵洞元大有妙经》，《道藏》第 33 册。
《洞真太上紫度炎光神元变经》，《道藏》第 33 册。
《汉武帝内传》，《道藏》第 5 册。
《华阳陶隐居集》，《道藏》第 23 册。
《化书》，《道藏》第 23 册。
《混元圣纪》，《道藏》第 17 册。
《老子变化经》，《藏外道书》第 21 册。
《老子中经》，《道藏》第 22 册。
李德范辑：《敦煌道藏》（第 1—5 册），全国图书馆文献缩微复制中心，1999 年。
《列仙传》，《道藏》第 5 册。
《灵宝无量度人上品妙经》，《道藏》第 1 册。
《陆先生道门科略》，《道藏》第 24 册。
《穆天子传》，《道藏》第 5 册。
《南岳九真人传》，《道藏》第 6 册。
《三洞珠囊》，《道藏》第 25 册。
《三天内解经》，《道藏》第 28 册。
《上清大洞真经》，《道藏》第 1 册。
《上清道类事相》，《道藏》第 24 册。
《上清高上金元羽章玉清隐书经》，《道藏》第 33 册。
《上清高上玉晨凤台曲素上经》，《道藏》第 34 册。
《上清后圣道君列记》，《道藏》第 6 册。
《上清黄书过度仪》，《道藏》第 32 册。
《上清金书玉字上经》，《道藏》第 18 册。
《上清金真玉光八景飞经》，《道藏》第 34 册。
《上清三元玉检三元布经》，《道藏》第 6 册。
《上清太上帝君九真中经》，《道藏》第 34 册。
《上清天关三图经》，《道藏》第 33 册。
《上清众经诸真圣秘》，《道藏》第 6 册。
《太平经》，《道藏》第 24 册。

《太清玉司左院秘要上法》，《道藏》第 32 册。
《太上洞玄灵宝元始无量度人上品妙经》，《敦煌道藏》第 1 册。
《太上灵宝五符序》，《道藏》第 6 册。
《太上三五正一盟威箓》，《道藏》第 28 册。
《太上玉佩金珰太极金书上经》，《道藏》第 1 册。
《太上元始天尊说北帝伏魔神咒妙经》，《道藏》第 34 册。
《通幽诀》，《道藏》第 19 册。
《无上秘要》，《道藏》第 25 册。
《无上内秘真藏经》，《道藏》第 1 册。
《意林》，《道藏》第 32 册。
《元始无量度人上品妙经四注》，《道藏》第 2 册。
《云笈七签》，《道藏》第 22 册。
《藏外道书》（第 1—36 册），成都：巴蜀书社，1992—1994 年。
《真诰》，《道藏》第 20 册。
《正一出官章仪》，《道藏》第 18 册。
《周氏冥通记》，《道藏》第 5 册。
《周易参同契》，《道藏》第 20 册。
《周易参同契分章通真义》，《道藏》第 20 册。
《宗玄先生文集》，《道藏》第 23 册。
（梁）僧祐：《弘明集》，《大正新修大藏经》第 52 册，东京：大正一切经刊行会，1924—1934 年。
（唐）释道世撰，周叔迦、苏晋仁校注：《法苑珠林校注》，北京：中华书局，2003 年。
（唐）释道宣：《律相感通传》，《大正新修大藏经》第 45 册，东京：大正一切经刊行会，1924—1934 年。
（唐）释道宣：《广弘明集》，《大正新修大藏经》第 52 册，东京：大正一切经刊行会，1924—1934 年。
（唐）释法琳：《辩正论》，《大正新修大藏经》第 52 册，东京：大正一切经刊行会，1924—1934 年。
（唐）释法琳：《破邪论》，《大正新修大藏经》第 52 册，东京：大正一切经刊行会，1924—1934年。
(南宋)陈田夫：《南岳总胜集》，《大正新修大藏经》第51册，东京：大正一切经刊行会，1924—1934年。
[日]大渊忍尔：《敦煌道经·图录编》，东京：福武书店，1979年。

二、一般古籍

(战国)尸佼：《尸子》，《百子全书》本，杭州：浙江古籍出版社，1998年(据扫叶山房石印本缩印)。
(秦)吕不韦等撰，许维遹集释：《吕氏春秋集释》，北京：中华书局，2009年。
(西汉)东方朔：《神异经》丛书集成初编本，北京：中华书局，1991年。
(西汉)董仲舒撰，(清)苏舆义证、钟哲点校：《春秋繁露义证》，北京：中华书局，1992年。
(西汉)韩婴撰，许维遹集释：《韩诗外传集释》，北京：中华书局，1980年。
(西汉)焦延寿：《焦氏易林》，北京：中华书局，1985年。
(西汉)焦延寿著，尚秉和注，常秉义点校：《焦氏易林注》，北京：光明日报出版社，2005年。
(西汉)刘安撰，刘文典集解，冯逸、乔华点校：《淮南鸿烈集解》，北京：中华书局，1989年。
(西汉)刘向：《古列女传》，北京：中华书局，1985年。
(西汉)刘向撰，石光瑛校释：《新序校释》，北京：中华书局，2001年。
(西汉)刘向撰，向宗鲁校证：《说苑校证》，中华书局，1987年
(西汉)司马迁：《史记》，北京：中华书局，1982年第2版。
(西汉)扬雄：《法言》丛书集成初编本，北京：中华书局，1985年。
(东汉)班固：《汉书》，北京：中华书局，1962年。
(东汉)班固纂集，(清)陈立疏证，吴则虞注解：《白虎通疏证》，北京：中华书局，1994年。
(东汉)桓谭撰，朱谦之校辑：《新辑本桓谭新论》，北京：中华书局，2009年。
(东汉)刘熙：《释名疏证补》，北京：中华书局，2008年。
(东汉)刘珍等撰，吴树平校注：《东观汉记》，北京：中华书局，2008年。

(东汉)宋衷注，(清)秦嘉谟等辑：《世本八种》，北京：中华书局，2008年。
(东汉)王符撰，汪继培笺，彭铎校正：《潜夫论笺校正》，北京：中华书局，1985年。
(东汉)许慎：《说文解字》，北京：中华书局，1963年。
(东汉)应劭撰，王利器校注：《风俗通义校注》，北京：中华书局，2010年。
(三国魏)曹操：《曹操集》，北京：中华书局，1974年。
(三国魏)曹植撰，赵幼文校注：《曹植集校注》，北京：人民文学出版社，1984年。
(西晋)陈寿：《三国志》，北京：中华书局，1959年。
(西晋)崔豹：《古今注》，北京：中华书局，1985年。
(西晋)皇甫谧：《帝王世纪》，北京：中华书局，1985年。
(西晋)张华撰，范宁校证：《博物志校证》，北京：中华书局，1980年。
(东晋)干宝撰，汪绍楹校注：《搜神记》，北京：中华书局，1979年。
(东晋)陶渊明撰，袁行霈笺注：《陶渊明集笺注》，北京：中华书局，2003年。
(东晋)王嘉撰，(梁)萧绮录，齐治平校注：《拾遗记》，北京：中华书局，1981年。
(北魏)郦道元撰，陈桥驿校证：《水经注校证》，北京：中华书局，2007年。
(南朝宋)范晔：《后汉书》，北京：中华书局，1965年。
(南朝宋)刘敬叔撰，范宁点校：《异苑》，北京：中华书局，1996年。
(南朝宋)刘义庆撰，(南朝梁)刘孝标注，余嘉锡笺疏：《世说新语笺疏》，上海：上海古籍出版社，1993年。
(齐)颜之推撰，王利器集解：《颜氏家训集解》(增补本)，北京：中华书局，1993年。
(梁)任昉：《述异记》丛书集成初编本，北京：中华书局，1985年。
(梁)萧统编，(唐)李善等注：《六臣注文选》，北京：中华书局，2012年。
(唐)杜佑撰，王文锦等点校：《通典》，北京：中华书局，1988年。
(唐)房玄龄等撰：《晋书》，北京：中华书局，1974年。
(唐)封演：《封氏闻见记》，北京：中华书局，1985年。
(唐)李延寿：《南史》，北京：中华书局，1975年。
(唐)欧阳询撰，汪绍楹校：《艺文类聚》，上海：上海古籍出版社，1982年。

(唐)魏征等撰:《隋书》,北京:中华书局,1973 年。
(唐)徐坚等编撰:《初学记》,北京:中华书局,2004 年。
(后晋)刘昫等撰:《旧唐书》,北京:中华书局,1975 年。
(宋)陈田夫:《南岳总胜集》,《续修四库全书》史部,第 725 册,上海:上海古籍出版社,2002 年影印。
(宋)郭茂倩编:《乐府诗集》,北京:中华书局,1979 年。
(宋)郭祥正:《青山集》,文渊阁四库全书本。
(宋)洪适:《隶释》,北京:中华书局,1985 年。
(宋)乐史:《太平寰宇记》,北京:中华书局,2007 年。
(宋)李昉等编:《太平广记》,北京:中华书局,1961 年。
(宋)李昉等编:《文苑英华》,北京:中华书局,1966 年。
(宋)李昉等撰:《太平御览》,北京:中华书局,1960 年。
(宋)李石:《续博物志》,北京:中华书局,1985 年。
(宋)刘克庄:《后村集》,文渊阁四库全书本。
(宋)娄机:《汉隶字源》,文渊阁四库全书本。
(宋)罗泌:《路史》,文渊阁四库全书本。
(宋)马端临撰,上海师范大学古籍研究所、华东师范大学古籍研究所点校:《文献通考》,北京:中华书局,2011 年。
(宋)欧阳修、宋祁撰:《新唐书》,北京:中华书局,1975 年。
(宋)邵雍:《皇极经世·观物外篇》,文渊阁四库全书本。
(宋)司马光:《资治通鉴》,北京:中华书局,1956 年。
(宋)司马光集注,刘韶军点校:《太玄集注》,北京:中华书局,1998 年。
(宋)王安中:《初寮集》,文渊阁四库全书本。
(宋)魏泰撰,李裕民点校:《东轩笔录》,北京:中华书局,1983 年。
(宋)文天祥:《文天祥全集》,北京:中国书店,1985 年。
(宋)文同:《历代画家诗文集·新刻石室先生丹渊集》,台北:台湾学生书局,1973 年。
(宋)赵希鹄:《洞天清录》,文渊阁四库全书本。
(元)杨维桢著,邹志方点校:《杨维桢诗集》,杭州:浙江古籍出版社,2010 年。
(元)周致中:《异域志》,北京:中华书局,1981 年。

(明)黄榆撰，魏连科点校：《双槐岁钞》，北京：中华书局，1999 年。
(明)陶宗仪：《说郛》，文渊阁四库全书本。
(明)张以宁：《尧山堂外纪》，(清)郑方坤《全闽诗话》，福州：福建人民出版社，2006 年。
(清)段玉裁：《古文尚书撰异》，台北：大化书局，1986 年。
(清)段玉裁：《说文解字注》，上海：上海古籍出版社，1988 年。
(清)顾蔼吉撰：《隶辨》，清乾隆八年(1669 年)黄晟据康熙五十七年(1718 年)项氏玉渊堂刻本重刊，哈佛燕京图书馆藏本。
(清)顾炎武：《日知录集释(全校本)》，上海：上海古籍出版社，2006 年。
(清)郭庆藩撰，王孝鱼点校：《庄子集释》，北京：中华书局，1961 年。
(清)焦袁熹：《此木轩四书说》，文渊阁四库全书本，上海：上海古籍出版社，1987 年影印本。
(清)刘师培：《刘申叔遗书》，南京：江苏古籍出版社，1997 年。
(清)马骕著，王利器整理：《绎史》，北京：中华书局，2002 年。
(清)皮锡瑞：《〈六艺论〉疏证》，《续修四库全书》第 171 册，上海：上海古籍出版社，1995 年。
(清)阮元校刻：《十三经注疏》，北京：中华书局，1980 年影印本。
(清)孙诒让撰，孙启治点校：《墨子间诂》，北京：中华书局，2001 年。
(清)汤球辑：《九家旧晋书辑本》丛书集成初编本，北京：中华书局，1985 年。
(清)王夫之：《楚辞通释》，上海：上海人民出版社，1975 年。
(清)王聘珍：《大戴礼记解诂》，北京：中华书局，1983 年。
(清)王先谦撰，沈啸寰、王星贤点校：《荀子集解》，北京：中华书局，1988 年。
(清)王先慎撰，钟哲点校：《韩非子集解》，北京：中华书局，1998 年。
(清)严可均辑：《全汉文》，北京：商务印书馆，1999 年。
(清)严可均辑：《全后汉文》，《全上古三代秦汉三国六朝文》本，北京：中华书局，1958 年。
(清)姚振宗撰：《隋书经籍志考证》，《二十五史艺文经籍志考补萃编》，北京：清华大学出版社，2014 年。
(清)赵翼：《陔余丛考》，北京：中华书局，1963 年。
陈伯君校注：《阮籍集校注》，北京：中华书局，1987 年。

陈士珂辑：《孔子家语疏证》，上海：上海书店出版社，1987年。
戴德传、李调元注：《夏小正笺》，北京：中华书局，1985年。
方诗铭、王修龄辑录：《古本竹书纪年辑证》，上海：上海古籍出版社，1981年。
费振刚等校点：《全汉赋》，北京：北京大学出版社，1993年。
何建章注释：《战国策注释》，北京：中华书局，1990年。
胡吉宣著：《玉篇校释》，北京：中华书局，1989年。
胡守为校释：《神仙传校释》，北京：中华书局，2010年。
黄怀信：《鹖冠子汇校集注》，北京：中华书局，2004年。
黄晖：《论衡校释》，北京：中华书局，1990年。
黄灵庚：《楚辞章句疏证》，北京：中华书局，2007年。
黎翔凤撰，梁运华整理：《管子校注》，北京：中华书局，2004年。
饶宗颐：《老子想尔注校证》，上海：上海古籍出版社，1991年。
王国维：《今本竹书纪年疏证》，方诗铭、王修龄辑录：《古本竹书纪年辑证》，上海：上海古籍出版社，1981年。
王家葵：《登真隐诀辑校》，北京：中华书局，2011年。
王利器：《文子义疏》，北京：中华书局，2000年。
王利器：《新语校注》，北京：中华书局，2012年。
王明：《抱朴子内篇校释》修订版，北京：中华书局，1985年。
王明：《太平经合校》，北京：中华书局，1960年。
王叔岷：《列仙传校笺》，北京：中华书局，2007年。
王贻梁、陈建敏：《穆天子传汇校集释》，上海：华东师范大学出版社，1994年。
王重民等编：《敦煌变文集》，北京：人民文学出版社，1957年。
吴则虞撰：《晏子春秋集释》，北京：中华书局，1982年。
杨伯峻撰：《列子集释》，北京：中华书局，1979年。
杨明照撰：《抱朴子外篇校笺》，北京：中华书局，1991年。
余嘉锡：《四库提要辨证》，北京：中华书局，2007年。
俞绍初辑校：《建安七子集》，北京：中华书局，2005年。
袁珂：《山海经校注》（修订本），成都：巴蜀书社，1992年。
赵益点校：《真诰》，北京：中华书局，2011年。
周天游辑注：《八家后汉书辑注》，上海：上海古籍出版社，1986年。

周祖谟校笺：《方言校笺》，北京：中华书局，1993 年。
[日]安居香山、中村璋八辑，吕宗力、栾保群等译：《纬书集成》，石家庄：河北人民出版社，1994 年。
[日]丹波康赖：《医心方》，北京：人民卫生出版社，1955 年影印本。
[日]吉川忠夫、麦谷邦夫编，朱越利译：《真诰校注》，北京：中国社会科学出版社，2006 年。
《康熙字典》，北京：中华书局(影印同文书局)，1958 年。
《通占大象历星经》，《汉魏丛书》本，长春：吉林大学出版社，1992 年。
《西京杂记》，北京：中华书局，1985 年。

三、考古文献

(一)报告及图录等

安丘县文化局、安丘县博物馆：《安丘董家庄汉画像石墓》，济南：济南出版社，1992 年。
北京鲁迅博物馆、上海鲁迅博物馆编：《鲁迅藏汉画像(一)》，上海：上海人民美术出版社，1986 年。
北京鲁迅博物馆、上海鲁迅博物馆编：《鲁迅藏汉画像(二)》，上海：上海人民美术出版社，1991 年。
北京鲁迅博物馆：《鲁迅藏拓本全集 • 汉画像卷(I)》，杭州：西泠印社出版社，2014 年。
北京鲁迅博物馆：《鲁迅藏拓本全集 • 汉画像卷(II)》，杭州：西泠印社出版社，2014 年。
宝鸡市考古研究所：《五代李茂贞夫妇墓》，北京：科学出版社，2008 年。
沧州市文物局编：《沧州文物古迹》，北京：科学出版社，2008 年。
昌乐县文化新闻出版局：《昌乐县汉代石刻》，香港：中国国际文化出版社，2010 年。
傅惜华：《汉代画象全集》二编，北京：巴黎大学北京汉学研究所，1951 年。
甘肃省文物考古研究所：《酒泉十六国墓壁画》，北京：文物出版社，1989 年。
高书林：《淮北汉画像石》，天津：天津人民美术出版社，2002 年。

高文、高成刚：《中国画像石棺艺术》，太原：山西人民出版社，1996年。
高文、王锦生：《中国巴蜀汉代画像砖大全》，澳门：国际港澳出版社，2002年。
高文：《四川汉代画像石》，成都：巴蜀书社，1987年。
高文主编：《中国画像石棺全集》，太原：三晋出版社，2011年。
高至喜、熊传薪主编：《中国音乐文物大系II·湖南卷》，郑州：大象出版社，2006年。
广西博物馆：《广西贵县罗泊湾汉墓》，北京：文物出版社，1988年。
广州市文物管理委员会、中国社会科学院考古研究所、广东省博物馆编辑：《西汉南越王墓》，北京：文物出版社，1991年。
郭文铎、杜学民、徐淑彬：《银雀山金雀山西汉墓群》，北京：解放军出版社，2004年。
国家文物局古文献研究室编：《马王堆汉墓帛书》（壹），北京：文物出版社，1980年。
邗江文化体育局、邗江政协文史资料委员会：《邗江出土文物精粹》，扬州：广陵书社，2005年。
胡新立：《邹城汉画像石》，北京：文物出版社，2008年。
湖北省博物馆、鄂州市博物馆编：《鄂城汉三国六朝铜镜》，北京：文物出版社，1986年。
湖北省博物馆：《曾侯乙墓》，北京：文物出版社，1989年。
湖北省荆沙铁路考古队：《包山楚墓》，北京：文物出版社，1991年。
湖南省博物馆、湖南省文物考古研究所：《长沙马王堆二、三号汉墓》，北京：文物出版社，2004年。
湖南省博物馆、中国科学院考古研究所编：《长沙马王堆一号汉墓》，北京：文物出版社，1973年。
湖南省博物馆、中国科学院考古研究所编文物编辑文员会编：《长沙马王堆一号汉墓发掘简报》，北京：文物出版社，1972年。
黄明兰、郭引强编著：《洛阳汉墓壁画》，北京：文物出版社，1996年。
黄明兰：《洛阳汉画像砖》，郑州：河南美术出版社，1986年。
江继甚编著：《汉画像石选》，上海：上海书店出版社，2000年。
江苏省文管会编：《江苏徐州汉画像石》，北京：科学出版社，1959年。

康兰英、朱青生主编：《汉画总录》陕北卷（1—10），桂林：广西师范大学出版社，2012 年。
康兰英：《米脂官庄 2001 年出土的部分汉画像石简介》，朱青生主编：《中国汉画研究》第 2 卷，桂林：广西师范大学出版社，2006 年。
李林、康兰英、赵力光编著：《陕北汉代画像石》，西安：陕西人民出版社，1995 年。
临沂市博物馆：《临沂汉画像石》，济南：山东美术出版社，2002 年。
鲁汶生主编：《山东省博物馆藏珍・石刻卷》，济南：山东文化音像出版社，2004 年。
罗二虎：《汉代画像石棺》，成都：巴蜀书社，2002 年。
洛阳博物馆编：《洛阳汉代彩画》，郑州：河南美术出版社，1986 年。
洛阳区考古发掘队：《洛阳烧沟汉墓》，北京：科学出版社，1959 年。
洛阳市文物管理局、洛阳古代艺术博物馆编：《洛阳古代墓葬壁画》，郑州：中州古籍出版社，2010 年。
马汉国主编：《微山汉画像石选集》，北京：文物出版社，2003 年。
马王堆汉墓帛书整理小组编：《马王堆汉墓帛书》（肆），北京：文物出版社，1985 年。
密县文管会等编：《密县汉画像砖》，郑州：中州书画出版社，1983 年。
南京博物院、山东省文物管理处编：《沂南古画像石墓发掘报告》，北京：文化部文物管理局出版，1956 年。
南阳汉代画像石编辑委员会编：《南阳汉代画像石》，北京：文物出版社，1985 年。
南阳文物研究所编：《南阳汉代画像砖》，北京：文物出版社，1990 年。
内蒙古自治区文物考古研究所编：《和林格尔汉墓壁画》，北京：文物出版社，2007 年。
裘锡圭主编：《长沙马王堆汉墓简帛集成》，北京：中华书局，2014 年。
山东省博物馆、山东省考古研究所编：《山东汉画像石选集》，济南：齐鲁书社，1982 年。
山东省文物考古研究所、东平县文物管理所：《东平后屯汉代壁画墓》，北京：文物出版社，2010 年。

山东石刻艺术博物馆编：《山东汉画像石精华·滕州卷》第二辑，济南：齐鲁书社，1994年。
闪修山、王儒林、李陈广：《南阳汉画像石》，郑州：河南美术出版社，1989年。
陕西省考古研究所、榆林市文物管理委员会办公室：《神木大保当——汉代城址与墓葬考古报告》，北京：科学出版社，2001年。
陕西省考古研究院：《壁上丹青——陕西出土壁画集》，北京：科学出版社，2009年。
田忠恩、陈剑彤、武利华、仝泽荣：《睢宁汉画像石》，济南：山东美术出版社，1998年。
王士伦编著：《浙江出土铜镜》（修订本），北京：文物出版社，2006年。
文物出版社编：《西汉帛画》，北京：文物出版社，1972年。
文物图象研究室汉代拓本整理小组：《“中央”研究院历史语言研究所藏汉代石刻画象拓本精选集》，“中央”研究院历史语言研究所，2004年。
闻宥集撰：《四川汉代画象选集》，北京：中国古典艺术出版社，1956年。
吴曾德：《汉代画像石》，北京：文物出版社，1984年。
吴永存编著：《九江出土铜镜》，北京：文物出版社，1993年。
武利华主编：《徐州汉画像石》，北京：线装书局，2001年。
新疆维吾尔自治区文物事业管理局等主编：《新疆文物古迹大观》，乌鲁木齐：新疆美术摄影出版社，1999年。
信立祥：《汉代画像石综合研究》，北京：文物出版社，2000年。
徐光冀主编：《中国出土壁画全集》第10册，北京：科学出版社，2011年。
徐文彬等：《四川汉代石阙》，北京：文物出版社，1992年。
徐毅英主编：《徐州汉画像石》，北京：中国世界语出版社，1995年。
徐州市博物馆：《徐州汉画像石》，南京：江苏美术出版社，1985年。
薛文灿等编：《河南新郑汉代画像砖》，上海：上海书画出版社，1993年。
苑建中：《徐州市汉画像石研究会汉画像石藏石》，香港：中国文化出版社，2009年。
张从军：《黄河下游的汉画像石艺术》，济南：齐鲁书社，2004年。
张德芳：《敦煌马圈湾汉简集释》，兰州：甘肃文化出版社，2013年。
张秀清等编：《郑州汉画像砖》，郑州：河南美术出版社，1988年。

赵力光编：《鸳鸯七志斋藏石》，西安：三秦出版社，1995 年。
郑州历史文化丛书编纂委员会编：《郑州古墓壁画精选》，香港：香港国际出版社，1999 年。
朱青生等主编：《汉画总录》南阳卷(11—30)，桂林：广西师范大学出版社，2015 年。
中国画像石全集编辑委员会编：《中国画像石全集 1 • 山东汉画像石》，济南：山东美术出版社；郑州：河南美术出版社，2000 年。
中国画像石全集编辑委员会编：《中国画像石全集 2 • 山东汉画像石》，济南：山东美术出版社；郑州：河南美术出版社，2000 年。
中国画像石全集编辑委员会编：《中国画像石全集 3 • 山东汉画像石》，济南：山东美术出版社；郑州：河南美术出版社，2000 年。
中国画像石全集编辑委员会编：《中国画像石全集 4 • 江苏安徽浙江汉画像石》，济南：山东美术出版社；郑州：河南美术出版社，2000 年。
中国画像石全集编辑委员会编：《中国画像石全集 5 • 陕西、山西汉画像石》，济南：山东美术出版社；郑州：河南美术出版社，2000 年。
中国画像石全集编辑委员会编：《中国画像石全集 6 • 河南汉画像石》，济南：山东美术出版社；郑州：河南美术出版社，2000 年。
中国画像石全集编辑委员会编：《中国画像石全集 7 • 四川汉画像石》，济南：山东美术出版社；郑州：河南美术出版社，2000 年。
中国画像砖全集编辑委员会编：《中国画像砖全集 • 河南画像砖》，成都：四川美术出版社，2006 年。
中国画像砖全集编辑委员会编：《中国画像砖全集 • 四川汉画像砖》，成都：四川美术出版社，2006 年。
中国画像砖全集编辑委员会编：《中国画像砖全集 • 全国其他地区画像砖》，成都：四川美术出版社，2006 年。
中国美术全集编辑委员会编：《中国美术全集 • 绘画编 18 画像石画像砖》，上海：上海人民美术出版社，1988 年。
中国漆器全集编辑委员会编：《中国漆器全集》，福州：福建美术出版社，1998 年。
中国社会科学院考古研究所：《杏园东汉墓壁画》，沈阳：辽宁美术出版社，

1995 年。
中国陶瓷全集编辑委员会编：《中国美术分类全集·中国陶瓷全集·三国两晋南北朝》，上海：上海人民美术出版社，2000 年。
中国文物交流中心：《汉风——中国汉代文物展》，北京：科学出版社，2014 年。
朱锡禄：《嘉祥汉画像石》，济南：山东美术出版社，1992 年。
朱锡禄：《武氏祠汉画像石》，济南：山东美术出版社，1986 年。
[日]大阪府立弥生文化博物館編：《中国：仙人のふるさと——山東省文物展》，山口県立萩美術館、浦上記念館，1997 年。
[日]山口県立萩美術館、浦上記念館編：《鏡の中の宇宙：シリーズ山東文物 6》，2005 年。
[日]天理大学、天理教道友社共編：《天理大学附属天理参考館蔵品·画像塼》，奈良：天理教道友社，1986 年。
[日]永田英正編：《漢代石刻集成》，京都：同朋舍，1994 年。

(二)期刊

安徽省文物考古研究所等：《安徽马鞍山东吴朱然墓发掘简报》，《文物》1986 年第 3 期。
方建国等：《四川简阳县鬼头山东汉崖墓》，《文物》1991 年第 3 期。
甘肃省博物馆：《武威磨咀子三座汉墓发掘简报》，《文物》1972 年第 12 期。
郝利荣、杨孝军：《江苏徐州贾汪汉画像石墓》，《文物》2008 年第 2 期。
河南省博物馆：《灵宝张湾汉墓》，《文物》1975 年第 11 期。
湖北孝感地区第二期亦工亦农文物考古训练班：《湖北云梦睡虎地十一号秦墓发掘简报》，《文物》1976 年第 6 期。
湖北孝感地区第二期亦工亦农文物考古训练班：《湖北云梦睡虎地十一座秦墓发掘简报》，《文物》1976 年第 9 期。
湖南省博物馆编：《长沙砂子塘西汉墓发掘简报》，《文物》1963 年第 2 期。
金雀山汉墓发掘组：《山东临沂金雀山九号汉墓发掘简报》，《文物》1977 年第 11 期。
荆州市博物馆：《湖北省荆州市天星观二号墓发掘简报》，《文物》2001 年第 9 期。

考古研究所洛阳发掘队：《洛阳西郊晋墓的发掘》，《考古》1959 年第 11 期。
李松：《淅川县下寺汉画像砖墓》，《中原文物》1982 年第 1 期。
连云港市博物馆：《江苏东海县尹湾汉墓群发掘简报》，《文物》1996 年第 8 期。
临沂市博物馆：《临沂的西汉瓮棺、砖棺、石棺墓》，《文物》1988 年第 10 期。
临沂市博物馆：《山东临沂金雀山周氏墓群发掘简报》，《文物》1984 年第 11 期。
刘云涛：《山东莒县东莞出土汉画像石》，《文物》2005 年第 3 期。
洛阳博物馆：《洛阳西汉卜千秋壁画墓发掘简报》，《文物》1977 年第 6 期。
洛阳市第二文物工作队：《洛阳新发现的两座西晋墓发掘简报》，《文物》2009 年第 3 期。
洛阳市文物工作队：《洛阳厚载门街西晋墓发掘简报》，《文物》2009 年第 11 期。
洛阳市文物工作队：《洛阳涧河东岸发现的一座东晋墓》，《文物》2007 年第 9 期。
南京博物院：《江苏仪征烟袋山汉墓》，《考古学报》1987 年第 4 期。
南阳汉画像石编委会：《唐河县电厂汉画像石墓》，《中原文物》1982 年第 1 期。
南阳市博物馆：《南阳县赵寨砖瓦厂汉画像石墓》，《中原文物》1982 年第 1 期。
倪克鲁(Lukas Nickel)著，贺西林译：《大英博物馆收藏的一组汉代壁画》，《考古与文物》2004 年第 5 期。
平阴县博物馆：《山东平阴县实验中学出土汉画像石》，《华夏考古》2008 年第 3 期。
濮阳市文物管理委员会等：《河南濮阳西水坡遗址发掘简报》，《文物》1988 年第 3 期。
任日新：《山东诸城汉墓画像石》，《文物》1981 年第 10 期。
陕西省考古研究所配合基建考古队：《西安东郊田王西晋墓清理简报》，《考古与文物》1990 年第 5 期。
商彤流、刘永生：《山西离石再次发现东汉画像石墓》，《文物》，1996 年第 4 期。
石可昌等：《山东青州西辛战国陪葬墓发掘简报》，《文物》2010 年第 7 期。
四川省文物管理委员会等：《广汉三星堆遗址一号祭祀坑发掘简报》，《文物》1987 年第 10 期。
宋彦泉、宋爱贞：《山东临沂银雀山发现古代铜镜》，《考古》1990 年第 11 期。
苏兆庆、张安礼：《山东莒县沈刘庄汉画像石墓》，《考古》1988 年第 9 期。

吐鲁番地区文物局:《新疆吐鲁番地区阿斯塔那古墓群西区 408、409 号墓》,《考古》2006 年第 12 期。
王步毅:《安徽宿县褚兰汉画像石墓》,《考古学报》1993 年第 4 期。
微山县文物管理所:《山东微山县出土的汉画像石》,《文物》2000 年第 10 期。
微山县文物管理所:《山东微山县近年出土的汉画像石》,《考古》2006 年第 2 期。
徐殿魁:《河南偃师杏园村东汉壁画墓》,《考古》1985 年第 1 期。
徐淑彬:《临沂金雀山 1997 年发现的四座西汉墓》,《文物》1998 年第 12 期。
徐州博物馆:《徐州发现东汉元和三年画像石》,《文物》1990 年第 9 期。
徐州市博物馆、沛县文化馆:《江苏沛县栖山汉画像石墓清理简报》,《考古学集刊》第 2 集,中国社会科学出版社,1982 年。
姚景洲、贾庆华:《邳州车夫山汉画像石》,《东南文化》1999 年第 2 期。
俞凉亘、高金照:《洛阳东北郊东汉墓发掘简报》,《文物》2000 年第 8 期。
云南省文物工作队:《云南省昭通后海子东晋壁画墓清理简报》,《文物》1963 年第 12 期。
赵吴成、周广济:《甘肃酒泉孙家石滩魏晋墓发掘简报》,《考古与文物》2005 年第 5 期。
中国社会科学院考古研究所河南第二工作队:《河南偃师杏园村东汉壁画墓》,《考古》1985 年第 1 期。
周水利:《安徽萧县新出土的汉代画像石》,《文物》2010 年第 6 期。
邹城市文物管理局:《山东邹城市卧虎山汉画像石墓》,《考古》1999 年第 6 期。

四、学术著作与论文

(一)著作

[德]鲍吾刚著,严蓓雯、韩雪临、吴德祖译:《中国人的幸福观》,南京:江苏人民出版社,2004 年。
曹峰:《近年出土黄老思想文献研究》,北京:中国社会科学出版社,2015 年。
陈国符:《道藏源流考》,北京:中华书局,1963 年。
陈槃:《古谶纬研讨及其书目解题》,台北:编译馆,1991 年。

陈苏镇：《〈春秋〉与“汉道”：两汉政治与政治文化研究》，北京：中华书局，2011 年。
陈直：《关中秦汉陶录》，北京：中华书局，2006 年。
陈遵妫：《中国天文学史》，台北：明文书局，1987 年。
丁煌：《汉唐道教论集》，北京：中华书局，2009 年。
《法国汉学》第 7 辑“宗教史专号”，北京：中华书局，2002 年。
傅勤家：《中国道教史》，上海：商务印书馆，1937 年。
龚韵蘅：《两汉灵冥世界观探究》，台北：文津事业股份有限公司，2006 年
顾颉刚：《中国上古史研究讲义》，北京：中华书局，1988 年。
顾森：《秦汉绘画史》，北京：人民美术出版社，2000 年。
郭沫若：《奴隶制时代》，北京：人民出版社，1954 年。
郭世谦：《屈原天问今译考辨》，天津：天津古籍出版社，2006 年。
韩养民：《秦汉文化史》，西安：陕西人民教育出版社，1986 年。
何新：《诸神的起源：中国远古神话与历史》，北京：三联书店，1986 年。
胡宝国：《汉唐间史学的发展》，北京：商务印书馆，2003 年。
胡孚琛主编：《中华道教大辞典》，北京：中国社会科学出版社，1995 年。
胡适：《中国中古思想史长编》，《胡适全集》第 6 卷，合肥：安徽教育出版社，2003 年。
胡文辉：《中国早期方术与文献丛考》，广州：中山大学出版社，2000 年。
黄佩贤：《汉代墓室壁画研究》，北京：文物出版社，2008 年。
黄晓芬：《汉墓的考古学研究》，长沙：岳麓书社，2003 年。
黄雅峰：《汉画像石画像砖艺术研究》，北京：中国社会科学出版社，2011 年。
黄雅峰：《汉画学术文集》，郑州：河南美术出版社，1996 年。
霍巍、赵德云：《战国秦汉时期中国西南的对外文化交流》，成都：巴蜀书社，2007 年。
[日]吉野裕子著，井上聪、汪平、杨华、曹峰译：《神秘的狐狸——阴阳五行与狐崇拜》，沈阳：辽宁教育出版社，1990 年。
贾庆超：《武氏祠汉画石刻考评》，济南：山东大学出版社，1993 年。
姜生、汤伟侠主编：《中国道教科学技术史·汉魏两晋卷》，北京：科学出版社，2002 年。

姜生、汤伟侠主编：《中国道教科学技术史·南北朝隋唐五代卷》，北京：科学出版社，2010 年。
姜生：《汉魏两晋南北朝道教伦理论稿》，成都：四川大学出版社，1995 年。
[德]卡西尔著，甘阳译：《人论》，上海：上海译文出版社，1987 年。
冷玉龙等著：《中华字海》，北京：中华书局、中国友谊出版公司，1994 年。
黎明钊编：《汉帝国的制度与社会秩序》，香港：牛津大学出版社，2012 年。
李发林：《汉画考释和研究》，北京：中国文联出版社，2000 年。
李发林：《山东汉画像石研究》，济南：齐鲁书社，1982 年。
李锦山：《鲁南汉画像石研究》，北京：知识产权出版社，2008 年。
李立：《汉墓神画研究：神话与神话艺术精神的考察与分析》，上海：上海古籍出版社，2004 年。
李零：《中国方术考》（修订本），北京：东方出版社，2001 年。
李零：《中国方术续考》，北京：东方出版社，2000 年。
李凇：《论汉代艺术中的西王母图像》，长沙：湖南教育出版社，2000 年。
李约瑟：《中国之科学与文明》，第 14 册，台北：台湾商务印书馆，1989 年。
李泽厚：《美的历程》，合肥：安徽文艺出版社，1994 年。
梁启超：《论中国学术思想变迁之大势》，上海：上海古籍出版社，2001 年。
林河：《〈九歌〉与沅湘民俗》，上海：三联书店，1990 年。
[日]林巳奈夫著，常耀华等译：《神与兽的纹样学——中国古代诸神》，北京：三联书店，2009 年。
刘复：《敦煌掇琐》，南京：中央研究院历史语言研究所，1931 年。
刘慧、张玉胜：《岱庙汉画像石》，济南：山东画报出版社，1998 年。
刘培桂：《孟子与孟子故里》，北京：中国文史出版社，2001 年。
刘晓路：《中国帛画》，北京：中国书店，1994 年。
柳存仁：《道教史探源》，北京：北京大学出版社，2000 年。
罗二虎：《汉代画像石棺》，成都：巴蜀书社，2002 年。
罗振玉：《贞松堂集古遗文》，北京：北京图书馆出版社，2003 年。
吕思勉：《秦汉史》，上海：上海古籍出版社，2005 年。
吕宗力：《汉代的谣言》，杭州：浙江大学出版社，2011 年。
[英]马林诺夫斯基：《文化论》，北京：中国民间文艺出版社，1987 年。

马芹桥、周荃主编：《青岛文博论丛》，青岛：青岛出版社，1991 年。
孟乃昌：《周易参同契考辩》，上海：上海古籍出版社，1993 年。
牛天伟、金爱秀：《汉画神灵图像考述》，开封：河南大学出版社，2009 年。
潘鼐：《中国恒星观测史》，上海：学林出版社，1989 年。
蒲慕州：《墓葬与生死：中国古代宗教之省思》，台北：联经出版事业公司，1993 年。
蒲慕州：《追寻一己之福：中国古代的信仰世界》，台北：允晨文化，1995 年。
蒲慕州主编：《生活与文化》，北京：中国大百科全书出版社，2005 年。
钱穆：《先秦诸子系年考辨》（增订本），北京：中华书局，1985 年。
钱南扬：《汉上宧文存 梁祝戏剧辑存》，北京：中华书局，2009 年。
卿希泰主编：《中国道教史》，成都：四川人民出版社，1996 年。
任半塘：《唐戏弄》，上海：上海古籍出版社，1984 年。
任继愈主编：《道藏提要》（第 3 次修订版），中国社会科学出版社，2005 年。
尚志钧：《神农本草经校注》，北京：学苑出版社，2008 年。
沈从文：《中国古代服饰研究》，上海：上海书店出版社，2002 年。
宋佩韦：《两汉之宗教》，上海：商务印书馆，1931 年。
苏雪林《昆仑之谜》，台北："中央"文物供应社，1956 年。
孙机：《汉代物质文化资料图说》，北京：文物出版社，1991 年。
孙机：《中国古舆服论丛》，北京：文物出版社，2001 年。
[美]孙康宜、宇文所安主编，刘倩等译：《剑桥中国文学史》，北京：三联书店，2013 年。
王朝闻主编：《中国美术史・秦汉卷》，济南：齐鲁书社，济南：明天出版社，2000 年。
王纲怀：《清华铭文镜—镜铭汉字演变简史》，北京：清华大学出版社，2011 年。
王家葵：《陶弘景丛考》，济南：齐鲁书社，2003 年。
王孝廉：《中国的神话世界》，北京：作家出版社，1991 年。
王子今：《东方海王：秦汉时期齐人的海洋开发》，北京：中国社会科学出版社，2015 年。
王子今：《秦汉称谓研究》，北京：中国社会科学出版社，2014 年。
王子今：《秦汉交通史新识》，北京：中国社会科学出版社，2015 年。

王子今：《睡虎地秦简〈日书〉甲种疏证》，武汉：湖北教育出版社，2003年。
[日]尾形勇著，张鹤泉译：《中国古代的“家”与国家》，北京：中华书局，2006年。
巫鸿著，柳扬、岑河译：《武梁祠：中国古代画像艺术的思想性》，北京：三联书店，2006年。
巫鸿著，施杰译：《黄泉下的美术：宏观中国古代墓葬》，北京：三联书店，2010年。
巫鸿著，郑岩、王睿等译：《礼仪中的美术》，北京：三联书店，2005年。
萧兵：《楚辞与神话》，南京：江苏古籍出版社，1987年。
萧登福：《谶纬与道教》，台北：联经出版事业公司，2000年。
萧登福：《先秦两汉冥界及神仙思想探原》，台北：文津出版社有限公司，2001年。
萧登福：《周秦两汉早期道教》，台北：文津出版社有限公司，1998年。
[日]小南一郎著，孙昌武译：《中国的神话传说与古小说》，北京：中华书局，2006年。
信立祥：《汉代画像石综合研究》，北京：文物出版社，2000年。
邢义田：《画为心声：画像石、画像砖与壁画》，北京：中华书局，2011年。
熊传薪主编：《汉朝·汉族·汉文化》，台北：艺术家出版社，1999年。
徐兴无：《谶纬文献与汉代文化构建》，北京：中华书局，2003年。
许地山：《道教、因明及其他》，北京：中国社会科学出版社，1996年。
许地山：《道教史》，上海：商务印书馆，1934年，上海书店出版社1991年影印本。
杨爱国：《幽冥两界：纪年汉代画像石研究》，西安：陕西人民美术出版社，2006年。
杨泓：《汉唐美术考古和佛教艺术》，北京：科学出版社，2000年。
杨华：《古礼新探》，北京：商务印书馆，2012年。
杨宽：《杨宽古史论文选集》，上海：上海人民出版社，2003年。
杨权：《新五德理论与两汉政治：尧后火德说考论》，北京：中华书局，2006年。
杨树达：《汉代婚丧礼俗考》，上海：上海古籍出版社，2000年。
俞伟超：《先秦两汉考古论集》，北京：文物出版社，1985年。

张光直：《中国考古学论文集》，北京：三联书店，1990 年。
张勋燎、白彬：《中国道教考古》，北京：线装书局，2006 年。
钟敬文：《钟敬文民间文学论集》，上海：上海文艺出版社，1982 年。
周绍良、白化文编：《敦煌变文论文录》，上海：上海古籍出版社，1982 年。
朱存明：《汉画像的象征世界》，北京：人民文学出版社，2005 年。
朱越利：《道藏分类解题》，北京：华夏出版社，1996 年。
[日]大淵忍爾：《初期の道教》，東京：創文社，1991 年。
[日]福井康順：《道教の基礎的研究》，東京：理想社，1952 年。
[日]谷中信一：《齊地の思想文化の展開と古代中國の形成》，東京：汲古書院，2008 年。
[日]間嶋潤一：《鄭玄と〈周礼〉——周の太平國家の構想》，東京：明治書院，2010 年。
[日]林巳奈夫：《漢代の神神》，京都：臨川書店，1989 年。
[日]楠山春樹：《老子伝説の研究》，東京：創文社，1979 年。
[日]秋月観暎编：《道教と宗教文化》，東京：平河出版社，1987 年。
[日]森修：《營城子》，《東方考古學叢刊甲種》第四冊，東京：雄山閣出版株式會社，1981 年。
[日]石川三佐男：《〈楚辞〉の〈九歌〉の意味するものについて——離騒篇の構造併せて〈昇仙図〉との比較に及ぶ》（自家版），東京：株式會社友集社印刷，1987 年。
[日]石川三佐男：《楚辭新研究》，東京：汲古書院，2002 年。
[日]曾布川寛：《崑崙山への昇仙：古代中国人が描いた死後の世界》，東京：中央公論社，1981 年。
Burke, Peter. 2008. *Eyewitnessing: The Uses of Images as Historical Evidence*. New York: Cornell University Press.
Campany, Robert F. 1996. *Strange Writing: Anomaly Accounts in Early Medieval China*. Albany. NY: State University of New York Press.
Campany, Robert F. 2002. *To Live as Long as Heaven and Earth: A Translation and Study of Ge Hong's Traditions of Divine Transcendents*. University of California Press.

Campany, Robert F. 2009. *Making Transcendents: Ascetics and Social Memory in Early Medieval China*. Honolulu: University of Hawai'i Press.

Eliade, Mircea; translated from the French by W. R. Trask. 1972. *Shamanism.* Princeton University Press.

Girardot, Norman J. 1988.*Myth and Meaning in Early Taoism*. Berkeley: University of California Press.

Haddon, Alfred C. 1895. *Evolution in Art: as Illustrated by the Life-History of Design*. London: Walter Scott.

Insoll, Timothy. 2004.*Archaeology, Ritual, Religion*. New York: Routledge.

Kaltenmark, Max（tr）. 1987. *Le Lie-sien tchouan: Biographies légendaires des immortels taoïstes de l'antiquité*. Beijing: Université de Paris, Publications du Centre d'études sinologiques de Pékin（1953）. Reprint Paris: Collège de France.

Kern, Martin (ed). 2007. *Text and Ritual in Early China.* Seattle and London: University of Washington Press.

Loewe, Michael. 1979. *Ways to Paradise: the Chinese quest for immortality.* Boston: Allen and Unwin.

Loewe, Michael. 1982.*Chinese Ideas of Life and Death: Faith, Myth and Reason in the Han Period.* London: George Allen and Unwin.

Loewe, Michael. 1994. *Divination, Mythology and Monarchy in Han China.* Cambridge: Cambridge University Press.

Loewe, Michael. 2000. *A Biographical Dictionary of the Qin, Han and Xin Periods*. Leiden: Brill.

Loewe, Michael; Shaughnessy, Edward L（eds）. 1999. *The Cambridge History of Ancient China*. Cambridge: Cambridge University Press.

Loewe, Michael 鲁惟一. 1974. *Crisis and Conflict in Han China*. London: George Allen and Unwin.

Maspero, Henri; Kierman. Frank A., Jr.（tr）. 1981. *Taoism and Chinese Religion.* Amherst: University of Massachusetts Press.

Robins, Gay. 2008.*The Art of Ancient Egypt*. Mass: Harvard University Press.

Schipper, Kristofer; Verellen, Franciscus(eds). 2004. *The Taoist Canon: A Historical Companion to the Daozang*. Chicago & London: The University of Chicago Press.

(二)论文

艾延丁：《南阳市王庄汉画像石墓墓顶画像考释》，《中原文物》1986年第1期。

安志敏：《长沙新发现的西汉帛画试探》，《考古》1973年第1期。

蔡运章：《东汉永寿二年镇墓瓶文考略》，《考古》1989年7期。

曹峰：《出土文献视野下的黄老道家研究》，《中国社会科学》2013年第2期。

曹峰：《黄老思想与民间数术——以出土文献为线索》，《诸子学刊》第5辑，上海：上海古籍出版社，2011年。

柴中庆：《南阳汉画像石墓墓主人身份初探》，《汉代画像石研究》，北京：文物出版社，1987年。

陈成军：《试谈汉代画像砖、石上的六博图像》，《文物天地》2000年第5期。

陈洪：《〈列仙传〉成书时代考》，《文献》2007年第1期。

陈路：《汉画榜题“上人马食太仓”考》，《南都学坛》2005年第3期。

陈梦家：《古文字中之商周祭祀》，《燕京学报》第19期，1936年。

陈槃：《泰山主死亦主生说》，《“中央”研究院历史语言研究所集刊》第51本第3册，1980年。

陈萍：《浅论汉画像庖厨图的祭祀意义——“鬼犹求食”》，《大众文艺》2010年第21期。

陈世骧：《“想尔”老子〈道德经〉敦煌残卷论证》，《陈世骧文存》，沈阳：辽宁教育出版社，1998年。

陈苏镇：《两汉之际的谶纬与公羊学》，《文史》2006年第3辑。

陈显丹、陈德安：《试析三星堆遗址商代一号坑的性质及有关问题》，《四川文物》1987年第4期。

陈长虹：《贞夫故事图像考——复原一个汉代失传的列女故事》，《艺术史研究》15，广州：中山大学出版社，2013年。

陈兆忠：《马王堆“T”形帛画的艺术特征及思想文化管窥》，《湖南省社会主义学院学报》2003年第4期。

陈振裕：《楚国车马出行图初论》，《江汉考古》1989 年第 4 期。
陈直：《望都汉墓壁画题字通释》，《考古》1962 年第 3 期。
陈直：《长沙马王堆一号汉墓的若干问题考述》，《文物》1972 年第 9 期。
陈中浙：《刘宋天师道的“六天”说》，《中国道教》2005 年第 3 期。
赤银中：《老子会见孔子汉画像的文化意蕴》，《中国道教》2002 年第 4 期。
崔乐泉：《中国古代六博研究》上、中、下，《体育文化导刊》2006 年第 4、5、6 期。
丁煌：《汉末三国道教发展与江南地缘关系初探——以张陵天师出生地传说、江南巫俗及孙吴政权与道教关系为中心之一般考察》，《汉唐道教论集》，北京：中华书局，2009 年。
范文美：《泰山“治鬼”说与佛教地狱》，《东南大学学报》2010 年第 2 期。
冯时：《濮阳西水坡 45 号墓的天文学研究》，《文物》1990 年第 3 期。
冯沂：《临沂汉画像石中所见车骑出行图考释》，《文博》2004 年第 1 期。
冯渝杰：《从“汉家”神化看两汉之际的天命竞夺》，《历史研究》2015 年第 1 期。
傅举有：《论秦汉时期的博具、博戏兼及博局纹镜》，《考古学报》1986 年第 1 期。
高海平、张小琴：《东汉壁画车马出行图相关研究》，《唐都学刊》2009 年第 1 期。
高去寻：《崖墓中所见汉代的一种巫术》，“中央”研究院历史语言研究所《古今论衡》1999 年第 2 期。
高志伟：《考古资料所见赭石、朱砂、铅丹及其运用》，《青海民族大学学报(社会科学版)》2011 年第 1 期。
龚诗文：《题记、制作与意匠——以安国祠堂画像石为例》，林保尧主编：《美术考古与文化资产——以台湾地区学者的论述为中心》，上海：上海大学出版社，2008 年。
龚维英：《“炎帝神农氏”形成过程探索》，《华南师范大学学报(社会科学版)》1984 年第 2 期。
顾铁符：《座谈长沙马王堆一号墓——关于帛画》，《文物》1972 年第 9 期。
郭沫若：《桃都、女娲、加陵》，《文物》1973 年第 1 期。

郭武：《论〈太平经〉的神学思想》，《中国道教》1991 年第 2 期。
郭武：《论道教初创时期的神学思想》，《四川大学学报(哲学社会科学版)》1993 年第 2 期。
郭武：《论道教的长生成仙信仰》，《世界宗教研究》1994 年第 1 期。
郭武：《再论道教成仙信仰的形成》，《宗教学研究》1997 年第 2 期。
郭学仁：《马王堆一号汉墓帛画内容新探》，《美术研究》1993 年第 2 期。
韩秉方：《关于道教创立过程的新探索》，《世界宗教研究》1999 年第 2 期。
何双全：《天水放马滩秦简甲种〈日书〉考述》，《秦汉简牍论文集》，兰州：甘肃人民出版社，1989 年。
贺西林：《从长沙楚墓帛画到马王堆一号汉墓漆棺画与帛画——早期中国墓葬绘画的图像理路》，《艺术史研究》第 5 辑，广州：中山大学出版社，2003 年。
胡飞：《关于马王堆汉墓 T 形帛画内容的疑点分析》，《合肥教育学院学报》2003 年第 1 期。
胡适：《陶弘景的〈真诰〉考》，《胡适论学近著》第一集，济南：山东人民出版社，1998 年。
黄儒宣：《六博棋局的演变》，《中原文物》2010 年第 1 期。
济南市博物馆：《试谈济南无影山出土的西汉乐舞、杂技、宴饮陶俑》，《文物》1972 年第 5 期。
贾麦明：《韩城市汉墓出土闾氏朱书陶瓶考释》，《东南文化》1993 年第 3 期。
江闻杰：《蓬莱、方丈、瀛洲考源》，《励耘学刊(语言卷)》2009 年第 1 期。
姜生(山人)：《道教的兴起与葬俗之理性化变迁》，《中山大学学报(哲社版)》1997 年第 6 期。
姜生、冯渝杰：《汉画所见存思术考——兼论〈老子中经〉对汉画的文本化继承》，《复旦学报》2015 年第 2 期。
姜生、种法义：《汉画像石所见的子路与西王母组合模式》，《考古》2014 年第 2 期。
姜生：《〈风俗通义〉等文献所见东汉原始道教信仰》，《宗教学研究》1998 年第 1 期。
姜生：《〈老子想尔注〉三题》，饶宗颐主编《华学》辑刊，上海：上海古籍出版社，2008 年第 9—10 辑合刊，第 4 册。
姜生：《曹操与原始道教》，《历史研究》2011 年第 1 期。
姜生：《地斗考》，《中国出土资料研究》（日本），2015 年 3 月，第 19 号。
姜生：《鬼圣项橐考》，《敦煌学辑刊》2015 年第 2 期。
姜生：《韩凭故事考》，《安徽史学》2015 年第 6 期。
姜生：《汉代老君形像小考》，刘仲宇、吉宏忠主编：《正一道教研究》第一辑，北京：宗教文化出版社，2012 年，第 64—75 页。
姜生：《汉代列仙图考》，《文史哲》2015 年第 2 期。
姜生：《汉代神祇考》，《江西社会科学》2015 年第 1 期。
姜生：《汉代仙谱考》，《東方学》（日本），2015 年 1 月，第 129 辑。
姜生：《汉画孔子见老子与汉代道教仪式》，《文史哲》2011 年第 2 期。
姜生：《汉墓的神药与尸解成仙信仰》，《四川大学学报(哲社版)》2015 年第 2 期。
姜生：《汉阙考》，《中山大学学报(哲社版)》1997 年第 1 期。
姜生：《界定者：汉墓画像边饰研究》，《东岳论丛》2015 年第 11 期。
姜生：《六博图与汉墓之仙境隐喻》，《史学集刊》2015 年第 1 期。
姜生：《论马王堆出土〈地形图〉之九嶷山图及其技术传承》，《中国历史地理论丛》2009 年第 3 期。
姜生：《论宗教源于人类自我意识》，《世界宗教研究》2011 年第 3 期。
姜生：《马王堆帛画与汉初“道者”的信仰》，《中国社会科学》2014 年第 6 期。
姜生：《马王堆一号汉墓四重棺与死后仙化程序考》，《文史哲》2016 年第 3 期。
姜生：《荀子哲学对中国文化发展的理论预示及其现代价值》，《四川大学学报(哲社版)》1996 年第 1 期。
姜生：《原始道教之兴起与两汉社会秩序》，《中国社会科学》2000 年第 6 期。
姜生：《长沙金盆岭晋墓与太阴炼形——以及墓葬器物群的分布逻辑》，《宗教学研究》2011 年第 1 期。
姜彦文：《四川汉代石棺六博画像艺术初步研究》，中国汉画学会、四川博物院编：《中国汉画学会第十二届年会论文集》，香港：中国国际文化出版社，

2010 年。

蒋英炬、蒋群：《从汉画像中说晏子》，《晏子研究文集》，济南：齐鲁书社，1998 年。

蒋英炬：《晏子与孔子见老子同在的画像石》，《中国文物报》1998 年 10 月 14 日。

解华英、傅吉峰：《浅谈嘉祥县出土孔子、老子、晏子同在的汉画像石》，《大汉雄风——中国汉画学会第十一届年会论文集》，北京：高等教育出版社，2008 年。

金谷治：《汉初道家的派别》，《日本学者研究中国史论著选译·第七卷》，北京：中华书局，1992 年。

金景芳：《关于长沙马王堆一号汉墓帛画的名称问题》，《社会科学战线》1978 年第 1 期。

金军华：《也谈〈神异经〉之成书年代——兼与李剑国先生商榷》，《南阳师范学院学报》2009 年第 10 期。

金文京：《孔子的传说——〈孔子项讬相问书〉考》，《“中央”研究院历史语言研究所傅斯年图书馆俗文学学术研讨会论文集》，台北：“中央”研究院历史语言研究所，2006 年。

劳榦：《六博及博局的演变》，《“中央”研究院历史语言研究所集刊》第 35 本，1964 年。

李发林：《山东汉画像石概述》，《文史哲》1981 年第 2 期。

李家浩：《论〈太一避兵图〉》，《国学研究》（第 1 卷），北京：北京大学出版社，1993 年。

李建毛：《马王堆一号汉墓帛画新解》，《南方文物》1992 年第 3 期。

李建毛：《也谈马王堆汉墓 T 形帛画的主题思想——兼质疑“引魂升天”说》，《美术史论》1992 年第 3 期。

李立、谭思梅：《汉画车马出行画像的神话学诠释》，《理论与创作》2004 年第 6 期。

李零：《跋中山王墓出土的六博棋局——与尹湾〈博局占〉的设计比较》，《中国历史文物》2002 年第 1 期。

李强：《汉画像石〈孔子见老子图〉考述》，《华夏考古》2009 年第 2 期。

李士星：《记山东嘉祥发现的一批汉画像石——兼谈有关问题》，《考古与文物》1988 年第 3 期。

李卫星：《汉画像石所见周礼遗俗》，《中原文物》2001 年第 1 期。

李卫星：《略谈儒家思想对山东汉画像石的影响》，《汉画学术文集》，郑州：河南美术出版社，1996 年。

李学勤：《干支纪年和十二生肖起源新证》，《文物天地》1984 年第 3 期。

李亚光：《嘉祥汉画石的文化内涵》，《美术报》2006 年 6 月 10 日第 017 版。

连劭名：《洛阳延光元年神瓶朱书解除文述略》，《中原文物》1996 年第 4 期。

林富士：《略论早期道教与房中术的关系》，《“中央”研究院历史语言研究所集刊》，第 72 本第 2 分，2001 年。

林圣智：《东汉墓葬中的灯具——兼论与道教灯仪的可能关联》，《艺术史研究》14，广州：中山大学出版社，2012 年。

林向：《蜀酒探源——巴蜀的“萨满式文化”研究之一》，《南方民族考古》1987 年第 1 辑。

林正同、刘建华：《庖厨画像反映的汉代饮食文化》，《古今农业》1996 年第 3 期。

刘安志：《从泰山到东海——中国中古时期民众冥世观念转变之一个侧面》，《唐研究》第 13 卷，北京：北京大学出版社，2007 年。

刘炳森：《临摹马王堆西汉帛画的点滴体会》，《文物》1973 年第 9 期。

刘敦愿：《马王堆西汉帛画中的若干神话问题》，《文史哲》1978 年第 4 期。

刘辉：《“汉承尧运”的汉画像解读》，《光明日报》2013 年 5 月 16 日第 12 版。

刘家骥、刘炳森：《金雀山西汉帛画临摹后感》，《文物》1977 年第 11 期。

刘克：《汉代车骑出行羽化升仙画像石葬俗论略》，《文博》2005 年第 5 期。

刘兰芝：《车马出行在汉代壁画中的象征意义》，《美术界》2009 年第 10 期。

刘培桂：《汉画像石中的孔子见老子》，《鲁文化与儒学》，济南：山东友谊出版社，1996 年。

刘培桂：《试谈汉画像石中的孔子》，氏著《孟子与孟子故里》，北京：中国文史出版社，2001 年。

刘瑞明：《〈孔子项托相问书〉再校议》，《敦煌学辑刊》2001 年第 1 期。

刘未：《辽阳汉魏晋壁画墓研究》，《边疆考古研究》第 2 辑，2003 年。

刘晓路：《帛画诸问题——兼谈帛画学构想》，《美术史论》1992 年第 3 期。
刘永明：《〈老子中经〉形成于汉代考》，《兰州大学学报》2006 年第 4 期。
刘增贵：《汉代画像阙的象征意义》，《中国史学》第 10 卷“先秦两汉史专号”，2000 年。
刘增贵：《天堂与地狱：汉代的泰山信仰》，《大陆杂志》（台湾）1997 年第 5 期。
刘宗意：《马王堆帛画中“八个小圆”是苍龙星象》，《东南文化》1997 年第 3 期。
柳存仁：《想尔注与道教》，《第二届敦煌学国际研讨会论文集》，台北：汉学研究中心，1991 年。
栾保群：《“泰山治鬼”说的起源与中国冥府的形成》，《河北学刊》2005 年第 3 期。
栾保群：《续论“泰山治鬼”说与中国冥府的形成与演变》，项楚主编：《新国学》（第 7 卷），成都：巴蜀书社，2008 年。
罗二虎：《汉代画像石棺研究》，《考古学报》2000 年 1 期。
罗二虎：《四川汉代砖石室墓研究》，《考古学报》2001 年第 4 期。
罗琨：《关于马王堆汉墓帛画的商讨》，《文物》1972 年第 9 期。
罗伟先：《汉墓石刻画像与墓主身份等级研究》，《四川文物》1992 年第 2 期。
吕宗力：《汉代“妖言”探讨》，《中国史研究》2006 年第 4 期。
吕宗力：《汉代的流言与讹言》，《历史研究》2003 年第 2 期。
吕宗力：《汉代开国之君神话的建构与语境》，《史学集刊》2010 年第 2 期。
吕宗力：《略论民间歌谣在汉代的政治作用及相关迷思》，《社会科学战线》2008 年第 9 期。
马昌仪：《从战国图画中寻找失落了的山海经古图》，《民族艺术》2003 年第 4 期。
马承玉：《〈正一法文天师教戒科经〉的时代及与〈老子想尔注〉的关系》，《中国道教》2005 年第 2 期。
马雍：《论长沙马王堆一号汉墓出土帛画的名称和作用》，《考古》1973 年第 2 期。
蒙文通：《略论黄老学》，《蒙文通文集·古学甄微》，成都：巴蜀书社，1987 年。
蒙文通：《晚周道仙分三派考》，《蒙文通文集·古学甄微》，成都：巴蜀书社，

1987 年。
缪哲：《以图证史的陷阱》，《读书》2005 年第 2 期。
穆宝凤：《“九日”与“二龙穿璧”的生殖和祈福意义阐释——论马王堆一号墓帛画的主题意义》，《美与时代》2009 年第 4 期。
彭景元：《马王堆一号汉墓帛画新释》，《江汉考古》1987 年第 1 期。
蒲慕州：《神仙与高僧——魏晋南北朝宗教心态试探》，《汉学研究》第 8 卷第 2 期。
启良：《马王堆汉墓“非衣帛画”主题破揭》，《求索》1994 年第 2 期。
钱志熙：《两汉镜铭文本整理及文学分析》，《中华文史论丛》2009 年第 1 期。
裘锡圭：《汉简中所见韩朋故事的新资料》，《复旦学报》1999 年第 3 期。
饶道庆：《刘向〈列士传〉佚文辑校增补》，《文献》2007 年第 1 期。
任志强：《狐魅崇拜的早期流变》，《民俗研究》2013 年第 3 期。
容肇祖：《敦煌本〈韩朋赋〉考》，《敦煌变文论文录》，上海：上海古籍出版社，1982 年。
商志醰：《长沙马王堆一号汉墓“非衣”试释》，《文物》1972 年第 9 期。
沈晶照：《猫头鹰题材在古代艺术创作中的社会内涵》，《艺术探索》2006 年第 4 期。
沈睿文：《唐宋墓葬神煞考源——中国古代墓葬太一出行系列研究之三》，《唐研究》第 18 卷，北京：北京大学出版社，2012 年。
盛磊：《四川“半启门中探身人物”题材初步研究》，《中国汉画研究》第 1 卷，桂林：广西师范大学出版社，2004 年。
施杰：《意义、解释与再解释——谶纬语境与汉画形相》，朱青生主编：《中国汉画研究》第 2 卷，桂林：广西师范大学出版社，2006 年。
施舟人(Kristofer Schipper)：《李渤及其〈真系传〉》，饶宗颐主编《韩愈研究论文集》，广州：广东人民出版社，1988 年。
施舟人：《〈老子中经〉初探》，《道家文化研究》第 16 辑，北京：三联书店，1999 年。
施舟人：《第一洞天：闽东宁德霍童山初考》，《福州大学学报(哲学社会科学版)》2002 年第 1 期。
石川三佐男：《从“天公行出镜”的画像看〈楚辞·九歌〉的世界》，《中国楚辞学》（第五辑），北京：学苑出版社，2004年。
石泰安(Rolf Alfred Stein)著，朱越利译：《公元2世纪政治的宗教的道教运动》，《国际汉学》第8辑，郑州：大象出版社，2003年。
石泰安(罗尔弗·斯坦恩)著，余仲珏译：《二至七世纪的道教和民间宗教》，《道协会刊》1984年第14期。
石艳如：《试论汉画穿环(璧)图案的文化寓意》，《中国汉画学会第十二届年会论文集》，香港：中国国际文化出版社，2010年。
石璋如：《殷虚第上建筑复原第九例兼论乙五基址的现象与天象》，《"中央"研究院历史语言研究所集刊》第74本第2分，2003年。
石璋如：《月比斗与夕比斗》，《古今论衡》1990年第7期。
苏雪林：《昆仑一词何时始见中国记载：昆仑之谜之一》，《大陆杂志》1954年9卷11期。
孙齐：《敦煌本老子变化经新探》，《中国史研究》2016年第1期。
孙世文：《马王堆一号汉墓帛画人首蛇身图考》，《东北师大学报》1987年第1期。
孙以楷：《汉桓帝遣使至苦县祠老子一事考辨》，《安徽大学学报》2002年第3期。
孙作云：《洛阳西汉卜千秋墓壁画考释》，《文物》1977年第6期。
孙作云：《长沙马王堆一号汉墓出土画幡考释》，《考古》1973年第1期。
孙作云：《长沙马王堆一号汉墓漆棺画考释》，《考古》1973年第4期。
唐兰：《长沙马王堆汉轪侯妻辛追墓出土随葬遣策考释》，《文史》第十辑，北京：中华书局，1980年。
陶敏、陶红雨：《〈北户录〉崔龟图注所引〈韩朋赋〉残文考论》，《文史》2005年第4期。
王恩田：《苍山元嘉元年汉画像石墓考》，《四川文物》1989年第4期。
王牧：《东汉贞夫画像镜鉴赏》，《收藏家》2006年第3期。
王双生：《汉代画像石中的庖厨图研究》（硕士学位论文），东北师范大学，2012年。
王文清：《"羽民"、"裸民"与良渚文化》，《学海》1990年第5、6合期。
王小凤：《圣村汉画像石略述》，《中原文物》2004年第5期。

王玉金：《从南阳汉画看汉代的等级制度》，《南都学坛》1993年第1期。
王育成：《东汉天帝使者类道人与道教起源》，《道家文化研究》第16辑，北京：三联书店，1999年。
王育成：《洛阳延光元年朱书陶罐考释》，《中原文物》1993年第1期。
王煜：《汉代太一信仰的图像考古》，《中国社会科学》2014年第3期。
王煜：《四川汉墓画像中“钩绳”博局与仙人六博》，《四川文物》2011年第2期。
王煜：《也论马王堆汉墓帛画——以阊阖(璧门)、天门、昆仑为中心》，《江汉考古》2015年第3期。
王子今：《汉代“蚩尤”崇拜》，《南都学坛》2006年第4期。
王宗昱：《道教的六天说》，《道家文化研究》第16辑，北京：三联书店，1999年。
巫鸿著，李淞译：《论西王母图像及其与印度艺术的关系》，《南京艺术学院学报》1997年第3期。
巫鸿著，孙妮译：《“阴阳理论”与汉代西王母东王公形象的塑造——山东武梁祠山墙画像研究》，《西北美术》1997年第3期。
巫鸿著，郑岩译：《超越“大限”——苍山石刻与墓葬叙事画像》，《南京艺术学院学报(美术与设计版)》2005年第1期。
吴荣曾：《镇墓文中所见到的东汉道巫关系》，《文物》1981年第3期。
武利华：《汉画像石西王母图像研究之徐州样式》，《台湾王母信仰文化世界学术研讨会论文集》，花莲：胜安宫管理委员会，2009年。
夏超雄：《汉墓壁画画像石题材内容试探》，《北京大学学报》1984年第1期。
夏超雄：《孝堂山石祠画像、年代及主人试探》，《文物》1984年第8期。
向群：《〈神仙传〉版本考》，《文史》2014年第4辑。
萧登福：《试论道教内神名讳源起，兼论东晋上清经派存思修炼法门》，《宗教学研究》2004年第3期。
信立祥：《汉代画像中的车马出行图考》，《东南文化》1999年第1期。
邢义田：《格套、榜题、文献与画像解释》，《美术与考古》，北京：中国大百科全书出版社，2005年。
邢义田：《汉代画像胡汉战争图的构成、类型与意义》，台湾大学《美术史研究集刊》第 19 期，2005 年。
邢义田：《汉代画像项橐考》，《九州学林》6 卷第 3 期，总 21 辑。
熊明：《刘向〈列女〉、〈列士〉、〈孝子〉三传考论》，《锦州师范学院学报》2003 年第 3 期。
熊明：《刘向〈列士传〉佚文辑校》，《文献》2003 年第 2 期。
许地山：《道家思想与道教》，《燕京学报》1927 年第 2 期。
许蓉生：《浅议六博的产生、演变及其影响》，《四川文物》2005 年第 6 期。
雪克：《马王堆西汉帛画"非衣"说质疑》，《浙江学刊》1988 年第 1 期。
晏满玲：《泸州地区汉画资源调查与分析》，《中国汉画学会第十二届年会论文集》，香港：中国国际文化出版社，2010 年。
杨爱国：《"此上人马皆食太仓"解》，见中国社会科学院考古研究所、陕西省考古研究院、西安市文物保护考古所编：《汉长安城考古与汉文化》，北京：科学出版社，2008 年。
杨爱国：《汉画像石中的庖厨图》，《考古》1991 年第 11 期。
杨爱国：《五十年来的汉画像石研究》，《东南文化》2005 年第 4 期。
杨华：《秦汉帝国的神权统一——出土简帛与〈封禅书〉、〈郊祀志〉的对比考察》，《历史研究》2011 年第 5 期。
杨宽：《论黄巾起义与曹操起家》，载《曹操论集》，香港：三联书店，1979 年。
叶舒宪：《牛头西王母形象解说》，《民族艺术》2008 年第 3 期。
叶珠红：《论汉武帝房中求仙——以神君为例》，《绛云集》，台北：秀威资讯科技股份有限公司，2007 年。
殷诚安：《贞白先生本清白——试论胡适〈陶弘景的《真诰》考〉及〈真诰〉与〈四十二章经〉的关系》，《中国道教》2005 年第 3 期。
尤振尧：《宝应〈射阳〉汉石门画像考释》，《东南文化》1985 年创刊号。
于秋伟：《从车轮到莲花——巴蜀地区东汉至南朝墓葬砖纹的演变》，《中国汉画学会第十二届年会论文集》，香港：中国国际文化出版社，2010 年。
于秋伟：《汉代画像石之"庖厨图"分析》，《中国博物馆》2010 年第 2 期。
于秋伟：《汉代生活的真实写照——东平汉代墓室壁画》，《中国博物馆》2010 年第 2 期。
余英时：《中国古代死后世界观的演变》，《中国哲学史研究》1985 年第 3 期。

余英时著，侯旭东译：《“魂兮归来！”——论佛教传入以前中国灵魂与来世观念的转变》，《东汉生死观》，上海：上海古籍出版社，2005年。
俞伟超：《马王堆一号汉墓棺椁的推定》，氏著《先秦两汉考古论集》，北京：文物出版社，1985年。
詹姆斯(J. M. James)著，贺西林译：《汉代西王母的图像志研究》，《美术研究》1997年第2期。
张安治：《西汉帛画的艺术成就》，湖南省博物馆编：《马王堆汉墓研究》，长沙：湖南人民出版社，1981年。
张从军：《汉画像石中的射鸟图像与升仙》，《民俗研究》2006年第3期。
张美樱：《列仙、神仙、洞仙三仙传的叙述形式与主题》，《古典文献研究辑刊》第4编第29册，新北：花木兰文化出版社，2007年。
张善熙、李清裕：《鎏金“天门”钱树的研究》，《成都钱币》1999年第1、2期。
张闻捷：《试论马王堆一号汉墓用鼎制度》，《文物》2010年第6期。
张有：《丝绸之路河西地区魏晋墓彩绘砖画——六博新考》，《敦煌研究》2011年第2期。
张志春：《从具象到抽象的演化轨迹——对陕北等地汉画像石一种抽象图纹的文化追溯》，《艺术百家》2003年第3期。
赵超：《汉代画像石墓中的画像布局及其意义》，《中原文物》1991年第3期。
赵殿增、袁曙光：《“天门”考——兼论四川汉画像砖(石)的组合与主题》，《四川文物》1990年第6期。
赵殿增：《绵阳文物考古札记》，《四川文物》1991年第5期。
赵吴成：《河西墓室壁画中伏羲、女娲和牛首人身、鸡首人身图像浅析》，《考古与文物》2005年第4期。
郑岩：《论“半启门”》，《故宫博物院院刊》2012年第3期。
郑岩：《南昌东晋漆盘的启示——论南北朝墓葬艺术中高士图像的含义》，《考古》2002年第2期，氏著《从考古学到美术史：郑岩自选集》，有修订，上海：上海人民出版社，2012年。
钟肇鹏：《谶纬与齐文化》，《管子学刊》1993年第3期。
周保平、王瑞峰：《汉画游戏研究》，《中原文物》2004年第5期。
周到、郭太松：《河南汉画像题记研究》，《汉画学术文集》，郑州：河南美术出版社，1996 年。
周均平：《现实与浪漫的统一——秦汉审美文化的重要特征》，《山东师范大学学报》2000 年第 4 期。
周铮：《规矩镜应改称博局镜》，《考古》1987 年第 12 期。
朱磊：《宗教学视角下的西水坡 45 号墓》，《中原文物》2013 年第 1 期。
朱锡禄、李卫星：《山东嘉祥南武山汉画像石》，《文物》1986 年第 4 期。
朱越利：《方仙道和黄老道的房中术》，《宗教学研究》2002 年第 1 期。
［日］曾布川寛：《漢代畫像石における昇仙圖の系譜》，《東方學報》第 65 册，1993 年。
［日］長廣敏雄：《武氏祠左石室第九石の畫象について》，《東方學報》第 31 册，1961 年。
［日］長廣敏雄编：《漢代畫象の研究》，東京：中央公論美術出版，1965 年。
［日］川勝義雄：《中国人の歴史意識》，東京：平凡社，1993 年。
［日］東晋次：《漢代任俠論ノート》（一、二、三），《三重大学教育学部研究紀要》第 51、52、53 卷，2000、2001、2002 年。
［日］福井康順：《列仙伝考》，《早稲田大学大学院文学研究科紀要》1957 年第 3 号。
［日］福井康順：《神仙伝考》，《東方宗教》1951 年创刊号。
［日］福井康順：《神仙伝續考》，《宗教研究》1954 年第 137 号。
［日］岡村秀典：《前漢鏡銘集釋》，《東方學報》第 84 册，2009 年。
［日］宮澤正順：《『列仙伝』と『神仙伝』について》，《儒・仏・道三教思想論攷：牧尾良海博士喜寿記念》，東京：山喜房佛書林，1991 年。
［日］黒田彰：《武氏祠画象石の基礎的研究（三）：Michael Nylan "Addicted to Antiquity" 読後》，《京都語文》2009，16: 64-176。
［日］間嶋潤一：《太平と河圖・洛书——前漢武帝期の太平國家の構想》，《東方宗教》1992，80: 1-14。
［日］京都大學人文科學研究所中國古鏡の研究班：《後漢鏡銘集釋》，《東方學報》第 86 册，2011 年。
［日］酒井忠夫：《太山信仰の研究》，《史潮》7(2)，1937 年。
［日］菊地章太：《敦煌写本〈老子変化経〉の構造と生成》，《東洋学研究》

46，2009 年。

[日]林巳奈夫：《後漢時代の車馬行列》，《東方學報》第 37 册，1966 年。

[日]麥谷邦夫：《〈老子想爾注〉について》，《東方學報》第 57 册，1985 年。

[日]田村和親：《戦國儒學の歴史意識》，《二松學舍大學東洋學研究所集刊》2000，30: 75-102。

[日]土居淑子：《古代中国における仙界図像》，《美術史研究》第 8 册，1971 年。

[日]西田守夫：《“方格規矩鏡”の図紋の系譜——刻婁博局不羊の銘文をもつ鏡について》，*Museum*（《東京国立博物館研究誌》）427，1986 年。

[日]小南一郎：《〈神仙傳〉の復元》，《中国文学語学論集——入矢教授小川教授退休記念》，東京：筑摩書房，1974 年。

[日]小南一郎：《道教信仰と死者の救済》，《東洋学術研究》第 27 巻別册，昭和 63 年（1988 年）。

[日]小南一郎：《壺型の宇宙》，《東方學報》第 61 册，1989 年。

[日]小南一郎：《良渚文化の王冠——人獸図像の意味するもの》，《泉屋博古館紀要》第 30 巻，平成 26 年（2014 年）。

[日]澤田瑞穗：《連理樹記》，《中国の傳承と説話》，東京：研文出版社，1988 年。

[日]增淵竜夫：《漢代における民間秩序の構造と任俠的習俗》，《中国古代の社会と国家》，東京：岩波書店，1996 年。

[法]索安（Anna Seidel）：《漢代における老子の神格化について》，吉岡義豊、ミシェル・スワミエ（苏远鸣）主编：《道教研究》第 3 册，東京：豊島書房，1968 年。

Anna Seidel, “Traces of Han Religion in Funerary Texts Found in Tombs.” 秋月观暎编《道教と宗教文化》，东京：平河出版社，1987 年。

Cedzich, Angelika. 1993. “Ghosts and Demons, Law and Order: Grave Quelling Texts and Early Taoist Liturgy.”*Taoist Resources* 4.2.

Chavannes, Edouard. 1919. “Le jet des dragons,” in *Mémoiresconcernantl’ Asieorientale* 3. Paris, E. Leroux.

Espesset, Grégoire. 2008. “Latter Han religious mass movements and the early

Daoist church." In John Lagerwey and Marc Kalinowski（eds）, *Early Chinese Religion: Part One: Shang through Han（1250 BC-220 AD）*. Leiden: Brill.

Fairbank, Wilma.1941. "The Offering Shrines of 'Wu Liang Tz'ü.'" *Harvard Journal of Asiatic Studies*, 6.1.

Furst, Peter T. 1976. "Shamanistic Survivals in Mesoamerican Religion." *Actas del XLI Congreso Internacional de Americanistas*, vol. III. Mexico: Instituto Nacional de Anthropologia e Historia.

James, Jean M.1999. "Eastern Han Offering Shrines: A Functional Study." *Archives of Asian Art* 51（1998-1999）.

Klein,Esther 朴仙镜. 2010. "Were there 'Inner Chapters' in the Warring States? A New Examination of Evidence about the Zhuangzi." *T'oung Pao*, Vol. 96.

Liu, Ts'un-yan 柳存仁. 2006. "Was Celestial Master Zhang a Historical Figure?" In Benjamin Penny, ed. *Essays in Honor of Liu Ts'un-yan*. New York: Routledge.

Miura, Kunio 三浦國雄. 2010. "'Heaven'in Taoism: With a Focus on the Celestial Thearch in the 'Early Way of the Celestial Master.'"*ACTA ASIATICA : Bulletin of the Institute of Eastern Culture*（98）.

Penny,Benjamin. 1996. "The Text and Authorship of Shenxian zhuan." *Journal of Oriental Studies* 34（2）.

Silbergeld,Jerome. 1982-1983. "Mawangdui, Excavated Materials, and Transmitted Texts: A Cautionary Note." *Early China* 8.

Sivin, Nathan. 1977. "Chinese Alchemy and the Manipulation of Time." In N. Sivin（ed）:*Science and Technology in East Asia*. New York: Science History Publications.

Stein, Rolf A. 1979. "Religious Taoism and Popular Religion from the Second to Seventh Centuries." In H. Welch and A. Seidel（eds.）, *Facets of Taoism: Essays in Chinese Religion*. New Haven and London: Yale University Press.

Tseng,Lillian Lan-ying 曾兰莹. 2004."Representation and Appropriation: Rethinking the TLV Mirror in Han China." *Early China* 29.

Wu, Hung 巫鸿. 1989. "Where Are They Going? Where Did They Come

From?—Hearse and Soul Carriage in Han Dynasty Tomb Art." *Orientations*, Vol. 29（6）.

Yu, Ying-Shih 余英时. 1987. " 'O Soul, Come Back!' A Study in the Changing Conceptions of the Soul and Afterlife in Pre-Buddhist China." *Harvard Journal of Asiatic Studies*, Vol. 47（2）.

综合索引

B

E

F

G

H

J

K

L

M

N

T

W

X

Y

Z